2023

浙江财政年鉴

Finance Yearbook of Zhejiang

（总第23卷）

浙 江 省 财 政 厅 主 办
浙江财政年鉴编辑委员会编

中華書局

图书在版编目(CIP)数据

浙江财政年鉴. 2023 / 浙江财政年鉴编辑委员会编.
—北京:中华书局, 2023.12
ISBN 978-7-101-16466-4

Ⅰ.①浙… Ⅱ.①浙… Ⅲ.①地方财政—浙江—2023—年鉴 Ⅳ.①F812.755-54

中国国家版本馆CIP数据核字(2023)第228850号

责任编辑: 陈新欢
林雅琪

浙江财政年鉴2023
浙江财政年鉴编辑委员会编
*
中 华 书 局 出 版
(北京市丰台区太平桥西里38号 100073)
http://www.zhbc.com.cn
E-mail:zhbc@zhbc.com.cn
浙江新华数码印务有限公司印刷

889×1194 1/16 22.875印张 76插页 860千字
2023年12月第1版 2023年12月第1次印刷
印数:1-1100 册 定价: 260.00元

ISBN 978-7-101-16466-4

编辑说明

《浙江财政年鉴》是浙江省财政厅主办的省级财政专业年鉴，以文为主，辅以图表，图文并茂，全面系统真实反映浙江省财政工作各方面的基本情况，是资料性与史实性相结合的工具书，为财政工作者及专家、学者提供可靠信息资料。

《浙江财政年鉴》每年出版一卷，2023卷（总第23卷）以翔实的资料和图表，全面、系统地记述了2022年浙江省财政改革与发展情况，综合反映全省各级财政部门在省委、省政府的领导下，以马克思列宁主义、毛泽东思想、邓小平理论、“三个代表”重要思想、科学发展观、习近平新时代中国特色社会主义思想为指导，坚持辩证唯物主义和历史唯物主义的立场、观点和方法，全面贯彻落实党的二十大精神和省第十五次党代会精神，扎实推进财政改革发展的生动实践。一年来，全省财政工作聚焦“忠实践行‘八八战略’，坚决做到‘两个维护’，在高质量发展中奋力推进中国特色社会主义共同富裕先行和省域现代化先行”主题主线，深化“三个首先、三个其次”意识，牢固树立“以当家思维担当管家责任”的理念，科学生财、创新聚财、精明理财、高效用财、勤廉管财，为浙江加快推进“两个先行”和为全国大局多作贡献提供财政支撑。

本卷年鉴主体结构继续保持以往年鉴整体架构的稳定性和内容的连续性，全卷分八篇和附录共九部分，约计100万字，依次为：财经文献、全省财政工作、市县（市、区）财政工作、财政统计资料、财政法规选编、财政文选、财政工作大事记、财政机构人员以及附录。本卷年鉴的有关编辑情况作如下说明：

一、本卷财政统计资料中涉及全省财政收支的增长率均为同口径增长率。

二、本卷中涉及国民经济和社会发展统计数据内容均摘自各地统计公报，数据解释权归统计部门所有。

三、“全省财政工作篇”，根据职能配置和机构调整，在“直属单位概况”下，原“财政干部教育”改为“干教后勤服务”。

四、“附录”篇增加相关媒体对浙江财政改革情况报道选编。

五、本卷年鉴将继续采用手机客户端阅读方式实现线上公开阅读，读者可通过扫描书后二维码检索全文数据库及相关资料。

本卷年鉴在年鉴编辑委员会的领导下，由浙江省财政厅各处室、单位和十一市及其所辖县（市、区）财政局提供文稿、图片及数据资料，经编审修改补充后成书。期间得到国家税务总局浙江省税务局的大力支持。在此谨向给予《浙江财政年鉴》编纂工作关心、支持和帮助的各级财税部门及所有单位和相关人员表示感谢。为进一步提高《浙江财政年鉴》的编纂水平，欢迎读者对本卷年鉴的不足之处给予批评指正。

《浙江财政年鉴》编委会

2023年11月

浙江省财政收支规模

单位：亿元

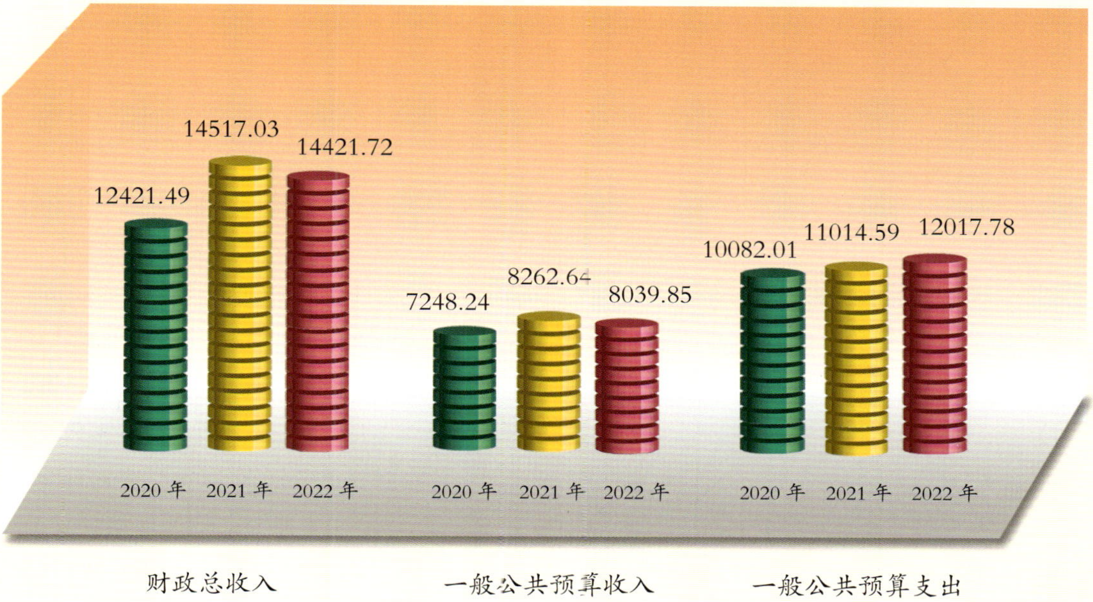

浙江省财政收支增长速度

单位：%

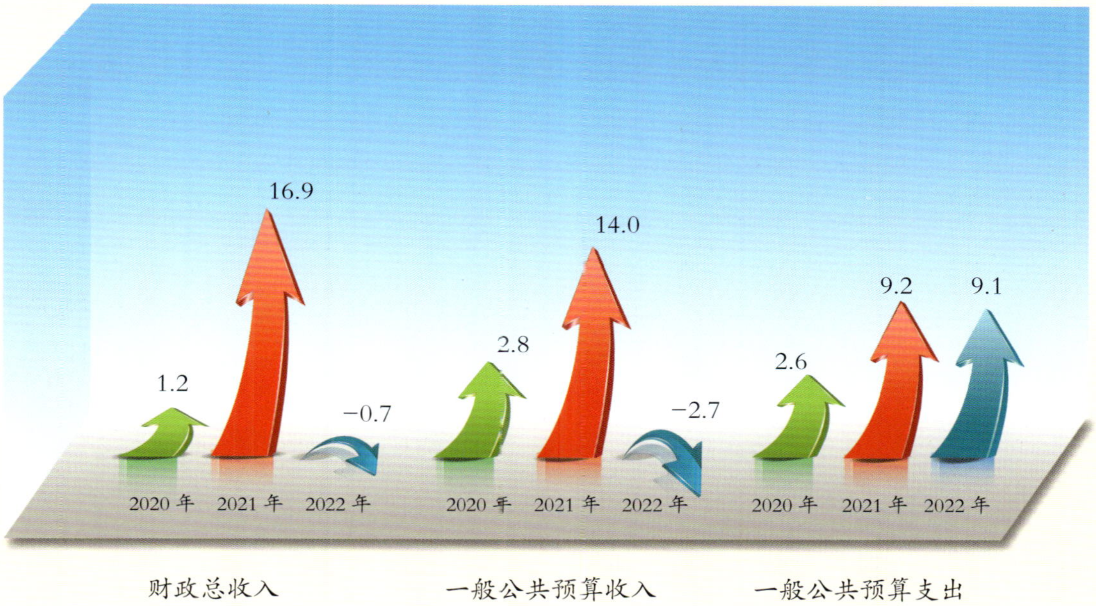

2022年浙江省一般公共预算收入组成

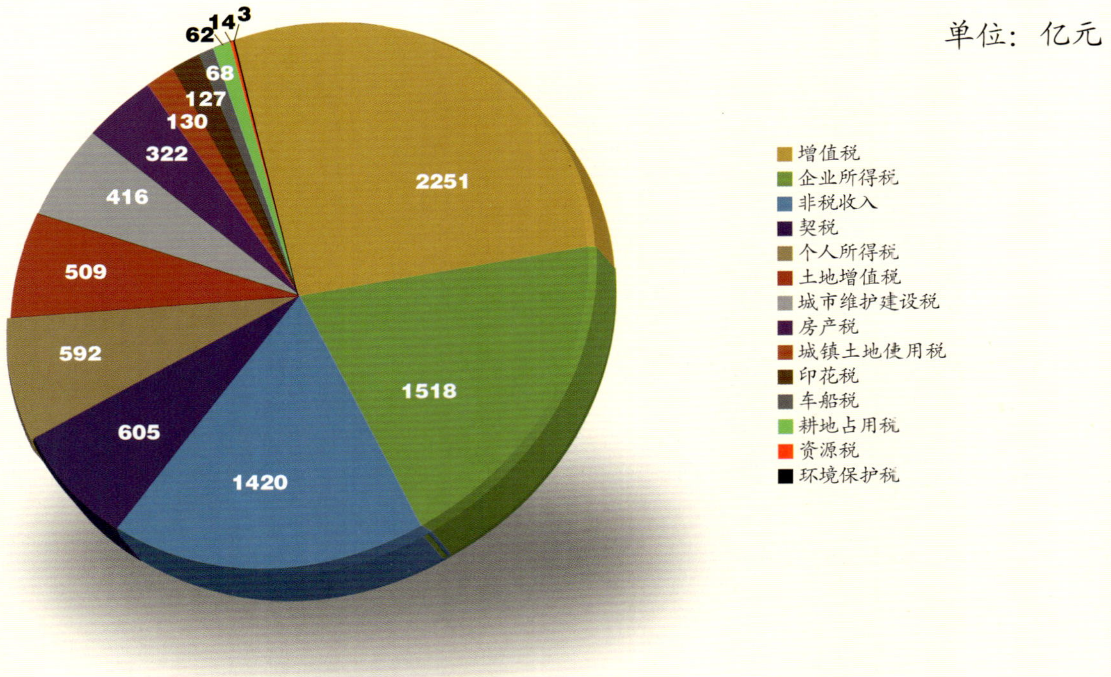

2022年浙江省一般公共预算支出组成

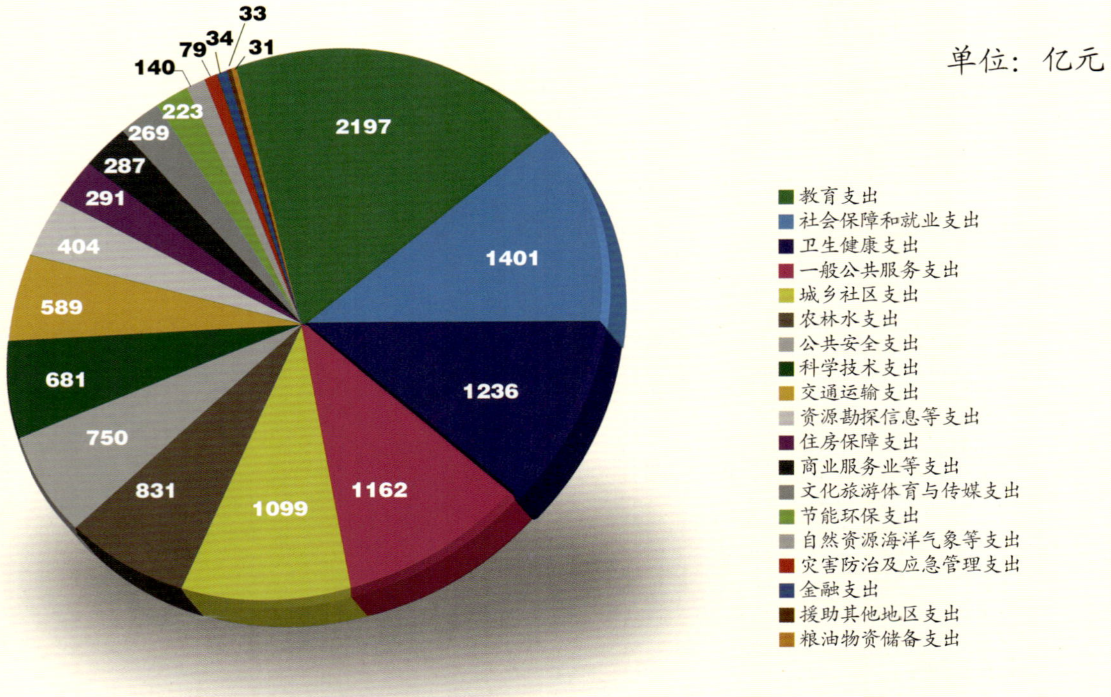

重要会议

2023 年 1 月 9 日，全省财政工作会议在杭州召开。省委书记易炼红、省长王浩作出重要批示，充分肯定 2022 年全省财政工作，并就做好 2023 年财政工作提出明确要求。省财政厅党组书记、厅长尹学群作工作报告。

省领导关心财政工作

2022 年 2 月 15 日，省政协副主席陈铁雄来省财政厅调研指导，听取财政工作情况和中小企业惠企助企政策落实情况汇报，并就进一步做好财政惠企助企工作提出要求。

2022 年 7 月 19 日，省政府党组成员、秘书长、办公厅党组书记暨军民来省财政厅调研数字政府建设情况，听取财政数字化改革和“财政大脑”建设情况汇报，并就进一步做好财政数字化改革工作提出要求。

推进共同富裕

2022 年，浙江省财政进一步深化促进共同富裕财政改革，落实省委省政府共同富裕示范区建设各项战略部署，实体化运作共富专班，重点推进共富型现代财税体制、家庭型财税政策体系等一系列重大改革和重点工作，争取财政部的改革支持和试点授权，荣获 2022 年度浙江省改革突破奖银奖。

1 财政部和浙江省人民政府于 2022 年 4 月 20 日签署《关于建立共同富裕财税政策体系省部协同研究机制备忘》。建立由常务副省长和财政部副部长担任召集人的省部协同研究机制，这是财政部首次与省级人民政府签订战略协作

2 在全省财政系统开展“高质量发展建设共同富裕示范区奋进年”行动，开展“小切口”改革试点，形成一批具有财政特色、机制创新、共富味道的优秀案例

3 财政部 2022 年 4 月 21 日印发《贯彻落实＜支持浙江省探索创新打造财政推动共同富裕省域示范的实施方案＞部省联动工作方案》，建立上下联动、高效协同的落实机制

4 “家庭型共富财税集成改革” 荣获 2022 年度浙江省改革突破奖银奖

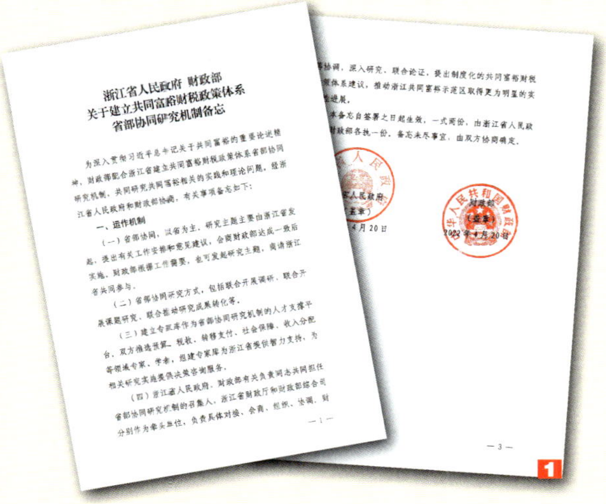

浙江省人民政府 财政部
关于建立共同富裕财税政策体系
省部协同研究机制备忘

1

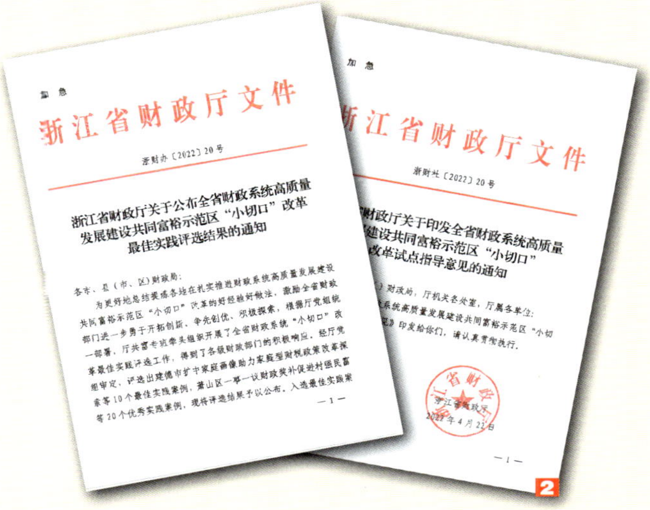

浙江省财政厅文件

浙财办〔2022〕20 号

浙江省财政厅关于公布全省财政系统高质量发展建设共同富裕示范区“小切口”改革最佳实践评选结果的通知

浙江省财政厅文件

浙财社〔2022〕20 号

浙江省财政厅关于印发全省财政系统高质量发展建设共同富裕示范区“小切口”改革试点指导意见的通知

2

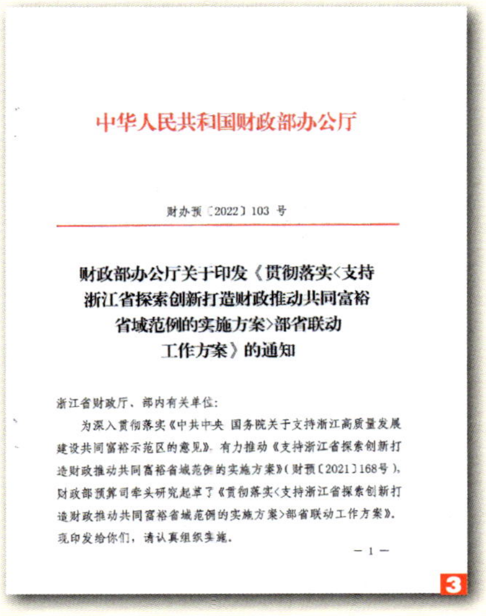

中华人民共和国财政部办公厅

财办预〔2022〕103 号

财政部办公厅关于印发《贯彻落实＜支持浙江省探索创新打造财政推动共同富裕省域范例的实施方案＞部省联动工作方案》的通知

浙江省财政厅、部内有关单位：

为深入贯彻落实《中共中央 国务院关于支持浙江高质量发展建设共同富裕示范区的意见》，有力推动《支持浙江省探索创新打造财政推动共同富裕省域范例的实施方案》（财预〔2021〕168号），财政部预算司牵头研究起草了《贯彻落实＜支持浙江省探索创新打造财政推动共同富裕省域范例的实施方案＞部省联动工作方案》，现印发给你们，请认真组织实施。

— 1 —

3

荣誉证书

省财政厅：

“家庭型共富财税集成改革”荣获 2022 年度浙江省改革突破奖

银奖

中共浙江省委全面深化改革委员会

2023 年 1 月

4

财政数字化改革

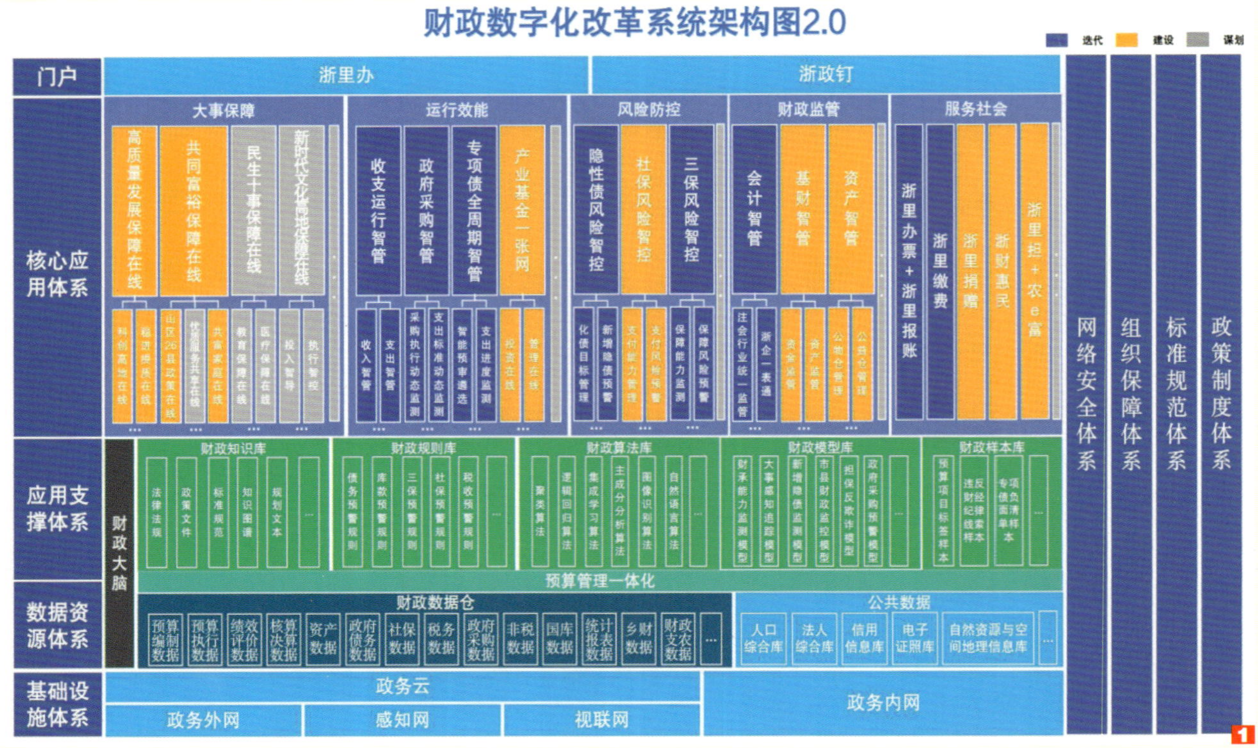

2022 年，省财政厅持续推进数字化改革，迭代形成了“1+5+N”财政数字化改革建设架构，全力打造“财政大脑”，按照“大脑 + 应用”建设模式，重点建设收支运行智管、专项债全周期智管、隐性债风险智控、财政公权力大数据监督、“浙里办票 + 浙里报账”等重大应用，打造全省共建共享的整体智治财政。

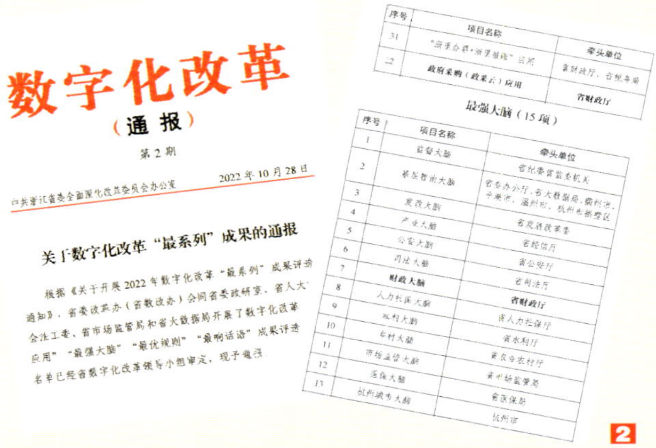
数字化改革
（通 报）
第 2 期
中共浙江省委全面深化改革委员会办公室 2022 年 10 月 28 日
关于数字化改革“最系列”成果的通报

最强大脑（15 项）

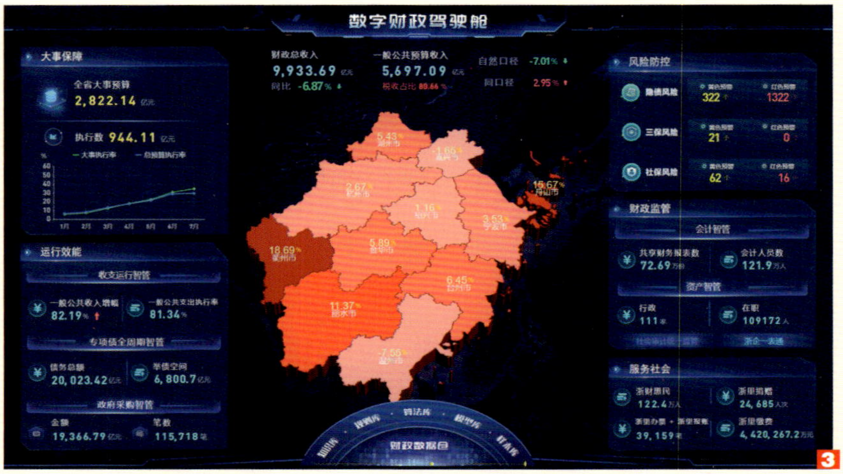

1 以“财政大脑”能力为基础，迭代形成“1+5+N”财政数字化改革新架构

2 在 2022 年浙江省数字化改革“最系列”成果评选中，“浙里办票 + 浙里报账”应用和政府采购（政采云）应用被评为“最佳应用”

3 全力建设“财政大脑”，构建“一仓五库”，归集业务数据 166.2 亿条，产生预警信息 1.30 万条，贯通全省各级财政部门 97 家、预算单位近 2 万家。“财政大脑”被评为“最强大脑”

工作思路调研

2022 年 10—11 月，省财政厅组织由厅领导带队的调研组，分赴全省有关市、县（市、区），围绕贯彻落实党的二十大精神、推动经济稳进提质、共同富裕建设等主题，开展 2023 年及未来五年财政工作思路调研。各调研组通过走访部门、单位、企业、农村、社区，调研重点项目，走访人大代表、政协委员等多种形式，广泛听取意见建议，了解基层真实情况和实际需求，为制定财税政策、推进财政工作、完善财政体制机制积累第一手资料。

1 省财政厅党组书记、厅长尹学群在金华开展工作思路调研

2 省财政厅党组副书记、副厅长、一级巡视员王广兵在衢州开展工作思路调研

3 省财政厅副厅长、一级巡视员陈焕昌在嘉兴开展工作思路调研

4 省财政厅党组成员、副厅长沈磊在舟山开展工作思路调研

工作思路调研

1 省财政厅党组成员、驻厅纪检监察组组长徐首红在台州开展工作思路调研
2 省财政厅党组成员、副厅长邢自霞在湖州开展工作思路调研
3 省财政厅党组成员、副厅长倪学军在丽水开展工作思路调研
4 省财政厅党组成员，省金融控股有限公司党委书记、董事长杨强民在绍兴开展工作思路调研
5 省财政厅党组成员、总会计师赵雅玲在杭州开展工作思路调研

乡村振兴

2022 年，省财政安排乡村振兴绩效提升奖补资金 3.6 亿元，集中支持推进 60 个乡村振兴产业发展和集成创新示范项目建设，引导推动大数据、云计算、物联网等数字技术在乡村产业中应用推广，有效助力农业农村高质量发展和现代化先行。

1 乡村振兴示范项目——姚生记山核桃生产基地
2 乡村振兴示范项目——安吉白茶生产线
3 乡村振兴示范项目——洞头黄鱼软体牧场
4 乡村振兴示范项目——平湖绿迹数字农业工厂
5 乡村振兴示范项目——武义食用菌加工车间
6 乡村振兴示范项目——临安山核桃产业大脑

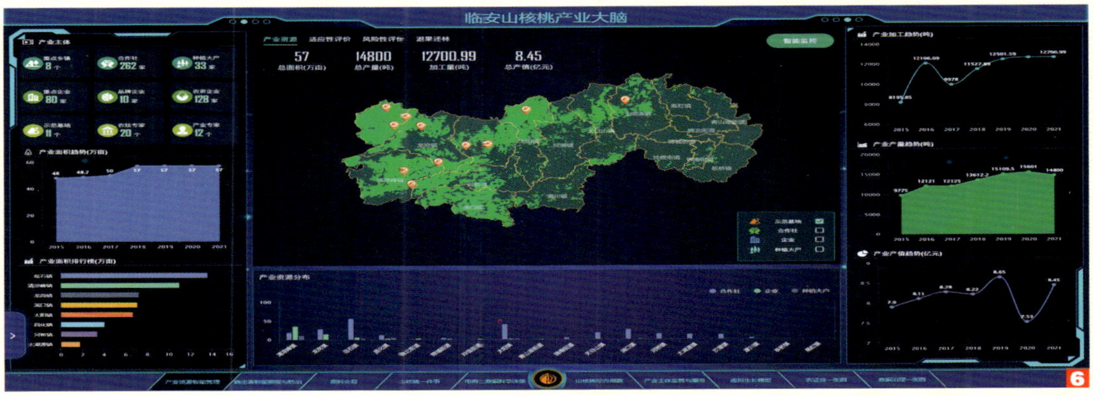

乡村振兴

2022 年，浙江省安排省级造地改田资金 41.91 亿元，统筹支持土地综合整治工程。在全国率先出台乡村全域土地综合整治精品工程资金奖励办法，落实资金 1.22 亿元，支持全省各地高质量打造 23 个综合成效显著、区域特色鲜明的示范工程。

1 嘉善县土地综合整治与生态修复工程
2 温岭市万亩方项目
3 萧山区土地综合整治与生态修复工程
4 龙游县现代化收割场景
5 衢州市土地综合整治与生态修复工程
6 金华市石道畈连片耕种

1

2

3

4

5

6

7

8

2022 年，浙江省财政厅不断加大财力投入，完善农业保险政策，保证粮食安全。出台《浙江省农业保险财政补贴管理办法》，促进承保机构为农户提供优质服务，提升承保理赔数字化、科技化和便捷化水平，切实提升农户参保满意度和获得感。

7 淳安县开出全省水稻完全成本保额补充保险首单
8 无人机勘察受灾情况

生态文明建设

浙江省财政持续推进湿地生态保护补偿机制，对省级以上重要湿地保护工作绩效评价达标的县（市、区）按湿地面积30元/亩给予补偿，2022年兑现补偿资金3323万元，鼓励和引导地方政府推动湿地保护管理和生态保护修复。

1 鉴湖国家湿地公园油菜花田
2 玉环漩门湾湿地公园
3 德清下渚湖湿地小朱鹮
4 杭州湾国家湿地公园
5 乌溪江国家湿地公园

1

2

3

4

5

财金助力扩中、协同支农

2022 年，浙江省财政厅聚焦扩中家庭，创新推出财金助力扩中家庭项目，通过财政贴息、金融支持等方式，为扩中家庭降低融资成本、提供发展支持，助力构建以中等收入为群体的橄榄型社会。截至 2022 年年底，项目以浙江农商银行系统为试点金融机构，已在黄岩、建德、苍南等 7 个市（县、区）落地。

1 家庭财金助力扩中项目试点工作部署会
2 项目前期开展入户调查
3 为扩中家庭授信

1

2

3

4

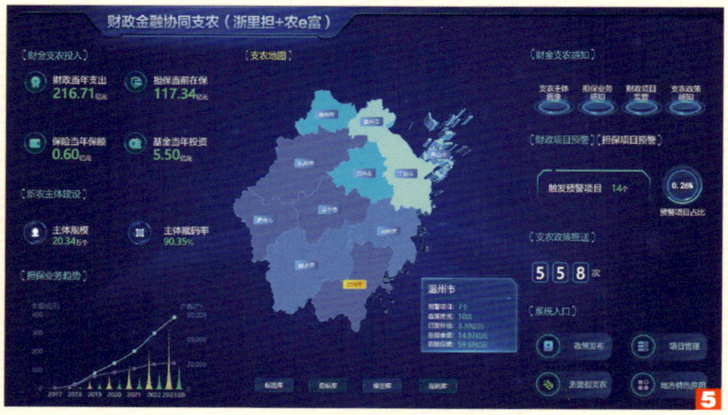

5

2022 年，浙江省财政厅推进财政金融协同支农数字化改革，建设"浙里担 + 农 e 富"应用，打造支农政策、支农项目、支农担保三大子场景，推进省市县协同、政银担合作模式建设，政银担试点地区达到 45 个，省地共建风险池资金规模 2.3 亿元，扩大财金协同支农效应。

4 工作人员为农户宣讲农业担保办贷流程
5 "浙里担 + 农 e 富"应用
6 政银担协同支农"一张图"

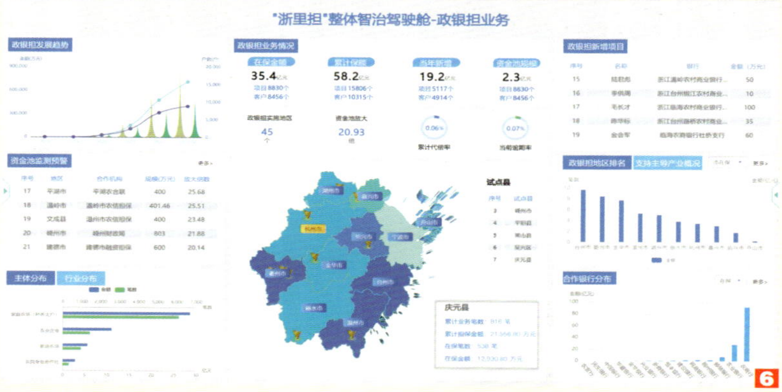

6

助力文化事业

2022 年，浙江省财政集中财力加快推进重大文化标志性工程建设。筹措落实经费 9.38 亿元，支持推进国家版本馆杭州分馆工程和陈列布展建设和开馆，打造新时代文化地标。安排 12.91 亿元，支持推进之江文化中心、新时代文化艺术创研基地、省考古与文物保护基地、省全民健身中心等重大工程建设。接续 16 年，专项支持《中国历代绘画大系》编撰、展览。

1 中国历代绘画大系全集
2 盛世修典
3 之江文化中心
4 国家版本馆杭州分馆

1

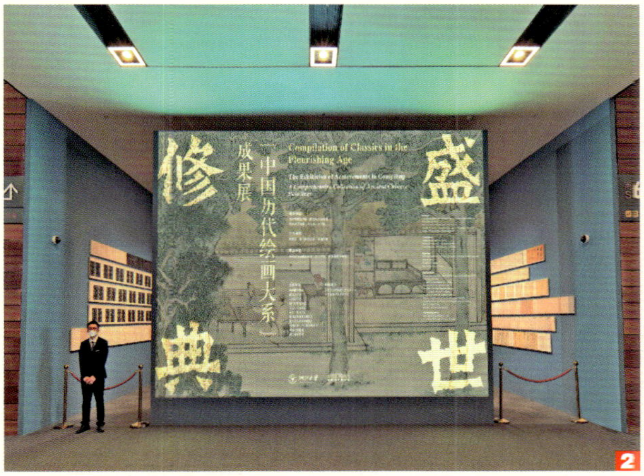

2

3

4

强化人才支撑

2022年，浙江省财政围绕省委、省政府关于人才工作的重大决策部署，强化“人才是第一资源”理念，坚持首位战略首位保障，完善人才支持政策。落实重点人才项目资金14.37亿元，保障人才引育留用，支持新引进海外高层次人才526名。

1 宁波市人才战略咨询委员会成立仪式
2 外籍专家与企业对接洽谈
3 技能大师工作室项目攻关中
4 杭州国际人才交流与项目合作大会圆桌论坛

1

2

3

4

地方政府债券项目

2022 年，浙江省可用专项债券资金 3128 亿元，比上年增长 38%，规模居全国前列，重点支持交通基础设施、市政和产业园区基础设施、社会事业、农林水利、保障性安居工程等领域的公益性项目建设，为助力扩大有效投资、稳住经济大盘提供资金支撑。

1 富阳区亚运场馆环境综合整治
2 湖杭高速公路吴兴至德清段工程
3 台州市黄岩区官河古道工程
4 温州保税物流中心建设项目
5 浙东运河文化园建设工程
6 嵊泗小菜园客运中心提升工程

1

2

3

4

5

6

财悦读 · 财政文化

2022 年 11 月 29 日，全省财政系统“财悦读·启新程——典读党的二十大”暨“财悦读”品牌建设一周年活动在嘉兴举行。活动充分展示全省财政系统学习宣传贯彻党的二十大精神的坚定决心和担当作为，回顾“财悦读”品牌建设一周年来取得的成果，并发布“财悦读”品牌专属标志。浙江省财政厅党组副书记、副厅长、一级巡视员王广兵参加活动并致辞。

1 厅领导致词
2 “财悦读”品牌专属标志发布
3 “财悦读”品牌特邀顾问访谈
4 诗朗诵《用心典读二十大》
5 情景剧《传承》
6 “财悦读”一周年合影

目 录

财经文献

●省十四届人大一次会议重要文件

●省委省政府重要财经文件

●全省财政工作会议重要文件

全省财政工作

●全省财税工作

●财政分项工作

●直属单位概况

●学会协会活动

市县(市、区)财政工作

●杭州市财政工作

●宁波市财政工作

●温州市财政工作

●湖州市财政工作

●嘉兴市财政工作

●绍兴市财政工作

●金华市财政工作

●衢州市财政工作

●舟山市财政工作

●台州市财政工作

●丽水市财政工作

财政统计资料

财政法规选编

财政文选

●厅领导谈财政

●市县领导议财政

财政工作大事记

财政机构人员

附 录

●相关媒体报道摘要

●专题经验介绍

●调研报告精选

TABLE OF CONTENTS

财经文献

zhejiang caizheng nianjian

省十四届人大一次会议重要文件

浙江省政府工作报告(摘要)

——2023年1月12日浙江省第十四届人民代表大会第一次会议上

浙江省人民政府省长　王　浩

一、2022年和过去五年工作回顾

2022年,我们坚持以习近平新时代中国特色社会主义思想为指导,全面贯彻党的十九大、十九届历次全会和二十大精神,认真落实习近平总书记"疫情要防住、经济要稳住、发展要安全"以及"经济大省要勇挑大梁"的重要指示,按照省第十五次党代会决策部署和省十三届人大六次会议明确的目标任务,忠实践行"八八战略",奋力打造"重要窗口",扎实推进高质量发展建设共同富裕示范区,统筹打好疫情防控、稳进提质组合拳,经受住了超预期的冲击和挑战,预计地区生产总值增长3%左右,城乡居民人均可支配收入分别增长4.1%、6.6%。

(一)统筹做好疫情防控工作,最大限度降低疫情对经济社会发展的影响。坚持人民至上、生命至上,因时因势动态优化调整防控措施,不断提高科学精准防控水平。聚焦"保健康、防重症",全力救治新冠病毒感染者,切实做到应收尽收、应治尽治,实现有序转段、平稳渡峰。坚持"管得住、放得开",全面推行重点企业"白名单"制度和企业闭环生产管理模式,最大力度实现生产不停、物流不断、产能不减、秩序不乱。

(二)全力争取政策、创新政策、用好政策,用真金白银帮助市场主体应对冲击、增强信心。坚持"全面顶格、早出快出、能出尽出、精准高效",年初第一时间出台"5+4"稳进提质政策包,健全政策直达快享机制。加大减税降费力度,为市场主体减负4000亿元以上,兑付涉企政府性补助补贴资金1088亿元,完成增值税留抵退税2233亿元。积极争取社保政策支持,减轻企业和个人缴费负担440亿元。

(三)强力推进重大项目建设,有效发挥投资对稳进提质的支撑作用。坚持以项目看发展论英雄,建立重大项目省政府领导包干推进机制和现场督导服务机制,加强重大项目建设要素保障,争取地方政府专项债券3128亿元、增长38%,投放政策性开发性金融工具654亿元、占全国份额8.8%;10个重大项目获批能耗单列3738万吨标煤;供应国有建设用地57万亩,171个项目纳入国家用地保障范围。

(四)着力推动工业企稳回升、动能转换,有效发挥稳经济的"压舱石"作用。成功举办产业链供应链韧性与稳定国际论坛,习近平总书记发来贺信作出重要指示。坚持以稳促调、以调促优,启动新一轮"腾笼换鸟、凤凰涅槃"攻坚行动,规上工业增加值增长4.3%左右,数字经济核心产业制造业、高新技术产业、战略性新兴产业增加值分别增长10.5%、6%和10%。

(五)突出稳外贸稳外资促消费,有力拉动经济增长。启动"千团万企拓市场抢订单引项目"行动,新增国际航线15条,开通商务定期航线86条、商务包机29班次,预计进出口增长13%,其中出口增长13.9%;实际使用外资增长3.6%。宁波舟山港货物吞吐量达12.5亿吨、集装箱吞吐量达3335万标箱,分别居全球第1和第3位。

(六)全力推进数字化改革和科技创新,充分激发内生发展动力。以数字化改革引领系统性变革,累计上线运行143个省级重大应用。推进科技自立自强,全社会研发投入强度达3%。新增全国重点实验室11家,新挂牌成立省实验室4家,新建省技术创新中心4家。

(七)加大统筹区域发展力度、不断提升协调发展水平。纵深推进长三角一体化,深化浙沪小洋山区域合作开发。高质量完成"三区三线"划定和省国土空间规划编制工作,启动跨乡镇土地综合整治试点。探索山区海岛县高质量发展新路子,山区26县生产总值增速高于全省平均。

(八)推进农业农村优先发展,乡村振兴取得新进展。成功举办全球重要农业文化遗产大会,习近平总书记发来贺信作出重要指示。深入实施"科技强农、机械强农"行动,实现粮食播种面积1530.7万亩、产量124.2亿斤。深入推进新时代美丽乡村建设,推进强村富民乡村集成改革,集体经济年经营性收入50万元以上行政村比例超过50%。

(九)积极打造重大文化成果,文化强省建设取得新成效。"中国传统制茶技艺及其相关习俗"成功入选人类非遗代表作名录,"中国历代绘画大系"圆满结项,习近平总书记分别作出重要批示。宋韵文化传世工程深入推进,德寿宫暨南宋博物馆建成开放,杭州国家版本馆建成开馆。

(十)深化生态文明建设,绿色低碳发展迈出坚实步伐。加大能源保供稳价力度,白鹤滩输浙特高压直流工程双极投运,开工建设16个清洁火电、核电、风电和抽水蓄能电站项目,全部建成后将形成装机容量1987万千瓦。深入推进清新空气行动,深化"污水零直排区"和"无废城市"建设,设区城市空气质量优良天数比率为89.3%,省控断面优良水质比例为97.6%,城乡垃圾回收利用率超过60%。

(十一)用心用情用力解决群众急难愁盼问题,全面完成十方面民生实事。坚持能多则多、能早则早、能快则快,不折不扣推动十方面38项22702个民生实事项目落地见效。城镇新增就业115.6万人,帮扶困难人员就业12.8万人,城镇调查失业率为4.7%;新增婴幼儿托位6.1万个、公办幼儿园学位5.1万个、义务教育公办学位15.6万个,民办义务教育在校生占比降至3.6%,

高等教育毛入学率提高到66.3%,8所高校52个学科被评为A类学科;新增认知障碍照护专区床位7154张;新增企业职工基本养老保险缴费人数59.8万,长期护理保险参保人员达1660万人;新增县级三级医院15家,城乡居民医疗保险参保率达99.6%;建设筹集保障性租赁住房36.3万套,改造农村供水管网3778公里。

(十二)坚决打赢除险保安攻坚战,确保社会安定有序、群众安居乐业。高质量完成平安护航党的二十大各项任务。生产安全事故起数、死亡人数分别下降31.2%和30%,五类恶性案件下降38.8%,电信网络诈骗立案数下降38.6%。成功应对超强台风"轩岚诺"和强台风"梅花"侵袭,实现了"少损失、零死亡"。

五年来,省政府在以习近平同志为核心的党中央坚强领导下,认真落实省委决策部署,同全省人民想在一起、干在一起、拼在一起,推动浙江经济社会发展取得了历史性成就、站上了新的更高起点。高质量发展建设共同富裕示范区扎实开局,经济发展质量显著提升,改革开放再创佳绩,创新发展能力大幅提升,生态文明建设先行示范,城乡一体化步伐加快,民生福祉不断提升,文化浙江建设结出硕果,平安浙江法治浙江建设迈上更高水平,疫情防控交出高分报表。

二、今后五年发展的总体要求和目标任务

今后五年是浙江省奋力推进"两个先行"开局起步的关键时期。总体要求是:坚持以习近平新时代中国特色社会主义思想为指导,全面贯彻落实党的二十大精神,深刻领悟"两个确立"的决定性意义,增强"四个意识"、坚定"四个自信"、做到"两个维护",完整准确全面贯彻新发展理念,积极服务和融入新发展格局,按照省第十五次党代会和省委十五届二次全会的决策部署,忠实践行"八八战略",奋力打造"重要窗口",把高质量发展作为首要任务,把缩小三大差距作为主攻方向,把改革创新作为根本动力,把实现人民对美好生活的向往作为根本目的,高质量发展建设共同富裕示范区,体系化推进中国式现代化省域实践,推动共同富裕先行和省域现代化先行取得优异成绩。

按照"锚定五年、谋准三年、扎实干好每一年"的思路,在实现"十四五"规划和共同富裕示范区实施方案确定的2025年目标基础上,到2027年地区生产总值达到12万亿元,人均生产总值达到17万元,居民人均可支配收入达到8.5万元,城乡居民收入倍差缩小到1.9以内;全社会研发投入强度超过3.4%,全员劳动生产率达到28万元/人,规上工业增加值突破3万亿元,数字经济核心产业增加值超过1.6万亿元,为率先基本实现共同富裕和省域现代化打下坚实基础。

(一)建设浙江特色现代化产业体系,打造经济高质量发展高地。把发展经济的着力点放在实体经济上,扎实推动制造业高端化、智能化、绿色化发展,大力实施数字经济"一号发展工程",推进现代服务业与先进制造业、现代农业深度融合,完善现代化基础设施。

(二)推进教育强省、科技强省、人才强省建设,培育创新发展新动能。坚持教育优先发展,坚持科技自立自强,坚持人才引领驱动,加快打造世界重要人才中心和创新高地的战略支点。

(三)大力推进数字化改革,建设数字浙江、打造数字变革高地。发展数字政务,打造数字文化,建设数字社会,建设一流数字基础设施,完善数字治理体系。

(四)着力扩投资促消费、推进高水平对外开放,促进国内国际双循环。发挥投资对优化供给结构的关键作用,发挥消费对经济发展的基础性作用,建设更高水平对外开放体系。

(五)坚持"两个毫不动摇",充分激发各类市场主体活力。实施营商环境"一号改革工程",深化国资国企改革,推进民营经济高质量发展,大力弘扬企业家精神和新时代浙商精神。

(六)推进高效生态农业发展和"千村示范、万村整治",创建乡村振兴示范省。严格落实粮食安全和耕地保护责任,大力推进科技强农、机械强农,全面推进宜居宜业和美乡村建设,深入推进农业农村改革。

(七)强化陆海联动、山海协作,推动区域协调发展。优化省域生产力布局,推动山区海岛县高质量发展,大力发展海洋经济,扎实推进长三角一体化高质量发展。

(八)推进生态文明建设先行示范,打造生态文明高地。深入推进环境污染防治,深入推进绿色低碳发展和能源保供稳价,积极稳妥推进碳达峰碳中和,加强生态修复和生物多样性保护。

(九)推进文化强省建设,打造新时代文化高地。实施"文化基因解码工程"和中华文明浙江标识行动,推动文化事业大繁荣大发展,推进文化和旅游产业深度融合发展。

(十)千方百计增加群众收入、增进民生福祉,打造社会全面进步高地和促进全体人民全面发展高地。促进高质量充分就业,提高全人群、全生命周期公共服务水平,健全社会保障体系。

(十一)加快建设整体智治现代法治政府,促进社会公平正义。深入推进重点领域政府立法,深入推进依法行政,深入推进公正司法,深入实施普法规划,增强全民法治观念。

(十二)统筹发展和安全,建设更高水平的平安浙江。防范化解经济金融风险,全面加强安全生产,强化食品药品安全监管,提高防灾减灾救灾能力,强化社会治安整体防控,持续提升人民群众安全感。

全面落实以上重大任务,必须找准落脚点和突破口,谋准抓实事关全局、牵一发动全身的重大工程。

——实施扩大有效投资"千项万亿"工程。围绕先进制造业基地、科技创新强基、交通强省、清洁能源保供、水网安澜提升、城镇有机更新、农业农村优先发展、文旅产业融合发展、改善民生等9大领域,每年滚动推进1000个左右重大项目、完成投资1万亿元以上,五年完成重大项目投资7万亿元以上。

——实施"415X"先进制造业集群培育工程。围绕建设制造强省,到2027年,"415X"先进制造业集群规上企业营业收入突破12万亿元,培育世界一流企业15家左右,制造业增加值占地区生产总值比重稳定在1/3左右。

——实施"315"科技创新体系建设工程。聚焦三大科创高地和15大战略领域,到2027年,建成国家实验室1家、全国重点实验室16家，建设高水平省实验室10家、省技术创新中心15家，实施2000项以上省重大科技项目，高新技术企业累计超5万家。

——实施服务业高质量发展“百千万”工程。围绕建设现代服务业强省，到2027年，打造高能级服务业平台100个左右、实现营业收入6万亿元以上，培育千亿级旗舰服务业企业10家以上、百亿级龙头企业200家以上，完成服务业重大项目投资1万亿元以上。

——实施世界一流强港和交通强省建设工程。围绕建成世界一流强港，统筹推进港航设施建设、港口集疏运体系构建等重点任务，加快建设10大标志性项目，深化实施10大牵引性改革，到2027年力争集装箱吞吐量超过4000万标箱，集装箱海铁、江海、海河联运实现规模翻番，国际航运中心指数排名实现晋级进位。围绕交通强省建设，实施200个左右重大交通项目，完成投资2万亿元，加快构建“九纵九横五环五通道多连”高速公路网、“五纵五横”客运铁路网、“四纵四横多联”货运铁路网、“五纵八横十干十支”内河航道网，打造亿人次国际化空港门户、都市区高能级枢纽体系，构建现代化交通物流体系。

——实施县城承载能力提升和深化“千村示范、万村整治”工程。支持县城做大做强特色主导产业，完善交通、水电气等基础设施，优化教育、医疗、养老等公共服务供给，提升人居环境质量，到2027年县城人口占县域比重年均提高0.8个百分点，努力打造以县城为重要载体的城镇化建设示范省。深化“千村示范、万村整治”工程，到2027年建成和美乡村示范村1000个，农村居民人均可支配收入达到5.5万元，集体经济年经营性收入50万元以上行政村占比达到60%以上。

——实施跨乡镇土地综合整治工程。统筹推进农用地整治、村庄整治、低效工业用地和城镇低效用地整治、生态保护修复，实施500个土地综合整治项目，完成低效用地再开发25万亩，盘活存量建设用地50万亩。

——实施文旅深度融合工程。聚焦建设国内外知名的文化旅游目的地，实施文化和旅游投资“双百”项目计划，推进100项在建实施类、100项谋划招引类重大项目，完成文化和旅游投资1万亿元以上，到2027年文化和旅游产业增加值达到1.2万亿元。

——实施绿色低碳发展和能源保供稳价工程。聚焦能源绿色低碳转型、能源供应安全可靠、企业用能成本稳中有降，推进电源、电网、储能、天然气管网等现代能源基础设施重大项目87个，完成能源领域投资6000亿元。到2027年电力总装机1.68亿千瓦，其中可再生能源装机占比超过43%；天然气国家干线下载能力达到350亿方左右；LNG接收中转能力达到4000万吨/年左右。

——实施公共服务“七优享”工程。推进“幼有善育”，每千人口拥有3岁以下婴幼儿托位数达到5.5个。推进“学有优教”，普惠性幼儿园在园幼儿占比超过95%，儿童平均预期受教育年限达到15.6年；义务教育优质均衡发展县创建覆盖率达到75%；高等教育毛入学率达到72%，60个左右学科进入全国前10%。推进“劳有所得”，健全工资合理增长机制，最低工资标准最高档年均增长7%左右。推进“病有良医”，建设省公共卫生临床中心，建成国家医学中心1家以上、研究型医院5家左右，实现三级医院县级全覆盖，人均预期寿命超过82.7岁。推进“老有康养”，推动长期护理保险参保全覆盖、基本养老服务覆盖全体老年人，构建居家养老和机构养老相结合的便捷化、多样化、智慧化的养老服务体系。推进“住有宜居”，建设筹集保障性租赁住房120万套(间)，公租房在保家庭达到35万户，发展共有产权住房3万套，城镇住房保障受益覆盖率超过25%。推进“弱有众扶”，最低生活保障标准年人均提高到15000元，困难群众医疗费用个人负担率合理控制在15%以内，县级社会救助服务联合体实现全覆盖。

三、2023年发展目标和重点工作

建议2023年经济社会发展主要预期目标为：地区生产总值增长5%以上，一般公共预算收入、城乡居民收入与经济增长基本同步，居民消费价格指数涨幅控制在3%以内，城镇调查失业率控制在5%以内。

金华市新建金义小学

（一）精准高效实施“8+4”经济政策体系，推动经济稳进提质。加强政策整合集成，形成扩大有效投资、科技创新、“415X”先进制造业集群培育等“8大政策包”，财政金融、自然资源、能源、人才等“4张要素清单”。积极争取、用好国家政策，争取地方政府专项债券占全国份额6%以上、政策性开发性金融工具占全国份额8%以上。加强和改善金融服务，确保普惠型小微企业贷款增速不低于各项贷款平均增速，新增制造业中长期贷款2500亿元以上，政府性融资担保支农支小余额1650亿元以上，促进企业综合融资成本稳中有降。优化企业发展环境，及时足额落实国家和浙江省降本减负惠企政策，力争全年为市场主体减负2500亿元以上。深化节约型政府建设。

（二）掀起新一轮重大项目建设高潮，持续扩大有效投资。按照“千项万亿”工程年度计划，安排省重大项目1000个左右，完成年度投资1万亿元以上，带动固定资产投资增长6%以上。做好重大项目谋划工作，推动更多项目进入国家盘子。加快推进重大产业项目建设，安排投资10亿元以上制造业重大项目611个，完成年度投资1750亿元，带动制造业投资增长12%、高新技术产业投资增长15%以上。统筹推进重大基础设施项目建设，创新投融资机制，全面落实省市县三级督导服务机制。

（三）聚焦“415X”先进制造业集群建设，促进制造业稳健运行、结构优化。全力稳住工业经济基本盘，力争规上工业增加值增长5.5%左右。大力推进数字产业化和产业数字化，培育超百亿元数字企业40家，新增智能工厂和数字化车间150家，力争数字经济核心产业增加值增长10%。坚定不移推进“腾笼换鸟、凤凰涅槃”，淘汰整治高耗低效企业5000家，腾出用地5万亩、用能120万吨标煤。培育壮大企业梯队，新增“雄鹰”企业20家、世界500强企业1家、境内外上市公司50家、专精特新“小巨人”企业100家、单项冠军企业20家。推动服务业和制造业融合发展。

（四）拓市场抢订单引外资，进一步扩大开放型经济发展优势。千方百计推动外贸平稳增长，确保出口占全国份额保持在14.5%左右。强化外资招引服务，力争实际使用外资突破200亿美元、制造业使用外资占比27%以上。提升重大开放平台能级，确保实现数字贸易额4700亿元、跨境人民币结算量9000亿元以上，力争实现宁波舟山港货物吞吐量12.6亿吨、集装箱吞吐量3360万标箱。

（五）把激活和扩大消费摆在优先位置，进一步提升传统消费、培育新型消费。推动消费复苏回暖，力争社会消费品零售总额增长4.5%左右。支持平台经济高质量发展，支持平台企业在引领发展、创造就业、国际竞争中大显身手。促进房地产市场平稳健康发展，坚持“房住不炒”，支持刚性和改善性住房需求，解决好新市民、青年人等住房问题。

（六）着力实施科技创新和人才强省首位战略，强化教育、科技、人才的基础性战略性支撑。加快高等教育高质量发展，推进新一轮一流学科建设工程，扩大长学制和本科层次职业教育招生规模。壮大科技创新力量，推进重大科技设施项目建设，鼓励10大省实验室和新型研发机构开展原创性引领性科技攻关，部署实施省级重大科技项目400项以上，取得重大科研成果100项以上。大力招引培育人才，新引进“鲲鹏行动”专家40名左右，新引育领军人才、优秀青年人才各500名。

（七）以“山海协作”工程和“千村示范、万村整治”工程实施20周年为新起点，持续提高区域城乡协调发展水平。着力提升县城承载能力，分类选择一批县（市）开展省级试点，率先形成一批可复制的经验做法。促进山区海岛县高质量发展和基本公共服务均等化，优化财政转移支付分类分档办法，完善金融支持机制和生态保护补偿制度。深化“科技强农、机械强农”行动，持续推动种业振兴，加速推广适用农机和农机化技术，确保粮食播种面积1520万亩以上、粮食总产量124亿斤以上。深化“千村示范、万村整治”工程，创建和美乡村示范县10个、示范带22条；发展壮大新型农村集体经济，年收入30万元以上且经营性收入15万元以上的行政村占比超过90%。有序推进跨乡镇土地综合整治，新建和改造提升高标准农田60万亩以上，完成低效用地再开发5万亩以上。

（八）以推进文旅深度融合为切入点，进一步彰显文化浙江魅力。繁荣发展文化事业，深入实施宋韵文化传世工程，启动南宋皇城遗址综保项目，推进上山文化申遗；推动公共文化服务提质扩面，开展“文艺星火赋美”演出3000场次以上，举办中国歌剧节。加快推进文旅深度融合，完成文旅项目年度投资3000亿元以上，培育30家千万级核心大景区，新增10个示范景区镇、50个金3A景区村。

（九）深化美丽浙江建设，加快推进发展方式绿色转型。加强绿色电源项目建设，新增并网清洁煤电装机200万千瓦、风光电装机400万千瓦。加强省外清洁电力入浙项目建设，全容量投产白鹤滩输浙特高压直流工程，争取核准开工甘电入浙特高压直流工程。加强LNG接收站和油气管网建设，新增接收能力300万吨/年以上，提升国家天然气干线下载能力30亿方以上。加强环境污染治理，确保设区城市PM2.5平均浓度低于26微克，空气质量优良天数比率高于92%，省控断面优良水质比例高于94%。提升生态保护和修复水平。

（十）有效防范化解重大风险，坚决守牢安全发展底线。全力做好疫情防控工作，突出保健康防重症，提升医疗救治能力、医疗物资保障能力、重点人群和重点场所保障水平，最大限度保障人民群众生命安全和身体健康。守住公共安全红线，常态化开展安全生产综合治理行动，加强食品药品全链条闭环监管，严厉打击非法集资等非法金融活动。织密基层社会平安网，加强和改进信访工作，推进自治、法治、德治、智治“四治融合”，深化诉源、警源、访源“三源治理”；强化社会治安整体防控，依法严厉打击群众反映强烈的违法犯罪。

（十一）贯彻“简约、安全、精彩”理念，举全省之力办好杭州亚运会、亚残运会。认真落实习近平总书记“相信杭州市有能力举办一届成功的亚运会”的重要指示，推动杭州市和5个协办城市同心协力，向世界奉献一届中国特色、浙江风采、杭州韵味、精彩纷呈的体育文化盛会，努力把杭州亚运会办成浙江“重要窗口”建设中最具辨识度的重大标志性成果，向习近平总书记和党中央、向全国人民交出一份满意答卷。

（十二）聚焦办好民生实事，让政府做的事成为百姓满意的事。始终牢记习近平总书记“民之所忧，我必念之；民之所盼，我必行之”的教导，高度重视就业、教育、社保、医疗、养老等群众牵肠挂肚的民生大事，认真做好群众切身有感的关键小事。特别是围绕实施公共服务“七优享”工程，继续全力办好十方面民生实事，努力把好事办好、办到群众心坎上。

关于2022年全省和省级预算执行情况及2023年全省和省级预算草案的报告

2023年1月12日在浙江省
第十四届人民代表大会第一次会议上

浙江省财政厅

一、2022年预算执行情况

2022年，全省各级财政部门坚持以习近平新时代中国特色社会主义思想为指导，全面贯彻党的十九大、十九届历次全会和二十大精神，坚决落实习近平总书记"疫情要防住、经济要稳住、发展要安全"以及"经济大省要勇挑大梁"的重要指示，认真落实省第十五次党代会决策部署和省十三届人大六次会议决议，严格执行《中华人民共和国预算法》《中华人民共和国预算法实施条例》《浙江省预算审查监督条例》，忠实践行"八八战略"，奋力打造"重要窗口"，做好生财、聚财、用财各项工作，推动积极的财政政策提升效能，更加注重精准、可持续，积极助力高质量发展建设共同富裕示范区。全省和省级财政预算执行情况良好，促进了全省经济社会持续健康发展。

（一）2022年预算收支执行情况

1.一般公共预算执行情况

（1）全省

2022年全省一般公共预算收入8039.38亿元，扣除留抵退税因素后增长5.5%，自然口径下降2.7%，为调整后预算的91.4%。其中，税收收入6619.86亿元，扣除留抵退税因素后增长2.0%，自然口径下降7.7%，为调整后预算的86.7%，占一般公共预算收入的82.3%，收入质量位居全国前列。加上地方政府一般债务收入1058.57亿元、转移性收入5529.58亿元，收入合计14627.53亿元。全省一般公共预算支出12017.70亿元，剔除新增地方政府一般债务安排的支出等因素，可比增长7.1%，完成调整后预算的107.0%；加上地方政府一般债务还本支出744.88亿元、转移性支出1864.95亿元，支出合计14627.53亿元。收支相抵，全省一般公共预算收支平衡。

（2）省级

2022年省级一般公共预算收入380.91亿元，可比增长6.4%，为调整后预算的111.4%；加上地方政府一般债务收入893.10亿元、转移性收入3565.26亿元，收入合计4839.27亿元。省级一般公共预算支出721.26亿元，可比增长3.9%，完成调整后预算的99.0%；加上地方政府一般债务还本支出24.00亿元、转移性支出4094.01亿元，支出合计4839.27亿元。收支相抵，省级一般公共预算收支平衡。

2.政府性基金预算执行情况

（1）全省

2022年全省政府性基金预算收入10068.97亿元，下降13.6%，为调整后预算的111.0%；加上地方政府专项债务收入3220.18亿元、转移性收入2073.16亿元，收入合计15362.31亿元。全省政府性基金预算支出11354.43亿元，下降8.4%，完成调整后预算的104.6%；加上地方政府专项债务还本支出791.40亿元、转移性支出3216.48亿元，支出合计15362.31亿元。收支相抵，全省政府性基金预算收支平衡。

（2）省级

2022年省级政府性基金预算收入53.87亿元，增长22.2%，为调整后预算的90.3%；加上地方政府专项债务收入2790.90亿元、转移性收入67.07亿元，收入合计2911.84亿元。省级政府性基金预算支出154.69亿元，增长6.4%，完成调整后预算的95.4%；加上转移性支出2757.15亿元，支出合计2911.84亿元。收支相抵，省级政府性基金预算收支平衡。

3.国有资本经营预算执行情况

（1）全省

2022年全省国有资本经营预算收入191.98亿元，增长53.5%，为预算的169.5%；加上转移性收入18.49亿元，收入合计210.47亿元。全省国有资本经营预算支出95.37亿元，增长30.4%，完成预算的127.4%；加上转移性支出115.10亿元，支出合计210.47亿元。收支相抵，全省国有资本经营预算收支平衡。

（2）省级

2022年省级国有资本经营预算收入52.03亿元，增长10.9%，为预算的118.7%；加上转移性收入11.63亿元，收入合计63.66亿元。省级国有资本经营预算支出28.61亿元，增长14.0%，完成预算的99.9%；加上转移性支出35.05亿元，支出合计63.66亿元。收支相抵，省级国有资本经营预算收支平衡。

4.社会保险基金预算预计执行情况

（1）全省

2022年全省社会保险基金预算收入6376.04亿元，增长6.0%，为预算的100.0%。全省社会保险基金预算支出6210.32亿元，增长8.3%，完成预算的100.8%；加上转移性支出20.45亿元，支出合计6230.77亿元。收支相抵，全省社会保险基金预算本年收支结余145.27亿元。

（2）省级

2022年省级社会保险基金预算收入3099.38亿元，增长8.4%，为预算的95.6%；加上转移性收入6.61亿元，收入合计3105.99亿元。省级社会保险基金预算支出3375.72亿元，增长7.3%，完成预算的98.8%；加上转移性支出32.08亿元，支出合计3407.80亿元。收支相抵，省级社会保险基金预算本年收支赤字301.81亿元，赤字主要是企业职工基本养老保险待遇享受人数增加以及基本养老金水平提高，将通过滚存结余弥补。

5.经批准举借债务的规模、结构、使用、偿还情况

（1）举借规模

①全省

2022年，全省地方政府债务限额为20717.35亿元，其中：

2021年债务限额18033.35亿元，2022年新增债务限额2666.00亿元，财政部统筹全国结存限额后分配我省使用18.00亿元。

2022年，全省发行地方政府债券合计4278.75亿元，其中：发行新增债券2973.00亿元，含2021年剩余新增债务限额42.00亿元、2022年新增债务限额2666.00亿元、结存限额265.00亿元；发行再融资债券1305.75亿元。

②省级

2022年，省级债务限额为1401.60亿元。

(2)结构

①全省

截至2022年末，全省地方政府债务余额为20168.83亿元，其中：一般债务7446.88亿元，占36.9%；专项债务12721.95亿元，占63.1%。地方政府债务余额小于限额，符合《中华人民共和国预算法》规定。

②省级

截至2022年末，省级地方政府债务余额为1010.29亿元，其中：一般债务267.58亿元，占26.5%；专项债务742.71亿元，占73.5%。

(3)使用

①全省

2022年，全省新增地方政府债券2973.00亿元，其中：用于交通运输331.63亿元，占11.2%；产业园区等市政建设1326.44亿元，占44.6%；棚户区改造等保障性住房建设211.68亿元，占7.1%；农林水利建设325.96亿元，占11.0%；科教文卫社会事业717.58亿元，占24.1%；生态建设和环境保护59.71亿元，占2.0%。

②省级

2022年，省级新增地方政府债券92.51亿元，其中：交通基础设施建设88.18亿元，教育事业3.47亿元，医疗卫生事业0.86亿元。

(4)偿还

①全省

2022年，全省财政共安排还本支出1536.28亿元，均用于偿还到期政府债务，其中一般债务还本支出744.88亿元，专项债务还本支出791.40亿元。

②省级

2022年，省级还本支出24.00亿元，均为一般债务还本支出。

2022年，地方政府债券资金均依法用于公益性项目建设；偿债资金来源落实，按时足额还本付息，没有出现偿付风险。政府债务风险指标控制在合理区间，低于警戒线，处于绿色安全区间，债务风险可控。

(二)2022年重点财政收支政策执行情况

1.全力保障疫情防控

完善疫情防控财政保障政策，将必要防疫支出纳入"三保"范围，大幅增加资金投入，确保各地不因资金问题影响防疫。全省安排疫情防控资金435.09亿元，增长3.1倍，全力保障免费核酸检测、隔离点建设及运行、防控物资采购等重点领域。医保基金支付6.92亿元，保障新冠病毒疫苗全民免费接种。安排支援省外重点地区疫情防控经费1.48亿元。综合考虑各地疫情影响情况，下达疫情相关补助资金6.65亿元。下达预补助15.89亿元，支持重症救治床位和亚定点医院建设，并向山区26县适当倾斜，进一步提升医疗救治能力。健全稳定的公共卫生事业投入机制，落实8.10亿元助推提高基本公共卫生服务标准和水平。

2.千方百计推动经济稳进提质

扎实做好国务院稳住经济大盘督导服务任务的落实工作，财税政策"早出快出""能出尽出"，先后出台四轮稳经济政策，及时出台"5+4"稳进提质政策包，第一时间落实国家和省稳经济一揽子政策，强化政策集成落地，推动实施见效。

落实新的组合式税费支持政策。第一时间实施小微企业"六税两费"减免、研发费用加计扣除、小规模纳税人阶段性免征增值税等减税降费政策。全省实现增值税留抵退税2233亿元，为上年的2.7倍，规模居全国第三，惠及企业23.88万户。落实相关社会保险减负政策，实施失业等保险阶段性降费率政策，缓缴养老、医保、失业、工伤保险费，为市场主体纾困解压。全年为市场主体减负4000亿元以上。争取中央留抵退税和其他减税降费等转移支付资金750.61亿元，支持市县落实减税降费和重点民生政策。

发挥金融服务实体经济作用。用好国家政策"大礼包"，全省投放政策性、开发性金融工具基金项目167个，获得基金投放654亿元。落实部分领域设备更新改造贷款贴息政策，对380个项目授信600亿元，争取中央财政预拨贴息资金6.19亿元，规模居全国第一。增加省再担保公司注册资本金10亿元，支持中小微企业和"三农"融资，再担保业务规模达1052亿元。下达民营和小微企业金融服务综合改革试点奖补资金1亿元，优化融资环境。

加大中小企业支持力度。实施稳岗返还和一次性留工培训补助，支持中小微企业和困难行业企业稳就业。统筹安排省中小企业纾困帮扶资金6亿元，推进困难中小微企业和"专精特新"中小企业发展。优化涉企补助资金兑付机制，加快执行进度。将政府采购项目预留给中小企业的比例、合同预付款比例各提高10个百分点；顶格执行面向小微企业价格扣除评审优惠。全年政府采购授予中小企业合同金额达1669亿元。

3.集中财力支持推进重大项目建设

坚持"要素跟着项目走"，保障实施扩大有效投资政策二十条，有序推进重大项目和政府投资基础设施建设。积极争取债券支持，全省可用专项债券资金总规模达3128亿元，增长38%，为重大公益性项目建设提供强有力支撑。安排省级资金148.44亿元，重点支持省级政府投资项目318个，撬动年度项目投资超400亿元。落实省级资金121亿元，保障构建综合立体交通网，推动全省综合交通完成投资3500亿元。新增安排省交通投资集团资本金5亿元。支持宁波—金华入选首批国家综合货运枢纽补链强链城市群。推进水利项目建设，落实89.64亿元，保障实施海塘安澜、百项千亿防洪排涝工程等重大水利专项行动和重大水利项目。省产业基金对外认缴61.80亿元,投资嘉因生物、华友时代锂电等一批重点项目,推进战略性产业项目落地、强链补链。落实省海洋(湾区)经济发展资金20亿元,联动推进海洋强省建设。支持重大文体设施建设,落实9.82亿元保障之江文化中心、省全民健身中心工程。

专栏1　发挥专项债券稳增长撬动作用

2022年新增专项债券拉动总投资超两万亿元。全省可用专项债券资金3128亿元(包括当年新增专项债券2325亿元,结存限额发行新增专项债券265亿元,去年发行结转今年使用专项债券资金538亿元)。新增专项债券支持全省2158个政府投资项目建设,撬动总投资超2.47万亿元,拉动当年有效投资超6000亿元。

全力支持补短板、惠民生、增后劲的政府重点投资项目。今年发行的新增专项债券安排405亿元投向交通基础设施领域,重点支持湖杭铁路、金建铁路、衢丽铁路、杭温铁路、杭州机场轨道快线工程等重大项目;安排961亿元投向市政和产业园区基础设施领域,助推发展优势产业;安排1088亿元支持社会事业、农林水利、保障性安居工程等民生领域项目;安排136亿元支持生态环保、能源及仓储物流基础设施等领域项目。"制度+机制+系统"破题专项债券资金使用效能。制定出台《浙江省地方政府专项债券项目资金绩效管理办法》,建立专项债券项目全过程绩效管理机制。打造"专项债全周期智管"应用,重塑专项债券"借、用、管、还"全周期管理体系,促进债券资金安全、规范、高效使用。

4.着力推动工业企稳回升向好

聚焦制造业高质量发展,优化财政资金保障重点和结构,推进保畅稳链和转型升级。省级整合存量资金99亿元、新增资金20亿元,全省提取土地出让收入的0.5%以上支持新一轮制造业"腾笼换鸟、凤凰涅槃",助推规上工业增加值增长4.3%左右。安排19.20亿元,推进数字经济"一号工程"升级版,促进提升产业链竞争力和稳定性。落实专项激励资金18亿元,支持18个县(市、区)打造制造业高质量发展示范样板。实施"放水养鱼"行动计划财政激励政策,引导地方支持培育省级专精特新企业2000家。落实电价补助3.42亿元,应急保障高峰期间电力供应,减轻工业企业用电成本。

5.积极支持稳外贸稳外资促消费

提升积极财政政策效能,发挥财政资金放大效应和导向作用,支持畅通国内国际双循环。落实稳外贸稳外资专项资金8.79亿元,省级稳外贸资金增长14%,支持开展"千团万企拓市场抢订单行动",出台商务包机省级奖补政策,鼓励企业参加跨境经贸活动。出台海运纾困政策,加大展会保障力度,支持新增"代参展"展会113个和举办全球数字贸易博览会。下达国际新开航线补助激励资金3.26亿元,落实"义新欧"中欧班列运费补助4.34亿元,支持第七批省级海外仓建设,加快推进"一带一路"沿线国家和地区产业链供应链布局。落实2.73亿元支持培育消费新热点,完善社区商业设施配套,推进智慧商圈建设等。出台暑期消费券奖补政策,兑现奖补资金1.17亿元,带动消费49.38亿元。落实3亿元保障新能源汽车推广应用和充电基础设施建设,全省新建公共领域充换电站1565座,充电桩19896根。

6.重点保障数字化改革和科技创新

健全数字化改革财政保障机制,支持打造一批管用好用的重大应用,推进数字浙江建设。全省财政科技支出增长17.7%,省级用于科技创新领域的资金增长42%,大力度推进科技自立自强。聚焦三大科创高地和15大战略领域,统筹资金40.30亿元,集中财力支持国家实验室、之江实验室等省实验室、省技术创新中心等高能级创新平台建设,强化国家战略科技力量建设。落实杭州城西科创大走廊建设资金6.30亿元,培育战略科技力量主平台。探索任务导向型财政科研项目经费评价改革试点,推进财政科研经费分类评价改革,扩大科研项目经费管理自主权、加大科研人员激励力度。落实3.97亿元支持西湖大学加快发展。落实重点人才项目资金14.37亿元,保障人才引育留用,支持新引进海外高层次人才526名。

7.持续加大区域协调发展投入

健全财政激励政策体系,保障重大战略实施,增强发展协调性。2020—2022年,安排227.64亿元支持示范区嘉善片区建设,其中一般公共预算统筹安排52.49亿元,政府债券安排175.15亿元额度。2022年下达2亿元实施长三角一体化发展激励政策,推动重点区域优质公共服务共享、基础设施互联互通和产业协同发展,带动嘉善片区等重点区域完成重大项目年度投资超50亿元。落实26县发展实绩考核奖励资金13.90亿元,支持26县高质量发展。新增革命老区转移支付1.47亿元,下达边境和民族地区转移支付4.94亿元,强化山区海岛地区财力保障。统筹落实1.89亿元,支持9个山海协作产业园提升工程和18个山海协作生态旅游文化产业园提升工程。全省筹措62.95亿元,支持援疆、援藏、援青、浙川东西部协作等工作。

8.有力推动城乡融合发展

强化财政资金整合和统筹,全面落实乡村振兴战略,积极保障城乡基础设施水平提升。落实44.03亿元保障农业农村高质量发展、乡村振兴绩效提升奖补,聚焦农业"双强",支持实施农艺农机融合示范、农事服务中心、现代种业良繁基地等项目183个。落实农业农村省统筹资金7.67亿元,支持粮食生产功能区改造提升超20万亩,实施山区海岛县防汛抗旱和供水保障等补短板项目。落实8.91亿元支持衔接推进乡村振兴政策。深化"千万工程"建设,落实4.15亿元推进历史文化(传统)村落保护利用和美丽乡村示范带培育。增加省农业融资担保有限公司注册资本金1亿元。落实12.97亿元支持城镇生活垃圾分类和污水处理基础设施、海绵管廊、美丽宜居示范村等建设。落实8亿元支持农村生活污水治理"强基增效双提标"行动和美丽城镇建设。落实18.68亿元支持村级组织运转和基层党组织建设。落实1.28亿元助力村级集体经济巩固提升三年行动计划圆满完成。落实一事一议财政奖补资金5.70亿元，支持建设村级公益设施项目4291个。

9.聚力支持打造优质文化成果

完善文化投入机制，突出投入重点，推动文化事业和产业高质量发展。落实2.27亿元支持实施“文化遗产保护工程”“宋韵文化传世工程”、革命文物保护利用等。专项支持“中国历代绘画大系”研究、编撰、出版和展览工作。保障国家版本馆杭州分馆建成开馆，打造新文化地标。落实1.03亿元支持考古与文物基地建设及世界级文化遗产培育。落实4.58亿元支持完善公共文化服务体系，保障博物馆、纪念馆免费开放。安排文化艺术发展基金1亿元，扶持优秀作品创作。保障越剧《枫叶如花》等艺术精品创排。落实5亿元支持诗路文化带建设，深化文旅融合发展。下达3亿元支持农村文化礼堂实现500人以上行政村全覆盖。保障体育基础设施建设，连续三年统筹18亿元支持21个省属亚运场馆建设；提前下达10亿元支持办好杭州亚运会、亚残运会。下达专项资金5.57亿元，支持体育事业和产业发展，办好第十七届省运会。

10.全面支持绿色低碳发展

坚持“绿水青山就是金山银山”的理念，持续健全生态文明建设财政保障机制，构建“1+4+N”财政支持碳达峰碳中和框架体系。新增支持碳达峰碳中和资金10.60亿元，推进10个县低零碳试点、104个工业节能减碳技改项目等。加大生态保护补偿资金投入，安排绿色发展财政奖补政策资金138.62亿元。落实国家绿色发展基金出资3亿元，争取基金投资我省新能源项目7.80亿元。继续支持钱江源—百山祖国家公园创建。落实2亿元实施新安江流域横向生态补偿。落实省生态环境保护专项资金13.34亿元，支持高水平打好蓝天碧水净土清废攻坚战。落实奖补资金2.90亿元，支持26个县(市、区)建成城镇“污水零直排区”。落实省自然资源专项资金26.42亿元，推动4个省级“蓝色海湾”项目建设、完成乡村全域土地综合整治与生态修复工程100个以上等。落实省级林业专项资金7.10亿元，推动森林资源提质增效，提升森林生态系统碳汇能力。

11.持续健全民生长效保障机制

全省一般公共预算支出用于民生的比例达74.7%，推动“扩中”“提低”改革，健全基本公共服务保障标准体系。强化省级保障，支持市县实施十方面民生实事，推进基本公共服务优质共享。

加大就业和社会保障投入。有力推进稳就业措施落地，下达省以上就业补助11.91亿元。落实5.11亿元，支持一流技师学院和高水平专业群建设，保障开展“金蓝领”职业技能提升行动，培训人次达224.8万。全省平均月低保标准达到1084元，下达省以上补助26.16亿元，巩固56.36万名低保对象基本生活保障。落实12.05亿元保障困境儿童和残疾人等特殊群体的生活补助，落实4.27亿元推进残疾人服务提升和残疾儿童康复提标扩面。投入省以上资金14.46亿元，提高部分优抚对象等人员的抚恤和生活水平，约30万人受益。落实5亿元统筹支持租赁住房保障、城镇棚户区和老旧小区改造等。协同制定促进积极生育的支持政策，推动开展普惠托育基本公共服务试点。稳步提高退休人员基本养老金水平，下达省以上城乡居民基本养老保险补助61.22亿元，比上年新增5.02亿元。落实5亿元支持建设居家社区机构相协调、医养康养相结合的养老服务体系。

支持推进教育现代化。适时提高义务教育省定公用经费标准，小学由每生每年650元提高到800元，初中由每生每年850元提高到1000元。统筹35.85亿元重点保障义务教育公用经费、免费教科书等需求，落实义务教育“双减”政策，义务教育阶段学校课后服务覆盖面达100%；落实28.48亿元支持151.48万名外来务工随迁子女就读、改善基础教育办学条件以及规范民办义务教育发展等。率先探索教育领域“钱随人走”转移支付改革，新增1.54亿元对省内跨县净流入学生较多的县(市、区)、学校布局优化的山区海岛县、新增小规模义务教育学校的县(市、区)等进行奖补。安排3.10亿元中小学扶困助学专项，实现中小学困难学生应助尽助。落实教育发展专项资金8.72亿元，支持学前教育普及普惠等，保障516所学校共建跨区域教共体。落实31.02亿元保障高水平大学、高水平学科、高水平高职院校和专业(群)建设。

绍兴市上虞区梁湖街道皂李湖

专栏2　推进"钱随人走"改革

聚焦基本公共服务优质共享总体目标，以提升流动人口公共服务水平为出发点，在全国率先构建了以人为核心的"钱随人走"制度体系，根据基本公共服务性质及支出成本关联度划分，优化资金分配，通过更加精准的转移支付调节，实现更加均衡的财力保障，提供更加均等的基本公共服务。

系统化、集成化制度体系不断深化。根据《"钱随人走"制度改革总体方案》明确的"1＋X＋N"制度体系，以1个《关于推进"钱随人走"转移支付制度改革的实施意见》为操作指南，印发《浙江省助力"浙里优学"义务教育领域"钱随人走"转移支付办法》《浙江省基本公共文化服务（宣传文化）补助资金管理办法》，修订完善义务教育、公共卫生和公共文化等领域的转移支付管理办法。

民生保障更加精准有力。2022年，省级下达义务教育、公共卫生等"钱随人走"转移支付资金33亿元，切实保障基层民生支出。例如在义务教育领域，协同设计钱随学籍人数走的补助性转移支付、钱随特定学生走的奖励性转移支付、山区海岛县学校布局优化奖励性转移支付等政策体系，惠及全省484万名中小学生。

保障实施健康浙江行动。加大医疗卫生事业投入，落实7.43亿元推进"医学高峰"项目建设，多渠道筹资支持浙医一院创建国家医学中心。积极争取丽水市入选国家公立医院改革与高质量发展示范项目，2022—2024年将获中央财政补助资金5亿元。支持"三免三惠"健康行动，共享优质医疗服务，全省城乡居民免费健康体检人数达1279万人、重点人群免费接种流感疫苗人数达175万人、重点人群免费重点疾病筛查达294万例。聚焦推进县级强院建设，统筹整合"山海"提升工程、县域医共体等补助资金5.59亿元。安排中医药传承补助1.07亿元，支持省级中医医院4个特色专科建设，助推国家中医药综合改革示范区建设。逐步提高城乡居民医疗保险财政补助标准，落实26.96亿元，有效巩固基本医疗保险参保率，全省参保人数达到约2700万人。落实医疗救助补助资金6.72亿元，保障特困、低保和低保边缘家庭人员应保尽保。

提升安全生产保障水平。围绕"1＋4＋N"模式，新增2亿元保障省级应急救援平台建设。安排3150万元保障省级综合性应急物资库建设。落实1.06亿元用于支持全省安全生产、避灾安置场所建设及服务保障能力提升等工作。落实"除险保安"全省大排查资金1967万元，营造安全稳定的社会环境。落实食品药品安全监管专项政策资金2.84亿元，提升食品药品质量安全保障水平。

12.深入推进财税体制改革

系统联动开展共同富裕奋进年行动，贯彻落实《财政部支持浙江省探索创新打造财政推动共同富裕省域范例的实施方案》，扎实推动33项改革。签署《浙江省人民政府　财政部关于建立共同富裕财税政策体系省部协同研究机制备忘》，共同研究有利于共同富裕的基础性制度安排，初步构建"1＋3＋4＋8"的共富型现代财税体制框架，研究以家庭为单位的共富型财税政策体系。出台我省关于进一步深化预算管理制度改革的实施意见，提出6方面20条改革举措，着力缩小三大差距。深化财政数字化改革，落实全省重大改革（重大应用）"一本账S2"；开发"财政大脑"，入选全省"最强大脑"；打造"收支运行智管""资产智管"等创新型应用。"浙里办票＋浙里报账"和"政府采购（政采云）"连续两年获得全省数字化改革"最佳应用"。统一公共支付平台累计提供缴款服务突破4亿人次、收缴资金逾2万亿元。

专栏3　加快财政大脑建设

构建财政"智能模块"。聚焦财政核心业务，汇集预算编制、执行、债务等领域各环节财政大脑"智能模块"建设需求，打造形成各财政业务管用、好用的"智能模块"，嵌入到财政核心业务系统中，增强财政业务办理的规范性、及时性和智慧性，助力财政业务全流程的智能化闭环管理。

推进"大脑＋应用"建设。有效利用财政大脑技术支撑能力，按照"五个一批"要求，重点打造"收支运行智管""资产智管""专项债全周期智管"等应用。迭代深化财政公权力大数据监督、"三保"智控、科创高地保障在线等应用。

实战实效成果。大脑归集业务数据166.2亿条，制定预警规则293条，研发业务模型59个，收集各类样本193个。建成10个智能模块，产生预警信息1.30万条。贯通全省各级财政部门97家、预算单位超2万家，形成全省财政业务"发现—预警—处置—反馈"全过程管理闭环。

坚持党政机关过紧日子，全省非刚性、非重点项目支出预算压减8.3%，研究建立省级机关过紧日子评价体系，形成常山"廉政灶"等十佳过紧日子优秀案例。构建新一轮集中财力办大事财政政策体系，持续优化支出结构，形成大事、政策、资金和工作合力。推进预算绩效管理改革，实现部门整体绩效目标编制全覆盖，对39个试点部门开展整体绩效评价工作。强化资产全生命周期管理，完善新增资产配置预算与资产存量挂钩机制。进一步强化财会监督，加强重大政策、重点项目的监督。强化政府债务风险管控，实施政府投资项目立项前财政承受能力和债务风险评估，坚决遏制新增隐性债务。健全社会保险基金风险管控机制，落实充实社保基金国有资本管理工作。完善基层"三保"风险管控机制，加强"三保"预算执行监控。

与此同时，我们认真办理人大代表建议。在省十三届人大六次会议及闭会期间，人大代表共提出与财政相关的建议322件（其中主办13件），根据会议决议精神，省财政厅严格落实办理责任，认真开展调查研究，主动、及时与代表沟通，按时办理完毕，满意率达100%。主办件中，所提问题及建议已经解决或列入计划逐步解决的达100%。如在办理宁47号建议《关于减免招投标过程中履约保证金的建议》时，结合代表提出的意见建议，印发《浙江省财政厅关于进一步加大政府采购支持中小企业力度助力扎实稳住经济的通知》，鼓励采购单位免收履约保证金，政府采购货物和服务项目确需收取履约保证金的，最高比例由不超过合同金额的2.5%调整为1%，进一步降低政府采购制度性交易成本，减轻企业负担。

2022年是本届政府的收官之年。五年来，我们认真贯彻党中央、国务院和省委、省政府决策部署，财政综合实力显著提升，国家重大战略保障有力，积极财政政策精准发力，民生保障长效机制不断健全，财税体制改革持续深化，为全省经济社会发展作出积极贡献。2022年全省一般公共预算收入、一般公共预算支出分别为2017年的1.4倍、1.6倍，五年年均增幅分别为6.7%和9.8%，一般公共预算收入规模跃升至全国第三。税收收入占一般公共预算收入的比重保持在80%以上，位居全国前列。全省财政支出用于民生的比例连续19年保持在三分之二以上。2018年以来全省累计新增减税降费9130亿元以上，争取新增地方政府专项债券8469.60亿元。2018年以来，财政管理工作连年获得国务院督查激励。

这五年来取得的成绩，是习近平总书记掌舵领航的结果，是习近平新时代中国特色社会主义思想科学指引的结果，是省委、省政府带领全省人民团结奋斗、笃行不怠的结果，是省人大、省政协及代表委员们监督指导的结果。

同时，我们也清醒地看到，在财政管理过程中还面临一些困难和挑战，一是财政经济形势严峻，税收收入增速、土地出让收入下降，叠加防疫性增支、政策性增支等因素，财政减收增支矛盾突出，各地未来三年化债任务依然较为艰巨；二是财会监督不够有力，贯通机制不够健全，威慑力有待进一步加强；三是部分市县财政预算绩效管理力度较弱，部分单位预算项目绩效目标编制不够全面完整。对此，我们高度重视、认真研究，积极采取有力措施切实加以解决。

二、2023年预算草案

（一）2023年财政收支形势

我国经济韧性强、潜力大、活力足，各项政策效果持续显现，2023年经济运行有望总体回升，为财政收入增长奠定了坚实基础。但同时，需求收缩、供给冲击、预期转弱三重压力仍然较大，财政收入可持续增长面临不确定性。财政支出方面，各领域对财政资金需求较大，推动经济稳进提质、办好民生实事等重点领域支出都需要加强保障。财政收支形势严峻，财政收支矛盾仍然突出。各地各部门要更好统筹发展和安全，建立可持续的财政保障机制，优化支出重点和结构，提升财政资金效益和政策效能，切实保障党中央、国务院和省委、省政府重大决策部署落实。

（二）2023年财政预算编制的指导思想

2023年是贯彻党的二十大精神开局之年，是“八八战略”实施20周年，也是新一届省政府履职起始之年。按照中央和省委对经济工作的总体部署以及财政改革总体要求，根据2023年度全省经济社会发展目标、国家宏观调控总体要求和跨年度预算平衡的需要，参考上年度执行情况，并结合对2023年财政收支形势的分析和预测，全省2023年财政预算编制的指导思想是：坚持以习近平新时代中国特色社会主义思想为指导，全面贯彻落实党的二十大精神以及中央经济工作会议精神，深刻领悟“两个确立”的决定性意义，增强“四个意识”、坚定“四个自信”、做到“两个维护”，完整准确全面贯彻新发展理念，按照省第十五次党代会和省委十五届二次全会的决策部署，忠实践行“八八战略”，奋力推进“两个先行”，努力打造“重要窗口”，聚焦高质量发展、缩小三大差距和改革创新，着力深化财税体制改革，推动积极的财政政策加力提效，在有效支持高质量发展中保障财政可持续和地方政府债务风险可控，积极打造更多财政标志性成果，为高质量发展建设共同富裕示范区、体系化推进中国式现代化省域实践扛起财政使命担当。

（三）2023年重点财政收支政策

1.推动“8+4”经济政策体系落地

把高质量发展作为首要任务，坚持集中财力办大事。聚焦“8+4”经济政策体系，研究保障措施，分别建立八个重点领域财政支持政策包。继续保持必要的财政支出强度，进一步加大对扩大有效投资、科技创新、先进制造业、综合交通、现代服务业、稳外贸扩外资促消费、乡村振兴和城乡区域协调发展、民生保障等重点领域的支持力度。加强减税降费、政府产业基金、政府债券、专项资金、政府采购等财政政策工具的科学搭配组合，形成政策同向发力的叠加效应。

2.保障重大项目建设

积极通过政府投资和政策激励带动全社会投资，支持启动实施扩大有效投资“千项万亿”工程。安排85.10亿元支持交通

湖州市南浔区一般债券项目（浙江水利水电学院新校区）

强省建设，安排省交通投资集团资本金8亿元，进一步扩大全省综合交通投资。安排91.79亿元，保障海塘安澜、浙江水网等重大水利专项行动实施和重大水利项目建设，继续对“26+3”中的沿海县（市、区）及海岛地区问题海塘项目按现行标准提高10个百分点给予支持。保障重大民生项目建设，省市区联动支持浙医一院创建国家医学中心，安排之江文化中心工程建设布展等经费13.48亿元，安排全民健身中心建设经费2.76亿元。

3.支持培育“415X”先进制造业集群

聚焦促进制造业稳健运行、结构优化，构建先进制造业集群“4+3”财政支持政策体系。发挥省产业基金创新引领作用，聚焦“415X”先进制造业集群和“专精特新”中小企业设立专项基金。安排激励资金18亿元，支持工业发达县与山区县“1+1”结对合力探索“产业促共富”新模式，推进产业链区域合作与高质量协同发展。创新省中小企业发展专项资金支持方式，开展园区精准服务中小微企业财政专项激励试点。提取土地出让收入的0.5%以上，保障新一轮制造业“腾笼换鸟、凤凰涅槃”攻坚行动。大力发展数字经济，安排省工业与信息化专项资金21.20亿元，支持产业链协同创新、生产制造方式高端化智能化绿色化转型、首台套提升工程、工业互联网平台创建等。

4.支持外贸外资平稳发展

强化资金激励作用，更大力度推动外贸稳规模、优结构，促进外资稳存量、扩增量。安排1.90亿元，加大国际性展会支持力度，鼓励企业抢订单拓市场。安排1.43亿元支持跨境电商综试区、自贸区建设及改革创新。对义新欧（中欧）班列予以运费补助，加快推进“一带一路”沿线国家和地区产业链供应链布局。出台新一轮国际新开航线补助政策，将激励范围扩大到温州、义乌两个口岸机场。

5.支持激活和扩大消费

全面落实中共中央、国务院《扩大内需战略规划纲要（2022—2035年）》，完善消费支持政策，支持重点行业回暖提升。安排2亿元支持优化新能源汽车应用环境和产业发展生态。安排1800万元对示范类高品质步行街改造给予激励。安排5000万元支持智慧商圈、智慧商店和现代供应链试点示范项目实施。统筹资金1.94亿元，支持开展第二批19个县域商业体系试点县创建及商贸流通龙头企业的培育。支持探索电商直播式“共富工坊”，举办“浙里来消费·嗨购金兔年”等促消费活动，提振居民消费信心。

6.支持增强市场主体活力

不折不扣落实各项减税降费政策，完善融资支持政策，持续优化企业发展环境。安排普惠金融发展专项奖补资金1亿元，引导更多金融资源服务扩中家庭，助力构建橄榄型社会。安排省担保集团费用补贴6900万元，引导加大对小微企业和“三农”主体的支持力度，将担保费率保持在1%以下，提升政府性融资担保覆盖面。安排2000万元落实省企业破产援助奖补机制，对设立破产援助资金且使用规范的市县给予奖补，促进市场良性循环。持续发挥政府采购政策功能，通过预留采购份额、价格评审优惠、信用融资工具等政策措施，支持中小企业健康发展。

7.加大科教人才事业发展保障力度

支持教育强省。鼓励各地建立学前教育成本分担机制，统筹3.32亿元支持学前教育普惠优质发展。深化义务教育“钱随人走”转移支付改革，整合资金超50亿元支持义务教育优质均衡发展。统筹教育发展专项资金1.20亿元，保障山区海岛县普通高中发展。统筹职业教育资金12.50亿元，支持职业教育融合发展、国家和省“双高”建设、完善生均拨款机制、改善办学条件以及职业院校教师素质提升。安排25亿元，支持浙江大学、中国美术学院、宁波大学等国家“双一流”高校建设，保障省内高校开展新一轮登峰学科、优势特色学科等建设。

支持科技强省、人才强省。围绕三大科创高地建设，深入实施首位战略首位保障。省级安排财政资金100.73亿元支持科技创新，比上年增长31%，支持构建“315”国家战略科技力量体系，全力提升重大科创平台能级。其中，安排75.82亿元支持国家实验室、之江实验室等省实验室、西湖大学、中科院杭州医学所、杭州城西科创大走廊、国家重大科技基础设施、省技术创新中心等重大科创平台建设，加快培育打造国家战略科技力量。聚焦云计算与未来网络、智能计算与人工智能、微电子与光电子等15个战略领域，安排24.91亿元支持开展原创性引领性科技攻关，产出一批硬核科技成果。筹措17.85亿元支持“鲲鹏行动”计划、省海外引才计划等重点人才项目。安排1.50亿元支持博士后工作站建设。

8.推动区域协同、城乡一体发展

支持长三角一体化发展。安排省长三角一体化奖补资金2亿元，优化激励政策，重点支持长三角一体化发展重点区域、重大平台和最佳实践市县。加快推进长三角区域政府采购一体化。

支持海洋强省和山海协作。围绕全省域高质量发展海洋强省，扩大支持范围，优化支持方向，安排省级资金20亿元，进一步发挥海洋（湾区）经济发展资金的激励导向作用，推动塑造海洋优势。健全山海协作财政政策，安排12.48亿元，比上年增加10.59亿元，支持“产业飞地”和特色生态产业平台建设等项目。进一步优化山区海岛县财政支持政策，研究建立山区海岛县高质量发展财政激励机制，增强市县内生发展动力，促进高质量发展，促进基本公共服务均等化。

支持新型城镇化建设和跨乡镇土地综合整治工程。安排10.56亿元支持城镇生活垃圾分类和污水处理基础设施、海绵管廊、美丽宜居示范村等建设。安排3亿元支持农村生活污水治理“强基增效双提标”行动。安排3.60亿元支持城乡风貌整治提升建设。安排5亿元支持美丽城镇建设。安排造地改田支出23.80亿元，统筹支持土地综合整治、耕地保护补偿、农村宅基地复垦耕地，推进土地集约节约利用。

支持乡村振兴。安排农业农村现代化先行资金10亿元以上，集中支持高标准农田（含粮食生产功能区）建设和改造提升60万亩，以及实施山区海岛县乡村振兴重大项目。安排12.19

亿元支持实施粮油规模种植补贴、订单良种奖励等政策，促进粮食生产稳定发展。聚焦现代种业发展、农业科技创新等关键领域，安排农业“双强”资金16.60亿元。深入实施“千万工程”，安排5.69亿元支持推进历史文化(传统)村落保护利用、未来乡村以及美丽乡村示范带建设。继续安排8.91亿元，支持巩固拓展脱贫攻坚成果同乡村振兴有效衔接。安排政策性农业保险保费补贴资金6亿元，支持全省政策性农业保险提标、扩面、增品。安排20.42亿元用于村干部基本报酬补助、村级组织运转和社区工作经费。安排1.09亿元扶持“26 + 3”县发展村级集体经济项目，提高村集体经营性收益能力。安排1亿元“百县争创、千乡晋位、万村过硬”工程示范村(社区)奖补资金，助力“红色根脉强基工程”。安排7.02亿元开展一事一议财政奖补，持续推进村级公益事业建设。安排4.37亿元支持深化农村综合改革试点。

9.支持文化体育事业发展

聚焦文化强省建设，完善财政支持政策体系。安排专项资金2亿元，择优支持20个文化产业发展引领县(市、区)建设。落实4.48亿元支持完善公共文化服务体系建设，鼓励民办博物馆免费开放。安排2.17亿元支持文化遗产保护、宋韵文化传承等。安排9900万元支持世界级文化遗产培育。建立与院团绩效挂钩的财政奖补机制，安排8900万元支持省属院团和省级文化单位出精品、出人才。协同制定“之江潮”杯文化大奖奖励机制。安排文化艺术发展基金1亿元，扶持优秀作品创作。安排3.35亿元保障农村文化礼堂、社区家园等基层宣传文化阵地建设和提升。安排5.29亿元支持体育事业、体育产业发展。落实省级保障经费，支持办好杭州亚运会、亚残运会。安排5亿元保障诗路文化带建设，推进文旅深度融合发展。安排旅游发展资金1.99亿元，重点支持山区26县、海岛、乡村旅游公共服务设施建设。

10.推进绿色低碳发展

迭代升级新一轮绿色发展财政奖补机制，研究扩围实施与生态产品质量和价值相挂钩的财政奖补机制，安排150亿元激励各地加强生态保护和环境治理，更好推动绿色转化，缩小地区间发展差距。安排1.32亿元支持海上风电、新型电力系统示范项目建设，加快可再生能源项目建设。安排2.85亿元支持25个县(市、区)完成城镇“污水零直排区”建设攻坚行动。安排专项资金8.87亿元，深入打好治水治气治土治废攻坚战。统筹安排1.70亿元，支持开展省级山水林田湖草生态保护修复。安排专项资金6.59亿元，支持林业推进共同富裕试点县和综合体建设等。安排碳达峰碳中和资金8.70亿元，用于低零碳试点、节能低碳技术改造等。安排国家绿色发展基金出资1.50亿元，推进新能源和环保产业发展。安排新安江流域水环境生态保护补偿资金2亿元，并实施省内流域横向生态保护补偿机制。支持钱江源—百山祖国家公园创建。

11.保障和改善民生

支持高质量充分就业。持续稳定和扩大就业，完善高质量就业创业财政政策体系，安排就业补助资金3.60亿元，支持高校毕业生、退役军人、城镇就业困难人员等重点群体积极就业，并加大对山区海岛县帮扶力度。深入推进“技能浙江”建设，安排4.83亿元支持打造“浙派工匠”金名片，开展技工教育提质增量行动。

保障做好“一老一小”工作。聚焦“浙有善育”，贯彻落实促进人口长期均衡发展的政策意见，指导各地加快推动普惠托育基本公共服务试点工作落地见效。聚焦“浙里康养”，持续支持实施重点人群流感疫苗免费接种和结直肠癌免费筛查，提升老年健康服务水平。安排5.50亿元支持基本养老服务体系建设，优化养老服务资源配置。

推进卫生健康体系建设。推动生命健康科创高地建设，安排9.26亿元，支持实施委省共建国家区域医疗中心、中科院杭州医学所、国家医学中心等项目。安排2.52亿元，支持杭州医学院生物安全三级实验室、“健康浙江百万人群队列”项目建设。安排补助资金4.92亿元，深入实施医疗卫生山海提升工程和县域医共体改革，推进高水平县级医院建设。发挥财政资金激励引导作用，加快推进丽水市公立医院改革与高质量发展示范项目建设，支持山区26县中医院强院建设，着力缩小医疗卫生城乡区域差距。安排7.23亿元，进一步提升公共卫生服务补助水平。强化预防为主，继续支持实施出生缺陷预防、城乡妇女“两癌”筛查等基本公共卫生服务。

健全社会保障体系。安排26.62亿元，逐步提高城乡居民医疗保险财政补助标准。安排医疗救助资金7.06亿元，确保特困、低保和低保边缘家庭人员应保尽保，并对其难以负担的政策范围内医疗费用给予补助。安排4.52亿元支持残疾人服务提升和残疾人事业发展。设立2000万元慈善事业引导资金，支持慈善事业发展。安排20.25亿元，保障困难群众生活救助，比上年新增1.97亿元。安排12.54亿元保障困境儿童和残疾人等特殊群

杭州市余杭区第一人民医院

体的生活补助。继续安排5亿元，统筹支持租赁住房保障、城镇棚户区改造、老旧小区改造等。安排农业转移人口市民化奖励资金18.23亿元，较上年增长14.2%，引导市县积极承担义务教育、医疗卫生等方面的公共成本。

保障守住安全发展底线。全力保障疫情防控工作，突出保健康防重症，出台并落实各项关心关爱医务人员激励保障政策，着力支持提升医疗救治能力和医疗物资保障能力，最大限度保障人民群众生命安全和身体健康。安排3亿元，支持食品、药品、化妆品和医疗器械监督抽检等专项工作，继续实施仿制药质量和疗效一致性评价省级奖补政策。继续安排8000万元保障应急救援平台建设。安排1.86亿元保障省级综合性应急物资库建设。安排5500万元支持安全生产、避灾安置场所建设及服务保障能力提升等工作。安排4000万元支持消防救援队伍业务装备提升、设施改造等。

（四）2023年一般公共预算草案

1.全省

（1）收入预算

2023年全省一般公共预算收入预期8440.00亿元，增长5.0%。主要科目收入情况：

2023年全省一般公共预算主要科目收入情况（单位：亿元）

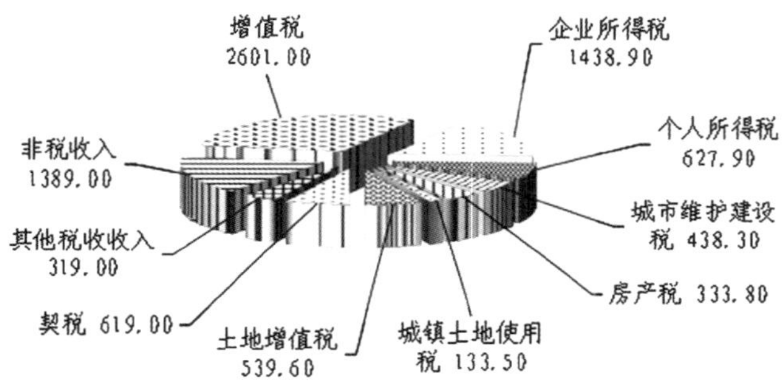

全省一般公共预算收入预期8440.00亿元，地方政府一般债务收入预期1074.77亿元，加上转移性收入4657.08亿元，收入合计14171.85亿元。

（2）支出预算

拟安排2023年全省一般公共预算支出11900.00亿元，剔除新增地方政府一般债务安排的支出等因素，可比增长4.5%。重点支出情况：

2023年全省一般公共预算重点支出情况（单位：亿元）

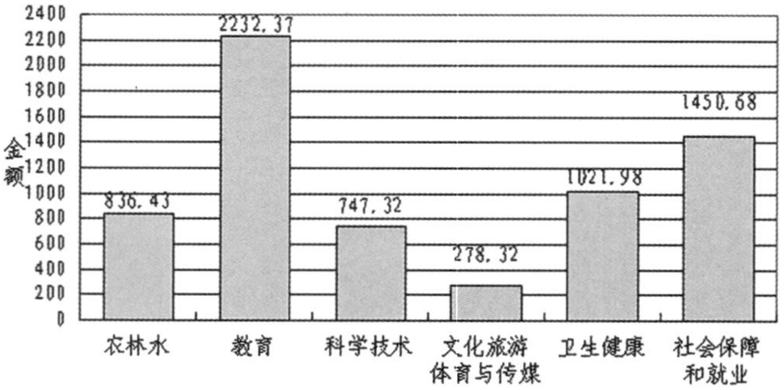

全省一般公共预算支出11900.00亿元，预备费128.60亿元（为本级预算支出的1.1%），地方政府一般债务还本支出927.13亿元，加上转移性支出1216.12亿元，支出合计14171.85亿元。

收支相抵，全省一般公共预算收支平衡。

2.省级

（1）收入预算

2023年省级一般公共预算收入预期342.00亿元，剔除上年缓缴税款一次性入库等因素，可比增长2.5%，主要科目收入情况：

2023年省级一般公共预算主要科目收入情况（单位：亿元）

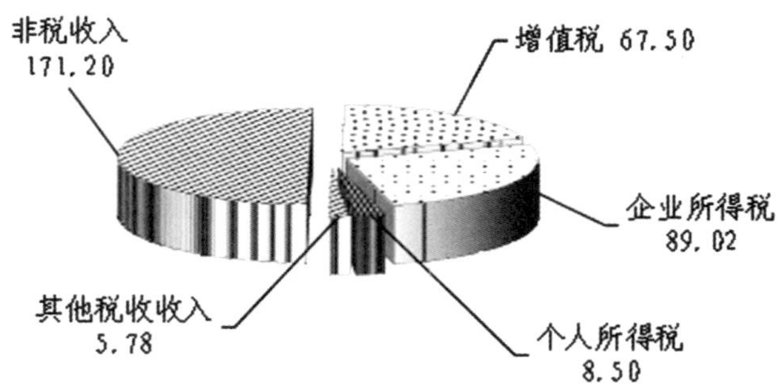

省级一般公共预算收入预期342.00亿元，地方政府一般债务收入预期921.30亿元，加上转移性收入3302.63亿元，收入合计4565.93亿元。

（2）支出预算

拟安排2023年省级一般公共预算支出787.27亿元，剔除2023年新增地方政府一般债务安排的支出等因素，可比增长2.0%。重点支出情况：

2023年省级一般公共预算重点支出情况（单位：亿元）

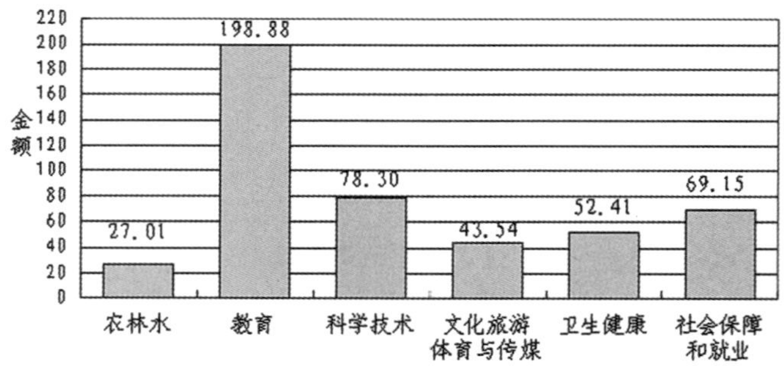

省级一般公共预算支出787.27亿元，预备费10.00亿元（为本级预算支出的1.3%）、地方政府一般债务还本支出62.84亿元，加上转移性支出3705.82亿元，支出合计4565.93亿元。

其中：一般性转移支付1748.79亿元，专项转移支付369.00亿元。

收支相抵，省级一般公共预算收支平衡。

省人代会前安排的省级支出情况：根据《中华人民共和国预算法》第五十四条规定，预算年度开始后，省级预算草案在省人代会批准前，安排使用的支出，主要是参照上一年同期的预算支出数额安排必须支付的本年度基本支出和项目支出。

（五）2023年政府性基金预算草案

1.全省

2023年全省政府性基金预算收入预期8865.85亿元，下降11.9%；加上地方政府专项债务收入2408.14亿元、转移性收入1911.08亿元，收入合计13185.07亿元。全省政府性基金预算支出9400.40亿元，剔除新增地方政府专项债务安排的支出因素，可比下降7.3%；加上地方政府专项债务还本支出902.80亿元、转移性支出2881.87亿元，支出合计13185.07亿元。收支相抵，全省政府性基金预算收支平衡。

2.省级

2023年省级政府性基金预算收入预期52.58亿元，下降2.4%；加上地方政府专项债务收入2062.00亿元、转移性收入59.58亿元，收入合计2174.16亿元。省级政府性基金预算支出66.20亿元，剔除新增地方政府专项债务安排的支出因素，可比下降4.8%；加上转移性支出2107.96亿元，支出合计2174.16亿元。收支相抵，省级政府性基金预算收支平衡。

（六）2023年国有资本经营预算草案

1.全省

2023年全省国有资本经营预算收入预期150.69亿元，下降21.5%；加上转移性收入19.85亿元，收入合计170.54亿元。全省国有资本经营预算支出101.93亿元，增长6.9%；加上转移性支出68.61亿元，支出合计170.54亿元。收支相抵，全省国有资本经营预算收支平衡。

2.省级

2023年省级国有资本经营预算收入预期50.31亿元，下降3.3%；加上转移性收入8.38亿元，收入合计58.69亿元。省级国有资本经营预算支出32.54亿元，增长13.7%；加上转移性支出26.15亿元，支出合计58.69亿元。收支相抵，省级国有资本经营预算收支平衡。

（七）2023年社会保险基金预算草案

1.全省

2023年全省社会保险基金预算收入预期6943.64亿元，增长8.9%。全省社会保险基金预算支出6613.76亿元，增长6.5%；加上转移性支出20.45亿元，支出合计6634.21亿元。全省社会保险基金本年预期结余309.43亿元。

2.省级

2023年省级社会保险基金预算收入预期3575.52亿元，增长15.4%；加上转移性收入7.42亿元，收入合计3582.94亿元。省级社会保险基金预算支出3644.62亿元，增长8.0%；加上转移性支出21.08亿元，支出合计3665.70亿元。省级社会保险基金本年预期赤字82.76亿元，主要是企业职工基本养老保险抚养比较低，待遇享受人数增加以及基本养老金水平提高，将通过滚存结余弥补。

（八）2023年地方政府债务

2022年年底，财政部提前下达我省新增地方政府债务限额1909.00亿元。鉴于2023年地方政府债务限额尚未下达，我省2023年地方政府债务限额暂按2022年限额20717.35亿元，加上提前下达2023年部分新增限额，即22626.35亿元把握。

提前下达的新增债务1909.00亿元已编入2023年预算，除用于交通运输、能源、农林水利、生态环保、社会事业、物流、市政建设、保障性住房等以前年度支持的项目领域建设外，还新增了新能源和新型基础设施等“两新”基础设施建设。2023年全年新增地方政府债务限额待财政部下达后，再依法编制调整预算方案（草案）提交省人大常委会会议审议批准。

从严控制部分政府债务风险高的市、县（市、区）新增债务。根据分年度地方政府债务到期情况，一般债务到期以一般公共预算收入偿还，专项债务到期以专项债券项目对应的政府性基金或专项收入偿还，分年落实偿债资金来源，确保按期还本付息，财政中长期可持续。2023年，在一般公共预算支出中安排一般债务还本支出927.13亿元（其中：发行再融资债券偿还869.77亿元，安排财力偿还57.36亿元），在政府性基金预算支出中安排专项债务还本支出902.80亿元（其中：发行再融资债券偿还704.14亿元，安排财力偿还198.66亿元）。

三、认真抓好2023年财政预算执行和管理改革工作

（一）健全财政资源统筹机制，促进地方财政平稳运行。增强预算收支完整性，加强部门和单位各项收支管理，提升财政资源统筹能力。培育夯实优质税源，推动财政收入质量更优。坚持党政机关过紧日子，深化节约型机关建设，继续压减一般性支出。优化财政支出结构，把更多的财政资金用在帮扶企业、发展产业、改善民生、保障重大项目建设上，进一步提高财政资源配置效率。把保障和改善民生建立在经济发展和财力可持续的基础上，增强基本公共服务保障能力。进一步完善省对市县财政体制，科学划分政府间收入，明确财政事权和支出责任，优化转移支付体系和结构。

（二）优化风险防范机制，增强财政可持续性。统筹各类政府性资金，持续做大社保储备资金“蓄水池”，积极防范社保基金风险。稳妥推进基本养老保险基金结余委托投资，实现保值增值。筑牢兜实“三保”底线，落实分级负责制，实现“三保”预算审核范围全覆盖，健全“三保”智控，创新监测预警手段，制定应急保障预案。防控地方政府债务风险，健全违法违规举债问责机制，坚决遏制新增隐性债务，稳妥有序化解存量隐性债务。强化国有金融资本管理，认真履行出资人职责，完善国有金融企业法人治理机制和考核激励约束机制。

（三）强化财政大脑支撑作用，提升资金和政策绩效。持续提升“财政大脑”赋能能级，迭代“收支运行智管”“专项债全周期智管”“政府采购智管”“资产智管”应用，升级“浙里缴费”“浙里办票”“浙里捐赠”等应用，更好服务社会。完善与预算深度融合的全过程绩效管理链条，建设全方位的预算绩效指标体系，构建事前事中事后绩效管理闭环系统。加强财经制度建设，健全财政资金监督机制，提升财会监督效能，强化对重大财税政策落实情况监督、重大专项监督和重点领域会计监督。

2023年，我们将更加紧密地团结在以习近平同志为核心的党中央周围，在中共浙江省委的坚强领导下，严格按照省十四届人大一次会议的决议和要求，认真贯彻党中央、国务院和省委、省政府各项重大决策部署，争先创优、克难攻坚，努力在推动共同富裕先行和省域现代化先行的新征程中交出浙江财政高分报表！

浙江省人民代表大会财政经济委员会关于2022年全省和省级预算执行情况及2023年全省和省级预算草案的审查结果报告

（2023年1月14日浙江省第十四届人民代表大会第一次会议主席团第五次会议通过）

浙江省第十四届人民代表大会第一次会议审查了省人民政府提出的《关于2022年全省和省级预算执行情况及2023年全省和省级预算草案的报告》、2023年全省和省级预算草案。财政经济委员会在会前初步审查基础上，根据代表们的审议意见，对预算报告和预算草案作了进一步审查。现将审查结果报告如下：

一、2022年，全省各级政府及其财政部门坚持以习近平新时代中国特色社会主义思想为指导，全面贯彻党的十九大、十九届历次全会和二十大精神，坚决落实中央和省委重大决策部署，忠实践行“八八战略”，奋力打造“重要窗口”，统筹疫情防控和经济社会发展，财政政策更加精准有效，财政资源统筹力度进一步加大，预算管理科学化规范化水平不断提升，有力支持和保障了高质量发展。同时，在预算执行和财政管理中还存在一些困难和问题：财政减收增支矛盾较为突出，一些地方财政困难和压力加大；部分项目预算执行刚性不足，财会监督力度有待加大；预算绩效管理需要进一步加强；防范化解财政风险任务依然艰巨。对此，必须高度重视，采取切实有效措施加以解决。

二、财政经济委员会认为，省人民政府提出的预算报告和预算草案，全面贯彻习近平新时代中国特色社会主义思想，认真落实党的二十大、中央和省委经济工作会议精神，预算安排符合法律法规规定，财政政策加力提效，工作举措切实可行。财政经济委员会建议，省十四届人大一次会议同意《关于2022年全省和省级预算执行情况及2023年全省和省级预算草案的报告》，批准2023年省级预算。

三、2023年是全面贯彻党的二十大精神开局之年，是“八八战略”实施20周年，要紧扣“两个先行”目标任务，全力做好各项财政预算工作。财政经济委员会建议：

（一）充分发挥财政政策引领保障作用，着力促进高质量发展。围绕经济稳进提质，增强财政政策的精准性、有效性和可持续性。完善集中财力办大事财政政策体系，统筹财政资源，保障重大政策、重大改革、重大项目有效实施。充分发挥财政在稳投资促消费中的积极作用，优化完善助企纾困政策，提振市场信心，增强发展动能。积极支持教育科技人才事业发展，促进科技创新和人才强省战略实施。加大就业创业、卫生健康、文化体育、生态环保和社会保障等领域投入，不断增进民生福祉。

（二）深化财政体制改革，全面提升财政管理现代化水平。进一步完善省对市县财政体制，明晰财政事权和支出责任，优化转移支付体系和结构。加快推进“扩中”“提低”改革，优化山区海岛县财政支持政策，推动城乡区域协调发展。深化零基预算改革，健全分行业分领域分层次的预算支出标准体系，扎实推进预算管理一体化建设，全面提高预算管理规范化、标准化和数字化水平。

（三）加强预算绩效管理，不断提高财政资金使用效益。推进预算管理与绩效管理深度融合，强化事前事中事后绩效管理，加快构建全方位全过程全覆盖的预算绩效管理体系。坚持尽力而为、量力而行，不断优化支出结构。坚持党政机关过紧日子，压减“三公经费”和一般性支出，严控楼堂馆所建设。构建规范化系统化的财会监督长效机制，加强审计查出问题整改落实，健全绩效激励约束和问责机制，进一步强化预算刚性约束，切实维护财经法纪。

（四）积极防范和稳妥化解财政风险隐患，牢牢守住不发生系统性风险底线。压实风险管控主体责任，强化债务风险监测预警，健全专项债券“借用管还”全流程管理机制。坚决遏制新增政府隐性债务，稳妥有序化解存量隐性债务。切实做好基层“三保”工作，筑牢兜实“三保”底线。进一步完善社保基金管理机制，确保社保基金安全可持续运行。

省委省政府重要财经文件

关于改革完善省财政科研经费管理的实施意见

（浙政办发〔2022〕22号）

浙江省人民政府办公厅于2022年4月28日印发

为贯彻落实《国务院办公厅关于改革完善中央财政科研经费管理的若干意见》(国办发〔2021〕32号)等文件精神，进一步改进科研经费管理，激发科研人员创新活力，鼓励多出高质量科技成果，支撑高质量发展建设共同富裕示范区，经省政府同意，现提出如下实施意见。

一、扩大科研项目经费管理自主权

（一）简化预算编制。直接费用预算按设备费、业务费、劳务费三大类预算科目编制。项目申报单位要简化内部科研经费预算编制、报送环节和要求。省科技厅等项目管理部门在项目评审时同步开展预算评审。

（二）下放预算调剂权限。设备费预算调剂权全部下放给项目承担单位。项目承担单位应当严格控制设备尤其是大型科学仪器设备购置，鼓励开放共享、自主研制、租赁专用仪器设备和对现有仪器设备进行升级改造，避免重复购置。

（三）扩大经费包干制试点。在省"杰青"项目经费包干制试点基础上，进一步在人才类和基础研究类科研项目中推行经费包干制，同时开展省科技研发攻关项目包干制试点。

二、完善科研项目经费拨付机制

（一）合理制定经费拨付计划。项目管理部门合理制定经费拨付计划，切实保障科研活动需要。

（二）加快经费拨付进度。省财政厅、项目管理部门可在部门预算批复前预拨科研经费。项目管理部门在项目合同(任务)书签订后30日内将经费拨付至项目承担单位。项目(牵头)承担单位根据项目负责人意见，及时将经费拨付至项目参与单位；同时在落实好内控制度、确保资金安全的前提下，简化单位科研经费内部拨付流程。

（三）改进结余资金留用处理。科研项目完成任务目标并通过综合绩效评价后，结余资金留归项目承担单位使用，统筹安排用于科研活动直接支出。

三、加大科研人员激励力度

（一）提高间接费用比例。间接费用按照直接费用扣除设备购置费后的一定比例核定，由项目承担单位统筹安排使用。其中：500万元以下的部分间接费用比例为不超过30%，500万元至1000万元的部分为不超过25%，1000万元以上的部分为不超过20%；对数学等纯理论基础研究项目，间接费用比例进一步提高到不超过60%。项目承担单位应当建立健全间接费用的内部管理办法，公开透明、合规合理使用间接费用，处理好分摊间接成本和对科研人员激励的关系。绩效支出安排应当与科研人员在项目工作中的实际贡献挂钩。

（二）推行稳定支持科研经费提取奖励经费改革。允许省属科研院所在基本科研业务费中提取不超过20%作为单位科研奖励经费。奖励经费的使用范围和标准，由单位自主决定并公示。

（三）扩大劳务费开支范围。项目聘用人员由单位缴纳的社会保险补助、住房公积金等，纳入劳务费科目列支。

四、创新科研经费投入与支持方式

（一）持续加大财政科技投入。围绕我省"互联网+"、生命健康和新材料三大科创高地，聚焦支持科技创新主力军队伍建设，开展基础公益、关键核心和"卡脖子"技术研发攻关，建设杭州城西科创大走廊、省实验室、省技术创新中心等高能级创新平台。"十四五"期间，全省财政科技投入年均增长15%以上。

（二）深化多元投入机制。充分发挥财政经费的杠杆效应和导向作用，引导企业参与，发挥政府产业基金和金融资金作用，大力吸引民间资本支持科技创新创业和科技成果转化应用，引导我省全社会研发经费投入增长，支持科技创新主力军建设。积极探索覆盖科技企业全生命周期的科技金融服务体系。

（三）开展顶尖领衔科学家支持方式试点。遴选全球顶尖的领衔科学家，赋予科学家更大技术路线决定权、更大经费支配权、更大资源调度权，并对领衔科学家及其团队进行绩效评价。

（四）创新科研项目经费支持方式。围绕我省重点战略领域，全面实行"揭榜挂帅""赛马制"项目组织方式。其中：对突发紧急、研发任务组织强度要求高、优势单位较为集中的重大攻关任务，可采用直接委托制或择优竞争制方式组织实施；对突发紧急、失败风险高、行业竞争充分且优势单位不突出的攻关任务，可采取"悬赏制"方式组织实施；对制约产业发展、企业自身难以解决的"卡脖子"战略性产品或产业关键技术，试行"链主"企业联合出资挂榜制，由"链主"企业和政府共同出资，企业出题、全球挂榜、企业选帅、企业验榜、企业应用推广；对有前瞻性、引领性和颠覆性的技术创新项目，先期通过同行尽调评估和科技项目立项予以资金支持，在项目成果进入市场化融资阶段时，将前期项目资金按市场价格转化为股权等投资性权利，参照市场化方式进行管理或退出。

五、支持科研机构创新发展

（一）扩大高校院所薪酬分配自主权。省属高校、省属科研院所可根据自身特点制定内部分配制度，原则上向突出贡献科研人员倾斜。

（二）支持新型研发机构创新管理模式。鼓励省实验室、省技术创新中心等新型研发机构采用与国际接轨的治理结构和市场化运行机制。鼓励地方政府结合区域特点、产业优势、科技基础等，打造各具特色的新型研发机构，构建符合科研规律、激发科研活力的科学管理体制。

（三）完善科技成果转化分配机制。开展单位赋予科研人员职务科技成果所有权或不低于10年的长期使用权的试点。完成、转化职务科技成果的主要贡献人员获得奖励的份额不低于奖励总额的70%。科技成果转化现金奖励计入所在单位绩效工资总量，但不受核定的绩效工资总量限制，不作为核定下一年度绩效工资总量的基数。

六、减轻科研人员事务性负担

（一）全面落实科研财务助理制度。项目承担单位建立健全科研财务助理制度，科研财务助理所需人力成本费用，通过科研项目经费等渠道统筹解决。

（二）改进财务报销管理方式。项目承担单位建立健全单位内部科研、财务部门和项目负责人共享的信息平台，提高科研财务管理效率。

（三）推进科研经费无纸化报销试点。结合我省数字化改革要求，选择部分省属高校、省属科研院所，开展电子入账凭证会计数据标准试点。

（四）简化科研项目验收结题财务管理。项目管理部门选择部分省属高校、省属科研院所，对其经费决算报表内容的真实性、完整性、准确性负责。

（五）优化仪器设备政府采购。省属高校、省属科研院所、省属企业优化内部管理和完善仪器设备管理机制，简化科研仪器设备采购流程，按照单位内控制度规定自主确定科研急需的仪器设备和耗材，采用特事特办、随到随办的采购机制，可以不进行招标投标程序。对科研专用耗材，项目承担单位优化内部管理，参考正常使用量、科研项目实施等因素，合理制定大批量采购计划，确保科研正常需求。省属高校、省属科研院所可在政府采购评审专家库外自行选择科研仪器设备采购评审专家。对因科研工作确需发生的会议、印刷等实行定点采购的服务项目，可在政府采购定点目录外选择供应商开展采购。

（六）改进科研人员因公出国（境）管理方式。从科研经费中列支的国际合作与交流费用，不纳入单位的“三公”经费统计范围，不受零增长要求限制。

七、改进科研绩效管理和监督检查

（一）健全科研绩效管理机制。项目管理部门进一步强化绩效导向。项目承担单位切实加强绩效管理。

（二）强化科研项目经费监督检查。加强审计监督、财会监督与日常监督的贯通协调，运用新一代信息技术，推进监督检查“整体智治”，增强监督合力。深入推进里程碑式关键节点管理，推进一个项目周期“最多查一次”改革。

（三）加快科研诚信和科技监督建设。推进科研诚信信息平台建设，建立覆盖各类科技活动的诚信记录体系。有关部门根据法律法规和负面清单进行检查、评审、验收、审计。

八、组织实施

（一）及时清理修改相关规定。有关部门加快清理修改部门规定和办法，强化项目承担单位党委领导作用，加强工作统筹和推进落实，确保科研自主权接得住、管得好。

（二）加快改革完善资源配置机制。按照集中财力办大事原则，以数字化改革为引领，深化完善重点领域项目、平台、人才、资金一体化的创新资源配置机制，修订完善项目需求形成、遴选、评审和组织、评价及经费支持等环节，形成科技资源配置的闭环管理。落实改革创新的主体责任，加强实施管理，确保各项举措真正落地见效。

（三）加大宣传落实督促力度。有关部门和单位加强政策宣讲，加大专题培训力度，推动改革落地见效。

省财政厅、省社科联要结合社会科学研究的规律和特点，参照本实施意见尽快修订社科类科研项目资金管理办法。

省财政科研经费管理相关政策口径、新旧政策衔接参照国家规定执行。

浙江省道路交通事故社会救助基金管理办法

（浙政办发〔2022〕77号）

浙江省人民政府办公厅于2022年12月31日印发

为加强道路交通事故社会救助基金（以下简称救助基金）管理，依法及时对机动车道路交通事故受害人进行救助，根据《中华人民共和国道路交通安全法》《机动车交通事故责任强制保险条例》和《道路交通事故社会救助基金管理办法》（以下简称《办法》），制定本管理办法。

一、总则

本省行政区域内（不含宁波市，下同）救助基金的设立、筹集、使用和管理适用本管理办法。本管理办法所称救助基金，是指依法筹集用于垫付本省行政区域内发生的机动车道路交通事故中受害人人身伤亡的丧葬费用、部分或者全部抢救费用的社会专项基金。省、市、县（市）政府应当设立救助基金。设区市救助基金用于对其市辖区内发生的机动车道路交通事故受害人的人身伤亡救助，县（市）救助基金用于对该县（市）行政区域内发生的机动车道路交通事故受害人的人身伤亡救助。救助基金管理应当坚持扶危救急、公开透明、便捷高效的原则，实行统一政策、分级筹集、分级管理、分工负责。鼓励通过政府采购的方式委托保险公司或者其他能够独立承担民事责任的专业机构开展受理、审核、垫付、追偿等日常业务工作。

二、救助基金筹集

（一）救助基金的来源。包括：按照机动车交通事故责任强制保险(以下简称交强险)保险费的一定比例提取的资金;对未按照规定投保交强险的机动车的所有人、管理人的罚款;依法向机动车道路交通事故责任人(以下简称责任人)追偿的资金;救助基金孳息;地方政府按照规定安排的财政临时补助;社会捐款;其他资金。各级财政部门应当根据当年预算,在每季度结束后10个工作日内,将未按照规定投保交强险的罚款全额划拨至省级救助基金账户,具体操作办法由省财政厅另行制定。各级财政部门向救助基金安排临时补助的,应当依照《中华人民共和国预算法》等法律法规的规定及时拨付。

(二)救助基金提取比例。省财政厅会同浙江银保监局,报经省政府同意后,在国家规定的交强险保险费提取比例幅度范围内确定我省提取比例。办理交强险业务的保险公司按照我省确定的提取比例,从交强险保险费中提取资金,并在每季度结束后10个工作日内,通过银行转账方式足额转入省级救助基金账户。全省救助基金累计结余达到上一年度支出金额3倍以上的,本年度暂停从交强险保险费中提取。

(三)救助基金统筹管理。每年3月1日前,省级救助基金管理机构根据各市、县(市)上一年度救助基金收支情况,按照以支定拨、结余统筹的原则,合理确定当年拨付上限。各市、县(市)救助基金累计结余达到上一年度支出金额3倍以上的,省级救助基金管理机构可对超出部分统筹管理。

三、救助基金使用

(一)适用垫付情形。有下列情形之一时,救助基金垫付受害人人身伤亡的丧葬费用、部分或者全部抢救费用:一是抢救费用超过交强险责任限额的;二是肇事机动车未参加交强险的;三是机动车肇事逃逸的。其他确需救助基金救助的,由同级财政部门会同相关部门商议审定。

(二)抢救费用申请。救助基金一般垫付受害人自接受抢救之时起7日内的抢救费用,特殊情况下超过7日的抢救费用,由医疗机构书面说明理由。具体费用应当按照规定的收费标准核算。需要垫付抢救费用的,公安机关交通管理部门应当在处理机动车道路交通事故之日起3个工作日内书面通知救助基金管理机构,并告知医疗机构。医疗机构在抢救受害人结束后,对尚未结算的抢救费用,可以向救助基金管理机构提出垫付申请,并提供需要垫付抢救费用的相关材料。受害人及其亲属对尚未支付的抢救费用,可以向救助基金管理机构提出垫付申请,医疗机构应当予以协助并提供需要垫付抢救费用的相关材料。

(三)抢救费用审核。医疗机构在提交救助基金管理机构审核前应对抢救费用进行预审。抢救费用不超过5万元、超过5万元但不超过30万元且抢救时间不超过7日的,医疗机构可直接提交救助基金管理机构审核;超过5万元但不超过30万元且抢救时间超过7日的,经由卫生健康部门、医保经办机构出具协助审核意见后,提交救助基金管理机构审核。垫付的抢救费用原则上不超过30万元,特殊情况确需超过30万元的,应由同级财政部门会同相关部门商议审定。涉及跨区域抢救案件的,应经机动车道路交通事故发生地救助基金管理机构初审同意后,方可按规定予以垫付。

(四)抢救费用垫付。救助基金管理机构收到申请材料后进行审核,对符合垫付要求的,应在1个工作日内将相关费用结算划入医疗机构账户;对不符合垫付要求的,不予垫付,并向公安机关交通管理部门和申请人书面说明理由。

(五)丧葬费用使用。需要垫付丧葬费用的,公安机关交通管理部门应当书面通知救助基金管理机构和受害人亲属,受害人亲属凭公安机关交通管理部门出具的《尸体处理通知书》向救助基金管理机构提出书面垫付申请。对无主或者无法确认身份的遗体,由县级以上公安机关交通管理部门会同有关部门按照规定处理。民政部门应对受害人丧葬费用中产生的殡葬基本服务项目提供相关证明材料。救助基金管理机构收到申请材料后进行审核,对符合垫付要求的,应在3个工作日内按照有关标准垫付;对不符合垫付要求的,不予垫付,并向受害人亲属或其代理人书面说明理由。救助基金管理机构应当同时将审核结果书面告知公安机关交通管理部门。

(六)其他规定。医疗机构应当及时抢救机动车道路交通事故中的受伤人员,不得因抢救费用未及时支付而拖延救治。依法应当由救助基金垫付的,由事故发生地的救助基金管理机构及时垫付。救助基金管理机构对垫付申请进行审核时,可以向公安机关交通管理部门、医疗机构、保险公司和殡葬服务机构等有关单位和人员核实情况,有关单位和人员应当予以配合。救助基金管理机构与医疗机构或者其他单位就垫付问题发生争议时,由财政部门会同卫生健康部门或者其他有关部门协调解决。

四、救助基金管理

(一)日常管理。救助基金管理机构应当履行《办法》规定的管理职责;依法就涉及救助基金追偿的案件向法院提起诉讼、申请执行,商请法院协助做好一次性困难救助及核销的相关工作。按照《办法》规定公开相关信息,每年向社会公布救助基金的筹集、使用、管理和追偿情况;按时报送工作报告和财务会计报告,年度财务会计报告应当依法接受审计,并将审计结果向社会公布;使用浙江省道路交通事故社会救助基金管理系统开展工作,鼓励通过"浙里垫付"场景应用办理业务。救助基金管理机构变更或者终止时,应当委托会计师事务所依法进行审计,并对救助基金进行清算。

(二)财务管理。救助基金账户应当按照国家有关银行账户管理规定开立。救助基金实行单独核算、专户管理,并按照本管理办法规定使用,不得用于担保、出借、投资或者其他用途。救助基金的管理费用列入本级预算,不得在救助基金中列支。

(三)追偿核销。救助基金管理机构垫付费用后,应当依法向责任人追偿。有关单位、受害人或者其继承人有义务协助救助基金管理机构进行追偿。受害人或者其继承人已经从责任人或者通过其他方式获得赔偿的,应当退还救助基金垫付的相应费用。机动车肇事逃逸案件侦破后,涉及救助基金垫付的,公安机关交通管理部门应当及时通知救助基金管理机构。对机动车道路交通事故死亡人员身份无法确认或者其受益人不明的,救助基金管理机构可以在扣除垫付的费用后，代为保管死亡人员所得赔偿款，死亡人员身份或者其受益人身份确定后，应当依法处理。救助基金的核销按照《办法》规定执行，省财政厅会同有关部门根据本省实际情况，遵循账销案存权存的原则，另行制定核销实施细则。

五、组织保障

财政部门作为救助基金的主管部门，依法监督检查救助基金的筹集、使用和管理，协调有关部门共同开展救助基金管理工作，会同相关部门商议审定重要议题和有关事项；对第三方机构开展救助基金日常业务工作的运行情况进行考核。省财政厅会同有关部门制定浙江省救助基金的相关政策。省社保基金和交通事故救助基金管理中心作为省级救助基金管理机构，对各市、县(市)救助基金管理机构的工作进行指导和监督。

公安机关交通管理部门负责告知机动车道路交通事故当事人救助基金垫付相关政策，通知救助基金管理机构垫付受害人的抢救费用、丧葬费用，协助救助基金管理机构向责任人追偿。

民政部门负责指导殡葬服务机构做好受害人的殡葬服务，协助做好省内困难家庭经济状况核查的相关工作。

农业农村部门负责通知救助基金管理机构对涉及拖拉机等农业机械在田间、场院等道路以外地方作业、转移发生的事故予以垫付，协助救助基金管理机构向责任人追偿。

卫生健康部门负责指导、监督医疗机构做好救助基金相关工作，协助救助基金管理机构对抢救费用出具意见，会同财政部门协调解决因垫付抢救费用引发的争议；监督医疗机构按照道路交通事故受伤人员临床诊疗相关指南和规范及时抢救受害人，依法向救助基金管理机构申请垫付抢救费用，协助救助基金管理机构向责任人追偿。

银行保险监督管理机构负责对保险公司缴纳救助基金情况实施监督检查，指导保险公司协助救助基金管理机构向责任人追偿。

医保部门负责指导医保经办机构按照国家基本医疗保险、工伤保险和生育保险药品目录和浙江省基本医疗保险医疗服务项目目录等，协助救助基金管理机构对医疗机构提供的抢救费用清单进行审核确认。

建立由省财政厅牵头、相关部门参与的救助基金管理工作会商机制，审定重要议题和有关事项。各级、各有关部门要各司其职、加强协作，通过多种渠道加强救助基金政策的宣传和提示，为受害人及其亲属提供便利。

六、法律责任

违反本管理办法规定的，根据《办法》等追究责任。个人在申请救助基金过程中，如不如实申报个人信息及财产相关情况，将承担由此引发的法律后果。

七、其他

本管理办法所称受害人、抢救费用、丧葬费用，依据《办法》认定。高速公路上发生的事故，由事故管辖机关所在地的设区市救助基金管理机构按照本管理办法有关规定执行。机动车在道路以外的地方通行时发生事故，造成人身伤亡的，参照适用本管理办法。

对因机动车道路交通事故造成受害人家庭陷入特殊困难的，可以开展一次性困难救助。电动自行车或者其他非机动车辆发生的道路交通事故，造成人员伤亡需要垫付抢救或丧葬费用的，经公安机关交通管理部门依法认定，可以参照适用本管理办法。相关具体申请程序和标准，由省财政厅会同省公安厅等相关部门另行制定。

本管理办法自2023年2月15日起施行。《浙江省人民政府办公厅转发省财政厅等部门关于浙江省道路交通事故社会救助基金管理办法的通知》(浙政办发〔2017〕47号)同时废止。

全省财政工作会议重要文件

在全省财政工作会议上的讲话(摘要)

浙江省财政厅党组书记、厅长　尹学群

2022年是极不寻常的一年。面对百年变局和世纪疫情的叠加冲击,全省各级财政部门认真贯彻习近平总书记“疫情要防住、经济要稳住、发展要安全”以及“经济大省要勇挑大梁”的重要指示精神,坚决落实中央和省委、省政府各项决策部署,在奋进“两个先行”新征程中交出财政高分报表。具体表现为九方面:

一是千方百计推动经济稳进提质。深入实施经济稳进提质“八大攻坚行动”,打好政策落实、超常规工作、资金保障和风险化解三套组合拳,先后出台四轮稳经济财税政策,组织开展“大服务大督查大抓落实”行动,留抵退税“早退快退”、专项债券“快发快达”、助企纾困“早兑快兑”,助推经济加快企稳回升向好。

二是奋力推进共同富裕示范区建设。深入实施共同富裕示范区建设奋进年行动,建立高规格的省部协同研究机制和部省联动工作机制,初步形成“1+3+4+8”的共富型现代财税体制框架,系统构建以家庭为单位的共富型财税政策体系。开展“百名局长研百题”活动,推进了一批小切口改革。

三是实战实效推进数字化改革。搭建“1+5+N”的财政数字化改革系统架构,“财政大脑”获评全省“最强大脑”,开发“收支运行智管”“专项债全周期智管”等重点应用,迭代“政府采购智管”“浙企一表通”等多跨应用场景,政采云和“浙里办票+浙里报账”被评为数字化改革最佳应用,“浙里捐赠”被评为数字社会系统最佳应用。

四是集中财力保障重大战略实施。坚持首位战略首位保障,重点支持“三大科创高地”和15大战略领域,助力完成10大省实验室的战略布局。着力支持扩内需稳增长,在打基础、利长远、补短板、调结构上加大投资力度。出台“代参展”、商务包机、海运纾困、消费券促销等补助政策,支持企业抢订单拓市场。加大农业农村发展投入力度,重塑全省一体的“8+1”“大三农”政策体系。

五是持续加大民生保障力度。根据疫情变化及时调整、优先保障防疫支出,确保各地不因资金问题影响防疫工作。着力支持稳就业提技能,支持一流技师学院和高水平专业群项目建设。加大教育投入力度,落实“双减”要求,提高义务教育公用经费标准,稳妥有序推进规范“民转公”工作。统筹财力支持“宋韵文化传世工程”“中国历代绘画大系”以及杭州国家版本馆建设。在全国率先出台财政支持碳达峰碳中和工作实施意见,构建“1+4+N”政策体系。

六是全力以赴加强财政管理。将稳收支、稳运行摆在突出重要位置,着力稳住收支基本盘。健全上下贯通、执行有力的收入组织长效机制,强化财税部门协同,全省一盘棋抓好组织收入工作。构建省级部门过紧日子评价体系,严控和压减非刚性非重点项目支出。加强预算绩效管理,对94家省级部门绩效管理工作开展“五维度”画像。推进法治财政建设,首创公职律师纵向调配机制。

七是持续深化财税体制改革。坚持问题导向,深化省以下财政体制改革、预算管理改革,迭代新一轮集中财力办大事财政政策体系,完善国有资产监管机制,加快构建现代财税体制。

八是切实有效防范化解财政风险。开展全域“消橙”、局域“清零”行动,实施两轮化债穿透式核查,扎实化解债务风险。建立“三色”预警机制,构建市县财政困难程度评价体系,切实兜牢“三保”底线。构建多层次风险防控机制,积极防范社保基金风险。深入开展财会监督,组织实施“财会建设年”活动。

九是积极推进变革型组织建设。深入学习贯彻党的二十大精神,用好“十大载体”、展现“十大作为”、发好“十大声音”。深入实施变革型财政组织建设三年行动计划,着力提升财政干部塑造变革能力。深化清廉财政建设,制定加快推进全省清廉财政建设三年行动方案,发布“清风财韵”廉洁文化品牌,开展“三不腐”能力指数试点,被列入省委重点清廉单元。

2022年是本届省政府任期最后一年。五年来,全省各级财政部门坚持“保基本、守底线、促均衡、提质量”,扎实做好生财、聚财、用财三篇文章,政治机关意识显著增强、财政综合实力大幅跃升、财政调控作用充分彰显、标志性成果打造亮点频出、民生保障水平持续提升、财政治理能力走在前列,走过了一段不平凡的奋斗历程,交出了一份经得起检验的成绩单,也积累了宝贵的经验。

党的二十大报告科学谋划了未来5年乃至更长时期党和国家事业发展的目标任务和大政方针,提出以中国式现代化全面推进中华民族伟大复兴的时代命题。财政部门要在全面学习、全面把握、全面落实上下功夫,深刻领会党的二十大提出的重要思想、重要观点、重大战略、重大举措,将推进高质量发展作为财政首要任务,将共同富裕作为价值追求,将逆周期调节作为重要手段,将深化财税改革作为主要动力,将整体智治作为治理方向,将系统观念作为思维方法,将统筹发展和安全作为工作底线,加快构建具有浙江特色、与中国式现代化相适应的现代财政治理体系,通过财政治理现代化助力实现中国式现代化。

进入新阶段,全省各级财政部门要认真学习、深刻领会中央和省委对经济形势的新判断,认真学习、深刻领会积极财政政策加力提效的新特点新内涵，牢牢把握财政工作面临的新机遇新挑战，牢牢把握提振信心、加力提效、底线思维、变革重塑、勇挑大梁“五个关键”，在中国式现代化新征程中展现财政担当作为。

2023年是全面贯彻落实党的二十大精神开局之年，是“八八战略”实施20周年。全省各级财政部门要坚持稳中求进工作总基调，坚定清醒、抢抓机遇、加力提效，以优异成绩开好局、起好步，为奋进“两个先行”贡献财政力量。重点抓好9方面工作：

一是加力提效，以积极的财政政策稳预期提信心。开展加力提效年行动，通过加力提效的政策组合拳和工作组合拳，助力经济实现质的有效提升和量的合理增长。围绕“8+4”经济政策体系，构建“8+1”财政支持清单，以精准有效的财政政策助力经济稳进提质。用足用好专项债券，加快发行和使用进度，尽快形成实物工作量和投资拉动力。组建“4+1”产业基金，强化重大项目招引、科创孵化、产业培育功能。完善山区海岛县高质量发展政策，切实激发山区海岛县内生发展动力。

二是率先突破，以走在前列的姿态助力共同富裕先行。在去年共同富裕奋进年的基础上接续开展共同富裕深化年行动。持续深化家庭型财税政策体系改革，深入实施百万家庭奔富三年行动计划，推进“1+N+1”系列改革。持续深化省部合作机制，全力争取更多改革授权试点和阶段性经验上升为国家制度安排。持续深化“小切口”改革，加快推动“一地创新、全省共享”，形成复制推广一批、持续深化一批、研究谋划一批“三个一批”的改革清单。

宁波市横街共富乡村试点

三是加强统筹，高效保障重大战略任务实施。围绕创新强省战略，将教育、科技、人才作为一个整体，统筹谋划、统筹保障。持续推进区域协调发展，支持长三角一体化发展重点区域、重大平台和最佳实践市县，启动实施新一轮制造业高质量发展结对促共富专项财政激励政策。大力推进乡村振兴，持续深化“大三农”政策体系变革重塑，深入实施农业“双强”行动，支持迭代“千村示范、万村整治”工程，加快构建共同富裕现代化基本单元。

四是以民为本，持续改善民生福祉。完善就业创业体系，精准帮扶高校毕业生、就业困难人员等重点群体积极就业。健全社会保障体系，持续推进企业职工基本养老保险全国统筹，全面开展失业保险和工伤保险省级统筹准备工作。促进提高医疗卫生服务能力，重点推进医疗救治能力建设，实施“浙有善育”省级奖补，完善基本医保制度。深入实施宋韵文化传世工程、文博强省和重大传播平台建设，支持办好杭州亚运会、亚残运会。迭代升级新一轮绿色发展财政奖补机制，研究扩围实施与生态产品质量和价值相挂钩的财政奖补机制。

五是注重平衡，提升财政运行和管理水平。加大统筹力度，合理把握组织收入的力度和节奏，尽最大努力稳住收入基本盘。坚决落实“过紧日子”要求，形成厉行勤俭节约、反对铺张浪费的共识，进一步推进全省各级财政预算支出标准体系建设和应用，严控楼堂馆所建设。加强库款保障，优先保障“三保”支出，兜住资金安全底线。

六是创新赋能，不断深化财政改革。深化财政体制改革，加快打造共富型财政体制，着力缩小“三大差距”。深化零基预算改革，完善“目标、指标、审核、评价”全过程管理机制。深化预算绩效改革，完善重大政策和项目事前绩效评估机制，推进分部门、分行业的绩效目标标准体系建设。深化国资国企改革，推进资产盘活，夯实资产家底，优化资产配置，推进资产共享。深化财政数字化改革，巩固拓展数字化改革成果，着力打造整体智治财政。

七是严肃纪律，大力加强财会监督。开展“财会监督年”活动，一体化推进制度建设，一体化构建协同共治的监督机制，一体化推进财会监督重点，深化一体化财会监督信息平台建设，一体化推进财会监督人才队伍建设，系统重塑财会监督体系，切实提高财会监督的严肃性、震慑力。

八是守住底线，更加有效防控财政风险。调整优化“七张问题清单”考评细则，建立新增隐性债务监测机制，严格落实“三个不得立项”规定，切实防范化解债务风险。进一步完善对市县工作考核，实施社保基金预算绩效管理，引导市县做大社保储备资金“蓄水池”，防范化解社保基金风险。研究完善基层“三保”机制，迭代升级“三保”智控应用，确保“三保”不出任何问题。

九是变革重塑，努力建设超强财政干部队伍。深入学习宣传贯彻党的二十大精神，着力形成强大声势和浓厚氛围。以“八八战略”实施20周年为契机，持续开展实施情况评估。深入实施“红色根脉强基工程”，持续推动4类主体强基行动取得新成效。深入开展“大走访大调研大服务大解题”活动，切实为基层、企业、群众解难题、鼓干劲、强信心。加强财政人才库使用管理，做优做强“财政双周讲堂”“财悦读”等品牌，提升财政干部塑造变革能力。

（2023年1月9日）

全省财政工作

Zhejiang caizheng nianjian

全省财税工作

全省财政

【概况】 2022年,浙江省实现生产总值77715亿元,按可比价格计算,比上年增长3.1%。第一产业增加值2325亿元,第二产业增加值33205亿元,第三产业增加值42185亿元,分别增长3.2%、3.4%和2.8%。三次产业结构比为3.0:42.7:54.3。全年固定资产投资增长9.1%;社会消费品零售总额30467亿元,增长4.3%。货物进出口总额46837亿元,增长13.1%。全省居民人均可支配收入60302元,扣除价格因素实际增长2.5%,其中城镇常住居民和农村常住居民人均可支配收入分别为71268元和37565元,扣除价格因素实际增长1.9%和4.3%;城乡居民收入差距为1.90:1。

2022年,浙江省实现一般公共预算收入8039.85亿元,同口径增长5.5%,自然口径下降2.7%,占财政总收入的55.7%;税收收入6620.33亿元,同口径增长2.0%,自然口径下降7.7%,占一般公共预算收入的82.3%。加上地方政府一般债务收入1058.57亿元、转移性收入5996.62亿元,收入合计15095.04亿元。全省上划中央收入6381.86亿元。全省一般公共预算支出12017.78亿元,剔除新增地方政府一般债务安排的支出等因素,可比增长7.1%;加上地方政府一般债务还本支出744.53亿元、转移性支出2332.73亿元,支出合计15095.04亿元。省级一般公共预算收入381.28亿元,扣除留抵退税、以前年度缓缴税款一次性入库等因素,可比增长6.5%;加上地方政府一般债务收入893.10亿元、转移性收入3584.50亿元,收入合计4858.88亿元。省级一般公共预算支出721.26亿元,剔除上年延后安排省级政府产业基金增资等项目因素,可比增长3.9%;加上地方政府一般债务还本支出24.00亿元、转移性支出4113.62亿元,支出合计4858.88亿元。省级财政安排的转移支付支出2535.14亿元,其中:一般性转移支付2029.24亿元,专项转移支付505.90亿元。收支相抵,全省和省级一般公共预算收支平衡。

全省政府性基金预算收入10068.97亿元,下降13.6%;加上地方政府专项债务收入3220.18亿元、转移性收入2141.98亿元,收入合计15431.13亿元。支出11354.01亿元,下降8.4%;加上地方政府专项债务还本支出791.40亿元、转移性支出3285.72亿元,支出合计15431.13亿元。省级政府性基金预算收入53.87亿元,增长22.2%;加上地方政府专项债务收入2790.90亿元、转移性收入67.07亿元,收入合计2911.84亿元。支出154.69亿元,增长6.4%;加上转移性支出2757.15亿元,支出合计2911.84亿元。全省和省级政府性基金预算收支平衡。

全省国有资本经营预算收入191.98亿元,增长53.5%,加上转移性收入18.64亿元,收入合计210.62亿元;支出95.37亿元,增长30.4%,加上转移性支出115.25亿元,支出合计210.62亿元。省级国有资本经营预算收入52.03亿元,增长10.9%,加上转移性收入11.63亿元,收入合计63.66亿元;支出28.61亿元,增长14.0%,加上转移性支出35.05亿元,支出合计63.66亿元。全省和省级国有资本经营预算收支平衡。

全省社会保险基金预算收入6528.59亿元,增长8.5%;支出6186.43亿元,增长7.9%,加上转移性支出20.45亿元,支出合计6206.88亿元。省级社会保险基金预算收入3187.64亿元,增长11.5%,加上转移性收入7.01亿元,收入合计3194.65亿元;支出3367.31亿元,增长7.0%,加上转移性支出32.08亿元,支出合计3399.39亿元。收支相抵,全省社会保险基金预算本年收支结余321.71亿元、省级社会保险基金预算本年收支赤字204.74亿元,赤字已动用滚存结余弥补。

【强化收支平衡管理】 强研判稳收入。建立财税收入联合调研机制,密切关注宏观经济形势、新的组合式税费支持政策落实情况,及时动态开展分析研判。健全上下贯通的收入组织长效机制,克服调控空间收窄困难,全省一盘棋把握组织收入的力度和节奏。加强库款调度,确保基层运行安全。控支出降成本。构建省级部门过“紧日子”评价体系,建立过“紧日子”清单和公务支出正负面清单,全省非刚性、非重点项目支出预算压减8.3%。建立健全结转结余资金按季清理收回机制,清理甄别执行进度较慢项目支出。加强非税收入征收管理。完成财政电子非税收入一般缴款书全国试点工作任务。截至12月31日,开具单位6629家,开票数量46.97万笔,金额891.67亿元,全省市县实施覆盖率100%。规范全省非税收入账户管理,全年非税收入11874.79亿元,其中纳入一般公共预算管理的非税收入1419.53亿元。

【推动经济稳进提质】 打好政策组合拳。实施经济稳进提质“八大攻坚行动”,提出“37+4”条稳增长财税政策。贯彻落实国家和省稳经济一揽子政策,全年先后出台四轮稳经济财税政策计102条。组织开展“大服务大督查大抓落实”行动,做好国务院督导服务联络协调工作,争取政策性开发性金融工具、重大项目、设备更新改造等方面支持;牵头对温州、舟山开展两轮督导服务,解决突出问题62个。落实新的组合式税费支持政策。实施小微企业“六税两费”减免、研发费用加计扣除、小规模纳税人阶段性免征增值税等政策。全省实现增值税留抵退税2232.67亿元,为2021年的2.7倍,规模居全国第三,惠及企业23.88万户。落实社会保险减负政策,实施失业等保险阶段性降费率政策,缓缴养老、医保、失业、工伤保险费。全年为企业减负4000.00亿元以上。争取中央留抵退税和其他减税降费等转移支付资金750.61亿元。发挥金融服务实体经济作用。全省投放政策性、开发性金融工具基金项目167个,获得基金投放654.00亿元。落实部分领域设备更新改造贷款贴息政策,对380个项目授信600.00亿元,争取中央财政预拨贴息资金6.19亿元,规模居全国第一。增加省再担保公司注册资本金10.00亿元，支持中小微企业和“三农”融资，再担保业务规模1052.00亿元。下达民营和小微企业金融服务综合改革试点奖补资金1.00亿元。加大中小企业支持力度。实施稳岗返还和一次性留工培训补助。统筹安排省中小企业纾困帮扶资金6.00亿元。将政府采购项目预留给中小企业的比例、合同预付款比例各提高10个百分点；顶格执行面向小微企业价格扣除评审优惠。全年政府采购授予中小企业合同金额1669.78亿元。

【集中财力保障发展】 坚持首位战略首位保障。全省财政科技支出680.89亿元，增长17.7%，其中省级支出67.65亿元，增长31.1%。重点支持“三大科创高地”和15大战略领域，助力完成10大省实验室战略布局。研究明确西湖大学、北航中法航空学院新一轮财政政策。改革完善省财政科研经费管理机制。任务导向型财政科研项目经费评价改革被列为财政部科研经费管理改革重点工作。保障扩大有效投资。全省可用专项债券资金总规模3128.00亿元，增长38%。安排省级资金148.44亿元，重点支持省级政府投资项目318个，拉动投资超过5800.00亿元。落实省级资金121.00亿元，推动全省综合交通完成投资3427.00亿元。新增安排省交通投资集团资本金5.00亿元。支持宁波—金华入选首批国家综合货运枢纽补链强链城市群。落实89.64亿元，保障实施海塘安澜、百项千亿防洪排涝工程等重大水利专项行动和重大水利项目。落实省海洋（湾区）经济发展资金20.00亿元。支持高质量发展。推进战略性产业项目落地、强链补链，省产业基金对外认缴61.80亿元，投资嘉因生物、华友时代锂电等一批重点项目。从土地出让收入中提取0.5%以上用于“腾笼换鸟”专项经费，整合筹措专项资金120.00亿元，支持数字经济“一号工程”实施和制造业高质量发展。落实专项激励资金18.00亿元，支持18个县（市、区）打造制造业高质量发展示范样板。

【扎实助推共同富裕】 实施共同富裕示范区建设奋进年行动，打造重大标志性成果。系统联动推进。建立省部协同研究机制，由省领导和部领导挂帅，协同研究有利于共同富裕的基础性制度安排。建立部省联动工作机制，制定部省联动工作方案，形成33个子任务。打造一批标志性成果。开展重大课题研究，初步形成“1+3+4+8”共富型现代财税体制框架。开展家庭型财税政策体系攻坚行动，系统构建以家庭为单位的共富型财税政策体系，梳理形成38项改革政策清单，获全省改革突破银奖。构建系统化、集成化“钱随人走”政策体系，在省级教育、卫生、文化领域开展试点。“迭代绿色财政奖补，助推‘绿’‘富’共进双赢”获评全省共富最佳实践（第二批）案例。推进一批小切口改革。开展“百名局长研百题”活动，围绕“强村富民”“一老一小”等5个方面14个主题，实施省级试点项目61个、省级指导项目80个、共富村试点100个。

【打造整体智治财政】 搭建“1+5+N”财政数字化改革系统架构，形成“5个一批”滚动开发项目。开发“财政大脑”，建设“一仓五库”（数据仓、规则库、知识库、算法库、模型库、样本库），获评浙江省数字化改革“最强大脑”；开发“收支运行智管”应用，重塑收支运行机制；开发“专项债全周期智管”应用，重塑专项债券“借、用、管、还”全生命周期闭环管理体系；开发“家庭共富在线”应用，在教育、金融、税收等领域开展政策仿真试点；开发“财政公权力大数据监督”应用。迭代服务社会应用，打造“政府采购智管”“浙企一表通”等多跨应用场景，“政采云”和“浙里办票+浙里报账”被评为数字化改革最佳应用，“浙里捐赠”被评为数字社会系统最佳应用。持续完善预算管理一体化系统，全省各级各部门全部实现线上开展预算编制、预算执行、会计核算等财政核心业务。

【健全民生保障机制】 全省一般公共预算支出用于民生占比74.7%，推动“扩中”“提低”改革，推进基本公共服务优质共享。保障疫情防控。全省疫情防控资金435.09亿元，增长3.1倍，保障免费核酸检测、隔离点建设及运行、防控物资采购等。医保基金支付6.92亿元，保障新冠病毒疫苗全民免费接种。下达补助15.39亿元，支持新建重症救治床位5250张和亚定点医院床位29825张。落实8.10亿元提高基本公共卫生服务水平。支持织密社会保障网。全年社会和保障就业支出1400.55亿元，增长8.9%。下达省以上就业补助11.91亿元。落实5.11亿元支持一流技师学院和高水平专业群建设，保障“金蓝领”职业技能提升行动。下达省以上补助26.16亿元，全省平均月低保标准达到1084元，保障56.36万名低保对象基本生活。落实12.05亿元保障特殊群体生活补助，落实4.27亿元推进残疾人服务提升和残疾儿童康复提标扩面。投入省以上资金14.90亿元，提高部分优抚对象等人员抚恤和生活水平，约30万人受益。落实5.00亿元支持租赁住房保障、城镇棚户区和老旧小区改造等。协同制定促进积极生育支持政策，推动开展普惠托育基本公共服务试点。下达省以上城乡居民基本养老保险补助61.22亿元。落实5.00亿元支持建设居家社区机构相协调、医养康养相结合的养老服务体系。保障实施健康浙江行动。全年卫生健康支出1236.08亿元，增长36.1%。落实7.43亿元推进“医学高峰”项目建设，支持浙医一院创建国家医学中心。支持“三免三惠”健康行动，全省城乡居民免费健康体检人数达1345万人、重点人群免费接种流感疫苗人数达175万人、重点人群免费重点疾病筛查达305万例。推进县级强院建设，统筹“山海”提升工程、县域医共体等补助资金5.59亿元。落实26.96亿元提高城乡居民医疗保险财政补助标准。落实医疗救助补助资金6.72亿元。支持推进教育现代化。全年教育支出2197.26亿元，增长7.7%。小学、初中义务教育省定公用经费标准分别提高至800元/（人·年）、1000元/（人·年）。统筹35.85亿元保障义务教育公用经费、免费教科书等需求，义务教育阶段学校课后服务覆盖面100%；落实28.48亿元支持151.48万名外来务工随迁子女就读、改善基础教育办学条件等。率先探索教育领域“钱随人走”转移支付改革，新增1.54亿元对省内跨县净流入学生较多的县（市、区）、学校布局优化的山区海岛县、新增小规模义务教育学校的县(市、区)等进行奖补。安排中小学扶困助学专项资金3.10亿元。落实教育发展专项资金8.72亿元,保障516所学校共建跨区域教共体等。落实31.02亿元保障高水平大学、高水平学科、高水平高职院校和专业(群)建设。支持文化体育事业发展。全年文化旅游体育与传媒支出269.28亿元,增长8.0%。落实2.27亿元支持"宋韵文化传世工程"等。保障国家版本馆杭州分馆建成开馆。落实4.58亿元完善公共文化服务体系。落实5.00亿元支持诗路文化带建设。下达3.00亿元支持农村文化礼堂实现500人以上行政村全覆盖。连续三年统筹18.00亿元支持21个省属亚运场馆建设;下达10.00亿元支持办好杭州亚运会、亚残运会。下达专项资金5.57亿元,支持体育事业和产业发展,办好第十七届省运会。

【支持生态文明建设】 持续健全生态文明建设财政保障机制,在全国率先出台财政支持碳达峰碳中和工作实施意见,构建"1+4+N"财政支持碳达峰碳中和框架体系。新增支持碳达峰碳中和资金10.60亿元,推进10个县低零碳试点、104个工业节能减碳技改项目等。兑现绿色发展财政奖补政策资金131.21亿元。落实国家绿色发展基金出资3.00亿元,争取基金投资浙江省新能源项目17.80亿元。继续支持钱江源—百山祖国家公园创建。落实2.00亿元实施新安江流域横向生态补偿。落实省生态环境保护专项资金13.34亿元。落实奖补资金2.90亿元,支持26个县(市、区)建成城镇"污水零直排区"。落实省自然资源专项资金26.42亿元,推动4个省级"蓝色海湾"项目建设、完成乡村全域土地综合整治与生态修复工程100个以上等。落实省级林业专项资金7.10亿元。

【深化财税体制改革】 深化省以下财政体制改革。围绕"保基本、强激励、促均衡"目标,研究完善省对市县财政体制,形成支持山区海岛县高质量发展财政体制政策初步方案。财政体制改革有关经验做法在财政部会议上作交流发言。深化预算管理改革。提请省政府印发《关于进一步深化预算管理制度改革的实施意见》,提出6方面20条改革举措,健全现代预算管理制度。迭代新一轮集中财力办大事财政政策体系。梳理、优化整合大事政策资金项目,构建2023—2027年集中财力办大事财政政策体系升级版。完善国有资产监管机制。完成省级党政机关和事业单位所属企业统一监管分类处置工作,做好国有资产管理人大常委会首次专题询问工作。加强国有金融资本和省属国有文化企业管理,建立"外大于内"外部董事制度。出台省属金融企业经营业绩考核办法,修订省属文化企业重大事项管理实施细则。

【防范化解财政风险】 化解债务风险。运用"七张问题清单",制定考评细则,开展全域"消橙"、局域"清零"行动。实施两轮化债穿透式核查,零容忍处置新增隐性债务。截至2022年年底,全省总化债率71.2%。兜牢"三保"底线。完善"三保"执行动态监控,构建市县财政困难程度评价体系,开发"三保"智控应用,发送预警信息超200条。防范社保基金风险。安排财政资金124.00亿元补充养老保险基金。对养老保险负担确有困难且应尽职责履行到位的市县予以统筹帮扶。建立健全对市县的养老保险考核奖补机制。开展财会监督。组织实施"一企一策"招商引资、预决算公开等专项检查。组织实施"财会建设年"活动,开展财会职业精神大讨论、"最美会计人"评选等活动。

【提升干部变革能力】 以党建为引领,实施变革型组织建设三年行动计划。学习贯彻党的二十大精神。制定学习宣传贯彻党的二十大精神工作方案,用好"十大载体"、展现"十大作为"、发好"十大声音",创新"财政双周讲堂""财悦读"等方式。实施"红色根脉强基工程"。抓好财政机关事业单位、乡镇财政、两新组织、财会队伍4类主体强基行动,获省直机关党建工作综合考评优秀等次第一名。运用省市县乡四级财政机关党建"系统联动"机制,经验做法在全省机关党组织推广。完善干部选拔任用机制。重塑干部队伍结构功能,选优配强关键岗位领导干部,推动形成年龄层次相符、知识能力相长、经历经验相补的合理布局。深化清廉财政建设。制定加快推进全省清廉财政建设三年行动方案,实施"十大工程",被列入省委重点清廉单元。组织召开全省清廉财政建设推进会,发布"清风财韵"廉洁文化品牌,开展"三不腐"能力指数试点。2022年,省财政厅连续第20年获评省政府绩效考核优秀单位。

(省财政厅供稿　冯　健执笔)

全省税务

【概况】 2022年,全省各级税务部门组织税费收入27784.85亿元,同比增长28.7%,其中:税收收入13254.38亿元,同比下降3.5%,扣除增值税留抵退税后增长6.3%,规模为全国第五;社保费收入5520.47亿元,同比增长11.8%;非税收入9010.00亿元,剔除新划转的非税收入,同口径增长6.4%。2022年,浙江省税务局在全国税务系统绩效考评中继续走在前列,在全国纳税人满意度调查中连续第8年获第一。

【落实新的组合式税费政策】 坚持"全面顶格+第一时间"落实国家稳经济一揽子政策及接续措施中涉税内容,按照国家税务总局"五措并举"要求,推动新的组合式税费支持政策特别是大规模增值税留抵退税政策"快稳准好"落地。完善精准宣传、精准落实、精准管理、精准统计"四精"机制,创新"纪财税银"联合监督,建立增值税留抵退税"1+9"电子台账*,确保政策红利直达快享。2022年,全省新增减税降费及退税缓税缓费4186.94亿元,其中增值税留抵退税2242.32亿元,退税户数和规模均居全国前列;新增减税降费954.66亿元,办理缓缴税费989.96亿元,减轻市场主体负担。全省减税降费工作通过国务院专项督查、国务院大督查、巡视审计、税收重点工作督查等多方多轮检验,“税收减免”“费用缓缴”两类政策知晓度在全省第三方调查中得分最高,协同省经信厅开发的“一指减负”创新应用获国务院第九次大督查通报表扬。

【服务经济社会发展】 坚持组织收入原则不动摇,推进社保费“统模式”改革试点,实现金税三期社保费标准版上线,承担森林植被恢复费、草原植被恢复费征收职责,规范土地出让金征收工作。推动国家税务总局与浙江省人民政府签订《共同推进浙江高质量发展建设共同富裕示范区合作协议》,制定税收助推共富行动方案,深化共富型税收政策研究,构建共富税收分析指标体系,打造税收助力共富省域范例。集全省之力支持山区26县跨越式发展,成为唯一获评结对帮扶“优秀”的中央在浙单位。做好税收支持和服务长三角一体化发展联席会议轮值工作,牵头落实9项征管服务新措施,研究谋划新一轮税收支持举措。探索绿色税费征管服务体系,打造“一码评税”综合智评平台,高水平服务省域“无废城市”建设。深化出口退(免)税备案单证数字化管理试点,全省全年办理出口退(免)税3265.31亿元,同比增长15.7%。助推自贸区建设,杭州“综保区一般纳税人资格试点精准化服务模式”、舟山“电碳税”综合指数项目入选中国(浙江)自贸区最佳制度创新案例。服务“一带一路”倡议,举办走进RCEP活动和“中非境外税收论坛”,护航企业“走出去”。落实稳外资相关税收政策,推进相互协商和预约定价安排,提升国际税收智能化服务水平,支持企业“引进来”。出台缓缴税费、保障发票供应等税收支持服务措施,保障全省房地产市场平稳健康发展。

【税费征管】 根据中办、国办《关于进一步深化税收征管改革的意见》和浙江省实施方案,持续迭代优化改革落实机制,对标对表推进改革任务。深化精准监管专项改革试点,对45项任务“揭榜挂帅”比拼赛马,19项取得初步成果。参与金税四期工程建设,做好电子发票服务平台、税务网络可信身份系统等应用前期准备,以及土地增值税管理模块上线试点工作。完善“一户式”管理机制和增值税发票风险全链条快速反应机制。推进企业所得税税前扣除凭证(发票)“跟票管”“按户管”。探索个人股权转让“数智化”分级分类管理服务机制。优化资环税管理全流程风险指标体系、土地增值税风控体系。

【纳税服务】 持续开展“便民办税春风行动”,集成推出129项举措。开展“春雨润苗”专项行动,三级联动举办百场税企恳谈会,开展“一把手走流程”“三员一师走流程”等活动,助企纾困解难。构建“总对总”“系统对集团”“网络对网络”大企业税收服务和管理新格局,提供个性化服务,企业好评率100%。支持杭州开展营商环境创新试点,完成16项国家级涉税改革任务,8项改革举措获国务院复制推广。落实税务部门政务服务“好差评”机制,好评率超95%、实名差评回访整改率100%。依托浙江税务征纳沟通平台,整合咨询、办税应用场景,创新推广“办问协同”新模式,实现中台化一体化。提升浙江财税12366服务中心热线咨询服务质效。在全国率先实现跨境电子缴税和数字人民币全税费种缴退库业务场景应用。拓展“非接触式”办税缴费事项,持续提升网办、掌办比例,2022年全省纳税人缴费人综合网上办税率超98%,民生事项掌上办税率超85%。

【税收法治】 推动《印花税法》在全省平稳落地。优化税务执法方式,推进说理式执法,试点非强制性执法方式和执法尽职免责。加大执法督查力度,健全内外部税务风险统筹管理机制和“风险评估+远程督察+复核抽查”常态化督察机制。出台《浙江省税费服务和征管保障办法》,制定《征管改革精诚共治重点任务》,提高税费共治法治化制度化水平。深化网格化内控机制建设,加强税收执法与公益保护衔接,联合省检察院等部门建立涉税公益诉讼协作配合机制。坚持和发展新时代“枫桥经验”,创建首批30家“枫桥式”税务分局(所)。深化“双随机、一公开”监管,健全以“信用+风险”为基础的税务监管新体系。2022年推送各类风险任务40484人次。发挥税收大数据作用,创新平台企业风险模型、文娱领域“双高”人群监管机制和土地增值税风控体系,深化千户集团税收风险管理,打造企业全风险扫描平台,探索风险任务智能应对。

【税务稽查】 依托六部门联合打击虚开骗税工作机制,在数据共享、分析研判、联合打击、工作督导等方面深度合作,严查快处骗取留抵退税等涉税违法行为,查办一批具有社会影响力的大案要案。以点带面开展重点行业税收整治,规范行业税收秩序。2022年,全省稽查查补收入113.52亿元。

【数字化建设】 推进税务数字化改革,打造以浙江“税务大脑”和大数据平台为核心的体系构架。推进数字化电子发票受票扩围试点和电子凭证会计数据标准试点,全域推广“浙里办票”应用,全省增值税发票电子化率85.1%。打造“减税降费直达快享”应用,实现优惠政策精准匹配、政策红利便捷享受、退税减税风险严密防控、政策效应集成展示。“浙里办票”“减税降费直达快享”两项应用获评2022年省数字化改革“最佳应用”。建设“成品油综合智治”监管改革应用,开展成品油行业专项整治工作,遏制成品油企业偷逃消费税,该应用获评2022年省改革突破奖铜奖。省委主要领导专程调研税务数字化改革工作并给予肯定。

【监督检查】 落实新修订的纪检监察制度文件,拓展一体化综合监督制度框架,推进税务系统纪检监察体制改革扩面提质,实现县级税务局全覆盖。执行加强对“一把手”和领导班子监督的实施意见,强化“关键少数”监督管理。编制监督工作指引,建立纪检机构主要负责同志履职报告制度,提升专责监督能力。落实税务系统整治违反中央八项规定精神问题负面清单和公务接待正面清单,开展干部经商办企业、干部家属个人从事涉税代理、公务员任职回避等专项整治;落实以案促改以案促治工作办法,完善召开警示教育大会、观看警示教育片、通报典型案例、汇编剖析材料“四位一体”警示教育机制。落实中央巡视自查整改要求，推出162项整改举措，确保全省税务系统改到位改彻底。完成对10个县局党委的第八轮常规巡察和对3个省局机关党支部、省税校党委的第九轮巡察，打好十九大届期党委巡察“收官战”。坚持“提级巡察”，探索“一组一地”巡察方式、整建制组队、巡后“复盘”、公开通报整改情况评审结果等工作机制。开展溯源式追责问责。

【政务管理】 统筹发展和安全，防范化解税收重大风险，为党的二十大胜利召开营造平安稳定税务环境。抓好疫情防控，落实调整转段优化措施，保障正常工作秩序和人员健康安全。协同共治强化信访维稳，提前实现信访积案化解清零目标。主动融入党委政府舆情管理，健全分层分类精准长效宣传机制，发出浙江税务“好声音”。加强系统运维保障，完善大运维工作格局，连续54个征期保持平稳运行。构建预警预防、风险应对、强管严查为一体的网络安全和数据安全保障体系，实现全年网络安全、数据安全“零事件”。

【党建工作】 执行“第一议题”制度，健全习近平总书记重要指示批示落实工作督办管理办法，推进“学查改”(学习研讨、查摆问题、改进提高)专项工作。落实意识形态和网络意识形态工作责任制，开展意识形态阵地检查和专项检查。制定“八小时外”监督和网络行为指引实施方案，推出税务干部网络言行负面清单。开展深化“纵合横通强党建”大讨论，通过绘制体系导图、梳理突破事项清单、打造党建统领整体智治平台，形成“一图一单一平台”实施路径。完成党建高质量发展两年行动方案工作任务，推进“红色根脉强基工程”和“双建争先”(建设清廉机关，创建模范机关)工程，提升党组织“两化”(制度化、规范化)“四强”(政治引领力强、推动发展力强、改革创新力强、凝聚保障力强)水平，推动党建与业务深度融合。在地方党建工作考核中，省、市局优秀比100%，县局97.1%。

【队伍建设】 组织100名基层党委书记开展“一把手谈”活动，培养使用优秀年轻干部，发挥“绩效管理抓班子、数字人事管干部”作用，推动创先争优。推进事业单位改革和专业技术类公务员分类改革管理。落实素质提升“2271”工程，实施领军人才培养“1+8”系列措施，2022年入选领军人才10名、预录取10名；持续开展“岗位大练兵业务大比武”活动，在2022年全国税务系统业务大比武中获团体第二、资环条线个人第一。实施实战化培训，深化学习兴税平台应用，促进教育模式转型，提升干部专业实践能力。探索“浙江有礼”税务文明新实践，改造升级“党旗红　税务蓝”文化场景和党员工作室，打造“浙税先锋”志愿服务品牌，组建全省系统“80·90·00”税务宣讲团。开展第二届浙江省“最美税务人”和“退税降费惠企工作尖兵”等选树宣传活动，激励干部奋勇担当。

注：

***“1+9”电子台账：**“1”指总览台账，反映留抵退税全流程业务办理情况及工作成效；“9”分别指清册台账，用于掌握本地区可退税资源、确定退税对象；辅导台账，用于掌握本地区留抵退税辅导进度等情况；申请台账，用于及时掌握本地区退税申请情况和企业不退税原因；预审台账，用于纳税人退税预审；审核台账，用于及时掌握本地区退税审核情况；复核台账，用于及时掌握本地区退税复核情况；风险台账，用于及时掌握本地区退税预审、审核、复核等环节发现的退税风险疑点及应对情况；稽查台账，用于及时掌握本地区稽查部门打击骗取留抵退税等行为情况；退税台账，用于全面反映留抵退税户数、税额情况。

（省税务局供稿　刘春燕执笔）

附表

2022年浙江省税费收入情况统计

单位：万元

项目	累计入库	上年同期	同比增长%
一、税务部门组织的税费合计	277848532	215854930	28.7
(一)税务部门组织税收收入	132543815	137367438	-3.5
1.国内增值税	44768600	51853026	-13.7
2.国内消费税	10325828	8360634	23.5
3.企业所得税	37572609	35726124	5.2
4.个人所得税	15002560	13462360	11.4
5.资源税	141319	140104	0.9
6.城镇土地使用税	1304578	995234	31.1
7.城市维护建设税	4334157	4224494	2.6
8.印花税	1272817	1217751	4.5

（续表） 单位：万元

项目	累计入库	上年同期	同比增长%
9.土地增值税	5089891	6987764	-27.2
10.房产税	3223641	2498211	29.0
11.车船税	678950	650660	4.3
12.车辆购置税	2097036	2782305	-24.6
13.烟叶税	105	73	43.8
14.耕地占用税	619693	729309	-15.0
15.契税	6052994	7672763	-21.1
16.环境保护税	31581	31858	-0.9
17.其他税收	27456	34768	-21.0
（二）社会保险费收入	55204693	49380796	11.8
1.企业职工基本养老保险费	28352887	24308003	16.6
2.城乡居民基本养老保险费	663555	972094	-31.7
3.机关事业单位基本养老保险费	4491305	3918833	14.6
4.职工基本医疗保险费	15220224	14244416	6.9
5.城乡居民基本医疗保险费	1452459	1506076	-3.6
6.失业保险费	1171685	1014677	15.5
7.工伤保险费	829639	669076	24.0
8.职业年金	2236842	2025701	10.4
9.其他社会保险费	786097	721920	8.9
（三）非税收入合计	90100024	29106696	209.6
1.教育费附加	1968617	1961550	0.4
2.地方教育附加	1312453	1308335	0.3
3.残疾人就业保障金	714318	579024	23.4
4.文化事业建设费	114171	39899	186.2
5.废弃电器电子产品处理基金	7173	7498	-4.3
6.大中型水库移民后期扶持基金	269702	268680	0.4
7.可再生能源发展基金	691517	703827	-1.7
8.国家重大水利工程建设基金	184823	184710	0.1
9.水土保持补偿费	31063	27653	12.3
10.排污权出让收入	167434	166175	0.8
11.防空地下室易地建设费	186932	198537	-5.8
12.国有土地使用权出让收入	83158364	23035059	261.0
13.矿产资源专项收入	794244	473462	67.8
14.海域使用金收入	367350	31293	1073.9
15.其他收入	131863	120994	9.0
（四）其他收入合计（工会经费）	156595	141156	10.9
二、海关代征进口税收	17442492	13044162	33.7
三、出口退税	-32653076	-28233383	15.7

财政分项工作

财政预算管理

【概况】 2022年,浙江省财政预算工作进一步深化财政预算管理制度改革,加强财政资源统筹,增强重大战略任务财力保障,厉行勤俭节约,优化支出结构,加快构建具有浙江特色的现代财税体制,助力高质量发展建设共同富裕示范区。连续第6年获得国务院办公厅落实有关重大政策措施真抓实干成效明显地方表彰奖励。2022年财政预算报告赞成率100%。2022年,全省一般公共预算收入8039.85亿元,同口径(剔除增值税留抵退税因素)增长5.5%,自然口径下降2.7%,其中,省级一般公共预算收入381.28亿元;一般公共预算支出12017.78亿元,剔除新增地方政府一般债务安排的支出等因素,可比增长7.1%,其中,省级一般公共预算支出721.26亿元,剔除上年延后安排省级政府产业基金增资等项目因素,可比增长3.9%。

【深化预算管理制度改革】 根据国务院《关于进一步深化预算管理制度改革的意见》部署,提请省政府印发浙江省《关于进一步深化预算管理制度改革的实施意见》,推进改革先行示范。实施意见以解决地区差距、城乡差距、收入差距问题为主攻方向,提出6方面20条改革举措,突出共同富裕、体制机制创新、数字化改革、风险防控四方面导向,健全现代预算管理制度。聚焦高质量发展建设共同富裕示范区、省第十五次党代会等党中央、国务院和省委、省政府重大决策部署,围绕"制造强省""交通强省""农业双强"等大事,全面梳理、优化整合大事政策资金项目,构建新一轮省级集中财力办大事财政政策体系(2023~2027年),增强重大决策部署财力保障,形成政策、资金和工作合力。

【落实共同富裕部省联动方案】 提请财政部印发《贯彻落实〈支持浙江省探索创新打造财政推动共同富裕省域范例的实施方案〉部省联动工作方案》,明确上下联动工作机制、"清单式、项目化"推进机制、先行先试激励机制和跟踪评估督查机制,定期梳理报送工作进展,压实主体责任,推进任务落实落细。实施"钱随人走"制度改革,印发《"钱随人走"制度改革总体方案》《关于推进"钱随人走"转移支付制度改革的实施意见》,明确构建系统化、集成化的"钱随人走""1+X+N"政策体系。在义务教育、公共卫生领域开展"钱随人走"试点。"钱随人走"制度改革试点上升为财政部试点,并纳入浙江高质量发展建设共同富裕示范区"1+5+n"重大改革清单。

【健全党政机关过"紧日子"长效机制】 坚持党政机关过"紧日子",全省非刚性、非重点项目支出预算压减8.3%。会同省纪委机关组织遴选十佳优秀案例,印发《坚持党政机关过紧日子优秀案例的通知》,加强省市县联动,形成一批党政机关带头过"紧日子"经验做法。探索建立省级部门过"紧日子"评价体系。

【深化省以下财政体制改革】 围绕"保基本、强激励、促均衡"的目标,研究完善省对市县财政体制,测算各项政策以及转移支付分类分档,分析政策合理性,形成支持山区26县高质量发展财政体制政策初步方案。在财政部会议上作交流发言,得到部领导肯定。安排2022年度绿色发展财政奖补资金138.62亿元,持续推动生态文明建设。总结梳理相关经验做法,2022年12月,省财政厅"迭代绿色财政奖补,助推'绿''富'共进双赢"被评为浙江省高质量发展建设共同富裕示范区最佳实践(第二批)案例。

【打造零基预算2.0版】 将零基预算管理理念融入预算管理流程和编制系统,形成"目标、指标、审核、评价"四个体系组成的全过程管理机制,制定《2023年零基预算编审指引》,明确指标体系、审核体系、评价体系编审指引,建立省级项目预算样板库,完善内部联审机制。按照"压一般""保重点""重绩效"原则,做好2023年省级预算审核工作。完善地方预算支出标准体系,印发《浙江省预算支出标准体系建设指导意见》,按照"统筹规划,整体构建""需求引领,协同推进""因地制宜,逐步完善""迭代优化,动态调整"的原则,推进支出标准体系分类、分级管理,发挥支出标准在预算编制、执行和公开中的基础支撑作用,推进全省各级财政预算支出标准体系建设和应用。研究建立省级预算支出标准库,并在预算管理一体化系统中应用。

【推进预算数字化建设】 整合预算管理全流程,实施全省统一的业务规范和技术标准,建成并使用预算管理一体化系统,支撑全省各部门线上开展预算编制,实现对政府预算和部门预算编制、执行、绩效的全流程管理;掌握市县财政预算管理情况,纵向建立全覆盖、全链条的转移支付资金监控机制。创建财政大脑"收支运行智管"应用,合理设置预警规则,构建全方位动态预警、全流程问题闭环处置、全过程动态晾晒、全覆盖综合评价分析的精准监管机制,预算收支运行监管从"分级管理"变为"整体协同","事后整改"变为"事前防范","分段管理"变为"闭环管理"。构建全省贯通的财政收支运行智管"共治中心",实现数据共享、规则共建、问题共治。相关工作获财政部领导肯定。

【兜住基层"三保"底线】 扩大"三保"预算编制审核范围,对60个县(市、区)开展县级"三保"预算编制事前审核,审核对象比例提高到75.0%。研发"三保"智控模块,创新"三保"安全指数,根据风险级别实行动态分级管理。完善地方财政运行定期监测机制,强化"三保"监测预警和分析。2022年全省各县(市、区)"三保"无重大支付风险。做好增值税留抵退税资金保障,争取中央留抵退税和其他减税降费等转移支付资金750.61亿元、支持市县落实减税降费和重点民生政策。会同省税务局、人行杭州中心支行印发《增值税留抵退税跨部门协同工作方案》，推进政策落地。印发《新出台留抵退税政策专项资金管理办法》《补充县区财力专项资金管理办法》《其他退税减税降费专项资金管理办法》，规范中央资金使用管理。

【开展财经秩序专项整治行动】 根据财政部统一部署，组织开展地方财经秩序专项整治行动，做好自查和复查工作。严格执行财经法律法规和管理规定，推进问题整改与制度规范，持续完善一批规范管理、推进改革、优化机制的政策制度，建立健全财政管理长效机制，维护财经纪律严肃性。

（省财政厅总预算局供稿　金　珂执笔）

地方政府债务管理

【概况】 2022年，浙江省地方政府债务管理工作按照统筹发展与安全的要求，发挥地方政府债券跨周期调节作用，服务高质量发展建设共同富裕示范区；打好防范化解地方政府隐性债务风险攻坚战，稳妥有序化解债务风险，确保风险总体可控。

【争取地方政府债券额度】 2022年，浙江省争取地方政府债券额度4256.74亿元，其中：新增债券额度2666.00亿元（一般债券341.00亿元、专项债券2325.00亿元）；结存限额专项债券额度265.00亿元；再融资债券额度1325.74亿元（一般债券721.11亿元、专项债券604.63亿元）。

【建立常态化专项债券项目储备机制】 制定专项债券支持政府投资项目实施方案，建立完善常态化项目储备机制，省市县三级联动梳理储备高质量专项债券项目，指导市县和省级相关部门做深做实项目前期。2022年，浙江省向财政部申报专项债券储备项目3621个，资金需求7202.87亿元。

【支持政府投资公益性项目建设】 坚持"资金跟着项目走"原则，加快专项债券发行节奏，发行的专项债券重点支持交通基础设施、市政和产业园区基础设施、农林水利、生态环保、社会事业、保障性安居工程等重点领域2158个公益性项目建设，助力扩大有效投资、稳住经济大盘。

【规范专项债券资金使用管理】 建立专项债券支出进度通报预警、违规使用地方政府债券处理处罚等机制，出台《浙江省地方政府专项债券项目资金绩效管理办法》，组织开展两轮"大服务、大督查、大抓落实"行动，定期统计债券资金使用进度、完善使用通报机制，督促各地尽快形成实物工作量。截至2022年年底，2325.00亿元新增专项债券资金全部使用完毕。

【防范化解地方政府隐性债务风险】 贯彻省委、省政府决策部署，制定下发2022年化解隐性债务风险行动方案，督促落实多渠道筹措财政性资金，指导各地按计划依法依规完成存量债务化解任务。建设完善"七张问题清单"场景，制定机关考评细则，压实市县化债责任。组织开展两轮债务化解穿透式核查，抓实地方政府隐性债务风险化解工作。

【遏制新增地方政府隐性债务】 严格执行《浙江省政府投资项目管理办法》，前移债务风险评估关，在政府投资项目立项前开展财政承受能力和债务风险评估。2022年对105个政府投资项目出具债务风险意见，从源头上遏制新增隐性债务产生。

【组织开展专项行动督导】 连续5年牵头开展防范化解地方政府隐性债务风险专项督导，组织市县开展专项行动实施情况以及政府债务管理情况自查工作，对市县2022年度债务化解工作、化债真实性规范性等实行"清单式"督导。开展"三服务"活动，赴37个县（市、区）开展债务管理政策上门服务，提升债务管理工作服务水平。

【开展地方政府债务风险评估和预警工作】 按照财政部债务风险评估预警和风险等级评定办法，梳理总结全省政府债务风险评估和预警机制运行情况，测算市县政府法定债务风险，通报债务风险等级结果。

【推进债务管理数字化改革】 建设专项债券全流程监管数字化系统，打造"专项债全周期智管在线"应用，实现专项债券项目即报即审、实时反馈、智能遴选。"专项债全周期管理在线"入选全省数字政府系统优秀应用案例集（第二批）。完善隐性债务风险监测体系，迭代升级"鹰眼护航"系统，建设"隐债智控应用"，构建隐性债务风险识别、研判、处置、反馈的闭环管控体系。

（省财政厅地方政府债务管理办公室供稿　郑　瑞执笔）

财政税政

【落实新的组合式税费支持政策】 2022年，浙江财政税收工作按照"第一时间+顶格优惠"原则落实各项减税降费政策，推动政策落地见效。第一时间顶格执行小微企业"六税两费"减免政策，第一时间出台自主就业退役士兵和重点群体创业就业税收优惠政策，继续免征茶叶市场"房土两税"等政策，严格按照"应退尽退、应缓尽缓"原则对企业实施缓税和退税，及时将减税红利送达企业。全省全年累计落实以增值税留抵退税为主体的组合式税费支持政策3991.20亿元，其中，增值税留抵退税额2232.67亿元，惠及企业23.88万户，退税规模全国第三。全省留抵退税工作情况专报获省领导批示肯定。

【做好推动共同富裕税收政策研究】 做好推进共同富裕示范区建设税收政策储备研究，全年完成相关调研报告10篇，其中：《以家庭为单位的个人所得税专项附加扣除体系研究和建议》获省委主要领导批示肯定；《促进慈善事业发展的财税政策研究》在《浙里共富》简报刊发，报省领导参阅。聚焦家庭型财税改革和"一老一小"财税支持政策，以及促进三次分配的税收支持政策，形成家庭型个税专项附加扣除改革方案和促进慈善事业发展的税收支持政策改革方案，为中央出台政策提供参考。

【争取税收优惠】 争取宁波舟山港启运港退税政策，形成宁波舟山港启运港退税政策实施方案建议报财政部，并上报国务院审批。争取优质日用消费品进口关税调整，专函报送财政部，9项建议在2023年进口关税税率统一调整中得到采用，其中婴幼儿食用均化混合食品进口关税税率从12%降至6%，咖啡机、榨汁机、电吹风等7项小家电进口关税税率从7%降至5%，助力义乌小商品市场扩大国内外影响力。争取集成电路重大项目分期纳税政策落地，长电集成电路(绍兴)有限公司等分期纳税方案获批实施，减轻企业财务负担。

【开展资格认定】 做好外资研发中心税收优惠资格认定，会同商务、科技、海关、税务等部门，联合评审认定9家浙江省第一批符合进口税收优惠政策的外资研发中心。开展公益捐赠税收优惠政策公益性组织名单审核认定工作，新增审定公益性社会组织212家，全省全年556家公益性社会组织和91家群众团体获得公益性捐赠税前扣除资格。开展2022年享受税收优惠政策的集成电路企业、软件企业清单审核工作。开展储备商品企业及其直属库名单报批审核及公布工作，全年审定企业198户，便利企业享受印花税、房产税、城镇土地使用税优惠政策。参与省科技厅主导的高新技术企业认定管理工作，全年核定高新技术企业11911家。认定浙江出版传媒股份有限公司为转制文化企业，按规定享受税收优惠政策。

【做好贸易领域财政要素保障】 指导萧山机场做好进出境免税店招投标工作，联合税务、海关、文旅、商务等部门上报国家相关部委备案，助力搬迁开业。会同省税务局、杭州海关等部门做好境外旅客购物离境退税代理机构评定工作，确定浙商银行股份有限公司为杭州萧山国际机场境外旅客购物离境退税代理机构。落实自贸试验区激励型财政转移支付政策，分配省级财政激励型财政转移支付资金1.00亿元，引导各片区(区块)所在市(县、区)加大包括公共预算、政府债券、政府性基金、政府产业基金等财政性资金投入。

【做好税政调研和政策评估】 开展税政调研。根据财政部关税司要求，会同杭州海关开展原料药和造影剂两个细分医疗产业关税税政调研，在分行业调研报告中提出相关产品关税税目税率调整建议，专函报送财政部。完成《支持中小微企业高质量发展税收政策研究》《加快构建地方税主体税种　健全地方税体系的研究》《完善个人所得税制度　促进形成橄榄型分配格局》《促进第三次分配的税收激励政策研究》4篇部厅联合调研报告。做好政策评估。根据财政部税政司要求，对为居民提供必需生活物资快递收派服务取得收入的纳税人实行阶段性免征增值税政策执行成效开展评估，向财政部提出扩大免税优惠政策享受范围和适当延长税收优惠政策时限的建议。

【开展税收宣传】 通过微信、报纸、手册等方式，宣传新的组合式税费支持政策，使政策应知尽知。梳理中央和省各类减税降费政策，编制《2022年组合式税费支持政策汇编》并对外发放。通过各类媒体宣传全省减税降费成效，其中，浙江省大力推动增值税留抵退税的做法于2022年7月11日被国务院网站转发，推动"六税两费"减免的做法于浙江卫视和浙江日报作专题报道。

（省财政厅税政处供稿　张丽萍执笔）

财政国库管理

【概况】 2022年，浙江省财政国库管理工作强化核心功能，完善管理体系，助力财政打造"重要窗口"和共同富裕示范区建设标志性成果。浙江省库款管理工作连续第6年获国务院办公厅落实有关重大政策措施真抓实干成效明显地方荣誉；预算执行分析、财政总决算、部门决算三项工作连续第4年获财政部地方财政预算执行分析和决算工作通报表扬。

【强化收支运行监测与研判】 加强收入组织监测。根据省委、省政府决策部署，协同省税务局根据实际税源情况、新一轮组合式税费支持政策等测算预期收入，提出收入组织建议，推动收入运行在合理区间。2022年，全省一般公共预算收入8039.85亿元，剔除增值税留抵退税因素后增长5.5%，税收收入占一般公共预算收入的82.3%，收入规模和税占比均位列全国第三。加强分析研判。建立收入形势专题研究机制，分析研判宏观经济特别是房地产市场、信息业等形势以及组合式税费支持政策落实和东部省市收入动态情况，对收入运行中的特殊情况和重点难点问题组织专题分析，报省委、省政府决策参考。会同省税务局就地区经济运行、财政收支、实际税源、减税退税等开展实地调研，提高收入形势分析精准性、科学性。探索智慧化管理模式。根据财政大脑建设总体规划，建设"收入运行智管"应用，构建指标体系、优化页面设计、多维集成数据，重塑"收入执行监测—收入预期管理—收入完成情况"全过程量化闭环管理机制。

【加强财政库款管理】 强化库款实时监测督导。通过库款分析系统对全省市县库款余额进行实时监测，建立"三色"预警机制，分类施策保障"三保"、减税降费支出需求。完善库款绩效考核引导机制，修订2022年全省财政绩效考核库款管理指标，引导市县强化库款管理。加强资金调度。2022年,安排省对市县日常调度775.60亿元、直达资金调度540.20亿元、增值税留抵退税调度837.00亿元、偿还到期债券本金调度259.90亿元,保障市县预算执行、增值税留抵退税、债券还本资金周转等需求,确保"三保"支出和财政运行平稳安全。统筹库款管理与债券发行。合理选择债券发行时间,对于库款规模预计较高的地区延后发行,熨平年度库款波动。全省月均库款保障水平为0.8倍。

【发行兑付地方政府债券】 加快债券发行使用。2022年,全省(不含宁波)发行浙江省政府债券9次64期,发行总量3684.00亿元,平均投标倍数15.4,加权平均发行年限13.75年,平均发行利率3.0%,平均利差10.4BP。按偿债资金来源分:一般债券893.10亿元,专项债券2790.90亿元;按是否增加债务余额分:新增债券2604.00亿元,再融资债券1080.00亿元。开展2期15.00亿元棚改专项债券柜台市场发行,13家承办银行均实现100.0%分销,1.4万户个人认购,个人认购规模占比81.9%。交通银行、中信银行2家承销商首次开展跨境分销,金额4000万元。加强债券发行管理。把握债券发行节奏,结合项目建设进度、再融资债券到期时点及库款水平等多项因素,制定发行计划,全年累计延期发行债券619.90亿元,年内节约利息2.77亿元。做好债券本息兑付,足额拨付2022年还本付息资金1819.16亿元。浙江省财政厅获上海证券交易所债券市场2022年度"地方政府债券优秀发行人"、中央国债登记结算有限责任公司"地方债创新杰出发行人"和"地方债优秀发行人"荣誉。

【规范公款存放管理】 调整财政资金竞争性存放综合评分指标体系,将金融机构支持浙江省科技创新、制造业、绿色金融、普惠小微、"三农"、民营企业、"浙里捐赠"平台捐赠等情况纳入贡献度指标体系。借助"财政公权力大数据监督"应用,融合公款竞争性存放网上招标平台,设置"红黄绿"三级管理,将监督机制嵌入公款存放管理全流程。优化省级财政资金竞争性存放机制,委托市县存放省级社保风险准备金210.76亿元。2022年,争取财政部下达浙江省国库现金管理额度500.00亿元,总额1400.00亿元。全省通过公款竞争性存放网上招标平台操作1021期,金额11486.63亿元,其中:财政资金283期,金额10228.36亿元;单位公款738期,金额1258.27亿元。省级财政资金通过公款竞争性存放网上招标平台操作国库现金管理招标7期2470.00亿元,财政专户资金定期存款招标10期1036.37亿元,到期可实现利息收益计52.25亿元。

【推进国库管理数字化改革】 建设"浙里报账"场景应用。印发《"浙里报账"应用有关问题解答》,上线公务出行、会议培训、公务接待、政府采购、合同管理等10个子场景,覆盖全省97个财政区划、2万家预算单位、168万用户。"浙里报账+浙里办票"应用获得2021年度浙江省改革突破奖银奖、2022年度浙江省数字化改革最佳应用,列入2022年浙江省数字化改革重大应用"一本账S2"。推进预算管理一体化执行模块建设。落实预算管理一体化改革方案,建立专人分片负责制,汇总问题,研讨解决措施,形成清单下发全省各级财政部门。深化预算指标核算管理改革,完善预算管理一体化各环节预算指标核算触发机制,形成指标余额、科目余额、项目类型、"三公"经费、以收定支、大额支付等10大项15小项控制机制。2022年,在财政部地方预算管理一体化建设年度考核中,浙江省位列第三。

【加强国库集中支付管理】 加强国库集中支付运行管理。严格规范国库集中支付和公务卡业务,2022年全省累计国库集中支付资金量21420.04亿元,增长7.7%;全省公务卡累计刷卡支出32.40亿元,增长67.4%。加强国库集中支付代理银行管理。修订《浙江省省级财政国库集中支付银行代理业务综合考核办法》,完成2021年度代理银行综合考评,支付2021年代理行垫付资金利息及手续费846万元。

【健全预算执行动态监控机制】 强化直达资金监控数据质量管理。核实处理预警信息,落实财政部一体化直达资金支出偏离度考核工作,核对整改不达标数据。2022年,中央下达全省直达资金854.85亿元(不含宁波),全部分配落实到项目,分配进度100.0%。加强"三公"经费执行监控。落实财政部地方"三公"经费执行情况监控要求,成立工作督导组,出台《浙江省财政厅关于做好全省"三公"经费执行监控有关工作的通知》;建立月报制度;强化全省"三公"经费监控预警功能,细化预警规则,生成预警事项,防止无预算、超预算支付。

【编审决算和政府财务报告】 编审财政总决算。下发审核要点和编审问答,制发审核模板,核对数据,提高审核精准度。浙江省2021年度财政总决算工作全国排名第一,获财政部通报表扬。编审部门决算。制作财政拨款收入支出、"三公"经费年度对比等查询模板,纠正不符合法律法规的内容,省级部门决算统一于8月31日公开,分级部署全省部门决算信息公开由部门延伸至单位。编审政府财务报告。提升编审人员业务水平,采用系统与人工审核相结合模式,开展省级部门财务报告和全省综合财务报告汇审。2022年,全省8400个部门完成政府部门财务报告,省本级、112个市、县(市、区)通过合并财政、部门、国有企业等主体的财务报表,完成2021年度各级和合并政府综合财务报告编审工作。加强数据分析利用。编印《2021年度财政统计资料》《2021年度部门决算数据资料汇编》,发挥决算数据对管理和决策的参谋作用。

【夯实国库管理基础】 推进财政总会计制度改革。成立改革专班,开展工作部署、人员培训、系统改造等;针对股权投资等难点问题开展调研,形成《省级政府持有企业股权投资总会计核算方案》,确保2023年新财政总会计制度在全省落地。完成全省国库管理领域专项行动。根据财政部加强和改进地方财经秩序专项行动工作要求，成立领导小组和工作专班，组织全省各级财政部门开展自查和复查，针对性修订国库管理、账户管理、竞争性存放、政府采购等相关制度。规范账户管理。印发《浙江省财政厅关于全面加强财政专户资金安全管理的通知》，严肃财经纪律，维护财经秩序。截至2022年年底，各级财政部门保留财政专户1542个。印发《浙江省财政厅关于推进预算单位银行账户管理系统全省应用的通知》，分批推进全省各市县上线。截至2022年年底，全省（不含宁波）所有设区市、79.6%的县（市、区）财政部门正式上线运行。

（省财政厅预算执行局供稿　赵春霞执笔）

财政综合

【概况】 2022年，浙江财政综合工作围绕省委、省政府决策部署，服务保障共同富裕、数字化改革等重大任务，推进非税收入管理、经济稳进提质等工作。全省全年收缴各项政府非税收入11874.79亿元，同比下降9.0%，其中：国有土地使用权出让收入8336.15亿元，下降19.6%；其他非税收入3538.64亿元，增长32.9%。

【支持经济稳进提质】 落实稳经济一揽子财政政策。牵头部署稳企强体专班工作。落实“一停三减五降”*等清费减负政策。印发《关于严格落实缓缴涉及企业、个体工商户部分行政事业性收费的通知》，成为全国最早出台地方落实政策的省份。全省全年为企业减免行政事业性收费和政府性基金534.72亿元。监督稳经济政策落实情况。做好嘉兴、绍兴“5+4”财政政策落实和督导工作。协助做好国务院第九次大督查工作，印发《浙江省地方财经领域涉企违规收费专项整治行动工作方案》，配合对接国家四部委全国性专项督查工作。落实防范化解拖欠中小企业账款行动，完成省级财政及所属单位（含所属监管的国有企业）清欠工作。开展政府非税收入和财政票据管理专项检查，对252家执收单位和3家财政票据定点印刷企业进行检查，查出应缴未缴省级财政资金19968万元，长期挂账（账龄5—30年）资金18341万元。

【支持共同富裕示范区建设】 助力发挥第三次分配作用。设立“浙里捐赠”平台，开发“一键捐赠、一秒开票、一指抵税、一窗公开、一址查询、一榜表彰、一屏智报、一站认定”慈善捐赠8大场景。2022年5月上线至年底接受捐赠2965万人次，捐赠金额69.36亿元，开具捐赠票据35.77万份，获省领导、财政部领导肯定。“浙里捐赠”纳入2022年全省重大改革（重大应用）“一本账S2”，获评2022年数字社会系统“最佳应用”。发挥土地收益调节金作用。健全土地出让收入省级统筹机制，2022年1月1日起省级财政按照1‰比例（最高不超过3‰），从各地年度土地出让收入中计提农业农村省统筹资金。探索家庭住房保障政策（公积金）体系。在龙港市、海盐县2地开展试点。龙港市出台为经济组织成员建缴住房公积金制度，236人参与建缴。发挥彩票促富功能。下达中央专项彩票公益金1.83亿元支持地方社会公益事业发展。支持彩票机构发行“共富”彩票。推动省福彩中心“浙里有福”即开型彩票首发上市，筹集公益金优先支持革命老区、海岛和山区26县社会福利事业发展。全省全年销售彩票342.27亿元，居全国第二，增长19.9%；筹集彩票公益金91.44亿元，增长13.3%，其中省级留成彩票公益金46.73亿元，增长13.9%。

【推进数字化改革】 深化统一公共支付平台建设。实现与省统一行政处罚办案系统、省卫健委等部门自建处罚办案系统互联互通。实现多场景支付、对账、清算全流程闭环运行。全年受理缴费业务7835万人次。试点电子非税收入一般缴款书。印发《浙江省全面推广使用电子非税收入一般缴款书实施方案的通知》，2022年2月24日试点开具电子缴款书（缴款通知）并实现缴款市县全覆盖，完成财政电子非税收入一般缴款书全国试点任务，在全国非税收入电子化管理工作视频推进会上作交流发言。全省全年开具一般缴款书单位6629家，开票46.97万笔、资金891.67亿元。深化财政票据电子化改革。更新出台《浙江省财政票据管理办法》。强化财政票据整合和数字化管理，纸质票据由47种精减为浙江省财政通用票据1种，通过财政票据管理平台同步生成并开具电子票据，实现全电子化管理。“浙里办票”应用与江苏省、广东省实现跨省互通，上线与江苏省医保、商保报销场景应用互通。在绍兴、温州开展电子票据核销及“用血直免”试点。成为全国首个整体纳入财政部等八部委电子凭证会计数据标准试点省份。2022年，全省财政电子票据开具率99.0%，“浙里办票+浙里报账”获2021年浙江省改革突破奖银奖、2022年数字化改革“最佳应用”，省财政厅被评为2021年度数字化改革信息安全标准参编先进单位，在2022年7月全国深化财政票据管理改革培训班上作经验交流。推进数字人民币在非税收缴领域应用试点。出台《数字人民币非税收缴应用试点工作推进实施方案》，推动数字人民币落地“浙里办”，省本级、湖州市本级和德清县通过数字人民币实现线下缴费。

【提升综合管理水平】 深化政府购买服务改革。优化预算编制，强化政府购买服务预算管理。根据财政部2022年政府购买服务改革重点工作，助推城乡社区等12大公共服务提质增效。全省全年政府购买服务预算资金326.40亿元，增长12.0%。推动非税收入管理创新。印发《关于严格非税收入账户管理的通知》。优化住房资金管理，督促各地做好保障性安居工程资金筹集、使用、管理，完成对省直及5个设区市住房公积金和物业专项维修资金重点检查工作。加强问题调研分析。开展“加强和改善宏观调控”“保护私有财产、促进资本规范有序发展”专题调研，做好非税收入、土地出让收入分析，7篇财政信息专报获省领导批示。参与财政部税政司重大税制改革前瞻性研究子课题

《完善非税收入制度体系研究》。浙江省经济形势分析工作获财政部肯定，在全国财政经济形势预测分析培训班上作典型经验交流。

（省财政厅综合处供稿　周卫平执笔）

注：

*“一停三减五降”：一停即地方水利建设基金停征政策；三减即文化事业建设费减半征收政策，残疾人就业保障金分档减征政策，城市基础设施配套费七折减征政策；五降即水资源费、水土保持补偿费、人防工程易地建设费、药品再注册费、医疗器械产品变更注册和延续注册费降按80%收费标准征收。

会计管理

【推进会计管理工作数字化转型】　深化电子凭证会计数据标准试点。作为全国唯一省份整体纳入财政部等8部门电子凭证会计数据标准试点，对接“浙里办票”综合服务平台，探索“多种凭证统一标准”一站式服务模式，向全省企事业单位免费提供增值税电子专票等符合国家试点标准的电子凭证一站式归集、下载服务。截至2022年年底，全省35家试点单位664个会计主体全部完成平台对接和业务系统改造，累计下载电子凭证140万张，实现电子凭证接收、处理、归档全流程无纸化。探索企业财务报表会计数据标准制定。研究制定《基于可扩展商业报告语言（XBRL）的企业财务报表会计数据规范》，通过省市场监管局立项评审，纳入省级地方标准制定计划。推进“浙企一表通”平台建设。开发财务报表电子报送和共享系统等模块，在温州市、金华市、丽水市等6个试点地区，面向会计师事务所、金融机构等社会单位开展授权共享试点，实现财务报表报送、签章、共享全流程贯通。

【开展财会分类管理改革试点】　针对浙江省行政事业单位财会机构和队伍弱化、能力素质下降等问题，选定嘉兴市、绍兴市、杭州市富阳区、海宁市作为试点地区，开展财会分类管理改革试点，与省委组织部、省委编办等单位加强政策协调，推进全省性实施意见研究制定，重构行政事业单位财会管理格局。

【组织实施“财会建设年”活动】　聚焦强基础、促改革、提效能、助发展等主题，开展“财会建设年”系列活动，全省累计参与人数超14万人。开展全省财会知识大赛，线上参赛12.2万人，线下组建省级单位代表队，与全省11个设区市现场决赛，推动比学赶超、精业敬业。开展全省财会职业精神大讨论征文活动，收到征文投稿507篇，组织专家评审和网络票选，确定“立信　尚慎　革新　致治”为浙江省财会职业精神。联合省委宣传部组织开展全省“最美会计人”评选活动。依托省会计学会组织开展珠心算“心算王”大赛。

【推进国家统一会计制度实施】　开展会计准则制度培训，全年培训会计人员2万余人次。联合省水利厅发布《浙江省水利基础设施政府会计核算实施细则》，协助做好水利基础设施重置成本标准制定。建立企业会计准则实施情况反馈机制，调研相关监管部门、重点企业、金融机构、会计师事务所等不同主体准则实施情况，定期向财政部反馈。加强政府及非营利组织会计准则制度指导，开展市政基础设施会计核算情况调研，指导杭州、温州、金华3地开展《民间非营利组织会计制度》实施情况调研，上报财政部参考。

【加强行政事业单位内控建设】　优化内控报告编报系统，实现内控报告、决算报告、资产年报自动审核校验，2022年组织完成2021年度全省19354家行政事业单位内控报告编报。更新发布《浙江省省级行政事业单位内部控制指引（2022年版）》，确保内控指引的适应性和有效性。开展省市县三级内控分级抽查评价，“以评促建”推动提升行政事业单位内控水平。扩面推广乡镇内部控制指引建设，全省59个县（市、区）建成乡镇内控指引，覆盖面77%。

【加强会计中介机构监管】　规范财务审计制度。联合省人民代表大会财政经济委员会等13家省级部门，制定《关于进一步规范财务审计秩序　促进注册会计师行业健康发展的实施意见》，建立联席会议制度和部门协同工作机制，加强监管信息共享和分工协作，形成监管合力。开展行业专项整治。对64名注册会计师进行“超出胜任能力执业”核查，处理会计师事务所6家和注册会计师11名。指导金华市实施“3·14”全国重大网络售卖审计报告案件收网行动。注销322名“挂名执业”注册会计师执业资格。清理“有照无证”会计师事务所（分所）31家。组织全省财政系统开展代理记账行业专项整治，核查6211家涉嫌“无证经营”机构，处理347家；重点检查232家涉嫌“虚假承诺”机构，处理4家。数字赋能监管平台。上线运行注会行业统一监管平台，推进审计报告报备赋码，赋码率全国第一。迭代升级注册会计师、资产评估师行业监管系统，开展财政部统一监管平台数据回流应用，推进行业智慧监管。支持会计师事务所做强做大。推动6家会计师事务所由有限责任向特殊普通合伙转制。

【加强会计人员管理和服务】　印发《关于加强会计人员全生命周期管理工作的通知》，实施会计人员“单位+人员”双维管理。截至2022年年底，全省1.86万家行政事业单位3.29万会计人员，8143家企业1.68万会计人员完成信息登记确认。加强高端会计人才培养，完成浙江省第四期高端会计人才（企业类）班学员选拔，开展第三、四期高端会计人才班年度集中培训。组织省级以上会计领军（高端）人才后续教育培训。设立省会计领军委员会市级工作组，为基层开展会计领军（高端）人才“三服务”提供组织保障。组织会计领军（高端）人才开展助企直通资本市场等“三服务”活动，服务经济高质量发展。

【加强会计考评管理】 印发《关于加强全国性会计类考试统筹协调工作的通知》,会同8家省级单位成立浙江省全国性会计类考试浙江考区考务工作协调小组,为会计类考试提供组织保障。根据全国会计考办要求,做好会计初、中、高级考试的部署和组织实施工作,实现考试和防疫工作"双安全"。做好2022年度会计高级职称评审工作和省外调入会计高级职称的确认工作,全年评审通过高级会计师956人、正高级会计师46人,省外调入确认15人。

(省财政厅会计处供稿 王海军执笔)

行政政法财政财务管理

【支持"人才强省"战略实施】 坚持首位战略首位保障,围绕互联网+、生命健康、新材料三大科创高地,集中财力加大"鲲鹏行动"计划投入力度,支持引进一批具有全球影响力的顶尖人才;落实省海外引才计划、省高层次人才特殊支持计划、绩效奖励计划等重点人才项目资金保障6.22亿元,为加快打造世界重要人才中心和创新高地战略支点提供财力支撑。

【支持"质量强省""品牌强省"建设】 安排"浙江制造"品牌培育建设经费4700万元,支持实施"浙江制造"品牌培育、标准发布创新等,打响助力全省制造业标准提档、质量升级和品牌增效。安排质量技术基础专项3380万元,支持220kV电力用测量互感器国家型式评价实验室能力提升、高端装备用特种金属结构材料检测与评价能力提升、承压设备先进无损检测与评价能力提升、消费品安全研究重点实验室建设、绿色低碳生活标准体系构建与实证研究等。

【支持标准化战略发展】 贯彻落实《国家标准化发展纲要》,深入实施标准化战略,安排标准化战略经费5500万元,重点用于数字经济、数字化改革等标准研制、重点产业领域标准化研究、标准化示范项目建设、标准技术委员会和标准文献馆藏建设、"浙江标准"体系建设;支持开展金砖国家重点产业的标准体系研究,分析、预判其他金砖国家相关产业标准发展趋势,推动浙江标准"走出去";通过政府购买服务方式支持农产品质量安全标准在内的农业地方标准制(修)订工作。同时,协同省市场监管局修订《浙江省标准创新贡献奖管理办法(2022年修订)》,重大贡献奖由3个增至10个,每个奖励100万元;优秀贡献奖10个,每个奖励30万元。全年安排奖励资金1510万元。

【支持知识产权强省行动】 安排知识产权保护和管理方面转移支付资金1.70亿元,用于国家知识产权试点、示范点补助,专利奖、国家知识产权优势企业示范企业补助,专利行政执法,维权援助等。安排中央服务业发展(专利转化专项计划)资金5000万元,推进浙江省专利转移转化工作,提升创新主体知识产权转化率和实施效益,促进创新成果更多惠及中小微企业。

【创新公务开支标准制度】 会同省委组织部修订出台《浙江省省级机关培训费管理规定》,调整培训费综合定额标准,完善师资费等开支范围,加强党性教育培训管理,推进干部教育培训事业持续健康发展和变革型组织建设。会同省委组织部出台《浙江省省管异地交流干部交通保障办法》,优化交通出行方式、标准和频次,关心关爱异地交流干部。梳理贯彻落实中央八项规定精神有关公务支出公款消费等制度规定条款,针对执行中发现的问题,形成公务支出公款消费正负面清单,其中正面清单7类86条、负面清单7类62条,确保公务支出制度有效执行。

【支持提升政法工作现代化水平】 根据《财政支持政法工作现代化三年行动实施方案(2021—2023年)》,组织开展2022年政法工作现代化创新引导项目和公检法司条线工作现代化创建项目申报评审工作。全年安排资金2.57亿元,支持政法工作现代化创新引导项目32个、公检法司工作现代化创建项目151个。贯彻落实省委数字化改革会议精神,支持开展全省数字赋能社会治理现代化场景应用项目揭榜认领工作,2022年安排资金5000万元支持揭榜认领项目41个,推进基层社会治理领域"重要窗口"建设。

【加强亚运安保经费协调和保障工作】 根据《关于做好第19届亚运会和第4届亚残运会赛事运行和保障工作的实施意见》《维稳安保协调组总体方案》及维稳、安保、信访工作方案要求,制定《亚运安保经费保障机制》,建立健全省、市、县三级亚运安保经费保障机制,分级、分类落实亚运安保经费保障工作。

【支持"大综合一体化"行政执法改革】 贯彻落实"大综合一体化"行政执法改革国家试点工作财政领域各项任务,提升财政保障全省加快推进"大综合一体化"行政执法改革的能力和水平,支持"大综合一体化"执法监管数字应用项目建设,与省司法厅、省大数据局共同研究执法终端统一化和标准化管理相关制度办法,积极向财政部汇报浙江省综合行政执法制式服装管理等工作的改革诉求。

【加强省级行政事业单位往来款项管理】 出台《省级行政事业单位往来款项管理办法》,健全往来款项管理制度,规范会计核算,强化规范省级行政事业单位往来款项管理责任意识和风险意识。建立常态化动态清理机制,推动清理工作常态化、规范化、制度化,确保资金安全。

(省财政厅行政政法处供稿 陈 蕾执笔)

科教财政财务管理

【概况】 2022年，浙江财政科教工作落实财政教育投入“只增不减”、财政科技投入增长机制，健全预算管理，强化绩效理念，提高综合管理水平，助推全省科教事业发展。全年全省一般公共预算教育支出2199.26亿元，增长7.8%；全省财政科技支出680.89亿元，增长17.7%。

【实施首位战略首位保障机制】 持续加大财政科技经费投入，2022年全省财政科技支出增长17.7%，其中省级支出在2021年增长62.9%的基础上，继续增长31.1%。省级财政资金重点支持“三大科创高地”和15大战略领域，助力完成10大省实验室战略布局，聚焦支持基础公益、关键核心技术攻关，推动杭州城西科创大走廊成为面向世界、引领未来、辐射全省创新策源地；重点支持重大科创平台和新型高校建设，推进重大科创平台和新型高校“一事一议”支持机制，加快培育打造国家战略科技力量。

【继续改革完善财政科研经费管理】 落实国家和省科研经费“放管服”政策。提请省人民政府办公厅印发《关于改革完善省财政科研经费管理的实施意见》，加强财政科研经费管理业务辅导和政策指导，引导高校、科研院所完善内控制度。确保扩大科研项目经费管理自主权、加大科研人员激励力度、减轻科研人员事务性负担等政策举措落实到位。继续完善科研经费包干机制。新增10家单位、136个项目，累计25家单位、361个项目实施包干制，涉及财政经费3.09亿元。实施负面清单管理，做好包干制后半篇文章。试点财政科研经费分类评价改革。开展任务导向型财政科研项目经费评价改革试点工作，以科学合理、通用量化可比较的原则，构建一套科学通用的绩效评价指标体系和评价方法。试点工作得到财政部肯定，被列为财政科研经费管理改革重点工作。

【迭代科创高地保障在线应用】 完善“科创高地保障在线”*数字化应用场景，建立科技投入监测、预算执行、分类评价等版块，健全风险预警、识别、处置、反馈的闭环管控系统。

【建立科研仪器设备共享机制】 以激励与约束并重为原则，引导项目承担单位统筹考虑设备配置情况、科研项目实际需求，严格控制设备尤其是大型科学仪器设备购置，鼓励开放共享、自主研制、租赁专用仪器设备并升级改造现有仪器设备，避免重复购置。

【支持高等教育高水平发展】 稳步提高省属高校生均基准定额，2022年提升至每生每年1.3万元。开展高校生均成本核算试点工作，探索完善省属高校财政拨款办法，细化学科分类，合理确定学科拨款系数，探索高校培养成本分担机制。继续落实国家“双一流”建设省财政支持政策。集中财力支持学科建设，研究新一轮学科建设资金管理办法。做好高水平大学省级引导资金审核、拨付工作。落实《关于支持浙江中医药大学建设一流中医药大学的若干意见》，协同相关部门研究资金筹措及校区建设解决方案。研究浙江大学、西湖大学新一轮财政政策和甬江理工大学（暂名）、北航中法航空学院（暂名）省财政支持政策。

【支持义务教育优质均衡发展】 加大资金保障。提高义务教育公用经费省定标准，小学每生每年从650元提至800元，初中每生每年从850元提至1000元。浙江省财政全年下达义务教育经费保障资金35.85亿元，通过加强“三保”预算审核等推动各地足额落实经费；省财政安排专项资金11.82亿元支持民办义务教育规范发展。支持“双减”工作。指导地方建立健全财政补助与收费相结合的课后服务经费保障机制，支持做好“双减”、体育、美育和劳动教育相关工作。加强区域均衡发展。研究“跨区域教共体”建设财政支持政策，推动教师交流轮岗和跨区域支教。开展义务教育领域“钱随人走”制度改革，考虑省内跨县净流入学生人数等因素，按照两类六档系数向山区海岛县倾斜，助力“浙里优学”。

【鼓励职业教育融合发展】 继续落实国家双高、省双高建设政策。与有关部门共同开展“双高计划”建设中期评估。支持职业教育技能大赛。支持建设富有产业特色的中高职一体化专业。研究探索与职业教育办学规模、培养成本、办学质量等相适应的财政保障机制，探索开展高职院校成本核算试点工作。鼓励优势特色专业发展，适度兼顾办学条件偏弱的职业院校。

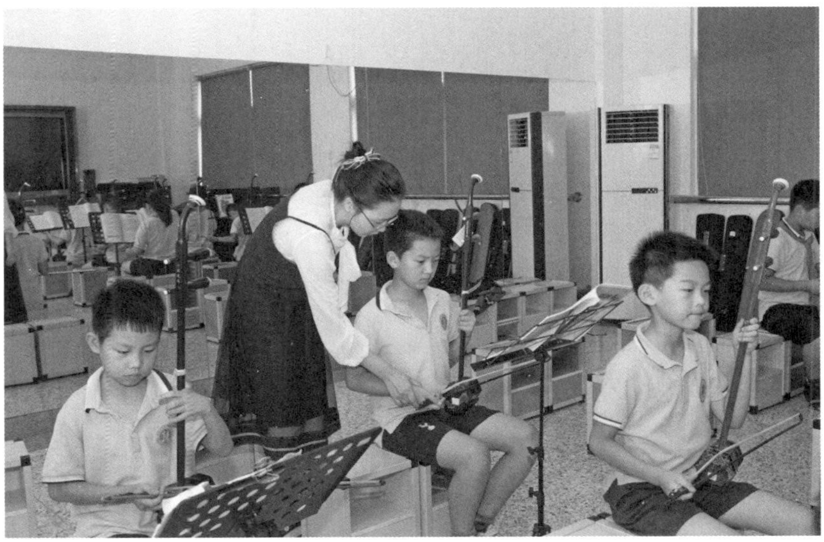

金华市学校课后服务音乐兴趣小组

【开展家庭型学生资助政策试点】 按照"构建家庭型财税政策体系攻坚行动方案"要求,优化调整浙江省保育费资助标准、资助认定流程以及高等教育生源地助学贷款政策资助对象。拟在建德、海盐、青田3个县(市)先行开展家庭型学生资助政策试点。完善技师学院省政府奖学金,与省教育厅资助中心等单位协同制定奖学金评审办法。

【加强直达资金管理】 做好义务教育经费保障、学生资助补助、支持地方高校改革发展专项3项直达资金备案、分配、下达、监控工作,并加强对市县指导。开展直达资金实地督导,每月报送对口联系的湖州、嘉兴两地"两直"资金执行报告,加快执行进度。以直达资金使用管理中的薄弱环节为问题导向,完善现有政策。

【履行财政部门事业单位改革工作职责】 参与省属事业单位绩效工资制度改革调研。会同省人社厅开展省属高校、文艺院团和科研院所等事业单位绩效工资制度改革调研和方案讨论;参与公立医院绩效工资改革调研和方案研究。制定省级事业单位培训费管理规定。发布《浙江省省级事业单位教育培训费管理规定》,规范省级事业单位教育培训经费使用、管理口径,强化制度刚性。改进科研经费核算。探索省属事业单位财政科研经费数据统计分析方法,协助省人社厅加强省属事业单位绩效工资数据收集统计工作。

(省财政厅科教处供稿　沈凌伊执笔)

注:

*"**科创高地保障在线**":数字化技术应用和财政科技保障相结合的在线平台,主要围绕全省各市县、重大项目、省以上实验室等领域的预算执行情况、科技投入支出情况,建立健全风险预警、识别、处置、反馈的闭环管控系统,系统性提升财政科技治理能力和保障能力。

文化财政财务管理

【概况】 聚焦新时代文化浙江工程建设,完善财政支持政策,优化投入机制,提高投入绩效,推动文化事业和文化产业发展,为新时代文化高地建设提供财政保障。全年省级预算安排文化旅游体育与传媒支出41.38亿元,比上年增长13.7%。

【支持实施理论铸魂工程】 统筹整合财政资金,支持浙江红色资源深度挖掘及充分利用,壮大共同富裕主流思想舆论。安排1501万元支持习近平新时代中国特色社会主义思想研究,支持"奋进新时代"主题成就展。安排省级预算资金1.39亿元支持网信事业发展。

【提升公共文化服务能力】 围绕浙江高质量发展建设共同富裕示范区,以浙江省公共文化服务现代化标准为引领,构建绩效奖补机制,扶持先进县创建,加大对山区26县公共文化服务体系建设支持力度,高质量推进城乡公共文化服务体系一体化。开展财政助力公共文化服务提升专题调研,总结"礼堂管家"等典型经验、先进做法并加以推广宣传。下达3.00亿元支持农村文化礼堂实现500人以上行政村全覆盖。安排文化艺术发展基金1.00亿元,扶持优秀作品创作,保障越剧《枫叶如花》等艺术精品创排。安排7.58亿元支持"15分钟品质文化生活圈"、城市书房等公共文化服务体系建设。扩大博物馆、纪念馆免费开放补助范围,争取中央博物馆纪念馆免费开放补助资金1.29亿元,较上年增长11.8%。将全民健身中心纳入公共体育场馆免费或低收费开放补助范围,争取中央公共体育场馆向社会免费或低收费开放补助资金1664万元,较上年增长34.0%。

【推动传承中华优秀文化】 安排2.27亿元支持文物保护利用研究、非物质文化遗产保护,助力宋韵文化研究传承和南宋文化品牌塑造。安排3450万元,接续16年专项支持《中国历代绘画大系》编撰、展览,推进非物质文化遗产转化创新、丰富再造。实施新一轮文物平安工程,支持实施革命文物保护利用工程。落实1.03亿元支持考古与文物基地建设及世界级文化遗产培育。落实5.00亿元支持"四条诗路"文化带建设,系统性发掘并保护极具浙江特色的诗路文化。

【推进重大文化体育设施建设】 落实9.38亿元支持推进国家版本馆杭州分馆工程和陈列布展建设;制定出台《国家版本馆杭州分馆藏品征集管理暂行办法》,落实藏品征集经费8938万元,推进版本馆顺利开馆,打造新时代文化地标。安排12.91亿元支持推进之江文化中心、新时代文化艺术创研基地、省考古与文物保护基地、省全民健身中心等重大工程建设。组建省财政厅亚运保障服务工作领导小组和工作专班,制定杭州亚运会、亚残运会赛时运行经费保障机制和相关制度办法,指导亚运会预算、财务资产、决算管理,落实亚运会省属亚运场馆改造经费2.74亿元,通过体制结算下达杭州市亚运会赛时运行经费10.00亿元,做好亚运财政保障服务工作。

【创新财政文化管理】 建立省级博物馆运行经费标准(试行),指导绍兴市出台重大节会展会支出标准。会同相关主管部门,修订浙江省文物保护资金、非物质文化遗产保护资金、广播电视事业发展补助资金、基层宣传文化发展专项资金、基本公共文化服务(宣传文化)补助资金、省国家电影事业发展专项资金等管理办法,研究舞台艺术繁荣发展资金管理办法,进一步规范专项资金管理,提高财政资金使用效益。会同省人力资源和社会保障厅、省文化和旅游厅制定省属事业性质文艺院团薪酬制度改革方案(试行),激励省属事业性质文艺院团发展。创新财政对文化的支持方式,指导温州市、平阳县、嘉兴市、嘉善县公共博物馆"钱随人走"改革试点工作,探索公共博物馆公共文化服务"钱随人走”财政拨款挂钩机制，鼓励市县通过制度优化激励国有博物馆提升服务效能。

【促进文化产业提质增效】 加大财政资金支持。总结财政支持打造最优文化产业环境典型做法，组织开展2019—2021年文化产业专项资金终期绩效评价。联合省委宣传部修订《浙江省文化产业发展专项资金管理办法》，新一轮专项资金实施周期为2023—2025年，资金规模每年2.00亿元，分配方式由“区域竞争性分配”升级为“区域任务+项目清单”竞争性分配，择优支持20个“规划优、项目实、发展快”的县（市、区），通过3年集中引领扶持，打造一批文化产业高质量发展标杆和品牌。促进文旅融合发展。安排1400万元发放旅游消费券，研究省外游客游浙江的旅行社奖补政策。探索乡村旅游奖补改革试点，助力强村富民。推动海岛公园建设成为海岛旅游示范区、海岛地区发展先行区、海岛大花园建设核心区和文旅融合创新区。印发《关于开展财政支持乡村旅游发展试点工作的通知》，选择绍兴市、仙居县开展试点，支持市县创新财政资金管理，促进乡村文旅融合发展。支持媒体融合改革。配合省委宣传部制定《关于推进市级媒体加快深度融合发展的通知》，推动浙江省媒体融合改革继续走在全国前列。

杭州市临平大剧院

【加强省属文化企业管理】 针对省属文化企业投资风险，修订《浙江省省属文化企业重大事项管理实施细则》，完善投资管理、风险控制等规定。加强对外投资和担保、财务资产监督管理，指导企业围绕主业和改革方向整顿业务、化解风险，强化集团内部监督与风险控制，确保国有文化资产安全。配合推进省属文化企业改革，做好配备外部董事、房租减免等财政财务管理工作。支持重点国有文化企业优化股权结构，利用资本市场做大做强做优。

〔省财政厅文化处（文化企业国有资产监督管理办公室）供稿　童　盈执笔〕

国有资产及国企财政财务管理

【完成国有资产报告编报工作】 2022年11月22日，浙江省十三届人大常委会第三十九次会议听取和审议《浙江省人民政府关于2021年度国有资产管理情况的综合报告》。省人大常委会首次通过网络直播方式对国有资产管理情况开展专题询问，省财政厅应询。截至2021年年底，全省国有企业资产总额16.07万亿元，国有资本及权益5.26万亿元；全省金融企业资产总额8.93万亿元，国有资本及权益4113.11亿元；全省行政事业性国有资产总额2.87万亿元，净资产2.41万亿元；全省国有土地面积181.02万公顷，纳入统计矿产94种，水资源总量1344.73亿立方米，管辖海域4.44万平方千米，海岸线6630千米，国有林地面积34.2万公顷，湿地总面积16.14万公顷。牵头落实省人大常委会关于2020年度国有资产综合报告的审议意见整改，整改报告呈省政府审定后报省人大常委会。推进行政事业单位国有资产年报、月报工作，完成年度报告编报，做好与政府部门财务报告同口径资产数据比对，加强资产月报数据分析利用。完善国有企业财务信息工作，分级分类形成浙江省（不含宁波）国有企业名录，1793户一级企业（含金融企业）纳入名录。扩大企业会计决算报送范围，全年纳入企业14310户，比上年净增2488户，完成年度国有企业财务会计决算报告和年度财务情况说明书（国有资产管理情况报告）。每月向财政部报送国有企业经济效益月度快报及重点指标变动说明，2022年月均报送户数13000户。做好573家星标企业（承担地方政府隐性债务的企业）经济运行监测，每半年向财政部报送星标企业运行监测分析报告。2021年国有企业月报和决算工作均获财政部通报表扬，决算工作排名从全国第十五名提升至第五名。

【加强行政事业单位国有资产监管】 健全管理制度。出台《浙江省行政事业性国有资产管理办法》，为全省行政事业性资产管理提供指引。出台《浙江省省级行政事业单位房产出租管理办法》，简化审批流程、拓宽招租渠道、创新招租方式。加强监督检查。根据财政部统一部署，开展全省财经纪律资产管理领域专项行动，围绕资产领域七大类问题分级自查和复查，累计整改问题646个，涉及资金231.75亿元，全省已建立资产领域制度156项，17项列入修订计划。落实2021年度省级行政事业单位国有房产、土地出租管理自查自纠和专项检查发现问题整改工作，该项工作作为省财政厅主动发现问题列入七张问题清单。组织全省公路资产专项清查。推动万亿资产入账。截至2021年12月31日，浙江省（不含宁波）管养公路资产合计113729.30公里，资产原值17038.21亿元。其中:政府方承担管理维护责任的公路106875.88公里,资产原值11530.18亿元。

【落实政府过"紧日子"要求】 *建设推广公物仓*应用*。制定公物仓建设和运营地方标准,扩大资产共享共用范围。*提速"浙里公益仓"*。联合省慈善总会、省红十字会、省残疾人基金会共建"浙里公益仓",发布《"浙里公益仓"建设方案》,规范公益物资捐赠业务,完成应用架构和线下示范规划,实体公益仓在温州市本级和杭州余杭区试点。*深化"大仪共享"平台运行*。联合省科技厅等部门印发《关于加快推进大型科研仪器开放共享"一网办""一指办"的实施意见》,截至2022年年底,累计整合全省303家单位单个资产价值30万元以上大仪1.63万台,资产总价值153.38亿元,累计为企业和创业者提供仪器设备共享服务47.06万次。通过开放共享项目评议,建议不予购置仪器105台,节约经费1.44亿元。*共建共享共用软件资产*。贯彻落实《浙江省省级行政事业单位软件资产管理办法》,加速软件资产确权,完善政务应用市场、软件共享仓库功能,加快"一地创新,全省共享"。

【落实疫情防控期间国有房屋租金减免】 印发《关于促进服务业领域困难行业恢复发展 做好疫情防控期间省级国有房屋租金减免工作的通知》等相关规定,对承租行政事业单位和国有企业(包括独资、全资、控股和实际控制企业)房屋的非国有小微企业和个体工商户普遍减免3个月租金,疫情中高风险地区减免6个月租金。全年全省行政事业单位及归口管理企业共减免租金10.93亿元,受惠承租户3.56万亿户。

【落实国企改革三年行动方案(2020—2022年)】 *优化国有经济布局和结构调整*。发挥国有资本经营预算作用,围绕服务重大战略、产业升级和民生保障,落实有关省交通集团稳进提质支持政策,做大做强省能源集团等投融资主平台。督促归口企业足额上缴国有资本经营预算收益45.11亿元。*省属经营性资产统一监管*。批复完成212家省级党政机关和事业单位所属企业分类处置方案。落实财政统一监管,建立财政集中统一监管平台,由省财务开发公司全资组建浙江浙财国有资本运营有限公司,注册资本10.00亿元;印发《关于规范省级财政集中统一监管企业国有资本管理工作的通知》;完成省市场监管局下属方圆检测股权划转财政统一监管。推动经营类事业单位改革完成后纳入统一监管。印发《省财政厅监管企业解决土地房产历史遗留问题工作方案》,督促企业依法整改。开展全省低效无效资产处置工作,清单化推进各项任务,提高国有资产使用效益。开展国企改革三年行动实施方案落实情况专项督查。*协同推进国有企业办社会职能剥离*。及时下达2022年央企退休人员社会化管理工作经费,向国务院国资委和财政部报送《2021年度在浙央企退休人员社会化管理补助资金预算执行绩效自评情况的报告》。省级国资预算安排退休人员社区综合补贴2.46亿元,保障企业退休人员社会化管理工作,保障国有企业职教幼教退休教师待遇经费。

【落实国有资本充实社保基金后续管理】 印发《浙江省财政厅关于国有资本划转充实社保基金企业收益分配事宜的补充通知》,细化划转收益计算及划转收益审核与收交程序。2022年划转国有资本充实社保基金实际收益9.97亿元。结合省级党政机关和事业单位所属企业分类处置工作动态调整划转企业名单,回拨相关公司股权,全省划转企业数量调整为155家。向财政部和省政府报送全面划转部分国有资本充实社保基金工作经验专报。

【推进资产管理数字化转型】 *加快资产云建设*。建设资产云平台数据标准和应用上架规范,推进与省大数据局、浙政钉用户体系对接,完成预算管理一体化数据导入。培育资产云应用市场,鼓励各单位上架资产业务应用或个性化服务,实现资产管理业务在线办、掌上办。协同省自然资源厅开展省政府代理履行全民所有自然资源资产上图入库工作。联合省科技厅推出职务科技成果转化"安心屋"*应用,以数字化方式推进职务科技成果转化,列入国家科技成果单列管理改革试点。

【推动数据资产管理】 开展数据资产理论研究,完成《明晰数据资产产权,激发数据要素创新力》课题,并获评2022年全省数字经济系统优秀理论成果,取得数据资产确认、数据权属登记和数据交易模式研究的理论突破。开展数据资产制度建设,完成地方标准《数据资产确认工作指南》立项和初步研究,提出浙江省数据资产确认标准研究方向,得到国家标准委资产管理专委初步认可。推动数据要素市场化配置,指导省金融控股有限公司加快推进全省统一数据资产交易服务应用建设,完成杭州、宁波、温州等地数据要素市场建设调研,开展应用建设方案规划设计,形成"底座+平台+市场+应用"架构思路。

【部门预算管理】 做好省国资委、转体的集团公司本级离退休人员经费保障及其下属事业单位部门预算管理。加强2022年度预算执行的动态监管,注重绩效管理,按月向各部门通报支出执行进度并对归口职业院校项目支出进度实行监控;重点支持工贸职业技术学院扩建工程和建设技师学院6号住宿楼新建工程等项目,助力职业院校发展;严格按照资金"全覆盖"、项目"全梳理"、结果"全运用"、来源"全统筹"的"零基预算"理念和方法,做好归口单位部门2023年度预算编制。

【加强资产评估行业监管】 按照全省"大综合一体化"行政执法改革要求,将资产评估机构监管行政处罚事项纳入改革范围。根据省放管服办《关于印发浙江省行政备案事项清单(2022年试行)的通知》,在浙江政务服务网上维护资产评估及其分支机构备案等4个事项,形成全省统一的办事指南,各设区市在政务服务网上认领并维护事项,推进事项网办进程。

（省财政厅资产管理处供稿　饶亚君执笔）

注：

*公物仓：是指对行政事业单位长期低效运转、闲置、超标准配置等可调剂共享的国有资产采取“虚拟仓+实体仓”方式，实行集中收储、合理调剂、依法处置的运行平台。

*科技成果转化“安心屋”：优化科技成果国有资产管理方式，强化内控管理的数字化应用。

农业财政财务管理

【强化“三农”资金供给】 加大财政支农投入力度。2022年全省（不含宁波）一般公共预算农林水支出722.26亿元，同比增长3.2%。落实中央关于调整完善土地出让收入使用范围，优先支持乡村振兴的总体部署，稳步提高土地出让收入用于农业农村比例。出台《关于建立健全土地出让收入省级统筹机制的通知》，提高省级统筹能力。制定《浙江省农业农村省统筹资金使用管理办法》，落实省统筹资金7.67亿元，支持粮食生产功能区改造提升、山区海岛县防汛抗旱和供水保障等农业农村重大补短板项目。推进涉农资金统筹整合。实施“大三农”政策体系*变革重塑，紧扣农业“双强”（科技强农、机械强农）、乡村建设、农民共富三大行动，突出种子、耕地等核心关键，归并或调整优化涉农政策，建立全省一体的“大三农”政策框架，实现一个口子、一本大账、一套机制。深化财金协同支农。支持省农担公司注册资本金扩大至14.20亿元，创新基层政策性农业信贷担保服务，完善以数字担保为核心的政策性农业融资担保体系。截至2022年年底，省农担公司政策性担保余额117.34亿元。聚焦数字赋能，打造“浙里担+农e富”应用场景，重点开发财政支农政策一屏掌控、“大三农”资金投入汇聚、水利项目辅助决策等功能，并在三市六县开展财政金融协同支农数字化改革试点。

【支持重要农产品稳产保供】 优化种粮补贴政策，常态化实施耕地地力保护补贴、粮油规模种植补贴、订单良种奖励、规模种粮主体贷款贴息等政策。出台粮食补贴动态调整实施办法，建立种粮成本变化与粮油补贴联动调整机制。下达2022年中央安排浙江省种粮农民一次性补贴3.62亿元。

【支持农业“双强”行动】 安排支持农业“双强”相关资金16.38亿元，同口径增长95.2%，重点支持丘陵山区宜机化改造、农机农艺融合示范试验基地和高标准农事服务中心建设，推进特色优势产业全程机械化，打造一批农业高质量发展标志性成果；实施6万亩绿色农田建设试点，打造一批设施齐全、土壤肥沃、科技先进、高产高效、绿色生态的高质量高标准农田样板区；继续支持现代农业园区、特色优势农业产业集群等平台建设，通过数字赋能、机制创新、三产融合等方式，推动乡村特色优势产业高质量发展。出台《浙江省农业农村重大项目投资激励实施办法》，聚焦数字农业、现代种业、预制菜、农产品冷链物流等乡村振兴重点领域，全年落实省级激励资金2.20亿元，支持首批入库项目34个。

【支持乡村建设行动】 安排省以上补助资金4.15亿元，持续推进历史文化（传统）村落保护利用，开展共同富裕新时代美丽乡村示范带建设，提升美丽乡村建设水平。出台省级未来乡村建设财政奖补政策，会同省级有关部门制定《浙江省未来乡村创建成效评价办法（试行）》，明确评价程序及内容，强化创建工作指导，协同打造共同富裕现代化基本单元。

【支持农民共富行动】 安排省以上财政衔接推进乡村振兴补助资金11.91亿元，支持山区26县等重点地区巩固拓展脱贫攻坚成果、发展乡村特色产业，促进低收入农户增收。下达2022年度区域协调财政专项激励资金18.00亿元，支持相关地区高质量拓宽“绿水青山就是金山银山”转化通道。争取中央彩票公益金支持欠发达革命老区乡村振兴示范项目资金4000万元，支持革命老区用好红色资源，促进乡村振兴。会同省级有关部门修订《浙江省低收入农户小额信贷管理办法》，完善信贷贴息政策。探索农业领域“扩中”“提低”财政支持政策，在海宁市、磐安县、黄岩区开展产业共富试点，推动农村扩中家庭增收致富。

【支持渔业高质量发展】 落实中央渔业发展补助政策，安排渔业发展补助资金39.11亿元，支持国家级沿海渔港经济区建设以

丽水市领源乡村振兴现代农业示范园项目

及海上“千万工程”、渔民减船转产、远洋渔业全产业链发展、水产养殖绿色发展等，改善浙江省沿海渔港、渔船设施设备、水产养殖与水产品加工等建设现状，促进渔业绿色高质量发展。会同省农业农村厅出台《关于促进远洋渔业高质量发展的若干意见》，加大远洋渔业发展支持力度。

【支持气象事业发展】 安排公共气象服务专项资金4340万元，支持气象灾害实时监测设施和气象防灾减灾标准村（社区）建设，打造覆盖城乡、区域均衡、全民共享的基本公共气象服务体系，推动提升气象预报预警和服务能力。

【推进水利事业高质量发展】 安排省水利建设与发展专项重大水利项目补助资金58.05亿元，支持海塘安澜工程建设，持续推进“百项千亿”重大工程建设，提升防台御潮、江河防洪和平原排涝能力。补齐农村水利基础设施短板，安排省水利建设与发展专项资金31.59亿元，争取中央水利发展资金11.76亿元，支持小型水库除险加固、中小流域综合治理、中型灌区配套改造等。推进农村水环境综合治理，安排省以上补助资金4.78亿元，加快实施省级幸福河湖、中央水系连通及水美乡村、灵山港幸福河湖等试点项目。

【深化财政支农管理】 加强财政资金监管，会同省级有关部门出台《浙江省水利管理任务以奖代补实施办法》《农业“双强”项目管理细则（试行）》《浙江省农业机械报废更新管理办法》《关于加强财政衔接推进乡村振兴补助资金使用管理的实施意见》，规范支农项目立项及资金分配管理。创新财政支农资金管理模式，推动“因素法”分配和项目化管理有机结合，探索“省定方向、县竞项目、评审入库、入库问效、闭环管理、全程跟踪”的全流程管理模式，加强对重要岗位和关键环节权力运行的制约与监督。

（省财政厅农业处供稿　杜茜婧执笔）

注：

***“大三农”政策体系：** 即“8+1”政策体系，包含稳产保供、绿色安全、基础设施、农业“双强”、乡村建设、乡村治理、农民共富、财金协同8个重点领域和综合性扶持政策1个大类。

基层财政管理

【夯实乡财智控基石】 开展“乡镇财政数智赋能行动年”活动。运用数字化手段规范乡镇财政管理，打造“数据多源、纵横贯通、高效协同、监管闭环、服务便民”的全省统一基层财政安全风险智控应用，实现“人防+技防”有机结合，破解乡镇财政管理难题。推进“浙里基财智控应用”建设。基于绍兴市柯桥区“基财E码通”、融合杭州市临安区“基财智效”改革经验，完成“浙里基财智控应用”全省统一1.0版开发，通过柯桥、临安、德清、平湖评估测试。推动乡镇公共财政服务平台融合优化。系统谋划“乡镇公共财政服务平台+一卡通”与“浙里基财智控应用”融合，编写“乡镇公共财政服务平台+一卡通”迭代升级方案，提出将“浙里基财智控应用”打造成集资金监管和便民服务两大核心功能于一体的综合应用平台。做好预算一体化整合工作。根据预算管理一体化建设要求，推进“地区分析评价系统”与“预算一体化”整合工作，完成乡镇财政基本情况填报功能开发和2021年数据模拟运行。

【强化乡镇财政管理指导】 建立实时调度机制。要求各级财政部门上报接受省级以上部门组织审计、检查、巡视巡查发现的属于基层财政管理领域职责范围内的问题，并同步建立与同级纪检监察和审计等综合监督管理部门调度机制。督促财政决算审计问题整改。梳理2021年乡镇财政决算审计反映的8大类别38项342个问题，通过“点对点”方式督促落实。关注玉环市大麦屿街道财会人员挪用公款案件整改情况，赴玉环调查案情，下发《关于抓紧做好案件和专项督导发现问题整改工作的函》，督促指导玉环市财政局以案促改。开展监管考评“回头看”。通过县级自查、市级互查和省级重点抽查，对2021年度乡镇财政资金监管工作开展专项核查，对落实《关于全面强化和规范乡镇财政管理的实施意见》和“乡镇公共财政服务平台+一卡通”建设绩效考评进行“回头看”核查，全省通报重点核查情况。做好2021年度全省乡镇财政报表信息编报工作。提升乡镇财政干部业务能力。实施新一轮全省乡镇财政干部全员业务培训计划，重点轮训全省市、县（市、区）财政局乡镇财政管理处（科）长、乡镇财政办（所）主任（所长、总会计），两期培训400人。

【一事一议支持打造共富村】 开展一事一议财政奖补支持打造共富村试点，落实省以上财政奖补资金1.60亿元。依托一事一议财政奖补政策，以行政村为基本单元，构建多村共谋项目、共议发展、共享成果的共富联合体。择优确定20个县（市、区）先行试点，打造100个共富村，通过以强带弱、优势互补、资源共享、抱团发展等多种形式，在发展乡村产业、壮大集体经济、促进农民增收、提升宜居环境、优化乡村治理等方面持续发力，探索不同类型、不同层次的共富村实现路径，建设一批可推广复制、具有浙江辨识度的高质量发展共富乡村样本。

【深化农村综合改革试点工作】 推进国家级“两项试点”。跟踪调度田园综合体建设试点和农村综合性改革试点试验工作，加强调研指导，推动试点地区加快落实实施方案。完成“两项试点”年度评价及已建成试点项目的评估认定工作。指导嘉善县做好项目申报方案，成功入围新一轮（2022年度）全国农村综合性改革试点试验名单。安吉、淳安、嘉善等三个国家级“两项试点”项目获得中央奖补资金1.50亿元。继续支持省级农综改集成项目建设。继续推进2020年度15个省级集成改革项目实施。下达省级财政资金4.80亿元，支持列入2022年度农村综合改革集成建设项目范围的16个县（市、区）开展项目建设，并通过工作调研指导项目实施。强化项目和资金管理。组织项目验收与绩效评价。落实项目联络员制度，全年赴县（市、区）上门服务47次。组织对2017—2019年建设期满的农村综合改革试点项目开展县级验收，梳理检查试点完成情况。开展2022年度重点绩效评价工作，对列入2017—2019年度扶持村级集体经济发展试点的49个县（市、区）补助资金进行绩效评价。提炼浙江省农村综合改革工作成果，在全国财政支农政策培训会议上作《持续深化"农村综改两项试点"助力农村农民同步迈向共同富裕》典型经验交流。

湖州市南浔区一事一议支持观音堂村阳光共富屋顶光伏发电

【支持村级事业发展】 保障村级组织建设。落实村干部基本报酬稳定增长机制，下达省级补助资金14.20亿元。支持各地加强基层党组织建设，下达村级组织运转省级补助资金2.60亿元，下达社区工作经费省级补助资金1.88亿元。下达扶持集体经济薄弱村发展资金1.96亿元（含中央补助6750万元）。下达建设红色美丽村庄中央补助资金1400万元。保障村级公益事业和美丽乡村建设。安排省以上一事一议财政奖补资金9.16亿元，建设村级公益事业项目4291个。落实省以上财政奖补资金4.20亿元，支持21个县（市、区）建设升级版美丽乡村105个。指导各地做好项目备案工作，加快资金执行进度，推动项目实施。

【加强"一卡通"管理】 在全省基本实现惠民惠农财政补贴资金"一卡通"发放基础上，指导做好到人到户涉农补助和民生补贴财政资金社保卡"一卡通"发放工作。完成浙江省社会保障卡居民服务"一卡通"专班工作任务。按月组织全省惠民惠农财政补贴资金社保卡"一卡通"发放调度工作，对入卡率较低的县（市、区）督促提醒。及时调整更新中央和省级到人到户涉农补助和民生补贴财政资金政策清单。

（省财政厅基层财政管理处供稿　王　东执笔）

自然资源和生态环境财政财务管理

【创新碳达峰碳中和政策供给】 出台《浙江省财政厅关于支持碳达峰碳中和工作的实施意见》，迭代碳达峰碳中和财政政策清单。全年安排碳达峰碳中和资金40.60亿元，其中新增政策安排资金10.70亿元，用于碳达峰碳中和科技攻关、工业节能降碳技术改造、低（零）碳试点县建设等。安排3.00亿元出资国家绿色发展基金，争取基金投资浙江省新能源项目2个，涉及资金7.80亿元。

【推进生态共富】 举办"生态补偿　共富大美"主题活动，通过主题展览和宣传片，回顾总结全省生态保护补偿工作，获新华社、中新社等国家主流媒体宣传。实施绿色转化财政专项激励政策，继续安排21.00亿元，支持20个非海岛县（市、区）和3个海岛县（区）探索绿水青山向金山银山转化途径。开展绿色转化财政专项激励实施方案中期调整和年度绩效评价，对实施条件等发生变化项目予以调整。支持林业推进共同富裕建设，加大林业主导产业投入，推广"一亩山万元钱"富民模式，推动构建高质量绿色富民产业体系。

【完善流域横向生态补偿机制】 延续执行新安江流域水环境第三轮生态补偿协议，根据考核结果拨付安徽省2.00亿元。配合推动新安江—千岛湖生态补偿试验区建设。出台《关于深化省内流域横向生态保护补偿的实施意见》，建立责任清晰、合作共治的流域保护和治理长效机制。2022年，全省（不含宁波）54个市县签订51份流域横向生态补偿协议，兑现补偿资金1.88亿元。

【加强重点生态保护修复】 下达中央污染防治资金8.58亿元，安排省级生态环境保护资金13.34亿元，用于治水、治气、治土、治废。下达中央重点生态保护修复治理资金11.50亿元，支持瓯江源头区域山水林田湖草沙一体化保护和修复工程。做好钱塘江源头区域山水林田湖草沙一体化保护和修复工程试点总结工作，编写典型案例2个。继续安排省级资金2.00亿元，推动10个省级山水林田湖草试点。争取中央海洋生态保护修复资金2.96亿元，支持温州市洞头区、乐清市开展海洋生态保护修复。安排省级资金1.00亿元，支持6个省级"蓝色海湾"项目，用于改善海洋环境质量，提升海岸、海域和海岛生态环境功能。

【推进国家公园试点】 完善以国家公园为核心的自然保护地建设。落实省级资金3.10亿元，争取中央资金3043万元，支持创建钱江源-百山祖国家公园。推进百山祖国家公园省级公益林扩面和集体林地役权改革，参照集体林租赁实行48.2元/亩最高补偿标准，落实补偿资金3896万元，实现森林资源资产集中统一管理。

【推进"森林浙江"建设】 落实省级公益林补偿资金12.61亿元，修订《浙江省森林生态效益补偿资金管理办法》，厘清省与市县财政事权与支出责任，根据林业发展新要求和生态公益林管理新形势，优化管护支出用途。下达省级林业专项资金7.10亿元，以奖补结合形式支持松材线虫病防治，推动森林质量精准提升，增强生态系统碳汇能力。争取中央林业转移支付6.66亿元，推动大规模国土绿化、自然保护地建设能力提升、湿地保护修复等。

【促进土地要素供给】 结合新一轮国土空间规划"三区三线"划定任务，下达省自然资源专项资金26.42亿元，支持省统筹补充耕地0.65万亩和农村宅基地复垦耕地2.19万亩，保障耕地占补平衡。争取跨省域补充耕地指标1.48万亩，上解中央跨省域补充耕地资金90.68亿元，出台《关于明确跨省增减挂钩节余指标调剂有关事项的通知》，保障全省能源、交通、水利等重点项目土地要素供给。出台乡村全域土地综合整治与生态修复精品工程资金奖励办法，对省级精品工程按1000万元、500万元、300万元分档给予奖补。完善省级耕地保护补偿政策，提高永久基本农田补偿标准至40元/亩，实施耕地分类分档精准化、差异化补偿，加大对耕地保护管理、"田长制"建设等事项支持。

【推进应急救援体系建设】 筹措资金6.30亿元，支持打造1个省本级应急救援平台、4个省级区域性应急救援平台，提高"防大汛、抗大灾、抢大险"能力。落实资金1.13亿元，整合常态化备勤直升机与省航空护林直升机，促进完善应急救援航空体系。安排省级资金1967万元，支持"除险保安"大排查，推进重大风险防范化解。继续落实地质灾害避让搬迁省级补助政策，统筹安排资金341万元，支持地质灾害防治工作。

【完善粮油物资储备体系】 做好省级储备粮油财政保障工作。优化新增玉米等饲料粮作为省级储备粮品种，调整省级食用油储备方式，提高省内口粮、饲料和油料加工应急保供能力。推进省级综合性应急物资库项目落地，提升全省综合救灾能力。开展财政系统粮食购销领域腐败问题专项整治。抽调人员对温州、金华、嘉兴等地开展专项整治重点抽查，出具管理建议函。指导市县建立健全长效机制，规范粮食风险基金专户管理，完善储备粮油补贴政策。重塑粮食储备财政保障制度，修订出台《浙江省粮食风险基金管理办法》《浙江省省级储备粮油财政补贴管理办法》等。

【配合做好省地勘单位事企分离改革】 根据省政府《关于浙江省地质勘查事业单位事企分离改革总体方案的批复》，推进地质勘查事业单位事企分离改革，提出财政保障建议。

【推进党建业务融合发展】 向全省财政资环党员干部发出"党员担当作为 我为环保做贡献"倡议书，部门协同、省市县联动谋划中央生态环境治理储备项目100个，通过评审纳入储备库56个。

（省财政厅自然资源和生态环境处供稿 王翱锋执笔）

金融财政财务管理

【财金协同助力稳企业稳经济】 做大政府性融资担保体系。2022年，补充省担保集团有限公司（下称省担保集团）资本金10.00亿元，累计注资100.00亿元，全省再担保业务规模突破1000.00亿元，省级担保服务能力持续提升。出台《浙江省担保集团有限公司费用补贴办法》，安排补贴资金6550万元，引导政府性融资担保机构降费让利。开展小微企业汇率避险增信服务。指导省担保集团创设小微企业汇率避险专项再担保产品，协同各级政府性融资担保机构推动汇率避险担保增信业务落地，全额免收担保费、再担保费。省财政将汇率避险担保增信业务纳入省级担保费用补贴政策范围，帮助外贸小微企业应对汇率波动风险。落实小微企业融资担保降费奖补政策。2022年，浙江省争取中央财政小微企业融资担保降费奖补资金16145万元，支持扩大小微企业融资担保业务，特别是单户贷款1000万元以下的担保、首贷担保和中长期贷款担保，降低融资担保费率。

【提升普惠金融政策精准性】 争取中央财政普惠金融发展示范区资金。推荐温州市、衢州市、丽水市成功入选2022年全国普惠金融发展示范区，争取中央财政示范区奖补资金4500万元，鼓励先行先试。探索民营和小微企业金融服务模式。省财政全年安排1.00亿元奖补资金，择优支持10个县（市、区）开展民营和小微企业金融服务综合改革试点工作，支持各试点地区统筹财力，建立风险补偿、费用补贴、业务奖补等配套机制，打造财政金融资源支小助微样板。

【探索家庭型财金共富体系】 围绕共同富裕标准家庭"四不愁、四拥有"，以财政贴息政策撬动金融资源，对经营类、就业类、农户类、托底类等扩中家庭，分类开展信用评价、需求分析，开发针对性金融支持产品包，实现贷款、信用卡、财富管理、便民服务等综合金融服务，构建家庭型财税政策体系财金方案。2022年年底在台州市黄岩区开展试点，签约"共富"贷款2864户，授信额度36878万元，已发放贷款17269万元，受惠家庭1162户。

【发挥政府产业基金引领作用】 带动有效投资。省产业基金全年认缴投资61.80亿元，实缴63.09亿元，新增落地项目15个，包括直投项目9个，非定向基金6个，累计带动其他资本投资3934.15亿元。加快投资运作。下达省产业基金杭钢集团周转资金借款贴息5.30亿元，指导省级项目主管部门和省金控公司加快投资运作，直投时代锂电、零跑汽车、芯迈半导体等重大科技项目。完善体制机制。出台全国首个省产业基金投资运作管理尽职免责工作指引，明确尽职免责政策界限和情形。指导省金控公司推进全省产业基金投资"一张网"，加强政府产业基金信息化建设。

【加强国有金融资本管理】 完善企业法人治理结构。在省金控公司、省担保集团、省财开公司3家国有独(全)资金融企业建立"外大于内"外部董事制度，完成专职、兼职外部董事聘任，完善外部董事履职和考核机制。印发《浙江省财政厅关于进一步规范和保障省属金融企业外部董事行权履职的通知》《浙江省省属金融企业外部董事薪酬和工作补贴管理暂行办法》《浙江省财政厅关于印发浙江省省属金融企业外部董事评价办法(试行)的通知》等文件，确保外部董事发挥作用，提升企业防范风险能力。引导省属金融企业改革发展。推动永安期货改制并走向资本市场。推动省农村信用联合社改革成为具有独立企业法人资格的地方性银行业金融机构，2022年4月挂牌成立浙江农村商业联合银行股份有限公司。支持省财开公司设立浙财国资、浙财清风、浙财资本等子公司。围绕省委、省政府"七个聚焦"工作要求，指导省属金融企业梳理七个方面123条工作措施，靠前发力推动全省经济稳进提质。

【加强农业保险保障】 增强农业抗风险能力。2022年省级财政投入3.14亿元，争取中央资金3.30亿元，为全省农户提供保险保障417.73亿元。鼓励地方创新开展特色农业保险品种，以奖代补给予保费补贴。联合省农业农村厅、浙江银保监局印发《关于开展政策性水稻完全成本保额补充保的通知》，全省保障额度从最高1000元/亩升至1400元/亩。对省内6个产粮大县进行政策倾斜，在原有保费补贴基础上省财政补贴比例再提高5%，确保粮食安全。建立新型共保体工作体系。按收益和风险相对均衡原则，会同省农业农村厅、财政部浙江监管局以市域为单位，对浙江省政策性农业共保体通过公开招标方式进行适应性调整。制定浙江省农业保险共保体综合绩效评价目标，从风险防范、服务体系和业务规范等方面促进承保机构合规展业。

【推动巨灾保险试点落地】 联合省应急管理厅、浙江银保监局印发《关于开展巨灾保险试点工作的通知》。建立巨灾保险工作机制和试点方案评审规则，确定温州市、台州市、丽水市为省级支持巨灾保险试点地区。指导试点城市明确巨灾保险目标任务、计划进度和责任单位，发挥保险在防灾减损和安全生产中的作用。

【落实政府外债项目】 全省全年落地2个非主权外债项目，国际金融公司为浙江省迪安诊断医疗技术集团提供1.50亿美元贷款，亚洲开发银行为湖州银行提供5000万美元支持中小企业减碳专项贷款。完成世行项目组对浙江千岛湖及新安江上游流域水资源与生态环境保护工程项目实施情况和中期调整计划检查论证，以及新开行项目组对浙江省绿色城镇项目——嵊州市城乡供排水一体化工程(二期)实施情况项目检查。专题研究仙居县域生物多样性保护和发展利用示范工程项目总体规划审批情况，推进项目尽早实施。配合财政部完成法国开发署贷款浙江开化钱江源头保护与美丽城镇互促发展示范项目《贷款协定》签署，完成财政部与浙江省人民政府《转贷协议》签署。帮助全省多家重点企业与世行集团国际金融公司(IFC)、亚投行私营部门等国际金融组织私营部门对接，拓宽国际融资渠道。

(省财政厅金融处供稿　陈燕燕执笔)

社会保障财政财务管理

【概况】 2022年，浙江省社会保障财政财务管理工作推进社会保障事业稳步发展，优化医疗卫生体系建设，确保民生和谐和社会稳定。全省全年社会保障和就业支出、卫生健康支出分别为1400.55亿元和1236.08亿元，比上年增长8.9%和36.1%，两项支出占财政支出比重为21.9%。社会保险基金总收入6528.59亿元，总支出6206.88亿元，滚存结余5863.13亿元。

杭州市余杭区瓶窑镇幸福乡里共同体

【探索共同富裕财政政策】 召开全省财政系统推进高质量发展建设共同富裕示范区工作会议，全面部署建设工作。印发《全省财政系统"高质量发展建设共同富裕示范区奋进年"行动方案》，制定财政系统架构图1.0版。完成"家庭型共富财政政策""一老一小财政政策""三次分配财政政策（慈善事业）"等社保共同富裕小切口大牵引改革试点工作。协同省级有关部门制定《普惠托育基本公共服务试点工作方案（试行）》，探索建立普惠托育服务政策和服务体系；《关于试行企业女职工产假期间社会保障补贴有关事项的通知》，合理分担企业成本；《关于助力"浙有善育"促进优生优育工作的通知》，将灵活就业人员纳入生育保险参保范围；《浙江省老年健康服务专项行动实施方案（2022—2025年）》《浙江省"一老一小"明眸皓齿工程实施方案（2022—2025年）》，提升老年健康服务水平；《2022年浙江省重点人群免费接种流感疫苗项目实施方案》，加强民生实事保障。设立省级慈善事业引导专项资金，安排预算2000万元，牵头制定《浙江省慈善事业引导资金管理办法（试行）》。研究以家庭为单位的共富型财税政策体系，指导试点市县开展调研和政策研究。

【落实就业优先政策】 下达中央和省级就业补助资金11.91亿元，省级失业保险调剂金10.77亿元。新增省级资金2.98亿元支持全省10所一流技师学院和69个高水平专业群项目建设。协同省人力资源和社会保障厅等有关部门印发《关于失业保险稳岗位提技能防失业的通知》《转发人力资源社会保障部　国家发展改革委　财政部　税务总局关于扩大阶段性缓缴社会保险费政策实施范围等问题的通知》等文件助企纾困；《关于进一步做好高校毕业生等青年就业创业工作的通知》，鼓励社会主体吸纳高校毕业生就业，支持高校毕业生自主创业和灵活就业；《支持山区26县就业创业高质量发展的若干意见》，完善社保补贴、公益性岗位安置、创业补贴等就业创业帮扶政策，支持山区26县就业创业高质量发展；《关于做好元旦春节期间企业稳工稳产并开展对留浙过年省外员工温暖关爱行动的通知》，做好元旦春节期间企业稳工稳产工作。

【推进社会保障改革】 贯彻落实企业职工基本养老保险全国统筹制度，向国家争取社保缴费优惠政策，上缴全国统筹调剂资金20.45亿元，安排124.00亿元财政资金补助基金。下达2022年度企业职工基本养老保险责任分担和基金收支计划，稳妥推进企业职工基本养老保险提标扩面。实行城乡居民基本养老保险基金省级管理，下达2022年个人账户基金归集计划。发展多层次多支柱养老保险体系，指导杭州、宁波开展个人养老金先行工作。提高养老保险待遇水平，印发《关于2022年调整退休人员基本养老金的通知》，明确从2022年1月1日起调整基本养老金水平，惠及全省915万退休人员，人均基本养老金增长4%。贯彻落实城乡居民基本养老保险基础养老金正常调整机制，2022年7月1日起浙江省城乡居民省定基础养老金从180元/月提高至190元/月。提高城乡居民基本医疗保险财政补助省级标准至630元/（人·年），落实省级补助资金72.22亿元。落实城乡医疗救助省级补助资金8.76亿元，增强医疗救助托底保障功能。协助制定《关于进一步健全职工基本医疗保险门诊共济保障机制的实施意见》，减轻群众医疗费用负担。协同省医疗保障局出台《关于深化长期护理保险制度试点的指导意见》，减轻失能家庭照护负担。

【优化医疗卫生体系】 强化公共卫生服务。将基本公共卫生服务人均财政补助标准提高至97元/（人·年），安排转移支付资金19.53亿元支持开展基本公共卫生服务。协同省卫生健康委等部门实施城乡居民"三免三惠"健康行动，支持开展城乡居民免费健康体检、重点人群免费接种流感疫苗、重点人群免费重点疾病筛查。缩小县域医疗服务差距。安排2.00亿元加快推动26县开展公共卫生防控救治能力建设。安排3.02亿元支持省、市三甲医院对口支持32个山区海岛县提升县域医疗卫生服务能力。安排1.97亿元支持县域医共体建设。安排补助资金6000万元支持县级中医院强院建设。推进"医学高峰"建设。安排补助资金7.64亿元持续推进"医学高峰"建设项目。协同相关部门争取浙医一院入选创建国家医学中心项目，获中央预算内投资10.00亿元。提出中国科学院与浙江省人民政府共建中科院医学所及"健康浙江百万人群队列研究"财政支持政策。深化三医联动改革。向财政部争取丽水市入选国家公立医院改革与高质量发展示范项目，获中央财政补助资金5.00亿元（分3年下达），首批下达2.00亿元，研究制定推进示范项目指导意见。研究深化公立医院薪酬制度改革的政策意见，规范医务人员收入分配秩序。协同省医保局等有关部门推进医保支付方式改革，深化DRGs点数付费*，探索门诊按人头付费。浙江省财政厅社会保障处获2021年度医学高峰高地建设工作成绩突出集体，省财政厅获2021年度健康浙江建设考核优秀。

【提升救助优抚水平】 下达困难群众救助资金26.16亿元。截至2022年年底，全省最低生活保障平均水平1084元/（人·月），比上年增长15.2%。协同省发展改革委等部门出台《关于阶段性调整价格补贴联动机制　加大对困难群众物价补贴力度的通知》，降低启动条件、增加补助力度。下达孤儿及困境儿童生活费补助1.35亿元、残疾人两项补贴10.53亿元、残疾人服务能力提升补助资金2.15亿元、残疾人保障补助专项资金2.45亿元。协同省残联等部门修订《浙江省残疾儿童康复服务制度工作细则》《浙江省残疾人康复和托养服务机构专业人才入职奖补办法》。下达优抚对象抚恤补助和医疗补助资金15.61亿元。阶段性完成部分退役士兵基本养老保险补缴工作，解决部分退役士兵基本养老保险和基本医疗保险未参保和中断缴费问题。统筹安排优抚事业单位补助资金2887万元，用于革命烈士纪念设施等红色资源保护利用。协助出台《优抚对象基本优待目录清单》，提高优抚优待工作水平，营造全社会拥军崇军氛围。

【防范社保基金运行风险】 完善社保基金预算编制，推进预决算编制与审核标准化，提高基金绩效管理水平，浙江省财政厅获2022年度全国社会保险基金预算绩效管理工作考核一等奖。制定出台《浙江省社会保险基金预算绩效管理实施办法》。开展基金保值增值，稳妥推进基本养老保险基金委托投资运营。会同相关部门开展2021年度企业职工基本养老保险工作考核，对考核优秀市县给予一定省级统筹责任分担额减免。拨付工伤保险省级调剂金8253万元，增强地方基金可持续保障和抗风险能力。

（省财政厅社会保障处供稿　钟昀陶执笔）

注：

***DRGs点数付费：**按照疾病种类、严重程度、治疗手段等因素，先把疾病分为若干组，然后根据历史数据设定每组的点数，医院每收治一个病人就能得到相应点数，每一个点数的价值（即点值）是根据医保基金年度支出总额除以本统筹区所有医院的总点数得出的，年底医保部门根据各家医院得到的总点数乘以点值，计算得出每个医院实际应得费用。

经济建设财政财务管理

【支持助企纾困稳增长】 加大中小企业纾困帮扶。安排省级中小企业纾困资金6.00亿元，加大对困难和"专精特新"中小企业帮扶力度。争取国家中小企业发展专项资金2.34亿元（不含宁波），重点支持国家专精特新重点"小巨人"企业发展。实施"放水养鱼"行动财政专项激励。会同省经信厅聚焦三大科创高地、十大标志性、未来产业等产业链遴选3078家优质中小企业建立培育库，培育细分领域领军企业。优化涉企补助资金兑付机制。采取分类兑付、预拨资金、数字赋能等方式加快兑付进度，获省政府主要领导批示肯定。会同省政府督查室、省经信厅明确涉企补助政策统计口径，配合做好晾晒考核，全省涉企补助资金整体兑付率100%。支持企业"走出去"。下达国际新开航线补助激励资金3.20亿元，落实"义新欧"中欧班列运费补助4.34亿元，支持第七批省级海外仓建设，推进"一带一路"沿线国家和地区产业链供应链布局。保障能源稳定供应。安排资金3.42亿元支持全省能源保供，助力降低企业用电成本。

【推动区域协调发展】 持续推进长三角一体化发展战略。实施新一轮长三角一体化财政激励政策，下达奖补资金2.00亿元，支持一体化重点区域、重大平台和最佳实践市县建设。安排示范区先行启动区财政专项资金预算11.73亿元（省财政资金2.65亿元，嘉善县财政资金9.08亿元），支持跨区域重大项目、能力建设、执委会运行保障及对省长三角投资有限公司、长三角一体化示范区新发展建设有限公司出资。打造山海协作升级版。落实1.89亿元奖励资金，重点支持9个省级山海协作产业园建设及提升工程，推进18个山海协作生态旅游文化产业园建设。设立山海协作资金，出台《浙江省山海协作资金管理办法》，促进"产业飞地"和特色生态产业平台建设。开展山海协作20周年财政政策成果宣传，在《浙江日报》《浙江财税与会计》发表专栏文章。加大对口支援和东西部扶贫协作支持力度。落实浙江省对口援助资金62.95亿元，支持结对地区项目建设、防疫抗灾。

【助力扩大有效投资】 加强重大项目要素保障。坚持"要素跟着项目走"，安排省级财政资金148.44亿元，支持省级政府投资项目318个，撬动总投资400.58亿元。争取中央基建投资资金51.10亿元，支持全省对发展起支撑带动作用的重大基础设施项目建设。协同省财政厅总预算局编制重大政府投资计划预算执行情况和重大政府投资计划预算报告。配合省发改委编制省级政府投资计划，做好项目储备计划调整等工作。实施新一轮交通领域财政支持政策。争取2022年中央交通运输类资金132.69亿元，安排省交通运输发展专项资金121.13亿元，安排省交通集团一般公共预算5.00亿元、国有资本经营预算14.49亿元，支持扩大全省综合交通投资。助力宁波—金华入选首批国家综合货运枢纽补链强链城市群，系长三角唯一入围城市，3年预计争取中央奖补资金30.00亿元。

【推动制造业高质量发展】 加快制造业"腾笼换鸟"。落实省级预算2021年支持政策涉及存量资金99.00亿元的基础上，2022

杭州电竞中心

年新增20.00亿元资金,支持新一轮制造业"腾笼换鸟、凤凰涅槃"攻坚行动。牵头成立"腾笼换鸟"专项经费协调工作组,建立全省专项经费调度机制,明确市县提取口径、核算要求,全省提取土地出让收入0.5%以上,2021年10月28日至2022年12月31日,浙江省各市县专项经费合计提取84.78亿元,用于支持盘活工业用地、企业整治提升、宿舍型保障性租赁住房、产业园区配套设施等,助推全省规上工业增加值增长4.2%。生产制造方式转型示范项目计划支持政策及资金兑现经验得到中央和省级媒体计4次宣传报道。*打造数字经济"一号工程"升级版。*安排19.20亿元(比上年新增5.00亿元)省工业与信息化发展财政专项资金,其中14.87亿元支持推进数字产业化、产业数字化,重点加大对生产制造方式数字化、智能化、绿色化(工业节能减碳)改造的支持力度。落实专项激励资金18.00亿元,支持18个工业大县开展制造业高质量发展示范县创建。

【推进"两稳一促"】 *支持稳外贸稳外资。*落实省级稳外贸稳外资专项资金8.79亿元,支持开展"千团万企拓市场抢订单行动",出台商务包机省级奖补政策,鼓励企业参加跨境经贸活动。出台海运纾困政策,加大展会保障力度,支持新增"代参展"展会113个,支持举办全球数字贸易博览会。*支持培育消费新热点。*落实资金2.73亿元完善社区商业设施配套,推进智慧商圈建设等。出台暑期消费券奖补政策,兑现资金1.17亿元,带动消费49.38亿元。*支持县域商业体系建设。*争取中央资金1.74亿元,支持建设首批15个试点县商业流通基础设施、"三点一线"物流体系、农产品流通、冷链设施及商贸流通龙头企业。*支持新能源汽车产业发展。*落实3.00亿元省级新能源汽车推广应用奖补资金,全省新建公共领域充换电站1565座,充电桩19896根。*规范招商引资行为。*协助省人民政府办公厅制定《关于进一步规范招商引资流程管理的指导意见》,搭建"一企一策"项目备案平台,实现项目全面备案和动态检测。实施稳外资和招大引强考核专项激励,统筹1.80亿元对成效明显的县(市、区)予以激励。

杭温高铁仙居段

【支持城乡基础设施建设】 统筹省住房与城市建设专项资金12.97亿元,支持城镇生活垃圾、污水处理基础设施、海绵管廊、美丽宜居示范村等建设,加强传统村落保护。安排5.00亿元支持美丽城镇建设,安排3.00亿元推进农村生活污水治理"强基增效双提标"。出台《浙江省城乡风貌整治提升资金管理办法》,支持共同富裕现代化基本单元建设。争取金华市入选第二批中央海绵示范城市,3年争取资金计9.00亿元;兰溪市、松阳县入选传统村落集中连片保护示范市县,2年争取中央补助资金计9000万元。

【推进保障性安居工程建设】 争取中央财政资金31.98亿元、安排省级资金5.00亿元,支持租赁住房保障(含公租房、保障性租赁住房)、城镇棚户区改造、城镇老旧小区改造。杭州市完成中央住房租赁市场发展试点终评。出台《浙江省城镇保障性安居工程资金管理办法》《浙江省中央财政城镇保障性安居工程补助资金管理实施办法》,助力"浙里安居"品牌建设。连续8年中央对浙江省城镇保障性安居工程财政资金绩效评价为优秀。安排省级资金5172万元支持农村困难家庭危房改造。

【支持疫情防控】 *加大医药储备保障。*安排2022年省级医药流通储备和生产能力储备补贴资金1778万元,形成706个品种、价值2.93亿元省级医药储备。落实省级医药实物储备补贴,支持增加300万人份新冠病毒抗原检测试剂、辉瑞药等新增新冠肺炎重点救治药物储备。配合省经信厅等部门制定《浙江省省级医药储备管理办法》,提升应对突发公共卫生事件保障能力。*支持采购核酸采样小屋。*制定《浙江省移动式核酸采样小屋采购与结算管理操作规则》,下达7187个移动式核酸采样小屋补助资金1.44亿元。*落实入境人员防疫保障。*下达财力补助预算1.77亿元,用于嘉兴市实施上海空港口岸入境来浙人员转移和隔离工作经费。制定《浙江省商务等重要人员入境免隔离闭环接待财政操作细则》,支持设立免隔离闭环接待区。*支持对口地区防控疫情。*落实6847万元支持新疆维吾尔自治区及阿克苏地区、西藏那曲、青海海西,应急采购核酸采样车、核酸检测气膜实验室和其他防疫物资。

【做好调研督导工作】 服务保障"大服务大督查大抓落实"行动,参加省政府对温州、舟山两轮督导服务,解决问题17个;参加部门牵头赴五市督导服务,配合做好国务院督导服务组来浙两轮督导服务工作。做好省领导联系省级高新区服务保障工作,现场调研省长联系的杭州高新区(滨江),形成调研报告供省领导参阅。做好部省联合调研,与财政部经建司联合撰写课题《护航民营企业发展　同心筑就共富路》,建议争取推广制造业高质量发展促共富示范城市创建和园区精准服务中小微企业财政专项激励试点。赴新疆阿克苏地区、西藏那曲以及四川省凉山州开展调研指导,督促加强援助资金使用管理。召开全省经建业务培训班,专题辅导直达资金、涉企补助、政府投资、"一企一策"系统运行等。

(省财政厅经济建设处供稿　徐　峰执笔)

财政监督

【强化财会监督】 2022年,全省(不含宁波)县级以上财政部门监督检查37399户(涉及受理举报件62件)行政事业单位和企业,发现违法违规问题6369户,涉及问题资金25.83亿元。截至2022年年底,6189户完成整改,纠正财政违法违规资金25.83亿元,其中追缴收回(扣拨)资金3.02亿元;查补财政收入4992万元、罚没款97万元。牵头开展全省违规建设楼堂馆所专项整治行动整改落实阶段工作,做好财经秩序专项整治行动相关工作,完成项目招引财政支持政策资金专项检查。开展全省2021年度地方预决算公开情况专项检查、"三公"经费专项整治行动。开展99家会计师事务所、63家资产评估机构执业质量检查,处罚会计师事务所7家、资产评估机构1家、注册会计师31名,没收违法所得72万元并实施行政处理。全年受理执业质量投诉举报事项52件,涉及会计师事务所事项41件、评估机构事项11件。浙江省财政厅连续3年获财政部"地方财会监督工作综合表现突出集体"荣誉。

【深化预算绩效管理改革】 推广改革试点经验。梳理24类70条2021年度深化预算绩效管理典型做法,形成改革举措和经验做法清单在全省推广,2022年全省各级财政部门继续实施166项改革试点。浙江省预算绩效管理工作在财政部和亚洲开发银行主办的"2022亚洲评价周"活动上作经验交流。推进事前绩效评估。探索财政提前介入政府重大投资项目事前绩效评估机制,制定《海塘安澜工程项目事前绩效评估标准化指标体系》,为全省海塘安澜工程事前评估提供标准化模板。对所有拟新纳入2023—2027年集中财力办大事财政政策体系的政策开展事前绩效评估,并对评估质量进行审查,助力政策迭代优化。开展部门整体绩效评价。制作绩效目标编制短视频,扩围部门整体评价试点。梳理近3年预算绩效管理情况,对94家省级部门开展部门整体绩效画像。开展项目或政策绩效评价。印发《省级部门重大项目绩效目标实质性审核工作规程(试行)》,对1000万元以上重大项目实施绩效目标实质性审核。落实2022年省级部门预算绩效目标实质性审核意见,70个项目调减预算7.31亿元。对25个科技、文化等重点领域项目开展财政重点绩效评价,涉及财政资金722.05亿元。开展"小切口"绩效调研,组织开展"一企一策"财政补助政策绩效评价,自评项目394个,并选取14个项目开展重点评价。完善部门考评体系。修订《浙江省省级部门财政管理绩效综合评价办法》。

【探索监督数字化改革】 推进会计监督数字化。在全国率先打造社会审计报告"一库一码全链条"监管系统,并升级为"社会审计统一监管"应用,实现审计报告数据单一来源。"一库一码全链条"监管系统在全国注册会计师统一监管平台启动仪式和全国会计管理工作会议上获财政部领导肯定。截至2022年年底,系统集成涵盖18万份报告数据库,实现对全省478家会计师事务所和6774名注册会计师分类分层管理,产生财政监管、部门监管、社会治理等共治案例1466个,通过动态监控和大数据分析比对预警发现问题4792条。推进绩效数字化改革。打造"浙财有效"系统,持续改进全过程预算绩效管理各环节功能,建设绩效信息大数据展示平台和绩效管理第三方机构管理系统。创新性打造AI数字代言人"效效",制作部门绩效目标编制解读视频,辅导部门编制预算项目绩效目标。

【加强财政内控建设】 升级"1+10+X"内控体系,修订财政内部控制基本制度,健全各项内控操作规程和内控管理机制。实施内控执行能力提升行动,持续组织市县财政内控交叉检查,开展内控情况调研,以案释纪、以点带面推动全省财政内控建设走深走实。实施重点领域风险防控行动,修订完善公款竞争性存放管理办法;建立地方政府专项债券项目穿透式监测机制;加强社保基金运行风险预警预测;建立健全乡镇财政风险防控机制,做好全省乡镇内控指引建设试点工作。持续加强财政内控信息化建设,通过强化"财政大脑"多个监督模块重点应用实施财政重点领域风险防控,加大财政公权力运行监督。

【规范综合审计联络服务】 完成审计署上海办财政收支大格局审计整改和省审计厅同级审有关工作,配合完成审计署长三角一体化专项审计、"十三五"社会服务和耕地占补平衡专项审计、"5+4"稳进提质财政政策专项审计及整改等工作。按期完成中央预算执行审计工作报告中由省财政厅牵头整改的25个问题和2021年度审计工作报告中由省财政厅负责整改的12个问题整改工作。规范审计公文分办,全年分办各类"财监审"文件49个,配合办理各类审计答复函15个。

【审核财政项目资金】 开展部门预算项目审核,完成包括浙大一院余杭院区二期(国家医学中心)、之江文化中心等政府投资项目和部门预算项目(含电子政务项目)审核任务824单,送审金额222.12亿元,审核金额202.41亿元,核减19.71亿元。运用绩效管理手段试点浙江省首个碳监测项目预算审核项目,基本实现绩效目标与预算安排相匹配,节约直接投资资金和年度运行经费。推进标准控制规模体系建设,制定《浙江省大气、水质自动检测系统建设费用标准及绩效评价指标体系》《信息化及电子政务项目预算审核标准指南》。建立全省首个财政项目预算评审专家库,入库专家95人。

【加强监督队伍建设】 专题学习党的二十大精神、省第十五次党代会精神，通过支部书记上党课形式，结合《习近平浙江足迹》学习宣讲，强化支部党建。持续组织“好书周周读　书香满监督”读书活动。创新“月月有亮点、月月去调研、月月补短板”的“月月+”系列活动，全年开展“三服务”活动67次。组织开展财政监督人才库人员更新和培训研学，培养财会监督专业人员。2022年，省财政厅财政监督局获省委办公厅“全省清廉建设成绩突出单位”荣誉。

（省财政厅财政监督局供稿　赵杨帆执笔）

政府采购监督管理

【概况】 2022年，浙江省持续拓展政府采购政策功能，纵深推进政府采购数字化改革，着力打造政府采购最优营商环境，助力经济稳进提质。全省全年政府采购规模1959.81亿元，占全省一般公共预算支出和GDP比重分别为16.3%和2.5%。

【发挥政府采购政策功能】 印发《关于进一步发挥政府采购政策功能全力推动经济稳进提质的通知》《关于进一步加大政府采购支持中小企业力度　助力扎实稳住经济的通知》，出台20条政策措施，通过提高有关政府采购项目面向中小企业预留份额10个百分点、顶格实施小微企业价格扣除评审优惠、清理不合理限制性或歧视性条款等举措支持中小企业参与政府采购公平竞争。2022年，全省中小企业获得政府采购合同金额1669.78亿元，占政府采购规模85.2%。推动绿色采购，促进碳达峰碳中和，全年节能节水、环保产品采购规模分别占同类产品采购规模95.4%和87.3%。深入开展政府采购支持绿色建材促进建筑品质提升试点，推动杭州、湖州、绍兴3市在学校、医院等公共建筑中使用绿色建材，运用装配式、智能化等新型建造方式，争取宁波、台州入选新一轮试点城市。全省全年采购脱贫地区农副产品1.94亿元，鼓励采购山区26县、海岛县和对口帮扶地区农副产品，助推乡村产业振兴。

【推动政府采购数字化改革】 建设应用政府采购智管系统，提升政府采购大数据监管能力。深化政府采购数字化共建共享改革试点，2021—2022年累计立项2批22个试点项目。“全国首家政府采购电子卖场试点平台——政采云”获评浙江省数字经济创新发展重大应用成果，“政府采购（政采云）应用”连续2年获评浙江省数字化改革最佳应用、2022年度数字经济系统最佳应用，入选工信部2022年大数据产业发展试点示范项目。政采云服务市场持续扩面，服务全国19个省1513个行政区划及多家中央预算单位，全年交易规模8535.32亿元。

【支持长三角政府采购一体化】 继续推进长三角政府采购信息系统共建共享，政采云系统继2021年服务上海后，2022年覆盖安徽全省。推动印发《长三角生态绿色一体化发展示范区政府采购管理改革试点实施方案》。嘉善、青浦、吴江三地完成首个跨省远程异地评标项目，上海、江苏和浙江专家资源互认共享改革取得较大进展。省财政厅“以数字化转型推动长三角政府采购一体化发展”被省长三角办列入浙江省推进长三角一体化发展最佳实践第一批推广经验清单。

【强化政府采购监管】 开展政府采购领域财经秩序专项整治相关工作，清理通过不合理条件限定政府采购供应商、对内外资企业实行差别待遇或者歧视待遇等问题。推进政府采购集中行政裁决，打造浙江省合法性审查与行政裁决工作“最佳实践”。

（省财政厅政府采购监管处供稿　冯　华执笔）

财政政策法规

【笃学践行习近平法治思想】 开展“学习二十大精神　财政法治建设有我”系列活动，全省财政系统法治干部、公职律师结合财政法治工作实践，开展“办一事，献一策”活动；举行省财政厅领导干部宪法日宣誓活动，举办法治主题讲座；组织开展“大综合一体化”行政执法改革专项督寻行动；举办全省财政法制骨干暨财政行政执法人员培训班。

【加强党对法治工作领导】 省财政厅党组3次研究部署法治工作，主要负责人履行推进法治建设第一责任人职责，在省人大常委会对政府组成部门负责人依法履职情况评议中名列前茅。落实领导干部学法制度，全年开展法治专题学习4次，重点学习习近平法治思想、宪法、党内法规以及财税法律法规。省财政厅连续8年荣获省法治政府考核优秀。

【推进财政领域“大综合一体化”行政执法改革】 纳入《浙江省新增综合行政执法事项统一目录（2022年）》财政相关事项60项。开展财政行政争议诉源治理，印发《关于加强诉源治理　进一步完善预防和化解行政争议机制的意见》，减少复议诉讼。建立财政执法容错机制，印发《关于在财政执法领域实施轻微违法行为告知承诺制的通知》，推动不予处罚事项清单具体化、标准化，让执法有力度有温度。

【建立公职律师纵向调配机制】 在全省和全国财政系统首创全省公职律师纵向调配机制，发布《关于建立全省财政公职律师培养和纵向调配机制的通知》，变革重塑财政法治骨干力量组织运行理念和机制，建立上下贯通、执行有力的财政法治快速反应机制。

【加强行政规范性文件管理】 规范行政规范性文件格式，组织对省财政厅23件行政规范性文件进行合法性审查，按规定报省司法厅统一登记、备案。开展行政规范性文件合法性审核机制落实情况专项监督，开展暂时保留的涉财省政府行政规范性文件后续清理工作。

【严控财政法律风险】 依法履行合法性审查职责，全年出具法律意见建议570件，提供法律咨询500件次以上。规范财政重大决策程序，落实重大行政决策目录化管理和合法性审查机制，在省级机关率先推动重大行政决策事项标准指引。依法办理行政复议应诉案件5件，持续保持行政诉讼零败诉纪录。

【开展公平竞争审查】 贯彻落实《公平竞争审查制度实施细则》，完善财政部门公平竞争审查制度。实施增量存量审查，开展"破除地方保护和市场分割"专项行动，组织省市县三级财政部门清理2016年以来制定的涉及市场主体文件，自查文件6332件，废止或修订文件26件。

【开展财政法治宣传】 制定2022年度法治宣传教育责任清单，开展财政特色普法宣传教育。坚持"服务大局普法"，编印《共同富裕的德国经验》《数字化改革专辑》等学法手册3期。围绕"12·4"国家宪法日开展宪法宣传周系列活动，组织全体公务员及事业参公人员参加以宪法为主题的法律知识考试，参考率和合格率均为100%。组织开展《监察法》《公职人员政务处分法》《监察法实施条例》"两法一条例"专题普法宣传。运用公民法治素养观测点，做好系统内观测点指导工作。

（省财政厅政策法规处供稿　毛明辉执笔）

党建工作

【落实"第一议题"制度】 以学习宣传贯彻党的二十大精神为主题主线，坚持把学习习近平新时代中国特色社会主义思想、习近平总书记重要讲话和指示批示精神、《习近平谈治国理政》第四卷、《习近平浙江足迹》等作为"第一议题"，开展"周读一本书"活动。厅党组召开会议17次、中心组学习会5次，中心组成员23人次作发言，与深入学习贯彻省第十五次党代会精神、习近平总书记关于财政工作的重要论述精神紧密结合，研究制定贯彻落实举措，引导党员干部提高政治判断力、政治领悟力、政治执行力，牢固树立"以当家思维担当管家责任"理念。

【学习宣传贯彻二十大精神】 开展系列有财味、有特色、有亮点"自选动作"，持续兴起学习宣传贯彻党的二十大精神热潮。用好"十大载体"，发挥多跨联动机制，运用专题研学小组、"财政双周讲堂""变革型财政组织建设·青年说""财悦读"等载体，形成推动财政事业发展动力。以"七张问题清单"为牵引，引导财政党员干部扛起共同富裕示范区建设、数字化改革、稳进提质等重大任务政治担当，集中财力办大事，支持经济社会高质量发展。落实意识形态（网络意识形态）工作责任制，通过发表厅党组书记、厅长署名文章，浙江卫视宣传报道，财政"浙"十年宣传，展播党员干部所思所感所想，《党建信息》开设"学习宣传贯彻党的二十大精神专辑"等，做好财政宣传引导。

【深化清廉财政建设】 梳理清廉财政建设成果。总结过去五年清廉财政制度、理论、实践和数字化改革成果。举办全省财政系统清廉财政"十佳"优秀实践案例评选，常山县财政局《"一码两公"打造"两廉"政府》案例获全省第三届"基层清廉建设（浙江）十大创新经验"创新奖。联合省纪委机关出台《关于印发坚持党政机关过紧日子优秀案例的通知》，推广应用案例。通过厅组协作、省市协同，与丽水、杭州等地联合开展课题研究，调研清廉财政数字化、清廉建设国际研究、清廉财政能力指数等。清廉财政"三不腐"能力指数在丽水、杭州、温州三地试运行，探索与"财政公权力大数据监督"清廉画像模块对接，作为评价各地财政部门清廉能力重要标准。开展重点清廉单元建设。根据省委办公厅、省政府办公厅《关于纵深推进清廉财政建设的实施方案》，清廉财政建设列入新一批重点清廉单元。省财政厅建立系统联动、部门协同、纪财贯通的清单机制，出台《〈关于纵深推进清廉财政建设的实施方案〉相关单位职责清单》，涉及5大体系26条。召开全省清廉财政建设推进会，部署清廉财政十个方面重点工作。省财政厅财政监督局、杭州市财政项目预算审核中心2家单位获"全省清廉建设成绩突出单位"荣誉。培育财政廉洁文化。贯彻落实中央和省委关于加强新时代廉洁文化建设的意见，出台《中共浙江省财政厅党组关于加强新时代廉洁文化建设　打造全省财政系统"清风财韵"廉洁文化品牌的通知》，创建"清风财韵"廉洁文化品牌，举办财政系统"廉洁文化年"作品征集活动，用廉政文化助推清廉财政建设。

【落实落细政治监督】 会同驻厅纪检监察组跟进监督共同富裕示范区建设、稳进提质、除险保安等大事要事，向省纪委报送工作进展，强化党员干部"两个先行"财政担当。加大对厅属单位"一把手"和领导班子监督，对2个下属单位开展政治巡察，发现问题25个，督促被巡单位制定整改举措100条，获省纪委常委、省委巡办主任批示肯定，两次在《全省巡视巡察动态》上刊发交流。派员指导党支部组织生活会、厅属单位民主生活会，听取下级"一把手"加强党的建设和述职述廉报告，做实政治监督。

【深化"红色根脉强基"工程】 推进"双建"争先，落实变革型财政组织建设三年行动计划，从机关事业单位、基层财政部门、两新组织、财会队伍4类主体入手，深入实施全省财政系统"红色根脉强基工程"。深化党支部建设提升工程，发挥"专题研学小组""省市县乡四级财政机关党建'系统联动'"等机制作用，紧扣省委、省政府中心工作，推进机关党建与财政业务深度融合。在工委组织的全省机关党组织系统联动开展"破百难、助共富"活动签约仪式上，省财政厅作为唯一一家单位作经验介绍；厅机关党组织"系统联动"经验做法在全省机关党组织推广；《机关党建引领保障"共同富裕"建设的路径研究》课题，获全省机关党建课题评选一等奖第一名。

【深化"三为"增效能】 围绕"破百难、助共富"活动，组织支部研讨，形成省财政厅"三张清单"；召开推进会，从小切口精准解决特别生态功能区建设、"四好农村路"建设、养老服务体系建设、农田建设等难题。工委部署"破百难、助共富"活动100个难题中涉及财政的19个难题全部得到解决。省财政厅课题《党建统领"浙里担" 多跨协同"助共富"》，获第十轮全省机关党建工作"最佳创新成果"第一名。整改落实省委直属机关工委反馈的年度省直机关作风建设民主评议2条意见建议，按要求公示并上报。

【推进财政公权力大数据监督应用建设】 根据省纪委、省监委关于浙江省公权力大数据监督应用建设总体部署，聚焦财政公权力重要风险点，与驻厅纪检监察组合力推进财政公权力大数据监督应用建设。推广应用财政公权力大数据监督应用4个子场景，处置红色预警4734条，督促整改问题4123个，获人民网等主流媒体报道。

【做好党建带群建工作】 推进"职工之家"建设，开展"讲书大赛""一月一品""心融亚运·共富共美""更好按经济规律办事，财政青年怎么办"主题征文等活动。开展"喜迎二十大、永远跟党走、奋进新征程""青春建功、共富有我"主题实践活动，成立"共同富裕财政青年智库"，围绕64个课题开展调研；山区26县财政局各组建1支"财政青年精准服务共富小分队"，根据"一县一策"需求开展服务。联合台州市财政系统团工委、椒江区团委、大陈镇团委，开展深入学习贯彻省第十五次党代会精神主题团日活动，获主流媒体报道，网络点击量超30万人次。2022年省财政厅团委获"省直机关工作成绩突出团委""浙江省五四红旗团委"荣誉。

（省财政厅直属机关党委供稿 朱知攀执笔）

人事工作

【概况】 2022年，浙江省财政厅人事工作践行新时代党的组织路线，落实省委选人用人"一体系三机制"要求，以建设变革型财政组织为抓手，锻造信念过硬、政治过硬、责任过硬、能力过硬、作风过硬的新时代高素质专业化财政干部队伍。

【推动组织变革重塑】 组织实施变革型财政组织三年行动计划，印发《关于开展全省财政系统变革型财政组织创建试点工作的通知》，成立由省财政厅厅长担任组长的全省财政系统变革型财政组织创建领导小组，全面指导创建工作。各级财政部门构建"党组(党委)书记亲自抓、分管领导具体抓、处(科)室和单位协同抓"工作机制，形成工作合力。按照重塑"六大体系"、实施"六大工程"目标要求，确定38家申报单位开展试点，建立指标、工作及考核体系，评出20家变革型财政组织创建优秀试点单位，树立优秀典型。

【激发干部队伍活力】 突出问题导向，结合财政事业发展和干部成长需要，强化"专题+日常"分析模式，分类分层次剖析干部队伍建设现状，掌握干部一贯表现，为职务提任、职级晋升、岗位交流等提供决策参考。坚持党管干部原则，严把政治首关，守好资格关、程序关、监督关，完善干部选拔任用机制，全年提拔正处级领导干部5名、副处级领导干部7名，晋升一级调研员及以下职级53人次，晋升岗位等级11人次，开展内部轮岗交流6人次，优化干部队伍结构，增强处室(单位)整体功能，打造"政治强、业务强、标准高"班子和干部队伍。加强年轻干部源头储备，省财政厅机关面向基层公开遴选公务员6名，接收军队转业干部1名，所属参公单位公开招录公务员1名、转任1名，所属非参公单位公开招聘工作人员2名。

【提升干部变革能力】 做优做强浙江财政系统专业人才库，动态调整人才库成员，向财政部推荐优秀业务骨干，入选财政部社会保障人才库8名、对外财经人才库1名。举办全省财政系统局长培训班，提升领导干部推动高质量发展、促进共富、服务群众、防范化解风险本领。开设财政双周讲堂，通过"专家讲、处长说、青年谈"推动干部理念创新，提升综合素质。统筹谋划干部成长路径，选派2名干部赴西藏、青海对口支援，1名干部赴山区县挂职锤炼，安排4名选调生到基层墩苗历练，选派1名干部赴财政部学习锻炼，输送4名干部到其他部门及企事业单位任职，接收10名基层业务骨干到省财政厅机关挂职。支持巡财联动，在全省财政系统选派21名业务骨干参加省委巡视工作。落实"青蓝工程"成长帮带制，为9名新入职干部选配成长导师，推动其在帮带引导、互动互促中加快成长。

【强化干部管理监督】 制定《省财政厅领导干部配偶、子女及其配偶经商办企业禁业范围规定》，统筹做好领导干部个人有关事项报告、领导干部有关亲属从业和从事经营活动情况报告等工作，组织签订不利用职权或影响为亲属经商办企业谋利承诺书，前移监督关口，防范廉政风险。实施评优评先负面清单，完善干部评优评先及平时考核"好"等次、年度考核优秀等次推荐条件，注重内外部监督贯通，确保推荐集体和人选立得住、过得硬。突出实用、合规、考准、考实原则，迭代升级省财政厅考核系统，完善浙政钉"数字人事"模块功能，拓展应用覆盖面。

【做好老干部服务工作】 强化政治引领，组织引导离退休党员干部深入学习新时代党的创新理论，确保始终听党话、跟党走。组织老干部参加线上"清明思亲，书香祭扫"活动，2篇文章被《浙江老年报》采用。落实生活待遇，加强人文关怀，服务重点倾向重病、高龄、失能、独居、空巢等有特殊困难老干部，用心用情为老同志办实事、解难题。

（省财政厅人事处供稿　高晓丽执笔）

办公室工作

【加快财政组织一体化建设】 根据省财政厅党组“全省一体工作理念”部署，出台《浙江省财政厅加快推进全省财政组织一体化建设实施方案》，明确全省一体化六大重点任务和四项保障举措，抓实抓细变革型财政组织三年行动计划，重点在一体推进“财政大脑”建设、一体开展共同富裕体制机制研究、一体抓好稳经济一揽子政策落地见效等方面打造标志性成果。形成2022年度27项财政特色工作项目清单，总结宣传年度成果，擦亮财政特色工作品牌。加强自身建设，省财政厅办公室获“全省机关事务工作先进集体”“全省信访系统先进集体”荣誉。

【助力经济稳进提质】 贯彻落实省委、省政府“5+4”经济稳进提质决策部署，建立专班工作机制，常态化开展督查服务，抓好一揽子政策落实，省财政厅有关工作获省政府主要领导批示肯定。协调国务院稳住经济大盘督导服务工作，牵头建立督导服务协调及跟踪落实机制，争取国家政策和资金支持。落实省政府稳住经济大盘督导服务工作，牵头成立督导服务组，赴温州、舟山开展现场督导服务和“回头看”，抓好各项诉求落实，为经济稳进提质提供服务支撑。

【提升公文办理质效】 印发《关于提高行政效能　加快公文流转有关事项的通知》《关于进一步提升办文效率和质量的通知》《浙江省财政厅“公文指数”评分规则》等，持续提升办文质量和效率。完善“马上做”“做成了”政务督查督办工作机制，通过工作要求清单化、答复格式模板化，优化审签流程，明确办理时限，提高省领导批示件、建议提案等办理质效。2022年，督查办理省委、省政府主要领导批示397件；督查办理厅领导批示立项264项，已完成258项，办结率97.7%；承办省“两会”建议提案555件，其中人大建议主办13件、会办309件，政协提案主办5件、会办228件。

【加强财政宣传调研】 健全“八八战略”抓落实机制，完成《忠实践行“八八战略”的财政理论与实践研究》，总结提炼“八个必须”规律性认识，形成理论成果。全年完成全省财政工作报告等综合材料逾百篇，发挥以文辅政作用。向省委、省政府报送专报信息，获省领导批示50篇次；做好七大类信息刊物编发报送，获上级部门采用118条。对接中央及省部级重要媒体，加大重点工作、重大成果宣传，实现“大的成果、大的展示”。央视、人民日报、新华社、浙江日报等主流媒体对浙江财政助力经济稳进提质、深化数字化改革、助推共同富裕等进行专题报道，全年在省部级以上媒体刊发各类新闻稿件百余篇，展现财政改革成果。加大微信平台宣传力度，开展“两会聚焦”“稳进提质”“共同富裕”“喜迎二十大”“学习二十大”等系列主题宣传，全年推送微信274期1096条，公众号关注人数逾21万人。

【优化绩效考评机制】 做好省政府绩效考评工作，对纳入省政府绩效目标的重点量化指标，定期开展阶段性评估自查，及时查漏补缺，确保落实省委、省政府和省财政厅党组决策部署，省财政厅连续20年获评省政府绩效考评优秀单位。动态调整省财政厅机关和全省财政管理（市县）绩效考评指标体系，优化考评流程，开展年度绩效考评工作，2022年度考评结果经省财政厅党组审议通过后公示并通报。

【深化政务公开、保密、信访工作】 推进政务“五公开”，增设“共同富裕”“变革型组织”“国有房屋减租公开晾晒”等多个政务公开栏目，拓展预算公开内容。回应依申请公开，严把受理关、办理关、答复关，全年受理并办结申请62件。严格落实省财政厅保密工作制度，强化保密意识和宣传教育。做好人民信访工作，全年办理纸质信访件133件，处理网上来信（含咨询件）2681件，按期办理率100%，按期办结率100%，连续6年获省政府直属有关单位信访工作考核优秀。

【强化财务资产管理】 践行厉行节约和政府机关过“紧日子”要求，多轮磋商压减省财政厅部门预算，从严从紧安排“三公”经费预算。加强厅属事业单位财务管理，强化支出审核及财务人员培训。主动试点预算一体化、“浙里报账”等数字化项目，提出合理化建议。加强内控制度建设，组织内控自查，形成年度内控工作报告。强化资产管理，修订出台《浙江省财政厅机关周转房租住管理办法》，完成省财政厅票据管理中心等业务用房及停车库建设工程项目财务决算和资产移交，协调完成省直机关腾空专用房串换购和干部住房补贴、公积金补贴申报工作。

【提升服务保障能力】 从严、从实、从快、从细做好省财政厅疫情防控工作，科学安排值班值守，加强大楼进出和会议管理。做好“三服务”工作，形成“月月有台账，服务出成效”常态化服务机制，全年累计开展服务782次，其中厅领导带队100次，解决问题803个。加强除险保安工作，抓好政治安全、生产安全、网络安全、信访维稳、舆情管控，开展安全隐患大排查“回头看”，确保除险保安百日攻坚行动落到实处。做好厅工会工作，组织开展“留杭过大年　温暖不缺席”慰问、“财悦读——循足迹·谈共富”分享会、“一月一品”等活动，丰富干部职工精神文化生活。

（省财政厅办公室供稿　盛滢婷执笔）

直属单位概况

财税政策研究

【政策研究】 开展共同富裕研究。会同省财政厅共富专班做好共富型财税政策体系研究，安排1名副主任、1名业务骨干到共富专班，协同完成共富型现代财税体制、家庭型财税政策体系等重大课题，获省委主要领导批示肯定；开展“N”个子课题研究，全年完成子课题20余个，包括有利于扩中提低的财税政策体系、促进就业创业财税政策体系、缩小收入差距促进社会公平的税收体系等。会同省财政厅办公室开展“百名局长研百题”活动，形成课题研究报告近百篇，获浙江日报、中国财经报等媒体连续报道。组织中国财科院、浙江大学等专家，围绕“三次分配”开展系列研讨，为总课题研究提供理论支撑。做好重点课题研究。持续收集习近平总书记关于财政工作重要论述，印制第二本小册子，供全系统学习；按照省第十五次党代会“5大战略指引、11方面重要遵循”框架，从“总书记怎么说的、财政怎么干的、下一步怎么深化”三个维度进行研究，研究成果在全省财政局长培训班上学习贯彻。完成省委宣传部课题《忠实践行“八八战略”的财政理论与实践研究》，总结出财政工作“八个必须”规律性认识。配合省财政厅机关党委完成“清廉财政建设”研究，提炼“清风财韵”文化品牌，助力列入省委清廉单元建设试点。围绕高质量发展、数字经济等主题，完成《德国促进制造业发展的经验及对我省启示》等11个课题。承接财政部《地方财力可持续研究》《深化财政体制改革研究》等课题，在全国深化财税体制改革培训班上作典型发言。当好参谋助手。完善政策研究专班工作机制，密切关注财政部和东部省市政策动态，加强重大改革、重大政策、重大战略前瞻性研究，办好《财政动态参阅》和《浙江财税参阅》。全年编发《财政动态参阅》50期、《浙江财税参阅》68期，省财政厅主要领导批示占比54.0%和54.4%。

【财政宣传】 以《浙江财税与会计》为载体做好宣传工作。改进栏目设置。围绕“共同富裕”“数字化改革”“变革型组织”三项重点工作开设专栏。邀请地方党政领导，以访谈或署名文章形式，从财政视角谈推进共同富裕的新理念、新做法、新成效，全年刊发15位政府主要领导访谈和文章。邀请市级财政局长畅谈变革型财政组织探索实践，打造变革型财政组织浓厚氛围。突出主题宣传。围绕厅党组中心工作，坚持一期一主题，策划财政“浙”十年、奔向共同富裕、清廉财政等12个主题宣传。围绕减税降费、基本公共服务均等化、钱随人走等重大改革开展宣传，及时解读财政科研经费管理、低收入农户小额贷款、留抵退税等新政策，并邀请权威专家解析财政改革趋势。创新宣传形式。策划“特色工作”专刊，系统总结全厅特色工作，发布2021年财政推进共同富裕十件大事、财政数字化改革十件大事，集中宣传构建常态化财政资金直达机制、“浙里报账”改革、乡镇内控体系建设、“浙里垫付”场景应用、“浙里担”改革实践等23项特色工作。策划“清廉财政”专刊，总结清廉财政建设经验成果，刊发全省清廉财政建设“十佳案例”，获省纪委好评。

【历史记载】 做好年鉴编纂。提升《浙江财政年鉴（2022卷）》稿件质量，获评省政府浙江省精品年鉴，位列全省第三。更新财政展示厅。及时更新财政服务保障板块内容。做好财政部、省领导和外单位参观接待服务，配合厅机关党委、人事处等做好主题教育。浙江财政展示厅获评省政府地方志办公室《浙江通志》编撰成果转化优秀案例。

（省财税政策研究室供稿　颜伟杰执笔）

数字财政建设

【概况】 2022年，浙江省数字财政工作围绕财政数字化改革，开展“财政大脑”建设；在全省规范化推广预算管理一体化系统；重点打造收支运行智管、财政公权力大数据监督、“浙里办票+浙里报账”“浙里捐赠”等重大应用；加强信息系统安全建设和服务保障工作。2022年浙江省数字化改革“最系列”成果评选中，“财政大脑”获“最强大脑”荣誉，政府采购（政采云）应用、“浙里办票+浙里报账”应用获“最佳应用”荣誉，预算管理一体化应用工作全国考核第三。

【推进“财政大脑”建设】 构建“一仓五库”。即数据仓、规则库、知识库、算法库、模型库、样本库。归集166.26亿条业务数据，形成模型59个、算法10个、预警规则293条、财政监督和审计样本193个。打造“数字财政驾驶舱”。按照“大事保障”“运行效能”“风险防控”“财政监管”“服务社会”5个财政核心业务，形成5个主题模块。融合浙政钉和财政综合办公平台5.0架构体系，完成全省97个市县（区）财政部门、2万个用户初始化工作，实现省市县全贯通。创新“大脑+应用”建设模式。开发收支运行智管应用，实现收支预警处置、收入预期目标、东部省市研判、问题晾晒、整体评价、运行分析等功能，全年发现预警风险1万个，保障大事项目5万个，追踪专项转移支付项目159个，获财政部主要领导肯定。开发债务全过程监管、隐性债务智控等应用，实现政府债逆周期调节功能。

【迭代完善预算管理一体化系统】 完善政府预算管理、预算调整调剂等模块。全省97个财政区划全部上线运行预算管理一体化系统，实现财政部业务规范和技术标准全省落地。推进系统整合工作。开展财政供养人员、乡镇财政基本情况、预算执行旬月报、直达监控、部门决算等模块整合及模拟运行。加强数据中台支撑功能。新增应用版本管控中心、数据标准管控中心、规则中心、任务调度中心、配置中心等功能，支撑基础资料管理、项目库管理、预算编制、预算调整和调剂、预算执行、会计核算等模块平稳运行。加强跨部门业务协同。完成与企业码协同接口开发，支持市县涉企补助系统对接。完善与省大数据局项目管理系统协同接口，实现电子政务项目一个口子申报，同步省发改委在线投资平台及省大数据局项目管理系统。完成部门单位业务系统支付和采购业务接口对接。对接财政部考核指标调整。按照财政部预算管理一体化月度考核要求，动态调整考核指标，指导全省查漏补缺，在财政部月度考核中多次名列全国第一，全年排名全国第三。

【挖掘财政数据仓价值】 依托数据仓开展财政公权力大数据监督应用建设。对"一企一策"财政资金补助、单一来源政府采购、公款竞争性存放、国库集中支付动态监控4类业务数据进行分析利用，对应纪检监察监督和财会监督分别设置"红、黄"两类预警模型，配套制定处置流程。应用覆盖预算单位2万家、预算资金9580.63亿元，监督支出资金2514.65亿元、支付指令3.34亿条，发出预警信息2559条、涉及资金21.33亿元，发送提示函269张，移送省纪委6件、处置整改办结2399件。依托数据仓开展共富家庭在线应用建设。建立涵盖绍兴市、建德市、黄岩区等711万户籍人口的样本数据库，标签化处理公安、民政、卫健、医保等10部门16类数据，构建家庭单元、相对富裕家庭、扩中家庭三类家庭模型，重点分析育有愁、老有愁、教有愁、病有愁、生有愁、住有愁等分布情况。依托样本数据库和家庭结构画像、家庭经济画像等，在教育、金融、税收等领域开展政策仿真试点，为精准制定家庭型财税政策提供支撑。

【推进服务社会重大应用建设】 深化"浙里办票"建设。推进财政电子票据跨省报销改革试点工作，实现与江苏省、广东省跨省报销。开展电子凭证会计数据标准试点工作，同工商银行、光大银行、浙商银行等完成收支数据对接，推进与铁路电子客票、航空运输电子客票行程单等数据接口对接。迭代会计管理系统。推进会计人员继续教育移动端应用场景建设。开展高级会计师培训管理系统升级改造工作，增加移动端功能。开展会计考试监管平台实施应用工作，为会计信息登记、信息变更、会计人员继续教育、会计专业技术资格考试报名、会计考试监控监管提供技术保障。开展"浙里捐赠"建设。建立涵盖慈善组织、捐赠人、善款流向、慈善法规、激励政策等内容的数据仓，联通财政、民政、税务、政策激励部门和慈善组织，贯通省市县乡四级，实现"一键捐赠、一秒开票、一指抵税、一窗公开、一址查询、一榜表彰、一屏智报、一站认定"。

【持续完善数字财政子系统】 做好电子化支撑组件电子凭证库、电子印章等升级实施及运行保障。做好政采云、社保信息管理系统、财政分析系统等技术对接和保障，完成审计数据需求对接工作。迭代统一公共支付平台和非税收入征管系统，建设全省非税收入数据交换平台。上线数字人事模块，开展电子印章组件接口调试，完成与省政府电子公文交换系统对接。升级改造土地出让收支业务报表、决策分析、风险监控预警、浙政钉等模块，开展基财智控应用试点和推广应用。

【加强数据资源一体化管控】 按照公共数据和资源相关要求，对应用、数据、组件等进行一体化管控。财税大数据平台全年完成数据目录编目112项、上云数据表2424张，云端数据仓数据记录172.32亿条，数据量23.87TB。一体化资源系统全年完成18548条数据项编制，全年处理146个部门单位352次数据申请，外部门累计调用省财政厅数据2903万条。向社会开放数据目录16条，全年累计使用140万次；注册应用20个，上架组件7个，实现"财政大脑"能力输出。

【做好信息安全工作】 参与公安部、财政部和浙江省护网攻防演练，提升防范化解重大网络安全风险能力。加强应用代码级安全管理，规范桌面安全管理和网络准入控制。落实信息安全通报制度，组织开展全省网络安全检查，加强对全省财政网络信息系统安全指导。完成11个系统网络安全等级保护测评和10个系统商用密码应用安全性评估。开展财政信息系统应急演练，及时发现系统安全隐患并修补。执行网络安全事件"零报告"机制，在节假日和重大会议期间加强值班值守，做好7×24网络安全防范。开展对政务外网和政务云网络安全检查，确保系统安全。

（省数字财政管理中心供稿　王洪俊执笔）

国有金融资本与PPP项目管理

【编报地方金融企业财务报表】 做好财务决算报告编制。做好2021年度地方金融企业财务决算报表编审工作，按要求向财政部报送财务决算报告。截至2021年年底，浙江省（不含宁波）地方金融企业计7类821户，资产总额105887.66亿元。做好季度快报编报。组织全省（不含宁波）地方金融企业2022年四个季度财务快报编审，每季度向财政部报送财务快报数据和分析报告。

【开展地方金融企业绩效评价】 按照财政部"统一政策、分级管理"要求，组织完成2021年度浙江省（不含宁波）435家地方金融企业绩效评价，并向财政部报送评价结果。评价结果总体良好，在全国处于良好及以上水平的地方金融企业占63.2%。

【实施国有金融资本产权登记】 落实财政部关于开展国有金融资本产权登记专项工作部署要求，按照"全面覆盖，应登尽登"原则，审核省属金融企业登记材料，印发产权登记证（表）。截至2022年年底，全省地方金融企业完成登记审核232家；省级金融企业完成登记审核53家。

【开展地方金融企业风险研究分析】 围绕防范金融风险主题，完成《地方金融企业风险评价关键指标研究——以银行业金融机构为例》和《村镇银行风险研究》两篇分析文章，并在《浙江财税参阅》上发表，得到厅领导批示肯定。

【推进政府和社会资本合作(PPP)发展】 规范项目入库评审。2022年组织评审PPP项目3个，项目总投资131.20亿元，全部纳入财政部PPP项目管理库，入库率100%。推进项目阳光运行。组织全省PPP项目梳理自查，印发《关于开展政府和社会资本合作(PPP)项目梳理自查工作的通知》，开展政策辅导，提供整改思路和方法，为后期审计署开展审计工作打下基础。转发财政部《关于进一步推动政府和社会资本合作(PPP)规范发展、阳光运行的通知》，提出浙江省贯彻落实意见。开展信息质量提升专项行动。按照财政部统一部署，开展浙江省PPP全国综合信息平台项目信息质量提升专项行动，全省(不含宁波)455个项目新增填报信息6万条，信息填报增长60%。做好项目财承监测。防范财政支出风险。在全国PPP综合信息平台做好省本级一般公共预算支出数据更新，完成全省各市、县(市、区)一般公共预算支出数据更新审核。按季汇总全省各市、县(市、区)在库PPP项目季度财政支出责任台账，对未来两年财政支出责任超9.0%的县(市、区)发函提醒。开展项目专项调研。赴市、县(市、区)开展项目执行、绩效考评情况专项调研，撰写调研报告供领导参阅。

(省国有金融资本运营评价中心供稿　葛银莹执笔)

道路交通事故社会救助基金管理

【概况】 2022年，浙江省社保基金和交通事故救助基金管理中心(下称省中心)持续推动“浙里垫付2.0”改革，推进道路交通事故社会救助基金(以下简称“救助基金”)业务提升。2022年，省中心筹集救助基金4966万元，同比下降66.2%(根据财政部77号令规定，全省救助基金结余因超过2021年度支出的3倍而停止筹集)；拨付至各符合条件市、县(市、区)支出4395万元。全省救助基金支出1.99亿元，其中：救助基金抢救费垫付1.97亿元，同比增长5.4%。其他支出(困难救助)216万元，同比下降12.6%。追偿金额1.35亿元，同比增长24.8%。当年追偿占支出比例67.8%。

【加强制度建设】 与相关部门协助省政府办公厅出台《浙江省道路交通事故社会救助基金管理办法》，明确提出全省统一政策，推广“浙里垫付”应用，推行基金统筹，扩大垫付范围，规范全省救助基金管理。

【升级“浙里垫付2.0”】 创新“以支定拨”资金管理新模式，组织全省8个市县率先实行“分级审核”“协同追偿”等创新举措试点，完成“浙里垫付2.0”迭代升级，实现简易流程案件“秒办”功能，降低群众因事故致贫概率，助力共同富裕。2022年，全省公安交管部门发出《垫付通知书》4298人次，其中“浙里垫付”发起案件1633人次，全年完成垫付2285人次，平均每起案件垫付9万元。

【加强财务管理】 救助基金特设专户定期存款到期后，经中心领导班子集体研究决定，续存原中标银行，合计存放1年期定期存款4.38亿元，且续存利率不低于省级行政事业单位在“浙江政府采购网”上公布的同类银行最近同期限中标利率，实现资金保值增值，降低廉政风险。

【加强培训宣传】 开展救助基金政策专题研究学习，全年举办培训班1期，培训105人次；加强政策宣传，《“浙里垫付”为群众办实事》在浙江在线、学习强国等主流媒体刊发。

(省社保基金和交通事故救助基金管理中心供稿　陆昉宇执笔)

会计事务服务

【组织会计专业技术资格考试】 落实采购管理、统筹协调、防作弊三大机制，保障浙江省会计专业技术初级、中级、高级资格考试考务工作，全省落实考点38个、考场628个。按照“公正公开竞争”原则，通过招标方式确定浙江天顿信息科技有限公司等5家公司为全省会计类资格考试服务供应商。联合省人社厅、省委网信办、省经信厅等九部门建立全国性会计类考试统筹协调机制，保障考试、防疫、舆情安全。搭建监管、监控、数据处理一体的会计考试监管平台，在全省11个设区市统一安装监控摄像头，接入省级监控大屏，实现“视频监控全覆盖”；在全省22个考场试点投放人脸识别签到仪，实现“身份识别全覆盖”；全部考场配备金属探测仪，实现“电子探测全覆盖”。2022年会计初级报名人数143733人，减少46590人，实考人数91429人，实考率63.6%，合格率41.5%；会计中级报名人数118632人，增加978人，实考人数55218人，实考率46.5%，合格率25.0%；会计高级报名人数4655人，增加1266人，实考人数3003人，实考率64.5%，合格率77.3%。2022年度会计职称考试阅卷112677科次，其中会计实务37117科次，下降12.8%；财务管理37114科次，下降6.4%；经济法38446科次，下降8.9%。

【开展会计人员继续教育】 在“浙里办”App上线继续教育学习功能。组织专家对6家课件供应商进行绩效评价考核。截至2022年年底，会计人员网络继续教育报名284861人，缴费279105人，完成培训195769人，其中高级报名3580人，缴费3493人，完成2301人。与上海、厦门国家会计学院合作举办高级会计人员继续教育面授培训班10期，培训高级会计人员1583人；795人完成北京国家会计学院受托直播课。

(省会计事务服务中心供稿　章吴杰执笔)

干教后勤服务

【财政干部培训】 落实《浙江省财政厅2022年干部教育培训计

划》,全年举办培训班30个41期,培训6029人次。丰富培训内容,围绕财政改革与发展任务,推出高质量发展建设共同富裕示范专题讲座、变革型财政组织、数字化改革、预算绩效、财政政策研究等培训。按照疫情防控常态化要求,加强与省疾控中心、中标场地联系,安全做好培训工作。升级财政干部培训管理系统,培训报名对象向乡镇街道总会计等延伸。搭建二维码问卷平台,向基层征集培训建议,提升培训质量。

【财政支农政策培训】 依托"一本教材、一份手册、一张光盘、一支队伍"的"四个一"培训体系,全省全年完成财政支农政策培训31837人次,其中:培训代理会计及报账员10900人次,村干部6980人次,村民理财小组成员、农民专业合作社、农业龙头企业及其他13957人次,服务乡村振兴战略实施。

【抓好疫情防控工作】 全方位落实人防、物防、环境防。做好培训办班疫情防控、全体人员核酸检测、疫情信息汇总上报等工作,加强人员管控;落实属地疫情防控要求,对进出机关大楼人员进行双码检查和核酸报告查验,加强大楼出入口管理;疫情关键期,重点岗位工作人员实行闭环管理,确保机关大楼运转和正常供餐;建立防疫物资仓库目录,分类入库、统一管理,做好易存类食材采购储备,避免防疫物资短缺;摸排供应商人员及车辆信息,签订安全承诺书,定期排查,确保安全。

【提升后勤服务质量】 围绕"推进智慧后勤、美化工作环境、提升餐饮服务、改进超市供应、加强文化建设"5个方面,推出"百县千碗"进食堂等10件暖心事,将干部职工所需落到实处。加强内部管理,成立厅机关食堂膳食管理委员会,提升服务质量。

(省财政干部教育和后勤中心供稿　钱雯雯执笔)

农业融资担保

【概况】 2022年,浙江省农业融资担保有限公司全年服务新型农业主体2.48万户,在保余额117.34亿元,放大倍数8.43倍,在全国农担体系中位列第二。公司连续三年被省政府评为在浙金融机构支持浙江经济发展考核评价成绩突出集体,党建创新案例获评全省第十轮机关党建工作十佳创新成果。

【助力共同富裕】 制定出台全省农业信贷担保体系强服务助共富行动计划,提出"十条举措",保障重要农产品稳产保供、"扩中提低"家庭和山区26县等重点领域和群体融资。截至2022年年底,26个加快发展县及农业大县业务在保余额57.00亿元,占公司全部在保规模48.6%。创新家庭财务报表融资担保模式,以"家庭"共同富裕为基本单元,建立基于数字化的农业经营主体家庭财务报表,对农户家庭进行精准画像。实现农户家庭资产精细计量、估值,担保贷款授信额度科学测算、在线生成,为农户家庭提供低门槛、低费率、纯信用、无抵质押的融资担保服务。家庭财务报表融资担保模式在台州黄岩、金华磐安试点,截至2022年年底落地担保业务2.49亿元。

【推進数字农担建设】 与浙江省金融综合服务平台、"浙农服"等平台互联,实现数据融通共享,创新"码"上贷、"310"(3分钟申请、1分钟审批、0人工干预)等全流程线上办理业务模式,通过系统对接直连办理的线上担保业务占比80.0%。建设"浙里担+农e富"应用,打造集财政支农政策发布查询、项目动态监管、担保业务办理等功能于一体的支农平台。制定《基于数字化的支农政策发布和服务建设规范》,获浙江省经济和信息化厅2022年度数字经济系统优秀制度成果荣誉。

【深化政银担合作】 发挥省级政策性农担平台龙头作用。健全全省农业信贷担保体系,在45个县(市、区)建立农担办事处、代办点,覆盖主要农业大县,累计撬动58.15亿元金融资本进乡村,在保规模35.40亿元,整体业务合作规模按风险池资金规模放大20倍。强化省地政策配套协同,放大财政奖补、贴息等惠农政策叠加效应,降低融资门槛和成本。政银担合作项目收取0.1%担保费,项目综合融资成本平均5.2%,最低4.0%。规范风险业务处置流程,提升体系风险把控能力。开展"体系建设提升年"行动,对合作机构开展分层分类认定。创新农业信贷担保产品。围绕"扩中提低"家庭、农创客等重点农业主体,实施"一县一业",聚焦粮食、农业"双强"以及特色优势产业,建立"白名单",创设"胡柚贷""白茶贷""湖羊贷"等"产业贷"产品系列,支持农业产业发展。打造"惠多利""金泰"农资供应链金融担保模式,支持农业产业专业市场、产业集群。

【践行为农服务一件事】 持续开展"三跑三降"活动,农业主体担保响应率、办结率及授信率分别达99.9%、99.0%、94.9%。以"大走访大调研"行动做实"三服务",组建一支由党员骨干为主的调研小组,以助农纾困、加强风险防范化解以及优化银担合作关系为重点,调研农业主体融资需求、存在问题,打通为农服务"最后一公里"。

【打造数智风控】 加强数字风控能力建设,打通浙江省公共数据平台、财政票据管理系统等9套系统,开发7类160多个信用指标,完善农业主体数据库,优化准入审核、综合评价、产业额度、风险预警等系列模型,实现担保业务智能化审批和风险实时监测,打造数字化风控核心竞争力。实施风险压力测试,开展助农纾困专项调研行动,实现风险控制和助农纾困合理平衡,稳步化解风险。公司连续两年获评国家农担公司风险管理评价A等级。开展"内控合规月"活动、财务合规性自查,动态完善各类制度17项,规范业务、内部管理等流程,形成合规闭环。

(省农业融资担保有限公司供稿　周　云执笔)

学会协会活动

浙江省财政学会

【当好参谋助手】 围绕"八八战略"、"扩中提低"行动、人口老龄化等重点开展前瞻性、战略性研究,完成《忠实践行"八八战略"的财政理论与实践研究》《土地出让收入形势、压力及财政风险分析》《"扩中提低"路径的国际经验》《国际养老保险制度改革经验及启示》《央企总部迁移促进共同富裕的浙江启示》《应对数字经济税收跨地区转移的国际经验及启示》等课题,为省委、省政府及省财政厅党组提供决策参考。

【组织协同研究】 协助财政部开展课题研究与专题调研,形成相关书面调研材料,并在财政部深化财税体制改革培训班上作经验交流。承接《推进新时代共同富裕发展的财政体制机制创新研究——以浙江省外来务工人员共同富裕发展为重点》等合作课题,获财政部、中国财科院肯定。组织全省财政系统参与中国财政科学研究院线上问卷调研活动,获"2022年优秀合作单位奖"。动员全省财税系统干部参与中国财政学会财税知识网络答题竞赛,在"财税知识服务月"活动中位列全国第一名。

【推进成果转化】 会同省财政厅办公室、政研室组织"百名局长研百题"活动,各市县围绕共同富裕示范区建设与财政工作重点,完成课题105个,评选出一等奖5篇、二等奖15篇、三等奖20篇,为共富实践提供理论支撑。优化学会会刊《浙江财政研究》各栏目,全年出刊6期,打造财政研究展示窗口。

【着力人才培养】 组织开展全省财政科研骨干培训班,在邀请专家学者、财政业务骨干基础上,与中国知网合作,举办"网络知识服务在财政业务中的应用"专题培训,提升全省财政政研骨干学习能力。

(浙江省财政学会供稿 黄 阳执笔)

浙江省会计学会

【组织开展财会课题研究】 围绕财会改革和发展热点,采取"自行申报,学会立项"方式,市县财政部门、财经院校、会计师事务所等单位全年完成立项课题60项,内容涵盖智能财务会计、共同富裕建设的财会作为、双碳背景下财务会计、管理会计、会计文化建设等。组织专家对2022年课题进行评审。将2021年获奖课题成果汇编成《会计实践与探索——浙江省会计科研课题成果》。

【办好《财会信息》】 发挥学会服务财政中心的智库作用,刊登财会改革发展热点、难点、疑点问题及各地改革经验,供省财政厅领导和有关单位参阅,全年出刊5期。

【建设财务管理样板工程】 提炼优秀标杆单位财务管理经验,形成样板工程,包含财务共享、业务财务、战略预算绩效、数字化、税法研究、资金管理、内控、风控、精益成本管理、资本市场10个研究方向,通过课程培训、现场咨询等方式发挥引领作用。

【开展"三服务"活动】 发挥会计领军人才专家服务团作用,领军委员会和西湖区财政局合作,联合北交所等机构开展"助企直通资本市场,稳进提质共同富裕"活动;与上城区财政局合作,围绕"企业融资管理""国企财务治理能力提升""税务风险筹划"主题,组织"国企管理能力提升系列课堂"活动。推出"领军学社"视频号,由资深财务人员开展每周公益实战课,全年开展60次,粉丝累计1万人,观看人次10万。

【传承珠心算文化】 举办2022年浙江省"心算王"大奖赛,全省26支代表队90名选手参加决赛,4人获"心算王"称号。参加2022年中珠协主办的全国第六届珠心算比赛,慈溪市珠心算选手代表浙江省参赛,获2金、12银、5铜。参加中

浙江省"心算王"大奖赛

珠协主办的第30届海峡两岸珠心算通信赛，全省2150名选手参赛，428名获优胜奖。

（浙江省会计学会供稿　余丽生执笔）

注册会计师、资产评估行业管理

【概况】 2022年，浙江省注册会计师协会、浙江省资产评估协会坚持创新发展理念，克服疫情影响，推动行业健康稳定发展。截至2022年年底，全省有注册会计师6637名，资产评估师2403名，会计师事务所476家，资产评估机构327家。

【严格执业监管】 与省财政厅监督局、会计处联合开展会计师事务所、资产评估机构执业质量检查。全年对99家会计师事务所、63家资产评估机构进行年度执业质量检查；对涉及“超出胜任能力执业”的26家会计师事务所、64名注册会计师开展专项检查；对2021年检查发现存在严重执业质量问题的13家会计师事务所和38名注册会计师予以行业惩戒。开展注册会计师挂名执业行为整治，核查注册会计师6895名，注销挂名执业322人。根据检查发现的问题汇编典型案例集，加强震慑警示。迭代升级行业统一监管平台，依托监管系统，设置执业质量监管预警指标，将滞后的被动监管转变为事前预测的主动监管。加强日常监管和涉诉专项检查，全年处理注册会计师行业投诉举报21起、资产评估行业投诉举报3起。接受相关人民法院委托组织资产评估专业技术评审15次，出具专业技术评审报告7次。组织专家开展技术巡回帮扶，对8家会计师事务所开展“回头看”、3家新设所实施上门帮扶。

【深化创新发展】 出台《浙江省注册会计师行业发展规划（2021—2025年）》，全面规划“十四五”时期全省行业发展。开展“数字化建设年”工作，组织研究《会计师事务所审计作业数字化转型》课题，探索审计业务数字化改革路径和激励机制，成立数字化改革专班，研究制定行业数字化改革方案。做好网站网络安全等级保护测评工作，制定网络与信息安全管理及网络舆情与应急处理等相关办法，提升网络安全防护能力。制定《重大项目事前绩效评估操作规程》，统一规范全省会计师事务所和资产评估机构参与重大项目事前绩效评估业务。制定《行政事业单位内部控制风险评估工作底稿》，指导第三方机构参与行政事业单位内部控制风险评估工作，助力行政事业单位提高风险管控能力。与省律师协会、省注册税务师协会联合举办“专业服务高质量发展”主题论坛，指导专业服务机构在新形势和新要求下践行历史使命和社会责任。

【加强服务保障】 探索实施职业责任保险集中投保，制定相关实施办法（试行），引入专业保险经纪服务，实施保险公司竞争性磋商、行业集中投保差异化框架协议制定、行业投保信息管理平台构建等工作，引导事务所参与集中投保，提高行业风险抵御能力。提升会员管理与服务数字化水平，以“线上+线下”模式开展注册会计师、资产评估师年度任职资格检查（注册会计师年检实现全程线上完成），全省462家会计师事务所和290家资产评估机构的6103名注册会计师和2154名资产评估师参加年检，6007名注册会计师和2154名资产评估师通过年检。实现会员证书电子化，简化注册、登记、转所、注销等事项审批流程，全年批准763名注册会计师注册，办理非执业会员入会1506人，注册会计师转非执业会员616人；全省新登记资产评估师执业会员135人，办理省内转所121人，转会100人，注销31人。减免全省注册会计师和资产评估行业2022年省本级会费50%，为行业减负1530万元。

【注重人才培养】 做好疫情防控背景下注册会计师、资产评估师两大类考试，为因疫情未能参加的人员组织补考。制作违纪动漫宣传教育片，营造风清气正的考试环境。全省77385名考生报考注册会计师，报考177827科次，实考92022科次，实考率51.8%；3628名考生报考资产评估师（不含宁波），报考9284科次，实考4715科次，实考率50.8%。举办注册会计师、资产评估行业后备管理人才集训、注册会计师执业质量联合监管人员培训班和新注册会计师诚信宣誓活动暨专题教育培训班。修订《行业人才基金管理办法》，扩大奖励对象范围，对首次加入行业的应届本科生（含）以上学历满一定年限的从业人员以及在行业工作满一定年限的执业会员进行分级补助。探索建立注册会计师、资产评估师等职业资格与会计专业技术资格考试相同或相近科目互认互免，取得注册会计师考试全科合格证书等同取得会计师职称资格，在符合其他条件的基础上，可以参加浙江省高级会计师职称考试。实施协会秘书处与执业机构互派业务骨干交流挂职，并制定《浙江省注册会计师协会　浙江省资产评估协会工作人员双向挂职锻炼管理办法（试行）》。按照疫情防控要求组织全省注册会计师和资产评估行业线上线下培训，全年组织6期面授类培训。全省全年注册会计师网络继续教育6009人、听课241543学时。

【助力小微企业】 实施“无微不至”行动计划2.0版，组织全省181家执业机构开展服务小微主体活动。全年组织政策宣讲活动421次，惠及企业6078家；全年服务5583家小微企业，免费或优惠提供代理记账、代理纳税申报服务；为2497家企业提供科技项目申请及特色企业申报等专业服务；助力348家企业成功融资计43.93亿元；为3万家企业提供专业咨询及培训服务；为2268家企业提供资产评估服务；还有6989家小微主体获得其他服务。推动金华市注册会计师协会与义乌市小商品城大数据公司、中国建设银行股份有限公司义乌分行、义乌市农信融资担保有限公司合作，取得数字化普惠小微企业新经验。

【强化行业宣传】 以协会及行业30年发展历程为背景，以“两会”“两师”合并、脱钩改制等重大事项为切入点，围绕“规范、培育、服务、引领”四方面，制作30周年宣传片，唱响时代主旋律。公布2021年度业务收入前50家会计师事务所、年度业务收入前30家资产评估专业类别机构、业务收入前10家其他评估专业类别机构，提升全省会计师事务所和资产评估机构影响力。加强《浙江注册会计师》期刊编印，完善网站、微信公众号建设，多渠道推送行业动态。

【做好协会换届】 2022年8月12日至13日，召开浙江省注册会计师协会第七次会员代表大会，选举产生第七届理事会理事、常务理事及领导机构成员，并对全省注册会计师行业“注会先锋”和全省2017—2021年度优秀注册会计师、优秀资产评估师进行表彰。完成省注协内部治理指导、注册管理、惩戒、教育培训、省评协惩戒委员会换届，新设省注协职业责任保险、申诉委员会。

【坚持党建引领】 印发《浙江省注册会计师资产评估行业学习宣传贯彻党的二十大精神实施方案》，在微信公众号和协会官网开设学习专栏。组织开展省第十五次党代会精神学习。举办全省行业党务团务工作者及行业代表人士培训班和“党课开课啦”主题党课活动。落实考核机制，考核市级行业党组织2021年度党建工作开展情况，拨付2021年度行业党建补助经费168万元。评定全省行业组织五星党组织43家，评选行业百名“学习之星”。开展“三年创优、整体跃升”工程。截至2022年年底，全省执业机构“党建入章”完成率、执业机构党员负责人和党组织书记“一肩挑”比例、党组织班子成员与管理层“双向进入、交叉任职”比例均为100%。印发《关于加强全省注册会计师资产评估行业基层工会组织建设的指导意见》，推动全省行业基层工会组织应建尽建，提升工会服务行业水平。

（浙江省注册会计师协会供稿　章吴杰执笔）

浙江省政府采购联合会

【编制需求标准】 研究编制《政府采购家具项目评审专家评审指南》团体标准，在2021年工作基础上完成《政府采购-家具项目需求标准(二)》。

【加强政策宣传及业务培训】 参加全国省级政府采购协会联席会议，为修订政府采购法建言。推广联合会官方微信公众号，运用新媒体传播财政动态和政府采购新政策，全年推送信息28期91条。开展线上平台政府采购业务培训，为基层、企业提供政策辅导，全年培训1530人次。

（浙江省政府采购联合会供稿　洪　露执笔）

市县（市、区）财政工作

zhejiang caizheng nianjian

杭州市财政工作

杭州市

【概况】 2022年，杭州市实现地区生产总值18753.07亿元，按可比价计算增长1.5%。其中：第一产业增加值345.97亿元，增长1.8%；第二产业增加值5619.86亿元，增长0.4%；第三产业增加值12787.24亿元，增长2.0%。三次产业结构比为1.8∶30.0∶68.2。高新技术产业投资增长30.7%。全市数字经济核心产业增加值5076.10亿元，增长2.8%。按常住人口计算，全市人均地区生产总值152588元。全市常住居民人均可支配收入70281元，增长3.8%；城镇居民人均可支配收入77043元，增长3.1%；农村居民人均可支配收入45183元，增长5.8%。城乡居民收入比1.71，连续12年缩小。

全市财政总收入4590.08亿元，增长0.6%。全市一般公共预算收入2450.61亿元，增长2.7%，其中市区一般公共预算收入2333.19亿元，增长2.2%，市本级一般公共预算收入382.21亿元，增长14.1%。全市一般公共预算支出2542.09亿元，增长6.2%，其中市区一般公共预算支出2307.66亿元，增长5.4%，市本级一般公共预算支出442.78亿元，增长4.3%。全市各级财政收支平衡。

【组织财政收入】 科学组织收入。坚持涵养优质税源，会同市税务部门，加强对重点行业、重点企业税源监测。加强对各区、县（市）财政部门的指导，确保财政组织收入工作有序平稳。提升收入质量。全市一般公共预算收入占地区生产总值的13.1%，占财政总收入的53.4%；税收收入2169.85亿元，下降2.9%，占一般公共预算收入的88.5%，全市一般公共预算收入规模位列全国城市第四，仅次于北京、上海、深圳，收入增幅和税收占比在15个副省级城市中均位列第一。加强非税征管。深化非税收入征管信息互联互通改革，启用国有土地使用权出让保证金"一键申报"缴费功能，在全国财政工作会议上作典型经验交流。全市完成非税收入3543.19亿元，其中纳入一般公共预算管理的非税收入280.76亿元。

【经济稳进提质】 落实稳经济决策部署。出台稳岗、纾困、补强等配套政策，加快涉企资金兑付进度，推动政策和资金"稳、准、快"直达市场主体和群众。落实组合式税费支持政策，全市落实增值税留抵退税546.70亿元，下达留抵退税专项资金170.05亿元和调度资金227.56亿元。构建现代产业体系。市级财政投入资金39.12亿元，优化数字经济和制造业产业政策体系，支持新一轮制造业"腾笼换鸟、凤凰涅槃"攻坚行动，培育智能物联、生物医药、高端装备、新材料和绿色能源等五大产业生态圈，支持"未来工厂""隐形冠军"和专精特新"小巨人"企业。整合政府产业基金，推进政府性融资担保机构一体化建设，加大政府采购支持中小企业力度。推进科创高地建设。市级财政投入资金52.35亿元，支持科技创新和人才引育，深化"名校名院名所"工程，助力关键核心技术攻关和科技成果转化，推进城西科创大走廊、省实验室建设，人才净流入保持领先。支持畅循环促发展。市级财政投入资金20.70亿元，支持稳外贸拓市场，落实扩大出口、参展补助、出口信保、新开国际航线等政策，助力服务贸易和跨境电商发展，支持举办首届全球数字贸易博览会。发放春节和暑期消费券，鼓励新能源汽车消费，助力产业链、供应链稳定，保障金融、粮食、物流和能源安全。

【共富示范改革】 完善基本公共服务领域转移支付制度，推进"钱随人走"制度改革。构建"一老一小"友好型社会，完善普惠型托育机构、养老机构等补助政策，建立总量有保障、投入有方向的"一老一小"财政支持体系，推动养老托育服务结构性改革。"一老一小"友好型社会财政支持机制改革获全省财政系统高质量发展建设共同富裕示范区"小切口"改革最佳实践案例。拓展"公物仓"社会化公益功能，以国有力量带动全社会参与公益事业，向新疆、西藏、青海及淳安等对口支援地区捐赠电脑600台，向四川震中泸定县等地区有关学校捐赠电脑130台，用于公共卫生、基础教育等事业发展。省市联建"浙里捐赠"数字平台，探索"三次分配"领域财税改革，平台获评2022年浙江省数字社会最佳应用。

【推进城乡建设】 以亚运会和亚残运会筹办为契机，助力推进新时代美丽杭州建设。提升城市基础设施。市级财政投入资金191.66亿元，助力扩投资优结构攻坚行动，推进"5433"综合交通大会战，保障亚运城市投入，支持打通"断头路"，推进西险大塘达标加固、城西南排、海塘安澜等水利项目，以及学校、医院、文化体育场馆等建设。优化城市风貌环境。市级财政投入资金31.88亿元，推进生态文明示范创建、生态系统治理和生物多样性保护，提升空气、水质优良率和湿地保护，支持绿色、低碳、无废亚运行动。推进未来社区创建，支持城市道路、背街小巷、景观绿化整治提升，建设美丽城镇、美丽乡村。强化城市现代化治理。市级财政投入资金41.73亿元，完善城市数字化治理体系，开展常态化"城市体检"，助力安全生产、防灾减灾、应急保障、消防等领域除险保安。推动城乡协调发展。支持新一轮区县协作、联乡结村活动，提升现代农业发展水平。支持淳安特别生态功能区建设。推进城西科创大走廊发展。全市投入资金20.27亿元，支持对口帮扶、对口支援和山海协作工程等。

【增进民生福祉】 全市民生支出1965.94亿元，占一般公共预算的77.3%。推动健康杭州建设。市级财政投入资金61.67亿元，保障常态化疫情防控支出，完善医疗卫生服务体系。建设大社保体系。市级财政投入资金62.54亿元，加强困难群众兜底保障。优化就业创业支持体系，统一城乡基础养老金标准，构建共富型社保政策体系。落实阶段性降低失业保险、工伤保险费率等政策，全市返还、发放、减征社保相关资金120.21亿元，惠企182.46万家次。推进教育均衡发展。市级财政投入资金78.60亿元，推动基础教育全域优质均衡发展，推进职业教育"提质培优"。助力落地"双减"工作，支持市属高校创新办学体制机制。聚焦城市文化建设。市级财政投入资金23.60亿元，实施文化体育为民惠民行动。加快南宋皇城遗址综合保护，支持宋韵文化高地打造。推动文化产业提质行动和文旅融合发展，支持文化名企创优工程，建设国际文化创意中心。坚持办好民生实事。全市投入财政资金131.26亿元，办好十件民生实事，增加中小学和幼儿园学位、养老床位，以及社区公园、乡村博物馆、体育健身设施、停车泊位等，推进城镇老旧小区、避灾安置场所、儿童康复机构、残疾人之家等改造提升，优化地铁接驳和城乡公交线路，实施政策性农业保险扩面。

杭州市运河亚运项目

【深化财政改革】 杭州市财政管理工作获省政府2021年落实有关重大政策措施真抓实干成效明显地方表彰，2022年度财政管理绩效考评全省第一。深化财政数字化改革。加强杭州财政驾驶舱建设管理，健全长效机制。深化差旅费"掌上报"、政府采购"掌上淘"等"掌上+"场景应用。政府采购"掌上淘"实现与预算管理一体化系统、"浙里办票""浙里报账"等业务和数据协同，获浙江财政数字化改革创新应用大赛三等奖。构建区县、部门、政策等数字画像智能模块，推进预算管理一体化系统全流程应用。推进预算绩效管理改革。提请市委、市政府出台《关于深化集中财力办大事预算绩效管理改革的实施意见》，构建预算绩效管理新机制。预算绩效管理"以前评估为突破口严控财政资金增量"和"重大政策(项目)全生命周期绩效管理"两项做法入选省财政厅试点改革优秀案例。

【强化财政监管】 优化监管机制。构建人大、审计、财政"三位一体"绩效监督新机制，加强转移支付、直达资金、"三公"经费等重点领域监管。深化预算报告宣传解读和预决算信息公开。强化财会监督。起草关于全面加强财会监督工作的实施意见。推进财经秩序、项目招引等专项整治行动。开展政府产业基金、道路建设资金等重点领域专项监督调查。加强风险防控。严格"三公"经费管理，优先保障"三保"支出，完善"能增能减、有保有压"预算分配机制，开展新一轮专项资金政策清理整合，加强地方政府债务风险防范。

【加强队伍建设】 开展理论学习教育。举办"党代表谈党代会"等专题学习会5场。组建青年宣讲团"三服务"，覆盖财政干部、基层群众1300余人次。开展"喜迎二十大，奋进新征程"练兵比武。打造财政党建品牌。依托省市县乡财政机关党建联动机制，开展结对共建活动，财政党建"聚能环"品牌获首届"新时代全国机关基层党建新成就"百优作品奖。创建具有杭州财政辨识度的"清风财韵"廉政文化品牌。推进干部队伍建设。培养选拔优秀年轻干部。实现干部职业生涯全生命周期管理，推进数字人事迭代升级。全年举办各类业务培训28场，组织干部参与东西部协作、"双万"街镇驻点、全市重点工程，提升综合素养。

(杭州市财政局供稿　刘　淮执笔)

上城区

【概况】 2022年，杭州市上城区实现地区生产总值2560.53亿元，按可比价计算增长3.8%。其中：第二产业增加值671.04亿元，增长2.6%；第三产业增加值1889.49亿元，增长4.2%。三次产业结构比为0∶26.2∶73.8。按常住人口计算，人均生产总值189248元，增长2.0%。全区财政总收入405.63亿元，增长7.4%，其中一般公共预算收入210.56亿元，增长4.6%。全区一般公共预算支出152.21亿元，增长8.1%，其中区本级一般公共预算支出129.39亿元，增长8.4%。全年财政收支平衡。

【组织财政收入】 优化收入结构。一般公共预算收入占地区生产总值的8.2%、占财政总收入的51.9%；一般公共预算收入中，税收收入199.21亿元，增长4.5%，占比94.6%。加强收入分析预测。创建税源分析与扶持资金管理系统，监控财政收入、税源流失等关键数据，落实分行业、分税种、分区块财政收支月报制度，强化经济部门联动协调、数据共享、督查考核，以数据为支撑把握组织收入节奏。强化非税收入征管。规范行政事业性收费管理，公开收费目录，督促执收单位依法依规征收。支持经济政策落地，全年办理收费缓缴88万元。落实非税收入数字化建设，财政票据和征收电子化改革覆盖率100%。全年征收非税收入14.42亿元，其中纳入一般公共预算管理的非税收入11.35亿元。

【支持经济发展】 助推产业布局。以新一轮区街财政体制调整为契机，引导街道培育涵养优质税源，以金融服务、消费服务、智能制造为支撑，以专业服务、大健康为特色的"3+2"高端产业体系逐步成型，实现税收收入245.43亿元，增长22.8%。坚持助企纾困。依托"亲清在线"数字平台，一键申领各类财政补助资金，兑现"5+4"稳进提质政策体系等各级惠企政策资金20.23亿元。建立上城区增值税留抵退税跨部门协同工作机制，推进组合式税费政策落地，减免税费58.39亿元。鼓励国企、行政事业单位为市场主体减免房租1.83亿元，惠及企业和个体工商户2044户。支持人才引育。兑现区级人才专项资金9600万元，保障"金靴奔跑"创业项目、大学生创业资助及房租补贴、领军型创新创业团队等项目，培育特雷西能源等领军型科技人才汇聚的企业。整合注会行业资源，为企业提供上市辅导、财税政策培训和咨询服务。

【提升"共富"成色】 推进共同富裕建设，全年民生保障和社会事业支出127.34亿元，增长6.4%，占一般公共预算支出的83.7%。支持教育事业发展。投入财政资金37.94亿元，支持校园安全服务提升，推进公办学校举办或参与举办民办义务教育学校等改革政策落地，教育现代化发展水平监测全市第一。支持卫生事业发展。投入财政资金15.14亿元，筑牢疫情防控屏障，提升基层医疗卫生服务水平，获评浙江省健康县区。支持社会保障事业发展。投入财政资金19.34亿元，落实"一老一小"整体解决方案，开展"小切口大牵引"改革试点，其中安排600万元专项资金，支持婴幼儿托育照护体系建设。支持文化事业发展。投入财政资金3.34亿元，支持宋韵文化新高地建设，举办第二届宋韵文化节，建成杭州书房21家、文化客厅31个、邻里图书馆13家，南宋书房入选首届浙江最美公共文化空间。

【优化城区功能】 提升区域品质。投入财政资金36.31亿元，保障校舍提升改造、亮灯工程、环机场区域综合整治等重大项目推进。投入财政资金4.67亿元，支持省级生态文明建设示范区创建，获评"大禹鼎"银鼎。支持全域化推进未来社区建设，杨柳郡、红梅2个社区获评全省未来社区。改善人居环境。投入财政资金7.84亿元，实施老旧小区改造提升项目180个，改造工作获评全省优秀。投入财政资金1.46亿元，完成既有住宅加装电梯127台、二次供水改造小区12个，治理危房19处。支持亚运建设。投入财政资金5.61亿元，保障迎亚运地铁道路重建等亚运重点项目。

【深化财政改革】 推进数智财政改革。推进预算管理一体化系统建设，实现全区行政事业单位核算云全覆盖，完成财政专户资金电子化改革。上线公款存放季报系统动态监测，启用政府采购云计算网上招标平台，将公款竞争性存放招投标从线下搬至线上，做到流程全留痕、信息可追溯。推进"浙里报账"系统建设及应用，设置浙政钉区级工作平台应用场景，实现财务审批流程"零次跑"。推进预算绩效管理改革。构建"一个部门一套核心指标"特色绩效评价指标体系，以街道和教育系统为试点，开展街道财政整体运行综合绩效评价。选取14个重点项目开展事前绩效评价，涉及预算资金7.40亿元，核减金额0.93亿元。推进绩效目标管理全覆盖，审核绩效指标10945条，调整指标3776条。联合西湖区、钱塘新区对2019—2021年杭州市大学生生活补助政策开展绩效评价。强化政府债务管理。实施化解隐性债务风险专项行动，分解资金筹集任务，压实化债责任。全年新增地方政府债券7.70亿元，保障德寿宫遗址保护展示工程暨南宋博物院（一期）等重点项目推进。

【加强财政监管】 严肃财经纪律。制定严肃财经纪律举措47条，出台加强财政资金审核制度，明确支出标准，规范会议、培训、活动和视频制作经费审批管理。强化财政监督检查。落实地方财经秩序专项整治行动、地方预决算公开情况专项检查等财政监督检查事项，开展公款竞争性存放、收支管理、政府采购等专项检查，清理盘活沉淀资金。依托"互联网+监管"执法平台，开展重点检查62项，行政检查事项100%覆盖。加强支出管理。压减一般性支出8423万元，统筹用于民生及重点项目保障。强化政府投资建设项目管理，实施招标清单控制价项目审核，调整率15.2%。加强国资管理。开展三轮国有房产清查，摸清房产底数，依托"资产云"平台动态管理。强化房产出租申请和评估价格审批，推动国有房产出租依法合规、公开透明。强化行业监管。参与制定上城区高端服务业（财税评估行业）领军、精英、高级人才认定标准，申报64人，审核通过61人。组织人才评优，获评全国先进会计工作者1人、省市注协双优评选及注会先锋62人。

【加强队伍建设】 组织党的二十大精神等专题学习26次。开展二十大主题宣讲活动，通过"一把手"讲党课、"青年说"大宣讲等方式，提高干部思想政治觉悟。加强党风廉政建设，开展"学习二十大、走读品宋韵"系列廉政教育活动，签订家属助廉承诺书。活跃群团组织，举办职工运动会、书法大赛、知识竞赛等活动，增强干部队伍凝聚力。推进变革型财政组织建设，组织青年干部以"从新政精准落地的小切口探索共同富裕"为主题进行案例研究，调研成果获财政部主题征文一等奖。

（杭州市上城区财政局供稿　鲍健宇执笔）

拱墅区

【概况】 2022年，杭州市拱墅区实现地区生产总值2003.32亿元,按可比价计算增长1.5%。其中:第二产业增加值193.37亿元,增长1.9%;第三产业增加值1809.95亿元,增长1.5%。三次产业结构比为0:9.7:90.3。按常住人口计算,人均生产总值17.26万元,下降0.9%。全区实现财政总收入340.14亿元,增长5.6%,其中一般公共预算收入184.29亿元,增长2.6%。全区一般公共预算支出134.20亿元,增长13.0%。全年财政收支平衡。

【组织财政收入】 强化收入管理。强化财税联动,开展月度分析和重点税源企业调研,促进财政收入趋稳向好。优化收入结构。全区一般公共预算收入占地区生产总值的9.2%、占财政总收入54.2%,其中税收收入171.96亿元,增长2.2%,占一般公共预算收入93.3%。规范非税征收管理。加强目录清单管理,全年实现非税收入15.58亿元,其中纳入一般公共预算管理的非税收入12.33亿元。

【推动经济发展】 强化政策扶持。聚焦拱墅区特色产业,优化产业培育体系。落实全省经济稳进提质八大攻坚行动,全年兑付各类政策资金10.38亿元;减免租金1.70亿元,惠及小微企业和个体工商户2882家。支持减税降费。落实小规模纳税人减免、部分行业免征增值税、社保费降费等减税降费政策,全年办理增值税留抵退税56.90亿元。做优营商环境。完善常态化街道联系和重点税源企业培训班制度。成为全省政府采购供应商投标文件公开实践和省财政系统三级联动行政裁决区县试点。政府绿色采购实践与推广、区域跨部门批量采购两项工作纳入杭州市区县试点。推动创新发展。科技支出8.10亿元,推动大运河数智未来城创建省级高新技术产业园区;强化高新技术企业培育保障,支持企业转型发展。

【助力共同富裕】 一般公共预算用于民生支出114.43亿元,增长13.1%,占一般公共预算支出85.3%,蝉联"中国最具幸福感城区"。发展优质均衡教育。教育支出33.17亿元,助力建设"百姓家门口的好学校",省标准化学校、省等级幼儿园覆盖率100%;完善新教师培养和教师待遇保障体系;加大教育"双减"投入,有序发展民办义务教育。支持健康拱墅建设。卫生健康支出20.00亿元,强化基层卫生能力建设,提升公共卫生服务水平。基层中医拱墅模式获评全省健康浙江行动示范样板,拱墅区获评健康浙江先进区、全市唯一的省基层卫生健康综合试验区。提升城区环境面貌。城乡社区支出21.86亿元,建设省市级未来社区项目23个,瓜山、和睦社区创建成省级未来社区;实施9个老旧小区综合改造,加装电梯205台,环北新村入选住建部旧改可复制政策清单;二次供水改造超额完成年度任务,总量占全市1/4。完善社会保障体系。社会保障和就业支出13.00亿元,支持提升"一老一小"服务水平,"阳光安养"家庭联合式托养模式入选浙江省普惠托育基本公共服务试点区,全国婴幼儿照护示范区完成授牌;拓宽社会救助服务对象覆盖面,健全多层次社会保障体系;加强养老医疗保险基金库、企退人员慰问、退役军人服务等资金保障。助力公共文化建设。文化旅游体育与传媒支出1.42亿元,助力省级大运河文化传承生态保护区、省级全域旅游示范区建设;建成嵌入式体育场地341片、6万平方米,全省首个嵌入式城市篮球公园投用;运河体育公园、杭州电竞中心分获国家"鲁班奖""中国钢结构金奖"。

【深化财政改革】 推进预算管理改革。实施新一轮区街财政管理体制。落实政府过"紧日子"要求,优化集中财力办大事财政政策体系预算安排,非刚性、非重点支出预算下降11%,保障全区急需和刚性项目。编制新一轮内控建设指引框架,推动全区行政事业单位内控体系建设。优化预决算公开,拱墅区在全省县(市、区)年度预决算公开度排行榜中位列第一。推进数字财政建设。推进预算管理一体化系统建设,实现全区预算管理软件系统、数据归集、业务规范"三统一"。深化非税票据数字化改革,成为全省非税和票据管理平台融合互通区县试点,纳入全省数字人民币非税收缴应用区县试点。推进国企国资改革。组建拱墅国控、拱墅城控2家控股集团和6家集团公司,推进资产划转、业务整合、人员转隶等工作,拱墅国控、拱墅城控通过AAA评级。

【强化财政监管】 优化财会监督体系。全年对全区67家部门、3135个项目182.68亿元资金执行情况开展监督调查,构建财政大监督格局、提高绩效评价质量两项经验被财政部网站推广。构建"七张问题清单"检视破解机制,做实检查结果运用。提升财政资金绩效。推动街道财政运行和部门整体绩效自评全覆盖,涉及项目2800余个、资金120.00亿元。街道财政运行绩效评价体系建设、重大项目实质性审核两项机制被省财政厅发文推广。强化政府投资项目管理。完善项目资金审批、招标控制价财政审核管理及价款结算工作机制,加强政府投资项目全过程投资控制。2022年审核项目38个,送审金额5.99亿元,核减金额1810万元。统筹保障亚运场馆建设,参与亚运通勤重点道路评审20条、平路整治评审10条、道路立面提升评审56条。防范政府债务风险。通过土地出让金、社保风险准备金返还、盘活经营性资产等渠道落实隐性债务化解工作,全年化债110.76亿元。争取各类债券资金21.74亿元,其中专项债券10.24亿元。

【推进组织变革】 推动组织变革塑新。以变革型财政组织建设为抓手,实施政治能力提升、整体智治融合、争先创优领跑、破难攻坚亮剑、财政文化引领、自我革新强基"六大工程",实现思想作风、业务体系、干部能力、治理效能、机构动力、组织战略"六大变革"。区财政局在杭州市财政系统综合考评得分主城区第一,位列优秀等级。深化党建共建联动。建立跨部门、跨层级、跨领域的协作联动机制,构建全覆盖、大协同的党建共建新格局。开展省市区财政系统三级联动并签订结对党建共建协议,凝聚部门、街道、银行、会计师事务所等组织力量。"一榜二图三清单"案例在杭州市财政系统党建创新创优成果展评中获银奖。推进清廉财政建设。推动财会监督、干部监督、内控检查等各类监督融合贯通，打造“发现问题、推动整改、促进改革、完善制度”监管闭环。打造“五廉五线”*清廉财政品牌，一体提升“三不腐”能力水平。

（杭州市拱墅区财政局供稿　裘文彬执笔）

注：

*“五廉五线”：突出“政治立廉”，筑牢清廉建设“思想线”；推进“组织筑廉”，建立清廉机关“保障线”；实施“文化养廉”，巩固干部队伍“自律线”；坚持“制度保廉”，划定风险防控“警戒线”；加强“业务促廉”，完善监督执纪“防范线”。

西湖区

【概况】　2022年，杭州市西湖区实现地区生产总值1970.10亿元，按可比价计算增长0.1%。其中：第一产业增加值3.17亿元，增长4.3%；第二产业增加值153.91亿元，下降0.2%；第三产业增加值1813.02亿元，增长0.1%。三次产业结构比为0.2:7.8:92.0。按常住人口计算，人均生产总值172438元，增长0.0%。全年实现财政总收入463.40亿元，增长34.1%，其中一般公共预算收入233.49亿元，增长32.9%。全区一般公共预算支出149.84亿元，增长18.0%。全区财政收支平衡，预算执行情况良好。

【组织财政收入】　夯实税源根基。跟踪重点税源企业，把握组织收入节奏。全区税收收入前100家企业总计入库税款329.55亿元，增长83.9%。优化收入结构。全年一般公共预算收入占财政总收入的50.4%、占地区生产总值的11.9%。其中，税收收入221.81亿元，增长34.0%，占一般公共预算收入的95.0%。强化非税管理。全年完成非税收入13.28亿元，增长7.8%，其中纳入一般公共预算管理的非税收入11.68亿元，增长14.6%。

【支持经济发展】　推进惠企政策直达。聚焦“三城一谷六小镇”，配合产业主管部门出台及修订凤凰计划、新制造业、数字经济、文化创意、元宇宙等产业扶持政策11个，全年兑现各类惠企政策资金29.01亿元。深化产业基金运作。完善《杭州市西湖区产业基金管理办法》，健全政府产业基金体系。截至2022年年底，累计设立子基金12支，上市公司纾困资管计划2个；投资项目资金22.27亿元，撬动社会资本26.88亿元。推动政府性融资担保。出台《关于西湖区融资担保助力企业稳健发展的若干实施意见》，缓解中小企业融资难问题。全年融资担保额度2.04亿元，支持小微企业30家；转贷基金累计发生额8.38亿元，涉企90家次。持续优化营商环境。发布国有企业房产减租细则，完善行政事业单位减租政策，全年减免租金1.08亿元，惠及小微企业和个体工商户1157户。省会计领军专家团入驻区注会评估行业党群服务中心，开展“助企直通资本市场，稳进提质共同富裕”服务活动。实施创新驱动发展。支持核心领域技术攻关，强化科技资源统筹，保障重点实验室、航天五院等“国之重器”项目和人才一体化配置。全年一般公共预算科学技术支出9.51亿元，增长41.9%。

【保障民生事业】　全年民生支出127.82亿元，增长17.0%，占一般公共预算支出的85.3%。支持教育事业发展。全年教育支出35.66亿元，推进“民转公”工作，建立公用经费动态调整机制，提高各阶段生均经费标准，向上争取西湖大学一般债券3.00亿元。支持文化事业发展。全年文化支出1.41亿元，创新文旅体融合发展模式，助力杭州亚运会场馆及配套基础设施建设。支持卫生事业发展。全年医疗卫生支出12.11亿元，其中，落实疫情防控经费10.02亿元，保障核酸检测、新冠疫苗接种、医疗救治、设备物资采购、隔离点改造等工作。支持平安创建发展。全年平安西湖支出9.51亿元，建设雪亮工程、城市大脑警务操作等项目，打造共建共治共享社会治理格局。支持社会保障事业发展。全年社会保障和就业支出14.92亿元，为困难群众、城乡低保、残疾人等重点人群兜底。获批“两直”资金10.58亿元，全年拨付10.49亿元，执行进度99.2%，支持疫情防控、退役军人优抚、住房保障等民生事业。

【支持城市建设】　改善城市面貌。投入36.18亿元，建设安置房、老旧小区、未来社区改造等重点民生项目。支持老旧小区提升改造项目15个、竣工24个，加装电梯87台。优化城市交通。投入20.00亿元，建设三墩互通主线开通、文一西路西延、紫之隧道等重点轨道交通，保障西湖区亚运场馆及周边“最后一公里”体验区建设。争取债券资金。新增地方政府债券10.55亿元，用于西湖大学三期工程、紫金港电力上改下等重大项目建设。

【深化财政改革】　推广“浙里报账”试点应用。作为“浙里报账”区县级试点，完成全省一般事项报销场景实际应用，实现全覆盖全场景上线单位374家，产生业务单据5808单，报销金额2992万元，应用活跃单位总量列城区第一。升级“资产云管家”。完善国有资产全生命周期管理体系，入选全省党政机关过紧日子十大优秀案例，全年累计采购、登记、核算各类数据4486条。创新“财政大脑”模块。搭建省财政“财政大脑”智能模块，提升精准服务、态势感知、风险预警等能力。推进国资国企改革。落实国企三年改革行动，健全“1+N”政策制度体系，出台国企工资决定机制、国有企业经营业绩考核等管理办法，推动国资监管由企业化向公司化转变，转制率100.0%。

【加强财政监管】　落实政府过“紧日子”。出台《关于进一步厉行节约坚持过紧日子的通知》，建立节约型财政保障机制，全年压减非急需非刚性非重点项目支出4.00亿元。规范投资项目监管。全年审核各类政府投资项目估算、预算、结算1409份，审核资金140.96亿元，核减不合理费用8.64亿元，核减率6.1%；审核合同146份，审核资金5.19亿元。强化预算绩效管理。实施事前绩效评价预算项目29个，涉及资金1.39亿元，核减项目6个，核减资金0.57亿元，核减率41.0%。全区74家预算单位实施线上资金执行和绩效目标“双监控”，涉及项目1441个。防范化解债务风险。深化“七张问题清单”运用，完成2022年隐性债务化解任务，化解率100.0%，实现五年化债任务清零。严控“三保”支出风险。加大基层转移支付力度，缓解镇街财政压力，保障基层“三保”运转。全年向镇街(平台)转移支付补助1.86亿元。

【加强队伍建设】 强化学习教育。学习宣传贯彻党的二十大精神，全年开展理论学习24次，党课17次，主题党日活动36次。建立“第一议题”制度，深化“西湖先锋”“红色根脉强基系统”平台应用。推进“双建争先”。深化“财+红”彩虹机关党建品牌建设，创新培育“财·清风”“红马甲”等子品牌，通过书记项目领办、“五微服务”机制、“先锋领杭”双报到等方式，发挥党员干部先锋模范作用，全年服务1200余人次、240余小时。做强行业党建品牌。打造区县级注会评估行业党群服务中心，成为杭州市“双强”实践示范点，入驻全国财政系统“红旗书屋”。打造“五链促双强、红领会西湖”行业党建品牌案例，获全省财政系统党建品牌展示金奖。2022年，西湖区财政局获全省财政系统变革性组织创建优秀试点单位、全省清廉财政建设成效突出单位、“杭州市最美志愿者组织”、清廉西湖建设优秀实践案例等荣誉。

(杭州市西湖区财政局供稿　张　妍执笔)

高新技术产业开发区(滨江)

【概况】 2022年，杭州市高新技术产业开发区(滨江)实现生产总值2184.79亿元，按可比价计算增长1.8%。其中：第一产业增加值0.53亿元，增长11.9%；第二产业增加值848.99亿元，增长1.1%；第三产业增加值1335.27亿元，增长2.3%。三次产业结构比为0∶38.9∶61.1。按常住人口计算，人均生产总值414179元，增长5.6%。全区财政总收入433.62亿元，增长6.5%，一般公共预算收入214.65亿元，增长5.8%，一般公共预算支出167.75亿元，增长17.2%。全年财政收支平衡。

【组织财政收入】 强化税源培育。落实财税联动机制，强化重点税源监测，抓好财政收入挖潜，提高收入质量。全年一般公共预算收入占财政总收入的49.5%、占地区生产总值的9.8%；税收收入201.61亿元，增长4.7%，占一般公共预算收入的93.9%。加强非税征管。跟踪出让地块挂牌进程，掌握资金结算进度，及时入库土地出让金收入。用好非税和票据管理一体化系统，全年非税收入119.72亿元，其中纳入一般公共预算管理的非税收入13.05亿元，土地出让金收入100.27亿元。向上争取资金。争取专项债券20.32亿元，其中2021年提前发行13.60亿元、2022年新增发行6.72亿元。

【服务经济发展】 加大助企纾困力度。落实增值税留抵退税36.20亿元，增长44.4%。拨付惠企产业扶持资金63.03亿元，其中区本级46.92亿元、上级16.11亿元，惠及企业1万户次。“亲清在线”平台兑付资金41.21亿元，规模居全市第三。落实房租减免政策。对承租国有物业的小微企业和个体工商户实施直接减免、清退已交租金、抵缴下期租金、延长租期等优惠政策，全年区属国有企业减免租金1.54亿元，惠及承租户1506户。用好政府债券资金。运用专项债实施安置房、学前教育工程、停车场等建设项目，加快原始凭据收集与财务初审，提升支付环节审核效率，支出进度居全省第一。

【增进民生福祉】 全年一般公共预算民生支出146.76亿元，增长18.2%，占一般公共预算支出的87.5%。推动教育均衡发展。全区教育支出30.98亿元，支持智慧教育建设、优秀教师培育，新建、扩建、续建北塘河、东冠单元等中小学及幼儿园16所。提升卫生服务水平。全年卫生健康支出9.95亿元，主要用于疫苗接种、人员隔离、核酸检测、防疫物资采购，支持方舱医院、消杀中心建设。完善文体设施建设。全年文化旅游体育与传媒支出3.65亿元，推动长河历史文化街区开街，支持“数字文化馆”建设，打造“朗读节”等文化品牌，新建、改建城市书房和智慧借阅点20个、体育场地257处，新增体育场地12万平方米。推动社保事业发展。全年社会保障和就业支出19.37亿元，支持开工建设共有产权保障住房1000套、公共租赁住房10万平方米；保障城镇新增就业6万人；开展拆迁户家庭再就业帮扶、大病医疗补助等关爱行动。

【提升城市环境】 保障安居工程。投入资金50.95亿元推进安置房、老旧小区改造、加装电梯等安居工程。改善道路交通。投入道路基础设施建设资金17.74亿元，支持沿江景观、江南大道等提升改造及亚运场馆周边道路建设。优化公共服务。投入公共服务设施建设资金15.33亿元，完善亚运场馆及配套设施建设、农居SOHO提升改造等。推进城市治理。投入资金4.32亿元，推进迎春等片区微更新工程，城市管道建设改造和城市内涝、积水点治理。

【深化财政改革】 重塑预算绩效管理改革体系。延伸预算项目支出绩效管理周期至整个项目期，实现绩效目标、绩效监控管理线上全覆盖，完善绩效评价机制，落实重点绩效评价发现问题复核整改。创新单个政府采购项目绩效评价模式，以采购人为被评价对象，考察部门单位年度整体采购管理情况，典型做法获省财政厅发文推广。深化财政数字化改革。上线预算管理一体化编制系统，实现“浙里报账”应用场景区预算单位全覆盖。“社区财e通”应用场景获杭州财政系统数字化改革创新应用优胜奖。升级“政府投资项目智慧财政管理平台”，实现项目全过程管理。上线国有企业数字化监管平台，实现对国有房产、财务资金、人事薪资等全过程监管。实施非税和票据管理一体化改革。推进非税和票据管理平台试点运行,实现非税征管、票据管理、预算管理操作平台一体化。深化国有企业改革。重塑国资运营管理体系,调整国企业务布局结构。完善国企三定方案和党政机关与国企双向交流机制,扩充国企班子力量。优化国企业绩考核机制,实施分类考核和差异化考核。完善国企薪酬体系,出台国企年金和职业经理人制度。

【加强财政监管】 化解政府债务风险。加大资金统筹力度,完成2022年化债任务,累计政府债务化解率75.8%。依法合规举借政府债务,确保法定债务率和综合债务率稳定在合理区间。兜牢"三保"支出底线。落实过"紧日子"要求,压减公用经费、一般性支出10.35亿元,保障"三保"支出。制定"三保"风险管控和应急预案,防范化解潜在风险。强化政府采购监督。规范单一来源采购方式。编制区级部门政府采购预算,制定政府采购绩效考核标准。开展采购代理机构双随机抽查。推进政府采购在线监控系统项目,提高政采云采购项目透明度。

【加强队伍建设】 强化政治机关意识。开展政治大学习大讨论活动16次,引导财政干部树牢"财政机关首先是政治机关"意识。建设清廉机关模范机关。出台清廉财政建设方案和年度党风廉政工作计划,强化"一岗双责"、源头治理和"数智"防控,防范财政业务廉政风险。建设变革型财政组织,成立领导小组,制定三年行动计划方案,推进"理论学习、党建工作、财政改革、干事创业"四大能力变革。加强年轻干部培养。实施青年领航工程,鼓励年轻党员领办攻坚项目19个,"财青先锋滨"机关党建品牌获杭州市财政系统党建创新创优成果展评银奖。

(杭州市高新技术产业开发区(滨江)财政局供稿 周贵勇执笔)

萧山区

【概况】 2022年,杭州市萧山区实现地区生产总值2063.95亿元,按可比价格计算增长1.2%。其中:第一产业增加值59.29亿元,增长0.8%;第二产业增加值800.73亿元,下降1.0%;第三产业增加值1203.93亿元,增长2.6%。三次产业结构比为2.9:38.8:58.3。按户籍人口计算,人均地区生产总值10万元。全区财政总收入515.12亿元,下降8.8%,一般公共预算收入318.31亿元,下降7.2%,一般公共预算支出343.13亿元,增长5.8%。全年财政收支平衡。

【组织财政收入】 强化收入调控。落实财税季会月联制度,加大组织征管力度,定期研究税收收入趋势,挖潜存量税源。全区一般公共预算收入中,税收收入263.38亿元,下降16.6%,占比82.7%。一般公共预算收入占财政总收入的61.8%、占GDP的15.4%。组织非税收入。实施电子票据改革,完成医疗票据改版。重塑整合现行非税和票据管理系统,启用浙江省非税和票据管理平台。全年征收非税收入484.29亿元,其中纳入一般公共预算管理的非税收入54.93亿元。

【支持经济发展】 落实组合式税费支持政策。实施小微企业"六税两费"*减免、研发费用加计扣除、小规模纳税人阶段性免征增值税等减税降费政策,增值税留抵退税100.78亿元,制造业中小微企业缓缴税收18.10亿元,"六税两费"减半征收5.02亿元,阶段性降低失业保险费、工伤保险费4.77亿元。加大惠企政策兑现。落实稳经济一揽子政策,兑现各类涉企扶持资金45.96亿元,其中上级资金11.08亿元,支持稳外贸促消费、推动实体经济转型升级、助力产业高质量发展;区属国企和行政事业单位减免小微企业和个体工商户房屋租金2.17亿元,惠及市场主体5200余户;工业用地资金支出1.95亿元,推动新一轮制造业"腾笼换鸟、凤凰涅槃"攻坚行动。用好债券政策工具。争取专项债券27.40亿元,一般债券19.00亿元,保障安置房建设、学前教育工程、浙大二院萧山院区等项目实施。实施人才强区战略。拨付各项人才专项资金8.30亿元,落实大学生生活补贴、租房补贴等资金保障,发挥CMOS集成电路创新平台、湘湖实验室、浙大创新研究院、北大信息技术高等研究院等平台引领作用。优化政府采购营商环境。深化政府采购金融服务,完成政采贷1.73亿元,面向中小企业采购金额26.60亿元,清退政府采购领域质量保证金。

【保障民生支出】 民生支出256.66亿元,增长12.5%,占一般公共预算支出的74.8%。支持均衡优质教育发展。教育支出70.18亿元,规范民办义务教育工作,统筹配置城乡教育资源,实施义务教育课后服务一揽子政策。深化健康萧山建设。卫生健康支出33.37亿元,其中安排防疫支出12.00亿元,守住人民生命安全底线。加大社会保障投入。社会保障和就业支出27.37亿元,其中拨付再就业资金1.10亿元。发放稳岗补贴、一次性留工培训补助、一次性扩岗补助等,为企业减负5.60亿元。推进养老、婴幼儿照护等公共服务优质共享。助推文体事业发展。文化旅游体育支出5.59亿元,支持钱塘潮涌文化传承生态保护区建设,保护修缮杨之华祖居等26处历史文物,举办亚运测试赛,实施场馆提升改造。推进现代社区建设。农林水事务支出10.04亿元、环保支出5.80亿元,实施国家级美丽乡村重点县、省级农村综合集成改革,落实奖补资金7.87亿元,推进27个提升村、17个示范村和38个城郊接合部整治村建设。

【深化财政改革】 调整镇街平台财政体制。制定新一轮镇街平台财政体制,划分财政事权和支出责任,确定收支基数,调整收入范围、部分事权,激发平台发展经济主动性,促进镇街基本公共服务均等化。推进财政数字化改革。深化预算管理一体化系统建设,全场景全覆盖上线"浙里报账"系统,启用财政数据平台的浙政钉应用,实现对预算单位执行进度的实时监控。推进创新试点。验收通过"浙里捐赠""会计人员信用评价"等省市试点任务,“一事一议财政奖补促进村强民富”项目入选全省财政系统高质量发展建设共同富裕示范区“小切口”改革优秀实践案例。深化财政政策全生命周期绩效管理,推进部门整体绩效预算改革试点,探索评价结果挂钩机制。推进国企改革。实施国企市场化改革,完成区属国企18家下属公司和部门25家下属公司整合重组。开展国企资产摸底专项工作,完善考核体系和薪酬机制。

【防范运行风险】 筑牢“三保”底线。开展“三保”支出动态监测,加大对镇街转移支付力度,完成转移支付30.58亿元。用足用好中央直达资金。收到中央直达资金20.20亿元(含增值税留抵退税一次性财力补助17.79亿元),全部用于教育、公共卫生、民政社保等基本民生领域。防范化解债务风险。加强财政资金统筹,落实年度化债任务,做好债务系统动态监测,开展隐性债务化解“回头看”,防范化债不实风险。

【加强财政监管】 落实落细过“紧日子”政策。硬化预算刚性约束,公用经费定额标准统一压减5.0%,部门专项控制数压减10.0%,“三公”经费预算下降7.7%,压减一般性支出及非急需、非刚性支出11.20亿元。联动协同多方监督。严肃财经纪律,健全财政大监督机制,开展预决算公开、镇街基层资金安全、公款竞争性存放等检查,维护财经秩序。完善预算执行动态预警监管,修订预警规则,处理动态监控系统预警17114笔。完善公款招投标存放机制,修订财政专户资金存放管理实施办法细则,完成区级财政资金竞争性存放30.00亿元。加强项目审核监管。审核项目资金364.39亿元,核减资金43.14亿元。开展“财政监督检查提升”专项行动,检查单位25户,发现违规问题单位10户,涉及问题资金121万元,出具整改通知书10份。

【深化队伍建设】 坚持政治统领。把党的政治建设摆在首位,落实“第一议题”制度,开展党委中心组学习,落实“三会一课”、主题党日和民主评议党员等制度,开展党建专项整治提升行动。深化“三力财政”品牌,推进清廉机关、模范机关创建。优化队伍力量。推进巡财联动,选派干部配合区委巡察,培养复合型人才。推进师徒结对,举办“财学沙龙”系列培训。

(杭州市萧山区财政局供稿　方　婷执笔)

注:

*“六税两费”:即资源税、城市维护建设税、房产税、城镇土地使用税、印花税(不含证券交易印花税)、耕地占用税和教育费附加、地方教育附加。

余杭区

【概况】 2022年,杭州市余杭区实现地区生产总值2651.25亿元,按可比价格计算增长1.0%。其中:第一产业增加值41.83亿元,增长2.2%;第二产业增加值339.25亿元,增长0.1%;第三产业增加值2270.16亿元,增长1.1%。三次产业结构比为1.6:12.8:85.6。按户籍人口计算,人均生产总值19.8万元。全区财政总收入671.50亿元,下降9.9%。一般公共预算收入352.93亿元,下降6.1%;一般公共预算支出334.49亿元,增长0.1%。全年财政收支平衡。

【组织财政收入】 抓好税源建设。加强财政与部门(镇街)联动,做好收入监测分析,关注重点税源企业和招商引税情况。全区一般公共预算收入占财政总收入的52.6%、占GDP的13.3%。一般公共预算收入中,税收收入336.15亿元,下降7.3%,占比95.3%。加强非税征管。全年非税收入542.15亿元,其中纳入一般公共预算管理的非税收入16.78亿元。向上争取资金。新增政府债券25.55亿元,其中专项债券12.55亿元,一般债券13.00亿元。获批政策性开发性金融工具授信7.50亿元。

【服务经济发展】 完善产业政策。牵头制定创新余杭“黄金68条”“助企纾困36条”“稳经济58条”等政策,助力经济稳进提质。优化营商环境。全年兑现各类惠企扶持政策资金114.27亿元。减税降费政策为市场主体减负101.73亿元。减免房屋租金2.24亿元,惠及小微企业和个体工商户2340户。开展转贷业务2963笔,节约中小企业和个人资金4663万元。推动创新发展。安排科技创新支出29.13亿元,支持重大科技项目、重点产业扶持和研发费用补助等。拨付人才专项资金8.21亿元,支持高层次人才团队引育,完善人才培养机制。

【支持共同富裕】 投入资金47.18亿元,实施以径山镇、黄湖镇等5镇为主的“西部富美”行动,深化大都市区建设,持续推进村级公益事业一事一议财政奖补,27个项目拨付奖补资金3094万元,推动城乡区域协调发展。承接省财政厅“公益仓”试点,打通行政事业资产向社会捐赠通道,发挥国有力量在慈善事业中的引导作用,开放接受个人、企业、社会闲置资产捐赠,全年捐赠94.65万元。牵头制定“骑手保”财政扶持政策,为余杭区户籍或取得余杭暂住证的外卖骑手推出意外伤害补充保险,区财政全额补助。“外卖骑手保”获评全省财政系统高质量发展建设共同富裕示范区“小切口”改革优秀实践案例。

【保障民生事业】 全年民生支出239.13亿元,占一般公共预算支出的71.49%。保障疫情防控。根据疫情变化及时调整、优先保障,安排疫情防控支出20.00亿元。支持教育事业发展。安排教育支出50.49亿元,支持余杭科技职业高级中学、杜甫二小、许家村幼儿园等学校新建续建,保障教师工资待遇,助推教育高质量发展。推动卫生事业发展。安排卫生健康资金30.38亿元,保障医疗设备采购、新建医院人才储备等经费,加强公共卫生体系建设。完善社会保障体系。安排社会保障和就业资金30.98亿元,落实民生帮扶政策,保障安置房、公租房项目建设,提升就业服务水平。

【强化数字赋能】 升级余杭企业综合服务平台。全年上线惠企政策577条，服务企业97771家次、人数46480人次，兑现资金47.17亿元，平台提级为省级数据产品。打造公共资产智慧化管理模式。建设公共物资仓、智慧档案仓、应急物资仓、涉案物资暂存仓、浙里公益仓“五仓融合”管理模式，利用智慧管理系统实现多单位分环节监管，提高资产周转使用绩效，被央视、浙江卫视等主流媒体报道。做好“浙里报账”项目试点。220家预算单位上线“浙里报账”一般报销、公务接待、工资发放等10个应用场景，全年报销单数40492笔，报销金额45.96亿元。

【深化财政改革】 改革镇街财政体制。理顺区与镇街、平台的财政分配关系，完善财权事权匹配度，促进镇街发展经济。推进国有企业改革。重组归并余杭区属国有企业，形成余杭国有资产投资运营集团有限公司等4家区直属国有企业，子公司由63家减至38家。深化事前绩效评估试点。组织实施重大政府投资项目事前绩效评估试点工作，前移财政审核关口，全年审核项目36个，审减资金19.03亿元。

【加强财政监管】 强化直达资金管理。15.62亿元中央直达资金快速直达基层，支出进度100.0%。落实过“紧日子”政策。强化预算刚性约束，严控一般性支出，大力压减非重点、非刚性支出，全年压减支出2370万元。优化动态监控。预算管理一体化系统设置103条预警规则，重点监控“三公”经费等支出。全年触发预警信息3.2万条，涉及金额61.82亿元；止付773条，涉及金额4422万元。加强项目管理。建立政府投资项目全生命周期管理，完成招标控价审核项目294个，审减资金13.21亿元；结算评审项目142个，审减资金4.46亿元。防控债务风险。实现全区隐性债务清零，提前完成五年化债任务。严肃财经纪律。“财巡联动”围绕财政专项资金、国有资产、基层财政管理等领域开展专项监督检查，规范经费支出、政府采购等流程。

【强化队伍建设】 学习贯彻党的二十大精神。开展“学思践悟二十大　踔厉奋进新征程”系列活动，推动习近平新时代中国特色社会主义思想入脑入心。推进机关党建提质增效。开展5场四级联动助企活动，亲清走访、部门专访、项目指导、清产核资120次。做深做实行业党建。完成区内8家会计师事务所、1家评估事务所“党建入章”工作，推动执业机构提升党建活力、促进业务发展。推进清廉财政建设。召开清廉财政建设推进会，构建清廉财政六大体系，提升财政系统一体推进“三不腐”能力和水平。

（杭州市余杭区财政局供稿　许茜茜执笔）

临平区

【概况】 2022年，杭州市临平区实现地区生产总值1006.68亿元，按可比价格计算增长0.3%。其中：第一产业增加值16.01亿元，增长2.5%；第二产业增加值532.12亿元，下降0.5%；第三产业增加值458.55亿元，增长1.1%。三次产业结构比为1.6∶52.9∶45.5。按常住人口计算，全区人均生产总值87576元。全区财政总收入229.93亿元，下降6.9%。其中，一般公共预算收入135.57亿元，下降10.4%。一般公共预算支出196.88亿元，增长7.7%。全年财政收支平衡。

【组织财政收入】 提升财政收入质量。全区一般公共预算收入占地区生产总值的13.5%、占财政总收入的59.0%。一般公共预算收入中，税收收入122.50亿元，下降15.6%，占比90.4%。壮大财源税源。把涵养优质税源放在首位，关注财政运行态势，做好收入分析、预测和监控。壮大税源基础，增强招引税源能力。强化非税收入征管。全年完成非税收入249.91亿元，其中纳入一般公共预算管理的非税收入13.07亿元。

【助力经济建设】 加强财政政策扶持。配合区政府出台临平区稳住经济一揽子50条政策，其中涉及财政29条。支持产业高质量发展。安排产业发展专项资金25.05亿元，惠及企业超7000家次。快速兑现各类优惠政策，完成增值税留抵退税35.98亿元，减免各类税费16.87亿元，兑现产业扶持资金16.64亿元。争取专项债券资金。完善专项债券项目遴选和储备机制，做好项目申报，获批并发行专项债券项目26个，金额34.75亿元，数量和金额位列杭州市区县第一。建立专项债券支出进度通报晾晒和预警机制，督促加快建设进度。降低企业融资成本。强化政策性担保支持，至2022年年底政策性担保余额8.04亿元。设立应急周转基金，降低小微企业转贷风险和成本，全年使用转贷资金101.46亿元，服务小微企业及经营户1850家，降低转贷成本880万元。创建浙江省基层政策性农业信贷担保服务创新工作区，纾解“三农”融资难题。放大产业基金效能。推进生物医药行业主导产业基金及项目落地。发挥重点基金优势，挖掘并投资医疗健康、科技、消费服务等优质项目。全年累计跟进项目42个。

【支持民生事业】 全年民生支出156.04亿元，增长18.2%，占一般公共预算支出的79.3%。推动教育事业发展。安排教育支出43.67亿元，支持全学段教育质量提升，规范民办义务教育，加大教育对外合作力度；实施“名师名校长名班主任”工程，培育引进名优教师303人；提升教育基础设施，支持浙江理工大学时尚学院等项目建设。推进城区环境改善。安排城乡社区支出41.29亿元，支持未来社区、垃圾分类、市容环境改善等城市管理项目，提升城市综合管理成效。提升卫生服务水平。安排卫生健康支出24.42亿元，保障疫苗接种、核酸检测、物资储备等疫情防控资金；保障“健康临平”战略实施，构建15分钟医疗服务圈；支持医共体建设。支持就业和社会保障。安排社会保障和就业支出18.05亿元，支持社保扩面提标、“一老一小”照护服务，落实残疾人救助和帮扶、创业就业等民生政策。

【深化财政改革】 探索财政共富改革。推进省财政厅“钱随人走”改革试点,通过调整教育管理体制、整合小散专项资金、重塑生均公用经费体系,促进实现改革目标。该项工作获评全省财政系统高质量发展建设共同富裕“小切口”改革优秀实践案例。推进预算管理一体化。实施预算管理一体化业务规范,上线一体化系统,预算单位覆盖率100%,完成2023年预算编制培训。落地“浙里报账”平台。做好“浙里报账”培训、指导和上门服务,实现财务无纸化报销。2022年全区159家行政事业单位(含学校)在平台上报销业务7829笔。加强项目数字化管理。打造政府投资项目全生命周期管理平台,开发项目年度预算安排、事前绩效评估、结算评审等9大模块,获杭州财政系统数字化改革创新应用选拔赛优胜奖。

【强化财政监管】 落实政府过“紧日子”政策。硬化预算刚性约束,压减一般性支出3.29亿元。非必要、非刚性、非重点项目原则上不得新增安排支出,新建项目严格执行“三个不得立项”要求。组织财政监督检查。围绕镇街财政建设管理、行政事业单位公款存放、代理记账等开展财政监督检查26次,发现问题150个。加强财政审核管理。出台《政府投资项目竣工财务决算问题处置指导意见》《临平区基本建设项目竣工财务决算管理办法》等,完成竣工财务决算项目审核242个。防范化解隐性债务。制定“一债一策”化解方案,加强库款调度,优先保障化债资金,实现隐性债务清零目标。

【加强队伍建设】 深化理论学习。深入学习贯彻党的二十大精神,创建“临财大讲堂”学习品牌,开展学习宣讲活动15次。促进担当作为。实施重点工作项目化管理,制定《2022年临平区财政局重点、创新项目清单》,各项目获省市荣誉6项、区级及以上媒体报道11次。加强干部培养。培养锻炼年轻干部,实施新进人员“以师带徒”成长导师制;选派7名年轻干部每周六到村社担任“周六书记”;开展财政岗位大练兵活动,提升干部综合素质。

(杭州市临平区财政局供稿　戚梦蝶执笔)

钱塘区

【概况】 2022年,杭州市钱塘区实现地区生产总值1226.03亿元,按可比价计算增长0.1%。其中:第一产业增加值12.71亿元,下降2.4%;第二产业增加值823.30亿元,下降1.3%;第三产业增加值390.02亿元,增长3.1%。三次产业结构比为1:67.2:31.8。按常住人口计算,人均生产总值15.4万元。全区财政总收入230.45亿元,下降4.2%,同口径(剔除增值税留抵退税因素,下同)增长6.2%。一般公共预算收入116.63亿元,下降0.6%,同口径增长9.9%。全区一般公共预算支出126.00亿元,下降18.1%。全年财政收支平衡。

【组织财政收入】 加强税源建设。遵循“履约刚性、权责对等、政策平衡、注重绩效”原则,促进招商引税,做大增量税源。配合出台“领飞计划”高能级产业发展政策,建立企业白名单和竞争性分配机制,培育存量税源。全区一般公共预算收入中税收收入106.44亿元,同比下降2.5%,占比91.3%。一般公共预算收入占财政总收入的50.6%、占地区生产总值的9.5%。强化非税征管。公开收费目录清单,实现收缴全流程电子化,强化基础设施配套费等重点征缴。全年收缴非税收入14.10亿元,其中纳入一般公共预算管理的非税收入10.19亿元。

【经济稳进提质】 扶持产业发展。投入财政资金37.30亿元,保障产业培育和发展。聚焦企业科技创新、人才引育、扩大投资、产业融合、要素保障等重点,会同行业主管部门出台支持产业高能级发展政策。落实减税降费。顶格执行“留抵退税”“减免税费”“缓税缓费”等政策,全年落实新的组合式税费支持政策税费金额超100亿元,其中增值税留抵退税41.00亿元,占全市留底退税额的7.5%。盘活国有资产。发行“华夏和达高科REIT”基金,募集资金14.04亿元,成为全国首单生物医药产业园REITs、浙江省首单产业园REITs。壮大产业基金。出台《关于进一步加强产业基金投资运作管理的意见》,区产业基金由政府主(引)导转向国企市场化运作,财政资金保障转为国企出资。产业基金总规模249.85亿元,成立以来累计投资区内项目209个(次),引进落地项目51个,当年投资区内项目20个(次),位列清科“2022年中国政府引导基金50强”第27名、全国区县级产业基金第7名。

【增进民生福祉】 全年民生支出88.10亿元(不含新增债券安排支出),增长2.1%,占一般公共预算支出的69.9%。支持教育事业发展。安排支出26.52亿元,打造“钱塘优学”“名师名校长名校”工程,落实“双减”政策,保障寒暑期托管服务,强化生均教育经费保障,落实教师工资待遇。支持就业创业服务。安排支出5.34亿元。举办毕业生招聘会146场,提供就业岗位2万个。新增城镇就业32307人,失业人员再就业3044人,新引进35岁以下大学生3.25万人,新增大学生创办企业1050家。支持医疗健康事业。安排支出8.73亿元,支持就医环境改善和城市医联体建设,加快建设“健康钱塘”。投用社区卫生服务站4家,新增婴幼儿照护托位543个,超额完成家庭医生签约。其中疫情防控支出5.71亿元,保障各项防疫工作。保障重大项目建设。安排支出21.81亿元,保障艮山东路东延工程、亚运场馆周边环境整治工程等重大基础设施建设。支持乡村振兴。安排支出4.64亿元,推进大美钱塘“强村富民双十条”行动,支持农业、粮食及畜牧发展,推进农文旅小镇建设与农业数字化,打造“千亩粮仓”示范区10个。

【深化财政改革】 改革街道财政体制。实施以“核定收支、保障基本、超收分成、专项补助、规范管理”为内容的新一轮街道财政体制改革,强化企业属地管理,优化收入分成机制。加强预算绩效管理。聚焦产业发展、城市管理、公共服务等重点领域,选择6个财政支出项目开展重点绩效评价,涉及金额4.38亿元。采用"先判断、再修正、后评价"工作方法开展绩效抽评,增设绩效指标修正环节,全年抽评项目111个。推进财政数字化改革。完成"残疾人医疗补助""浙里捐赠""浙里报账"省级试点,上线"公款竞争性存放网上招标平台"。实现财政资金全流程线上审批,压减审批时间95.0%,全年完成线上审批1149笔。深化国资国企改革。出台《关于进一步深化区属国企改革的实施意见》,形成区属国企改革责任清单。做大做强国有资本,全年安排国有企业资本金4.46亿元。探索新型融资工具开发,通过企业债发行申报。

【加强财政监管】 加强预算管理。强化预算管理和财政资金审批,修订《钱塘区预算管理办法》《钱塘区财政资金拨款审批管理办法》。加强支出管理。压减公用经费定额5.0%,压减"三公"经费、差旅费、会议费、培训费,严控一般性支出,严格执行通用办公设备家具配置标准。推进"两直"资金落地。全年争取上级直达资金7.10亿元,分配进度100.0%,支出进度99.9%,保障教育、卫生及疫情防控、农业、民政等资金需求。加强财政监督检查。开展预决算公开、国有资产、公款存放管理等专项检查。运用"互联网+监管"执法平台,开展3项"双随机"抽查和6项重点专项检查,实现64项行政检查事项全覆盖。加强政府采购监管。联合区住建局印发《关于进一步规范钱塘区工程项目政府采购的通知》,规范必须招标限额以下工程项目采购。制定招标文件、代理协议等政府采购示范文本。开展专项检查和"双随机、一公开"检查。政府采购营商环境考核列全市第一。加强政府债务管理。筹措财政资金,落实八年化债计划。全年新增政府债券6.90亿元,其中一般债券2.00亿元,专项债券4.90亿元。加强政府投资项目管理。印发《关于规范政府投资项目竣工财务决算报送财政审核批复相关要求的通知》,提升审核质量和时效,全年批复项目44个。

【加强队伍建设】 提升干部队伍素质。学习宣传贯彻党的二十大精神,开展争做担当作为好干部、争当团结奋进好班子、争创领跑竞跑好业绩"三争三好"活动,全年开展理论中心组学习12次、财金夜学16次,参与疫情防控450人次,获评杭州市"学习强国·学习组织之星"、疫情防控表现突出先进集体。打造财政党建品牌。深化"政银企党建联建"品牌,举办"凤凰行动"香港金融专项服务活动、全市防范非法金融活动校园短视频大赛,获杭州市财政局第二届"党建创新创优成果展示"铜奖。推进清廉财政建设。签订廉政责任书,建立廉政档案一人一档,开展廉政党课等警示教育,开展干部作风效能检查和谈心谈话。全年开展检查12次、谈心谈话160人次。

(杭州市钱塘区财政局供稿　吴舒敏执笔)

富阳区

【概况】 2022年,杭州市富阳区实现地区生产总值917.40亿元,按可比价格计算增长2.1%。其中:第一产业增加值52.83亿元,增长2.7%;第二产业增加值415.69亿元,增长1.4%;第三产业增加值448.87亿元,增长2.6%。三次产业结构比为5.8:45.3:48.9。按户籍人口计算,人均生产总值131734元,增长4.0%。全区实现财政总收入153.19亿元,下降12.3%,一般公共预算收入91.74亿元,下降12.6%,一般公共预算支出135.69亿元,增长15.0%。全年财政收支平衡。

【组织财政收入】 强化收入分析。完善财税联席会议机制,深化财税协作及部门联动,做好收入监控、分析、预测工作,增强收入的稳定性和可持续性。全年一般公共预算收入占财政总收入的59.9%、占GDP的10.0%;税收收入75.60亿元,占一般公共预算收入的82.4%。组织非税收入。全年非税收入185.20亿元,下降12.5%,其中土地出让收入156.10亿元,下降12.0%;纳入一般公共预算管理的非税收入16.14亿元,增长149.7%。

【支持经济发展】 促进产业发展。完善产业基金政策体系和运行机制,构建区级政府产业基金"1+8+N"*管理架构。建立区级产业基金项目库,带动产业发展和转型升级。产业基金全年累计投资22.28亿元,投资项目25个,其中子基金项目13个,直投项目12个,撬动产业投资规模114.00亿元。实施助企纾困行动。实施房屋减免政策扩面提标,全年累计减免国有房屋租金7501.57万元,惠及企业2121家。落实减税降费政策。全年办理增值税留抵退税40.38亿元,惠及企业80万家次,小微企业户数占比92.0%。

【保障民生支出】 全年民生支出102.30亿元,增长13.4%,占一般公共预算支出的75.4%。支持卫生健康事业发展。全年卫生健康支出16.15亿元,增长14.8%。优化医疗资源供给结构,提升医疗卫生服务水平。支持疫情防控。安排疫情防控资金6.00亿元,保障医疗物资、医疗救治、卫生防疫、一线医护人员补贴等支出。支持教育事业发展。全年教育支出25.00亿元,增长4.0%。安排2.20亿元用于学校校舍整治,新建和改扩建中小学、幼儿园12所。安排教育现代化专项资金9900万元,加强校园信息化建设,支持创建全省教育基本现代化区。安排课后服务经费2000万元,持续落实"双减"政策。支持社会保障事业发展。全年社会保障和就业支出19.98亿元,增长31.3%,城乡居民养老保险标准提高至330元/(人·月),社保参保率99.6%,医保参保率99.8%,城镇新增就业3万人。支持乡村振兴。全年农林水支出9.17亿元,增长2.7%。安排资金3.48亿元,创建省市未来乡村9个,形成一套现代版富春山居图的未来乡村模式。

安排资金3.32亿元,支持公路改扩建和维修等交通基础设施建设,获评浙江省"四好农村路"省级示范县。

【深化财政改革】 推进新一轮乡镇财政体制改革。出台《关于调整乡镇(街道)财政体制 进一步加强财权事权管理的实施意见》,理顺区与乡镇(街道)的财权事权分配,提高乡镇(街道)财政保障能力。推进数字化改革。争取"浙里基财智控""浙里报账"、电子非税收入缴款书等5个省级数字化改革创新试点项目。自主开发"产业发展扶持平台"应用场景,汇集17个主管部门、271项惠企政策、2795家注册企业,全年累计兑付政策资金7.36亿元,被列入杭州市"亲清在线"平台富阳分平台。优化预算绩效管理。出台《富阳区推进部门整体预算绩效管理改革方案》等文件,完善制度体系、压实主体责任、优化指标标准,强化区级层面对财政资金统筹,构建区级集中财力办大事政策体系。推进政府采购改革。在政采云平台搭建"富春山居农产品"品牌馆,打通农副产品乡村和城区销售链,上架商品643种,全年累计实现销售额1000万元。农副产品政府采购"云时代"助推乡村共同富裕获评全省财政系统高质量发展建设共同富裕示范区"小切口"改革优秀实践案例。国企转型提速。建立投资、运营、维护、租赁四大结算机制,厘清政府和企业职责边界。围绕提升经营效益意识、深化经营专业整合等六大领域,开展国企经营能力提升三年专项行动。

【强化财政监管】 强化预算支出管理。强化预算编制源头管理,围绕重点支出领域和主要共性项目,构建概预算标准化、公务支出标准化体系,提高支出精准度。严控债务风险。严格执行"三个不得立项"要求,完善债务风险监测机制、项目立项前审查机制,规范立项内容、平衡资金来源,防范政策性和流动性风险。严控"三保"支出风险。完善"三保"常态化监测机制,确保财政资金优先用于保障性领域支出。强化财政监督。完成各类检查19大项,参与"巡财联动"2次,修订内控制度9项,构建立体监督体系。

【加强队伍建设】 建设党建品牌。以"富春红管家"党建品牌和变革型财政组织创建为双引擎,建立机关党委抓总(包括机关党建、国企党建、行业党建)机制,创新党建工作方法,打造"党建+业务"红管家赛马平台。"富春红管家"党建品牌获评杭州财政系统第二届党建创新创优成果展金奖。推进清廉财政建设。构建助廉体系,升级制度、标准、数智、竞争、流程、监督六大维度,深化清廉财政建设,获评全省清廉财政建设十佳实践案例二等奖、清廉杭州建设优秀实践案例。队伍建设提档升级。以政治强、业务强、标准高为目标,实施队伍管理提质和专业素养提升两项工程。组织干部下沉基层,参与社区服务、疫情防控、昼访夜谈等工作。

(杭州市富阳区财政局供稿 钟镇阳执笔)

注:

*"1+8+N":"1"是指政府设立产业基金池,"8"是指经信局、科技局、商务局、金融办、农业农村局、国资办、富春湾新城管委会、开发区管委会8大部门,"N"是指其他需要参与的部门。

临安区

【概况】 2022年,杭州市临安区实现地区生产总值672.34亿元,按可比价计算增长0.4%。其中:第一产业增加值46.99亿元,增长2.4%;第二产业增加值341.11亿元,增长4.2%;第三产业增加值284.24亿元,下降3.8%。三次产业结构比为7.0:50.7:42.3。按常住人口计算,人均生产总值104239元,下降14.3%。城镇居民人均可支配收入67469元,增长3.2%;农村居民人均可支配收入41837元,增长5.9%。城乡居民人均可支配收入比1.61,缩小0.04。全年财政总收入131.99亿元,下降11.4%,其中一般公共预算收入83.99亿元,下降7.1%。一般公共预算支出106.18亿元,增长2.4%。全年财政收支平衡。

【组织财政收入】 优化收入结构。全年一般公共预算收入占财政总收入的63.6%、占GDP的12.5%。其中,税收收入65.92亿元,占一般公共预算收入的78.5%。强化收入分析。建立财税运行实时监测和分析研判机制,加强各税种、行业、企业研究分析,研判增减因素和发展形势,做好税收征收工作。组织非税收入。全年征收非税征收入121.14亿元,下降7.3%。纳入一般公共预算管理的非税收入18.07亿元,增长298.2%。

【服务经济发展】 强化政策兑现。实施大规模增值税留抵退税,完成增值税留抵退税33.03亿元。落实中央、省市稳经济政策,配合制定"临安58条"以及"留临·有礼"暖心8条等政策包,兑现惠企资金66.90亿元,惠及企业2859家次。减免国有房产租金1948万元。深化基金运作。发挥湖山二期基金、城西科创大走廊发展基金、政府引导基金等协同效应,政府引导基金投资11个本地项目计1.51亿元,大走廊基金带动项目股权投资117.32亿元。参与组建中信城西科创大走廊基金、红杉中国人民币七期科创基金,配合招引上海发网等十亿元项目落地。优化营商环境。加大科技创新投入,全年投入科技资金4.94亿元,助力建设一批创新平台。加大人才引育力度,全年投入人才资金1.82亿元,助力高层次人才创新创业。落实政府采购扶持中小企业政策,帮扶贫困地区农副产品销售,依托数字化手段开展代理机构不见面监管。

【强化民生保障】 全年民生支出82.59亿元,占一般公共预算支出的77.8%。支持教育事业发展。全年教育支出19.12亿元,义务教育标准化学校全覆盖,保障"双减"政策落地。新建改扩建幼儿园11所,戚家桥学校、钱锦学校开工动建,科技城三小、杭十四中青山湖学校加快推进，职教中心建成投用。支持文化事业发展。全年文化体育与传媒支出2.06亿元，完善公共文化服务体系，举办吴越文化节，推进中国作家“深入生活、扎根人民”新时代文学实践点落户。支持社会保障事业发展。全年社会保障和就业支出17.44亿元，新增智慧养老院1家、康养联合体3家、婴幼儿照护服务社区成长驿站7家，规范提升“残疾人之家”8家。开展现代社区建设，推进社区规模优化调整。支持卫生健康事业发展。全年卫生健康支出12.52亿元，保障疫情防控支出，优化医疗资源供给，人民医院新院区完成整体装修，昌化中医骨伤医院建成投用。实施“天目医享·乡村医疗优质共享”改革，解决山区群众、老年人、失能半失能等群体看病难问题。推动重点项目建设。依托国有企业转型、债券发行、PPP模式等，保障临金高速先行段、里畈水库加高扩容工程等重大民生项目实施。

【深化财政改革】 加强财政预算管理。结合人大预算审查“三审”制，增强预算执行刚性，严控预算追加。树立政府过“紧日子”思想，控制行政经费和一般性支出，全年压减非刚性、非急需项目和“三公”经费5.24亿元。落实国库集中支付制度，办理支付业务11万笔，金额95.82亿元。深化预算绩效管理。开展绩效管理项目15个，完成预算项目2022年绩效监控及2021年绩效自评全覆盖。健全绩效结果应用机制，压减低效无效财政支出。绿色转化财政专项激励资金绩效考核获全省优秀。推动数字财政建设。试点“浙里报账”数智财务综合管理系统，实现预算单位、支付场景全覆盖。加强基层财政管理数字化改革，承办省、市“浙里基财智控”上线现场会。助推数字乡村集成创新示范，开发种粮补贴AI应用，解决发放核查难、流程繁、发放慢、监管乏力问题，提升资金使用绩效，该应用获浙江财政数字化改革创新应用大赛三等奖。推广非税收入电子票据，完成公立医院、乡镇卫生院及民营医院医疗电子票据改革。开展捐赠票据检查，夯实“浙里捐赠”上线基础。

【加强财政监管】 规范资金管理。建立直达资金工作机制，全年争取并发放直达资金8.21亿元。强化政府投资项目监管，全年审核项目306个，核减金额4.53亿元，净核减率3.3%。加强政府采购监管，强化代理机构管理服务，完成政府采购11.96亿元，核减金额0.87亿元，节约率7.3%。加强国有资产管理，全面清查处置房产及土地，规范砂石资源管理，拍卖收入2.71亿元，溢价率163%。防范化解财政运行风险。加强全口径债务管理，化解地方政府性债务风险。强化基层财政运行监管，制订镇街内控指引，推广“浙里基财智控”应用，防范镇街财政管理风险。强化财经纪律执行，制定财政专项检查工作方案，完善专项资金公开公示制度。兜牢“三保”底线，强化社保基金运行监管。

【加强队伍建设】 打造基层党建品牌。以“财惠临安　寸金有情”党建品牌为抓手，优化服务，增强基层党组织政治凝聚力。全年召开专题学习会15次，各级党组织组织学习66次。建立“党建文化墙”。推进党风廉政建设。推进清廉财政、清廉国资建设，深化财政监督管理，打造清廉国企示范点。完善“1+9+X”内控制度体系建设。开展机关效能建设。结合“解放思想　唯实惟先”大讨论活动，组织干部学习调研。推进学习教育常态化制度化，依托“天目领军”干部大讲堂、“全员轮训”等平台，实施综合素质提升工程。调度人员43批次560人次参与疫情防控工作。

（杭州市临安区财政局供稿　朱乐意执笔）

建德市

【概况】 2022年，建德市实现地区生产总值433.54亿元，按可比价格计算增长1.3%。其中：第一产业增加值40.92亿元，增长3.6%；第二产业增加值219.60亿元，增长1.2%；第三产业增加值173.02亿元，增长0.9%。三次产业结构比为9.4∶50.7∶39.9。按户籍人口计算，人均生产总值85596元，增长1.7%。城镇居民人均可支配收入62049元，增长3.1%；农村居民人均可支配收入35869元，增长6.1%。全市财政总收入80.53亿元，增长20.9%，其中一般公共预算收入52.02亿元，增长35.1%（剔除矿业权收益一次性因素后，一般公共预算收入41.17亿元，增长6.9%）；全市一般公共预算支出78.55亿元，增长23.4%。全年财政收支平衡。

【组织财政收入】 加强收入管理。健全组织收入监测机制，把握好收入规模和进度。全年一般公共预算收入占地区生产总值的12.0%、占财政总收入的64.6%；税收收入33.34亿元，占一般公共预算收入的64.1%。强化非税管理。重点关注土地出让金、土地指标款等非税征管，推进线上退付和非税收入电子化缴库改革。全市征收非税收入87.65亿元，增长31.9%，其中纳入一般公共预算管理的非税收入18.68亿元，增长355.7%。

【支持经济发展】 加快政策兑现。全年出台稳经济类政策198条，落实各类减（退、缓）税降费20.63亿元，兑现财政补助资金6.79亿元，兑付进度100%。加大惠企力度。发挥转贷专项资金和政策性担保作用，办理企业转贷4.01亿元，为153户市场主体提供担保资金2.86亿元，节约企业成本2500万元。落实全市国企及行政事业单位租金减免3688万元，惠及商户1633户。优化营商环境。加大政府采购支持中小企业力度，在2022年营商环境无感监测中，中小企业中标（成交）项目数和项目金额指标位列杭州市各区县第一。浙江农商银行线上“政采·合同贷”落地，全年为企业授信1147万元。

【推进共富改革】 争取试点落地。落地构建基本公共服务保障标准体系改革试点、“扩中家庭财税政策体系综合试点”+“学生资助、大病保险、个税模拟”、家庭财金助力扩中项目等“2+4”项共同富裕“小切口”试点。落地2023年一事一议财政奖补支持打造共富乡村试点项目。探索家庭型财税政策改革。聚焦“扩中”“提低”改革,开展数智联建,探索“扩中”家庭经济画像,形成可复制可推广的“家庭单元”数字化模型。开展大病保险共济、学生资助、个税附加扣除等政策研究和模拟测算,谋划家庭财金政策落地。“扩中”家庭画像助力家庭型财税政策改革探索案例入选全省财政系统高质量发展建设共同富裕示范区“小切口”改革最佳实践案例,在全省财政工作会议上作典型发言。

【加强民生保障】 全年民生支出60.99亿元,增长26.8%,占一般公共预算支出的77.6%。支持教育事业发展。全年教育支出12.41亿元,保障新型教学空间、“阳光晴天”工程、智能灯光改造和“阳光厨房”等护校安园建设,保障“三岁以下幼托”“课后服务”等服务。完善社会保障。全年社会保障和就业支出12.13亿元,落实城乡居民“三免三惠”健康行动,实施适老化改造工程,提高城乡困难群体和优抚对象保障水平,推进养老事业发展,实现城乡居民基础养老金杭州市域同标。支持医疗卫生事业。全年卫生健康支出9.11亿元,推进慢性病用药惠民服务,扩大适龄妇女免费两癌筛查人群范围,推进医共体和公共卫生保障体系建设。落实疫情防控经费2.46亿元,保障核酸检测、定点医院建设及集中隔离点经费等支出。加快城乡建设。全年城乡社区支出6.20亿元,支持改造老旧小区5个,新增电梯加装30台,完成8个高层住宅小区二次供水改造,新改建农村公路45公里。推进乡村振兴。全年农林水支出9.13亿元,出台规模种粮补贴实施方案,补贴标准提高至640元/亩,高标准农田建设补贴标准提高至4500元/亩。获浙江省“2021—2022年幸福河湖建设试点优秀单位”,入围中央级水系连通及水美乡村试点建设县。

【深化财政改革】 推进乡镇财政体制改革。落地“1+x+y”改革体系,实施新一轮乡镇财政体制改革,新增或修订x个增收政策、y个减支政策。完善或新增涉矿工程处置收益资金管理办法等政策13项,乡镇级完成财政总收入15.04亿元,增长22.9%。推进数字化改革。推进“浙里报账”、政府采购、集中财力办大事等数字化改革试点项目建设,完成基于共同富裕9类大事归类及预算管理一体化系统内标签。制定国库集中支付动态监控规则33条,处理预警7300余条,整改问题68个,涉及资金822万元。获2021年度省政府真抓实干成效明显地方表彰奖励、2022年度全省财政管理绩效考评优秀单位。加强国资管理。出台《建德市行政事业单位通用办公设备和家具配置标准》《建德市行政事业单位国有资产处置管理暂行办法》。启动新一轮行政事业单位资产清查,在“资产云”系统中开发“数字公物仓”模块,分类处置闲置及报废资产。

【强化财政监管】 加强财政监督。构建人大+“巡财审”财会大监督机制,对109家单位实施非税收入、会计信息质量检查等六大类财政监督检查,收回(扣拨)财政资金4046万元。完善绩效管理。首次将所有评价项目集中打包,形成“财政评价+第三方机构同时评价”新模式,完成单位自评项目1929个,重点绩效评价项目10个。加强项目管理。将监管触角延伸至镇村项目,首次将2000万元以下投资额项目纳入监管。出台并试行全过程中介委托服务管理办法,明确外聘审计费用标准,开展造价咨询机构联合检查。防范债务风险。实施债务全口径统计监督,采取限额管理、预算管理、化解隐性债务等措施,压降债务风险等级。新增地方政府债券3.75亿元,其中一般债券3.00亿元,用于320国道改建工程。

【加强队伍建设】 实施廉政风险除险加固工程,获评全省财政系统清廉财政建设成效突出单位。成功创建全省财政系统变革型组织创建试点单位。联合11个部门、单位开展“扩中提低携手共富”党建联建活动。持续开展“百名干部访百企”活动,走访企业150余人次,解决问题42个。组建50先锋队、青年成长营、巾帼志愿队,推进师徒传帮带、工作督查、课题调研。开展新安夜学、业务技能比武,全年开展业务轮训1000余人次。

(建德市财政局供稿　丁璐瑶执笔)

桐庐县

【概况】 2022年,桐庐县实现地区生产总值431.41亿元,按可比价格计算增长3.5%。其中:第一产业增加值27.61亿元,增长2.2%;第二产业增加值202.17亿元,增长4.9%;第三产业增加值201.63亿元,增长2.4%。三次产业结构比6.4∶46.9∶46.7。按户籍人口计算,人均生产总值102901元,增长3.5%。全县财政总收入71.22亿元,增长5.4%,其中一般公共预算收入41.49亿元,增长8.0%。一般公共预算支出75.17亿元,增长22.7%。全年财政收支平衡。

【组织财政收入】 加强收入预测分析。应对组合式税费政策、新冠肺炎疫情、宏观经济下行等复杂情况,加强与税务、人民银行等部门沟通协调,实行月度、季度收入动态分析,确保财政收入平稳增长。优化收入结构。全县一般公共预算收入占地区生产总值的9.6%、占财政总收入的58.3%。税收收入35.49亿元,占一般公共预算收入的85.6%。规范非税收入管理。推进财政电子票据改革,实现非税收入票据、捐赠票据等各类财政票据电子化 开通率100%。全年征收非税收入46.27亿元,下降9.0%,其中纳入一般公共预算管理的非税收入5.99亿元,增长103.4%,土地出让金收入18.85亿元。

【促进经济稳进提质】 加强企业扶持。落实组合式税费支持政策,全年减免税费20.86亿元,其中增值税留抵退税9.66亿元,惠及企业2195户。加快涉企政策资金兑付,全年兑现资金6.97亿元,增长38.8%。落实国有房产租金减免2521万元,惠及市场主体686家。拓展政府采购功能。支持中小企业参与政府采购,通过提升中小企业预留份额、鼓励采购单位降低或免收履约保证金等，为企业减负2794万元，中小微企业成交项目和成交金额占比分别为96.4%、95.2%。争取政府债券。加强优质债券项目储备，加快债券发行和使用，全年争取新增专项债券12.40亿元，保障桐庐第一人民医院、富春江干堤加固、湖杭和杭温铁路等项目建设。

【助力共同富裕】 打造乡村经营共富单元。坚持集中财力办大事，以绩效为核心打造乡村经营共富单元，建立乡村经营共富单元谋划参考标准，设定绩效评价指标，统筹涉农资金2.01亿元，通过竞争性遴选，立项实施共富单元项目8个，其中仙境瑶琳共富单元获得国家开发银行期限20年利率4.08%的10.00亿元授信，带动社会资本投资33.00亿元。乡贤回归支持家乡建设。鼓励乡贤返乡投资创业，成立"黄金峡谷"共富联盟，全年乡贤投资实施共富项目23个，投资总额1.10亿元。建立"企业+合作社+农户"订单化销售模式，解决农产品销售难题，带动村民和村集体增收。

【保障改善民生】 全县民生支出60.93亿元，增长19.0%，占一般公共预算支出的81.1%。提升社会保障水平。安排社会保障和就业支出8.19亿元，完善社区居家养老服务网络，村级照料中心实现全覆盖。健全就业公共服务体系，新增富余劳动力就业4423人，帮扶失业人员再就业3376人。提高城乡居民基础养老金标准、最低生活保障标准等，实现全市域统一。加大医疗卫生投入。安排卫生健康支出6.30亿元，支持快速安全处置突发疫情及保障常态化疫情防控，推进县妇幼保健院新院区启用。推进教育事业发展。安排教育支出21.21亿元，推动普惠性幼儿园扩容，入园率91.2%；推进叶浅予建兰、富春江小学等学校启用，新增学位4540个；深化教师薪酬改革，招引名优教师5名。推动美丽乡村发展。安排农林水支出6.08亿元，助力打造新时代美丽乡村，蜂产业示范建设项目通过省财政厅中期验收，成功争取2023年度省级一事一议财政奖补支持打造共富乡村试点项目落地。支持文体事业发展。安排文化旅游体育与传媒支出1.76亿元，支持"韵味杭州"桐庐马术三项赛邀请赛、桐庐国际半程马拉松等赛事举办，加快乡村艺术场馆、15分钟品质文化圈建设。

【深化财政改革】 加快数字财政建设。整体上线运行预算管理一体化系统，预算单位覆盖率100%。推进"浙里报账"应用，公务出行报账实现审批零跑腿、报销零材料、费控零人工。迭代升级乡镇内控平台，深化乡镇公权力运行监督"一本账"场景应用。规范乡镇财政运行。重构乡镇财政管理体制，出台《关于完善乡财县管运行体系推进经济稳进提质的若干意见》，理顺县乡财力分配关系。制定《桐庐县乡镇财政分类管理资金保障实施细则》，新增财政资金3.24亿元，分类保障基层财政运转。深化全过程预算绩效管理。突出绩效结果应用，对就业、教育、村集体经济发展等8个重点领域开展绩效评价，全年抽评项目77个，涉及资金1.98亿元。推行政府投资信息化项目绩效评审，评审项目159个，压减预算1.68亿元，资金节约率26.3%。深化国有企业改革。加快国企品牌建设，拓展市场化经营业务，提升国有企业经营性业务收入。清理整合国有企业，推动10个乡镇（街道）和3个县级部门所属国企纳入县属四大国企实现统一管理。

【强化财政监管】 强化预算支出管理。运用零基预算理念，清理收回结转结余资金3.04亿元，统筹用于疫情防控和经济社会发展重点领域。严控会议费、培训费、办公费等支出，从严从紧安排"三公"经费预算，推进节约型机关建设。强化财政监督检查。全年对项目招引财政扶持资金、政府过"紧日子"等重点项目开展专项检查12次。加强政府投资项目管理。推进项目全生命周期管理，全年评审投资项目93个，评审资金70.61亿元，审减投资6.35亿元，平均审减率9.0%。加强国有资产管理。盘活低效国有资产，完成国有房产确权办证379项。加大国有资产公开处置力度，通过网络拍卖成交标的144件，平均溢价率65.6%。防范化解财政风险。通过加强项目源头管控、安排财政性资金、核销购买服务协议等方式，防范化解政府隐性债务风险。足额提取社保风险准备金，加强社保基金支出监管。

【加强队伍建设】 学习贯彻党的二十大精神，开展"六学六进六争先"学习实践活动，组织党委理论中心组学习12次。开展以案促改以案促治专题民主生活会，组织违规房产交易、违规从业等问题自查。落实"三重一大"集体决策制度，涉及预算追加、融资担保、重大政策等决策，提请县政府召开专题会议9次。落实重要事项"末位表态"制度，全年召开党委会12次、研究议题69个。细化全面从严治党工作责任，明确任务清单47项。提升干部综合能力，选派多名干部参加征地拆迁、县委巡察等工作。打造"为民理财红当家"党建品牌，机关中心党支部获评县级"五星支部"，成功创建全县模范机关。

（桐庐县财政局供稿　王　琪执笔）

淳安县

【概况】 2022年，淳安县实现地区生产总值269.51亿元，按可比价格计算，增长2.4%。其中：第一产业增加值42.36亿元，增长4.8%；第二产业增加值71.29亿元，增长11.9%；第三产业增加值155.86亿元，增长3.1%。三次产业结构比为15.7∶26.5∶57.8。按常住人口计算，全县人均生产总值82545元，增长3.0%。全县财政总收入43.66亿元，下降8.6%，同口径（剔除留抵退税因素，下同）下降3.5%。一般公共预算收入23.92亿元，下降7.8%，同口径增长1.4%，其中税收收入19.59亿元，下降14.6%，同口径下降4.0%。全县一般公共预算支出80.71亿元，增长4.3%。全年财政收支平衡。

【组织财政收入】 优化收入结构。全县一般公共预算收入占GDP的8.9%、占财政总收入的54.8%,税收收入占一般公共预算收入的81.9%。健全考核机制。制定组织收入预案,对全县乡镇(平台)一般公共预算收入实施"红黑旗"赋旗激励,赋旗结果与年终综合考评挂钩,激发财源建设内生动力。规范非税监管。上线新版非税和票据管理平台,试点"浙里捐赠"应用,完成非税收入29.64亿元,其中纳入一般公共预算管理的非税收入4.33亿元,占一般公共预算收入的18.1%。

【服务经济发展】 强化逆周期调节。落实增值税留抵退税等政策,全年退(免)税7.32亿元。发放汽车、家电、购物、餐饮、旅游等消费券2062万元,撬动消费2.38亿元。落实惠企扶持政策。推动惠企资金直达快享、及早发力,全年兑现涉企补助2.31亿元,惠及企业1035家。设立额度5000万元的转贷基金,缓解企业资金周转难题。创设运作"两山"基金。由经济开发区、县金投公司、县两山公司、杭州胜辉景晨投资公司分别按50%、20%、20%、10%的出资比例共同设立"两山"基金,规模2.00亿元,聚焦以水饮料、大健康、高端制造为代表的生态制造业发展。2022年投资拼便宜和铂燕两个项目,合计9000万元,促进产业招引和项目落地,将生态资源优势转化为经济发展新动能。

【推进共同富裕】 推进大下姜农村综合性改革试点建设,入选省财政厅一事一议财政奖补支持打造共富乡村试点。安排共富村试点项目20个,总投资1.75亿元,其中财政资金9755万元,实现大下姜区域集体经营性收入同比增长38.2%,大下姜行政村集体经济"8050"消薄目标实现率由12.0%提升至72.0%,其中25个行政村集体经营性收入同比增长38.6%。淳安县以农村综合性改革为抓手高质量打造共同富裕示范村入选全省财政系统高质量发展建设共同富裕示范区"小切口"改革优秀实践案例。

【保障民生支出】 全年民生支出59.68亿元,增长7.2%,占一般公共预算支出的73.9%。保障疫情防控。疫情防控支出1.82亿元,设立疫情防控专项资金,开通政府采购绿色通道,免费为60岁以上老人发放防疫包。支持教育事业发展。教育支出11.84亿元,完成40所学校597个教室灯光改造提升工程;提高义务教育生均公用经费标准,小学、初中分别由700、800元/(生·年)提高至900、1000元/(生·年)。启动第三中学建设,推动教育提质。打造健康淳安。卫生健康支出7.59亿元,城乡居民健康体检标准提高至90元/人次,实施医疗卫生"三免三惠"财政政策,开展重点人群白内障、直肠癌、慢阻塞肺病等免费筛查,设立婴幼儿照护体系、应急救护体系、省健康促进县专项经费。完善社保体系。社会保障和就业支出12.31亿元,城乡居民基础养老金、最低生活保障标准、特困人员生活补助分别提高至330元/(人·月)、1216元/(人·月)、2027元/(人·月),18项特别生态功能区民生提档项目*有13项与杭州市实现"同城同标"。推进城乡统筹。农林水支出12.08亿元,增长22.3%。打好新时代美丽乡村建设三年行动收官战,安排资金2.32亿元实施美丽乡村建设项目121个。

【深化财政改革】 重塑县乡财政体制。起草《关于完善乡镇财政管理体制的通知》,夯实乡镇收支基数,每年增加对乡镇财政转移支付1.60亿元,保障"三保"支出。加强对乡镇政策资金激励,新增"保护""发展""民富"三项专项激励政策,每年奖补资金规模合计不低于3000万元。深化国资国企改革。提请县委出台《关于进一步深化国企改革的实施意见》,围绕"一个持股主体、四大产业板块、五个实业集团"布局,推进业务同类、资产同质的国企整合重组,实现企业专业化运营。前移绩效关口。借助人大、审计力量,对扶粮政策等6个新增重点项目开展集中事前评审,涵盖资金1.07亿元,提出完善修改意见18条,推动重大政策和项目降风险、强质量。

【强化财政监管】 严防债务风险。坚守限额内地方政府债务不超警戒线和隐性债务不新增两个底线,有序推进隐性债务化解,争取专项债券资金5000万元。严控"三公"经费。控制"三公"经费、培训费、会议费等支出,压减1.25亿元统筹用于民生和疫情支出,将"三公"经费全部纳入国库集中支付,实行全口径监控。严管项目审核。深化政府投资项目绩效管理,完成预算审核809个,净核减资金7782万元。加强政府采购绩效监管。全年审核政府采购金额8.90亿元,核减资金3776万元,政府采购项目电子化交易率100%;建立异常商品预警系统,"政采云"上架商品价格监测203项,发布价格预警63项。

【加强队伍建设】 学习宣传贯彻党的二十大精神,构建领导干部专题学、党员干部示范学、部门系统特色学、青年群体创新学"四学联动"模式。发挥"财政8090宣讲团"作用,结合财政亮点工作开展宣讲,在学习强国杭州平台、浙江平台发布宣讲视频。推进"为民理财红管家"党建品牌建设,推进"党建双强"创建,健全大党建工作机制。建立"红黑榜"督查通报制度,实施目标公示、进度展示、实绩比拼。完善干部考核评价机制,推行干部实绩"季赛、年考"。

(淳安县财政局供稿　袁宇涵执笔)

注:

***18项特别生态功能区民生提档项目**:分别为"居民基本养老保险基础养老金标准""企退人员社会化管理""城乡居民医疗保险市一体化""医疗救助""最低生活保障标准""特困人员供养""孤儿(困境儿童)生活费""低保、低边家庭儿童生活补贴""困难群众价格补贴""政府购买居家养老服务补贴""困难残疾人生活补贴""残疾人津贴制度""残疾人意外伤害险补助""残疾人就学补助""残疾人自主创业缴纳职工养老保险补助""残疾人就业创业补助政策""残疾人基本型辅助器具服务""责任医生签约服务费"。

宁波市财政工作

宁波市

【概况】 2022年，宁波市实现地区生产总值15704.3亿元，增长3.5%。其中：第一产业增加值382.0亿元，增长4.1%；第二产业增加值7413.5亿元，增长3.2%；第三产业增加值7908.8亿元，增长3.8%。三次产业结构比为2.4∶47.2∶50.4。外贸进出口总额12671.3亿元，增长6.3%，其中出口8230.6亿元，增长8.0%；进口4440.7亿元，增长3.4%。居民人均可支配收入68348元，扣除价格因素实际增长2.2%。其中城镇居民人均可支配收入76690元，实际增长1.5%；农村居民人均可支配收入45487元，实际增长3.5%。2022年全市财政总收入3358.63亿元，增长2.9%。一般公共预算收入1680.23亿元，下降2.5%，其中税收收入1382.51亿元，下降5.9%，剔除增值税留抵退税因素后，一般公共预算收入同口径增长5.1%，在全国主要城市中排名第10位。全市一般公共预算支出2187.81亿元，增长12.5%。2022年市本级实现财政总收入596.89亿元，增长22.2%；市本级一般公共预算收入165.05亿元，增长3.1%；市本级一般公共预算支出494.52亿元，增长14.2%。全年全市及市本级财政收支平衡。

【强化收支管理】 稳定收支运行。统筹四本预算和上级补助资金，盘活各类存量资金，加大财政结转资金统筹力度。地方财税收入协调领导小组增补资规、住建、海关、人行等部门为成员单位，确保财税收入稳定运行。2022年，全市一般公共预算收入占财政总收入的50.0%、占地区生产总值的10.7%；税收收入占一般公共预算收入的82.3%，保持合理结构。有序加快支出进度，开展支出进度实时监测，定期通报一般公共预算、直达资金支出进度，周通报、日通报产业政策资金兑现等专项资金进度。完善市与区（县、市）增值税留抵退税分担机制，分配下达中央专项转移支付资金145.35亿元，纳入直达资金监管。组织非税收入。全年实现非税收入1552.75亿元，下降17.7%，其中纳入一般公共预算收入的非税收入297.72亿元，增长16.9%。争取债务限额。新增专项债券353.00亿元，支持市政和产业园区基础设施、城市交通设施、保障性安居工程等329个项目。专项债券项目财政部审核通过率96.2%，总支出进度95.9%，居全国前列。

【支持助企纾困】 落实新的组合式税费政策，加强实施效应评估，全年全市退减缓税719.20亿元。加快产业政策兑付，建立政策兑现旬报制度，推动政策精准落地、直达快享，半年实现全市产业政策兑现进度96.7%。发挥政府性融资担保作用，针对中小微企业开发“惠通”“速通”产品，全年全市融资担保业务473.96亿元，推动市场主体复苏。发挥政府采购功能，全年授予中小企业合同金额占政府采购总金额的77.6%。促进消费复苏，全年拨付资金20.03亿元，发放消费券8期，撬动消费279.08亿元。支持稳就业稳市场主体，扩大社保费缓缴政策范围，实施阶段性缓缴三项政策，优化失业保险稳岗返还政策，发放一次性留工培训补助和扩岗补助，拨付资金19.14亿元。推进“甬上乐业”计划，实施工匠培育工程，实现职业技能提升。创新“薪资保”“稳业保”“灵活保”等稳就业政策性金融产品，2022年“薪资保”有效授信额度179.16亿元，惠及4246户小微企业37.7万名职工；“稳业保”覆盖5765户企业32.9万名职工；“灵活保”完成投保21.9万人。

【服务经济发展】 支持产业转型升级。安排财政资金7.36亿元，推进规上工业企业数字化改造，壮大软件集成电路等数字经济核心产业。拨付资金0.50亿元，支持港航、会展等新业态发展，推进服务业扩容提质增效。支持科技创新提升动能。全市科技支出151.00亿元，增长15.1%，支持甬江实验室、中科院材料所等一批高能级科创平台建设，提升科技型企业研发能力。支持稳住外贸基本盘。市财政安排资金8.00亿元，出台支持外贸高质量发展、出口信保扶持、加大跨境电商等财政政策。继续安排甬贸贷风险池资金5000万元，解决中小微外贸企业融资问题，甬贸贷全年放贷企业1106户，放贷资金46.04亿元。

【增进民生福祉】 推进“浙里甬有”幸福民生建设，全年民生支出1536.39亿元，增长11.9%。构建共富型大社保体系。建立基本公共服务财政保障标准体系，基本实现全市到人到户92项基本民生政策标准统一。城乡居民基础养老金标准提高至330元/（人·月）。城乡居民医保人均财政补助标准提高至1326元/年。支持卫生事业发展。全年医疗卫生支出192.53亿元。支持常态化疫情防控，下达疫情防控经费56.47亿元。支持教育事业发展。全年教育支出298.79亿元，支持发展高水平现代化教育，推进城乡优质教育均衡发展，打造宁波特色职业教育体系。支持文化高地建设。全年文化体育与传媒支出13.17亿元，支持国家文化与金融合作示范区、国家全域旅游示范区创建，支持天一阁博物馆等重大文化项目建设，提升文化软实力。

【推进财政改革】 推进财政体制改革。完成教育、医疗卫生、公共文化3个领域市与区（县、市）财政事权与支出责任划分改革，推进区县和乡镇财政事权与支出责任划分改革。深化预算管理制度改革。加大预算收入统筹力度，推进财政支出标准化建设，严格预算编制管理，加快构建资源统筹、政策协同、绩效导向、可持续发展的预算管理格局。推进部门预算管理改革，健全项目库管理机制。实施财政数字化改革。谋划开发“宁波财政大脑”。上线“智慧财政”系统，实现全市两级财政系统预算管理一体化和数据大集中。探索财政资金股权投资。研究财政资金“拨改投”改革方案，制定市级财政资金股权投资办法，从“奖补”

变为"股权",充分发挥财政资金杠杆作用。完善国有资产管理制度。出台行政事业单位软件资产管理办法、国有资产损失赔偿处理办法、行政事业性国有资产管理办法等制度。

【强化财政风险管理】 防范债务风险。完善防范化解债务风险长效机制,按照"前紧后松、总体均衡"原则做实做细化债方案。健全化债通报和约谈机制,加大考核激励力度,开展防范债务风险领域专项整治行动。防范基层财政运行风险。加强区(县、市)"三保"预算事前评审,实现县级审核全覆盖。建立均衡性转移支付稳定增长机制,增强基层政府和财政困难地区保障能力,单独调度留抵退税等直达资金,确保各地留有充裕资金。落实过"紧日子"政策,压减一般性及非急需、非刚性支出,2022年全市"三公"经费支出下降1.7%。

【干部队伍建设】 加强政治建设,局党组理论学习中心组发挥领学促学作用,全年学习研讨20次。市局机关被市委授予"模范机关创建示范单位""文明机关标兵单位""清廉机关建设先进单位"称号,获第十二轮民主评议机关经济服务与管理单位第1名。坚持实干实绩导向,加快财政队伍结构性重塑和系统性建设,打造高素质、专业化财政干部队伍"蓄水池"。建立年轻干部"成长档案"工作机制,实现"全过程建档、全要素归档、全周期管理"的全链条培养。开展"财政服务月"专项行动,走访企业89户次,收集意见建议127条。组建党员突击队和青年突击队,派出46名党员干部参与疫情防控。

(宁波市财政局办公室　范　雯执笔)

海曙区

【概况】 2022年,宁波市海曙区实现地区生产总值1501.27亿元,增长2.7%。其中:第一产业增加值17.18亿元,增长2.0%;第二产业增加值425.84亿元,增长0.4%;第三产业增加值1058.26亿元,增长9.4%。三次产业结构比为1.1∶28.4∶70.5。按常住人口计算,人均生产总值142200元,增长1.9%。全年财政总收入207.63亿元,下降7.8%,其中一般公共预算收入117.06亿元,下降9.7%。一般公共预算支出138.35亿元,增长21.5%。全年财政收支平衡。

【优化财政收支结构】 优化收入结构。全区一般公共预算收入占GDP的7.8%、占全区财政总收入的56.4%。其中,税收收入107.86亿元,下降10.1%,占一般公共预算收入的92.1%。组织非税收入。全年完成非税收入12.21亿元,其中纳入一般公共预算管理的非税收入9.19亿元,下降5.5%。落实政府过"紧日子"政策。构建政府过"紧日子"长效管理机制,压减一般性支出和非急需非刚性支出。全年收回未达预期目标部门项目资金1.82亿元,"三公"经费下降2.4%,节省资金统筹用于民生领域、疫情防控、经济扶持等。建立常态化资金直达机制。实时跟踪直达资金执行情况,全年兑现中央和省市直达资金9.91亿元,支持基层落实减税降费政策。

【助力经济稳进提质】 落实各级政府一系列恢复市场活力政策。"第一时间+顶格优惠"落实省"5+4"稳进提质政策体系、市稳链纾困助企"47条"及区"27+10"助企纾困政策包财政相关内容。落实新的组合式税费支持政策,全年退减缓税50.51亿元。全年兑现惠企政策资金14.28亿元,惠及市场主体4.9万家。发放1.27亿元消费券,促进消费稳健复苏。开展"千名干部助万企、高效纾困破难题"行动。推送"薪资保"等财政支持稳就业政策性金融产品,通过财政全额贴息,强化对市场主体和就业群体保障。财政投入2.69亿元,支持实施先进制造业和现代服务业双轮驱动战略,协同推进现代产业体系构建。全年科技支出6.28亿元,积极对接"国字号"平台高端智力资源,通过塑造"翠柏里创新街区"名片,引进、培育高精尖科创主体。财政外贸投入1.25亿元,加强外贸主体培育,实现外经外贸总体运行平稳、稳中有进。

【推进共同富裕建设】 健全"钱随人走"基本公共服务财政保障标准体系,加快大管网供水、共富产业园等共富项目落地。支持开展"物质+服务"社会救助改革,加快构建橄榄型社会结构。加大村级集体经济"消薄"攻坚力度,实现经营性收入30万元以上行政村全覆盖。优化"一老一小"服务体系,区福利中心开工建设,不断增强公共服务均衡性和可及性。健全"三农"投入稳定增长机制,加大涉农资金整合力度,推动土地出让收入优先支持农业农村。加大财力下沉力度,加强对困难地区的支持,确保基层"三保"不出问题。完善财政转移支付和生态补偿机制,着力解决城乡差距、收入差距问题。横街镇入选宁波市四明山区域农村综合改革支持共富乡村集约创新示范建设试点项目。

【增进民生福祉】 全年民生支出101.98亿元,增长25.0%,占一般公共预算支出的73.7%。支持教育事业发展。全年教育支出23.14亿元,增长5.6%。做好教育"民转公"政策实施工作,规范民办义务教育配套措施。新建改建5所学校,中学、小学生生均经费标准分别提高至2000元/(人·年)、1700元/(人·年)。支持医疗卫生事业发展。全年卫生健康支出12.98亿元,增长45.6%。健全普惠性补充医疗和长期护理保险制度,海曙区第二、第三医院顺利通过二级乙等医院现场评审。落实防疫支出1.68亿元,加快区公共卫生中心建设,疫情防控体系和应急能力建设较大提升。支持健全社会保障体系。全年社会保障和就业支出15.03亿元,增长21.6%。投入资金7760万元救助困难群体,困难群众医疗保险资助参保率100.0%。城乡居民养老保险基金基础养老金标准提高至330元/(人·月)。持续实施助企稳岗扩就业政策,加大对高校毕业生自主创业支持。实施乡村振兴战略。全年农林水支出7.28亿元。支持深化农村集成改革,夯实粮食安全。支持实施新时代美丽乡村工程，提升农村人居环境，打造高标准"浙东民居"。加快城乡有机更新。投入财政资金7.82亿元，支持未来社区建设、老旧住宅小区改造以及城市片区更新改造。谋划千年罗城复兴、资源循环基地及全域国土综合整治，运用财政奖补、金融支持、产业基金引导、目标考核激励等促进整体有序开发。

【深化财政改革】 持续推进"智慧财政"系统建设，出台《推进镇（乡）街道"一体化"建设工作实施方案》，构建覆盖市、区、镇（乡）街道三级财政预算执行体系。推进财政电子票据改革。完善国库支付电子化改革。依托"政采云"推进项目采购全流程电子化，政府采购电子化开评标率100.0%。推进融资平台公司实体化、市场化转型。

【加强财政监管】 开展财政运行暨地方财经秩序专项整治。推进行政事业单位内控体系建设，完善镇（乡）街道财政财务规范化管理。开展非税专户存量资金情况检查，清理盘活规范财政资金。开展区级国库集中支付业务代理银行招投标，规范单位银行账户和公款竞争性存放管理。上线新版公车管理系统，明确行政事业单位各类公务用车权限。加强网络安全工作，保障网络架构和数据安全。建立会计人员诚信管理体系，强化会计人员监管，提高财务基础规范化水平。

【加强队伍建设】 出台"真抓实干促规范、争先进位提效能"行动实施意见，明确三年5个专项行动16项任务和3个基础工程10项任务，以定人、定责、定时限的"三定"清单管理和"周研判、月评估、季复盘"的督查机制，取得"真抓实干""稳进提质"的工作成效。发挥党员先锋模范作用，海曙、北仑等地疫情发生时，组建海财红海突击队。实施"五问五破五比五先"作风建设专项行动以及"六学六进六争先"学习实践活动，开展"海财中坚"亮绩述职暨"海财新声"新进干部"结对帮带"活动，提升干部业务技能。

（宁波市海曙区财政局供稿　高　瑜执笔）

江北区

【概况】 2022年，宁波市江北区实现地区生产总值860.32亿元，按可比价格计算增长4.9%。其中：第一产业增加值8.94亿元，增长5.4%；第二产业增加值271.06亿元，增长2.1%；第三产业增加值580.31亿元，增长6.2%。三次产业结构比为1.0∶31.5∶67.5。按照常住人口计算，人均生产总值172408元。全区财政总收入177.53亿元，同口径（剔除增值税留抵退税因素，下同）增长11.0%。一般公共预算收入101.94亿元，同口径增长6.5%，占财政总收入的57.4%、占地区生产总值的11.8%；税收收入92.66亿元，占一般公共预算收入的90.9%；全区一般公共预算支出94.56亿元，增长19.2%。全年财政收支平衡。

【组织财政收入】 实施财政收入提质攻坚专项行动，建立工作专班，实行清单式管理，向上争取免抵调指标，优化财税联席会议制度，加快国有资产处置，促进财政收入均衡入库。强化重点财源性项目招商，深化"招商提质"行动，保障招商"一把手工程"开展，向上争取项目支持，培育财政收入新增长点。加强非税收入征管，全年完成非税收入91.84亿元，其中，纳入一般公共预算管理的非税收入9.28亿元，下降5.2%。

【促进稳进提质】 助力经济稳进提质攻坚行动，落实稳定经济大盘一揽子举措。落实减税降费各项政策，全区退税、减税、降费41.95亿元，其中增值税留抵退税20.53亿元。发挥专项债券投资拉动作用，年度发行专项债券18.40亿元；争取政策性开发性金融工具2.00亿元，保障区委区政府重点工作，促进城市更新提质。发放消费券6600万元，带动居民消费11.93亿元。落实稳外贸各项举措，支持建立"助企稳贸"服务联盟，加快培育外贸梯队。支持助企纾困稳链，协同出台助企纾困系列政策，开展政策集成落地攻坚行动，区本级涉企资金投入5.71亿元，增长50.0%；创新"预兑现+清算"兑现模式，加快政策资金下达，使企业早受惠，上半年完成全年兑现任务。

【增进民生福祉】 全年民生支出65.95亿元，占一般公共预算支出的69.8%，增长26.1%。支持建设健康江北。全年卫生健康支出7.10亿元，增长75.9%，持续保障疫情常态化防控，宁波市第九医院公共卫生楼建成投用，前江街道社区卫生服务中心开工建设，推进慈城镇中心卫生院迁建工程，获评省级健康区。支持打造优学品牌。全年教育支出13.05亿元，增长3.3%，惠贞高级中学、江北中心学校等4所学校投用，3所幼儿园开园，4所"公参民"学校转公。支持乡村振兴战略。全年农林水支出7.02亿元，增长2.4%，乡村面貌整体提升，打造艺术赋能村3个、省级特色精品村2个，外漕村和毛岙村通过省级未来乡村验收。支持"消薄"攻坚行动，所有行政村集体经济实现经营性收入超30万元，低收入农户人均可支配收入超2万元。支持改善生态环境。全年节能环保支出0.69亿元，增长13.5%。支持建成省级清新空气示范区，实施"甬有碧水"行动，地表水市控以上断面水环境功能区达标率100%。支持社会保障事业。全年社会保障和就业支出10.48亿元，增长75.3%。健全灵活就业服务保障体系，城镇新增就业1.5万人。落实养老保险全国统筹，新增保障性租赁住房5353套。优化"一老一小"服务，新增8家标准化老年食堂、1家智慧养老院和1家5A级居家养老服务中心，每千人拥有婴幼儿照护服务机构托位数3.5个。支持文体事业发展。全年文化体育与传媒支出1.08亿元，助推文化强区建设，打造"浙江有礼·礼尚北岸"品牌，建成70个"15分钟品质文化生活圈"、2个城市书房。

【深化财政改革】 建立常态化财政资金直达机制。全年中央直达资金9.23亿元，支付进度99.8%；省直达资金305万元，支付进度99.9%。推动国企改革突破。出台国企架构优化整合和8家主要国企“三定”方案，成立国投公司，搭建三级管理架构，优化股权结构，新增2家AA+信用评级国有企业。深化预算绩效改革。健全预算绩效管理制度体系，实现“四本预算”绩效管理全覆盖。加快“智慧财政”建设。完善预算管理全流程机制，开发江北区专项债资金管理系统，实现资金闭环管理，动态监控。

【提升队伍建设】 强化党组理论学习中心组学习机制，开展机关作风建设专项行动，依托“三服务”“财政服务月”，全局干部640人次参与助企纾困、文明典范城市创建、疫情防控等志愿服务，获评2022年度攻坚克难好班子、民主评议机关活动作风建设先进单位、“模范机关”创建示范单位等荣誉。落实全面从严治党主体责任，健全廉政风险预警机制，梳理重要廉政风险点，制定防控举措。推进党建引领国企转型，打造国企党建品牌“1+5”格局，推进清廉国企建设，指导完善“三重一大”、房产出租等7项制度。强化年轻干部培养，完善“青蓝育才”一对一培养机制，优化中层干部队伍结构。

（宁波市江北区财政局供稿　包　鑫执笔）

镇海区

【概况】 2022年，宁波市镇海区实现地区生产总值1374.29亿元，按可比价计算增长5.9%。其中：第一产业增加值7.32亿元，增长3.2%；第二产业增加值954.92亿元，增长8.0%；第三产业增加值412.05亿元，增长2.0%。三次产业结构比为0.5∶69.5∶30.0。城镇居民人均可支配收入81078元，农村居民人均可支配收入47027元，分别增长4.8%和6.7%。全社会固定资产投资增长9.5%。全年完成财政总收入129.26亿元，下降15.5%，同口径（剔除增值税留抵退税因素，下同）增长5.4%。一般公共预算收入74.40亿元，下降17.3%，同口径增长0.6%。一般公共预算支出107.57亿元，增长12.1%。全年财政收支平衡。

【稳住收支基本盘】 组织财政收入。全年一般公共预算收入占财政总收入的57.6%、占地区生产总值的5.4%。其中，税收收入59.21亿元，下降22.9%，占一般公共预算收入的79.6%。全年非税收入15.19亿元，增收2.05亿元，增长15.6%。其中，纳入一般公共预算管理的非税收入15.19亿元，增长15.6%。盘活存量资金。梳理和盘活存量资金7.80亿元，提高财政资金使用效益。统筹预算编制执行。印发《关于2022年镇海区做好预算执行管理工作的通知》，保证财政支出强度和支出进度。保障重点领域支出。优化防疫资金拨付流程，安排3.86亿元筑牢疫情防控防线。安排人才经费2.84亿元，增长23%。投入8000万元推进政府数字化改革，推动公共数据“强基提质”。

【服务经济大局】 政策资金直达快享。全年预算安排涉企资金（含市区两级）11.80亿元，助企直达快享。实施政策兑现清单式管理，对标年初计划逐项落实。创新政策兑现容缺承诺预拨机制，预拨各类政策资金2.16亿元，惠及企业496家次。落实税费支持政策。全年办理增值税留抵退税38.58亿元，占宁波全市的9.4%，帮助市场主体恢复活力。稳就业促共富。维护就业大局稳定，发挥财政、金融、就业等强政策协同效用。全年“薪资保”授信440家企业、金额19.49亿元，惠及3.6万人。服务实体经济。区产业发展基金提前布局参股半导体基金湖杉华芯，推动集成电路产业发展，投资1.50亿元引进重大集成电路项目。加快汇智天使人才基金发展，全年完成项目投资8个，涉及资金2300万元。

【保障民生支出】 全年民生支出86.75亿元，占一般公共预算支出的80.6%，增长12.1%。完善社会保障体系。全年安排社会保障和就业支出1.82亿元，其中城乡居民社会养老保险基金9580万元，社区事业保障补助经费6780万元，城市最低生活保障1307万元，残疾人保障专项经费3657万元。保障医疗事业发展。安排卫生健康支出6.75亿元，主要包括公立医院综合改革和政策性补助1.39亿元、提升公共卫生服务和基层卫生保障水平1.45亿元、新型冠状病毒防控及相关支出2.54亿元、推进智慧健康保障工程等信息化建设990万元。助力教育事业发展。全年安排教育支出16.28亿元，落实教育“双减”、义务教育民转公政策，安排教育“双减”政策资金1000万元，义务段教育民转公改革经费1800万元，学前教育专项经费6650万元，支持发展高水平现代化教育。

【支持乡村振兴】 推进农业项目建设。投入5000万元，建设农村综合改革项目12个和农业产业化项目28个。全年安排财政资金720万元，保障1.23万亩南岚湾现代农业示范园区建设。升级改善美丽乡村环境。区本级财政全年安排美丽乡村专项资金9500万元，其中农村“厕所革命”专项资金1425万元，启动智慧公厕建设行动；安排农村垃圾分类资金2750万元，平均144户布设1个投放点。

【深化财政改革】 深化预算管理改革。制定预算项目库管理办法，实现项目全生命周期滚动管理。加强预算执行分析和结余预清理，落实区级项目原则上不做结转要求，控制预算追加。开展“工作职责+具体活动+绩效目标”绩效管理模式改革试点，实现预算和绩效管理深度融合。加快财政数字化改革。深化“智慧财政”系统应用，系统核心功能覆盖全区所有一级预算单位和各镇（街道），实行从区本级到镇（街道）、从单位端到财政端的预算管理全流程数字化管理。

【加强债务管理】 助推重点项目建设。全年发行专项债项目15个，争取债券资金36.10亿元，同比增长5.6%，重点支持绿色石化综合开发、招宝山全民健身中心等项目建设。加快专项债资金使用。对于不能及时有效使用的债券资金，按规定实施债券用途调整，全年实施3批次用途调整，计1.63亿元债券资金调整用于其他符合条件的项目。截至2022年年底，以区级额度发行的14.20亿元债券资金实际支出10.57亿元，支出进度74.4%。提升债务管理水平。加强常态化风险监测，落实债券资金使用进度月报和定期通报制度。完成政府债务预决算公开和政府债券存续期信息公开。

【加强财政监管】 部署公款存放线上招投标。持续推进公款竞争性存放网上招投标平台部署和应用。2022年9月，财政专户资金定期存放招投标项目通过"政采云"平台开标。规范预决算管理。建立过"紧日子"长效机制，落实"三公"经费只减不增要求，严控一般性支出，全年"三公"经费较2021年决算数下降1.86个百分点。完成2021年度部门决算、总决算和政府综合财务报告编制等工作，有序实现部门所属二级预算单位预决算公开，全年部门预算公开152家。强化基本建设财务管理。聚焦科创强区、品质提升、民生改善，2022年安排15.32亿元，其中区财政资金7.90亿元，上级补助资金7.42亿元，用于保障本年度政府投资项目建设。加强财政监督和绩效管理。组织开展2022年预算绩效评价工作，涉及预算单位259个项目和65个部门整体支出绩效评价，其中4个列入重点部门整体支出绩效评价。强化政府采购监管，全年完成政府采购项目467个，采购预算8.87亿元，成交金额5.31亿元，资金节约率40.1%。

【加强作风建设】 锤炼"政治过硬"机关。定期专题分析研判意识形态工作，党组书记带头上专题党课，组织开展"两个先行"大宣讲，带动全局系统开展专题学习。锻造"组织过硬"机关。制订《党建业务融合实施方案》，开展"忆初心强党性当先锋""七个一"党员政治生日等活动，组织干部述职晾晒比实绩。布设"民和清风"微景长廊，设置"光荣榜"，建强党建阵地。铸造"纪律过硬"机关。组织开展"五问五破"系列活动，进行大检视、大剖析、大整治。严格落实党政机关过"紧日子"要求，整治公务活动铺张浪费等行为。

（宁波市镇海区财政局供稿　姚　玥执笔）

北仑区

【概况】 2022年，宁波市北仑区（宁波经济技术开发区）[1]实现地区生产总值2630.84亿元，按可比价格计算增长4.2%。其中，第一、二、三产业分别实现增加值8.92亿元、1300.13亿元和1321.79亿元，分别增长0.5%、4.9%和3.5%。三次产业结构比为0.3:49.4:50.3，第二、第三产业分别拉动GDP增长2.4和1.8个百分点。固定资产投资增长14.5%。社会消费品零售总额413.39亿元，增长2.3%。外贸进出口总额4518.59亿元，增长9.2%。按常住人口计算，人均生产总值304319元。城镇居民人均可支配收入78474元，增长3.2%；农村居民人均可支配收入47397元，增长5.4%。全区财政总收入905.35亿元，增长15.9%；一般公共预算收入424.13亿元，为调整预算106.0%，增长8.2%。全区一般公共预算支出371.80亿元，增长20.4%。全年财政收支平衡。

【组织财政收入】 协同税务等部门，开展重点税源企业税收监控，定期测算分析，强化收入组织主动性，全年39家税源支柱企业（集团）完成各项税费收入86.92亿元，下降9.1%，占财政总收入的9.6%。优化收入结构，一般公共预算收入占GDP的16.1%、占财政总收入的46.8%；税收收入386.38亿元，增长9.3%，占一般公共预算收入的91.1%。加强非税收入征管，全区非税收入41.64亿元，下降7.1%，其中纳入一般公共预算管理的非税收入37.75亿元，下降2.0%。

【助力稳经济】 落实国家、省、市稳链纾困助企政策，会同有关部门出台配套细化政策，助力稳住区域经济大盘。开发园区整合后全区原定扶持政策保持不变。落实减税降费政策，全年增值税留抵退税72.10亿元，小微企业"六税两费"减免3.80亿元，生产、生活性服务业增值税加计抵减政策减免2.50亿元，"房土两税"减免0.50亿元；制造业企业实行专项缓缴措施，涉及税款17.59亿元，惠及企业9061户。助企纾困政策资金直达快享，省定助企纾困、减负降本年度任务提前超额完成，产业政策兑付上半年百分百完成，让企业早享快享政策红利。支持新一轮制造业"腾笼换鸟、凤凰涅槃"攻坚、数字化转型、服务业提升、自贸试验区建设等行动推进。投入资金1.28亿元，发放消费券8期，拉动消费30.13亿元，推动市场主体复苏。科学技术支出36.20亿元，增长17.4%，支持强院强所引进、关键核心技术攻关和科技自立自强。支持中小企业发展，政府采购向中小微企业倾斜，成交项目数和金额分别占93.5%、94.4%。通过"薪资保""稳业保""灵活保"等政策性金融产品，全年争取有效授信16.10亿元，惠及小微企业404家、员工30969人。用好用足"两直资金"，接收中央直达资金14.27亿元，支出进度100%。

【保障民生支出】 全年民生支出184.00亿元，增长21.3%，占一般公共预算支出的49.5%，支持共同富裕示范区建设，实施"扩中""提低"改革，助力重大民生项目落地。全年教育支出23.40亿元，推进学校新改扩建和"民转公"教育改革，实现义务教育段公办学校覆盖率、义务教育免费率两个100.0%。卫生健康支出17.86亿元，支持公立医院改革和医共体建设，新扩建社区卫生服务中心2家。社会保障和就业支出25.08亿元，关注"一老一

1 因开发区（园区）整合提升，原宁波市北仑区（含开发区、保税区、大榭开发区）改为宁波市北仑区（宁波经济技术开发区），口径一致。

小”,支持“在仓暖养”工程系统实施,建成康养联合体5家,全市首个儿童友好综合文体中心投用。住房保障支出4.91亿元,新筹建保障性租赁住房10705套,新开工安置房6251套。节能环保支出17.28亿元,推进美丽北仑建设,获省“五水共治”大禹鼎“金鼎”奖。支持乡村振兴,一般公共预算安排农林水资金4.39亿元,增长10.0%,土地出让金用于农业农村支出5.50亿元。支持常态化疫情防控,发放自行来甬务工人员交通补贴2992万元,惠及73429人;留甬员工专项补贴3420万元,惠及74864人;新增职工用工补助660万元,惠及企业1695家。新增政府专项债券资金18.60亿元,主要用于市政、生态环保、卫生健康等15个项目。

【创新财政管理】 构建“五个一”财政集中统管体制机制(1个财政局、1个税务局、1个金库、1本预算、1种财政体制),统一资金管理操作规范、审核流程以及费用支出标准。研究区与街道财政管理体制过渡期方案,建立财政国资定期会商机制,全过程参与政府投资项目管理。印发《北仑区(开发区)关于进一步做好党政机关过紧日子工作的通知》,完善过“紧日子”长效机制,冻结收回预算指标138个、计3.20亿元。上线“智慧财政”系统,优化预算执行动态监控规则,全年提醒支付风险16942条,编发问题类简报8期。开展预决算信息公开、财经纪律专项整治自查自纠,政府采购全部实现电子招投标。公款存放实行网上招标,全年线上备案11个,涉及资金2.60亿元。

【加强队伍建设】 学习宣传贯彻党的二十大精神,以“第一议题”“三会一课”等形式常态化推进理论学习。以局党组名义出台《关于进一步加强干部队伍建设的意见》,集中修订党组工作规则、议事决策规则、落实党风廉政建设责任制实施办法、廉政谈话和信息公开等制度,出台党组理论学习中心组学习制度。开展机关作风建设专项行动、“对标找差距、先行必有我”大讨论、“一把手到一线”宣讲稳商扩资财政扶持政策等活动。推进党风廉政建设,省委巡视和市审计反馈的问题全部整改到位。党总支连续三年被市委组织部评为五星级基层党组织。

〔宁波市北仑区财政局(宁波经济技术开发区财政局)供稿 范拥军执笔〕

鄞州区

【概况】 2022年,宁波市鄞州区(含宁波国家高新区、东钱湖旅游度假区,下同)实现地区生产总值2734.78亿元,按可比价格计算,同比增长3.0%。其中:第一产业增加值30.7亿元,增长3.8%;第二产业增加值751.2亿元,增长3.0%;第三产业增加值1952.9亿元,增长3.0%。三次产业结构比为1.1∶27.5∶71.4。全区完成财政总收入467.87亿元,下降5.4%。其中一般公共预算收入279.60亿元,下降5.0%,一般公共预算收入占财政总收入的59.8%、占地区生产总值的10.2%。税收收入250.09亿元,下降7.7%,占一般公共预算收入的89.4%。一般公共预算支出269.72亿元,增长9.0%。全年财政收支平衡。

【组织财政收入】 协同有关部门开展税源排摸,跟踪分析重点税源变动情况,提高服务企业水平及税收征管质量,做到依法征收、应收尽收,确保财政收入平稳运行。清理盘活各类闲置资产资源,确保非税收入应缴尽缴。鄞州区(不含宁波国家高新区、东钱湖旅游度假区,下同)完成非税收入23.04亿元,其中纳入一般公共预算管理的非税收入23.04亿元,增长30.0%,占一般公共预算收入的10.4%。

【支持经济发展】 加强财政、金融、产业、就业等政策协同,完善推动经济高质量发展相关政策,安排制造业“腾笼换鸟”专项资金,助力实业兴区、创新强区;出台鄞州区纾困三十三条、稳进提质十二条政策,为企业纾困解难。加速落地各项惠企政策,全年办理增值税留抵退税40.30亿元,兑现助企资金21.06亿元,助力259家企业获得薪资保授信,为442户企业提供16.29亿元融资担保支持,减免776万元担保费用。促消费扩内需,投放消费券资金1.37亿元,撬动消费27.68亿元。加强政府采购对中小微企业的支持,预留给中小企业项目增加到171个,面向中小企业政府采购合同预付款比例提高约10个百分点。全年发行新增专项债券26.70亿元,保障30个重点项目资金需求。

【优化支出结构】 落实政府过“紧日子”要求,严控一般性支出,鄞州区“三公”经费下降5.6%,实现十连降。加大民生保障力度,全年民生支出157.68亿元,增长12.3%,占一般公共预算支出的78.6%。支持垃圾分类、农村生活污水整治、美丽宜居村等建设,推进基本公共服务均等化,助力城乡融合发展。安排卫生支出26.81亿元,推进中西医结合医院等建设,支持医共体和公共卫生服务体系建设,落实新冠疫情防控、一线医务人员临时性工作补助、医疗救治能力提升等费用。安排教育支出34.51亿元,支持义务教育规范“民转公”和“双减”政策,改善办学条件。安排社会保障和就业支出28.13亿元,提高退休人员基本养老金,支持居家养老、医养康养,保障构建幸福养老体系;推动社会保障提标扩面,户籍人口养老保险、医疗保险参保率99.5%;支持构建共富型就业体系,释放灵活就业潜力。适度超前开展基础设施建设,谋划全域土地综合整治投融资方案,推动首南街道全域土地综合整治获批自然资源部试点、姜山——云龙片区列入市示范片区,推动城市能级提升。

【深化财政改革】 推进预算管理改革,加快预算支出标准体系建设,提高预算管理规范化、科学化、标准化水平和预决算透明度,鄞州区65家区级部门、257家单位预决算信息全面公开。对“四本预算”所有项目开展预算绩效管理,专项债项目实施绩效评价,32家部门实行整体支出绩效管理,覆盖率50.0%。加快预算管理一体化建设，推广数字财政综合应用，实现部门、镇（街道）"智慧财政"系统全覆盖。推进财政电子票据改革，在鄞州区行政事业单位改革全覆盖基础上，119家社会团体单位实现全覆盖。推广政采云系统，全年平台交易额50.66亿元。

【筑牢风险底线】 及时调整化债计划，制订"一债一策"精准化债方案，多渠道推进化债工作。组织开展规范政府举债融资自查自纠行动。防范基层财政运行风险，加大财力下沉力度，增加镇（街道）一般性转移支付至2.50亿元，兜牢"三保"底线。开展行政事业单位银行账户和公款竞争性存放管理专项检查、地方财经秩序专项整治，严明纪律纪律。

【加强队伍建设】 组织开展理论学习中心组专题学习研讨13次，机关干部职工以各党支部集中学习为主。组织开展"党在我心中"主题党日活动，引导年轻党员参与微党课、演讲比赛等多种形式学习，提升政治理论水平。在"喜迎党的二十大、砥砺奋进新征程"鄞州区第二届"鄞铃"文艺微党课大赛中获三等奖。开展"党员干部廉政警示教育"活动。组织开展廉政教育专题学习、集体廉政谈话会、排查廉政风险点等活动。开设"财政讲堂"轮流讲课，提升干部职工职业技能水平。

（宁波市鄞州区财政局供稿　肖　扬执笔）

奉化区

【概况】 2022年，宁波市奉化区实现地区生产总值907.28亿元，按可比价格计算增长2.4%。其中：第一产业增加值35.98亿元，增长3.9%；第二产业增加值547.37亿元，增长1.0%；第三产业增加值323.93亿元，增长4.5%。三次产业结构比为4.0∶60.3∶35.7。按常住人口计算，人均生产总值155091元。全区城镇居民人均可支配收入67490元，增长4.6%；农村居民人均可支配收入41007元，增长6.6%。社会消费品零售总额170.66亿元，增长5.3%。全年固定资产投资额比上年增长13.7%。全区实现财政总收入107.15亿元，下降10.7%，同口径（剔除增值税留抵退税因素，下同）增长0.1%。一般公共预算收入69.30亿元，下降6.6%，同口径增长2.0%。一般公共预算支出107.32亿元，增长13.7%。全年财政收支平衡。

【组织财政收入】 关注经济形势和收入进度，抓好全年收入组织工作，加强收入预期管理、动态监控和结构分析，完成各项收入指标。全区一般公共预算收入占GDP的7.6%、占财政总收入的64.7%。其中，税收收入54.52亿元，下降15.2%，剔除增值税留抵退税因素下降4.8%，占一般公共预算收入的78.7%。完成社会组织和非税收入一般缴款书电子化改革，实现政府非税收入、医疗收费、社会组织、公益捐赠等全领域全票种覆盖，试行以数字人民币方式缴纳非税收入。全年实现非税收入24.83亿元，下降88.0%。其中，纳入一般公共预算管理的非税收入14.78亿元，增长49.1%。

【服务经济发展】 落实新的组合式税费支持政策，全年完成退、减、缓税（费）43.84亿元，其中增值税留抵退税22.11亿元；新增减税降费8.32亿元；办理缓税缓费13.41亿元，政策红利持续释放。做好惠企政策资金兑付和招商引资项目财政结算，全年兑付政策性资金8.86亿元，加快产业政策兑现进度，半年实现兑现进度97.4%。支持稳就业，全年"薪资保"授信1.85亿元，惠及企业职工3.7万人。创新"财政+金融"扶持模式，出台《奉化区纾困助企融资财政贴息实施细则》，统筹安排5000万元财政资金用于市场主体贷款贴息，全年撬动贷款20.30亿元，惠及企业1250家。全年争取专项债券35.80亿元，撬动有效投资292.32亿元。

【支持社会事业】 全年民生支出80.22亿元，增长13.6%，占一般公共预算支出的74.8%，推进基本公共服务标准化、同城化。全年社会保障和就业支出18.93亿元，增长21.2%，支持保障各类群体社保、困难群众补助、残疾人补贴等，调整城乡居民最低生活保障，完善社会养老服务，支持就业扶持。全年教育支出16.29亿元，增长1.8%，帮助困难学生，支持薄弱学校改造提升项目，促进教育综合发展和现代职业教育提升。全年卫生健康支出7.46亿元，下降16.4%，助力疫情防控，保障基本药物补助、医护人员补贴等，推进公共卫生服务均等化。全年农林水支出12.15亿元，增长34.7%，助推农村人居环境提升、农业产业发展、农民收入增长等。全年科学技术支出5.73亿元，增长21.4%，保障招商引资、科技政策兑现和"小而美"企业培育等。全年城乡社区支出7.68亿元，增长136.5%，主要用于城区市政工程维建、公路提升改善、道路养护和环卫保洁等。

【深化财政改革】 推进各项试点工作，大堰镇项目入围宁波市农村综合改革支持共富乡村集约创新示范建设试点项目，"费控及电子会计档案系统项目"列入2022年度宁波市会计数智化试点，探索招商引资领域绩效管理和绩效目标实质性审核试点。打造电子票据、数字人民币应用改革示范点。实现异地专家共享，完成政府采购远程异地评标项目。制定新一轮《镇（街道）、园区财政管理体制》，理顺区镇两级财政分配体制，实行"统筹兼顾、分类施策、激励引导、发展优先"财政管理体制，调动镇（街道）增收节支积极性。聚焦业务流程再造，以"手续最简、环节最少、成本最低、效率最高"为目标，梳理调整业务职能9项、优化系统流程17项，提高工作效率。

【强化财政监督】 严格预算管理，强化预算刚性约束、执行分析和动态监控。严格直达资金管理，全年中央直达资金7.68亿元，支出进度98.2%。盘活存量资金，清理削减无法支出和支出偏慢资金7.81亿元，收回支出指标2.13亿元。统筹政府性资源管理，国有资源处置收益纳入预算，完成资产处置收益6.70亿元。健全评审管理长效机制，全年完成评审项目351个，净核减资金16.02亿元，净核减率5.5%。开展全过程预算绩效管理，全年安排事前绩效评估、事中绩效跟踪、事后绩效评价等项目90个，核减资金11.27亿元，调减财政资金1.26亿元。组织财政监督检查5次，收回财政资金1784万元；对标专项整治8项重点任务及42项细化问题自查整改，确保财政资金使用规范。盘点全区主管部门和镇（街道）占有、使用、控制各类资产情况，清查资产原值261.74亿元，可盘活低效资产纳入区级资产池管理。加强债务风险防控，债务风险等级黄色。

【加强队伍建设】 聚焦模范机关创建，打造"聚沙成塔·把薪助力"党建品牌，设置"党建+财政"文化长廊和特色晾晒墙，创建"一支部一品牌"。聚焦机关作风问题，开展作风建设专项行动，获区级"六比六严、提能正风"行动工作考评优胜单位。聚焦志愿服务，派遣78名干部驰援疫区，开展流调、采样运转等疫情防控志愿时长2816小时，支援街道5个、村（社区）63个，获评区级战疫先锋团队。

（宁波市奉化区财政局供稿　周露璐执笔）

余姚市

【概况】 2022年，余姚市实现地区生产总值1513.59亿元，按可比价格计算增长1.9%。其中：第一产业增加值53.76亿元，增长3.2%；第二产业增加值898.27亿元，增长0.1%；第三产业增加值561.56亿元，增长4.5%。三次产业结构比为3.6∶59.3∶37.1。按户籍人口计算，人均生产总值182163元。全市财政总收入205.79亿元，下降9.1%，其中一般公共预算收入120.74亿元，下降6.9%；全市一般公共预算支出148.96亿元，增长4.5%。全年财政收支平衡。

【组织财政收入】 加强与各征收单位沟通协调，强化分析研判，综合考虑新冠疫情、经济下行、组合式税费支持政策、房地产市场低迷等因素影响，把握组织收入主动性。全市一般公共预算收入占GDP的8.0%、占财政总收入的58.7%。税收收入94.34亿元，占一般公共预算收入的78.1%。加强非税收入管理，2022年全市非税收入133.41亿元，其中纳入一般公共预算管理的非税收入26.40亿元，增长67.5%。

【支持经济发展】 落实财政扶持企业各项政策措施及新一轮组合式税费支持政策，2022年拨付各项企业奖励补助资金12.71亿元，减（退、缓）税费76.40亿元。综合运用预留采购份额、价格评审优惠等措施支持中小企业参与政府采购，全年面向中小微企业采购金额9.45亿元。发挥政采云平台"政采贷"功能，推动金融机构对小微企业资金扶持计划，推广应用"政采贷"产品。科技支出8.39亿元，增长15.6%，主要用于企业政策扶持、科技进步等。

【加大财政支农力度】 支持新农村建设，安排资金1200万元用于村级公益事业、幸福美丽乡村建设。巩固提升"消薄"成果，安排资金1232万元保障村级集体经济扶持项目和低收入农户增收扶持项目，安排资金5800万元保障富裕富足样板村建设和美丽风景示范线建设项目。提高现代农业发展质量和效益，安排资金3900万元扶持现代农业各项产业发展，安排资金2290万元支持高标准农田建设和改造提升、粮食功能区改造提升和绿色农田建设项目，安排资金1920万元用于规模种粮大户种植补贴，安排资金1900万元用于政策性农业保险项目。

【支持生态文明建设】 安排7077万元资金用于生态公益林建设、森林城镇及村庄建设、"一村万树"示范村建设和四明山区域生态发展。安排4459万元资金用于水环境整治、河道清污（淤）、山塘治理、小流域治理、泵站改造、农村小水电站技术改造等；安排520万元资金用于水利工程数字化、产权化、物业化"三化"改革工作；安排400万元资金用于农药废弃包装物回收和集中处置工作。

【支持社会事业发展】 全年民生支出116.89亿元，增长6.1%，占一般公共预算支出的78.5%。教育支出27.21亿元，增长4.1%，主要用于城乡义务教育、学生资助补助、中小学校改扩建等。社会保障和就业支出24.68亿元，下降5.4%，主要用于城乡居民基本养老保险财政补贴、最低生活保障金补助、困难群众及优抚对象生活补贴等。卫生健康支出17.64亿元，增长29.5%，主要用于城乡居民基本医疗保险补助、基本公共卫生服务等。全年落实疫情防控资金5.84亿元。农林水支出15.24亿元，增长2.1%，主要用于水利建设与发展、四明山区域生态发展、乡村振兴等。节能环保支出2.05亿元，下降7.0%，主要用于生活垃圾焚烧补贴、污染治理、节能减排、生态环境检测等。文化旅游体育与传媒支出2.45亿元，增长10.5%，主要用于旅游业扶持、文化产业发展、公共文化服务等。

【推进财政数字化改革】 持续推进"智慧财政"建设，做好乡镇纳入市级"智慧财政"预算执行系统试点工作。实现行政事业单位财务核算云、资产云、甬易办国库集中支付系统上线运行，甬易办全年支付资金4216笔计6.20亿元。开发全市预算单位和国有企业资产监督管理系统。推进财政电子票据改革，截至2022年年底余姚市完成财政电子票据改革单位584家，其中行政事业单位401家、社会组织183家。

【强化财政监管】 规范乡镇财政管理，出台《关于全面规范和强化乡镇财政管理的实施意见》，调整部分项目保障机制，重新梳理交通、住建、水利等领域市级与乡镇财权事权。严格落实过

“紧日子”要求，压减一般性支出，控制“三公”经费、会议费、培训费等支出规模，2022年“三公”经费下降10.0%。加强财政监督，开展地方财经秩序、代理记账行业违法违规行为专项整治。加强预算绩效管理，出台《余姚市项目支出绩效评价办法》《余姚市市级预算事前绩效评估管理暂行办法》，组织开展5个重点项目绩效评价。加强债务管理，争取新增政府专项债券43.35亿元。开展清产核资，摸清乡镇债务和资产底数，分类处置乡镇债务。

【加强队伍建设】 通过支部主题党日、邀请专家上党课等方式学习宣传党的二十大精神、省十五次党代会精神等。推进“清廉示范机关”建设，开展“镜鉴自省”警示教育活动、廉政知识应知应会测试、廉政书画摄影作品征集，建设“廉政走廊”。加强作风效能建设，开展作风建设大讨论、大检视，利用短信、钉钉群加强日常提醒。开展志愿服务活动，组织人员参与疫情防控服务，开展环境清洁、文明劝导等志愿服务。做好“一户一策一干部”结对扶贫、低收入农户慰问走访、慈善一日捐等活动。

（余姚市财政局供稿　陈立军执笔）

慈溪市

【概况】 2022年，慈溪市（含市本级、原宁波杭州湾新区和庵东镇）实现地区生产总值2521.58亿元，按可比价计算增长2.3%。第一、二、三产业增加值分别为66.01亿元、1531.34亿元、924.23亿元，分别增长4.5%、3.4%、0.4%，三次产业结构比为2.6∶60.7∶36.7。按常住人口计算，人均生产总值135423元。全市实现财政总收入364.08亿元，同口径（剔除增值税留抵退税因素，下同）增长3.9%，其中市级[1]财政总收入198.40亿元，同口径下降2.8%。全市实现一般公共预算收入204.73亿元，同口径下降0.2%，其中市级实现一般公共预算收入124.14亿元，同口径下降3.6%。全市一般公共预算支出250.86亿元，增长1.8%，其中市级一般公共预算支出167.95亿元，增长5.3%。全年财政收支基本平衡。

【组织财政收入】 加强经济形势和财源分析，构建由市财政局、市税务局牵头，各相关职能部门参与，18个镇（街道）落实的“2+X+18”税收精诚共治机制，统筹涉税各方力量参与治理，实施税源全方位、立体化、多层次监控。分析疫情及减税降费对财政经济影响，做好年度预算安排调整工作，努力稳住收入基本盘。全市一般公共预算收入占GDP的8.1%、占财政总收入的56.2%；税收收入完成163.92亿元，同口径下降3.1%，占一般公共预算收入的80.1%。加强非税收入征收管理，关注房地产市场，加强土地出让收入管理。全年完成非税收入130.00亿元（含政府性基金），下降46.2%，其中纳入一般公共预算管理的非税收入40.81亿元，增长16.7%。

【支持经济稳进提质】 落实各级政府稳经济一揽子政策，配合出台市级稳链纾困35条、稳经济促发展10条等系列政策，试行政策资金“预兑现”模式，加快政策兑付进度，市级全年兑付惠企政策资金10.64亿元。紧扣市场主体需求，市级全年为市场主体减轻税费负担62.03亿元，其中：大规模增值税留抵退税22.30亿元、制造业中小微企业缓缴26.90亿元、其他各类减免税费12.83亿元。投入贷款贴息财政资金5000万元，惠及企业1983家。安排资金1.14亿元，用于8期“你消费我助力”消费券促进活动。市级全年争取专项债券资金40.40亿元，增长44.3%，为扩大有效投资、拉动经济增长提供资金保障。

【增进民生福祉】 抓牢兜底性、基础性、普惠性民生，市级全年民生支出137.03亿元，增长4.8%，占一般公共预算支出的81.6%，保障完成10方面24项民生实事，连续7年荣膺“中国最具幸福感城市（县级）”。保障农业农村优先发展，市级“三农”支出92.23亿元，增长3.3%，其中：农林水支出9.60亿元，增长22.7%；土地出让金用于农业农村的支出15.26亿元，占比16.9%。市级教育支出39.90亿元，增长6.1%，推进城乡教育共同体建设。市级卫生健康支出17.44亿元，下降5.1%，保障疫情防控资金需求，提升基层医疗卫生水平。市级文化旅游体育与传媒支出3.19亿元，增长1.3%，完善公共文体服务体系。市级社会保障和就业支出21.11亿元，增长32.7%，落实稳岗就业促发展政策措施，保障救助、养老、优抚等民生实事。

【深化财政改革】 推进预算管理一体化建设，市级预算部门实现“智慧财政”系统全覆盖，启动“慈有公益仓”建设试点，提升国有资产使用效能。推进财政电子票据管理改革，完成170家社会组织财政电子票据系统上线工作，镇级财政电子票据系统新增开票点642个。深化数智会计改革，提升会计机构与人才管理水平。持续加强内控建设，作为全省首批实行网络版内控报告编报试点地区，实时监督287家单位内控建设。开展行政事业单位国有资产资源排摸清查，推行小宗土地统一经营开发、闲置资产注入国企实体化开发等模式，形成存量资产与新增资产良性互动。

【强化财政监管】 加强政府债务管理。强化全口径债务监测平台管理，推进存量债务化解，完善风险防控体系，实现对专项债券项目全周期、常态化风险监控，推进债务规模与债务率持续“双控双降”。提升项目绩效管理。全年开展绩效评价项目101个，涉及财政资金28.57亿元，推进单位绩效自评全覆盖。出台《慈溪市项目支出绩效评价管理办法》，对新增投资项目1000万元以上、政策项目500万元以上、一般专项300万元以上以及下年度增幅50%且增加预算超过300万元的老项目，全面开展事前绩效评审。严抓财经纪律管理。实施“规范管理、效能提升”

1 市级是指慈溪市本级，不含原杭州湾新区和庵东镇。

三年行动,开展地方财经秩序专项整治自查自纠工作。优化财会监督体系,强化内部监督和内控建设。

【提升队伍建设】 学习宣传贯彻党的二十大精神,强化理论学习。推进清廉财政建设,打造"阵地+家"财政文化,开展"崇廉、尚廉、倡廉、守廉"廉政教育,获全省清廉财政建设成效突出单位荣誉。开展"担当作为比作风、争先进位赛业绩"等机关作风建设专项行动,组织开展亮绩述职、练武比拼、师生结对、机关作风大家谈等活动。开展"企业暖心、我们同行"专项助企"三服务"行动,走访企业54家,解决困难问题42个。组建防疫支援队,做好"一户一策一干部"定期走访慰问、义务献血、文明交通等志愿服务。

(慈溪市财政局供稿 徐维杰执笔)

宁海县

【概况】 2022年,宁海县实现地区生产总值900.72亿元,按可比价格计算增长4.3%。其中:第一产业增加值54.52亿元,增长5.6%;第二产业增加值436.49亿元,增长3.9%;第三产业增加值409.72亿元,增长4.6%。三次产业结构比为6.0∶48.5∶45.5。固定资产投资增长9.3%。按户籍人口计算,人均生产总值142833元。城镇居民人均可支配收入72549元,增长3.6%;农村居民人均可支配收入42165元,增长5.8%,城乡居民收入比为1.72∶1。全县财政总收入97.10亿元,剔除增值税留抵退税因素增长3.6%,自然口径下降9.9%;一般公共预算收入62.47亿元,剔除增值税留抵退税因素增长1.7%,自然口径下降9.0%,占财政总收入的64.3%、占地区生产总值的6.9%;一般公共预算收入中税收收入45.17亿元,占比72.3%。非税收入68.68亿元,其中纳入一般公共预算管理的非税收入17.29亿元,下降3.9%。一般公共预算支出102.49亿元,增长9.6%。全年财政收支平衡。

【坚持开源节流】 坚持过"紧日子"。强化"三公"经费预算管理,控制一般性支出,重点保障刚性、急需支出,全年"三公"经费下降1.3%,一般性支出下降10.7%,加强政府购买服务"负面清单"管理,获评市级党政机关坚持过"紧日子"优秀案例。优化支出结构。兜牢"三保"底线,巩固拓展脱贫攻坚成果,优先支持"十四五"规划重点项目,加大疫情防控、科技攻关、生态环保等大事要事支持力度。盘活闲置资产。开展全县国有房产调查摸底工作,梳理闲置资产78处,盘活6处,账面价值2.01亿元。加快专项债券发行使用。新增专项债券13.30亿元,主要用于市政和产业园区基础设施等23个项目,促进总投资约154.54亿元。

【服务经济发展】 落实组合式税费支持政策,全年办理退减缓税34.61亿元,其中增值税留抵退税17.98亿元。支持留工优工稳就业,扩大社保费缓缴政策范围,实施阶段性缓缴养老、工伤和失业三项社保费政策,办理社保缓缴1013万元,惠及全县85家企业。优化失业保险稳岗返还政策,发放补贴5008万元,惠及全县10416家企业。发放一次性留工培训补助和留工优工补助1619万元。扶持宁海特色产业发展,全年兑现产业政策资金4.60亿元。扩面政府性融资担保,安排5000万元专项资金用于企业增量贷款贴息,全县1454家企业贴息贷款28.35亿元;用好"薪资保"金融工具,授信企业351家,争取宁波市级贷款资金3.68亿元,惠及职工3.3万人。挖掘消费潜力,发放消费券2400万元,撬动消费5.58亿元。发挥政府采购作用,通过提高预付款比例、调整小微企业价格评审优惠等,支持中小微企业发展,全年中小企业中标额占政府采购总规模的81.6%,其中小微企业中标额占政府采购总规模的54.7%。

【增进民生福祉】 围绕高质量发展建设共同富裕示范县,加强财政基础性、兜底性、保障性支持,促进基本公共服务优质均衡。全年民生支出77.77亿元,增长10.0%,占一般公共预算支出的75.9%。投入资金3521万元,优化"一老一小"服务,落实居家养老服务补贴,加大托育机构建设及运营补助力度。投入资金6055万元,支持县域医共体建设,提高基本公共卫生服务标准。疫情防控支出3.38亿元。投入资金20.62亿元,支持发展高水平现代化教育,推进城乡优质教育均衡发展,打造特色职业教育体系。全年社会保障和就业支出17.59亿元,建立覆盖全体居民的基本养老保险制度,城乡居民基础养老金标准330元/(人·月)。完善多层次医疗保障体系,城乡居民医保人均财政补助标准1617元。持续做好各类困难群众救助提标扩面工作,强化财政兜底性保障。

【深化财政改革】 深化绩效管理改革,106个预算单位自评项目769个,涉及预算资金40.74亿元,实现绩效自评项目全覆盖;全生命周期绩效管理试点项目获评省财政厅2021年度深化预算绩效管理改革试点优秀案例。深化涉农资金整合改革,全年整合涉农资金4.27亿元,增长15.0%;建立粮食安全保障机制,获评全省唯一全国级制种大县;助力打造美丽乡村典型样板,入选浙江省乡村振兴十大模式。加强单一来源采购管理,根据限额标准对单一来源采购项目进行集体审议,加强对第三方中介机构监督考核,全年审批100万元以上项目4个、涉及金额1604万元,100万元以下项目8个、涉及金额500万元。

【防范化解风险】 防范财政运行风险。制定财政运行应急预案,合理调度资金保障增值税留抵退税和重点项目、政策性支出等资金需求,确保库款支付安全。兜牢基层"三保"底线。优先安排"三保"支出,落实"三保"预算编制审核、预算执行监测、风险预警处置三项机制,确保资金分配、拨付、使用全链条监管。强化债务风险管控。实施政府投资项目立项前财政承受能力和债务风险评估,开展防范化解债务风险领域整治行动。

【加强队伍建设】 党建引领。执行"第一议题"和党委理论学习中心组学习制度,常态化开展"周二夜学";加强清廉财政建设,获评省级清廉财政建设成效突出单位。以财辅政。配合"七张问题清单"整改,全年整改完成省级问题2个、市级问题1个,县级问题1个;配合做好人大建议件、政协提案件答复,全年办理建议提案主办件2件,协办件22件;完成县委县政府督办件17件,深入学习重要批示件28件;配合财政部开展涉企违规收费专项检查,配合县级部门做好"三公"经费检查、巡察工作等。服务群众。选派干部助力疫情防控工作。全员参与文明城市创建志愿活动。接力"寒窗计划"助学活动,捐赠助学金21000元。

(宁海县财政局供稿　李朝露执笔)

象山县

【概况】 2022年,象山县实现地区生产总值720.04亿元,按可比价格计算增长5.2%。其中:第一产业增加值98.45亿元,增长4.6%;第二产业增加值273.75亿元,增长0.1%;第三产业增加值347.84亿元,增长9.4%。三次产业结构比为13.7∶38.0∶48.3。社会消费品零售总额244.90亿元,增长5.3%。完成货物进出口总额231.47亿元,增长18.1%,其中,进口26.97亿元,增长46.3%;出口204.50亿元,增长15.1%。按常住人口计算,人均生产总值125224元;全体居民人均可支配收入59160元,增长5.1%,其中,城镇居民人均可支配收入69478元,农村居民人均可支配收入41578元,分别增长4.6%和6.4%。2022年全县财政总收入100.00亿元,增长10.3%,占GDP的13.9%;一般公共预算收入60.82亿元,增长5.1%,占财政总收入的60.8%、占GDP的8.4%;一般公共预算支出101.67亿元,增长14.1%。全年财政收支平衡。

【提高收入质量】 健全市县纵向贯通、县级部门横向联动的收入组织长效机制,深挖税源增长点,规范非税征收管理。全年完成税收收入82.54亿元,增长9.0%,其中纳入一般公共预算收入中的税收收入43.36亿元,占一般公共预算收入的71.3%;征收非税收入65.71亿元,下降12.0%,其中纳入一般公共预算管理的非税收入17.46亿元,增长16.5%。做好项目策划、储备工作,争取上级补助资金37.78亿元,债券资金11.00亿元。盘活矿山、塘坝、水库等资源资产254.72亿元,提升资源资产利用效益。

【服务经济发展】 落实各级政府助企纾困和减税降费政策,全县新增退税减税降费及缓缴税费32.34亿元,其中增值税留抵退税13.17亿元。减轻企业社保负担,扩大缓缴三项社会保险费政策实施范围,落实阶段性缓缴职工基本医保单位缴费政策,调整职工基本养老保险参保用人单位缴费比例,缓缴社保相关费用3467万元、减免企业职工基本养老保险费5000万元。加快产业扶持政策资金兑现,兑付产业扶持专项资金6.41亿元,惠及企业3451户次。实施纾困助企融资财政贴息政策,支持小微企业降本增效,下达财政贴息284万元,惠及企业531家,新增贷款7.99亿元。

【改善民生福祉】 全年民生支出78.99亿元,增长14.3%,占一般公共预算支出的77.7%。安排教育支出15.75亿元,主要用于学校设施设备投入、优化义务教育结构。落实防疫资金3.97亿元,开展设备采购、重点人群核酸检测、应急物资保障等工作。安排社会保障和就业支出19.13亿元,保障社保各项待遇发放、稳岗稳就业、鼓励创业等。加大"三农"投入,推进"减船转产"工作,壮大集体经济,深化农村综合改革,支持建设美丽乡村,全年农林水支出14.00亿元。安排扶贫资金3953万元,用于对口支援和东西部扶贫协作。

【推进财政改革】 推进财政数字化改革。完善"智慧财政"系统建设,上线运行"资产云""财务云"模块,提高财政整体智治水平;推进社会团体组织财政电子票据改革,103家社会团体组织上线使用财政电子票据系统,惠及群众3042人次。深化预算绩效管理。建立事前绩效评估联席会议制度,完善事前、事中、事后有机衔接的全过程绩效管理链条,组织106个部门开展绩效自评,涉及项目739个、资金48.37亿元,对8个项目开展重点绩效评价,涉及资金3.31亿元。加强财政监管。强化政府采购监管,规范单一来源采购行为,全县政府采购项目节约财政资金2.26亿元,节约率12.8%;加强基建财务管理,全年审查工程145个,核减造价1.63亿元,核减率10.3%。规范公款竞争性存放。推进公款竞争性存放数字化转型,加快搭建网上招投标平台,规范资金存放和账户管理。

【防范运行风险】 加强风险管控,强化项目立项审批环节源头管理,新上项目要求足额落实项目资金来源,严禁超财力安排新基建项目。清理核实债务规模,遏制新增债务,多渠道筹措化债资金,完成化债任务。深入实施"乡财县管",常态化审核镇乡(街道)各项经费开支,全年审核资金9.65亿元;全面推进"乡债县管",防范化解镇乡(街道)债务风险。

【优化队伍建设】 贯彻落实党的二十大精神,抓好学习研讨、宣传辅导等工作,开展专题学习81次。实施"五问五破争先进、五比五先创一流"机关作风建设专项行动,组织党组理论学习中心组学习12次、"周二夜学"48期。开展"三服务促共富"大走访活动,走访困难群众288户次、调研企业186家,为群众办实事778件、为企业解难题81件。持续助力疫情防控志愿服务,参与高速卡口执勤、核酸监测点值守等疫情防控工作747人次。

(象山县财政局供稿　江　瑜执笔)

温州市财政工作

温州市

【概况】 2022年,温州市实现生产总值8029.77亿元,按可比价计算增长3.7%。其中:第一产业增加值177.48亿元,增长4.6%;第二产业增加值3380.82亿元,增长3.5%;第三产业增加值4471.47亿元,增长3.8%。三次产业结构比为2.2:42.1:55.7。按常住人口计算,人均生产总值83107元,增长3.2%。城镇居民人均可支配收入73326元,农村居民人均可支配收入38482元,分别增长5.2%和7.4%。全年社会固定资产投资增长7.8%。社会消费品零售总额3944.10亿元,增长3.6%。全年货物进出口总额2949.00亿元,增长22.4%,其中进口总额447.50亿元,增长19.3%;出口2502.00亿元,增长22.9%。全市财政总收入918.81亿元,同口径(剔除增值税留抵退税因素,下同)下降2.7%,其中一般公共预算收入573.85亿元,同口径下降2.6%;市本级财政总收入203.98亿元,同口径增长1.1%,其中一般公共预算收入125.96亿元,同口径增长2.2%。全市一般公共预算支出1137.74亿元,增长6.6%;市本级一般公共预算支出161.92亿元,增长11.3%。全市及市本级财政收支平衡。

【组织财政收入】 *加强税源培育*。加强与金融、国资、投促等部门联合,加大税源培育力度,开展财政增收挖潜专项行动,保障财政收入平稳运行。全市一般公共预算收入中税收收入448.95亿元,同口径下降5.9%,占一般公共预算收入的78.2%。*加强非税收入征管*。全市非税收入1285.16亿元,增长19.9%,其中纳入一般公共预算管理的非税收入124.90亿元,增长15.6%。*争取政府债券*。全市地方政府债券额度714.09亿元,其中新增专项债券473.39亿元。

【支持经济发展】 落实减税降费政策,全年办理增值税留抵退税203.18亿元,惠及2.6万户企业。落实惠企助企政策,升级惠企利民资金直达智控在线平台,全年兑现奖补资金191.47亿元,惠及企业和个人657.09万户次。推动消费回暖,指导全市发放4轮消费券,涉及资金6.63亿元,撬动消费超120.09亿元。市本级安排温州港、民航发展扶持资金2.45亿元,支持机场新开通国际货运航线4条,海铁联运始发站拓展至江西省南昌市;安排资金1.81亿元,出台扶持进出港集散地、跨境电商等内外贸新政策。加强科创融合,全市科技支出38.02亿元,同比增长16.5%,助力中国(温州)数安港落地。全市投入资金10.16亿元,保障高层次教育人才引进。争取上级政策扶持,全年向上争取资金15.41亿元,谋划出台新能源汽车、冷链物流等多项重点产业政策。保障重点项目建设,市本级统筹资金60.36亿元,重点支持乌牛互通高速、S线轨道交通、温瑞大道南段快速路一期、肯恩大学、瓯海二高迁扩建工程等项目建设。

【助力共同富裕】 投资农业农村短板,整合乡村振兴大专项资金4.05亿元。投入资金7000万元落实安居圆梦、小型公益、产业帮扶等政策。投入资金1.10亿元实施农业"双强"、预制菜产业和田园综合体试点建设。投入资金7000万元建设未来乡村、都市农业公园、整治村貌等。投入资金5000万元支持农村生产、供销、信用"三位一体"、农村闲置宅基地和农房双激活等改革示范。投入资金4200万元实施农业救灾、发放粮食补贴、发展生猪产业等。激发社会力量,创新慈善捐赠,试点推进公益仓建设,入选全省财政系统高质量发展建设共同富裕示范区"小切口"改革最佳案例实践。市本级行政事业单位通过公益仓捐赠8批次,价值300万元。作为家庭型财税政策改革探索先行试点县市,开展家庭财金助力扩中项目试点。

【保障民生支出】 全市全年民生支出887.07亿元,增长11.0%,占一般公共预算支出的78.0%。*助推教育事业发展*。全市教育支出257.24亿元,增长10.7%。统筹39.72亿元助力温州大学、温州肯恩大学等高校实现跨越式发展,温职院争创本科院校,安防学院校园整合提升;投入62.31亿元支持优化教育设施布局,新改扩建中小学、公办幼儿园197个,推动义务教育资源普惠均衡。*支持公共卫生事业发展*。全市卫生健康支出136.13亿元,增长20.6%。投入防疫资金62.84亿元,保障新冠疫苗接种、患者救治、核酸检测实验室建设、设备购置及运行、方舱医院及隔离点建设等;预拨医保基金10.04亿元,助力定点医疗机构开展疫情救治;市本级投入资金7037万元,落实医护人员关心关爱措施。*强化社会保障投入*。全市社会保障和就业支出143.62亿元,增长20.9%。发放失业保险稳岗返还资金4.03亿元,惠及企业8.5万家;发放留工培训补贴7433万元,惠及企业1.7万家;投入资金1.78亿元,开展职业技能培训30.6万人次。全市发放最低生活保障金8.82亿元,低保标准提高到1035元/(人·月),惠及低保对象10.6万人。投入资金4.50亿元,保障残疾人基本生活。支持建成儿童友好试点单元190个。投入资金4.00亿元,支持公办养老机构、居家养老服务照料中心、老年食堂等养老服务体系革新。*支持文化事业发展*。落实资金19.33亿元,助力朔门古港遗址勘探保护,支持2022东亚文化之都活动,打造"青灯市集"文化IP,擦亮书香社会、墨香城市、全民阅读示范城等文化"金名片"。*推进住房保障*。全市统筹资金64.41亿元,保障老旧小区改造、美丽城镇建设、保障性安居工程等。市本级投入资金11.61亿元,推进民生住房保障和棚户区改造,其中公共租赁住房支出1.36亿元,棚户区改造10.07亿元。

【深化财政改革】 *推进体制机制改革*。调整温州湾新区财政体制,出台《温州湾新区财政管理体制实施方案》。*深化创新试点*。

获批全国首批中央财政支持普惠金融发展示范区，全市普惠型小微企业贷款余额5040.71亿元，同比增长21.1%。整合提升市级政府性融资担保机构，全市小微企业和“三农”融资担保在保余额213.03亿元。参与财政部在全省的电子凭证会计数据标准试点项目，全国第一张符合财政部会计数据标准电子凭证落户温州，全年全市试点单位下载各类电子凭证8.06万张。推进财政数字化改革。升级社会审计报告“一库一码全链条”监管系统2.0版，归集社会审计报告超65.8万份、异常预警1317频次。社会审计报告“一库一码全链条”监管入选全省“一地创新、全省共享”“一本账”S_0、《数字政府系统优秀应用案例集（第一批）》。惠企利民资金直达智控平台获评全省优化营商环境十大“最佳实践案例”、2022年浙江省数字化改革最佳应用。

【强化财政监管】 细化落实政府过“紧日子”政策。完善《党政机关过紧日子负面清单》，明确18项81条负面事项，入选全省坚持党政机关过“紧日子”十大优秀案例。全市全年非刚性、非重点支出压减9.45亿元。打造财政监督体系。梳理48个重点领域财经纪律风险清单，发现并整改问题213个，涉及财政资金42.45亿元。深化预算绩效管理。推进项目绩效目标管理，重点有序实施财政评价，强化绩效评价结果应用，全年压减预算资金2700万元，规范化整合项目31个。优化政府采购管理。提升中小企业预留份额，中小企业合同规模338.68亿元，占政府采购总额的83.9%。全面推行电子交易，履约保证金由10.0%降至1.0%，全年减少企业资金占用80.23亿元。加大资产共享共用。推进“资产云”平台运用，加大公物仓调剂，全年通过虚实公物仓办理资产调拨66起，节约财政资金1000万元；推进罚没仓拍卖，全年缴纳处置收入164万元。

【加强队伍建设】 加强党建引领。建立财政“学中讲、讲中学”机制，打造“财悦读”“时习社”“财青说”等学习品牌。建立“牵手帮共富”党建联动载体，全年开展理论宣讲82场。建设清廉财政。制定实施方案，强化“三不腐”能力指数应用，开展巡察发现问题专项行动，打造廉洁文化特色品牌，获全市首批“引领型”清廉建设单位荣誉。创建变革型财政组织。制定实施方案，注重实施效果，获全省财政系统变革型组织创建优秀试点单位。开展财政业务大培训，将县（市、区）党政领导纳入培训范围，全年培训人数2000人次。塑造服务型机关。全年开展把大局服务好、把企业服务好、把群众服务好、把基层服务好、把部门服务好“五好服务”活动3307次，解决困难问题3567个；抽调机关干部926人次，下沉社区开展疫情防控和文明城市创建工作。

（温州市财政局供稿　李　佚执笔）

鹿城区

【概况】 2022年，温州市鹿城区地区生产总值1307.70亿元，按可比价格计算增长2.0%。其中：第一产业增加值2.40亿元，增长5.4%；第二产业增加值313.65亿元，增长1.4%；第三产业增加值991.65亿元，增长2.2%。三次产业结构比为0.18∶23.99∶75.83。按常住人口计算，人均生产总值109845元，增长1.4%。城镇居民人均可支配收入81666元，农村居民人均可支配收入46176元，分别增长4.6%和7.7%。全社会固定资产投资增长20.3%。社会消费品零售总额816.9亿元，增长2.2%。外贸进出口总额577.34亿元，下降21.9%，其中出口558.75亿元，下降23.2%；进口18.59亿元，下降7.5%。全区财政总收入57.35亿元，同口径（剔除增值税留抵退税因素，下同）增长8.8%，其中一般公共预算收入35.77亿元，增长3.9%，占GDP的2.0%、占财政总收入的62.4%。一般公共预算支出85.09亿元，增长8.1%。全年财政收支平衡。

【组织财政收入】 强化财政收入分析。联合各有关部门定期召开财税收入专题分析会，通过分析预测税源、收支预算执行，及时研判收入形势，采取相应措施，确保收入平稳运行。全年税收收入26.27亿元，同口径增长1.8%，占一般公共预算收入的73.4%。加强非税收入征管。依托全省统一公共支付平台，推广“浙里缴费”在各大场景应用。全区非税收入224.82亿元，增长8.0%，其中纳入一般公共预算管理的非税收入9.50亿元，增长13.2%。向上争取资金。全年新增地方政府债券限额55.50亿元、发行再融资债券35.60亿元。争取各类上级转移支付资金20.47亿元，其中中央预算内投资资金7100万元。

【支持经济发展】 落实惠企助企政策。全年办理增值税留抵退税44.50亿元，兑现涉企奖补资金7.74亿元，同比增长37.7%，助力经济恢复回暖；落实国有房屋租金减免政策，减免租金2693万元，惠及市场主体3614户。支持科技创新发展。设立鹿城区总规模10.00亿元的科创投资基金，吸引优质创投企业集聚投资。保障重点项目建设。根据资金情况和项目轻重缓急，全年安排政府投资项目支出62.90亿元。支持乡村振兴发展。发挥财政支农资金撬动引领作用，全年安排土地出让金收入的5.8%用于保障农业农村优先发展，向上争取5.14亿元债券资金投入乡村振兴和新农村建设。

【推动共同富裕】 推进共富“小切口”改革。探索支持幸福养老财税政策，落实高龄老人津贴制度，保障22家居家养老服务中心改造提升。该项改革入选全省财政系统高质量发展建设共同富裕示范区“小切口”改革省级指导名单。推进“浙里捐赠”共富试点。项目入选“浙里捐赠”全省试点单位，并作为全市唯一被纳入浙里捐赠平台扩中家庭慈善项目试点单位，上线“为老人添餐”“困难家庭孩子微心愿”“大病救助”等项目，确保共富路上一个都不掉队。

【保障民生支出】 全年民生支出66.63亿元，增长9.1%，占一般公共预算支出的78.3%。支持疫情防控。全年安排疫情防控资金7.10亿元，增长364.1%，保障免费核酸检测、隔离点建设及运行、防控物资采购等防疫重点领域支出。助推教育事业发展。全区教育支出23.80亿元，增长11.7%。投入资金4221万元用于“民转公”专项工作，实现绣山中学、籀园小学等6所中小学转公、撤并。投入资金824万元购买学位服务，新增义务教育学位4118人。强化社会保障。全年社会保障支出5.31亿元。安排资金1.35亿元，支持困难群众、孤儿及困境儿童、困难残疾人等特殊群体救助补助。安排资金1.27亿元，支持公办养老机构、居家养老服务照料中心、老年食堂等养老服务体系建设。

【深化财政改革】 推进“数字财政”系统建设。开通数字人民币财政应用场景，做好“浙里报账”“浙里办票”等项目。提升预算管理数据的贯通时效和质量，在预算管理一体化系统建设考核中名列前茅。推进国企改革走深走实。建立健全国资监管制度，创新性提出优化区属国有企业经营管理五项机制、十五条保障措施，提升国有企业管理体系和管理能力现代化水平。

【强化财政监管】 做好政府债务管理。完善红黄绿“三色榜”机制，晾晒各单位债券资金使用进度，将债券资金绩效与新增债券额度相挂钩，防止资金闲置、挤占、挪用。做好预算绩效管理。强化预算责任和绩效责任“双约束”，开展预算绩效评审项目119个，涉及资金36.40亿元；完成160个新增政府投资项目事前绩效评估，核减资金1.29亿元。规范基层财政管理。按照“系统思维、整体财政”管理理念，建立街镇财政工作组考核机制，从制度上规范街镇财政管理行为。

【加强队伍建设】 发挥党建引领作用。结合机关党建与为民领办实事活动，区财政局“书记领办实事”获区十佳优秀项目。聚焦财政廉政风险重点领域和关键环节，出台年度党风廉政建设工作要点，其成效及做法在全市清廉财政建设推进会上作典型发言。强化干部管理。创新干部“选、育、管、用”机制。利用考核智慧系统，将干部职工履职情况数据化、可视化，在全省公务员考核工作推进会上作展示。发挥工青妇联动作用。激发干部职工工作激情，获市级“青年文明号”、区级“巾帼文明岗”等荣誉。

（温州市鹿城区财政局供稿　项珊姗执笔）

瓯海区

【概况】 2022年，温州市瓯海区实现生产总值804.87亿元，按可比价计算（下同）增长2.0%。其中，第一、二、三产业增加值分别为7.27亿元、325.64亿元、471.96亿元，分别增长3.8%、0.4%、3.2%。三次产业结构比为0.9∶40.5∶58.6。按常住人口计算，人均生产总值82088元，增长1.0%。城镇居民人均可支配收入76147元，农村居民人均可支配收入46623元，分别增长5.6%、7.3%。社会消费品零售总额373.51亿元，增长4.8%。外贸进出口总额390.54亿元，增长22.9%，其中进口总额93.62亿元，增长13.1%；出口总额296.92亿元，增长26.3%。全年实现财政总收入67.04亿元，下降14.6%，其中一般公共预算收入44.61亿元，同口径（剔除增值税留抵退税因素影响，下同）下降0.2%，占GDP的5.5%、占财政总收入的66.5%；一般公共预算支出70.91亿元，增长6.5%。全年财政收支平衡。

【组织财政收入】 强化收入分析。关注经济形势和疫情防控，加强财税收入分析预测，全年完成税收收入27.29亿元，同口径下降15.6%，占一般公共预算收入的61.2%。加强非税征管。强化非税执收项目管理，全年征收非税收入17.32亿元，增长50.7%，其中纳入一般公共预算管理的非税收入10.44亿元，增长23.1%。向上争取资金。谋划储备项目，向上争取奖补资金16.95亿元，增长10.4%，其中中央直达资金5.19亿元；获批新增一般债券额度1.00亿元、新增专项债券额度19.45亿元、再融资债券额度13.10亿元。盘活存量资金。建立财政、纪委、审计多方联动机制，专项资金清理范围延伸至镇街，实现全区173家预算单位全覆盖。全年清理盘活存量资金7422万元，收回镇街历年结余指标8715万元。

【支持经济发展】 落实减税降费政策。释放组合式税费政策和国有房屋租金减免政策红利，全年完成增值税留抵退税18.79亿元，办理制造业中小微企业税费缓缴8.88亿元；减免房屋租金4210万元，惠及市场主体512户。兑付产业政策。加大产业政策资金投入，上线项目239批次，兑付政策资金7.60亿元，惠及企业8509户次。支持高能级平台建设。全年投入研究院经费1.65亿元，推动温州大学碳中和研究院、浙江大学温州研究院、华中科技大学温州先进制造技术研究院等高能级平台协同发展。推进城乡一体化发展。全年安排建设资金32.95亿元，落实城中村改造资金12.55亿元，农林水支出4.68亿元，重点支持城市交通、城中村改造安置、美丽乡村、水利设施、特色产业等项目建设。

【探索共同富裕】 探索金融助力共同富裕。推行全民共富资产授托模式，实施授托全覆盖、评估全要素、授信全后置、融资全畅通、数字信用全领域五大行动，破解“共富九大群体”融资难问题，以“资产受托融资”改革为路径，探索金融助力共同富裕“瓯海模式”入选全省财政系统高质量发展建设共同富裕示范区“小切口”改革优秀实践案例。党建联动牵手帮共富。联合温州市国有金融资本管理有限公司、温州中源立德会计师事务所、泽雅镇人民政府开展“红色引领，助力共富”“党建联动牵手帮共富”活动，签署党建共建协议，慰问胡坦村、林垟村16名困难党员和群众，实地走访北林垟田园综合体、水碓坑村共建共享示范村，精准帮扶助力乡村振兴。医保扶贫助推“扩中提低”。聚焦困难病患群体推出“一险一金”(补充商业医疗保险、专项医疗救济基金),截至2022年年底,累计安排财政资金653万元,为7412名对象购买补充商业医疗险,完成赔付4611人次,赔付医疗费用354万元;医疗救济专项基金规模500万元,实现资助参保100.0%。

【保障民生支出】 全年民生支出55.65亿元,增长6.4%,占一般公共预算支出的78.5%。*支持教育事业发展*。全年教育支出16.07亿元,增长7.8%。小学、初中年生均公用经费标准提升至1180元、1400元。落实“温馨教室”和民生实事工程,新增空调教室738个,配置交互式多媒体220套,新增手摇升降课桌椅7100套。通过转公、挖潜、购买服务等方式,规范全区13所民办义务教育学校发展,13所民办学校在校生占全区在校生比重从20.0%缩减至3.9%。支持托育机构发展19家,新增托位785个。*支持社会保障事业发展*。全年社会保障和就业支出5.55亿元,增长26.1%。加大重点人群帮扶力度,最低生活保障标准提升至1035元/(人·月),特困人员基本生活标准提升至1823元/(人·月),困境儿童基本生活标准提升至2552元/(人·月)。*支持卫生健康事业发展*。全年卫生健康支出8.84亿元,增长34.7%。城乡基本公共卫生服务标准提升至75元/(人·年),建成投用瓯海第三人民医院传染病防治大楼,建成智慧健康站30家,其中2家获评省级四星级智慧健康站。*支持文化体育事业发展*。全年文化旅游体育与传媒支出1.25亿元,增长3.9%。提升建设文化礼堂8家,建成百姓健身房6个,新建或提升多类型运动场10个。举办送文化下乡活动283场、主题演出611场,开展常态化活动打卡17199次、经典电影放映活动2664场、文化走亲27场,实现线上线下文化输送全覆盖。

【深化财政改革】 *优化财政管理体制*。制定新一轮区街财政体制,按实保障镇街在编人员基本支出,优化激励奖补机制,挖掘增收潜力,14个镇街非税收入比上年增加914万元。*深化财政数字化改革*。上线预算一体化管理系统,明确标准化业务管理模式。启用浙江财政非税和票据管理平台,将非税收入和票据合并管理。推动“浙里报账”试点场景全覆盖,活跃单位196家,全年报销12146笔,涉及金额1.45亿元。*推进绩效管理改革*。评定13个单位32个工程项目绩效评价为低效,涉及资金3905万元。完成自评项目绩效复评167个,涉及预算资金5.64亿元;完成项目重点绩效评价8个,涉及预算资金5.43亿元;完成23个部门的整体绩效评价,涉及资金36.25亿元。

【强化财政监管】 *严格支出管理*。印发《关于坚决落实党政机关过紧日子要求的通知》,建立过“紧日子”负面清单,加大压减力度。动态监控国库集中支付,纠正违规金额198万元,督促整改“三公”经费问题38个。*强化债务管控*。严格执行政府投资项目立项前财政承受能力和债务风险评估机制,遏制新增隐性债务。开展隐性债务及关联融资降本减负,节约融资成本2.61亿元,平均融资利率降至4.2%。*细化监督检查*。开展预决算公开、专项债券资金使用等专项检查13次,检查单位35个,涉及资金42.80亿元,全部督促整改到位。*优化政府采购监管手段*。出台《瓯海区政府采购招标文件编制负面清单》,完善《政府采购常用业务手册》等,节约采购资金9.80亿元,节约率18.0%。*加强工程评审*。全年审查项目可研报告和资金来源审批104个;完成工程预结算审核107个,审定造价30.94亿元,调整造价1.56亿元;审核竣工财务结算8个,涉及建设金额9855万元。

【加强国资管理】 *强化制度约束*。出台《关于加强瓯海区属国有企业房产土地租赁管理的若干指导意见》《关于进一步加强国有资产领域行政监督管理与公益诉讼协作机制的若干意见》,促进国有资产管理规范高效。*完成公路资产入账*。联合区交通局完成公路资产入账工作,涉及路面路基279条、管理与服务设施279项等,公允价值17.95亿元。*盘活国有资产*。推进国有资产摸底盘活行动,挖掘水库、保障性租赁住房、停车位等资产价值,盘活保障性租赁安置房18宗。

【加强队伍建设】 *注重党群共建*。与省财政厅预算执行局党支部开展党建结对,省区两级联动打造“国库铁军”。整合党建与群建资源,举办活动46次,促进党工青妇融合发展。*加强队伍管理*。创新新进人员试岗学习机制,制定事业管理人员晋升八级职员方案,组织一对一谈心谈话260人次,运用监督执纪“第一种形态”约谈16人次,其中批评教育9人次、责令作出书面检查5人次、通报批评2人次。*深化作风建设*。组织全体财政干部参与疫情防控和文明城市创建工作,全年化解“三服务”问题6200个。

(温州市瓯海区财政局供稿　陈海碧执笔)

龙湾区

【概况】 2022年,温州市龙湾区(不含温州市经济技术开发区)实现地区生产总值557.16亿元,按可比价格计算增长5.7%。其中:第一产业增加值2.84亿元,增长4.9%;第二产业增加值276.67亿元,增长9.8%;第三产业增加值277.65亿元,增长1.9%。三次产业结构比为0.5:49.7:49.8。按年平均常住人口计算,人均生产总值(含经开区)11.80万元,增长3.7%。社会消费品零售总额338.43亿元,与上年持平;限额以上固定资产投资下降1.1%。城镇常住居民人均可支配收入72953元,增长4.2%,农村常住居民人均可支配收入47610元,增长7.2%。全年财政总收入48.99亿元,下降26.3%;一般公共预算收入28.84亿元,下降24.8%,一般公共预算支出48.28亿元,增长7.1%,剔除不可比因素(新增债券1.00亿元)增长4.8%。全年财政收支平衡。

【组织财政收入】 强化收入管理,加大征迁补偿款征缴、土地出让力度、招商引税力度,组织开展综合财力百日攻坚行动,全年一般公共预算收入占财政总收入的58.9%、占地区生产总值的5.2%;税收收入实现23.46亿元,下降29.6%,占一般公共预算收入的81.5%。*加强非税收入管理*。完成非税收入103.77亿元,下降11.8%,其中纳入一般公共预算管理的非税收入5.38亿元,下降0.9%。*向上争取资金*。抢抓机遇,向上争取转移支付资金13.11亿元,统筹用于重点项目和支出保障;争取债券资金27.32亿元,支持共同富裕、乡村振兴、新基建等重点领域。

【助力经济发展】 *落实惠企政策*。落实国家33条、省38条、市40条稳经济政策,配合出台助力个体工商户纾困发展32条等强企减负举措,全年落实增值税留抵退税16.35亿元,发放消费券4400万元,兑现惠企奖补资金9.12亿元。立足全区主导产业,清理修订45大项、139小项产业政策,牵头汇编21类市、区产业政策,向市场主体推送政策解读。*扶小助微*。落实国有房屋租金减免政策,减免租金1247万元,惠及市场主体830户。通过预留份额、价格评审优惠、降低投标成本等措施,支持中小企业参与政府采购,全年政府采购规模6.71亿元,中小企业占89.5%;上线"不见面开评标"系统,实现在线评标询标、实时监管、资料归档等,为企业节约投标成本91.0%。政策性融资担保公司为297家企业提供担保服务,承保金额7.96亿元,年末在保金额4.20亿元,保费控制在0.8%以内。*发挥政府产业基金撬动作用*。组建开源创投等2只子基金,全年完成基金投资6.48亿元,其中子基金完成投资1.50亿元,引导2家企业总部迁入龙湾,国家制造业转型基金返投2.98亿元,母基金定向直投2.00亿元,带动社会资本投资超50.00亿元,实现全区母基金直投零突破。*引入金融活水*。探索筹资渠道多元化,通过发行企业债、PPN、中票等金融工具,获批发债额度42.80亿元。争取国开基础设施基金1.25亿元,撬动社会投资10.00亿元,破解重大项目资金瓶颈。

【保障民生支出】 全年民生支出35.95亿元,占一般公共预算支出的74.5%。*发展科教文卫事业*。落实教育支出12.20亿元,支持"双减""公参民"等政策落地生效,加快建设在建学校20所,投用幼儿园3所,开工中小学3所。落实卫生健康支出5.30亿元,执行基本公共卫生服务和重大公共卫生服务项目财政补助政策,其中防疫支出2.05亿元,支持隔离点建设、核酸检测、卡口值守,守牢疫情防线。落实资金3.30亿元,打造寺前街历史文化商业街区,促进文旅产业融合;投用龙湾绿动主题公园等运动休闲设施。*发展社会保障事业*。落实社会保障和就业支出3.20亿元,重点支持困难群众、孤儿及困境儿童、残疾人、高龄老人等特殊群体救助补助,促进低收入人群增收。保障高校毕业生、失业人员就业补助资金958万元。*加快重点项目建设*。安排政府性基金预算支出33.95亿元,支持建设全域未来社区、未来乡村等重点项目。落实资金7.50亿元,提升城市品质,推进全区城市风貌与城市治理提升、基础设施提质等项目建设。*支持乡村振兴战略实施*。打造农业农村现代化先行区,落实财政资金1.52亿元,推进省级现代农业园项目建设,落实财政补助资金1157万元,立项环大罗山省级现代农业园子项目7个,推动支农政策由发展型向共富型转变。发行乡村振兴共同富裕专项债9.57亿元,保障永兴街道中横河沿线环境提升、未来乡村数字化平台(一期)、高标准农田改造等项目建设。

【推动财政改革】 *深化财政数字化改革*。完善"公物仓"共享共用机制,合理调剂行政事业单位闲置资产,仓内可共享物资233项,价值102万元。启用"浙江省非税和票据管理平台",实现全省大集中模式,并纳入预算管理一体化门户管理。*深化财政"放管服"改革*。推广利民补助"一键达"应用,推动民政等17个部门信息共享,发放惠民惠农补贴1.22亿元,受益群众14.68万人次,实现资金发放全流程可追溯、可监控。*深化国有企业改革*。开展国企党的建设、资产管理、资金管理、工程建设、采购管理五大重点领域突出问题整治。全年重点检查国企采购项目171项,涉及金额72.38亿元,重点检查10家国企大额资金使用及单位财务内控制度建设情况,涉及大额资金支出3155项。

【强化财政监管】 *加强预算管理*。深化零基预算改革,打破基数概念和支出固化格局,建立能增能减、有保有压的预算分配机制。落实过"紧日子"负面清单,压减非刚性支出2.41亿元,"龙湾区管好钱袋子过好紧日子　积极防范财政运行风险"入选全省党政机关过"紧日子"十大优秀案例。*发挥绩效作用*。上线预算一体化绩效系统,开展重大项目预算绩效评审,完成绩效自评项目2383个;绩效自评复核项目140个、重点绩效评价项目(政策)6个,涉及资金11.45亿元,并将评价结果运用于预算安排。*守住资金安全*。全年检查"三公"经费开支等支付业务108391笔,涉及资金117.23亿元。实现财政专户资金竞争性存放网上招投标,增加利息收入652万元。在全区139家单位开展"浙里报账"改革省级试点工作,财务审批和报销全程线上留痕,全年完成报销业务13442笔。

【加强队伍建设】 *擦亮党建品牌*。打造"财暖龙湾　精准服务"党建品牌,成立乡村振兴等服务团队12支,服务部门及企业509次、个人1030次,解决问题123个,获龙湾区"双建双争·共进共富"十佳单位。*加强廉政建设*。聚焦廉政风险重点领域和关键环节,出台财政内控制度和清廉财政建设实施方案,构建从小财政抓起覆盖到大财政的清廉单元,提升干部廉洁意识。*激发队伍活力*。以"财暖龙湾+五型组织"为牵引,打造服务型、实干型、学习型、创新型、活力型组织,推进财政业务、能力、效率、质量变革。2022年,区财政局获温州市科技创新和人才工作成绩突出集体、温州市高水平创新型城市建设先进集体等荣誉。

(温州市龙湾区财政局供稿　项丽丽执笔)

洞头区

【概况】 2022年，温州市洞头区实现地区生产总值111.48亿元，按可比价格计算增长5.8%。其中：第一产业增加值7.28亿元，增长10.9%；第二产业增加值39.71亿元，增长2.9%；第三产业增加值64.49亿元，增长7.2%。三次产业结构比为6.5∶35.6∶57.9。按户籍人口计算，人均生产总值85714元。社会消费品零售总额31.45亿元，增长1.9%。城镇居民人均可支配收入60315元，增长6.2%；农村居民人均可支配收入39091元，增长8.6%。全区财政总收入15.94亿元，增长1.6%，其中一般公共预算收入10.62亿元，增长3.3%；一般公共预算支出33.41亿元，增长0.2%。全年财政收支平衡。

【组织财政收入】 抓收入稳增长。研判经济形势，拓宽生财渠道，财政总收入、一般公共预算收入两项收入增幅均居全市第二。全年一般公共预算收入占财政总收入的66.6%、占地区生产总值的9.5%，其中税收收入4.94亿元，增长1.2%，占一般公共预算收入的46.5%。抢机遇争红利。紧盯债券发行窗口期，全年争取地方政府债券资金14.76亿元，增长64.9%；设立向上争资激励机制，获上级补助资金10.91亿元，其中1000万元以上项目20个，涉及资金7.73亿元。加大非税收入征收监管。重点做好罚没及国有资源（资产）有偿使用收入征缴，做到应收尽收、应缴尽缴。全年征收非税收入24.60亿元，其中纳入一般公共预算管理的非税收入5.68亿元，增长5.2%。

【支持经济发展】 扶持市场主体。组建工作专班，落实“5+4”稳进提质财政政策体系，支持实体经济发展。优化惠企政策“直通车”，全年兑付助企纾困和产业发展等政策资金2.50亿元，助力企业复工复产。落实国有房屋房租减免政策，减免房租387万元，惠及小微企业及个体工商户629户。落实减税降费政策。落实新的组合式减税降费政策，全年办理增值税留抵退税6.20亿元。用好“直达”机制。完善中央直达资金管理机制，全年分配直达资金3.15亿元，支付率100.0%。保障项目建设。全年完成筹融资31.48亿元，保障重点项目资金需求。

【提升民生福祉】 全年民生支出24.50亿元，占一般公共预算支出的73.3%。支持卫生事业发展。全年卫生健康支出4.29亿元，增长33.3%。拨付核酸检测、综合隔离点建设、疫苗接种等防疫资金1.40亿元，支持打赢疫情防控阻击战。促进教育均衡发展。全年教育支出4.80亿元。落实“双减”政策，健全课后服务保障机制，增加全区义务教育阶段学生生均公用经费200元/（人·年），被教育部选为全国义务教育优质均衡发展先行区。完善社会保障体系。全年社会保障和就业支出3.17亿元，增长8.0%。保障困难群众基本生活，促进“双拥”工作健康发展，城乡居民最低生活保障、义务兵优待金、优抚对象补助等支出2326万元；落实重度残疾人生活和护理补贴754万元，改造提升“残疾人之家”6家，99户困难残疾人家庭完成无障碍改造辅助具适配。推进城乡统筹发展。聚焦乡村共同富裕，统筹资金2.70亿元，支持未来乡村、共富村试点项目等建设。推进渔业产业数字化发展示范建设项目，全年获省级补助资金7000万元，项目完成投资1.10亿元。

【深化财政改革】 完善预算管理改革。推进预算绩效管理资金全覆盖、项目全梳理、结果全运用、来源全统筹，持续开展预算压减和沉淀资金清理回收工作，全年节约资金985万元。加快数字财政建设。财政非税和票据管理系统接入省级平台。开展“浙里捐赠”平台改革应用试点，完成平台上线任务。创新“互联网+”公款存放管理新模式，完成2期财政资金竞争性存放网上平台招标工作，涉及资金11.23亿元。启动专项债账户招投标工作。深化国有企业改革。开展全区国有房产土地清理和低效无效资产处置工作，清理盘活房产土地8.6万平方米。推进“清廉国企”创建、国企反腐倡廉全覆盖无盲区零容忍专项行动，清廉国企创建通过率80.0%。

【强化财政监管】 推进绩效管理。建立绩效评价、监督检查、预算分配的“财政大监督”工作机制，完善绩效指标库设置，实施重点项目监控纠偏，全年开展财政抽评、重点评价、整体评价项目100个，涉及财政资金5.35亿元。强化支出监管。落实党政机关过“紧日子”要求，持续压减非刚性、非重点、非急需的一般性支出及“三公”经费，全年“三公”经费执行数同比下降1.3%。加强国库集中支付动态监控，核实违规单位51家，纠正违规资金162笔，金额445万元，纠正率100.0%。严审工程造价。强化政府投资项目评审，全年完成“三算”（预、结、决算）审核项目191个，审核金额13.79亿元，节约资金9547万元，净核减率6.9%。

【加强队伍建设】 全面从严治党。打造“清风财韵·廉洁政明”廉政文化品牌，全年开展正风肃纪督查13次。开展领导干部个人事项报告、出国（境）审批、“一家两制”风险管理等专项行动，推进清廉财政建设。提升服务效能。深化“双美双优·财政先锋”党建品牌，组织全体干部职工参与疫情防控、文明创建等活动。深化“财政先锋　一办到底”红色代办服务，组建“红算盘”“红卫士”“财小二”等8个服务工作组，开展“五好双优”服务120余场次，促进党建业务深度融合。激发队伍活力。关心关爱干部成长，开展“财悦读”读书班等特色文化活动，组织专题宣讲、微党课、“青年说清廉”等学习教育活动。区财政局连续4年获评全区全面从严治党主体责任落实考核优秀单位，连续10年获评区级绩效考核优秀单位，并获评2022年度区级五星级清廉单元、模范机关。

（温州市洞头区财政局供稿　林颖颖执笔）

瑞安市

【概况】 2022年,瑞安市实现地区生产总值1197.87亿元,按可比价计算增长2.3%。其中:第一产业增加值29.02亿元,增长5.5%;第二产业增加值542.78亿元,增长0.9%;第三产业增加值626.07亿元,增长3.3%;三次产业结构比为2.4∶45.3∶52.3。按常住人口计算,人均生产总值78446元。社会消费品零售总额582.92亿元,增长2.5%。外贸进出口总额430.06亿元,增长16.4%。城镇常住居民人均可支配收入77254元,农村常住居民人均可支配收入42247元,分别增长4.7%和7.2%。全市财政总收入102.71亿元,下降23.4%,其中一般公共预算收入66.01亿元,下降21.7%。全市一般公共预算支出138.18亿元,增长14.2%。全年财政收支平衡。

【组织财政收入】 联动抓好税收收入。成立财税协同工作专班,落实年任务会商、季攻坚协商、月碰头研判等机制,全市完成税收收入50.80亿元,下降29.0%,占一般公共预算收入的77.0%。向上争取资金。创新多部门、多科室债务管理会商攻坚模式,常态化储备专项债券项目,全年争取新增专项债券82.34亿元;出台向上争取资金专项行动方案,清单式分解目标任务,推动全市各部门争取上级转移支付资金26.24亿元。加强非税收入征管。上线非税和票据管理一体化系统,实行重大土地出让项目跟踪管理,开展政府非税收入和财政票据管理专项检查,落实清费减负政策,全市非税收入155.17亿元,下降18.8%,其中纳入一般公共预算管理的非税收入15.20亿元,增长19.3%。

【支持实体经济】 加强助企纾困。落实新的组合式税费减免政策,建立增值税留抵退税跨部门协调工作机制,全年办理增值税留抵退税17.34亿元。发挥政府采购支持中小企业政策功能,全年中小企业政府采购合同额76.10亿元。开展国有土地房产阶段性减租工作,全市国有出租单位为1147户次市场主体减免租金2613万元。加快惠企政策兑现。深化涉企财政奖补资金"预拨付"机制,实行产业政策兑现月通报,推行惠企政策"免申即享",实现"一网集成""一网智办",全年快速兑现涉企财政奖补资金7.29亿元。深化财金协同。瑞安政府和社会资本共同打造的高新技术科创资本服务平台"云江基金港"新增入驻基金规模25.13亿元,招引重大制造业项目3个,签订战略合作协议项目2个。发展政策性融资担保业务,为352户次小微企业提供低费率担保融资8.95亿元。

【提升惠民服务】 全年民生支出108.47亿元,增长19.6%,占一般公共预算支出的78.5%。支持教育优质均衡发展。全年教育支出34.05亿元。支持推进40个教育基础设施项目建设,建成投用市五中等9个项目,新增学位4800个;支持创建新型公办园48所,公办园在园幼儿覆盖面提升至50.9%;升级组建城乡教育共同体53个,实现义务教育学校全覆盖。支持医疗服务能力提升。全年卫生健康支出16.51亿元。支持新冠疫情防控,完成核酸检测6854万份、新冠疫苗接种83万剂次。支持完善医疗服务设施 推进21个卫生基建项目建设,建成投用桐浦镇卫生院等项目5个。支持强化居民健康管理,参保城乡居民健康体检29万人次,完成白内障患者免费复明手术1257台,16家基层医疗卫生单位建成标准化慢病管理中心。支持文化体育惠民服务。全年文化旅游体育与传媒支出1.83亿元。支持完善公共文体设施,建成"15分钟品质文化生活圈"118个,新建城市书房3家、主题特色文化驿站5家、百姓健身房10个、新建(提升)球场33个等。开展文艺下乡1130场,展览、讲座302场。支持多层次社会保障建设。全年社会保障和就业支出23.47亿元。城乡低保标准从886元/(人·月)提升至1035元/(人·月),城乡特困人员基本生活标准从1528元/(人·月)提升至1770元/(人·月)。新建(提升)残疾人之家6家,为400名残疾人开展团体康复训练119场、技能培训91场。建成示范型村(社)居家养老服务照料中心14家,新(改)建老年食堂18个和老年活动中心10个。

【深化财政改革】 深化预算绩效管理改革。政府投资项目事前绩效评估实现全覆盖;26个部门全部纳入部门整体绩效改革试点;135个1000万元以上预算项目实施绩效目标重点审核。深化财政数字化改革。上线预算调整和调剂等7个预算管理一体化系统模块,实现354家预算单位全覆盖;打造政府投资智控平台,整合投资项目库与评审等业务系统,健全政府投资项目全生命周期管理;实现医疗收费电子票据省级集中模式应用和代理银行非税收入划缴业务电子化;上线"浙里捐赠""浙里报账"应用。深化财政"放管服"改革。取消直接支付,实行市级国库集中支付授权支付;深化利民补助"一键达"应用,实现民政等13个部门信息共享。深化国资国企改革。实施新一轮国企改革,市产业发展集团有限公司和市公共事业发展集团有限公司实现实体化运作,完成市国有资产投资集团有限公司等三大集团国企框架搭建,推动瑞安经济开发区发展总公司等2家企业获AA主体信用评级。

【深化财政监管】 加强收支运行管理。制定党政机关过"紧日子"负面清单,全市一般性支出预算压减10.6%,"三公"经费压减1.2%,落实"三保"支出67.65亿元;提前2个月完成10.20亿元直达资金支出;全年盘活存量资金6.10亿元;库款保障水平每月处于0.3~0.8合理区间。防范重点领域风险。防范政府债务风险,制定债务风险管控预案、应急预案操作手册等文本,提前8个月完成五年化债计划,实现隐性债务清零。防范社保基金风险,出台企业职工社保征缴扩面五年行动实施方案,落实28.86亿元财政补助社保基金。防范基层财政风险,在部分乡镇试点市级国库集中支付。加强财政监督检查。开展过"紧日子"、"三公”经费、产业政策兑现等专项整治和检查，全年检查行政事业单位和企业135家，发现问题495个，对12家行政事业单位开展“全科式”检查。完成政府投资项目审核274.37亿元，核减资金15.34亿元。开展公款竞争性存放网上招投标，全年网上招投标资金54.97亿元。加强国资国企监管。统一上线国企财务核算软件，构建集团化财务核算体系；建立市属国企到期债务风险预警与处置工作机制；组织开展市管国企大额资金使用及财务内控制度建设情况专项检查等；开展国有房地产占用情况排查整治，完成5起被他人无偿占用问题整改。

【加强队伍建设】 加强机关党建。深入学习党的二十大精神，开展领导班子带头讲、专家教授专场讲、青年干部争先讲等多层次宣讲。各支部全年开展主题党日活动64次。调整职能设置。启动“积木式”变革型财政组织三年行动计划，进行科室职能调整，获评全省财政系统变革型财政组织创建优秀试点单位。加强作风建设。深化“清廉财政”建设，开展谈话293人次、“三重一大”履职监督13次、正风肃纪专项检查7次。组织全体干部参加疫情联防联控2775人次，选派干部参与防疫值守426人次、创文创卫志愿服务191人次。

（瑞安市财政局供稿　黄其庆执笔）

乐清市

【概况】 2022年，乐清市实现地区生产总值1501.95亿元，按可比价格计算增长3.8%。其中：第一产业增加值22.79亿元，增长3.9%；第二产业增加值685.07亿元，增长2.3%；第三产业增加值794.09亿元，增长5.0%。三次产业结构比为1.5∶45.6∶52.9。按常住人口计算，人均生产总值102487元，增长3.3%。城镇居民人均可支配收入77058元，增长5.1%；农村居民人均可支配收入44916元，增长7.0%。全年社会消费品零售总额596.62亿元，增长2.7%。实现货物进出口总额278.28亿元，下降0.8%。2022年，全市财政总收入139.39亿元，下降16.5%，其中一般公共预算收入83.47亿元，下降14.0%；一般公共预算支出131.08亿元，增长1.2%。全年财政收支平衡。

【组织财政收入】 加强收入统筹，与税务部门定期召开联席会议，把握税源发展趋势，按月做好组织收入预测、分析。优化财政收入结构，全年一般公共预算收入占GDP的5.6%、占财政总收入的59.9%；其中税收收入71.03亿元，占一般公共预算收入的85.1%。强化非税收入征管，全年征收非税收入132.86亿元，下降14.8%，其中纳入一般公共预算管理的非税收入12.44亿元，下降5.9%。

【促进经济发展】 落实各级政府减税降费政策，办理增值税留抵退税22.91亿元，落实制造业缓缴税费28.34亿元；失业保险费返还补助、阶段性失业降率减负全年累计1.84亿元；为民营企业、小微企业和个体工商户减免国有房屋租金2000万元。加大助企纾困力度，实行涉企优惠政策清单化、条目化管理，涉企资金优先兑现，全年兑现各类惠企资金10.22亿元；提高政府采购中小企业预留比例，采购资金中小微企业占比90.9%。扩大居民消费需求，安排消费券专项资金7600万元，撬动消费8.94亿元。

【保障民生支出】 全市民生支出102.88亿元，增长2.0%，占一般公共预算支出的78.5%。支持稳就业和社会保障。安排1.40亿元资金支持失业人员再就业、困难人员再就业等。增加财政补助14.46亿元，人均城乡居民基础养老金和城乡居民医疗保险分别提高至265元/(人·月)、1450元/(人·年)。支持教育事业发展。全年安排小学、初中生均公用经费1550元/(生·年)、2000元/(生·年)。投入资金4.85亿元支持学校建设等，建成投用公办幼儿园5所、中小学校3所。支持乡村振兴和新型城镇化。整合资金5.22亿元用于新时代美丽乡村和未来乡村建设。安排资金1.40亿元推进大荆片区“石斛之乡·康养胜境”和乐成“灵山箫台”共同富裕示范带建设。安排资金1.15亿元支持10个乡镇美丽城镇建设。支持城市品质提升。投入80.03亿元资本金，助力S2线、绕城高速、瓯江北口大桥等温州重点项目建设。安排市本级交通重点项目建设资金26.00亿元，支持柳市互通等城市内部和城乡道路网工程项目建设。投入资金5.96亿元推动河道生态化治理、城乡风貌样板区建设和老旧小区改造等。

【推进财政改革】 加快数字化改革。上线“浙里报账”应用，实现财务报销“零次跑”。建立“工程价款结算审查”平台，实现受理登记到审查全过程透明化。市本级公款竞争性存放全部实现线上招投标。建立公文数字平台，缩减公文流转时间。加强财政支农改革。推进财政金融协同支农改革试点，创新推出“财农担”贷款业务，提供政策性融资担保、减免担保费和给予贴息。开展“惠农政策一键查”应用试点，实现支农政策精准查询、清单比对和定制推送。深化国企改革。注入优质经营性资产，拓宽经营范围，优化三大集团行业板块，12家国企纳入改革范围。新设立涉民生、环保、基建等领域10家国有公司。利用市场利率波动窗口期，以金融工具组合实现国企平均融资利率较2021年底下降0.2个百分点。

【防范化解风险】 强化支出管理。严控预算追加，非急需非刚性项目一律不予追加。建立过“紧日子”负面项目清单，盘活财政资金5.68亿元。提升资金效益。对全部市直机关单位扩面开展财政项目支出绩效抽评，对科创平台运营及补助项目、公共医疗设施提升工程、地方特色农业政策保险等14个项目开展重点绩效评价，移送公安案件1例。守牢“三保”底线。优先安排财政资金保基本民生26.97亿元、保工资60.88亿元、保基本运转6.26亿元、其他运转类项目33.05亿元。全年落实财政对社保基金补助24.66亿元。通过财政性资金偿还、项目转型化解、核销核减债务等措施化解政府隐性债务。

【加强队伍建设】 开展"三服务""上门服务至少一次"活动，建立局领导及业务骨干分包企业帮扶制度，定期走访，帮助解决实际困难。全面从严治党，认真落实"第一议题""三会一课"、党员领导干部双重组织生活等制度，常态化开展理想信念、纪法、警示等教育。乐清市财政局获全市综合考核优秀奖、全面从严治党主体责任考核优秀奖。

（乐清市财政局供稿 王子平执笔）

永嘉县

【概况】 2022年，永嘉县实现地区生产总值516.68亿元，按可比价格计算增长4.5%。其中：第一产业增加值19.27亿元，增长4.0%；第二产业增加值228.99亿元，增长4.7%；第三产业增加值268.41亿元，增长4.4%。三次产业结构比为3.7∶44.3∶52.0。按户籍人口计算，人均生产总值52433元，增长6.5%。城镇居民人均可支配收入60203元，增长5.6%；农村居民人均可支配收入31333元，增长7.4%。社会消费品零售总额260.00亿元，增长3.0%。全县财政总收入54.18亿元，下降18.5%，其中一般公共预算收入35.76亿元，下降13.5%；政府性基金收入58.84亿元。一般公共预算支出99.23亿元，增长10.3%。全年财政收支平衡。

【组织财政收入】 优化收入结构。全县一般公共预算收入占GDP的6.9%、占财政总收入的66.0%。其中税收收入30.88亿元，下降14.3%，占一般公共预算收入的86.4%。全年乡镇（街道）实现税收收入30.88亿元，税占比86.4%。全县实现非税收入63.93亿元，增长60.7%，其中纳入一般公共预算管理的非税收入4.87亿元，下降8.1%。全年农田水利建设资金与教育资金实现零计提。争取上级资金。全年争取上级转移支付资金39.09亿元，落地中央直达资金15.90亿元，新增地方政府专项债券15.11亿元、一般债券7.00亿元，再融资债券4.20亿元。深挖"三资"潜力。上解各预算单位沉淀、结余资金1.60亿元，实现资产盘活整合收入14.00亿元，实现矿渣等国有资源处置收入1748万元。

【稳住经济大盘】 惠企保市场主体。落实减税降费政策，全年实现增值税留抵退税10.19亿元，降本减负14.44亿元。迭代升级惠企"直通车"，涉企财政奖补资金实现线上闭环快速兑付，全年兑现资金4.48亿元。激发经济活力。发放消费券和数字人民币红包1963万元，为租用国有房屋的市场主体免租837万元，缓缴气费251万元，通过乡镇公共财政服务平台发放涉农补助和民生补贴等资金5.54亿元。招商引资助产业升级。新引进总部企业10家，兑现回归企业奖励3692万元，推进"腾笼换鸟"工作，拨付专项经费1551万元。

【推动共同富裕】 推动基本公共服务"钱随人走"改革，改变以户籍数结算补助资金方式，保障常住人口平等享受基本公共卫生服务。投入一事一议财政奖补资金2459万元，打造农村小型公益项目31个，调动社会资金615万元，成功获批省财政厅共同富裕试点乡村5个，获省级以上财政奖补资金2000万元，兑付乡村振兴衔接资金3081万元。

【保障民生福祉】 全年民生支出76.36亿元，增长9.7%，占一般公共预算支出的77.0%。提高民生标准。最低生活保障水平从886元/（人·月）提高到1035元/（人·月），困难残疾人生活补贴从265.8元/（人·月）提高到310.5元/（人·月），增发困难群众一次性生活补贴1100万元和物价补贴650万元。提升科教水平。全年科技支出3.47亿元，增长17.6%，教育支出23.69亿元，增长12.3%。落实资金4415万元租赁校园举办公办幼儿园，安排资金5215万元保障民办义务教育阶段学校购买服务；深化名校共建合作，提升共建兰州理工大学温州泵阀工程研究院，成立杭州电子科技大学温州研究院永嘉教玩具创新院。改善公共卫生医疗条件。全年卫生健康支出9.55亿元，公共卫生保障水平人均提高5元，城乡医疗财政补助标准提高至990元/（人·年），提高县外市内及市外住院就医报销比例。投入疫情防控资金6.56亿元，保障疫苗免费接种、核酸检测、隔离管控、流调溯源等。支持扩大就业覆盖面。全年就业支出1.24亿元，城镇新增就业人数9520人，新增大学生10310人。投入资金2890万元，促进高校毕业生、农民工等重点群体就业，保障永嘉籍人才留永返永创业。

【推进财政改革】 推进数字变革。预算管理一体化工作在全省月度考核中多次名列第一。预算指标核算作为全省唯一县级试点，实现预算管理业务有效衔接。"浙里报账"全年报销金额231万元。推进服务变革。精简会计代理记账许可证审批，审批时间由20个工作日变为即审即办，审批材料由4项压减至2项，完成代理记账机构年度报备33家，报备率100.0%。优化永嘉县项目预算审核系统，办结结算项目备案520件，送审金额5.32亿元，审定金额4.68亿元，核减11.9%。推进财政监管。建设政采云平台可视化远程开评标系统，实现在交易中心评审的政府采购项目云上监督。上线银行账户管理系统，助力规范账户管理，实现"三公"经费执行动态监控，全县218家行政事业单位完成银行账户备案998个。加强国资改革。建设国资在线智慧监管系统，实现对县属国有企业人、财、物全方位监督管理。开展驻企大巡查，防范国有资产流失，整改国有企业工程项目类资产问题20处，办理国有企业产权及或有事项登记、变更95件，涉及资金102.06亿元。

【防控财政运行风险】 防范政府债务风险。实施化债专项行动，将政府性债务成本压减至5.0%，政府债务风险等级稳定为绿色，推进隐性债务化解，遏制隐性债务新增。防范社保基金风险。实行社保基金收缴日清月结制度，建立风险防范处置预警机制，开展基金保障能力测算，摸清参保底数，落实筹资责任，确保平稳有序。防范"三保"风险。建立"三保"预算事前审核、执行约束和监督监控机制，做好库款调度和监测，全年压减非必要、非急需项目经费2.69亿元。中央直达资金分配及支出进度均100.0%。防范基层财政风险。健全"1+9+X"内控制度。全年竞争性存放县级资金38.00亿元，利息收入7773万元。强化国库集中支付，核实违规操作资金4404万元，整改率100.0%。开展专项检查，发现问题资金1321笔，督促责任主体整改落实。

【加强队伍建设】 修订《关于"坚持'十到'支部，促进融合发展"的实施意见》，完善支部考核措施，受到县工委肯定被列入全县考核细则。实现监督检查常态化，开展纪律检查5次，落实全面从严治党主体责任督查反馈问题4个，排查岗位廉政风险240条。创建"财惠永嘉"品牌，设立党员先锋岗36个，参与"五好"服务超5100人次，参与温州市财政系统党建联动，结对5个村。全局134名干部组建7类防控队伍，支援镇街村社疫情防控78次，服务超16000人次；帮扶困难群众47名，全年慰问97人次，协调解决问题223个；5家两新企业建立政企党建联盟，助力企业纾困。

（永嘉县财政局供稿　金　煜执笔）

平阳县

【概况】 2022年，平阳县实现生产总值646.48亿元，按可比价格计算增长6.4%。其中：第一、二、三产业增加值分别为23.44亿元、315.96亿元、307.08亿元，分别增长4.0%、8.2%、4.9%。按常住人口计算，人均生产总值74651元，增长16.4%。三次产业结构比为3.6∶48.9∶47.5。社会消费品零售总额278.91亿元，增长4.8%。外贸进出口总额151.01亿元，增长29.6%。城镇常住居民人均可支配收入61447元，增长5.5%；农村常住居民人均可支配收入32215元，增长8.5%。全县财政总收入59.30亿元，下降9.6%，其中一般公共预算收入36.74亿元，下降12.5%；一般公共预算支出90.63亿元，下降3.6%。全年财政收支平衡。

【组织财政收入】 全县一般公共预算收入占财政总收入的62.0%、占GDP的5.7%，其中税收收入28.37亿元，下降15.8%，占一般公共预算收入的77.2%。通过盘活做大国企资产、增加资源类资产使用收入等方式，全年实现政府非税收入70.18亿元，下降36.7%，其中纳入一般公共预算管理的非税收入8.37亿元，增长0.7%。争取各类债券资金43.05亿元，增长25.7%。争取上级转移支付收入35.35亿元，争取省财政体制结算专项补助2.65亿元。

【支持经济发展】 直达惠企奖补。运用惠企"直通车"平台，落实"5+4"稳进提质、"稳经济42条"等助企政策，提前3个月完成涉企补助100.0%兑现，兑现奖补资金4.53亿元。落实惠企政策。落实增值税留抵退税和其他减税降费等转移支付5.46亿元。减免承租国企房产的小微企业租金1711万元，惠及市场主体1117户。开展"政银担"担保业务，帮助农业企业担保贷款1.60亿元。政府采购助企。通过预留份额、价格评审优惠、降低投标成本等措施，授予中小企业政府采购合同622个，占合同总量的96.4%，成交金额18.44亿元，占政府采购总额的97.2%。盘活存量资金。健全结转结余资金定期清理收回机制，收回上级转移支付两年以上结转资金2.20亿元、部门历年结余资金5600万元，压减非重点非刚性支出3722万元，统筹用于经济社会发展和疫情防控等重要领域。

【助力共同富裕】 探索强村富民路径。入选浙江省一事一议财政奖补支持打造共富村试点县，获省级补助资金2000万元，助推发展乡村产业、壮大集体经济、促进农民增收。试点共富"小切口"改革。"完善医疗救助体系，防治因病致贫返贫"入选全省财政系统高质量发展建设共同富裕示范区"小切口"改革省级指导名单。安排医疗救助专项资金7138万元，聚焦患病困难群众等特殊重点群体，探索完善医疗救助体系，防止因病致贫、因病返贫。推进"钱随人走"改革。完善财政保障标准管理制度，推动博物馆等公共文化服务精准供给，构建具有平阳特色的"钱随人走"政策体系。加快乡村振兴示范。持续推进省级乡村振兴产业发展示范项目和集成创新示范建设试点，争取省级补助资金1.00亿元，推动支农政策由发展型向共富型跃升。

【保障民生支出】 全年民生支出68.32亿元，占一般公共预算支出的75.4%。优先保障"三保"支出。做好重要时间节点库款调度工作，足额保障"三保"预算，年度"三保"支出执行率100.0%。保障教育支出。全年教育支出19.80亿元，增长11.5%。支持温州大学平阳分校建设，推进浙江安防职业技术学院平阳分院产教联盟项目合作。保障卫生支出。全年卫生健康支出8.88亿元，争取省级补助资金1000万元，推动县域医疗卫生共同体组建，推进医疗卫生"山海"提升工程，全年温医大附二院下沉专家303人次。保障社保支出。全年社会保障和就业支出17.78亿元，增长31.6%。稳步提高低保、城乡居保基础养老金、城乡医保政府补贴、残疾人康复补助等民生标准。

【深化财政改革】 推进绩效管理信息化升级。依托预算管理一体化系统，开展线上绩效运行监控，全年调整预算金额1.26亿元。推进财政票据电子化改革。全面启用财政电子票据，停用纸质票据，全县全年开具财政电子票据585万份，收缴金额129.80亿元。推进政府采购无纸化运行。深化政采云平台运用,政府采购无纸化投标率100.0%,完成招投标项目644个,涉及金额19.79亿元。推进国企监管数字化转型。改革县属国企会计集中结算制度,依托"诺账通"财务云系统,实行重点财务事项事后数据监测。实施国企投资项目线上申报,全年申报续建及新建项目800个,总投资额1419.00亿元,增长141.8%。

【强化财政监管】 提高预算绩效管理质量。对涉及3.13亿元资金的4个重点项目,开展预算绩效事前评审,核减重点项目预算资金2.57亿元,重设绩效目标13条。开展预算绩效事后评价,覆盖项目931个,涉及资金46.00亿元,重点抽选抽评其中100个项目,对3个重点部门开展整体绩效测评。预算绩效管理改革项目入选省绩效管理改革优秀案例。县级财政管理绩效综合评价结果入围全国前200名,获中央奖励资金600万元。加强政府投资项目复审。开展政府投资已备案项目复审,发现18个项目151条问题,追回财政资金170万元。提升基层财政监管实效。聚焦制度建设、内控执行、资金使用,开展乡镇财政资金监管"回头看"专项检查,督促16个乡镇优化内控制度建设。

【加强队伍建设】 学习贯彻党的二十大精神,全年开展理论中心组学习14次,集中研讨7次,支部书记讲党课28次,主题党日活动42次。开展谈心谈话72人次,谈心提醒12次。推进"七张问题清单"工作走深走实,形成全流程监督闭环机制。领导干部带头走基层、访企业、听民情,一线调研50次,形成调研报告11篇。市县乡村四级联动,推动干部靶向帮扶,下村48人次,解决问题5个,慰问人数30人。

(平阳县财政局供稿　林慧庆执笔)

苍南县

【概况】 2022年,苍南县实现地区生产总值427.56亿元,按可比价格计算增长4.9%。其中:第一产业增加值31.16亿元,增长5.5%;第二产业增加值162.93亿元,增长6.9%;第三产业增加值233.47亿元,增长3.8%。三次产业结构比为7.3:38.1:54.6。按常住人口计算,人均生产总值5.05万元。社会消费品零售总额267.96亿元,增长5.5%。进出口总额33.90亿元,增长39.4%。城镇居民人均可支配收入57465元,农村居民人均可支配收入30322元,分别增长5.4%、7.1%。全县财政总收入47.10亿元,下降1.8%,一般公共预算收入30.27亿元,增长0.3%。全县一般公共预算支出89.32亿元,增长4.6%。全年财政收支平衡。

【组织财政收入】 稳住收入大盘。成立稳进提质政策工作专班,做好每月收支运行分析、监测和研判,加大政府性资源资产资金统筹力度,盘活国有资产13.00亿元。全县一般公共预算收入占GDP的7.1%、占财政总收入的64.3%,其中税收收入22.11亿元,占一般公共预算收入的73.1%。拓宽收入渠道。全年争取中央直达资金14.46亿元,新增地方政府债券33.54亿元、再融资债券1.00亿元;国有企业新增融资95.91亿元、PPP项目引入社会资本12.90亿元。修订向上级争取项目考核办法,以考核促增收,全年获上级转移支付收入42.90亿元,其中主动向上争取专项资金59项计5.50亿元;实现矿山井巷业总部回归税收收入13.88亿元。加强非税征管。全年完成非税收入53.02亿元,下降34.3%,其中纳入一般公共预算管理的非税收入8.15亿元,增长36.9%。

【支持经济发展】 稳市场稳经济。落实稳经济一揽子措施及减税降费政策,全年办理增值税留抵退税5.06亿元、中小微企业缓税2.11亿元、小规模纳税人免征增值税5147万元。拉动消费等活动投入财政资金6800万元,促进消费市场回暖。优化营商环境。出台纾困解难"35条措施",升级惠企直通车,推动政策资金直达快享,全年兑现惠企资金1.80亿元,为企业减负11.50亿元;落实阶段性减免市场主体房屋租金政策,为171家市场主体减免租金874万元。通过阶段性降低失业保险费率,为5532家企业减负1659万元;发放稳岗返还失业保险费1200万元、一次性留工培训补助250万元,减轻企业负担。支持深化民营和小微企业金融服务综合改革试点,新增省级专项补助资金1000万元。助推产业发展。出台《苍南县产业基金管理办法》,成立县国金投资有限公司,筹集首批产业基金7500万元,发挥产业基金引导作用。

【推进共同富裕】 争取省级改革试点。集成推进强村富民改革,实施扩中提低改革,争取到省"扩中家庭增收""农担改"、农村综合改革、"家庭财金助力扩中"和2023年度"一事一议"助推乡村共富等项目的改革试点。作为家庭型财税政策改革探索先行试点县,创新建立扩中家庭普惠金融服务机制,以财政贴息政策为核心,以增收、让利、提额为切入点,以政府性融资担保增信等为辅助,重点推广"共富"系列贷款产品,推进家庭财金助力扩中项目试点。打造共富试点项目。投入资金1.12亿元,打造炎亭镇水产养殖基地、莒溪低收入农户帮扶中心等5个共同富裕试点项目,其中上级资金投入8360万元。炎亭镇水产养殖基地共同富裕项目容纳养殖户400户、提供管理及维护岗位5个,每年收益中92.7万元用于补助低收入农户,77.8万元用于壮大村集体经济。

【改善民生服务】 全年民生支出70.52亿元,增长11.3%,占一般公共预算支出的79.0%。加强卫生健康保障。全年落实基本医疗资金7.30亿元,公共卫生资金7055万元、医共体建设资金6000万元。保障疫情防控,投入疫情防控资金7.76亿元;城乡居民医保、基本公共卫生服务补助标准分别提高至990元/(人·年)、97元/(人·年)。支持教育事业发展。全年教育支出20.31亿元,支持提高教师待遇,推动教育设施建设和教育质量提升,推进公办园新改扩建，对特殊教育按生均公用经费15倍给予保障。守住社会保障底线。全年落实社会保障和就业支出16.07亿元。其中，落实低保救助和特困人员供养资金2.10亿元，困难群众最低生活保障资金1.54亿元；建立基础养老金正常调整机制，统筹安排城乡居民基本养老补助资金4.92亿元，同比增长9.9%；全年新增城镇就业9675人。

【深化财政改革】 推进财政数字化改革。争取并完成"浙里捐赠""数字人民币""政府采购履约验收管理"3个省级试点。全年"浙里捐赠"实现捐赠笔数59笔、金额6.1万元。强化国资管理改革。修订国企采购、资金存放、违规经营投资责任追究等管理办法，优化企业负责人业绩考核内容与评分标准。成立县国有资产优化布局专班，梳理有形、无形两大类27项存量国有资产，推动县国有资本运营集团获评"AA+"主体信用评级、县旅游投资集团有限公司获评"AA"主体信用评级。

【强化财政监管】 提升资金效益。落实政府过"紧日子"要求，全年压减"三公"经费23.3%。完善直达资金管理机制，提升分配使用效率，全年直达资金支出14.36亿元，提前1个月完成资金分配和支付任务。完善财政资金竞争性存放管理办法，全年以竞标方式完成竞争性存放资金6.70亿元，实现到期增值收益2300万元。完成政府采购金额4.55亿元，核减4600万元，节约率9.2%。加强监督检查。完成债券资金等12项财政监督检查工作，开展17个重点绩效评价项目、58个自评复核项目和2个单位整体评价。审核政府性投资建设项目588个，核减造价3.63亿元，核减率9.6%。强化国资国企监管。建立内审机制，规范国企投资审查流程，加强投资绩效评估，合规审查或备案21件，涉及项目投资额217.00亿元。落实国企采购管理办法，开展规范采购88宗，采购金额2.51亿元。

【加强队伍建设】 加强机关党建。成立党的二十大精神宣讲小组，赴村居社区、基层组织开展理论宣讲12场。推进"清廉财政"建设，获全县首批"引领型"清廉建设单位荣誉。提升履职能力。出台《2022年度苍南县财政局科室考绩办法》，专班化、清单化、常态化推进工作考核，激发干部干事创业活力。承办人大建议、政协提案85件，参与疫情防控、卡口值班等任务1463人次；开展"三服务"活动52次。全省财政系统"百名局长研百题"活动中，《苍南县"折股量化"实践探索》调研课题获二等奖。

（苍南县财政局供稿　游福友执笔）

文成县

【概况】 2022年，文成县实现地区生产总值126.55亿元，按可比价计算增长5.8%。其中：第一产业增加值10.72亿元，增长4.3%；第二产业增加值32.60亿元，增长4.8%；第三产业增加值83.22亿元，增长6.4%。三次产业结构比为8.5∶25.8∶65.7。按常住人口计算，人均生产总值4.36万元，增长5.4%。全年完成固定资产投资71.56亿元，增长15.3%；社会消费品零售总额51.82亿元，增长2.2%；外贸进出口总额9.25亿元，增长50.5%，其中进口总额2.52亿元，增长46.3%，出口总额6.73亿元，增长52.1%。全县居民人均可支配收入35983元，增长6.9%，其中城镇居民人均可支配收入50327元，增长5.9%，农村居民人均可支配收入24400元，增长8.1%。全县财政总收入16.63亿元，下降7.5%，一般公共预算收入10.77亿元，下降8.3%，占财政总收入的64.8%、占地区生产总值的8.5%。一般公共预算支出50.59亿元，下降6.0%。全年财政收支平衡。

【组织财政收入】 加强收入分析，组建以县政府主要领导为组长的财政健康运行工作专班，在减收"三叠加"、增支"三碰头"挑战下，全年实现税收收入7.33亿元，下降6.9%，占一般公共预算收入的68.0%。向上争取资金，全年争取资金48.06亿元，其中中央直达资金6.89亿元、转移支付资金18.40亿元、新增债券资金19.77亿元、再融资债券资金3.00亿元。规范非税收入管理，全年完成非税收入18.41亿元，增长27.4%，其中纳入一般公共预算管理的非税收入3.44亿元，下降11.2%。

【支持经济发展】 落实减税降费政策。推动减税降费政策直达快享，为企业减负3.00亿元以上；全年落实增值税留抵退税1.70亿元，向市场主体释放"真金白银"。落实稳经济政策。落实"5+4"稳进提质财政相关政策，出台减负纾困政策文件4个，集成稳经济配套政策措施65条。完成新一轮惠企政策修订，全年惠企直通车系统资金拨付件数1286件，资金兑现率100.0%。全县行政事业单位国有房屋减租执行率100.0%。发放3期"文享生活，诚意消费"消费券资金1200万元，带动消费额7000万元。发挥债券资金作用。安排专项债券资金13.77亿元，保障文成县职业高级中学新建工程等26个项目建设，一般债券资金6.00亿元保障文成县黄坦镇中心小学（新校园）等16个项目建设，带动有效投资1600万元。支持旅游配套、市政基础设施建设，全年专项债券资金拨付进度100.0%。做强总部经济。全年引入总部经济企业28家，全县总部经济企业合计254家，入库税收7.52亿元，完成年初目标的100.3%。助力乡村振兴。完成43个一事一议财政奖补项目前期勘察、预算编制及立项，项目总投资4940万元，财政补助资金3062万元。支持公共基础设施建设。全县交通运输支出2.65亿元，保障G322（56省道）文成樟台至龙川段改建工程、文成县城樟台至玉壶上林段公路工程等重大交通项目建设。

【保障民生支出】 全县民生支出39.46亿元，占一般公共预算支出的78.0%。支持教育事业发展。全年教育支出8.67亿元，提升教育信息化水平，提高学前临聘教师工资待遇，推动教学模式改革。投入建设资金2.13亿元，建成投用小学1所、幼儿园2所。

支持卫生健康事业发展。全年卫生健康支出6.62亿元,用于基本公共卫生服务、医疗卫生等。其中,筹集疫情防控资金2.57亿元,下达各类医疗救助资金1885万元。支持社会保障事业发展。全年社会保障和就业支出7.37亿元,主要用于城乡居民基本养老保险基金补助、低保和残疾人补助等,其中安排资金259万元支持"残疾人之家"创办和运行。支持文化惠民。全县文化旅游体育与传媒支出1.44亿元,建设"15分钟品质文化生活圈"55个,做大"伯温读书节"品牌,新建"云书屋"15家,改造提升农村文化礼堂19家,建成双桂乡城市书房1个、百丈漈镇文化驿站1个。

【深化财政改革】 探索共同富裕路径,黄坦镇严垟村等5村入选省财政厅一事一议财政奖补支持打造共富乡村创建类项目,以"物业+"模式建设总投资3068.63万元的乡村共富项目,推进乡村产业发展、农民增收、环境宜居、治理优化。加强财政资金管理,出台《文成县财政预算追加联审管理暂行办法》,上线预算管理一体化系统,构建绩效管理和预算管理全流程融合新格局,覆盖全县120个预算单位。完成政府采购异地评标项目,升级政府采购全流程电子化功能。启用公款竞争性存放网上招标平台,开展3期计19.03亿元财政资金竞争性存放招标,实现全过程公开、透明线上操作。

【强化财政监管】 创新监督机制。以"1+9+20"*内控章程为抓手,加强业务风险点排查与薄弱环节管理,构建"共同参与、统一协调、全程监督、规范管理"的财政同步监督新局面。防范债务风险。开展防范化解地方政府性债务风险专项行动,通过育财源、减支出等5项举措完成全年化债任务,实现隐性债务清零。深化绩效评价。组织全县开展绩效自评,各单位上报2021年项目857个,涉及金额22.09亿元,实现资金全覆盖。抽取专项资金项目86个开展复核评价,涉及财政资金2.55亿元,评价结果优良率84.0%。

【优化队伍建设】 坚持党建统领,以学习宣传贯彻党的二十大精神为首要政治任务,推进财政"四学"机制,以"财悦读政青春""书香财政"等品牌为载体,开展各类学习72次。建设"一支部一品牌",打造"财心向党　情筑机关"等4个党建子品牌,服务部门及企业153次,擦亮财政助企惠民名片。落实党风廉政建设,层层签订全面从严治党工作责任书,助力清廉财政建设。

(文成县财政局供稿　项宇轩执笔)

注:

***"1+9+20"**:"1"是指文成县局内部控制基本制度,"9"是指9项内控专项办法,"20"是指20个业务科室内控操作规程。

泰顺县

【概况】 2022年,泰顺县实现地区生产总值143.98亿元,按可比价格计算增长5.6%。其中:第一产业增加值11.30亿元,增长3.9%;第二产业增加值52.30亿元,增长7.8%;第三产业增加值80.39亿元,增长4.6%。三次产业结构比为7.9∶36.3∶55.8。按常住人口计算,全县人均生产总值53927元,增长5.2%。全县财政总收入25.93亿元,下降7.3%,一般公共预算收入15.10亿元,下降4.9%,占地区生产总值的10.5%,占财政总收入的58.2%;税收收入11.69亿元,下降8.6%,占一般公共预算收入的77.4%。全县一般公共预算支出59.73亿元,增长5.4%。全年财政收支平衡。

【组织财政收入】 挖掘增收潜力。完善乡镇财政税收收入考核激励机制。迭代升级山海协作工程,依托"科创飞地""双向飞地""产业飞地"等平台,落实泰商招引、政策兑现、税收回流。争取各级各部门专项资金。全年全县争取各类转移支付资金31.60亿元,其中中央直达资金9.28亿元;地方政府债券资金24.49亿元。规范非税征管。出台非税收入管理办法,开展非税和票据专项检查,全年征收非税收入14.65亿元(包含政府性基金收入),下降35.6%,其中纳入一般公共预算管理的非税收入3.41亿元,增长10.4%。

【服务经济发展】 兑现涉企政策。出台《关于应对新冠肺炎疫情况进一步帮助市场主体纾困解难措施》,制定29条措施,完善助企纾困政策。整合惠企"直通车"和利民补助"一键达"两大平台,兑现各类产业政策资金4.28亿元,支持实体经济发展。发挥政策性融资担保公司作用,为小微企业、"三农"发展提供担保金5.11亿元,惠及企业3170家。落实国有房屋租金减免政策,为市场主体减免租金430万元,惠及小微企业和个体工商户418户。优化营商环境。推进财政数字平台贯通,依托"政采云"实现交易单数13083次,采购金额3.86亿元,其中电子化招投标项目159个。完成定点服务统一招标及供应商征集8个。加强惠企政策宣传,利用"企业码"平台,开展线上惠企政策宣讲系列活动11场,惠及人数1600人次。

【保障民生支出】 全县民生支出42.80亿元,增长5.9%,占一般公共预算支出的71.6%。支持教育事业发展。全年教育支出7.96亿元,支持创建全国教育优质均衡发展县。投入学前教育经费8966万元,新建社区幼儿园3家、新增学位300个。支持卫生事业发展。全年卫生健康支出5.68亿元,提升公共卫生服务均等化水平,城乡居民基本医疗保险人均补助标准提高至915元/年。落实新冠疫情防控经费4.94亿元。支持社保事业发展。全年社会保障和就业支出8.02亿元,城乡居民最低生活保障标准提高至1035元/(人·月),城乡居民基本养老保险基础养老金县级补助标准提高至315元/(人·月)。支持文化事业发展。全年文化旅游体育与传媒支出1.70亿元,投入资金2049万元支持文化礼堂建设,打造"家宴中心""百姓书屋""老年人日间照料中心""百姓健身房""特色展厅"等功能区块。支持创建全国公共文化服务体系示范区;投入资金2191万元支持创建全国文明城市。助推乡村振兴发展。安排农林水资金6.38亿元,创成国家级森林康养基地2个,省级美丽乡村示范乡镇2个、省级美丽乡村特色精品村5个,建成南浦溪镇库村"未来库村"等4个未来乡村省级试点。获评"四好农村路"省级示范县,连续2年入选省级一事一议助推美丽乡村建设试点。连续4年获评全省乡村振兴优秀县。

【推动财政改革】 推进共同富裕建设。入选省财政厅一事一议财政奖补支持打造共富村试点县,获省财政奖补资金2000万元,支持雅阳镇百福岩村"美丽田园·多彩辣椒"、西旸镇门楼坳村"稻梦空间"等5个共富村试点项目建设。推进数字财政建设。入选"浙里捐赠"全省试点单位,上线"慈善一日捐"项目,依托浙江财政电子票据改革成果,实现捐赠和出票业务无缝衔接。推进国有企业改革。出台《泰顺县国有企业改革实施方案》,以"同行业、同板块、突出主业、优势互补、科学配置"为目标,优化产权结构,做大资产规模、提升企业活力。制定《泰顺县县属国有企业采购管理办法(试行)》,规范国有企业采购行为。

【强化财政监管】 加强政府债务风险管控,提前完成隐性债务清零任务。加强绩效与预算一体化闭环管理,完成609个项目单位自评、61个项目自评复评、11个项目重点评价,对656个项目开展绩效运行跟踪监控,对2个县级部门开展整体支出绩效评价,对2个乡镇政府开展财政综合运行绩效评价。规范政府采购行为,全年执行政府采购预算4.57亿元,实际完成采购4.19亿元,节约资金3800万元,节约率9.2%。加强政府投资项目工程预算审核,送审金额27.96亿元,核减财政资金2.23亿元,核减率8.0%。加强工程结算监督审核,送审金额3.92亿元,核减金额4663万元,核减率11.9%。财政管理工作获2021年度省政府办公厅落实有关重大政策措施真抓实干成效明显地方荣誉。

【加强队伍建设】 与浙江财经大学会计学院建立党建联盟。深化"清廉财政"建设,获评全县"引领型"清廉建设单位、"清廉机关、模范机关"双示范单位。打造变革型组织,获评全省财政系统变革型财政组织创建优秀试点单位。开展"大学习、大调研"活动,赴临平等地学习政府产业基金设立及运行经验做法。组织青年理论学习小组,开展"财青思享汇"等学习活动,深化理论教育宣讲。县财政局连续17年获评县级绩效考核优秀单位。

(泰顺县财政局供稿　苏景润执笔)

龙港市

【概况】 2022年,龙港市实现地区生产总值370.14亿元,按可比价格计算增长6.2%。其中:第一产业增加值9.63亿元,增长2.1%;第二产业增加值165.41亿元,增长5.0%;第三产业增加值195.09亿元,增长7.6%。三次产业结构比为2.6∶44.7∶52.7。按常住人口计算,人均生产总值79005元。社会消费品零售总额154.44亿元,增长6.0%。城镇居民人均可支配收入64327元,增长6.0%;农村居民人均可支配收入35370元,增长7.9%。全市财政总收入31.69亿元,增长4.4%。一般公共预算收入22.91亿元,增长14.4%,占财政总收入的72.3%、占地区生产总值的6.2%;一般公共预算支出38.01亿元,增长17.7%。全年财政收支平衡。

【组织财政收入】 用好国家政策"大礼包",全年争取上级转移支付资金13.51亿元,其中中央直达资金7.80亿元;获批政府债务新增限额23.13亿元。全市税收收入14.05亿元,同口径(剔除增值税留抵退税因素)增长3.3%,占一般公共预算收入的61.3%。全市非税收入38.10亿元,下降20.2%,其中纳入一般公共预算管理的非税收入8.86亿元,政府性基金收入29.24亿元。

【支持经济发展】 落实稳经济政策。年初快速兑现惠企资金1.97亿元,年中追加1.18亿元,全年兑现各类财政惠企资金3.15亿元。落实增值税留抵退税等新的组合式税费支持政策,为市场主体降本减负9.10亿元。激活消费潜力。开展"温享新消费"、汽车销售优惠等促销费活动,投放各类消费券4356万元,撬动消费交易1.35亿元。优化营商环境。组成财税服务专家团上门康尔微晶、华昊无纺布等企业调研交流,讲解财税政策,全年服务企业8次,帮助解决问题32个。助企复苏系列做法入选清廉龙港公众号优化营商环境"红榜"名单。

【探索共同富裕】 以乡村振兴为"小切口"推进共同富裕,安排财力5.00亿元,支持建成美丽乡村特色精品村2个、新时代美丽乡村7个,未来乡村试点3个。支持建立龙港市集体经济组织成员建缴住房公积金制度,缴存基数和缴存比例参照灵活就业人员相关规定执行,享受灵活就业人员使用政策,在购房、建房、翻建时,可申请提取和使用住房公积金,全年230名农村居民申请缴存,汇缴金额25万元。该制度获批家庭住房保障政策(公积金共富政策)省级试点,入选浙江省高质量发展建设共同富裕示范区最佳实践(第二批)名单、全省财政系统高质量发展建设共同富裕示范区"小切口"改革优秀实践案例。

【保障民生支出】 全市民生支出29.76亿元,增长15.3%,占一般公共预算支出的78.3%。助推公平优质教育。全年教育支出

10.00亿元，增长21.0%。投入教育装备经费2179万元，为42所中小学（幼儿园）采购交互式多媒体330套，添置更换课桌椅30000套，为教师采购电脑1000台，改善教学环境。提升医疗卫生水平。全年卫生健康支出4.02亿元。拨付基本公共卫生服务补助资金3714万元，城乡居民公共卫生服务140万元，城乡居民医保财政补助标准提高至990元/(人·年)，城乡居民公共卫生服务项目补助标准提高至102元/(人·年)。支持市人民医院、卫生康养中心等建设。健全社会保障机制。安排社会保障与就业支出6.25亿元。城乡居民最低生活保障标准提高至1035元/(人·月)，城乡居民基本养老补助提高至315元/(人·月)。落实就业保障经费1592万元，推进重点群体充分就业，全市城镇新增就业人口4599人。加大就业政策支持力度，发放创业培训补贴、高校毕业生就业补贴、留温补助等补贴，惠及3196人次。支持基础设施建设。安排财政资金5.00亿元，落实融资授信20.00亿元，保障支持江南垟平原骨干排涝工程项目、海塘安澜工程等重大水利项目建设。

【深化财政改革】 推进财税体制改革。迭代优化集中财力办大事财政政策体系，深化预算绩效管理、零基预算、会计管理等多项改革，提升财政资金使用效益。推进数字财政建设。推进利民补助“一键达”及预算管理一体化系统平稳运行，推广应用“浙里报账”“政采云”平台，促进政府采购交易、服务和监管电子化、一体化、透明化。优化政府采购营商环境。全年政府采购授予中小企业合同金额4.27亿元，占全市政府采购规模的91.8%。

【强化财政监督】 加强制度管理。完善专项资金管理风险内控办法和预算编制全流程内控规程。落实《龙港市行政事业国有资产管理暂行办法》，完善国有资产监管机制。提高资金效益。全年压减非重点、非刚性项目支出6.88亿元。审查建设工程预结算项目95个，审查资金23.42亿元，审减资金1.62亿元，审减率6.9%。构建“阳光财政”。加强预决算公开，扶贫专项资金、部门重点项目支出预算和绩效目标等内容纳入公开范畴，全市应公开预决算单位82家，实际公开率100.0%。

【加强队伍建设】 加强理论学习，组织中心组理论学习15次、党员集中学习13次、廉政党课1次，专题授课3次，打造线上线下相结合的学习模式。加快建设变革型组织，出台《龙港市财政局变革型财政组织创建方案》及三年行动计划，优化平时考核机制，推进青年干部队伍建设。深化“清廉财政”建设，以“开展一次廉洁承诺、讲授一堂廉政党课、建立一套廉政档案、组织一次风险排查、落实一次廉政谈话”教育活动为抓手，依托“清风”走廊、清廉微阵地，擦亮“财聚龙腾·政廉港兴”清廉品牌。强化责任担当，组织600余人次开展疫情防控、“礼让斑马线”劝导等志愿活动，结对帮扶76名困难群众。

（龙港市财政局供稿　陈晓慧执笔）

湖州市财政工作

湖州市

【概况】 2022年，湖州市实现地区生产总值3849.95亿元，按可比价计算增长3.3%。其中：第一产业增加值161.14亿元，增长4.6%；第二产业增加值1966.15亿元，增长2.7%；第三产业增加值1722.66亿元，增长3.8%。三次产业结构比为4.2∶51.1∶44.7。按户籍人口计算，人均生产总值112902元。全年外贸进出口总额1629.57亿元，增长9.3%，其中出口额1500.13亿元，增长10.6%。全市固定资产投资增长9.1%，社会消费品零售总额增长2.5%。城镇居民人均可支配收入71044元，农村居民人均可支配收入44112元，未扣除价格因素，分别增长4.5%和6.8%。全市财政总收入674.50亿元，下降1.4%，同口径（剔除增值税留抵退税因素，下同）增长7.5%；一般公共预算收入387.30亿元，下降6.3%，同口径增长1.4%。全市一般公共预算支出601.92亿元，增长14.8%。市本级[1]财政总收入109.98亿元，下降9.8%，同口径下降1.9%；一般公共预算收入61.05亿元，下降18.8%，同口径下降8.1%。市本级一般公共预算支出150.94亿元，增长16.6%。全年财政收支平衡。

【组织财政收入】 健全市县纵向联动、财税横向贯通的组织收入长效机制，做好组织收入牵头、预判和谋划工作，提升收入监测分析精细化水平。统筹协调财政库款管理、政府债券发行与国库现金运作，盘活财政间歇性资金。健全土地出让收入征收管理制度，挖掘非税收入增长潜力。2022年，全市财政总收入占地区生产总值的17.5%，一般公共预算收入占财政总收入的57.4%、占地区生产总值的10.1%；税收收入343.46亿元，下降9.5%，同口径下降0.9%，占一般公共预算收入的88.7%。全市非税收入618.84亿元，下降10.7%，其中纳入一般公共预算管理的非税收入43.84亿元，增长29.2%。

【服务经济发展】 落实稳经济政策。全年为企业减负235.36亿元，其中落实增值税留抵退税、减免税费、缓税缓费等新的组合式税费政策优惠201.41亿元。全年增值税留抵退税123.70亿元，是2021年的2.1倍。上线政策"一键兑"系统，全年兑现各类政策奖励资金1.87亿元。加大中小企业支持力度，政府采购面向中小企业采购额76.97亿元，发放政采贷1.34亿元。坚持首位战略首位保障，全市科技创新支出26.25亿元，增长16.4%。引导总规模500.00亿元的绿色产业基金支持战略性新兴产业发展，向南太湖新区、长三角（湖州）产业合作区等平台倾斜，全市全年新增产业基金规模174.17亿元，完成项目投资128个。保障重大项目建设。全市财政预算安排95.68亿元，助推398个政府投资项目开工建设，保障湖杭高铁、沪苏湖高铁、浙北高等级航道网建设工程等重大项目。

【深化共同富裕实践】 持续推进"共富班车"。全市各级财政投入8.51亿元，保障"湖有安居""万家颐养""家庭优教"等5批次36路"共富班车"。2022年全市城乡居民收入倍差缩小至1.61∶1，基本公共服务满意度评价连续三年居全省首位。试点共富"小切口"改革。探索支持幸福养老财政政策改革试点，构建从发展型向共富型转变的"政府+市场"保障新机制，提升全省家庭型共富财税政策体系集成改革成效，破解老龄化程度不断加剧、居家养老机构难以长效运行等问题，相关做法获评全省财政系统高质量发展建设共同富裕示范区"小切口"改革最佳实践案例。吴兴区财政局、安吉县财政局获评全省财政系统高质量发展建设共同富裕示范区"小切口"改革优秀实践案例。探索共富理论研究。探索完善"钱随人走"转移支付制度，提升转移支付资金分配精准度和合理性，《体系化、集成化的"钱随人走"制度体系的探索——以湖州市基本公共卫生服务领域为例》获2022年度全省财政系统调研课题一等奖。

【发展民生事业】 全市全年民生支出443.58亿元，占一般公共预算支出的73.7%。支持稳岗位扩就业。全市统筹失业保险基金3.83亿元，支持疫情防控期间稳岗返还、一次性扩岗补助等政策落地；统筹资金2.31亿元，针对大学生、失业人员、困难群众等重点群体，支持提升职业技能和增强就业能力，实现充分就业。推进教育事业发展。全市教育支出104.98亿元，增长8.6%。支持建成幼儿园12所、义务教育学校5所，投用学位1.1万个。支持提高义务教育公用经费标准，小学生提高至800元/（生·年），初中生提高至1000元/（生·年）。支持医疗卫生事业发展。全市卫生健康支出66.51亿元，支持提升公共卫生服务水平，保障市公共卫生临床中心、市第一医院扩容改造、市中医院异地新建等项目，助力湖州市获评全国健康城市建设样板市。健全社会保障体系。提高退休人员基本养老金待遇，全市财政统筹资金15.75亿元，用于补助城乡居民基本养老保险。城乡居民医疗保险人均财政补助标准提高至1210元/年。城乡居民最低生活保障标准提高至1035元/（人·月）。特困人员基本生活保障标准提高至1731元/（人·月），孤儿基本生活标准提高至2423元/（人·月）。支持文旅体事业发展。全市统筹资金11.74亿元，支持文化、旅游、体育事业协同发展。落实彩票公益金1.13亿元，保障体育场馆建设和提升改造等体育民生实事。

【推进财政改革】 完善体制机制。制定新一轮支持南太湖新区高质量发展财政政策，出台基本公共服务领域市与区财政事权和支出责任划分实施方案，明确7大类14项事权分担方式。进

1 由于统计口径调整，2022年市本级包括市直和南太湖新区。

一步明晰政府投资和企业经营性项目边界。深化数字化改革。升级政策"一键兑"平台，贯通预算管理一体化系统，实现全市一体通用、全程留痕可追溯，成功归集政策2800条，兑付时间平均缩短23天，兑现各级政策资金112.20亿元，入选省数字化改革推进会稳进提质榜单，获2022年全市改革突破奖银奖、第二批营商环境"好案例"。巩固试点成效。在全周期预算绩效监督管理市级地方标准发布基础上，建立部门绩效管理考核与预算资金挂钩机制，2022年，市直政府投资项目审核金额191.97亿元，核减财政资金15.92亿元，审核项目核减率8.2%。作为全国首批政府采购支持绿色建材促进建筑品质提升试点，成功制定市级标准《绿色建筑和绿色建材政府采购技术要求》。

【防范化解风险】 确保基层财政运行稳定。优先保障"三保"支出，足额纳入预算安排，完善库款运行实时监测机制，实行月初大额库款支付需求预报机制，全年"三保"保障率100%。健全社会保险基金风险管控机制，优化基金收支余定期比对和预警机制。加强乡镇财政风险监管，健全与乡镇职能相适应的财政保障体制。防范化解政府债务风险。健全市化债办工作机制，实施周会商、月通报、季督查、年考核，"一债一策"，化解债务。实施政府投资项目立项前财政承受能力和债务风险评估，从源头遏制新增隐性债务。加强内控制度建设。迭代升级内控制度，出台财政资金管理工作、政府采购单一来源采购方式管理、收入组织和财政专户管理等制度，完善财政资金监管长效机制。加强财政监督检查。推动财会监督与各类监督贯通，组织开展政府过"紧日子"、"一企一策"招商引资、违规兴建楼堂馆所、"三公"经费、预决算公开"五大行动"等专项检查，以及大学生购房租房补贴等20个项目专项检查。

【打造财政铁军】 坚持党建引领，学习贯彻党的二十大精神，创新"二十大代表现场说"、参与"青年说"、专题研学小组等方式，掀起党的二十大精神学习热潮。实施变革型财政组织三年行动方案，湖州市、吴兴区、安吉县财政局获评全省财政系统变革型财政组织创建优秀试点单位。实施"青蓝工程"三年行动计划、导师帮带制等干部成长机制，选派62人到财政部、巡察组、疫情防控办、招商"特战队"等岗位"墩苗"。巩固湖州市作为全省"建设清廉机关、创建模范机关"工作先进集体荣誉成果，推进"清风财韵"廉洁文化品牌建设，"十二字筑廉法"获评全省清廉财政建设"十佳"实践案例，市财政局、吴兴区财政局入选全省清廉财政建设成效突出单位。

（湖州市财政局供稿　宋钰辰执笔）

吴兴区

【概况】 2022年，湖州市吴兴区地区生产总值897.26亿元，按可比价计算增长3.5%。其中：第一产业增加值25.24亿元，增长4.9%；第二产业增加值421.11亿元，增长2.6%；第三产业增加值450.91亿元，增长4.2%。三次产业结构比为2.8∶46.9∶50.3。按常住人口计算，人均生产总值123420元。全区财政总收入100.20亿元，增长4.1%，一般公共预算收入62.49亿元，下降1.5%，其中税收收入56.07亿元，下降6.6%；一般公共预算支出69.12亿元，增长18.4%。全年财政收支平衡。

【组织财政收入】 合力组织收入。制定《吴兴区财税协同共治工作实施方案》，发挥"1+2+X"财税协调机制作用，关注建筑、土地、房地产等领域涉税信息，协同培植税源，并推动转化为实际税收。加强收入分析。重点分析金融和制造业企业税收走向，服务重点税源企业，落实年度征收工作。全年一般公共预算收入占财政总收入的62.4%、占GDP的7.0%，税收收入占一般公共预算收入的89.7%。规范非税收入。全年实现非税收入25.44亿元，增长307.0%，其中纳入一般公共预算管理的非税收入6.48亿元，增长91.9%。

【助推经济发展】 落实稳经济一揽子政策。围绕"5+4"稳进提质政策体系，全年兑付惠企政策资金6.95亿元，增值税留抵退税22.59亿元。落实好国有房屋租金减免政策，全年为1161户市场主体减免租金3116万元。发挥政府采购助推中小企业发展作用，全区政府采购项目中小企业中标金额占比97.7%、项目中标数占比97.5%。联合发改、商务等部门制定不同行业惠企纾困政策，减轻企业负担。争取债券资金。新增债券额度23.15亿元，支持全区25个重大政府投资项目，覆盖市政建设、农林水利、教育文化、医疗卫生和社会保障等领域。支持科技创新。全年科学技术支出2.42亿元。投入科技企业、人才补助经费9553万元，加快科技政策兑现，助力科技创新实现突破。

【探索共同富裕】 以高质量发展促进共同富裕。争取制造业高质量发展促进共同富裕示范县，以"童装+童玩"为切入点，在云和县共建"数玩智谷"产业合作园，构建"产业促共富"新模式。推进基本公共服务均等化。构建体系化、集成化的"钱随人走"制度体系，在基本公共卫生服务领域探索采用"工作当量"作为财政转移支付资金分配依据，使财政资金与服务对象、服务成效精准挂钩。开展"浙里捐赠"试点。筛选优质慈善项目在"浙里捐赠"平台上线，为群众提供真实可靠的慈善需求信息，形成"人人做慈善，人人可慈善"的格局。缩小城乡差距。由吴兴区国有资本监督管理服务中心和吴兴交通旅游投资发展集团有限公司出资5.00亿元，成立湖州吴兴强村富民发展集团有限公司，在集体经济抱团发展、农村资产资源运营管理、现代乡村产业发展、农业主体金融创新等方面发挥作用。以一事一议财政奖补支持打造共富乡村试点创建类项目为契机，加快菰城村、红里山村、施家桥村、道场浜村、三合村共富联创，项目计划总投资1.12亿元。

【保障民生发展】 全年民生支出52.97亿元，增长17.6%，占一般公共预算支出的76.6%。全区新增财力的73.8%用于民生事业，全年拨付中央直达资金6.01亿元，助力养老、医疗、就业等领域发展。支持教育事业发展。全年教育支出13.81亿元。投入资金1.53亿元，支持教育基础设施新(改)建工程，附小幸福里校区等11所中小学、幼儿园新(改、扩)建工程投入使用，新增义务段学位6480个、公办幼儿园学位3510个。支持医疗卫生事业发展。全年卫生健康支出9.10亿元。支持医疗卫生机构基础设施标准化建设，保障环渚龙泉街道社区卫生服务中心易地搬迁等4个重大项目建设，新改扩建社区卫生服务站(村卫生室)19个，站点标准化建设率96.8%。提升社会保障水平。全年社会保障和就业支出12.37亿元。投入资金1.12亿元，用于最低生活保障、残疾人两项补贴、医疗救助和优抚对象补助等。为3127名困难群众代缴城乡居保参保费用116万元。支持生态环境改善。全年节能环保支出1.52亿元，重点支持"水韵湖城"品牌建设、"无废城市"建设和工地扬尘治理。投入资金2900万元支持城乡生活垃圾分类。支持乡村振兴。全年农林水支出4.29亿元。安排特色畜牧产业集聚区建设、水产养殖环境综合治理、耕地保护和基础提升等财政资金1.24亿元，加大农村特色产业培养。安排一事一议项目、美丽乡村、水利工程建设等财政资金1.30亿元，提升农村基础设施水平。

【深化财政改革】 深化数字化改革。在乡镇全面推行基层数字内控平台，实现对预算、收支、采购、合同、工程、资产管理"六大经济活动"全业务覆盖、全环节管控、全过程留痕，建立23个监督模型，实时监控项目33个，涉及金额5.25亿元。加快预算管理改革。上线预算一体化管理系统，整合规范预算编制、预算调整调剂等业务，推进预算管理规范高效。乡镇(街道)、各部门在系统上开展2023年预算编制工作。深化国企改革。落实国企改革三年行动方案。修订国企经营业绩考核办法、资产出租管理办法、重大事项报告制度等，健全国资监管制度体系。开展国有企业低效无效资产处置专项行动，规范存量资产管理，防止国有资产流失。

【防范化解风险】 化解存量债务。推进债务化解专项行动，实行"一债一策"，召集债务主体单位对存量隐性债务逐笔确定化债方案，明确化债目标，全年化债完成率80.6%。强化监督检查。督促债务主体自查债务化解、新增专项债券资金使用等情况，联合区委督查室等开展防范政府性债务风险专项整治行动、2022年新增债券项目工程进度现场督查、全省第五次债务风险防控专项督查等工作，压实主体责任。

【加强队伍建设】 深化党建品牌。打造"五彩聚心"党建品牌，以党的二十大精神宣讲为主线，成立"共同富裕·青年说"宣讲团。推动变革型组织建设。提高干部队伍塑造变革能力，获评全省财政系统变革型财政组织创建优秀试点单位。培养年轻干部。开展干部"上挂下派"，全年选派3名年轻干部赴财政部、省财政厅挂职，提升年轻干部综合能力。推进"三服务"。班子成员带队调研走访企业102次，组织干部职工协助社区开展疫情防控、文明城市复评等工作。

(湖州市吴兴区财政局供稿　高创建执笔)

注：

***"1+2+X"财税协调机制：**即以区政府为中心，财政与税务相联动，乡镇和各主管部门协同配合组织收入的工作机制。

南浔区

【概况】 2022年，湖州市南浔区实现地区生产总值559.24亿元，增长3.5%。其中：第一产业增加值31.24亿元，增长5.6%；第二产业增加值324.85亿元，增长2.1%；第三产业增加值203.15亿元，增长5.2%。三次产业结构比为5.6∶58.1∶36.3。按常住人口计算，人均生产总值102518元。全区财政总收入68.56亿元，下降6.6%。其中，一般公共预算收入39.55亿元，下降8.1%，占地区生产总值的7.1%。全区一般公共预算支出68.92亿元，增长4.2%。全年财政收支平衡。

【财政收支管理】 加强收入管理。加强财政收入日常监控，会同税务等部门做好分析会商，培植税源，确保财政收入均衡稳定。全区全年实现税收收入35.12亿元，下降9.9%，占一般公共预算收入的88.8%。加强非税征管，全年非税收入61.76亿元，其中纳入一般公共预算管理的非税收入4.43亿元。争取上级资金。全年发行地方政府专项债券项目36个，发行债券金额29.51亿元，支出进度100%。争取2022年度省级农村综合改革集成项目6000万元。严格支出管控。落实过"紧日子"要求，厉行节约，严格财政支出管理，一般性支出预算压减1673万元，下降5.8%。

【支持经济稳进提质】 落实减税降费政策。实施小微企业"六税两费"减免、研发费用加计扣除、小规模纳税人阶段性免征增值税等减税降费政策，全区实现增值税留抵退税15.20亿元，惠及企业2000户。加大助企纾困力度。上线政策"一键兑"平台，平台全年兑现中小企业助企资金3.93亿元。加大政府采购支持中小企业力度，全年发放政采贷1014万元，为企业减负1.10亿元。开展行政事业单位及区属国有企业房屋租金减免工作，全年减免2343户市场主体租金3973万元。锚定"首位战略"。聚焦人才强市、创新强市，统筹科技创新领域资金2.08亿元，同比增长17.3%；统筹人才经费3.50亿元，支持"南太湖精英计划"等重点人才项目。护航重大项目。财政投入10.42亿元，推进南浔中心城区老城区改造及有机更新项目、浙江水利水电学院新校区项目、湖州南浔城市功能提升项目等建设。

【改善民生事业】 全年民生支出55.49亿元，增长6.4%，占一般公共预算支出的80.5%。打响南浔教育品牌。全年教育经费投入14.21亿元，增长27.0%。支持新建和改扩建幼儿园7所、义务教育学校3所，新增学位6990个。助力健康南浔建设。落实卫生健康资金8.59亿元，提升公共卫生服务水平，助力打造全区域健康共同体。安排资金1.50亿元推进综合医改；安排资金3500万元支持高层次卫生健康人才培养、重点学科建设，提升省市区妇幼健康联合体和省人民医院医联体建设水平。完善社会保障体系。城乡居民基本医疗保险个人缴费部分给予全额财政补助，资助参保2万人，资助金额911万元；城乡居民最低生活保障标准提高到1035元/（人·月）；城乡居民基础养老金提高到320元/（人·月）。投入资金6164万元支持学无忧、险有免等“六无六有”综合救助体系提质扩面，惠及群众41万人次。激活南浔文化魅力。出台《关于加快南浔区文化产业发展的若干政策意见》《南浔区扶持影视产业发展十六条政策意见（试行）通知》等政策，安排资金1232万元支持文化共享工作。夯实生态南浔基础。全年统筹安排资金1.03亿元，支持生态文明建设，打好污染防治攻坚战。保障农村基础建设。支持村级公益事业一事一议项目，全年实施项目24个，总投资2921万元，惠及3万人。

【深化财政改革】 提速预算改革。推进预算管理一体化改革，实现指标、支付、核算全覆盖。启用新系统编制2022年政府预算和部门预算，覆盖225家单位支付、会计核算等业务。完善绩效改革。健全预算绩效管理体系，全年评价项目623个，涉及财政资金29.82亿元。在51个区级部门中建立预算绩效管理领导机构，提升部门预算绩效管理质量。探索共同富裕。开展一事一议财政奖补支持打造共富村试点工作，投入资金4504万元，助力善琏镇观音堂村等5个村片区化组团式乡村共富联合体建设。推进财政数字化改革。全年开具各类电子票据691万张，金额56.15亿元，实现票种、领域、区域“三个全覆盖”。推进非税收入线上线下一体化收缴，全年电子支付业务60万笔，资金4.45亿元。入选省财政厅“浙里报账”系统第二批地方应用试点，实现财务报账“发起—审批—支付—归档”全流程闭环数字化管理，“浙里报账”应用报销4243笔，金额1044万元。深化国企改革。制定《南浔区区管国企2022年改革发展重点攻坚任务清单》等，完成区属国企重组。

【加强财政监管】 严把债务源头关。化解存量债务，严控新增债务，将政府债务率控制在可控范围。严把预算支付关。优化国库支付动态监管，全年动态监控拦截支付业务16954条，纠错资金23.49亿元。严把项目审核关。全年审核国有投资概算项目129个，净核减金额15.26亿元，核减率9.5%；完成控制价及施工图预算审核项目44个，净核减2.04亿元，核减率4.5%。严把内控监督关。从内控管理角度总结八个原则，全年实施各类财政监督检查项目18个，查出问题84个，规范资金414万元。严把乡镇管理关。发挥“乡镇公共财政服务平台+一卡通”作用，全年财政补贴项目63个，向44万户次发放资金4.45亿元，惠及13万人，社保卡入卡率98.5%，位列全市第一。

【加强队伍建设】 加强党建引领。开展“红色星期六”主题党日活动，支部书记上党课3次，开展党纪教育“一刻钟”27次、红色基地教育4次。深化党风廉政建设。制定《南浔财政干部“十个严禁’工作纪律》，组织开展不良嗜好问题专项治理行动。排查财务制度执行不严、内控制度不健全等问题，梳理岗位廉政风险点163个，制定防范措施208条。培育年轻干部。制定年轻干部“卓越”计划，通过政治素质提升、导师结对帮带、业务技能培训、助力中心工作、纪律规矩养成、创优争先进位“六大行动”，推动年轻干部成长成才。

（湖州市南浔区财政局供稿　许高峰执笔）

德清县

【概况】 2022年，德清县实现地区生产总值658.21亿元，按可比价格计算增长3.8%。其中：第一产业增加值27.90亿元，增长4.1%；第二产业增加值380.61亿元，增长3.9%；第三产业增加值249.69亿元，增长3.7%。三次产业结构比为4.2∶57.8∶38.0。按户籍人口计算，人均生产总值148538元。外贸进出口总额313.42亿元，增长12.2%。城镇居民人均可支配收入71707元，增长4.5%；农村居民人均可支配收入45433元，增长6.8%。全县完成财政总收入132.50亿元，下降1.6%，同口径（剔除增值税留抵退税因素，下同）增长3.6%，其中一般公共预算收入79.84亿元，下降4.1%，同口径增长0.4%。全县一般公共预算支出101.57亿元，增长27.0%。全年财政收支平衡。

【组织财政收入】 抓实收入组织工作。发挥组织收入统筹作用，培育涵养财源，加强与税务部门沟通对接，凝聚各方合力，壮大地方可用财力。2022年，全县一般公共预算收入占财政总收入的60.3%、占地区生产总值的12.1%。其中，税收收入64.88亿元，占一般公共预算收入的81.3%。加强非税管理。全县完成政府非税收入122.69亿元，增长1.3%。其中，纳入一般公共预算管理的非税收入14.96亿元，增长64.4%。向上争取资金。全年争取资金69.10亿元，其中新增专项债券34.69亿元。

【支持经济发展】 支持重点项目建设。统筹各级交通发展专项资金25.91亿元，支持杭德市域铁路、练杭高速雷甸互通等重点项目建设，支持建设高水平“四好农村路”，助力德清县争创国家级示范县和省美丽经济交通走廊示范县。支持传统产业改造提升。全年兑现制造业高质量发展专项资金1.86亿元，支持创建制造业高质量发展示范县。兑现金融创新发展专项资金4970万元，支持金融创新发展。支持助企纾困。发挥政府采购支持企业发展功能，面向中小企业政府采购资金规模14.96亿元。对承租行政事业单位及国有企业房屋的商户减免3个月房屋租金，减免金额2878万元，惠及承租户1663户。对不裁员或少裁员的参保小微企业，全年返还失业保险费（稳岗补贴）5859万元，7250家企业获益。支持科技创新。2022年安排科学技术支出5.17亿元，占一般公共预算支出的5.1%，其中安排科技创新专项资金7300万元，支持创新主体培育等。全县全年新认定国家高新技术企业71家，新增省级科技型企业284家。

【保障民生改善】 全年民生支出69.77亿元，增长25.9%，占一般公共预算支出的68.7%，保障十大民生实事项目和民生事业发展。优化教育质量。全年教育支出15.27亿元，增长5.79%。落实“双减”减负提质，出台《德清县公办中小学校托管服务经费管理办法》，义务教育阶段小学和初中生均公用经费分别提高至1150元/（生·年）和1350元/（生·年）。提升医疗服务水平。全年卫生健康支出11.18亿元，助力深化县域医共体建设等。安排资金7.45亿元，保障公立医疗机构提升建设、运行。安排疫情防控支出2.77亿元，用于防疫物资采购、隔离点建设等。完善社会保障。全年社会保障和就业支出12.40亿元，落实城乡养老、城乡医保等各级财政补助4.20亿元。多渠道筹集社保风险准备金9.47亿元。提升居住和生态环境。安排城镇老旧小区改造、保障性安居工程、棚户区改造等资金8.77亿元。安排生态补偿、地质灾害治理、支持新能源汽车应用推广等专项资金8412万元。助力乡村振兴。全年农林水支出8.88亿元，支持农业基础设施建设和农业“双强”行动。

【深化财政改革】 推进财政数字化改革。开展电子非税收入一般缴款书试点，实现全县各层级医疗机构医疗电子票据全闭环、全覆盖；开展“浙里捐赠”试点工作，打造“共富帮扶”应用试点样板；开展数字人民币非税收缴应用试点，实现全省首笔线上缴费功能；开展“浙里基财智控”系统建设，打造基层财政管理安全风险智控应用场景。完善预算管理改革。深化零基预算改革，健全“能增能减”资金安排机制。推进预算与绩效管理一体化建设，完善全方位、全过程、全覆盖预算绩效管理体系。清理整合低效、无效补助和奖励政策，健全结转结余资金定期清理机制。深化国资国企改革。国企改革三年行动计划52项改革任务全部完成。健全现代企业制度，完善监事会人事管理、监事长薪酬考核管理等配套制度，建立董事会向经理层授权机制；推进国企混改，指导具备条件的企业制定“一企一策”方案；完善市场化经营机制，推进经理层成员任期制和契约化管理。

【强化财政监督】 完善绩效管理。完善全覆盖预算绩效管理模式，四本预算全部纳入绩效管理。健全全过程预算绩效管理链条，增强绩效目标管理，强化预算编制绩效目标编审指导，实施年中预算调整绩效目标变动监督审查。优化项目评审。扩大国有投资预算审核范围，将项目总投资在2000万元以上国有企业投资项目纳入审核。全年完成国有投资项目评审260项，审核项目总投资106.62亿元，净核减金额6.51亿元，净核减率6.1%。加强资金监管。开展公款竞争性存放全流程电子化公开招标，完成29.30亿元财政专户资金公款竞争性存放。全年完成财政监督检查和重点绩效评价项目46个，绩效运行重点监控项目78个。

【加强队伍建设】 理顺党建管理机制。局党组升格为局党委，成立国企党建科，完成县属四大国企党组织和4家中央、省部属企业（电信、邮政、烟草、新华书店）党组织关系转接，国企35个支部划转至财政局党委。提升干部能力素质。推进干部分层分类培训，提升干部业务能力。组织开展青年理论宣讲暨微党课比赛。发挥财政党员干部先锋模范作用，抽调21人次参加疫情防控志愿者服务。强化干事创业氛围。开展干部平时考核工作，分科室晾晒每月工作计划与成绩。

（德清县财政局供稿　欧阳红英执笔）

长兴县

【概况】 2022年，长兴县实现地区生产总值853.37亿元，按可比价格计算增长4.2%。其中：第一产业增加值44.02亿元，增长5.4%，第二产业增加值436.21亿元，增长5.3%，第三产业增加值373.13亿元，增长2.7%。三次产业结构比5.2∶51.1∶43.7。按常住人口计算，人均生产总值125680元。社会消费品零售总额增长2.9%。进出口总额325.32亿元，增长11.6%。全县城镇居民人均可支配收入71661元，增长4.7%；农村居民人均可支配收入45100元，增长7.1%，收入倍差缩小至1.59。全县财政总收入153.56亿元，增长4.5%；一般公共预算收入81.88亿元，下降1.1%；一般公共预算支出117.17亿元，增长15.1%。全年财政收支平衡。

【组织财政收入】 深化财税协同机制，加强对经济形势的预判分析，深入挖掘增收潜力，加大收入组织力度，不断做大做实财政蛋糕。2022年，财政总收入占地区生产总值的18.0%。一般公共预算收入占财政总收入的53.3%、占地区生产总值的9.6%。其中，税收收入75.07亿元，增长2.0%，占一般公共预算收入的91.7%。2022年，全县非税收入109.03亿元，增长0.5%，其中纳入一般公共预算管理的非税收入6.81亿元。对上争取资金。抢抓上级政策红利，全年争取转移支付资金32.96亿元；争取债券资金13.84亿元，其中专项债券11.84亿元，一般债券2.00亿元；争取再融资转贷资金17.80亿元。盘活存量资金。建立存量资金定期清理盘活机制，盘活存量资金3.30亿元，统筹用于基础设施和民生项目。

【助推经济稳进提质】 落实减税降费政策。按照“第一时间+顶格优惠”原则，落实国33条、省38条和省“5+4”稳进提质政策体系，全年办理增值税留抵退税28.60亿元；兑现15497笔涉企政策资金16.16亿元，惠及企业11492户；缓缴企业社会保险费3853万元，发放稳岗补贴6742万元；为市场主体减免国有房屋租金2910万元。加强助企纾困。开展“三聚三保三落实”*助企纾困稳进提质攻坚行动，结合“财政上门服务至少一次”活动和“沉一线优服务求实效”专项行动，开展惠企政策帮享服务和诉求协调。政府采购面向小微企业交易金额10.78亿元，占全年采购交易总额的98%；发挥“政采贷”金融活水作用，为本地供应商提供放款金额2417万元。

【集中财力办大事】 首位战略首位保障。将科技支出保障作为重中之重，全县投入科技创新领域财政资金5.14亿元，同比增长16.1%。推进共同富裕建设。加大“三农”投入，拨付各类涉农资金15.24亿元。争取省级基层政策性农业信贷担保服务创新试点和省级资金200万元。获评全省一事一议财政奖补工作成绩突出县，获省级激励资金560万元，入选2023年度一事一议财政奖补支持打造共富乡村试点项目，获省级资金2000万元。支持重大项目建设。2022年全县预算安排10.49亿元，支持116个政府投资项目开工建设，重点保障环湖大堤(浙江段)后续工程(长兴段)、“四好农村路”等项目。强化疫情防控保障。全年拨付防疫资金1.88亿元，支持全民疫苗接种、常态化核酸检测、防疫物资保障及防控能力提升。

【保障民生事业】 坚持新增财力三分之二以上用于民生，全县全年民生支出86.42亿元，占一般公共预算支出的73.8%。支持教育优质发展。安排教育支出19.31亿元，重点保障义务教育经费及校舍基础设施建设。实施教育“双减”政策，规范民办义务教育发展，落实政策资金5261万元，支持新型城乡教育共同体实现全覆盖。提升医疗服务水平。安排医疗卫生支出9.32亿元，保障落实健康促进行动和“浙里健康”民生实事，助力推进“三医联动”“六医统筹”改革深化，加快构建整合型医疗卫生服务体系。提升社会保障水平。安排社保支出14.48亿元，构建覆盖全民、统筹城乡、公平统一、可持续的多层次社会保障体系。支持优化养老基础设施布局，健全居家社区机构相协调、医养康养相结合的养老服务模式。

【推进财政整体智治】 升级“长兴绩效”掌上应用平台，对各部门年度资金运行情况及项目绩效自评、抽评、重点评价等信息进行部门画像，实现预算单位历年绩效管理信息“随身查、随时查”。利用大数据、云计算实施流程再造，协同相关部门构建“以票管费、电子控收”全生命周期管理的新型财政票据监管服务体系，实现县级层面医疗网点全覆盖。做好“浙里报账”“浙里捐赠”“浙里办票”等工作，完成“浙里捐赠”试点任务。完成预算管理一体化试点工作，实现国库集中支付单位一体化全覆盖、预算单位全流程电子化支付。

【加强预算管理】 完善预算管理制度。修订出台《长兴县县级部门财政拨款结转结余资金管理办法》《长兴县机关事业单位公用经费支出标准》等制度文件。优先保障“三保”支出，通过财政预算指标，实行源头控制管理，做到“以收定支”。加强库款管理。建立库款管理保障工作机制，保障各项资金需求和库款区间在0.3~0.8之内。推进公款竞争性存放。梳理县级政府管理资金、单位公款余额及定期存款余额，组织2022年度财政存款首次网上公开招投标，推动公款存放阳光化、透明化。健全资金直达机制。依托监控系统建立直达资金台账，全周期跟踪监督2022年度8.99亿元中央直达资金。建立定期对账机制，确保资金快速直达基层、惠企利民。

【防范化解风险】 防范化解政府债务风险。紧盯年度化债任务，化解存量债务。制定《关于加强全县债务风险管控工作的实施意见》，指引县属国企提升防范化解能力。制定《长兴县地方政府专项债券全生命周期管理办法》，从借、用、管、还等方面规范专项债申报及使用。管控基层财政风险。全县17个乡镇(街道、园区)全部纳入国库集中支付，通过预算管理一体化系统规范管理。推进浙里基财智控应用试点，严格乡镇财政资金监管，编制完成全县乡镇内控制度指引。强化财政监督。建立多部门联席会议机制，出台《财政监督检查问题清单》《财政局内部控制基本制度(试行)》。全年开展财会监督检查27次，发现问题88个，涉及违规资金1862万元。重大政策实行全生命周期绩效管理改革试点案例入选省财政厅预算绩效改革优秀案例库。

【深化国资国企改革】 完成国企改革三年攻坚行动计划，助力国资国企高质量发展。深化混合所有制改革，出台《关于规范县属国有企业委派董事、监事管理的指导意见》，规范对控股参股混改公司的管理和监督。优化各大业务板块，加快推进主营业务项目，县属四大集团全年实现营业收入110.74亿元，其中主营业务收入41.72亿元，同比增长31.6%。完善国资监管，升级国资监管系统2.0版，督促国企国资交易统一纳入国有资产交易平台。

【加强组织建设】 加强思想教育。坚持“周一夜校”学习，开展党的二十大精神宣讲，组织专家辅导、现场学习、集中研讨等专题学习，打造“爱学习 财悦读 政青年”品牌活动。加强党风廉政建设。持续开展党风廉政建设“八个一”行动，加强党员干部教育、管理和监督，考核支部堡垒指数和党员先锋指数。层层签订全面从严治党责任书，逢会必讲“党纪一刻钟”，开展谈心谈话，提升廉政工作素养。营造争先氛围。开展“奋进共富杯”文艺作品征集等活动，组织财务管理、内控专题和投融资业务能力提升等培训，提升干部综合能力。

(长兴县财政局供稿 陆宇红执笔)

注：

***“三聚三保三落实”**：即聚神、聚心、聚力，全力保畅通、保市场、保主体，全力落实政策、落实责任、落实举措。

安吉县

【概况】 2022年，安吉县实现地区生产总值582.37亿元，按可比价格计算增长0.9%。其中：第一产业增加值30.04亿元，增长2.7%；第二产业增加值272.47亿元，下降2.8%；第三产业增加值279.86亿元，增长4.2%。三次产业结构比5.2∶46.8∶48.0。按户籍人口计算，人均生产总值122653元。城镇居民人均可支配收入68446元，增长4.1%；农村居民人均可支配收入42062元，增长6.5%。全年完成财政总收入109.69亿元，下降1.0%，其中一般公共预算收入62.48亿元，下降5.1%。一般公共预算支出94.19亿元，增长6.2%。全年财政收支平衡。

【组织财政收入】 加强与税务部门沟通协调，科学组织财政收入，提高收入质量。2022年，一般公共预算收入占GDP的10.7%、占财政总收入的57.0%，其中税收收入57.07亿元，占一般公共预算收入的91.3%。全县完成非税收入94.95亿元，增长27.9%，其中纳入一般公共预算管理的非税收入5.41亿元，增长3.6%。

【促进经济稳进提质】 发挥财政政策效能。落实"5+4"稳进提质财政工作要求，制定方案，成立专班，分组推进，全年为企业减负降本25.80亿元，落实增值税留抵退税21.98亿元，兑付各类惠企政策资金7.71亿元。配合县内各主管部门出台各类企业纾困政策36项。落实国有房屋租金减免政策，全年为市场主体减免租金2513万元。提高政府采购项目预留中小企业份额，2022年政府采购中小企业合同金额6.71亿元，占比96.9%。发挥财金协同效能。出台《安吉县扶持企业发展资金管理办法（试行）》，将直接奖补改为贴息贷款，以1.50亿元财政资金撬动信贷资金30.00亿元。修订《安吉县政府产业基金管理暂行办法》，将产业基金分为投资战略类、技术类、效益类三大类，创新"基金+直投+落地"投资方式。2022年，全县政府性产业引导基金规模56.85亿元，投资项目61个，引进落户和投资本地优质企业23家。其中，能源互联网独角兽企业"能链快电"在美国纳斯达克上市，国内元宇宙第一股"飞天云动"在香港上市；富特科技通过创业板上市审核，另有2家投资企业完成报会。

【推动共同富裕】 打造共同富裕标志性成果。投入财政资金4.80亿元，设立黄浦江源生态保护基金，支持生态优势转化为发展优势。创新开展竹林碳汇改革，全年完成碳汇交易169万元，争取银行授信资金120.00亿元，成为全省首个竹林碳汇交易试点县，入选国家林业碳汇试点名单。入选省强村富民乡村集成改革试点县，落实财政奖补机制，推动乡镇级强村富民公司扩面，覆盖到所有村（社区）。试点共同富裕"小切口"改革。争取一事一议财政奖补支持打造共富乡村试点，以递铺街道古城村为核心联合周边村，打造"大美·古城"共富联合体，获省级财政2000万元奖补资金。入选省财政金融协同支农数字化改革试点，财政政策与金融工具协同，激活农业主体活力、扩大农业有效投资。"一叶富一方，财政金融协同支农改革实践"案例入选全省财政系统高质量发展建设共同富裕示范区"小切口"改革优秀实践案例。

【提升民生福祉】 全年民生支出76.91亿元，占一般公共预算支出的81.7%。全年安排卫生健康支出10.10亿元，增长5.8%，主要用于疫情防控、公立医院综合改革等领域。全年安排社保和就业支出7.66亿元，增长12.1%，重点支持困难群体医疗救助、低收入人群综合救助、养老金提升、大学生就业创业等事项。全年安排教育支出16.40亿元，增长5.8%，重点保障学前教育、义务教育经费及校舍基础设施建设，2022年安吉入选全省首批普惠托育基本公共服务试点县。

【深化国企改革】 制定安吉国控建设发展集团、安吉农投高新集团组建方案，升级国资国企监管架构。协助县城市建设投资集团、县产业投资发展集团、县交通投资发展集团等制定高质量发展方案。全年完成水库、林权、特许经营权等资产注入超200.00亿元。提升安吉县国企信用评级，全年新增AA+国企3家、AA国企2家。创新国企负责人"双轨制"管理，打通党政机关事业单位与国企负责人交流通道。完善《国有企业负责人薪酬管理暂行办法》等管理制度。修订《安吉县国有企业重大事项监督管理暂行办法》，推进产权事宜网上办理，优化国资监管服务。

【防范化解风险】 防范"三保"风险。健全财政预算执行动态监测机制，确保库款安全运行，优先保障"保工资、保运转、保基本民生"。规范债务管理。坚持"统筹决策、控制规模、规避风险、加强管理"和"借、用、还相统一"原则，规范政府债务举借、使用、偿还行为，全县隐性债务实现清零。防范社保基金风险。完善社保风险准备金制度，强化社保基金分析研判和风险预警预测，按规定比例从土地出让收入中提取风险准备金，加大多渠道资金筹措力度。

【加强党建引领】 加强党的建设。推进"红色根脉强基工程"，深化"双创机关"，打响"同心·财兴"党建品牌。归口管理6家县属国有企业和5家央属、省属国有企业党建，实现管资本与管党建统一。打造变革型组织。以数字、系统思维引领组织架构、运行机制、干部能力、团队文化变革，聚焦"六大体系"找准12个小切口、"六大工程"找准4个突破点，形成具有安吉特色的变革型组织创建举措，获评全省财政系统变革型财政组织创建优秀试点单位。服务中心大局。安排12名党员干部参与文明城市创建、疫情防控、城市有机更新等县委中心工作，103名干部参与白茶采摘、疫情防控志愿服务366人次。

（安吉县财政局供稿　马婕妤执笔）

嘉兴市财政工作

嘉兴市

【概况】 2022年，嘉兴市实现地区生产总值6739.45亿元，按可比价格计算增长2.5%。其中：第一产业增加值144.01亿元，增长2.4%；第二产业增加值3719.61亿元，增长2.9%；第三产业增加值2875.83亿元，增长2.0%。三次产业结构比2.1∶55.2∶42.7。按常住人口计算，人均生产总值122091元。社会消费品零售总额2342.73亿元，增长3.0%；外贸进出口总额4399.99亿元，增长16.3%。全市固定资产投资比上年增长7.2%。城镇居民人均可支配收入72096元，增长3.2%；农村居民人均可支配收入46276元，增长6.1%。全市财政总收入1029.99亿元，下降8.3%；一般公共预算收入596.47亿元，下降11.6%，其中税收收入523.51亿元，下降14.2%。全市一般公共预算支出827.71亿元，增长4.3%。市级财政总收入310.21亿元，下降12.6%，其中一般公共预算收入171.98亿元，下降17.2%。市级一般公共预算支出254.38亿元，下降5.8%。全市及市级财政收支平衡。

【组织财政收入】 强化收入分析预测，健全与税务、金融监管等部门协调联动机制，提高分析预测经济走势、财政收入运行准确性。全市一般公共预算收入占财政总收入的57.9%、占地区生产总值的8.9%，税收收入占一般公共预算收入的87.8%。加强非税收入征管，扩展非税收入一体化收缴运行模式，实现全流程数据化管理。全市非税收入955.85亿元，下降12.6%，其中纳入一般公共预算管理的非税收入72.96亿元，增长13.1%。

【服务经济发展】 支持稳住经济大盘。落实减税降费政策，全市减税降费333.51亿元、增值税留抵退税229.62亿元。落实“5+4”稳进提质一揽子政策，全年惠企政策兑付资金213.60亿元；实施企业社保缓缴、失业保险返还政策，全年失业稳岗返还资金4.36亿元，降低企业运营成本。顶格执行面向小微企业政府采购优惠政策，政府采购预留给中小企业比例和合同预付款比例不低于40.0%。放大金融服务效应。面向小微企业和个体工商户落实再贷款财政贴息政策，给予贷款主体最高50.0%贴息。推动嘉兴长三角创新投资集团有限公司实质运作，委托其代行政府产业基金出资人职责。全市各级政府产业基金规模130.31亿元，实际到位74.52亿元；成立政府产业基金子基金78支，总规模545.93亿元，投资项目1008个，项目总投资额1872.66亿元，撬动社会资本投资1988.09亿元。争取地方政府债券。全市争取专项债券额度291.39亿元，增幅178.0%，拉动固定资产投资增长。落实创新驱动战略。全市财政科技支出46.19亿元，增长18.7%，推进科技创新和产业升级。

【探索共同富裕】 全市各级财政投入乡村振兴战略资金99.29亿元，土地出让收入用于农业农村支出比例5.6%，农民收入连续19年全省第一，城乡居民收入比缩小至1.56∶1，实现全市行政村集体经济经常性收入150万元以上且经营性收入50万元以上全覆盖。做好农业人口市民化财力保障，初步构建“人钱挂钩”“钱随人走”的市区农业转移人口财政奖补机制。完善社会救助政策，加强社会救助与社会福利、社会保险等政策有效衔接，长护险等4个项目入选全省共同富裕试点。开展家庭型转移支付体系试点，在“钱随人走”基础上，研究完善以家庭为核心的基本公共服务领域转移支付制度。

【支持长三角一体化发展】 支持嘉善片区建设。争取省推进长三角一体化发展奖补资金800万元，支持长三角一体化政策研究和项目落地。继续推进长三角一体化跨区域财税分享体制机制建设，深入实施共建虹桥国际开放枢纽行动计划，争取上级税收优惠政策。支持交通基础设施建设。争取省以上专项补助资金22.79亿元，推进浙北高等级航道和湖嘉申航道等项目建设。加快建设市区快速路环线，推进通苏嘉甬铁路、沪平盐城际、中心城区至县(市)4条快速路射线开工。

【保障民生事业】 全市民生支出659.21亿元，增长4.5%，占一般公共预算支出的79.6%。提升医疗卫生服务水平。全市卫生健康支出100.04亿元。统筹资金67.61亿元巩固疫情防控成果，保障免费核酸检测、亚定点医院和方舱医院建设及运行、防控物资采购等重点领域。支持教育事业发展。全市教育支出158.68亿元，增长6.9%，促进教育公平和质量提升，新竣工中小学和幼儿园23所，嘉兴学院实现硕士研究生首次招生。健全社会保障体系。全市社会保障和就业支出77.54亿元，开展“金蓝领”职业技能提升行动，落实资金1.72亿元，提升就业能力。落实社会救助、养老补助等托底政策，最低生活保障标准提高到1070元/(人·月)。推进生态环境保护。落实资金23.15亿元支持城镇生活垃圾分类和污水处理基础设施建设，投入财政资金8.00亿元支持美丽城镇建设，创建省级美丽城镇样板镇13个。

【推进财政改革】 深化预算管理改革。修订《预算管理暂行办法》，迭代升级集中财力办大事财政政策体系，分类提出预算单位优化设置意见。推进数字财政改革。完善部门预算数字化监管系统、预算管理一体化系统，优化功能模块设置，强化全链条转移支付资金监控功能，推进“浙里办票+浙里报账”应用。2022年，嘉兴市财政局部门预算数字化监管系统获浙江财政数字化改革创新应用大赛三等奖。创新财会管理模式。开展重构行政事业单位财会管理新格局试点，组织开展市级71个部门、235个单位财会管理情况调查，系统重塑行政事业单位财会机构配置标准，提升部门单位财会管理水平。加强储备土地监测监管。建立做地、储备、供地联动机制，完善计划编制体系，建立市、区两级储备协同机制，规范化运作。构建国有资产使用调剂机制。搭建国有资产共享调剂平台，实行“线上＋线下”“实体＋虚拟”双轨运行模式，加快公物仓实体化运作，提高国有资产利用效率。

【强化财政监督】 强化财会监督。建立联合监督机制，将年度财会监督工作纳入目标责任制考核，成立五个监督组，与审计部门协同，围绕财会管理、绩效评价、稳进提质政策落实等开展监督检查。强化财政监督。健全财政资金支付预警和追溯机制，完善财政支出常态化监控机制。全面清理预算单位账户，加强财政专户管理，规范专户资金核算，加强资金运行动态监管。强化绩效监督。加强财经秩序整治，构建重点绩效审查监督体系。组织开展财政重点评价工作，评价项目7个，资金15.55亿元，发现问题37条，提出建议39条。开展全市专项资金绩效监控，涉及部门109个、年度预算124.74亿元。防范财政风险。防范化解债务风险，压实化债主体责任，遏制新增隐性债务。加强社保基金管理，确保基金平稳运行。

【加强队伍建设】 推进全面从严治党。以案说纪、以案促改，领导干部带头签订党风廉政建设责任书，履行“一岗双责”。磨砺干部能力素质。擦亮“处长论坛”品牌，每周开展新入职人员和年轻干部上岗培训。深化财政服务品牌建设，完善服务基层清单，百名党员进百企，服务社区175人次。弘扬财政文化。承办全省财政系统“财悦读·启新程——典读党的二十大”暨“财悦读”品牌建设一周年活动，成立局团委青年理论宣讲团，2022年获全省财政系统“变革型财政组织青年说”比赛第三名。

（嘉兴市财政局供稿　赵雨馨执笔）

南湖区

【概况】 2022年，嘉兴市南湖区实现地区生产总值770.41亿元，按可比价计算增长2.5%。其中：第一产业增加值15.82亿元，增长2.7%；第二产业增加值366.37亿元，增长2.8%；第三产业增加值388.22亿元，增长1.9%。三次产业结构比2.0∶47.6∶50.4。按户籍人口计算，人均生产总值120095元，增长1.1%。全区城镇居民人均可支配收入66042元，增长3.5%；农村居民人均可支配收入45528元，增长6.3%。全区财政总收入83.58亿元，下降12.8%，同口径（剔除增值税留抵退税因素，下同）下降2.7%，一般公共预算收入35.12亿元，下降11.2%，同口径下降4.0%，其中税收收入28.80亿元，下降15.8%。全区一般公共预算支出54.20亿元，增长9.2%。全年财政收支平衡。

【组织财政收入】 加强收入分析。强化财税部门协调联动，完善综合治税体系，定期研判收入形势，增强组织收入预见性和主动性。全区财政总收入占地区生产总值的10.8%；一般公共预算收入占财政总收入的42.0%，占地区生产总值的4.6%；税收收入占一般公共预算收入的82.0%。强化非税管理。规范非税收费项目管理，加大非税收入专项检查。全年实现非税收入46.97亿元，其中纳入一般公共预算管理的非税收入6.32亿元，增长18.3%。向上争取资金。全年争取地方政府债券资金22.75亿元，其中新增债券资金13.75亿元，再融资债券资金9.00亿元。

【支持经济转型发展】 加强政策资金引导。出台南湖区“5+4”财政政策工作方案，制定稳经济一揽子政策的财政政策清单，兑现各类政策资金16.51亿元。完善常态化直达资金机制，分配下达中央直达资金5.21亿元。落实减税降费政策。全年办理增值税留抵退税19.59亿元，为企业降本减负28.50亿元。减免行政事业单位租金249万元，惠及租户236家。深化政府产业基金运作。重点投向新材料、半导体、新能源等新兴产业，与社会资本合作设立子基金10只，子基金规模59.20亿元，其中政府产业基金出资8.58亿元，撬动社会资本42.85亿元。强化科技人才支撑。全年科学技术支出3.93亿元，增长19.0%。支持启动建设南湖智造产业学院，建设南湖实验室、南湖研究院，升级柔电院国家重点实验室。支持人才强区战略，落实人才招引培育政策，拨付各类人才专项资金26批次，涉及资金2.12亿元。加大政府采购支持中小企业力度。政府采购投标保证金全面取消，中小企业采购金额5.48亿元，占全区政府采购总金额的92.2%。

【保障民生事业发展】 全区民生支出43.98亿元，增长8.4%，占一般公共预算支出的81.0%。加快教育事业发展。教育支出11.41亿元，增长16.3%，安排民办教育改革资金1.79亿元，确保民办学校转公平稳有序。安排员额制教师待遇3392万元，缓解中小学教师临时性短缺问题。安排“温馨教室”民生实事工程资金909万元，为24所公办中小学安装空调1108台。加大医疗卫生投入。卫生健康支出4.20亿元，增长140.5%，基本公共卫生服务财政补助标准提高至75元/(人·年)。建立医联体远程诊疗中心，支持长三角国际医学中心建设。安排疫情防控资金2.70亿元，保障集中隔离点和全员核酸检测等工作。完善社会保障体系。社会保障和就业支出4.87亿元，增长15.2%，落实城市居民最低生活保障金、残疾人两项补贴、临时救助经费等各项补贴3252万元。安排普惠型托育机构奖补资金299万元，推动0～3岁婴幼儿托育试点工作。安排社会养老服务体系工作资金1900万元，提升养老服务能力。支持“三农”事业。农林水支出3.67亿元，下降6.6%，下达订单良种奖励、生猪稳产保供、耕地地力保护补贴等各类涉农补助资金。完成一事一议财政奖补立项项目3个。支持建成“文明之源·时代之光”美丽乡村精品线。改善群众住房环境。住房保障支出9154万元，增长828.2%。争取中央保障性补助资金5294万元，发放保障性租赁补贴家庭3000户，筹集保障性租赁住房4567套（间）。争取老旧小区改造补助资金1.50亿元，改造老旧住宅小区84个。研究制定二孩、三孩家庭购房补贴政策,促进房地产平稳健康发展。

【深化财政改革】 深化财政数字化改革。开发"浙财有效"应用,建立评审专家库和绩效指标库,强化项目事前绩效评估。推进"浙里报账"应用试点,全区166家预算单位全部上线,差旅费、会议培训及采购报销等业务场景实现全覆盖。推进财政电子票据改革,全年开具财政电子票据440万份,金额84.35亿元,公立医院全面使用医疗收费电子票据。加强"乡镇公共财政服务平台+一卡通"建设。纳入平台涉农惠农补助项目108个,涉及资金2.79亿元,惠及群众229770人次。

【完善财政监督】 强化预算绩效管理。落实党政机关过"紧日子",压减一般性支出2.10亿元。推进预算管理和绩效管理深度融合,委托中介机构全程参与重点绩效评价项目6个,涉及资金2.28亿元。加强政府债务管理。建立债务日常监管和支出进度通报机制,推进项目形成投资实物量,加快专项债券资金使用进度。加大政府隐性债务化解力度,2022年7月实现政府隐性债务清零。把关竣工财务决算审批。全年审核竣工财务决算40项,概算总投资4.60亿元,送审总投资3.59亿元,审定总投资3.65亿元,核增1.7%。强化专项监督检查。开展预决算公开、会计信息质量、女职工生育津贴规范发放、政府专项债券资金管理使用情况专项监督检查,出具整改通知书13份,责令整改问题21个,收回财政性资金40万元。服务人大、政协监督,承办人大代表建议30件、政协委员提案56件,办结率、见面率、满意率100%。完善行政事业国有资产管理。出台《嘉兴市南湖区行政事业性国有资产管理办法》,通过保留原单位、划转至国资公司等6类方式,处置区级行政事业单位房产168处。

【加强队伍建设】 学习宣传党的二十大精神,开展"学习二十大 建功新时代 奋进新征程"知识竞赛。落实意识形态工作责任制,执行"第一议题"制度,用好理论中心组研讨、主题党日、专题培训班等学习方式。实施"红色根脉强基工程",抓好乡镇财政、国有企业等主体强基行动。加强理论研究,成立青年理论学习小组、共富青年调研团等学习团队。加强党风廉政建设,出台《关于纵深推进清廉财政建设的实施方案》,提升"三不腐"能力建设。打造变革型财政组织,制定实施12个方面、37项攻坚任务。强化团队文化建设,开展工会活动4场次。开展防台抗台、疫情防控、文明劝导等志愿服务623人次。

(嘉兴市南湖区财政局供稿 谢云蕾执笔)

秀洲区

【概况】 2022年,嘉兴市秀洲区实现地区生产总值622.31亿元,按可比价格计算增长4.3%。其中:第一产业增加值19.18亿元,增长2.1%;第二产业增加值342.55亿元,增长6.6%;第三产业增加值260.57亿元,增长2.0%。三次产业结构比为3.1∶55.0∶41.9。按常住人口计算,人均生产总值108700元,增长2.8%。全区财政总收入55.91亿元,下降13.1%;一般公共预算收入24.70亿元,下降15.0%,其中税收收入19.54亿元,下降21.5%。全区一般公共预算支出47.04亿元,增长10.9%。全年财政收支平衡。

【组织财政收入】 加强收入分析预测。关注经济发展走势,强化护税协税,加强重点行业、重点企业财源分析,及时掌握收入变动异常和重点税源纳税情况,提高收入运行质量。全区一般公共预算收入占地区生产总值的4.0%、占财政总收入的44.2%;税收收入占一般公共预算收入的79.1%。规范非税收入管理。建立定期分析制度,每月分析非税收入增减变动情况和原因,推进精细化管理。全区实现非税收入65.93亿元,下降9.8%,其中纳入一般公共预算管理的非税收入5.17亿元,增长24.4%。

【助力经济稳进提质】 落实"5+4"稳进提质政策。制定区级"稳经济"系列助企纾困奖补政策,兑现各类涉企补助资金3.60亿元。全年发放消费券2852万元,带动全区实现社会消费品零售总额124.70亿元,增长2.6%。支持高质量发展。配合区政府出台《秀洲区建设高质量制造强区跃升版实施方案(2022—2026年)》《关于进一步加快秀洲区服务业高质量发展的若干政策意见》等产业扶持政策,完善政策"快兑快补"机制。落实减税降费。落实新的组合式减税降费政策以及缓缴部分行政事业性收费政策,办理增值税留抵退税17.18亿元,减免非税收入1.27亿元。全年减免国有房产租金5097万元,惠及小微企业和个体工商户3576户。争取政府专项债。组建工作专班,抓好专项债项目储备、组织发行、支出使用和资金监管等重点环节。全年新增专项债42.35亿元,推动22个重大项目落地。加快科创平台建设。统筹资金6.82亿元支持北理工长三角研究院、浙江大学嘉兴研究院、南科大嘉兴研究院等高端科研载体建设。北理工长三角研究院创成国家级博士工作站。

【推进共同富裕】 搭建秀洲区高质量发展建设共同富裕示范区系统架构图,组建共同富裕财政工作专班,围绕收入分配制度优化、公共服务优质共享等各领域推进共富工作。推动区政府出台《关于深化财政支持养老服务体系建设的若干意见》,重点从支持养老服务硬件设施建设、支持养老服务机构规范运营、扶持养老机构运营纾困补助等八大领域支持养老服务体系建设。秀洲区养老服务财政保障体系项目列入全省财政系统"小切口"改革省级指导名单,"构建养医护智慧康养服务体系 创新打造'安心养'为老服务品牌"获评嘉兴市高质量发展建设共同富裕典范城市最佳实践(第一批)。

【推进民生事业发展】 全区民生支出36.36亿元,增长11.7%,占一般公共预算支出的77.3%。支持教育品质提升。全年教育支出9.82亿元,增长10.7%。保障秀洲实验小学扩建、高照实验学校二期等项目建设,投入资金3169万元推动学前教育优质均衡发展,落实与上海外国语大学等合作办学经费1380万元。投入资金2843万元规范民办义务教育专项工作,秀洲现代实验学校回归公办、宏远教育集团完成“公参民”。助力健康秀洲建设。全年卫生和健康支出4.05亿元,落实资金2.51亿元建设区人民医院、区康安医院二期、区妇幼保健院迁建等项目。落实疫情防控区级资金2.82亿元,支持防疫物资采购、核酸检测、隔离转运等。完善社会保障体系。社会保障和就业支出3.52亿元,增长16.4%。落实促进就业政策,为2853位就业困难人员发放灵活就业社保补贴1337万元,投入资金388万元兑现疫情防控期间惠企稳岗政策。完善社会救助服务体系,最低生活保障标准提升至12840元/(人·年)。支持公共文化事业。投入资金3700万元支持全国文明典范城市创建。推进大运河诗路文化带建设,支持“文化进万家”活动。加强区融媒体中心建设,安排融媒体能力提升专项经费530万元。推动城乡融合发展。全年投入资金1.79亿元,支持交通枢纽建设,重点保障524国道建设项目、东升西路快速化改造等重大工程。

【深化财政改革】 推进财政数字化改革。完善预算管理一体化系统,优化功能模块设置,实现“三保”预算和部门预算同步编报。上线运行非税和票据管理一体化平台,成功申报全省首批“浙里捐赠”平台应用试点单位。深化全面预算绩效管理。出台《秀洲区预算绩效目标管理办法》,健全预算绩效管理“1+X”制度体系。推进部门整体绩效管理改革,实现项目绩效目标审核和部门整体绩效目标审核全覆盖。开展4个新增重大政策和项目事前绩效评估。深化国资国企改革。启动嘉秀集团信用AAA评级,构建以嘉秀发展投资控股集团有限公司为核心、5大国资集团和N个专业化子公司为架构的“1+5+N”国企运行体系。

【加强财政监督】 防范化解债务风险。完成隐性债务化解任务,实施政府投资项目立项前财政承受能力和债务风险评估,遏制新增隐性债务。防范基层财政运行风险。兜牢“三保”底线,实施阶段性专项补助,确保基层财政平稳运行。开展基层财政资金安全专项检查,跟踪问效资金使用情况。厉行节约过“紧日子”。压缩非重点、非刚性支出预算资金1.65亿元,清理存量资金2900万元,统筹用于项目建设、疫情防控等重点领域。强化监督检查。开展内部控制、“三公”经费、预决算公开、债务管理等专项检查,开展全区财经秩序专项整治自查和复查,强化财经纪律约束。

【加强队伍建设】 学习贯彻党的二十大精神。开展“六学六进六争先”学习实践活动,通过中心组理论学习、“三会一课”、主题党日、集体研讨、专题党课等方式,推动学习走深走实。建设变革型财政组织。制定《秀洲区财政局关于开展财政系统变革型财政组织创建试点工作的实施方案》,组建工作专班,加快省级试点创建。抓好“双建”工作。组织局党总支、党支部换届选举,获评秀洲区“建设清廉机关、创建模范机关”工作先进集体。完善干部考核体系。在干部职工年度考核评优积分制管理基础上,制定党员和入党积极分子积分制管理制度,激发争先创优积极性。深化服务品牌创建。“秀出精财”服务品牌获嘉兴市第十批机关服务品牌命名。2022年,秀洲区财政局连续第10年获评秀洲区工作目标责任制考核一等奖。

(嘉兴市秀洲区财政局供稿　章娟宏执笔)

海宁市

【概况】 2022年,海宁市实现地区生产总值1247.00亿元,按可比价计算增长0.7%。其中:第一产业增加值21.41亿元,增长2.2%;第二产业增加值724.71亿元,增长0.1%;第三产业增加值500.87亿元,增长1.3%。三次产业结构比为1.7:58.1:40.2。按户籍人口计算,人均生产总值174033元,下降0.1%。全市财政总收入161.66亿元,下降14.0%,其中一般公共预算收入95.08亿元,下降16.9%;一般公共预算支出122.30亿元,增长9.8%。全年财政收支平衡。

【加强财政收入管理】 加强收入分析预测。加强与税务、发改等部门沟通,做好收入定期预测与执行分析。2022年,财政总收入占全市生产总值的13.0%,一般公共预算收入占全市生产总值的7.6%、占财政总收入的58.8%;税收收入85.16亿元,占一般公共预算收入的89.6%。全市核减和收缴非刚性非急需项目资金9.41亿元,盘活沉淀资金3.78亿元。全年争取债券资金58.61亿元,其中专项债券35.21亿元、一般债券4.00亿元、再融资债券19.40亿元。规范非税收入管理。动态调整2022版政府非税收入项目目录,深化统一公共支付平台应用,接入收缴单位111家,全年收缴资金36.34亿元、86万笔。实施财政电子票据改革,全年开具电子票据1331万余份,开票金额160.65亿元。落实土地出让收入各项税费成本项目计提,筹集社保资金、杭海城铁资金、腾笼换鸟专项经费等,全年计提各项费用59.34亿元。全市实现非税收入212.45亿元,增长5.7%,其中,纳入一般公共预算管理的非税收入9.92亿元,增长40.4%。

【服务经济发展】 落实减税降费政策。加强与执收部门对接,关注减负执行情况,全年减免税费53.99亿元、行政事业性收费(基金)1.78亿元,落实国有房租减免2.32亿元;通过预留份额、价格评审优惠、降低投标成本等措施支持中小企业参与政府采购,激发市场主体活力。加快政策兑现速度。成立提速惠企政策兑现专班,变“乡镇转拨”为“市级直达”,兑付各类涉企资金10.71亿元。做大做强产业基金。新设规模10.00亿元数字经济产业基金,支持许村镇传统优势产业数字化;新设规模10.00亿元实业创投母基金，丰富国有资本股权投资模式；新设规模10.00亿元鹃湖梦想基金，支持区域创业创新和科技成果转化。全市产业基金全年投资项目新增23个，投资金额4.60亿元，带动社会资本投资34.40亿元。落实科技首位战略。全年财政科技支出6.82亿元，增长18.9%。落实资金1.28亿元支持科创平台、双创人才建设等，惠及企业840余家。

【推动共同富裕】 农村家庭增收、普惠托育纳入基本公共服务、"浙里捐赠"平台上线扩中家庭慈善项目3项工作列入省财政厅家庭型财税政策体系试点。通过农民资金入股、土地入股、农房入股等增收模式，实施"扩中农业标准厂房项目""众筹'共富厂房'项目""土地入股项目""闲置农房激活工程"4项内容，闲置农房盘活10376户，增收4.00亿元，全年新组建土地专业合作社10家，入股农户数1814户，入股面积5000余亩。"十万农民变股民"培育实施方案入选全省财政系统高质量发展建设共同富裕示范区"小切口"改革优秀实践案例。制定支持育儿友好型社会建设奖补政策和家庭育儿支持政策，从支持育龄女性就业、实施普惠托育奖补等方面加快推进普惠托育服务，增设对扩中提低家庭的育儿支持政策、扩中提低对象子女优先入托公办托育机构等政策，探索建立生育养育成本共担机制。在"浙里捐赠"平台上线"潮城公益岗 扶业助共富"慈善项目，开发长效保洁、绿地养护、垃圾分类等就业岗位170余个，募集慈善捐款20.4万元，用于发放公益岗位工资。

【发展民生事业】 全市民生支出96.16亿元，增长13.2%，占一般公共预算支出的78.6%。推进教育高质量发展。安排教育支出28.09亿元，推动许村镇龙渡小学等7个项目竣工，实现"双减"课后服务全覆盖，职业教育连续5年获全省考核优秀。推进健康海宁建设。安排卫生健康支出15.70亿元，基本公共卫生服务补助标准提高至97元/人，全市社区卫生服务站实现三星级以上全覆盖。落实10.92亿元防疫资金，支持核酸检测、转运隔离、物资采购、方舱医院建设等，提升公共卫生领域应急物资储备能力。提升社会保障水平。安排社会保障和就业支出16.10亿元，建成智慧养老综合服务中心，幼儿托育机构实现镇(街道)全覆盖。拨付资金1.13亿元用于助困、助业等精准帮扶。投入资金5352万元，推进援疆援藏、东西部扶贫协助、对口支援合作等。支持文化事业发展。安排文旅体资金2.26亿元，支持公共文体设施建设、优秀文化传承发展等，公共文化服务现代化发展指数列全省前列。提升城市建设品质。统筹资金2.40亿元，保障公共设施维护、未来社区、农村危房改造等项目建设，3个镇入选省美丽城镇样板镇，风和丽苑创成省级未来社区。安排资金11.00亿元，保障盐官音乐小镇、钱塘国际新城等城市新亮点建设。投入资金6.54亿元，助力打好蓝天、碧水、净土、清废保卫战，创建省级清新空气示范区。支持乡村振兴战略实施。实施村级公益事业一事一议项目54个，总投资1.19亿元，财政补助4926万元。拨付资金8.06亿元，推进土地开发整治与耕地保护工作，支持稳粮保供。

【深化财政改革】 推进数字化改革。保障政府信息化项目经费1.20亿元，机关事业单位差旅费报销实现"浙里报账"全覆盖，迭代升级乡镇公共财政服务、政采云等应用平台，重点打造"数资大管家"应用平台。上线"数字财政"系统，加强政府投资项目管理，净核减项目金额4.62亿元。深化预算管理改革。推进预算管理一体化建设，优化预算编制模式，整合预算单位至191个，同比减少25.4%。加快国库集中支付改革。按月做好库款流量测算分析，提前测算大额收支，防范支付风险。加强财会管理改革。完成重构行政事业单位财会管理新格局省级试点工作，全市25个部门完成会计核算改革。推进投融资体制改革。完成国企改革三年行动任务，组建兴海集团、交控集团，企业信用等级提升至AA+，市镇两级国有企业融资522.54亿元。推进国企混合所有制改革，全市国有企业资产总额突破3000亿元。

【强化财政监管】 加强基层财政管理。建立新一轮市镇财政管理体制，支持镇级经济社会发展。迭代镇(街道)内部控制体系，建设基层内部控制指引和云平台数据驾驶舱，提升内控管理水平。强化预算绩效管理。组织开展重点政策和项目绩效评价5个，涉及财政资金3.50亿元，创新"绩效+监督"一体化预算闭环管理模式，推行市级部门预算绩效运行"体检式"动态监控预警机制，深化预算绩效管理改革试点工作入选全省优秀案例。防范财政资金风险。修订公款存放相关制度，全年组织公款竞争性存放98.54亿元。公共机构节能改革入选全省坚持党政机关过"紧日子"优秀案例。落实社保风险准备金多渠道筹集机制，全年筹集资金21.37亿元，社保风险准备金余额92.43亿元。强化国有资产监管。完成全市国企公共基础设施资产清查，涉及金额462.59亿元。

【加强队伍建设】 加强党建引领，巩固拓展党史学习教育成果，学习贯彻党的二十大精神。推进清廉财政建设，层层签订党风廉政建设责任书，落实重大事项报告等制度，创建"财韵廉心"廉洁文化品牌，常态化开展作风效能督查。聚焦人才培养，通过专项培训、科室走亲提升干部综合素质。举办财政知识技能竞赛活动，激发争先创优热情。2022年，海宁市财政局分别获评浙江省、嘉兴市财政系统管理绩效考评"优秀单位"，海宁市目标责任制考核优秀部门，嘉兴市争创"双建"先进基层党组织，海宁市"双建"工作先进单位，海宁市直机关战役先锋党组织，全省清廉财政建设成效突出单位，打造"亲清财苑"廉洁文化阵地获评浙江省清廉财政建设十佳实践案例。

(海宁市财政局供稿　黄能能执笔)

平湖市

【概况】 2022年，平湖市实现地区生产总值959.58亿元，按可比价计算增长2.2%。第一产业增加值16.43亿元，增长2.6%；第二产业增加值585.93亿元，增长2.3%，其中工业增加值549.90亿元，增长2.2%；第三产业增加值357.22亿元，增长2.0%。三次产业结构比1.7∶61.1∶37.2。按常住人口计算，人均生产总值139881元，增长1.0%。全市财政总收入133.32亿元，下降15.8%；一般公共预算收入80.72亿元，下降16.4%，剔除增值税留抵退税因素后下降0.4%，其中税收收入73.21亿元，下降17.4%。全市一般公共预算支出120.21亿元，增长14.5%。全年财政收支平衡。

【组织财政收入】 提升收入质量。加强宏观经济形势分析，强化收入预期管理，提高收入分析质量。全市一般公共预算收入占地区生产总值的8.4%、占财政总收入的60.5%。税收收入占一般公共预算收入的90.7%。规范非税收入征管。推进财政票据电子化改革。推广统一公共支付平台，全年电子缴款43万笔，收缴资金6.61亿元。全年征收非税收入101.75亿元，下降1.5%，其中纳入一般公共预算管理的非税收入7.51亿元，下降5.5%。

【稳经济促发展】 出台稳经济政策。制定市域“5+4”稳进提质政策体系和稳经济一揽子财政政策清单，配合出台抗疫情稳增长若干政策意见等20条稳经济政策。加大助企纾困力度。落实减税降费政策，全年增值税留抵退税42.77亿元。加快财政专项资金兑付进度，让财政资金早到账、企业早享受。全年兑付资金11.08亿元。落实国有房屋租金减免政策，全年为1207户小微企业和个体工商户减免租金1715万元。出台支持农业信贷担保服务政策，农业信贷担保规模新增3543万元。加大政府采购支持中小企业力度，全年中小企业采购金额占比99.5%。加大稳岗支持力度，全年发放稳岗返还资金、留工补助等资金8953万元。用好专项债券资金。全年争取政府专项债券资金22.57亿元，支持全域土地综合整治、“腾笼换鸟”整治提升、城镇有机更新三大专项行动。

【推进共同富裕】 搭建“1+8+N”共富体系。制定出台新一轮强村富民政策，构建“1”个新型强村公司共富体，“飞地抱团”、农房盘活、众筹经营、乡村劳务、产业联结、土地股份、景区村庄、文明善治“8”个要素抱团共富体，“N”个“抱团富”应用场景的“1+8+N”共富体系，2022年启动共富体项目34个，谋划新建市级“飞地抱团”项目1个，持续开展“飞地抱团”6.0版本低收入家庭持股增收项目，全市行政村经营性收入120万元以上。推动共富“小切口”改革。构建“省市协同、政银担合作”财金协同支农体系，创新出台支持农业信贷担保服务政策，全年农业信贷担保规模新增3543万元，惠及农户117家。平湖市财金协同支农数字化改革案例获评全省财政系统高质量发展建设共同富裕示范区“小切口”改革优秀实践案例。

【保障民生事业】 全年民生支出95.57亿元，增长13.0%，占一般公共预算支出的79.5%。推进教育事业均衡发展。全年教育支出20.67亿元，增长2.8%。提高中小学教师待遇、义务教育生均公用经费，落实民办教育改革资金。支持“健康平湖”建设。全年卫生健康支出15.55亿元，增长101.6%，助力深化县域医共体和“三医联动、六医统筹”，推进两慢病分级诊疗改革，实现慢病一体化门诊全覆盖，创新出台参保居民同质同标健康管理办法。疫情防控支出5.81亿元。完善社会保障体系。全年社会保障和就业支出12.03亿元，增长12.9%。落实困难群众和特殊群体保障政策，启动困难群众基本生活价格补贴发放。支持育儿友好型社会建设，出台3岁以下婴幼儿照护服务普惠项目建设实施方案。支持文旅事业发展。全年文化旅游体育与传媒支出1.87亿元，增长2.4%。完善公共文化服务体系，加强历史文化遗产保护传承利用，助力体育场所改造、历史文化遗址保护等项目建设。助力提升城市品质。安排预算7900万元，支持城市道路改善、学校扩容、农村危桥修复等民生项目。安排预算3.29亿元，加快交通基础设施建设。安排预算2.50亿元，推进“美丽平湖”建设，提升人居环境质量。支持乡村振兴战略。全年农林水支出10.09亿元，增长20.4%，整合涉农资金4.55亿元，土地出让收入用于农业农村的部分占比6.2%。

【深化财政改革】 深化预算管理改革。完善支出预算标准体系，加强部门预算项目库管理，实行项目预算全生命周期管理，建立专项转移支付定期评估和退出机制。推进部门整体绩效评价试点，健全涵盖预算编制、预算执行、监督全过程的闭环整体绩效评价机制。完成省级试点任务。支持数字化改革。全年安排经费7000万元，保障全市数字化改革项目。推进预算一体化、财政决策分析、“惠企直通车”平台等财政数字化系统应用迭代升级。开展“浙里基财智控应用”省级数字化改革试点，实现市、镇“一站监管”。深化国资国企改革。统一管理、分类处置市级行政事业单位房产，盘活闲置资产。修订市属国有企业管理办法，推进国资监管和市属国企整合提升。数字化改革国企领域延伸扩面工作在嘉兴全面深化改革考核中列县市区第一。

【强化财政监督】 建立政府过“紧日子”长效机制。全年开展4轮压减，压减支出3.63亿元。把握资金拨付节奏和进度，保障库款处于安全水平。防范化解社保基金风险。健全运行风险监控机制，做好企业职工养老保险全国统筹和年度收入任务预测及影响分析专报。防范地方债务风险。全年化解存量隐性债务总量的23.6%，累计化解94.1%。优化国企债务管控机制，防范新增隐性债务。强化财政监督检查。全年检查项目19项，纠正违规金额558万元;结算审核政府投资项目96个,审定金额10.56亿元,净核减0.79亿元,核减率7.0%。建立"财审联动"机制,与审计部门联合开展专项检查4项、专项调查1项。

【加强队伍建设】 学习宣传贯彻党的二十大精神,深化"金平湖财政学堂""财悦读"等平台运用。推进"清廉财政"建设,构建完善资金管理、源头治腐和财政监督体系,打造"清心"清廉文化品牌。制定变革型财政组织建设年度重点任务,开展变革型财政组织创建试点。全年完成"创新破难"重点工作任务16项。建立"上学""下炼""外派""内循"四位一体干部锻炼平台,落实青年干部成长导师制,完善干部轮岗交流制度。2022年,平湖市财政局被市委、市政府评为工作目标责任制考核优秀部门。

(平湖市财政局供稿　刘　欣执笔)

桐乡市

【概况】 2022年,桐乡市实现地区生产总值1209.67亿元,按可比价格计算增长2.6%。其中:第一产业增加值26.58亿元,增长2.1%;第二产业增加值609.98亿元,增长2.9%;第三产业增加值573.11亿元,增长2.4%。三次产业结构比为2.2:50.4:47.4。按户籍人口计算,人均生产总值169591元。全市财政总收入179.77亿元,增长0.9%;一般公共预算收入105.84亿元,下降3.2%,其中税收收入91.44亿元,下降5.4%。一般公共预算支出133.26亿元,增长15.3%。全年财政收支平衡。

【组织财政收入】 加强收入管理。深化财税部门协作,加强重点税源监控,完成财政收入旬报、月报、季报等报表编报工作,加强财税收入结构及运行分析,把握组织收入的进度和节奏,确保收入在合理区间平稳运行。全市一般公共预算收入占地区生产总值的8.7%、占财政总收入的58.9%,税收收入占一般公共预算收入的86.4%。强化非税征管。加强征管监控,做好土地出让收入分配核算和预测分析,确保非税收入平稳征收。通过上线非税收入一般缴款书、实施电子凭证库管理等举措,深入推进非税数字化管理。全市完成非税收入150.30亿元,下降0.2%;其中纳入一般公共预算管理的非税收入14.41亿元,增长14.2%。

【服务经济发展】 加大惠企纾困力度。落实经济稳进提质专项行动,出台惠企纾困帮扶、新一轮制造业攻坚、工业园区有机更新等财政扶持政策。实施财政资金直达快享,兑现涉企资金14.33亿元。落实减税降费政策。贯彻执行大规模增值税留抵退税政策,完成金额38.78亿元。落实城市基础设施配套费、水资源费等降费任务,减免行政事业性收费1.05亿元。向上争取资金支持。获得中央及省级重大项目补助资金17.18亿元,用于支持商务促进、住房租赁、全域土地整治等项目。储备谋划政府债券项目,新增债券资金39.57亿元,其中专项债券35.57亿元。争取到全国首批、全省首笔开发性金融工具18.00亿元、全国第二批政策性金融工具3.93亿元。优化产业基金运作。打造"乌镇路演"系列活动平台,出资设立"壮腰"直投、招商专项等基金3支,新增规模30.80亿元。2022年全市产业基金总规模156.79亿元,投资124笔,金额46.51亿元,带动社会资本股权投资223.21亿元。

【推进共同富裕】 完善美丽乡村、粮食生产功能区、耕地保护等支农政策,落实"三农"支出71.57亿元。以"村集体+低收入农户"抱团发展为路径,通过"财政补助+集体出资+乡贤帮扶+农户众筹"等方式筹措资金,建成共富大棚、共富羊棚等项目16个,带动1634户低收入农户增收517万元,低收入农户"共富大棚"持股增收项目获评全省财政系统高质量发展建设共同富裕示范区"小切口"改革优秀实践案例。初步完成对一般转移支付资金的梳理,建立共同富裕统筹激励奖补专项资金,整合部门涉及共同富裕的考核事项,制定镇、村两张考核清单,实行绩效评价结果与激励奖补挂钩。开展一事一议财政奖补支持打造共富村试点,以桐乡市崇福镇农创共富农村综合改革集成建设项目为平台,创新打造乡村共富联合体,被省财政厅列入省级改革试点项目。

【保障民生支出】 全年民生支出111.75亿元,增长14.8%,占一般公共预算支出的83.9%。支持重点项目建设。落实资金54.13亿元,保障子恺学校初中部、中医院迁建工程等项目95个。加大医疗卫生投入。全年卫生健康支出15.14亿元,支持推进"城市医联体+县域医共体"建设,保障标准化急救站点建设、婴幼儿托位数新增、结直肠癌筛查等医疗普惠项目。落实专项资金6.72亿元,保障疫情防控工作,支持核酸采样、防疫物资购买、方舱医院建设等。保障教育均衡优质发展。落实教育支出29.79亿元,推进义务教育学校"民转公"工作,建成投用学校10所、新增学位7320个,实现义务教育学校空调安装全覆盖。落实资金800万元,做好教育资助工作,确保困难学生应助尽助。提高社会保障水平。落实社会保障和就业支出12.25亿元,完成新建、改造居家养老服务照料中心20家,医疗救助政策落实率100.0%。支持稳就业提技能,投入资金6463万元,帮扶个人灵活就业、创业,保障实施"桐育工匠"项目。落实专项资金3.00亿元,推进实施"金凤凰人才计划",加大高层次人才引进力度。助力文体事业发展。落实文化旅游体育与传媒支出2.56亿元。投入资金1115万元,助力打造"15分钟品质文化生活圈"176个,新建城市书房2家、数智化改造15家。安排资金435万元,推进新型公共文化空间建设,打造健心客厅8家、省级文化驿站1家,优化公共文化服务多元供给。

【深化财政改革】 完善财政体制机制。制定新一轮镇街区财政体制方案,加快乡镇财政管理体制重构,加大资金向基层、重点区域倾斜力度。坚持党政机关过"紧日子"政策。集中财力保宣点支出，压减非重点、非刚性支出指标数9370万元，压减率15.0%。清理部门结余结转资金，盘活存量资金2496万元。落实中央直达资金，完成支出11.51亿元。推进数字财政改革。推进预算管理一体化平台建设，预算编制、批复、执行等模块上线运行，逐步实现平台数据互通。推进"核算云""浙里捐赠""浙里报账"等省级试点应用上线使用。深化绩效管理改革。预算部门项目绩效自评实现全覆盖，涉及项目360个、资金97.90亿元。强化绩效结果应用，核减低绩效项目财政资金8228万元。开展全市涉企补助政策体系绩效评价，为完善政策提供依据。

【强化财政监管】 加强预算执行监控。制定预算指标账试点工作方案，关注功能分类和重点指标支出，把握预算支出进度。及时做好资金调度，确保库款保障水平在合理区间。实施公款竞争性存放网上招标，组织公开招标5期，涉及资金98.09亿元。深化财政运行管理。督查预决算公开、工程投标及公务用车定点维修等工作，落实专项检查项目15个，发出整改通知26份，收回财政资金150万元。试行政府购买服务单列预算，编制2023—2025年度政府购买社会服务项目预算三年规划，挖掘政府购买服务改革潜力。严防财政风险。实施存量隐性债务化债全过程清单式管理，防范新增隐性债务风险点。加强社保基金风险防控，执行各项社保基金征缴政策，推进被征地农民养老保障工作。多渠道筹措社保风险准备金11.96亿元，确保基金平稳运行。

【加强队伍建设】 发挥党建统领作用。打造机关党建示范点，改造财政党建展厅，夯实党建文化阵地。2022年，桐乡市财政局获评市级机关部门（单位）工作目标责任制考核优秀部门。"桐财同行"品牌获"嘉兴市机关服务品牌"荣誉。推进党风廉政建设。开展领导干部廉洁从政从业行为自查，推动构建亲清政商关系。开展机关效能检查49次，正风肃纪检查21次。2022年，市财政局获评桐乡市落实党风廉政建设责任制优秀单位。加快干部队伍变革。制定实施变革型财政组织实施方案，入选浙江省财政系统创建试点单位。细化干部考核指标，完善数字人事平台，构建科学人事制度体系。深化青年干部培养，调动干事创业活力。开展走访服务。开展网格大走访、文明创建等志愿活动。上门征集企业诉求60个，解决率100%，助企复工复产。

（桐乡市财政局供稿　朱叶儿执笔）

嘉善县

【概况】 2022年，嘉善县实现地区生产总值863.48亿元，按可比价格计算增长5.0%。其中：第一产业增加值23.73亿元，增长2.5%；第二产业增加值503.19亿元，增长8.1%；第三产业增加值336.56亿元，增长1.3%。三次产业结构比为2.7∶58.3∶39.0。按户籍人口计算，人均生产总值205705元，增长3.5%。全县财政总收入138.11亿元，增长1.1%。一般公共预算收入80.48亿元，下降2.8%，剔除增值税留抵退税因素增长9.2%，其中税收收入75.08亿元，增长0.5%。全县一般公共预算支出110.00亿元，下降1.1%。全年财政收支平衡。

【组织财政收入】 强化收入分析。深化财税协作与部门联动，实现财税信息共享，提高收入预测准确性，定期走访县级部门，上门服务企业。全年财政总收入占全县生产总值的16.0%，一般公共预算收入占全县生产总值的9.3%、占财政总收入的58.3%，税收收入占一般公共预算收入的93.3%。加强非税收入管理。优化非税收入收缴电子化管理，发挥政府非税收入政策调控功能。全年实现非税收入96.93亿元，下降45.3%，其中纳入一般公共预算管理的非税收入5.40亿元，下降33.5%。

【支持经济发展】 加大政策扶持。推出稳岗促产10条、惠企纾困24条、稳经济政策43条，落实"5+4"政策清单29项，梳理稳进提质扶持政策28条，兑付县级涉企扶持资金7.29亿元，拨付"两直"资金6.51亿元。落实减税降费。落实小微企业减免"六税"〔资源税、城市维护建设税、房产税、城镇土地使用税、印花税（不含证券交易印花税）、耕地占用税〕8982万元、"两费"（教育费附加、地方教育附加）3056万元，办理增值税留抵退税31.00亿元，减征城市基础设施配套费等1.24亿元，新增缓缴14项行政事业性收费。助力复工复产。落实稳岗补贴、留工培训补贴1.10亿元，惠及企业2万家次。争取上级转移支付惠企资金1.90亿元。助力科技创新。全年科学技术支出7.49亿元，增长18.3%，重点支持创新平台建设及科技企业培育，推动科技创新券示范区通用通兑。支持促进消费。安排消费促进专项资金4000万元，用于发放政府消费券及县内文旅、汽车等各类定项消费券。

【支持示范区建设】 统筹财力保障项目建设。预算安排32.97亿元，争取省、市第一轮支持长三角生态绿色一体化发展示范区嘉善片区财力资金69.02亿元。争取省、市示范区发展专项补助5.60亿元，重点保障示范区建设项目12.20亿元，投入占政府投资项目总资金的34.8%。争取12.32亿元金融工具。向上争取免抵调库指标22.36亿元，上报债券项目60个，涉及136.10亿元。成功争取债券资金70.15亿元，债券规模列嘉兴市第一，支持平黎公路嘉善段改（扩）建、技师学院筹建、产业园区基础设施建设。探索示范区制度体制创新。参与跨区域财税分享操作细则、共同账管理办法和生态受益地区、保护地区横向补偿机制等制度的制定，推动长三角生产要素自由流动与产业结构升级。

【探索共同富裕】 以家庭为单位的个人所得税征管改革探索获评全省财政系统高质量发展建设共同富裕示范区"小切口"改革最佳实践案例。统筹安排资金2000万元，探索建立农业转移人口市民化财力保障机制，增强各镇（街道）相关保障能力。依托国家级农村综合性改革试点试验项目推进共富村建设，推动红菱、鸦鹊、新胜、星建、荷池、大舜6村拓展强村富民有效路径。实施新一轮“强村富民”计划，通过“集体帮一点、政府补一点、社会捐一点”推动低收入家庭“飞地抱团”帮扶增收项目建设，每年可获取帮扶资金10%的稳定收益，参与农户2183户，参与率100.0%。

【保障民生支出】 全县民生支出86.61亿元，占一般公共预算支出的78.7%。完善公共卫生体系。全年卫生健康支出16.43亿元，增长82.0%。实现城乡合作医疗一体化运作，城乡居民筹资标准、财政补助和待遇享受保持一致。统筹保障防疫支出12.00亿元。促进教育均衡发展。全年教育支出19.15亿元，增长0.1%。围绕城乡办学条件“零差异”目标，统一城乡学校建设和装备标准，执行农村义务教育“以县为主”管理和经费保障机制，向上争取4.00亿元一般债券资金用于学校建设。推动社会保障事业发展。全年社会保障和就业支出7.36亿元，下降1.1%。建立智慧救助服务联合体，实现困难家庭智慧救助，上调最低生活保障标准，困难群众救助资金支出4400万元。落实被征地农民养老保障资金支出2105万元。制定养老设施专项规划，机构统辖、设施统建等“五统联动”，公办养老机构改革支出2204万元。助力乡村振兴。全年农林水支出9.39亿元，增长0.3%。提取土地出让金收益4.15亿元用于农业农村。入选2022年国家级农村综合性改革试点试验，11个项目列入计划，建立项目和资金管理办法，总投资6.25亿元，其中统筹整合涉农资金3.00亿元，撬动金融和社会资本3.25亿元。

【深化财政改革】 推进数字财政建设。上线预算管理一体化系统和“浙里报账”“浙里办票”“浙里资产”等试点应用。完成示范区三地远程异地评标项目，探索同平台跨省异地评审采购新模式。建立“区块链+医保在线”跨省域快速理赔平台，并列入省级试验，实现示范区三地医保、财政、卫健、商保等部门数据共享，跨省域医保零星报销业务办理实现即日办结，惠及三地2万人次。乡镇财政公共服务平台发放财政补助性项目66个，涉及资金1.63亿元。深化国有企业改革。完成国企改革三年行动，出台促进国有企业做强做优做大集成政策，县属国企资产总额1865.00亿元。推进金融创新中心、云上嘉善等投资项目落地，投资额90.43亿元。实施政府债券申报、完善政策性亏损补贴等举措，县属国企投资经营性项目24个，完成投资26.92亿元，完成年度目标108.1%，发行债券43.00亿元，新增银行授信储备28.55亿元。

【强化财政监管】 强化预算绩效管理。开展专项资金绩效监控，涉及预算资金4.48亿元，完成镇(街道)下级政府财政运行综合绩效评价全覆盖。预算绩效管理纳入领导经济责任审计试点，完成镇及部门探索试行。坚持党政机关过“紧日子”。压减财政支出，盘活存量资金2.68亿元，压减一般性支出、收回当年非重点、非急需项目资金等1.94亿元。压减一般性政府投资项目21个，延缓项目15个，涉及资金18.00亿元。政府购买服务预算编制数同比下降31.51%。加大财政监督检查力度。完成检查项目18个。开展地方财经秩序等11个专项行动、整治。国库集中支付资金监控全覆盖，出台镇(街道)国资监管系列办法。防范债务风险。开展债务变动核查专项行动和债务风险排查，规范举债融资行为，累计化解隐性债务89.0%。

【打造变革型财政组织】 入选全省财政系统变革型财政组织创建优秀试点单位，细化量化53个创建任务清单，评价得分列嘉兴市第一。获2022年全县工作目标责任制考核优秀单位。推进党风廉政建设。制定《关于进一步落实全面从严治党深化清廉财政建设的实施意见》，充实20项任务，实行星级评定管理。完善内控制度体系，梳理排摸重点岗位重点业务廉政风险点，全局119名干部职工排查风险点256个，制定相应防控措施260条。规范选人用人机制。重新聘任中层干部35人，40岁及以下占比46.0%，全日制本科及以上学历超57.0%，全局干部职工提拔和交流面38.9%，“85后”“90后”提拔和交流面为同群体的42.3%。提升干部素质。推行“跨界”培养，抽调年轻干部到信访窗口历练，选调优秀年轻干部进入支委班子。制定“国宏嘉圆、人才强企”国企人才新政，破解欠缺高层次、紧缺型人才的难题。

(嘉善县财政局供稿 尤晓啸执笔)

海盐县

【概况】 2022年，海盐县实现地区生产总值639.84亿元，按可比价格计算增长0.2%。其中：第一产业增加值20.31亿元，增长2.9%；第二产业增加值372.87亿元，下降1.2%；第三产业增加值246.66亿元，增长2.2%。三次产业结构比3.2∶58.3∶38.5。按户籍人口计算，人均生产总值166899元，增长0.1%。社会消费品零售总额183.23亿元，增长5.0%；城镇居民人均可支配收入74280元，增长2.8%；农村居民人均可支配收入47155元，增长6.0%。全县财政总收入106.91亿元，增长0.3%。一般公共预算收入62.37亿元，下降2.4%，其中税收收入50.17亿元，下降9.1%；全县一般公共预算支出87.55亿元，增长8.6%。全年财政收支平衡。

【组织财政收入】 确保收入平稳运行。应对减收增支压力和困难，加强分析研判和财税协调，注重开源节流，优化支出结构，盘活存量资金。全年财政总收入占地区生产总值的16.7%。一般公共预算收入占财政总收入的58.3%、占地区生产总值的9.7%。税收收入占一般公共预算收入的80.4%。收入结构保持较优水平。强化非税征管。配合开展浙江省“大综合一体化”执法监管数字应用，推进罚缴一体化建设。全县征收非税收入82.81亿元，下降21.5%。其中，纳入一般公共预算管理的非税收入12.20亿元。

【支持经济稳进提质】 减轻企业负担。落实减税降费优惠政策，推动政策直达快享，全年落实增值税留抵退税19.34亿元，落地中央直达资金8.14亿元。争取债券支持。做好项目筛选和前期谋划，全年争取地方政府债券56.99亿元、地方政府再融资债券9.10亿元，助力扩投资稳增长。支持科技创新。推进科创孵化体系和创业创新平台建设，精细化培育专精特新企业，全年科学技术支出4.43亿元，增长18.0%。扶持产业发展。落地省"5+4"稳进提质政策体系，完善县域产业财政扶持政策，全年保障工业、科技、人才和服务业专项资金4.40亿元。深化政府产业基金运作。强化海盐县国有资本投资有限公司运营，与投资机构拓展合作，全年政府产业基金出资2.84亿元，支持新能源材料、集成电路、同位素等重点产业发展。推进政府性融资担保。配合完成政府性融资担保市县一体化改革，推动扩面增量，截至2022年年底，全县政府性融资担保余额25.78亿元。

【探索共同富裕】 海盐县纳入浙江省财政厅家庭型财税政策改革试点范围，完成家庭住房保障（公积金）、学生资助、家庭就业帮扶共富政策三项改革试点。与教育、人社、公积金管理等部门协同开展课题研究，进行政策梳理、数据测算、破题思路研究。优化"专项补助与付费购买相结合、资金补偿与服务绩效相挂钩"基层医疗卫生机构补偿机制，持续提高对基层医务人员的财政投入和配套补助，基层卫生改革工作在全省共同富裕工作例会上作经验交流。优化财政扶持政策，深化强村富民乡村集成改革，鼓励通过发展强村公司等市场化经营模式，发展壮大村级集体经济，年经常性收入160万元以上、经营性收入80万元以上村实现全覆盖。

【改善社会民生】 全年民生支出67.72亿元，占一般公共预算支出的77.4%。保障教育支出。全年教育支出17.54亿元，增长3.9%，加大学前教育投入，助力"双减"工作，推进教育优质均衡发展，助力全国学前教育普及普惠县创建。保障卫生医疗支出。全年卫生健康支出9.24亿元，增长52.9%，支持提高基本公共卫生服务人均标准，推动医保基金支付制度改革，完善公共卫生应急管理体系，深化全国基层卫生健康试验区建设。其中，疫情防控经费3.41亿元。保障社会保障和就业支出。全年社会保障和就业支出6.76亿元，下降7.8%。实施稳就业政策，健全公共就业服务平台。完善城乡居民基本养老保险和基本医疗保险制度，保障60周岁以上老人享受基础养老金。健全新时代社会救助体系，落实救助优抚及退役安置等资金保障工作。保障文化体育支出。全年文化旅游体育与传媒支出1.55亿元，增长3.4%，助力实施文体惠民工程，推动公共文化优质共享。

【助力城乡品质提升】 支持交通基础设施建设。安排交通建设资金16.70亿元，加快构建现代综合交通体系，推进嘉兴海河联运示范区海盐多式联运工程、浙水高等级航道网集装箱运输通道等交通重点工程建设。支持城市功能完善。安排老旧小区改造等资金9.70亿元，推进城市有机更新、联动开发和精细管理。支持生态环境治理。安排生态建设资金1.60亿元，实施生态环境提升行动，打好蓝天、碧水、净土、清废保卫战。支持乡村振兴战略。统筹整合涉农资金，兑现农业扶持资金2.06亿元，安排农业基础设施建设资金4.18亿元，实施浙江省农业科技强农、机械强农行动，深化强村富民乡村集成改革。

【深化财政管理改革】 推进数字化改革。开展预算一体化执行模块运行、"浙里报账"系统扩面、"浙里基财智控应用"建设等数字化改革工作。开展医疗收费电子票据省集中模式改革，全年开出财政电子票据680万笔，开票金额71.84亿元。深化预算管理改革。深化零基预算改革，规范项目库建设，推进预算管理一体化。强化预算绩效管理。健全预算绩效管理制度体系，规范预算绩效目标管理。推进镇（街道）财政运行综合绩效评价改革，实现镇（街道）财政运行综合绩效自评全覆盖。强化财政法治建设。实施重大行政决策事项目录化管理，落实重大事项集体审议制度，建立法律顾问参与重大行政决策工作机制。

【强化财政监管】 加大监督检查。深化多部门联动监督检查机制，开展公务员无线通讯补助费等专项监督检查10项。严格支出管理。落实党政机关过"紧日子"要求，严控一般性支出，非刚性、非重点项目支出压减18.7%。规范政府投资项目管理。规范政府投资项目建设控制标准，全年概算结算审核139.15亿元，核减金额3.92亿元。加强国资管理。开展低效无效资产处置专项行动、行政事业资产管理（财经秩序）专项查改。推进清廉国企建设，11家国企完成党建入章，将党建工作要求写入公司章程。

【防范财政风险】 防范基层财政风险。健全镇街财政资金常态化督导督查机制，通过推行内控指引、资金安全检查、镇街自查互查等举措，确保基层财政资金安全运行。防范化解隐性债务风险。强化政府投资项目债务风险管控，对剩余隐性债务逐笔制定化解计划，逐步推进化债。防范社保基金风险。做大社保基金"蓄水池"，健全社保风险准备金管理和监督机制，确保各项社保待遇按时足额到位。防范资金存放风险。开展公款竞争性存放网上招标，全年完成公款竞争性存放23.05亿元。

【加强队伍建设】 学习贯彻党的二十大精神。组织周一夜学、专题研讨、征文比赛等活动，掀起学习宣传贯彻党的二十大精神热潮。全面从严治党。强化财政内部监督制约机制，优化完善内部监督流程，加强问题整改和结果应用。建设变革型财政组织。以党建为引领，印发推进变革型财政组织建设实施方案，下发任务清单，跟踪实施进度，提高财政干部塑造变革能力。加大干部考察选拔力度，规范职级晋升办法，通过轮岗交流等方式提升干部综合素质。2022年，海盐县财政局获评全县工作目标责任制考核优秀单位。

（海盐县财政局供稿　陆梦婷执笔）

绍兴市财政工作

绍兴市

【概况】 2022年，绍兴市实现地区生产总值7350.55亿元，按可比价计算增长4.4%。其中：第一产业增加值243.55亿元，增长3.4%；第二产业增加值3597.75亿元，增长5.8%；第三产业增加值3509.25亿元，增长3.2%。三次产业结构比为3.3∶49.0∶47.7。按常住人口计算，人均生产总值137522元，增长3.8%。全市居民人均可支配收入65760元，增长5.2%，其中：城镇居民人均可支配收入76199元，增长4.2%；农村居民人均可支配收入45709元，增长7.2%。全市实现财政总收入821.64亿元，下降13.9%。全市一般公共预算收入540.09亿元，下降10.6%，同口径（剔除增值税留抵退税因素，下同）下降2.1%；其中税收收入411.24亿元，下降16.2%，同口径下降5.6%。全市一般公共预算支出804.86亿元，增长12.6%。市本级财政总收入87.12亿元，下降10.1%；市本级一般公共预算收入50.94亿元，下降23.1%，同口径下降20.3%，其中税收收入39.36亿元，下降16.2%，同口径下降13.3%。市本级一般公共预算支出132.28亿元，增长37.6%。全市及市本级财政收支平衡。

【组织财政收入】 建立"精诚共治"机制。成立工作专班，每月召开收入分析例会，形成"政府牵头、财税主导、部门联动"工作机制，有效提升组织财政收入效能。强化财源培育。加大对重点税源企业帮扶，出台激励措施，分类管理、精准施策。全市一般公共预算收入占地区生产总值的7.3%，占财政总收入的65.7%，税收收入占一般公共预算收入的76.1%。强化非税收入征管。定期分析研判非税收入及土地出让金收缴情况及趋势，做好非税收入缴库、拨付、清算等工作。全市实现非税收入878.10亿元，其中纳入一般公共预算管理的非税收入128.85亿元，增长14.1%。

【助力经济发展】 落实减税降费政策。全年为市场主体减负纾困265.66亿元，其中增值税留抵退税160.73亿元。加快政策兑现进程。开发"财政资金直兑接口"，打通"越快兑"平台和财政支付系统，政策兑付平均提速9.9天，全市全年兑现惠企政策资金126.30亿元。用好地方政府债券。全年争取新增专项债券245.24亿元，增长33.5%，支持绍兴综合保税区、绍兴市妇幼保健院、柯桥临空示范区等重大建设项目，带动有效投资1189.83亿元。发挥产业基金杠杆作用。运作政府产业基金3.0版，全市各级产业基金到位资金144.06亿元，投资项目458个，项目投资总额1487.60亿元，撬动社会资本1568.37亿元投向重点产业，其中高端装备制造业、医药健康产业、数字经济产业总投资占比分别为29.0%、23.2%、26.8%。

【推进共同富裕】 推动"扩中家庭"精准画像。从家庭收入、财产、支出、保障和风险等多维度分析"扩中家庭"状况，构建动态监测模型，撰写《支持"扩中家庭"财政政策调研报告》，研究提出"扩中家庭"认定标准。出台家庭型共富财政政策。会同市民政局等部门印发《绍兴市支持"扩中家庭"共同富裕行动方案》，提出促就业、助创业、减负担、强公益4方面15个政策探索方向。制定《绍兴市城乡公益性岗位提质扩容行动实施方案》《绍兴市创业担保贷款实施办法》等政策，推出"共富家庭担"系列产品。构建数字家庭管理系统。构建以家庭综合信息库、"扩中家庭"立体画像、数据分析管理平台和N项惠民服务为基本框架的"1+1+1+N""共富家庭"数字化应用系统，生成共富家庭"账单"。组建"共富家庭"党建联盟。牵头会同人社、民政、融资担保公司、市民卡公司等相关部门建立"共富家庭"党建联盟，开展就业推荐、创业扶助等活动。"扩中家庭共同富裕财税政策改革探索"入选全省财政系统高质量发展建设共同富裕示范区"小切口"改革最佳实践案例。

【增进民生福祉】 全年民生支出569.61亿元，增长7.9%，占一般公共预算支出的70.8%。加大就业和社会保障投入。全市社会保障和就业支出117.02亿元，保障落实"支持企业稳岗留工"十条举措，城镇新增就业22万人。提高城乡居民基础养老金标准至290元/（人·月），低保标准至1050元/（人·月）。支持教育现代化。全市教育支出157.07亿元，保障校舍新建、续建、改扩建项目75个。投入资金2300万元，继续推进"明眸亮睛"工程，支持建设健康教室、升级课桌椅、教室灯光改造等，全市儿童青少年总体近视率三年累计下降4.16个百分点。落实困难家庭学生资助政策、义务教育阶段"两免一补"等教育资助政策。持续设立专项资金支持绍兴大学创建。支持卫生健康事业发展。全市卫生健康支出91.28亿元，保障实施人才强医战略工程，完善医疗卫生人才政策。推进"浙里康养"，建成老年友善医疗机构127家。落实疫情防控资金34.09亿元。支持文体事业发展。全市文化体育支出15.77亿元，推动打造"15分钟品质文化生活圈"，支持送戏下乡、送书下乡、送展览下乡等活动。实施亚运城市行动计划，高标准保障5个亚运场馆建设资金。

【深化财政改革】 推进财政数字化改革。深化政府采购支持绿色建材试点，迭代升级"筑采云"*平台，全年入驻供应商企业948家，上架绿色建材产品846个，智能匹配供需两端建材需求9类21种，涉及采购金额2.60亿元，获浙江财政数字化改革创新应用大赛一等奖。深化全口径预算改革。制定《关于进一步深化预算管理制度改革的若干意见》，推进零基预算改革。出台18条政府过"紧日子"政策举措，全市非重点、非刚性支出较上年压减8.4%，绍兴市《对重大节会展会经费支出标准戴上"紧箍咒"》入选全省坚持党政机关过"紧日子"10大优秀案例。清理收回财政结转结余资金16.01亿元。推进绩效管理提质增效。构建预算绩效一体化闭环管理新模式，开展绍兴文理大学"十三五"专项资金、古城保护基金等重点领域绩效评价，提出问题98条、对策建议73条，绩效评价结果应用于新一轮政策修订、预算资金安排。盘活国有资产。出台《绍兴市盘活存量资产扩大有效投资实施方案》，按照"清底、确权、盘活、考核"八字方针，清底市级存量资产13546处、实现价值1605.80亿元，确权问题资产38处、提升价值45.10亿元。创新利用REITs、ABS等盘活手段，形成11个资产盘活方案。

【加强财政监管】 稳妥化解隐性债务。按照隐性债务化解纳入省委"七张问题清单"新要求，点对点压实各区、县（市）主体责任，累计化债进度73.2%。构建协同共治监督体系。深化与审计部门财会监督协作，健全与巡察机构联动机制，联合印发《关于建立市委巡察机构与市财政局协作机制的意见（试行）》，加强业务统筹和成果共享。深化国有金融资本监管。实现金融企业监管办法"一企一策"全覆盖，依托专业机构开展金融企业经营业绩核查，实施三年任期目标规划和年度业绩目标设置并轨，加大对经营效益、资产质量、风险管控等质量类指标在考核中的占比及权重。推进国企降本降息。联合市国资委、金融办出台《国有企业降本降息专项行动实施方案》。全市通过签订补充协议或借新还旧置换高息债务2304笔，促进国企年节省利息13.60亿元。

【加强队伍建设】 深化清廉财政建设。制定《局党委关于纵深推进清廉财政建设的实施方案》，梳理清廉财政建设分类清单。制定《关于推进纪检监督工作规范化建设的意见》。落实《干部个人有关事项报告表》，全年开展廉政谈话81人次。市财政局获全省清廉财政建设成效突出单位荣誉。打造变革型组织。创建变革型组织实施导图，谋划"一区、县（市）一特色""一处室一亮点"，获全省财政系统变革型组织创建优秀试点单位，在全省财政工作会议上作交流发言。提升干部能力素养。构建全链条干部队伍培养体系，制定并落实《绍兴市财政局干部培养五年规划》，开展财政年轻干部上讲坛、征文比赛等活动，选派6名年轻干部赴财政部、市级重点项目等平台锻炼，35周岁及以下中层干部占比提升至29.4%。

（绍兴市财政局供稿　吕佳青执笔）

注：

*"筑采云"：即绿色建材政府采购云服务。通过汇总建筑建材大数据，构建算法模型，精准匹配供需双方，打通供应链上下游，提供绿色建材政府采购"一站式"服务。

越城区

【概况】 2022年，绍兴市越城区（滨海新区）实现地区生产总值1271.04亿元，按可比价格计算增长4.0%。其中：第一产业增加值17.48亿元，增长3.3%；第二产业增加值547.38亿元，增长5.8%；第三产业增加值706.18亿元，增长2.6%。三次产业结构比为1.38∶43.06∶55.56。按常住人口计算，人均生产总值113283元，增长3.6%。社会消费品零售总额748.36亿元，增长3.6%。外贸进出口总额838.07亿元，增长26.0%。全区城镇常住居民人均可支配收入70525元，增长4.1%；农村常住居民人均可支配收入45540元，增长7.1%。全年实现财政总收入137.00亿元，下降11.4%，同口径（剔除增值税留抵退税因素，下同）增长4.5%，其中：一般公共预算收入86.33亿元，下降7.3%，同口径增长5.7%。全区一般公共预算支出99.40亿元，增长14.7%。全年财政收支平衡。

【组织财政收入】 优化税源管理。强化财税协同共治，加强税源管理，关注重点税源企业，跟踪支柱产业发展动态，细化过程性考核，建立应急保障预案，推动税收收入平稳均衡入库。2022年，全区一般公共预算收入占地区生产总值的6.8%、占财政总收入的63.0%；实现税收收入71.87亿元，占一般公共预算收入的83.3%。强化非税收入管理。深化非税收入电子化改革，上线非税和票据管理一体化平台，实现财政电子票据全覆盖。全年实现非税收入81.88亿元，其中纳入一般公共预算管理的非税收入14.46亿元，同比增长48.6%。向上级争取发展资金。关注政府债券最新政策，提前做好项目谋划，全年新增债券51.33亿元，其中一般债券1.00亿元，专项债券50.33亿元。

【服务经济发展】 落实减税降费政策，全年实施增值税留抵退税43.39亿元。落实国有资产免租金政策，为市场主体减免租金2299万元，惠及租户1022户。提振消费信心，全年发放普惠性消费券1.14亿元，汽车消费券2773万元。强化产业政策引导，配合出台越城区高质量发展二十条，全年投入惠企政策兑现资金10.50亿元，同比增长14.5%；加快资金兑付效率，上线"越快兑"平台，全年惠企政策早退快享率100.0%。支持科技创新和人才发展，全年科技支出4.47亿元，增长19.6%，兑现高层次人才创业创新补助等各类人才政策资金3.47亿元。优化普惠性金融贴息政策，全年提供政策性融资担保4.29亿元，担保企业182家，提供财政贴息1145万元，惠及小微企业和个体工商户3419家。提升政府采购政策效能，中小微企业政府采购份额上升至88.4%，"政采贷"全年授信8751万元、发放贷款4566万元。

【改善民生福祉】 全年民生支出69.10亿元，增长10.8%，占一般公共预算支出的70.0%。支持教育事业发展。全年教育支出

20.88亿元,增长10.7%。安排政府投资项目资金3.06亿元,新建小学1所、幼儿园5所,新增学位3690个。投入资金7000万元,改造提升区属学校,消除校园安全隐患,提升教育装备现代化水平。支持卫生事业发展。全年卫生健康支出14.63亿元,增长40.0%。支持基层卫生医疗提升行动,持续推进越城区人民医院、东湖和马山社区卫生服务中心等项目建设。疫情防控支出4.91亿元,保障防疫应急物资采购、应急体系建设、常态化核酸检测等工作,加大镇街和一线防疫工作经费补助力度。支持社会保障事业发展。全年社会保障和就业支出15.78亿元,增长24.8%。支持稳就业行动,新增城镇就业4.26万人、失业再就业8835人、就业困难再就业2680人,完成职业技能培训5.75万人次,实现零就业家庭动态清零。全年投入救助资金8168万元,惠及困难群众18.5万人次,低保标准提高至1050元/(人·月)。推动文旅产业发展。全年文化体育和旅游支出1.26亿元,支持打造智慧文旅平台"文旅驾驶舱",新建全域旅游标识系统,兑现文化产业扶持资金1874万元,落实省级全域旅游示范区创建奖补资金2149万元,支持景区镇、景区村创建。推进乡村振兴。全年农林水支出3.78亿元。发放各类粮食补贴6720万元,兑现"三农"高质量扶持政策资金5708万元,全年土地出让收入用于农业农村部分占比6.0%,下达一事一议财政奖补资金1213万元,安排资金5200万元实施山塘水库、小流域整治工程,补齐农村基础设施短板。改善城乡生活。全年投入垃圾分类经费1.53亿元,公厕服务大提升经费1926万元。

【深化财政改革】 深化预算管理改革。推进指标账试点、总会计模块应用、核算云系统等迭代升级。预算管理一体化系统上线预算指标账和总会计模块应用,中心指标纳入预算全流程管理。核算云系统完成数据迁移及初始化工作。加快财政数字化改革进程。完成财政电子票据自动核销与记账改革省级试点项目。"浙里报账"平台贯通差旅费、公务接待等5大场景应用,实现预算单位全覆盖,全年完成报单量12512笔、金额1.51亿元。运用"资产云"平台,提高行政事业单位资产利用率。上线"虚拟公物仓",全年借用、调拨资产362件,节约政府成本59万元。推广应用"政采云"电子交易系统,全年完成采购金额93647万元,增长6.14%。深化区资国企改革。完善职级制薪酬管理、中层管理人员选拔任用等9项国企监管制度,上线"国企人事管理一件事"集成应用。整合优化国企87家。严控国企融资规模及融资成本,全年压减融资成本2.44亿元。

【加强财政监管】 强化预算绩效评价。实现预算支出绩效自评全覆盖,涉及支出项目1516个,资金63.66亿元。对重点民生项目开展重点绩效评价,督促问题整改。强化财政资金资产监管。坚持党政机关过"紧日子",全年压减一般性支出预算10.1%,核减年初预算资金9328万元。强化库款日常运行监测,确保库款保障水平处于安全区间。全年清理盘活财政结余资金6.44亿元。公款竞争性存放实现网上招标,全年招标资金97.84亿元。摸排国有资产1840处,建筑面积31.1万平方米,选择9.6万平方米资产试点权证办理。强化投资预算审核。制定区级政府投资项目预算管理制度,全年完成越城中心粮库等政府投资项目预算审核24个,核减预算2442万元。防范化解基层财政运行风险。全年安排镇街"三保"支出4.52亿元。稳妥化解政府隐性债务,实现隐性债务"只减不增、逐年化解"目标。

【加强队伍建设】 加强机关党建工作。健全党史学习教育常态化、长效化机制。打造"清风财政·红色管家"特色党建品牌,财政、税务、审计、统计四部门联合成立党建契约联盟,成立"幸福越城 携手共富"越城国企党建合创联盟。加强清廉财政建设。举办"清风财韵·喜迎二十大"主题活动,录播短视频"'清白泉'下话清廉·财政干部强廉政",弘扬清廉文化,参加全省清廉财政建设推进会绍兴站活动,区财政局获全省清廉财政建设成效突出单位荣誉。完善选人用人机制。开展中层干部聘任调整工作,提任中层正职3名,中层副职6名,85后中层干部占比52.2%。

(绍兴市越城区财政局供稿 何乔峰执笔)

柯桥区

【概况】 2022年,绍兴市柯桥区实现地区生产总值1901.36亿元,按可比价计算增长4.5%。其中:第一产业增加值42.35亿元,增长3.4%;第二产业增加值970.57亿元,增长5.9%,其中工业增加值840.95亿元,增长6.0%;第三产业增加值888.45亿元,增长3.2%。三次产业结构比为2.2:51.0:46.7。按户籍人口计算,人均生产总值271608元,增长3.8%。社会消费品零售总额40[illegible].10亿元,增长4.6%。自营出口1338.91亿元,增长23.0%。城镇常住居民人均可支配收入82528元,增长4.2%;农村常住居民人均可支配收入51605元,增长7.4%。全区完成财政总收入187.54亿元,下降16.1%,同口径(剔除增值税留抵退税因素,下同)下降0.8%;一般公共预算收入132.59亿元,下降9.9%,同口径增长1.6%,其中税收收入102.58亿元,下降14.7%,同口径下降0.5%。全区一般公共预算支出137.27亿元,增长3.3%。全年财政收支平衡。

【组织财政收入】 完善财政收入征收机制。建立目标导向、专班共治、考核通报3项征收机制,加强数据分析研判,压实各镇街、部门主体责任,把控好组织收入节奏,确保收入组织平稳有序。2022年,全区一般公共预算收入占GDP的7.0%、占财政总收入的70.7%;税收收入占一般公共预算收入的77.4%。强化非税征管。加强土地出让金统筹管理,落实土地出让收入征收职能划转改革,上线使用非税和票据管理一体化平台,提升非税收入管理水平。全年实现非税收入149.96亿元,下降7.2%,其中纳入一般公共预算管理的非税收入30.01亿元,增长11.6%。争取债券资金。按照"储备一批、发行一批、建设一批"滚动接续机制，加大优质项目摸排、筛选和储备力度。全年争取新增专项债券52.50亿元，惠及项目10个。

【稳住经济大盘】 落实减税降费政策。按照“第一时间+顶格优惠”原则，建立退税资金预拨、库款监测和应急处置机制。全年办理各类减免退（缓）税费89.00亿元，惠及纳税人113.20万户次（人次），其中增值税留抵退税46.36亿元。加快政策资金兑现。按照“成熟一批、审核一批、兑付一批”原则，实现“即时兑”“按比例兑”，做到政府快兑、企业早享。全年兑现“5+4”稳进提质政策资金14.26亿元。对符合条件的市场主体发放用电补贴2974万元；发放多轮消费券、汽车补贴及购房契税奖励1.41亿元；安排资金1.32亿元用于企业留工稳岗、招工引才。优化产业基金运行。修订产业基金管理办法3.0版，招引优质产业和项目落地。全年新设立产业基金9支，认缴出资22.82亿元，撬动社会资本投资44.08亿元。支持首位战略首位保障。全年科学技术支出9.35亿元，增长15.2%，推进人才强区、创新强区首位战略，支持高层次人才创新创业、“鉴湖英才计划”等人才引聚以及高新技术企业、省现代纺织技术创新中心等科技创新。

【推进共同富裕】 注重顶层设计。研究制定财政助力共同富裕行动方案，实行工作专班化和任务清单式运作模式，构建共富型财政政策体系和工作机制。落实改革试点。坚持以财政“小切口”撬动共富“大场景”，争取到农村转移人口市民化财力保障机制、家庭财金助力扩中项目、一事一议财政奖补支持打造共富乡村等3个省级改革试点，梳理形成基本公共服务支出标准体系。推进乡村共富。实施乡村振兴战略，投入资金3.5亿元用于“三农”高质量发展、美丽乡村及水利工程等项目，创成全省新时代美丽乡村示范县，实现年经营性收入100万元以下的相对薄弱村“清零”。推进王坛镇省级农村综合改革集成建设项目落地，历年累计拨付资金1.57亿元，完成20个核心项目建设，实现各村集体经济增收、农业项目增效、农村环境增美。

【保障民生支出】 全年民生支出108.00亿元，增长2.7%，占一般公共预算支出的78.7%。支持医疗卫生事业发展。全年卫生健康支出15.50亿元，增长27.2%，重点保障公共卫生体系建设、居民医保补助以及医疗救助等。筹集资金5.30亿元，保障集中隔离点和方舱医院运行、核酸检测基地设备采购、防疫物资保供等疫情防控。支持教育事业发展。全年教育支出31.32亿元，增长0.1%，支持学前教育、义务教育、职业教育、民办教育等均衡优质发展，深化教育“双减”、教共体改革，优化城乡教育资源配置。支持社会保障事业发展。保障困难群众生活，全年投入救助资金2800万元，惠及困难群众5.80万人次。城乡最低生活保障标准提高至1050元/（人·月），增长18.0%。疫情期间按照500元/人标准发放实体消费券和一次性生活补贴，保障困难群众基本生活。

【统筹财政资源】 加强库款监测分析。结合收支预测、债务偿还、留抵退税等因素，统筹调度财政资金，确保库款保障控制在0.3~0.8合理区间。健全资金收回和定期清理机制，全年收回部门存量资金1.34亿元，清理财政专户结余0.77亿元。盘活存量资产。盘清国有资产家底，建立清底、确权、盘活、考核全周期管理机制，推动大宗闲置资产挂牌交易334处，划转公司股权4家，完成公交场站确权13宗，盘活存量资产43.04亿元。压减一般性支出。落实党政机关过“紧日子”政策，在年初运转类经费预算压减10.0%基础上，分两轮压减支出2.08亿元，统筹用于疫情防控及稳经济大盘。

【深化财政改革】 深化预算管理改革。完善“目标、标准、审核、评价”全过程预算管理机制。持续推进预算管理一体化系统建设，上线预算执行、会计核算两大模块，修订预算指标管理办法，重塑预算指标审批流程，升级“柯桥财政服务E平台”，实现预算全过程数字化管理。加快数字财政建设。实施“浙里报账”省级试点，实现公务报销“一网智办”和财政资金“一链智管”。深化“浙里基财智控应用”建设运行，实现16个镇街全覆盖。开展“会计e家”应用建设，截至2022年年底，注册会计从业人员2314名，绑定单位纳税人6.40万户、涉税中介机构140户。完成国资国企数字化监管平台框架搭建。推进绩效管理改革。全年完成专项资金项目绩效审核1504个，总金额78.55亿元。组织开展预算项目绩效自评，按10.0%比例实施抽评。

绍兴市柯桥区中国轻纺城联合市场

【强化财政监督】 防范财政风险。制定“一债一策”政府隐性债务化解方案，综合运用财政拨款、土地变性、资产注入等举措，完成年度化债任务。全年拨付“三保”资金48.14亿元,兜牢“三保”底线。完善内控制度。梳理乡镇内部控制相关制度191个,结合岗位设置、风险描述、防控措施、业务流程等,制定乡镇内控建设规范化指引。对4家行政事业单位开展内控建设综合评价,督促整改问题13个。严肃财经纪律。加大财政监督力度,推进“七张问题清单”整改落实,组织项目招引财政扶持政策资金、公款竞争性存放、政府过“紧日子”等专项检查。严控政府项目标底预算和变更审核,全年审核项目预算105个,核减资金6.28亿元。

【提升国企效能】 重塑改革体系。摸排183家国有企业股权结构等情况,新出台国有企业改革行动方案,搭建1个总纲、9个区直属国有企业“一企一策”改革方案和N个体制机制的“1+9+N”综合改革体系。提升运行活力。推进国有企业提升信用评级,全年升级AA+评级国企1家。试点中国轻纺城仓储物流项目REITs,新组建3家混合所有制企业,提升市场竞争力。减轻融资负担。开展降本降息专项行动,分档压降存量债务融资成本,置换高利率融资贷款,全年节约融资成本1.84亿元。优化考核机制。在考核框架、指标及分值设置上,优化重组,实现区直属国有企业分类考核,激发干事创业积极性。

【加强队伍建设】 加强机关党建。制定《2022年落实全面从严治党工作要点和责任清单》,梳理党工委责任清单23条,一把手“第一责任人”责任清单12条、班子成员“一岗双责”清单8条,逐一落实到人。深化廉政建设。排查岗位廉政风险,梳理风险点66个,制定防范措施81条。开展廉政提醒及谈心谈话55人次。注重干部梯队建设。制定年轻干部成长计划实施方案,依托“青蓝结对”“揭榜挂帅”“三味论坛”等载体,促进年轻干部成才。转变工作作风。实施“心连心”工程,走访部门、企业、基层;选派驻企服务员、驻村指导员41名;驰援抗疫96人次,服务时长1600余小时。

(绍兴市柯桥区财政局供稿 王森剑执笔)

上虞区

【概况】 2022年,绍兴市上虞区实现地区生产总值1241.76亿元,按可比价计算增长4.7%。其中:第一产业增加值56.33亿元,增长3.4%;第二产业增加值647.71亿元,增长6.9%,其中工业增加值549.69亿元,增长6.9%;第三产业增加值537.72亿元,增长2.6%。三次产业结构比为4.5∶52.2∶43.3。按常住人口计算,人均生产总值155902元,增长4.9%。全年实现财政总收入140.95亿元,下降17.3%,同口径(剔除增值税留抵退税因素,下同)下降5.1%;实现一般公共预算收入91.01亿元,下降9.1%,同口径增长1.2%;实现一般公共预算支出137.29亿元,增长5.9%。全年财政收支平衡。

【组织财政收入】 探索新形势下财税收入稳定增长机制,成立大企业大集团税源回归、限售股解禁、土地房产交易及矿产资源转让、政府投资项目税源管理4个区级工作专班,通过关注重点税源、加大引税育税力度、强化非税收入征管等方式,确保收入平稳运行。2022年,全区一般公共预算收入占地区生产总值的7.3%、占财政总收入的64.6%;税收收入72.61亿元,下降15.3%,同口径下降3.1%,占一般公共预算收入的79.8%。全年完成非税收入23.54亿元,其中纳入一般公共预算管理的非税收入18.40亿元,增长27.6%。

【稳住经济大盘】 落实减税降费政策。为企业减负纾困,全年实现减负降本31.10亿元,其中增值税留抵退税23.10亿元、减免其他税费5.22亿元、减免社保费1.28亿元、其他减负降本1.50亿元。落实积极财政政策。实施稳进提质“八大攻坚行动”,全年兑现“5+4”稳进提质政策资金22.98亿元,助力经济企稳回升向好。向上争取资金。全年争取各类上级转移支付、财力性补助资金20.77亿元,增长15.6%。全年新增政府债券资金42.74亿元。做好债券项目储备及前期准备工作,使债券资金尽早转化为实物工作量。其中,39.24亿元专项债资金撬动29个项目总投资161.22亿元,形成实物投资量57.30亿元。强化“四资”统筹。推进全口径预算管理改革,全年盘活财政资金3.76亿元;推进资产盘活,全区低效无效资产整改完成率100.0%;围绕资本增值,完成投资返投2.54亿元;推动资源提效,全年出让土地65宗、面积4597亩,出让价款75.07亿元。

【促进共同富裕】 提升乡镇街道可用财力。实施新一轮乡镇财政体制,落实人员基本保障全覆盖,公共服务奖补标准从270元/人提高至330元/人,虞南乡镇体制收入分成比例从总量的50.0%提高至80.0%。创新乡镇资产运行机制,统筹盘活区级国企和乡镇街道资产资源,全年通过区级国企反哺乡镇街道资金3.56亿元。上虞区财政局深化乡镇资产运行及财力保障机制获评全省财政系统高质量发展建设共同富裕示范区“小切口”改革优秀实践案例。支持乡村振兴战略实施。设立共同富裕专项基金,每年安排资金不低于1.54亿元,支持促进共同富裕和乡村振兴,重点支持“山海协作”和强村共富项目建设,促进村级集体经济增收。健全共同富裕保障体系,实现城乡社区支出9.70亿元,细化公共教育、就业创业、社会保险、医疗卫生、文化体育等领域财政保障清单,协同推进城乡品质提升。

【保障民生事业】 全年民生支出104.64亿元,占一般公共预算支出的76.2%。支持教育事业发展。全年教育支出25.83亿元,实施教育高质量发展行动,优化教育网点布局,规范民办义务教育发展,加大职业教育支持力度,推动学校布局、专业设置、人才培养与经济社会发展需求相匹配。支持卫生事业发展。全年卫生健康支出15.26亿元,持续推进社保扩面提质,推动优质医疗资源扩容和区域均衡布局,提升医务人员素质,深化医共体建设,支持医疗机构能力提升建设。其中疫情防控支出9.56亿元,保障防疫物资采购、核酸检测、隔离转运、医疗费用等工作，开通防控物资采购“绿色通道”。守住社会保障底线。全年社会保障支出21.96亿元，困难群体最低生活保障金提高至1050元/(人·月)，城乡医疗保险参保缴费补助提高至1165元。保障公共安全。全年公共安全支出8.06亿元，做好防汛防台抗旱工作，构建食品安全包保责任体系，高质量建设“平安共同体”，实现核心区域全覆盖。提升生态环境质量。落实资金2.23亿元，助推全域“无废城市”和“污水零直排区”建设，保障生活垃圾分类有序开展，支持整合全域山水文旅资源，提升全域生态环境品质。

【加强财政治理】 推进财政国资数字化改革。深化预算管理一体化系统建设，上线国资国企财资管理平台和国有房产数智监管平台，试点应用“浙里基财”，推进“浙里报账”“浙里办票”等应用落地。强化支出约束刚性。健全公务支出管理机制，完善正负面清单和预算支出标准体系。落实党政机关过“紧日子”政策，全年压缩部门预算非刚性、非重点、非必需支出3.76亿元。深化预算绩效评估，重点项目事前绩效再评估160个，核减资金5.94亿元，核减率6.9%；专项评审数字化项目103个，核减资金0.34亿元，核减率20.3%。防范化解债务风险。多渠道筹措化债资金，全区债务风险等级为绿色。

【深化国企改革】 推进重大实体化项目落地。开展国有企业重大实体化项目攻坚突破年活动，筛选全区国企、推进国有资本和优质民营资本混改IPO、培育壮大股权投资板块等14个重大实体化项目，专班运作，重点推进。提升国企融资能力。全年新增AA+和AA信用评级国企各1家，新增BBB+和BBB-国际信用评级各1家。全年获批直接融资授信266.20亿元，募集资金160.20亿元。抓好国企降本降息工作，全年节省融资成本2.03亿元。盘活存量国有资产。全年摸排注入国有资产59宗，建筑面积35万平方米，土地面积414.58亩，评估价值49.53亿元。

【提升队伍素质】 夯实机关党建基础。学习宣传贯彻党的二十大会议及省市区各级重要会议精神，通过各级领导干部讲党课，强化支部堡垒“固本强基”，参加各项晒比拼活动，获区直机关“建设清廉机关、创建模范机关”工作先进集体、区优秀机关党建品牌等荣誉。建设变革型财政组织。通过“横向打擂台、纵向抓攻坚”，激发干部争先创优动能。开设“财政讲堂”，由局班子领导带头授课分享业务经验。实施“青苗成长”导师帮带计划，安排师徒帮带15对。区财政局入选全省财政系统变革型组织创建优秀试点单位。

（绍兴市上虞区财政局供稿　赵　霞执笔）

诸暨市

【概况】 2022年，诸暨市实现地区生产总值1658.84亿元，按可比价计算增长4.6%。其中：第一产业增加值57.54亿元，增长3.4%；第二产业增加值809.28亿元，增长5.2%；第三产业增加值792.02亿元，增长4.1%。三次产业结构比3.5∶48.8∶47.7。按常住人口计算，人均生产总值136306元，增长4.0%。全市实现进出口总额697.95亿元，增长13.2%。其中出口总额618.40亿元，增长15.0%；进口总额79.55亿元，增长1.3%。全市居民人均可支配收入67810元，增长4.7%，其中，城镇常住居民人均可支配收入80438元，增长3.8%；农村常住居民人均可支配收入49695元，增长6.8%。全市实现财政总收入131.66亿元，下降15.0%，其中：一般公共财政预算收入90.28亿元，下降9.9%；税收收入61.38亿元，下降23.5%。一般公共财政预算支出123.36亿元，增长3.6%。全年财政收支平衡。

【组织财政收入】 强化收入组织管理。完善财税部门协同机制，加强与税务、自然资源和规划等部门协商，强化收入预测分析，把握好组织收入节奏。2022年，全区一般公共财政预算收入占财政总收入的68.6%、占GDP的5.4%；税收收入占一般公共预算收入的68.0%。加强非税收入征管。加大应入库未入库非税收入科目及资金清理，全年清理入库公共租赁住房租金收入、公办幼儿园保教费、捐赠收入等非税收入2.73亿元。全年完成非税收入188.51亿元，其中纳入一般公共预算管理的非税收入28.90亿元，增长44.4%。全年政府性基金收入159.54亿元，减少0.8%。向上争取资金。完善债券项目储备工作机制，全年争取政府债券30.75亿元，其中专项债30.75亿元已投入项目，形成实物工作量。五泄镇、马剑镇争取到浙江省农村综合改革集成建设项目、一事一议财政奖补支持打造共富村项目省补资金8000万元。

【服务经济发展】 落实减税降费政策，全市全年完成增值税留抵退税8.63亿元，较上年同期增加3.98亿元；减免政府性收费2.22亿元，缓缴政府性收费2231万元。加快政策兑现速度，全年兑现各类政策资金16.10亿元。优化金融服务体系，全年提供应急转贷资金58.44亿元，服务企业170家。发挥政府采购支持中小企业发展作用，全年面向中小企业政府采购756笔，采购金额9.37亿元；政采贷为中小企业发放融资贷款290笔，放款金额1282万元。加强创新强市、人才强市首位保障，全年兑现科技专项资金1.20亿元；兑现人才专项资金2.06亿元，同比增长21.2%。

【保障民生供给】 全年民生支出94.36亿元，增长6.6%，占一般公共预算支出的76.5%。提升教育教学水平。全年教育支出30.59亿元，同比增长9.3%，主要用于各阶段教育生均经费保障、困难学生资助、民办教育发展、现代化教育建设等。支持卫生健康事业发展。全年卫生健康支出12.25亿元，增长9.4%，重点保障重大疫情防控救治体系建设，推进新增村卫生室和共同富裕示范村卫生室建设等。完善社会保障体系建设。全年社会保障和就业支出26.73亿元，同比增长15.5%，主要用于基本养老保险补助、就业创业财政扶持、完善社会救助制度、退役安置及抚恤和残疾人生活和护理补贴等。支持文化事业发展。全年文化支出2.07亿元，同比增长25.0%。截至2022年年底，累计建成图书分馆15个、文化分馆23个，文化分馆镇乡（街道）覆盖率及农村文化礼堂行政村覆盖率均为100.0%。推进乡村振兴。全年拨付农业生产发展资金2.73亿元，新农村和美丽乡村建设发展资金3.14亿元，农村生活垃圾集中处理项目资金6698万元。加快省级乡村振兴产业发展示范县建设，珍珠产业发展示范建设项目完成投资2.01亿元，为计划投资的83.3%，其中财政投资6000万元。拨付财政资金3087万元，支持同山烧集成创新示范建设项目。

【深化财政改革】 优化乡镇财政管理体系。合理划分市镇两级财政事权与支出职责，完善市与镇（乡）街道财政体制，理顺分配关系，提请市政府出台《诸暨市人民政府关于调整市对镇乡（街道）财政体制的意见》。推进财政数字化改革。搭建诸暨市资囊不动产管理应用系统，实现国有资产可视化动态化管理，完成全市行政机关单位及平台公司2645宗外业数据调查录入，评估不动产总值294.75亿元，盘活资产约41.67亿元。深化国有企业改革。通过增资控股、合并收购、拓展经营、延伸产业链等方式，增强国有企业市场竞争力。2022年，全市国有企业实现资产总额2600.76亿元，增长23.2%。

【强化财政监管】 加强预结算审核。诸暨市财政投资预决算审核中心"红色调解驿站"，运用"枫桥经验"提升项目评审质效，全年化解存量工程结算争议79个，涉及调解金额3.69亿元。获2022年度浙江省建设工程结算价款争议优秀基层"红色调解驿站"荣誉。防范化解财政风险。通过盘活存量资产等方式化解政府隐性债务，重点加强镇街债务管理和化解。加强社保基金运行管理，加大基金收支预算审核监督力度。加强"三保"预算编制和执行动态监控，确保资金运行安全。规范公款竞争性存放，全年完成竞争性存放35.54亿元。优化政府采购监管。加强政府采购评审专家、代理机构管理，实时在线监管项目开标、评标活动，全年纠正违法违规行为134个。

【干部队伍建设】 全面从严治党。深化"四责协同"机制，健全《诸暨市财政局"四责协同"手册》，制定部门清单6张，科室清单21张，构建主体明晰、有机协同、层层传导、问责有力的管党治党责任落实机制。提升干部能力。开展分层次、分岗位干部教育培训，邀请专家学者开展专题讲座培训1次，组织集中学习、交流研讨19次，组织开展"财政业务大讲堂"5期，推进学习型机关建设。深化财政服务。建立常态化服务工作机制，上门服务预算单位，以"财政管家"结对联系企业走访服务。全年走访预算单位和企业90家，帮助解决预算单位财务制度执行、专项资金使用等问题117个。

（诸暨市财政局供稿　骆泠霏执笔）

嵊州市

【概况】 2022年，嵊州市实现地区生产总值711.08亿元，按可比价格计算增长4.1%。其中：第一产业增加值44.52亿元，增长3.5%；第二产业增加值330.52亿元，增长5.5%；第三产业增加值336.03亿元，增长2.9%。三次产业结构比为6.3∶46.5∶47.2。按常住人口计算，人均生产总值103204元。城镇居民人均可支配收入72865元，增长4.6%；农村居民人均可支配收入40495元，增长6.9%。全市完成财政总收入69.39亿元，下降13.3%。其中，一般公共预算收入47.28亿元，下降9.1%；税收收入32.94亿元。全市一般公共预算支出104.19亿元，增长29.9%。全年财政收支平衡。

【组织财政收入】 加强税源分析。关注经济税源形势，掌握收入动态，加强财政收入变化趋势预判，提升预测科学性精准性，推动财政可持续发展。加强部门合作。加强与税务部门合作，协同落实增值税留抵退税、中小微制造企业缓缴等政策，分析对收入影响，制定相关对策。加强与人民银行联系，做好库款调度管理，确保财政收支平稳运行。2022年，全市一般公共预算收入占GDP的6.6%、占财政总收入的68.1%；税收收入占一般公共预算收入的69.7%。加强非税管理。推进政府非税收入电子化收缴和财政票据电子化改革，提高非税征管效率。掌握土地出让信息动态，跟踪、督促土地出让资金及时征缴入库。全年完成非税收入111.91亿元，增长27.9%，其中纳入一般公共预算管理的非税收入14.34亿元，增长15.8%。

【助力经济回暖】 落实减税降费政策。全年增值税留抵退税7.39亿元，缓缴税费6.06亿元，其中缓缴社会保险费4342万元，减轻企业负担。加快政策资金兑现。落实疫情贷款贴息政策，对央行再贷款进行30%的财政贴息，全年支付贴息资金674万元，惠及企业及农户2953户。全年兑现"5+4"稳进提质政策资金6.87亿元，助力经济企稳回升。发挥政府产业基金作用。截至2022年年底，政府产业基金出资9.80亿元，在投8.46亿元，产业发展转贷基金全年转贷83.98亿元，为1858户纳税人降低融资成本。支持科技兴市。全年安排科技支出7.62亿元，支持科技企业培育、厨具电器综合体建设和科创中心合作运营等项目。落实科技人才政策兑现资金1.19亿元，支持建设区域性人才中心和创新高地。保障重点项目建设。安排资金2.66亿元，保障老旧小区改造、高铁新城、未来社区等建设。加快中央直达资金交通运输发展专项支付进度，全年拨付曹娥江清风船闸及航道工程9706万元、527国道嵊州甘霖至长乐段工程2.24亿元。

【保障民生事业发展】 全年民生支出65.38亿元，增长16.8%，占一般公共预算支出的62.7%。支持教育事业发展。全年教育支出16.33亿元,增长7.3%。学前教育专项资金增加至1500万元。安排校内托管经费1294万元支持落实“双减”政策,安排资金1896万元支持校园安全防护、教育装备升级等。支持医疗卫生事业发展。全年卫生健康支出10.19亿元,增长25.5%。加大公共卫生体系建设投入,保障重点人群年度体检、上门服务等工作,落实老年人康养服务资金1439万元。常态化疫情防控支出4.14亿元。完善社会保障体系。全年社会保障和就业支出16.39亿元,城乡居民基本医疗保险财政补助标准提高至1100元/(人·年),城乡居民最低生活保障标准提高至1050元/(人·月)。安排就业资金4846万元,激励企业员工返岗复工,助力高校毕业生就业创业。安排社会救助资金6240万元。支持文旅事业发展。全市文化体育与传媒支出1.32亿元。落实越剧事业传承与创新发展专项资金700万元。落实中央及省级基本公共文化补助资金1013万元,支持建设、管理公共文化设施。支持乡村振兴。全年安排农林水支出6.23亿元。安排资金1650万元,保障“现代田园”“农旅明山”“红色休闲”“云上茶集”等项目建设,获省财政补助资金2000万元。成功入围省级2023年度一事一议财政奖补支持打造共富乡村试点项目县,获省财政补助资金2000万元。安排资金6285万元,支持历史文化村落保护及美丽乡村风景线建设等。

【推进数字化改革】 加强预算管理数字化建设,持续推进预算管理一体化系统。上线“浙里报账”平台,全年全市190家单位完成报销9564笔,支付金额3.41亿元。推进乡镇财政数字化管理,部分启用“浙里基财智控应用”。加强非税收入管理电子化改革,运用区块链技术,实现资金网上划拨和对账。推进“浙里捐赠”试点工作,全年通过平台捐款12007人次,捐款金额139万元。推广“政采云”平台,采用全流程电子化招投标,全年交易10645笔、金额11.79亿元。开发嵊州市国有房产管理系统,提升国有房产精细化管理水平。

【强化财政监管】 加强债务风险管理。做好隐性债务化解工作。依托全口径债务系统对国有企业融资进行监测,加强检查力度,每月开展公司债券、项目贷款等融资审核,加强风险源头管理。防范资金运行风险。保障资金调度,向省财政厅临时调度资金13.40亿元、正常调度资金16.00亿元。重新拟定嵊州市市级行政事业单位公款竞争性存放管理办法,对15个乡镇、17个部门开展公款竞争性存放重点检查。加强内控制度建设。修订内控基本制度和操作规程,强化审计问题整改,完善重点领域重点环节防控措施,强化对财政核心业务、财政管理权力监督制衡。加强财政监督检查。发挥财会监督职能作用,组织开展预决算公开情况自查及抽查、“三公”经费使用情况自查。

【加强队伍建设】 加强理论学习。制定《局党委理论学习中心组和全局党员干部理论学习计划》。开展领导干部“识变、应变、求变”大讨论、专题调研、专题宣讲等活动。建设清廉财政。层层签订《全面从严治党主体责任目标责任书》,组织开展领导干部和中层干部作风建设和廉洁从政公开承诺。开展正风肃纪专项行动,在节假日等关键节点做好提醒和廉洁教育,筑牢党员干部拒腐防变思想防线。培育干部梯队。坚持公开、公平、择优选人用人机制,选拔副科级干部2名,提拔中层副职8人、正职3人,中层干部交流10人。

(嵊州市财政局供稿　陈　津执笔)

新昌县

【概况】 2022年,新昌县实现地区生产总值564.75亿元,按可比价计算增长5.0%。其中:第一产业增加值25.23亿元,增长3.30%;第二产业增加值290.63亿元,增长5.5%;第三产业增加值248.90亿元,增长4.8%。三次产业结构比4.5∶51.5∶44.1。按常住人口计算,人均生产总值138590元。全县财政总收入67.97亿元,下降8.6%;一般公共预算收入41.65亿元,下降7.3%,其中税收收入30.49亿元,下降12.1%;全县一般公共预算支出71.07亿元,增长1.8%。全年财政收支平衡。

【加强收支管理】 强化收入分析研判。构建收支精细管理、财政税务每月会商、税源管理、“领导包联+部门责任”4项机制,通过规范收入管理、完善砂石资源利用管理、搭建财企“互动桥”精准征管,保障财政收支平稳运行。2022年,财政总收入占地区生产总值的12.0%;一般公共预算收入占全县财政总收入的61.3%、占地区生产总值的7.4%;税收收入占一般公共预算收入的73.2%。强化非税征收管理。完善非税收入政策体系,规范政府征收行为,全县实现非税收入(含政府性基金)74.08亿元,其中纳入一般公共预算管理的非税收入11.16亿元。强化政府过“紧日子”。落实党政机关带头过“紧日子”政策,整合部门宣传、购买服务、编外用工、应急设备等财政资金保障项目,以“统、享、租”方式共享财政资源,压减非重点、非刚性项目支出2.01亿元,实现部门宣传经费节约26.0%,乡镇(街道)宣传经费节约36.0%。

【服务经济发展】 落实减税降费政策。深化增值税改革,落实企业普惠性税收优惠、软件企业即征即退等政策,实现增值税留抵退税8.98亿元,软件企业即征即退政策退税0.43亿元。落实稳经济政策。全年兑现政策性财政资金10.86亿元,惠及企业10318户次。出台稳住经济一揽子政策,实施经济稳进提质攻坚行动,实现要素保障目标达成率100.0%。开展“三跑三降解三难”助力企业稳进提质活动,全年助企活动10次,走访企业61家,解决问题63个。促进创新驱动升级。全年科学技术支出7.06亿元,增长15.1%,研发经费支出占GDP比重连续8年保持在4%以上,新产品产值率50.9%,开发备案新产品162项,蝉联全省“科技创新鼎”。提升产业基金运行效用。落实北京纳研、新创氢翼无人机、瀚思通、奥美、新码生物等产业基金对项目的投资，涉及资金2.34亿元，投资项目完成率250.0%。加强政策资金保障。加强对优质项目政策资金保障，全年新增债券资金38.47亿元，支出率100.0%。保障“两直”资金拨付速度和绩效，全年收到中央直达资金6.52亿元，支出进度99.9%。

【推进共同富裕】 迭代升级强村富民体系，成立共富农业发展集团、水资源发展集团，创设绿色股权投资基金、兴村富民基金，投资香榧、小水电等项目，推动“国有＋民营”企业投资基金促进“消薄”增收，全年兴村富民基金投入项目运营资金3.20亿元，每年村集体经营性收益可增加1600万元，农村集体经济总收入增长10.8%，低收入农户人均可支配收入增长28.2%，其中探索设立兴村富民基金与政府企业合力实现村强民富入选省财政厅百名局长研百题典型案例。雅庄村、黄岙村等5村入选一事一议财政奖补支持共富村省级试点，计划总投资6040万元，其中省级奖补资金2000万元，地方财政投入2095万元，截至2022年年底完成项目建设10个。实施“经济薄弱村揭榜挂帅”助富活动，盘活“朱部福泉”生态资源，促进“消薄”增收。

【保障民生事业】 全年民生支出50.26亿元，占一般公共预算支出的70.7%。深化美丽乡村建设。全年农林水支出6.34亿元。统筹财政资金3164万元，推进省级乡村振兴产业发展示范建设县项目。落实政府投资项目基础设施建设资金4.50亿元，助力改善乡村环境。支持农业“双强”行动，“大佛龙井”茶叶品牌价值升值至50.04亿元，连续14年跻身中国茶叶区域公用品牌价值十强；打响“新昌优选”品牌，新增炒年糕门店60家。加强社会保障管理。全年社会保障财政和社会支出7.22亿元。健全社会救助体系，构建扶残助残机制。筹集财政和社会资金7.98亿元，实施“老有颐养”幸福提升工程，安排社区综合补贴1.34亿元，建成社区级活动健康之家6个、“乡理乡亲”服务集市183个。提升医疗健康服务。全年卫生健康支出7.85亿元，增长23.5%，重点支持疫情防控、城乡居民基本医疗保险补助、城乡基本公共卫生、基层医疗补偿机制、公立医院改革等政策落地，推动人民医院迁建工程建设和医共体总院测评，连续4年获健康浙江考核优秀，获健康浙江铜奖。保障教育事业发展。全年教育支出13.23亿元，增长0.5%，支持“双减”行动，整合农村小规模学校8所，新设立中学、幼儿园等寄宿制学校4所，学前教育、小学、初中生均公用经费标准分别提高38.5%、20.0%、15.8%。

【推进财政管理数字化转型】 优化“互联网+绿色采购”建设。实现政府采购绿色低碳转型，全县节能、节水产品和环保产品等绿色采购金额2817万元，占政府采购同类产品95.6%，实现政府采购交易金额8.46亿元。优化“浙里办票＋浙里报账”建设。147家行政事业单位上线“浙里办票＋浙里报账”应用，全年报销7285笔，报销金额5262万元，活跃度96.7%。推广浙江省财政和票据管理平台应用，实现财政电子票据全覆盖，涉及改革单位244家，开具电子票据52万张，覆盖率100.0%。优化“乡镇公共财政服务平台+一卡通”建设。全年通过“乡镇公共财政服务平台+一卡通”，发放补助资金3.90亿元，惠及群众52万人次。

【深化财政改革】 迭代升级财政体制。研究支持乡镇（街道）园区跨越式高质量发展财政体制方案，建立依法规范、权责匹配、运转高效的财政事权与支出责任相适应的制度体系。加强乡镇绩效管理。以预算绩效管理提高财政资金使用效益，全年绩效目标管理自评覆盖率100.0%，监控覆盖率100.0%，重点绩效评价14个，评价资金9.70亿元，节约金额（追回或与预算安排挂钩）3992万元。

【强化财政监管】 加强项目监管。出台《新昌县政府（国有企业）投资项目工程总承包（EPC）管理办法》，提高政府投资项目监管实效。加强对政府投资项目审核质量、效率监督，全年预算审核项目101个，变更项目10个，结算审核项目285个，核减额3.70亿元。加强财经管理。围绕重大政策、重要资金、重点项目，构建“1+2+X+N”监督模式*，建立“1+9+X”风险防控机制*。全年查处违规资金1032万元、管理不规范资金790万元，追缴违规资金36万元，纠正违规问题111个。加强国企监管。建立全员关键指标考核体系，注重重点项目和经营效益，并以此调整国有企业薪酬结构，注重重点项目和经营效益。

【全面从严治党】 推动党建引领。推行党支部“基本内容＋特色亮点＋任务清单”标准化体系建设，涵盖5个一级指标、19条二级指标，32个考核点，优化支部考核和党员管理。建设清廉财政。搭建方圆读书俱乐部平台，推行“半月一本书、一月一分享、一季一活动”、财政干部“说清廉”分享会，定期组织开展清廉知识抢答赛、“弘扬传统美德　传承家风家训”清廉家书征文等活动，培植清廉财政文化。全年方圆红展厅接待参观760人次，涵盖40个单位。推动服务基层。参加疫情防控、文明创建等活动1000人次，党员参与率100.0%。2022年，县财政局连续第3年获全省财政管理绩效考评优秀、全市财政管理绩效考评优秀、连续第11年获县目标责任制绩效考核A类部门，县财政局《一件事一辈子》获财政部短视频大赛二等奖。

（新昌县财政局供稿　梁丹丹执笔）

注：

***“1+2+X+N”监督模式**：“1”指财政监督操作规程，“2”指财政监督案例库法规库两库，“X”指财政监督表述模板，“N”指财政监督检查指南。

***“1+9+X”风险防控机制**：“1”为《内控基本制度》，“9”为机关运转风险、公共关系风险、法律风险、信息系统管理风险、岗位利益冲突风险、预算编制风险、预算执行风险、政策制定风险、财政专项资金管理风险9个风险内控办法，“X”为22项科室内控操作规程。

金华市财政工作

金华市

【概况】 2022年，金华市实现地区生产总值5562.47亿元，按可比价计算增长2.5%。其中：第一产业增加值161.77亿元，增长1.9%；第二产业增加值2328.48亿元，增长3.0%；第三产业增加值3072.22亿元，增长2.1%。三次产业结构比为2.9∶41.9∶55.2。按户籍人口计算，人均生产总值78086元。全社会固定资产投资增长13.5%。全社会消费品零售总额2965.3亿元，增长2.9%。外贸进出口总额6838.74亿元，增长16.3%。全市城镇常住居民人均可支配收入69626元，增长3.3%；农村常住居民人均可支配收入35630元，增长5.7%。全市财政总收入779.41亿元，下降2.6%，一般公共预算收入489.16亿元，下降0.6%，其中税收收入410.19亿元，下降8.2%。全市一般公共预算支出830.40亿元，增长4.9%。市区财政总收入168.79亿元，下降11.4%，一般公共预算收入102.04亿元，下降6.5%，其中税收收入82.18亿元，下降19.3%。市区一般公共预算支出224.92亿元。全年财政收支平衡。

【组织财政收入】 加强收入调控。跟踪疫情及经济发展形势，强化预测分析，制定应对举措和收支平衡方案。构建市县纵向联动，财政税务横向贯通的收入组织协调机制，把握组织收入力度与节奏。2022年，全市一般公共预算收入占GDP的8.8%、占财政总收入的62.8%，税收收入占一般公共预算收入的83.9%。市区一般公共预算收入占GDP的9.6%、占财政总收入的60.5%，税收收入占一般公共预算收入的80.5%。加强非税收入管理。做好非税收入预测、分析，配合出台《金华市区土地储备管理办法》等文件，强化土地储备资金收支管理。全市实现非税收入937.64亿元，其中纳入一般公共预算管理的非税收入80.14亿元。

【助力经济稳进提质】 落实减税降费政策。全市为市场主体降本减负242.39亿元，其中：减免税152.71亿元，降融资成本39.03亿元，减免政府性基金19.39亿元，降用工成本9.94亿元，降用能成本9.94亿元。助力经济稳进提质。全市兑现惠企政策资金166.80亿元，落实国家、省系列稳进提质政策，参与并保障好6轮市级政策。以人工投入为主的政府采购项目预付款比例从20.0%提升至30.0%，全市政府采购项目中小企业中标金额72.20亿元，占政府采购项目资金总规模的93.2%。争取上级要素支持。全市向上争取资金217.50亿元。争取国家海绵城市建设示范城市中央财政资金9.00亿元、国家综合货运枢纽补链强链城市中央财政补助15.00亿元、亚运省运省级补助资金1.00亿元。开展“专项债全周期管理在线系统”试点，全市新增政府专项债券190.50亿元。支持发展新动能。全市全年科技投入28.08亿元，增长17.0%，保障浙江大学金华研究院、浙江光电子研究院等重大科创平台以及金华(上海)科创中心建设。全市投入资金8.93亿元推动贴息贷款发放，支持职业技能提升培训与高层次人才培养。

【推进共同富裕】 出台共同富裕专项政策。配合或牵头出台共同富裕专项政策21项，涉及教育、文化、社会保障、生态环境等多个领域。争取共同富裕改革试点。争取省财政厅一事一议财政奖补支持打造共富乡村试点项目8个，获项目资金1.60亿元。探索构建基本公共服务保障标准体系，完善以家庭为基本导向的个税专项附加扣除模拟试点，被省财政厅列入共同富裕“小切口”改革试点5个、家庭型财税政策体系攻坚行动试点4个，并开展全市财政系统共同富裕最佳实践案例评选。构建金华市基本公共服务保障标准体系，入选全省财政系统高质量发展建设共同富裕示范区“小切口”改革优秀实践案例。

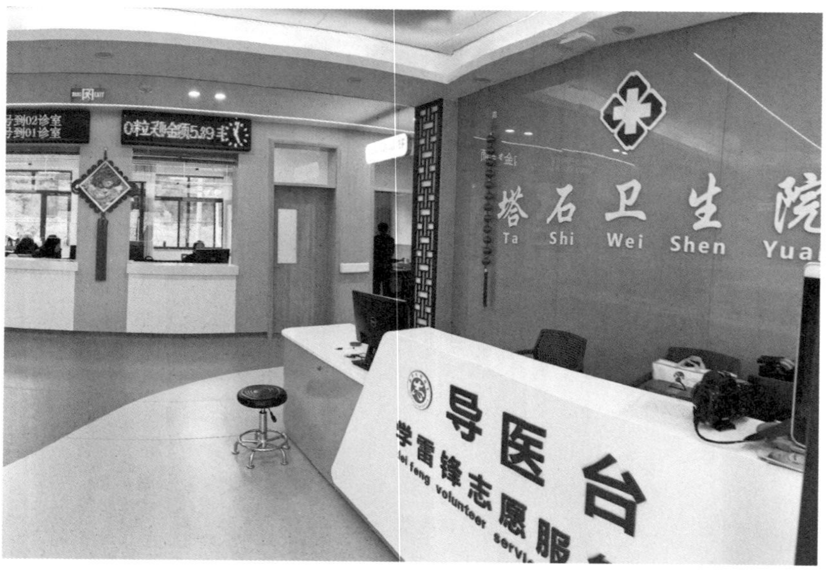

金华市塔石乡卫生院

【支持城乡建设】 推进交通枢纽建设。市级财政投入资金28.01亿元，支持建武高速婺城区段、甬金衢上高速公路金华市区段等交通基础设施建设。支持精品城市建设。市级财政投入资金3.26亿元，支持金华城市大脑、金华九峰水厂及配套输水管网工程等项目建设。推动乡村产业发展。全市投入资金24.49亿元，推进美丽乡村建设，巩固扶贫开发成果。

全市投入资金18.43亿元，支持婺南省级现代农业园区和“田间一件事”智慧应用等项目实施，促进现代农业产业高质量发展。保障水利工程建设。全市投入资金16.24亿元，保障钱塘江堤防加固、义乌双江水利枢纽工程与金华江治理建设，落实饮用水源涵养生态功能区生态补偿与水库水源涵养区水源环境保护补助。支持生态环境保护。全市投入资金13.57亿元，助力金华入选国家“无废城市”建设名单，跻身全国生态文明建设示范区，金华市本级和浦江县再夺“大禹鼎”金鼎。

【保障民生事业】 全市民生支出623.76亿元，增长6.7%，占一般公共预算支出的73.7%。市区民生支出157.35亿元，增长17.8%，占市区一般公共预算支出的70.0%。完善社会保障制度。全市社会保障和就业支出104.28亿元，增长6.6%。提高城乡居民基本养老保险基础养老金、最低生活保障、基本医保资助等12项民生政策标准。建立医保基金管理政策体系，规范基本医保市级统筹基金收支和归集基金管理。全市投入就业补助1.32亿元，支持高校毕业生等重点人群就业。保障卫生健康事业。全市卫生健康支出102.79亿元，增长39.5%。全市投入资金48.90亿元，保障方舱医院建设、核酸检测、人员转运与隔离费用等疫情防控支出。全市投入资金23.23亿元，深化公立医院改革，保障金华市中心主医院金义分院、金东区中医院新园区、武义县公共卫生中心等项目建设，支持医学人才培养。推动教育事业发展。全市教育支出156.39亿元，增长3.9%。重点支持金义双尖小学、武义开发区小学等义务教育标准化学校建设和薄弱学校改造。全市投入资金1.64亿元，保障民办教育政府购买学位。支持文体事业发展。全市文化体育支出20.92亿元，增长15.6%。全市投入资金6.14亿元，支持送戏惠民演出和浙婺文化活动。全市投入资金1.73亿元，支持上山文化遗址、太平天国侍王府等文物保护工作。全市投入资金1.74亿元，保障省运会举办及亚运会筹备。

【推进财政数字化改革】 推进预算管理一体化，覆盖市本级预算执行单位308家，覆盖率100.0%。向省财政厅争取到财政监督数字化、“浙企一表通”等11个数字化改革试点项目，其中市财政局财政智慧监管系统获浙江财政数字化改革创新应用大赛二等奖。迭代“金阳光”惠企惠农平台，新增绩效分析专家库应用、政策兑付数据实时归集上传等功能。推进财政数字档案建设，实现档案“一键查询”。

【加强财政管理】 深化预算绩效管理。建立254套涉及7大领域的共建共享绩效评价指标库，首次对稳进提质系列政策开展绩效评价。防范财政运行风险。建立库款日监测、周研判、月分析制度，全市“三保”支出323.91亿元，基层财政运行平稳。防范隐性债务风险，通过真金白银、项目转化、债券置换等措施落实化债任务。防范社保基金风险，建立全市“社保基金运行健康度”指标分析体系，出台工伤保险浮动费率政策，建立市区部属企业社会化管理资金缴款机制。加强财政监督管理。构建市级以财政监管基本操作规则为指引，配套风险、内控管理等相关制度文件的“1+X”财政监管制度体系。市级财政将公租房租赁补贴等13个重点项目纳入事中监管，涉及资金7.00亿元。强化会计监管，协同公安部门侦破网络制售虚假审计报告“10·15”“3·14”大案。

【加强队伍建设】 推进机关党建建设。组织干部学习贯彻党的二十大精神，开展“扛旗先行、财政担当”晒拼与请战活动，评选“晒拼先锋”。组织“品牌创星”“财政青年说”演讲比赛等活动。推进清廉财政建设。开展“遵规守法”专题教育，组织“清廉一句话”承诺活动，建立162名干部职工廉政档案。市财政局企业处获全省清廉财政建设成效突出单位荣誉。提升干部能力素质。建立“青蓝结对”导师帮带制度，举办2期共同富裕财政专题培训班、2期财政讲堂，开展“岗位练兵”。制定市财政局下属事业单位绩效考核分配方案及干部职级晋升实施方案，激励干部担当作为。

（金华市财政局供稿　曾东平执笔）

婺城区

【概况】 2022年，金华市婺城区实现地区生产总值353.73亿元。其中：第一产业增加值13.19亿元，下降1.1%；第二产业增加值83.23亿元，下降3.4%；第三产业增加值257.3亿元，增长1.1%。三次产业结构比为3.73∶25.53∶72.74。按户籍人口计算，全区人均生产总值72933元，下降0.5%。城镇居民人均可支配收入64921元，增长1.1%；农村居民人均可支配收入30054元，增长1.8%。全区财政总收入58.45亿元，增长1.9%。一般公共预算收入27.82亿元，增长13.1%，其中，区级一般公共预算收入15.04亿元，增长19.1%。一般公共预算支出44.67亿元，增长18.3%，其中区级一般公共预算支出25.86亿元，下降6.9%。全年财政收支平衡。

【组织财政收入】 强化收入联动机制。与乡镇(街道)、税务部门等健全税收联动机制，科学分析税源变化趋势，凝聚收入征管合力。加强国有资产处置、出租管理，规范资产配置和使用，运用好公物仓。推进国有土地和矿山出让，筹措财政收入。优化收入结构。2022年，一般公共预算收入占地区生产总值的7.9%，比上年提升0.9个百分点；占财政总收入的47.6%，比上年提升4.7个百分点。税收收入23.59亿元，占一般公共预算收入的84.8%；区级税收收入11.79亿元，占区级一般公共预算收入的78.4%。加强非税征管。2022年，全区实现非税收入35.70亿元，下降39.0%，其中纳入一般公共预算管理的非税收入3.25亿元，增长154.0%。向上争取资金。协同相关部门组织项目谋划申报，争取专项债券、乡村振兴等资金，2022年新增政府债券资金14.38亿元，增长64.0%。盘活存量资金。全年清理财政存量资金2.74亿元，统筹用于城市基础设施和重点项目建设。

【推进经济稳进提质】 落实减税降费政策。全年办理增值税留抵退税7.67亿元。减免城市基础设施配套费3355.12万元、水资源费63.87万元，减征水土保持补偿费15.95万元；缓缴四季度水土保持补偿费27.66万元、水资源费52.67万元、污水处理费81.52万元、渔业资源增殖保护费0.5万元。落实稳进提质政策。推进惠企纾困等政策直达快享，全年兑现惠企政策资金4.76亿元；发放三轮消费券5100万元，拉动市场消费10.65亿元。落实房屋租金减免工作，为211户市场主体减免国有企业房屋租金1088万元，其中小微企业61户、减免金额780万元，个体工商户150户、减免金额308万元；16家行政事业单位为97户市场主体减免租金163万元。加大科技投入。全年科技支出6693万元，增长24.7%，重点支持氢能与燃料电池联合研发中心、今创智能制造研究院、新能源汽车技术和智能制造创新中心、师大创新城等重点科创平台建设。投入资金3500万元，引导企业加强技术创新研发，推动培育企业创新主体。

【保障民生支出】 全年民生支出33.51亿元，增长8.8%，占一般公共预算支出的75.0%。保障教育投入。全年教育支出8.56亿元，增长7.0%。投入资金7.65亿元，支持基础教育普及、学前教育公共服务体系建设，婺城区获2021年省政府"实施学前教育提升行动计划成效明显的县(市、区)"督查激励。保障卫生健康投入。全年卫生健康支出5.14亿元，增长11.6%，支持疫情防控，健全公共卫生应急管理机制，保障基本公共卫生服务供给。保障社会福利投入。全年社会保障支出6.32亿元，下降2.9%，补助基本养老保险基金，支持残疾人、红十字、养老服务等事业发展。保障文旅投入。全年文化旅游体育与传媒支出8209万元，增长40.9%。支持公共文化服务标准化均等化建设，推进第十七届省运会筹办工作。保障乡村振兴投入。落实强农惠农政策，整合涉农资金7.22亿元，推进农业农村发展建设。

【深化财政改革】 推进财政数字化改革。深化预算管理一体化改革，区属198家单位预算执行迁移至预算管理一体化系统。开展"浙企一表通"应用试点，完成6家首批试点单位数据导入分析。推进"浙里报账"应用建设，实现业务事项申请到资金支付闭环电子化运行。上线"公物仓"管理平台，强化国有资产统筹管理，实现国有资产有序流动，提升资产使用效率。深化国资国企改革。加强资产整合力度，推进闲置国有资产注入国企集团，金华市婺城区城乡建设投资集团有限公司、金华市婺城交通投资集团有限公司合计资产总额增至480.00亿元。优化国有资本布局，实现区交投集团AA信用评级；组建并实体化运营金华市金婺资源开发集团有限公司；组建区属企业及重要子公司董事会，制定《董事会授权管理办法》等制度。开展国有企业综合考核评价，将考核结果作为确定企业负责人薪酬的重要依据。

【加强财政监管】 加强预算绩效管理。全区14个乡镇街道财政主体全部纳入绩效评价范围，实现乡镇街道整体绩效评价全覆盖；开展部门整体支出评价单位2个，重点评价项目14个，涉及金额5.75亿元。实行绩效目标实现程度和预算执行进度"双监控"，纳入绩效运行监控项目19个、涉及资金1.56亿元。加强政府采购管理。2022年政府采购预算金额4.15亿元，实际采购金额3.77亿元，节约率9.2%。广泛应用"政采云"平台，实现采购交易全过程"一网通办"。加大投资评审力度。完成项目预算审核238个，项目送审预算造价39.43亿元，发出控制价35.77亿元，核减率9.3%；完成工程结算审核项目67个，送审金额29.82亿元，审定金额26.40亿元，核减率11.5%。

【强化队伍建设】 加强党的建设。加强政治理论学习，成立"婺财优学"青年理论学习小组。组织开展党的二十大精神宣讲活动。"喜迎二十大　奋进共富路"主题宣讲获金华市财政系统一等奖、全省财政系统优秀奖。指导区属企业和子企业制定党委前置研究讨论重大经营管理清单，制定推行党组织"标准化+信息化"建设的实施意见。推进清廉财政建设。出台《关于纵深推进清廉财政建设的实施方案》，推进清廉机关建设。婺城区财政局连续3年获区扛旗争先大晒拼活动红旗单位、区领航共富"奋斗在共富路上"大比武优秀单位荣誉，连续11年获区级岗位目标责任制考核先进单位荣誉。发挥党员先锋作用。组建党员志愿者队伍，选派852人次协助疫情防控。婺城区"4·15"疫情防控期间成立57人的转运先锋队，连续作战144个小时。

（金华市婺城区财政局供稿　邵帆翀执笔）

金东区

【概况】 2022年，金华市金东区实现地区生产总值300.27亿元，按可比价格计算增长0.8%。其中：第一产业增加值14.36亿元，增长1.9%；第二产业增加值134.06亿元，下降3.0%；第三产业增加值151.85亿元，增长4.0%。三次产业结构比为4.8∶44.6∶50.6。按户籍人口计算，人均生产总值86128元。全体居民人均可支配收入4.68万元，增长3.3%，其中：城镇常住居民人均可支配收入5.7万元，增长2.9%；农村常住居民人均可支配收入3.4万元，增长5.6%。全年财政总收入38.69亿元，下降17.0%，同口径(剔除增值税留抵退税因素，下同)增长0.5%；其中一般公共预算收入24.66亿元，下降10.5%，同口径增长3.9%；一般公共预算支出52.49亿元，增长22.1%。全年财政收支平衡。

【加强收支管理】 优化收入结构。定期召开财政税务联席会议，加强对财政收入运行的监控和研判，促进财政收入企稳回升。强化税源管理，做好税源调研和分析，共享税源信息，推动收入及时入库。2022年，全区一般公共预算收入占GDP的8.2%、占财政总收入的63.7%。其中，税收收入21.74亿元，下降

15.3%，占一般公共预算收入的88.2%。抓好非税收入征管。2022年，全区实现非税收入47.25亿元，下降58.8%，其中纳入一般公共预算管理的非税收入2.92亿元，增长55.7%。落实过“紧日子”要求。清理呆账资金、借款，回收结余部门资金，压减一般性项目支出8184万元，置换、盘活各类存量资金10.40亿元。

【服务经济发展】 落实减税降费政策。全年办理增值税留抵退税14.12亿元，办理制造业中小微企业税款缓缴4.76亿元。支持稳企助产。配合出台稳企助产“18条”等财政保障政策，通过加大制造业企业租金补助等方式扶企助企。全年兑现各类奖补资金11.51亿元，其中涉企政府补助补贴类资金5.65亿元，惠及企业2504家。实施小微企业和个体工商户承租公有房产房租减免政策，全年减免租金1526万元，惠及市场主体274家。设立1.00亿元产业数字化改革专项奖励基金，重点扶持20家产业数字化样板企业。支持科技创新。全年财政科技投入1.45亿元，增长22.2%，重点加大企业研发投入补助，新增科技创新投入奖项补助，促进企业加大研发投入，规上工业企业研发费用10.90亿元，同比增长14.1%。

【探索共同富裕】 推进一事一议项目建设。落实两批39个一事一议财政奖补项目建设，赤松镇北山口村等5个村获2022年度一事一议财政奖补助推美丽乡村建设项目资金3000万元，打造乡村共富联合体试点。推进“金田共享”平台建设。投入资金539万元，建设“金田共享”特色项目平台，盘活闲置农田，探索新型农业经营模式改革，构建“社会+集体+农民”经营共同体，促进农村农民双增收。推进“乡镇公共财政服务平台+一卡通”建设。深入推进惠企利民数字化项目，确保惠民惠农政策落到实处，全年通过平台发放补助项目136个、金额2.10亿元，惠及群众28.11万人次。

【保障民生支出】 全年民生支出31.10亿元，占一般公共预算支出的58.9%，剔除一般债券资金占比64.6%。全年安排卫生健康支出5.88亿元，增长92.1%，助推高水平县级医院建设，完善公共卫生服务体系，支持金义新区中心医院、金东区中医院、金东区妇幼保健院等公共卫生项目建设。拨付疫情防控资金2.06亿元，保障物资采购、核酸检测及隔离费用等。全年安排教育支出7.81亿元，增长2.4%。重点支持金义第二小学、金东小学、金华理工学院等工程建设。全年安排社会保障和就业支出5.59亿元，增长22.8%，重点保障退役军人安置优抚，支持落实就业创业政策，加快高层次人才引进培养等。提升城市道路承载能力，投入资金3508万元建设连心路，投入资金2.28亿元建设金义东轻轨项目，打造15分钟共同服务圈。

【推进财政数字化改革】 完善预算管理一体化系统。完成预算管理一体化执行系统整体切换工作，完成预算编制至支付清算完整业务切换上线。推进“浙里报账”应用试点。“无纸化报销”打通财政和部门财务管理支付链条，全区“浙里报账”主要使用场景为公务出行及一般事项报销，全年报销单10496笔，报销金额52733万元，活跃单位128家。

【强化财政监管】 规范乡镇财政管理，实行乡镇自有资金区级管理，乡镇1.89亿元财政资金纳入区财政统管账户；整合乡镇资金账户，各乡镇只保留1个银行账户，实现账户规范管理。强化直达资金监管，探索直达资金“三色预警”，通报直达资金预算执行情况，督促加快支出进度。推进公款竞争性存放，修订《金东区区级行政事业单位公款竞争性存放管理办法》《金东区区级预算单位银行账户管理暂行办法》，规范社会中介机构代理事项、综合评分指标设置等内容。对接政采云公司，开展区财政局、总工会、公积金办等4家单位公款竞争性存放网上招标，涉及公款金额8.73亿元。加快隐性债务化解，建立“2022年攻坚工作清单”“债务清零清单”“债务风险点防范清单”三张清单，在化解的同时确保不新增隐性债务。

【加强队伍建设】 健全学习机制，围绕共同富裕、数字化改革、财政治理现代化等，通过“财政讲堂”与“科长讲坛”相结合、“三会一课”与“青年讲堂”相结合等方式，形成网络型、交叉型学习体系，全年开展“财政讲堂”15期。强化党建引领，发挥党员干部先锋模范带头作用，选派3名业务骨干参加城市有机更新大会战；选派7名干部参与隔离点（专班）疫情防控工作10次。深化清廉财政建设，加强干部职工廉政教育，到清廉金华教育基地学习，组织观看警示教育片，增强廉洁自律意识。强化变革型组织建设，以“党建+精准服务”为抓手，成立服务小分队深入企业、乡镇开展“三服务”，全年为企业解决贷款难、贷款贵问题14个，赴乡镇财政所开展财政业务宣讲12次。

（金华市金东区财政局供稿　李雨佳执笔）

兰溪市

【概况】 2022年，兰溪市实现地区生产总值465.05亿元，按可比价格计算增长2.5%。其中：第一产业增加值27.60亿元，增长2.8%；第二产业增加值242.34亿元，增长3.3%；第三产业增加值195.12亿元，增长1.4%。三次产业结构比为5.9∶52.1∶42.0。按户籍人口计算，人均生产总值71758元。全年财政总收入53.61亿元，下降1.6%。一般公共预算收入34.50亿元，下降0.5%，其中税收收入25.05亿元，下降6.9%。一般公共预算支出80.26亿元，增长3.2%。全年财政收支平衡。

【组织财政收入】 加强收入协调。市级层面组建财政收入协调领导小组，财政、税务、自然资源和规划等部门定期召开联席会议，强化收入形势分析，推进招商引资和税源培育，盘活利用经营性用地、改田造地指标等资产资源，促进财政经济平稳运行。

统筹分析预测。把握收支形势导向，提前精准研判，严格控制一般性支出和非急需非刚性支出，确保财政收支平衡。2022年，全市一般公共预算收入占GDP的7.4%、占财政总收入的64.4%，税收收入占一般公共预算收入的72.6%。完善非税收入管理。深化非税收入资金电子凭证库管理，非税资金拨付全程线上办理。全市实现非税收入78.51亿元，增长13.8%，其中纳入一般公共预算管理的非税收入9.44亿元，增长21.8%。向上争取资金。全年争取各类政策资金54.75亿元，增长73.7%，其中新增地方政府专项债券14.80亿元，支持城市停车场等10个政府投资项目。

【支持经济发展】 释放惠企政策红利。落实新的组合式税费支持政策19.85亿元，其中增值税留抵退税10.03亿元，制造业中小微企业缓缴税费5.43亿元。涉及企业、个体工商户部分行政事业性收费缓缴1555万元。支持经济高质量发展。围绕省"5+4"稳进提质政策，制定落实时间、责任和任务清单，开展常态化监督检查和服务工作。全年兑现涉企奖补资金5.42亿元，支持传统产业改造提升、新兴产业培育壮大。加大政府采购支持中小企业力度，面向中小企业政府采购金额4.02亿元，占比95.3%。完善直达资金机制。优化直达资金分配方案，健全资金执行率定期通报制度，全年分配和使用中央直达资金12.44亿元，所有资金拨付至最终收款人。发挥科技创新驱动作用。全年拨付科技资金6317万元，增长16.2%，鼓励高新技术企业发展，支持基础研究、技术研发、科技创新、科技人才培育等领域，激发经济内生动力。

【支持民生改善】 全年民生支出61.50亿元，同口径[1]增长6.0%，占一般公共预算支出的76.6%。提升医疗卫生水平。全年卫生健康支出10.09亿元，重点用于城乡居民基本医疗保险补助、基层医疗机构运行补助、基本公共卫生支出、医疗救助等。拨付疫情防控经费3.03亿元，支持疫情物资采购、核酸检测、疫苗接种补助、兰溪市应急防疫医院建设等。力促教育事业发展。全年教育支出14.01亿元，增长3.8%。安排基建经费4033万元，推进62所中小学和幼儿园校舍维修及配套设施改造；投入专项债券2000万元，支持青湖幼儿园、女埠中心幼儿园等扩容提升；新增采购义务段学校教室空调258台，更新学生宿舍床位6600张。支持保托底稳就业。全年社会保障和就业支出14.64亿元。城乡居民最低生活保障标准提高至1050元/(人·月)；城乡特困供养补助标准提高至1365元/(人·月)；困难残疾人生活补助标准提高至315元/(人·月)。拨付就业补助1340万元，新增就业11275人。统筹文旅融合发展。安排文化和旅游资金6360万元，启动市民文化中心改造提升，支持举办省运会柔道、摔跤比赛，扶持诗路文化带、全域旅游等建设项目。投入文物保护经费2724万元，加强文物建筑保护利用，女埠村入选中国传统村落，《鱼鳞图册》入选中国档案文献遗产名录。助力生态环境改善。全年安排节能环保支出4867万元，落实森林生态效益补偿机制，推进农村生活垃圾资源化利用，推动生态环境质量持续改善。

【深化财政改革】 深化财政数字化改革。推进预算管理一体化建设，搭建"掌上公文"应用系统，推进"政采云""浙里报账"和电子票据等数字化平台建设。"浙里报账"实现272家预算单位上线运营。电子票据平台全年累计开票532万张，合计金额64.08亿元。实行公款竞争性存放网上招投标，累计存放资金40.42亿元。推进零基预算改革。市级层面成立零基预算工作领导小组，组建部门多跨联动机制，重塑财政支出标准体系，完善公务用车、办公用房和临时机构管理办法，推进编外用工管理和规划类经费集成化管理，坚持党政机关过"紧日子"，协调短周期与长周期平衡。提升全面预算绩效管理。聚焦中心工作加大绩效考核权重，指导落实事前绩效评估。推行项目总支出评价，优化绩效抽评指标体系，组织开展财政扶持政策等重点评价监督检查。强化激励约束机制，财政预算绩效管理工作列入党委政府年度表彰项目，首次将绩效管理结果纳入政务督查通报内容。加强乡镇财政管理。持续推进"乡镇公共财政服务平台+一卡通"，全年发放各项涉农惠民补贴资金3.60亿元。组织乡镇财政业务培训，规范基层财政会计核算工作，指导乡镇加快建设内控制度。

【防范财政风险】 化解政府性债务风险。落实隐性债务八年化债方案，深化运用"七张问题清单"，2022年年底总化债率61.1%。系统排摸全市隐性债务风险点，实施工程项目事前债务评估，杜绝新增隐性债务。防范资金运行风险。建立每月财政支出提前谋划机制，强化库款监控，提升风险预警，优先保障"三保"支出。加强"三保"资金执行动态监控，争取省级调度款22.28亿元。从土地出让收入全口径提取社保风险准备金，地方负担企业职工基本养老保险省级统筹资金6.80亿元，促进社保基金平稳运行。强化财政监督检查。会同民政部门推进慈善组织监督检查，整改落实制度建设、募捐活动、财务管理等问题19个。完成"三公"经费使用情况回头看。开展专项债券使用情况县市交叉核查行动。

【提升作风建设】 抓实党的政治建设。组织党的二十大精神宣传贯彻研讨会，学习习近平总书记关于财政工作重要论述。开展红色教育基地学习实践，举办书记讲党课、党史知识竞赛等活动。践行财政部门"以当家思维担当管家责任"的理念，增强为党委政府当参谋能力。深化清廉财政建设。落实中央八项规定精神及有关要求，加强党员干部、关键岗位人员日常教育和监督管理。坚守"亲清"政商关系，深入重点企业送服务225人次。常态化开展廉政警示教育，运用监督执纪"四种形态"，对落实全

1 2022年民生支出测算口径有所变化，"同口径"是指根据2021年口径测算得出。

面从严治党主体责任不到位的干部，开展约谈和批评教育。推进变革型财政组织建设。聚焦"团结、专业、清廉、高效"，推进财政治理体系、支出结构和干部能力三重变革，锻造一支"想干事、能干事、干成事"的干部队伍。创设"年轻干部学堂"业务交流平台，强化核心业务研讨，培养财政工匠精神。健全新录用公务员轮岗机制，突出师徒结对、薪火相传，持续优化干部队伍结构。

（兰溪市财政局供稿　胡　凯执笔）

东阳市

【概况】　2022年，东阳市实现地区生产总值761.37亿元，按可比价格计算增长3.2%。其中：第一产业增加值21.52亿元，增长3.2%；第二产业增加值355.06亿元，增长5.0%；第三产业增加值384.79亿元，增长1.8%。三次产业结构比为2.8∶46.6∶50.6。按户籍人口计算，人均生产总值89475元。全市固定资产投资增长16.9%。全社会消费品零售总额336.3亿元，增长3.3%。全市外贸进出口总额354.35亿元，增长11.6%。全市城镇常住居民人均可支配收入66808元，增长3.8%；农村常住居民人均可支配收入40171元，增长6.5%。全市财政总收入137.25亿元，下降3.6%，其中一般公共预算收入81.61亿元，下降2.1%；一般公共预算支出115.33亿元，增长4.1%。全年财政收支平衡。

【组织财政收入】　围绕年度收入目标，把握好收入组织工作节奏和力度，实施更加积极的财政政策，强化财源建设。2022年，一般公共预算收入占GDP的10.7%、占财政总收入的59.5%，其中税收收入68.47亿元，占一般公共预算收入的83.9%。加强非税收入征管，全年实现非税收入113.05亿元，其中土地使用权出让收入95.45亿元，纳入一般公共预算管理的非税收入13.15亿元。全年争取新增政府债券资金40.20亿元，其中一般债券10.00亿元、专项债券30.20亿元。

【支持经济发展】　*落实减税降费政策。*通过减、降、免、缓、延、退等形式将税收优惠及时送达企业，全年办理增值税留抵退税12.35亿元。*加大助企纾困力度。*配合出台支持市场主体平稳健康发展30条、战疫情抢发展16条等助企纾困政策，全年拨付助企纾困资金1.72亿元。实施小微企业金融服务"滴灌工程"，为困难企业提供融资担保服务，2022年在保余额16.27亿元。*扶持优势产业发展。*迭代升级优势产业政策，下达专项发展资金7.82亿元，扶持东阳特色产业建筑业发展；聚焦智能制造，下达工业企业技改奖励1.62亿元；下达影视文化产业专项资金3.06亿元，支持影视业壮大；下达开放型经济专项补助1.04亿元，助力优化营商环境。*保障重点项目建设。*统筹建设资金10.30亿元，支持综合交通大会战。落实创建文明城市专项资金3.81亿元，助力城市品质提升大会战。拨付小城镇环境综合整治资金3573万元，助力城市生活环境建设。拨付绿色转化财政专项激励政策项目资金1.00亿元，实施项目23个，支持生态环境改善大会战。

【助力共同富裕】　探索镇乡财政体制改革，发挥体制收入调节作用，通过调整基数、扩面支出、扶持短板、支持重点，有效平衡市本级财政与镇乡财政关系，缩小镇乡发展差距。一事一议财政奖补支持打造共富村被列入全省财政系统"小切口"改革试点，由城东街道负责2022年度农村综合改革集成建设项目，全年落实49个一事一议项目财政奖补资金3760万元。入选省财政厅首批财政金融协同支农数字化改革试点，2022年担保金额9566万元，支持农户159户。支持村级集体经济加快发展，拨付十佳村创建补助1.40亿元、土地整理资金2.60亿元、山塘整治资金1.68亿元、中小河流治理资金1.43亿元。

【增进民生福祉】　全年民生支出85.92亿元，增长2.3%，占一般公共预算支出的74.5%。*支持教育事业发展。*全年教育支出23.72亿元，下降3.5%，争取教育债券资金7.94亿元。优化教育资源供给，保障教育基建项目资金，保障学位供给。安排专项资金4712万元，规范民办义务教育。推动"双减"落地见效，配合教育部门修订《关于义务教育阶段学校课后服务财政补贴和服务性收费的指导意见》，规范学后托管服务。*保障卫生健康事业。*全年卫生健康支出11.19亿元，下降3.4%，支持人民医院巍山分院制剂中心、中医院迁建二期、妇幼保健院妇产中心大楼、江北综合医院等项目建设；落实医共体建设专项资金8749万元；保障疫情常态化防控和局部突发疫情处置，全年疫情防控支出3.68亿元。*加强社会保障力度。*全年社会保障和就业支出18.05亿元，增长13.6%。健全分层分类救助体系，提高特困人员供养标准至1947元/（人·月），提高孤儿集中养育标准至2725元/（人·月）。*支持文旅事业发展。*全年文化旅游体育与传媒支出3.42亿元，增长20.5%。配合出台《东阳市文化旅游领域稳经济促消费活动方案》，安排旅游促消费财政资金2000万元。*促进乡村振兴。*安排农林水支出9.41亿元，增长15.7%，保障乡村振兴政策落实，支持美丽乡村、高标准农田、共享田园建设。

【推进财政数字化改革】　打造东阳市惠企利民政策兑现平台，推动政策免申即享、无感支付，全年通过平台申报项目29395个，惠及企业12792家，兑现政策资金30.40亿元。预算一体化、浙里垫付、浙里用票、浙里报账4个省级重大应用全面贯通。完成数字财政综合应用门户系统基本建设，依托一体化智能化公共数据平台，集中呈现财政部门整体运行情况。优化政府投资项目智控平台，全年各类政府投资、国企投资项目入库1095个。

【强化财政监管】　*落实过"紧日子"要求。*严控一般性支出，年初压减非刚性、非重点支出6554万元，压减率4.8%；年中压减资金1.16亿元。探索编外聘用人员"一件事"管理入选全省坚持党政机关过"紧日子"10大优秀案例，上线编外聘用人员"一件事"

管理平台。防范资金运行风险。做好库款运行监测，加强对新出政策资金测算，规避兑现缺口，确保国库资金平稳运行。加强直达资金管理，完成直达资金分配11.36亿元，分配率100.0%，支出率100.0%，处理风险预警83条。化解政府债务风险。根据项目融资金额到期时间，排出按月化解明细计划表，推进隐性债务化解，债务风险等级维持在绿色安全级别。全面开展绩效评价。对5个部门、5个镇乡街道开展整体支出绩效评价，对20个专项资金开展重点绩效评价。加强涉农资金管理。配合出台《东阳市农业高质量发展财政奖补资金相关细则》《东阳市农业高质量发展专项资金项目管理办法》等政策。规范公款竞争性存放。制定公款竞争性存放招投标评分指标与评分规则，组织财政资金竞争性存放29.00亿元。加强监督指导，实现市级机关、镇乡街道公款竞争性存放全覆盖。加强政府投资项目预算审核。完成各类审核项目1124个，全年送审金额528.29亿元，审定金额476.22亿元，核减率9.9%。

【加强队伍建设】 加强学习教育。坚持"周一夜学""三会一课""主题党日""周三以师带徒轮训"，采取集中学、专题学、个人学相结合方式，推动学习教育常态化、多样化。全年召开主题党日12次，观看警示教育片3次。深化清廉财政建设。优化"清廉财政"指标体系，开展岗位风险点排摸，重点排查思想道德、岗位职责、业务流程、制度机制等风险，全年梳理廉政风险点3级49个。东阳市财政局获全省清廉财政建设成效突出单位荣誉。建设变革型财政组织。成立变革型财政组织创建领导小组，通过加强收支管理推动财政业务重塑、加强数字赋能打造"惠企利民政策平台"、加强文化建设深化党建品牌等举措，深化组织变革。2022年，东阳市财政局入选全省财政系统变革型财政组织创建优秀试点单位。

（东阳市财政局供稿　经立安执笔）

义乌市

【概况】 2022年，义乌市实现地区生产总值1835.54亿元，按可比价格计算增长4.6%。其中：第一产业增加值26.91亿元，增长1.5%；第二产业增加值616.28亿元，增长8.2%；第三产业增加值1192.35亿元，增长3.0%。三次产业结构比为1.4∶33.6∶65.0。按户籍人口计算，人均生产总值208291元，增长2.4%。城镇常住居民人均可支配收入86975元，增长0.4%；农村常住居民人均可支配收入47042元，增长2.0%。全市实现社会消费品零售总额1057.79亿元，增长2.3%；进出口总额4788.03亿元，增长22.7%。全市财政总收入211.60亿元，增长9.2%，其中一般公共预算收入132.90亿元，增长4.2%，剔除增值税留抵退税因素增长13.9%。一般公共预算支出159.69亿元，增长3.5%。全年财政收支平衡。

【组织财政收入】 加强收入统筹分析。强化横向、纵向协同沟通，定期召开税收专题分析会、财政运行形势分析会、收入联席会议，及时预判财政收支走势和风险，提前谋划部署调节举措。优化财政收入结构。全年一般公共预算收入占GDP的7.2%、占财政总收入的62.8%。其中税收收入126.97亿元，占一般公共预算收入的95.5%。强化非税收入征管。实现公立医院医疗收费票据全流程电子化改革，推进"浙里办票"场景应用。全年征收非税收入269.57亿元，下降63.6%，其中纳入一般公共预算管理的非税收入5.93亿元，增长83.9%。向上争取资金。全年新增一般债券额度1.00亿元，专项债券额度35.42亿元。

【支持经济发展】 支持扩大开放。全年投入资金7.20亿元，保障开放型经济、进口贸易发展。拨付资金1.24亿元，保障技能人才和高校毕业生招引。助力企业发展。保障各类惠企政策落地，全年兑付资金30.23亿元。用足减税降费政策，全年增值税留抵退税52.39亿元。落实国有房屋减租政策，为303户经营户减免租金2732万元。提升营商环境。落实专门面向中小企业政府采购项目203个，涉及采购预算4.79亿元。全年为1348家企业节省投标保证金7301万元。企业提前获得采购预付款支持金额4.90亿元。加快城市建设。拨付资金104.49亿元，保障回迁房建设、土地收储等城市更新项目实施。保障重点交通基础设施建设，全年拨付铁路高架站房项目建设资金4.13亿元，G235道路改建1.62亿元。兑现高速口免通补助资金8724万元，降低企业陆运成本。

【推进共同富裕】 支持保障生育养育公共服务。承接省财政厅普惠托育纳入基本公共服务试点任务，出台《义乌市社区普惠托育机构建设及运行补助办法》，提升婴幼儿医疗、保健、养育服务，塑造普惠生育养育新场景。优化基本公共服务。入选全省财政系统"小切口"改革省级试点，探索构建基本公共服务保障标准体系，出台《义乌市基本公共服务标准》，明确11个基本公共服务领域25类别99个项目服务对象、内容、标准等。支持区域均衡发展。完善财政分成体制，财力向4个边远镇倾斜，设立每年不超过1.00亿元的四镇跨越式高质量发展专项资金，对重点工程、重大产业项目实施奖补；村级公益事业一事一议财政奖补向四镇倾斜，全年安排奖补资金1432万元。支持乡村产业融合。安排美丽乡村建设补助资金4078万元，推进未来乡村创建，打造美丽乡村精品线，带动沿线区域农业产业联动发展。安排扶持资金1466万元，支持村集体经济发展。支付粮食生产补助资金5110万元，安排生猪养殖相关产业扶持奖补资金4664万元。

【保障民生支出】 全年民生支出122.20亿元，增长10.5%，占一般公共预算支出的76.5%。支持教育优先发展。全年教育支出36.54亿元，增长6.4%。公办义务教育阶段学校公用经费标准小学和初中分别提高至1210元/(生·年)、1410元/(生·年)，新增安排规范民办义务教育工作专项经费0.59亿元。支持医疗惠民。全年卫生健康支出18.89亿元，增长82.3%。持续推进浙大四院国保楼、浙大儿院义乌院区、口腔医院迁建工程等项目建设。出台《义乌市新冠疫情防控专项资金管理办法》，新增重点群体核酸检测、酒店专班等疫情防控费用8.12亿元。支持社保就业稳定。全年社会保障和就业支出15.79亿元，增长10.7%，重点提高社保待遇、支持职业培训、稳住就业岗位。落实各类养老保险基金财政补助及统筹外退休待遇支出3.28亿元，落实困难人员救助及残疾人三项补贴1.27亿元，落实抚恤优待支出1.42亿元，落实就业创业及人才招引培育支出1.42亿元。支持文化育人。全年文化旅游体育支出2.82亿元，下降16.0%。完善《义乌市体育事业（产业）发展奖励实施细则》，重点保障省运会、桥头遗址公园建设。

【深化财政数字化改革】 优化"一网通服"政策直达平台。降低政策审核门槛，简化政策兑现程序，颗粒化拆解政策事项，统一纳入"一网通服"政策兑现平台，实现部分惠企政策无感兑付，全年颗粒化拆解政策事项287项，可无感兑付政策106项。推进预算管理一体化建设。实现2022年度部门（单位）预算编制全覆盖，提升预算管理标准化水平。推广"浙里报账"应用。完成基础信息配置，实现"浙里报账"内外系统互联、数据互通，活跃单位数量261家，报销单总量19249笔，报销金额3.31亿元。开展"浙里捐赠"试点。助推市慈善总会、市红十字会入驻"浙里捐赠"应用，全年捐赠人数318人，捐赠款项96万元。

【加强财政管理】 对全市本级各类涉及财政资金的扶持政策及协议开展清理，会同市督考部门跟踪督办纳入清理范围的财政扶持政策，全年通报10次，联合发文督办2次。建立健全政策全生命周期管理机制，提请市政府出台《义乌市级财政扶持政策管理办法（试行）》，明确财政扶持政策出台、调整等流程。坚持党政机关过"紧日子"，印发《关于加强"三公"经费管理严控一般性支出的通知》，从严从紧安排"三公"经费和一般性项目支出，2022年一般公共预算"三公"经费比上年减少401万元。严格政府投资项目稽核，全年审核政府投资项目715个，核减造价12.26亿元。加强财政监督检查，全年检查财政专项资金项目9个，追缴财政资金10万元。深化绩效评价，全年组织70个单位开展绩效自评项目2400个，开展抽查复评项目134个，对交通局、水务局等10个单位10个政策（项目）开展重点评价。

【加强队伍建设】 加强党建引领。发挥财政机关党建"系统联动"机制作用，开展"财悦读向未来""财悦读走近望道故居""望道青年说共富"等活动，有机融合党建与业务、学习与干事。深化清廉财政建设。常态化开展廉政教育，每月开展"廉政教育大家谈"，组织党员干部参观廉政教育基地。开展新录用人员和新提拔中层干部廉政谈话，加强廉政风险排查；开展廉政家访、家属助廉承诺、公开党员家风家训。打响"义财先锋""善财正和"等党建廉政品牌，义乌市财政局获全省清廉财政建设成效突出单位荣誉。营造争先创优氛围。晾晒工作实绩和业务举措，开展揭榜挂帅活动，围绕当前重点难点和应急工作任务，设立攻坚任务榜单，以项目攻坚、揭榜挂帅形式比学赶超。组建抗疫一线队伍。建立疫情防控日常应急可统筹人员、战时状态可统筹人员、酒店防疫专班3张人员清单，支援高速卡口、镇街等防疫工作。

（义乌市财政局供稿　虞　昕执笔）

永康市

【概况】 2022年，永康市实现地区生产总值725.35亿元，按可比价格计算下降0.3%。其中：第一产业增加值9.77亿元，增长2.1%；第二产业增加值395.98亿元，下降2.9%；第三产业增加值319.60亿元，增长2.5%。三次产业结构比为1.3∶54.6∶44.1。按常住人口计算，人均生产总值74586元，下降0.7%。城镇居民人均可支配收入67946元，增长3.2%；农村居民人均可支配收入38406元，增长7.1%。全市财政总收入99.95亿元，下降10.9%，一般公共预算收入66.86亿元，下降5.9%；一般公共预算支出91.72亿元，增长6.3%。全年财政收支平衡。

【组织财政收入】 加强收入研判。定期召开收入研究会议，分析经济形势，预判收支风险，涵养新财源、新税源，培育新增长点、新增长极。优化收入结构。全年一般公共预算收入占地区生产总值的9.2%、占财政总收入的66.9%；税收收入53.79亿元，下降13.2%，占一般公共预算收入的80.5%。完善非税收入管理。推进非税资金上缴分成电子数字化改革，实现资金退付、上缴全流程电子化，2022年全市完成非税收入63.21亿元，其中纳入一般公共预算管理的非税收入13.07亿元，增长44.6%。

【服务经济发展】 落实减税降费政策，全年完成增值税留抵退税8.74亿元，惠及企业1815户次；办理制造业中小微企业缓缴税款10.49亿元；"六税两费"政策减免税费2.88亿元，惠及企业54376户。参与出台五轮稳进提质助企纾困政策，全年投入企业奖补资金9.16亿元，安排工业类政策奖励4.01亿元、疫情临时性助企纾困资金1.96亿元、内外贸一体化资金1.33亿元。向上争取资金，全年新增地方政府债券资金29.45亿元，增长81.2%，其中专项债券22.45亿元，一般债券7.00亿元。扩大政府性融资担保业务规模和覆盖面，助力缓解企业融资难题，2022年市政策性融资担保在保金额10.10亿元，在保户数682户。打造产业基金运作新模式，落地"招大引强"10.00亿元项目1个。发挥政府采购支持中小企业发展作用，全年政府采购项目457个、金额6.48亿元，其中中小企业中标项目数占比96.3%、中标金额占比94.2%。取消质保金和降低履约保证金，节约供应商资金占用成本4580万元。发挥科技创新驱动力作用，全年科学技术支出3.46亿元，增长15.3%，安排永康城市大脑建设资金1.35亿元、科技专项奖励7942万元、科技人才培养资金4292万元。

【保障民生福祉】 全年民生支出70.86亿元，增长8.5%，占一般公共预算支出的77.3%。支持“教育强市”。全年教育支出19.46亿元，增长1.6%。投入资金1.15亿元，支持补齐学前教育师资短板，落实国家“双减”政策，规范民办义务教育发展政策。建设“健康永康”。全年卫生健康支出12.51亿元。投入基本公共卫生经费8203万元，保障疫情防控、数字健康、项目推进等资金需求。基本公共卫生服务人均补助标准提高至97元/(人·年)。投入疫情防控经费4.95亿元，保障疫苗接种及补助、医疗急救设施完善、核酸检测补助等，全市80岁以上人群全程接种完成率99.6%。健全社会保障制度。全年安排社会保障和就业支出10.24亿元，增长14.5%，推动失业保险扩围、提升困难群众生活兜底保障水平、构建儿童老年人关爱服务体系，全市基础养老金提高至290元/(人·月)，惠及居民78441人。守护粮食安全。发放耕地地力保护补贴1165万元，惠及117371户农户，投入粮食生产发展专项资金3293万元，提高农民种粮积极性。提高文体软实力。全年文化旅游体育与传媒支出2.62亿元，增长26.5%，擦亮“万年永康”品牌，启动首期上山文化遗址考古规划编制。

【促进城乡发展】 安排政府投资项目资金15.00亿元，加快老年大学、教育基础设施、山塘水库提能保安等项目建设。投入资金2.49亿元，保障公共服务和居民基础设施建设，保障水源地生活污水再生利用等民生工程。投入三门至江山公路永康段省道项目资金1.20亿元，完善城乡标识、标线、标牌，优化路网空间格局。投入资金1.12亿元，支持村庄道路、多功能服务中心、游步道、历史文化村落保护等建设，全年新创建永康市级美丽乡村“十有”示范村36个、“十无”达标村58个、省级未来乡村2个。投入资金8558万元，支持城市污水处理设施及管网建设，确保污水管网健康运行、污水处理率稳步升级。投入资金1.00亿元，保障老旧小区改造，完成石柱省级湿地公园建设。

【深化财政改革】 推动共同富裕建设。投入资金3386万元，推进43个一事一议财政奖补项目建设，谋划乡村共富联合体。投入资金2.00亿元，支持“东迁西归”技能人才培养计划，缓解东部技能人才少、西部就业难现状。推进财政数字化改革。“浙里报账”“浙里捐赠”“浙里基财智控”“浙企一表通”4项改革纳入省级试点，255家预算单位上线“浙里报账”系统，联合永康市慈善总会开展“浙里捐赠——慈善一日捐”活动，收到线上捐赠5903笔、金额165万元。推动财政管理标准化。梳理各岗位业务操作规程，明确工作职责、岗位风险点、防控措施等，制定“标准化”品牌样本。建设财政标准库管理系统，在系统上实现项目支出标准体系全流程闭环管理。

【防范财政风险】 防范债务风险。提前完成五年化债任务，实现隐性债务清零，风险等级保持绿色。规范公款存放管理。优化竞标流程，全年开展财政资金竞争性存放4期、金额52.63亿元，实现竞争性存放利息收益1.33亿元，财政专户资金利息收入7713万元。防范社保基金风险。加强基金运行风险预警预测，全年社保基金总收入14.56亿元，支出14.24亿元，滚存结余22.38亿元，运行总体平稳可控。

【加强队伍建设】 加强政治学习。提升干部政治理论素养，定期开展“周一夜学”“主题党日”“三会一课”等活动。加强清廉财政建设。严肃党内政治生活，构建清明政治生态，深耕“清风财韵”廉洁品牌，打造“清廉财政”示范点，全面规范财政“小微权利”运行。探索建立“零基预算　闭环管理”财政小微权力运行约束机制，获浙江省清廉财政建设“十佳”案例。推进变革型财政组织建设。出台《永康市财政局变革型财政组织建设三年行动计划》，加强组织领导、学习考核，做实做优试点工作。搭建“青蓝工程”成长平台，开展师徒结对，开展“我为系统出点子”“我为群众办实事”“半小时素养提升微课堂”等活动。全年提拔干部21人，中层干部平均年龄由43周岁降至39周岁，优化干部队伍结构。加强财政文化建设。打造“财”子书屋、财“运”动场等活动中心，举办“财政微课我来讲”活动17期，开展剪纸等兴趣活动。

（永康市财政局供稿　楼铖邦执笔）

浦江县

【概况】 2022年，浦江县实现地区生产总值274.76亿元，按可比价格计算增长2.6%。其中：第一产业增加值11.76亿元，增长2.5%；第二产业增加值123.05亿元，增长2.4%；第三产业增加值139.95亿元，增长2.8%。三次产业结构比4.3∶44.8∶50.9。按户籍人口计算，人均生产总值68873元，增长2.9%。城镇常住居民人均可支配收入57731元，增长4.8%；农村常住居民人均可支配收入29465元，增长5.2%。全县实现财政总收入35.06亿元，下降2.6%。一般公共预算收入24.38亿元，增长1.2%，其中税收收入18.55亿元，下降5.2%。全县一般公共预算支出54.16亿元，下降13.0%。全年财政收支平衡。

【组织财政收入】 挖掘财政增收潜力。以抓收入、增财力为主线，定期分析财政收入形势，多措并举培植财源，在保证收入质量的基础上，促进财政增收。2022年，一般公共预算占地区生产总值的8.9%、占财政总收入的69.5%；税收收入占一般公共预算的76.1%。强化非税收入管理。全年完成非税收入87.78亿元，其中纳入一般公共预算管理的非税收入5.83亿元，增长29.0%，占一般公共预算收入的23.9%。盘活存量资产资源。加强资金资源统筹使用和绩效管理，盘活处置资产资源63宗，价值24.50亿元。

【支持经济发展】 落实减税降费政策。全年办理增值税留抵退税6.14亿元,制造业中小微企业缓缴税款4.83亿元,"六税两费"减免8288万元,惠及市场主体3.73万户次。兑现惠企政策。兑现工业、科技、建筑等财政扶持资金3.74亿元,用于奖励企业转型升级、先进设备更新、数字化制造、企业研发投入、发明专利等,受益企业6328家。多措并举助企减负。发挥通济转贷基金作用,转贷金额39.47亿元,惠及全县532家中小微企业,为企业减轻财务成本3177万元;出台《政策性融资担保有限公司费用补贴办法》,鼓励政策性融资担保有限公司更好服务中小微企业,2022年在保户数602家,同比增长47.9%,在保余额3.70亿元,同比增长51.0%。优化营商环境。实现政府采购项目全程在线监控,政采云平台实现采购金额4.85亿元,其中电子化招投标项目255个。完成定点服务统一招标及供应商征集99个。政府采购面向中小企业采购金额占政府采购总金额的97.5%。

【强化民生保障】 全年民生支出42.60亿元,下降13.2%,占一般公共预算支出的78.7%。支持社会保障事业发展。全年社会保障和就业支出8.48亿元,下降7.2%。建成公办智慧养老院2家、提升改造居家养老服务照料中心2家。城乡居民最低生活保障标准提高至1050元/(人·月),城乡居民养老保险基础养老金待遇标准提高至290元/(人·月),城乡居民医保基金财政补助提高至1000元/(人·年)。保障医疗卫生事业发展。全年卫生健康支出7.08亿元,其中城乡医保财政补助支出2.90亿元、基层医疗卫生机构支出7952万元、公共卫生支出7240万元以及公立医院补助支出2619万元。支付疫情防控专项资金1.99亿元,用于核酸检测、疫苗接种等。支持教育事业发展。全年教育支出10.25亿元,增长0.3%。实现乡镇(街道)未成年人保护工作站全覆盖,全县公办园在园幼儿覆盖面提高至57.7%。创建现代化学校6所,省一级幼儿园1所。健全退役军人保障体系。完成退役军人等人员待遇提标,落实优抚对象抚恤和生活补助、义务兵家庭优待金、全日制大学生入伍奖励金等上级提标政策。

【助力乡村振兴】 推进美丽乡村建设。投入资金5370万元,支持农村饮用水工程、水利设施维养,完善农田水利基础设施,保障农村饮用水安全。推进乡镇公共财政服务平台建设。全年通过平台发放涉农惠民补贴资金2.24亿元,涉及惠民惠农财政补贴项目123个。实施一事一议财政奖补。全年实施一事一议项目52个,总投资2632万元,财政补助资金2238万元。岩头镇项目入选2023年度一事一议财政奖补支持打造共富乡村试点。实施惠农转贷政策。全年转贷4472次,转贷金额14.46亿元,缓解农户及农业新型经营主体转贷难、融资贵难题。

【财政数字化改革】 完善预算管理一体化系统。优化预算管理流程和机制,构建日常运行经费保障长效机制。预算编制、预算执行、会计核算覆盖率100.0%。拓展"浙里报账"系统。新增会议报销、培训报销、办公用品采购报销等10大业务场景,全县192家行政事业单位上线使用"浙里报账"系统。推广政采云平台。广泛应用政采云不见面电子招投标模式,实现电子投标、电子开标、电子评标,降低供应商经营成本,政府采购招标电子化评标率100.0%。推进统一公共支付平台建设。全年通过平台缴费63万人次,缴费金额70.10亿元。

【加强财政监管】 加强政府债务管理。推进地方政府隐性债务存量化解,完成年度化债任务。加强专项债券资金使用管理,确保形成实物工作量。开展绩效运行监控。重点监控84个500万元以上项目,重点审核触发预警机制项目,调整绩效目标和年度预算。修订出台《浦江县政府(国有资本)投资项目委托工程造价咨询企业审核管理办法》,首次在项目预算安排阶段参与资金审核,全年完成工程项目投资概算、预算及结算审核735个项目,总审核金额26.92亿元,核减金额1.47亿元。推进公款竞争性存放。制定行政事业单位公款竞争性存放检查制度,建立行政事业单位账户余额定期报送制度,单一账户资金余额大于500万元按月报送。全年开展公款竞争性存放网上招投标9期,涉及资金17.28亿元。规范罚没财物管理。出台《罚没财物管理办法》,细化罚没财物移交、保管、处置、收入上缴、预算管理等内容,推动罚没财物管控制度化、规范化。

【强化队伍建设】 坚持党建引领。坚持把思想政治建设摆在首位,执行党委理论中心组学习计划,组织开展专题学习教育。落实党风廉政建设。履行"一岗双责",落实党风廉政建设主体责任。开展廉政风险和业务风险排查工作,排查廉政风险点127个。开展警示教育活动,组织参观廉政教育基地、观看警示教育片、发放家庭助廉倡议书等。组织召开清廉财政建设推进会,明确建设任务要求,制订行动方案,获评2021—2022年度金华市清廉建设成绩突出单位。深化"三服务"活动。联合县委组织部组建10个"三师服务团",走访重点企业46家,帮助解决企业问题135个。

(浦江县财政局供稿　黄　婕执笔)

武义县

【概况】 2022年,武义县实现地区生产总值320.53亿元,按可比价格计算增长0.8%。其中:第一产业增加值16.95亿元,增长1.0%;第二产业增加值157.66亿元,下降2.9%;第三产业增加值146.62亿元,增长4.7%。三次产业结构比5.3∶49.2∶45.5。按常住人口计算,人均生产总值6.83万元。城镇常住居民人均可支配收入51683元,增长4.0%;农村常住居民人均可支配收入25185元,增长5.9%。全县财政总收入50.55亿元,增长2.6%,其中一般公共预算收入33.10亿元,增长12.0%。一般公共预算支出60.91亿元,下降3.3%。全年财政收支平衡。

【组织财政收入】 优化收入结构。强化与税务部门信息互通,分析财政收入形势，提高收入精准性稳健性。2022年，一般公共预算收入占GDP的10.3%、占财政总收入的65.5%，一般公共预算收入中税收收入24.80亿元，下降0.7%，占一般公共预算收入的74.9%。加强非税管理。规范非税收入管理，确保应收尽收、应减尽减。全年非税收入57.64亿元，其中纳入一般公共预算管理的非税收入8.30亿元。加强土地出让形势分析研判，2022年出让土地43宗，出让面积184万平方米，成交金额35.06亿元。

【服务经济发展】 落实减税降费政策。会同税务部门建立增值税留抵退税工作联席会议制度，加快税收优惠措施落地。2022年完成增值税留抵退税3.84亿元，惠及企业999户，其中小微企业增值税留抵退税2.77亿元，惠及小微企业869户。优化扶持政策。参与制定《关于支持工业企业稳生产加快发展的实施意见》等政策，推进涉企财政扶持政策调整，出台《武义县涉企政策智兑实施办法》，对306个奖补项目进行分类，其中依申请兑现项目117项，直接兑现项目189项，实现政策精准推送和快速兑现。2022年兑现助企纾困等资金6.72亿元，增长24.4%，受惠企业15239家。加大担保转贷惠企力度。降低政府性融资担保机构担保费率至0.6%以下，转贷费用降低50.0%。2022年为297家次小微和“三农”企业提供担保9.36亿元，为198家企业提供转贷36.82亿元，合计减免企业担保、转贷、汇率避险、“消薄”费率金额361万元，惠及企业475家次。

【保障民生支出】 全年民生支出47.01亿元，增长2.7%，占一般公共预算支出的77.2%。支持社会保障体系建设。全年社会保障和就业支出7.95亿元，增长38.0%。低保对象补助标准提高至1050元/(人·月)，发放困难群众救助补助4091万元。安排就业补助资金1282万元，支持高校毕业生就业、发展新就业形态和企业稳岗。失业金标准提高至1656元/(人·月)，发放稳岗返回补贴867万元，惠及企业3711户。支持教育优先发展。全年教育支出10.16亿元，增长6.4%。落实义务教育经费保障，兑现学生资助补助4489万。安排专项经费1865万元，支持学前教育提升行动。支持医疗卫生事业发展。全年医疗卫生支出6.10亿元，增长27.2%。疫情防控支出2.20亿元。安排城乡居民基本医疗保险补助1.30亿元，基本公共卫生服务经费补助4400万元。整合涉农资金。推进涉农资金在预算编制源头整合，2022年统筹涉农资金8.81亿元，涉及项目160个。

【深化财政改革】 推动乡镇财政体制改革。落实绿色财政奖补政策，兑现奖补资金5000万元，其中兑现一般性资金2000万元，惠及全县18个乡镇(街道)。推动共同富裕建设。以“新居民服务同等化”为小切口，梳理优化原《新居民服务待遇同等化20条》，投入新居民同等化资金4.18亿元。武义县促进新居民服务同等化财政政策探索实践入选全省财政系统高质量发展建设共同富裕示范区“小切口”改革优秀实践案例。推进财政数字化改革。上线全省非税和票据管理一体化平台，全年开具财政电子票据510万张，金额45.62亿元。上线“浙里报账”系统，全年系统办理支出业务10752笔，报销金额4359万元。迭代预算绩效管理。推动线上绩效运行监控全覆盖，开展预算执行和绩效目标动态监控、跟踪管理，对预算执行率、绩效完成率低的项目使用“红黄蓝”灯预警。强化预算绩效评价结果应用，全年调整和取消项目预算安排66个，涉及资金4.85亿元。

【强化财政监管】 防范债务风险。加强债务动态监测，强化风险源头管控，通过筹措资金、核销核减、项目转型等化债方式，完成八年化债任务的87.3%。防范社保风险。出台《武义县社会保障风险准备金实施意见》，足额安排(计提)社保风险准备金1.52亿元。防范“三保”风险。完善县级“三保”预算编制审核机制，健全“定期报告+重点关注”预算执行动态监控机制，全年“三保”支出预算25.02亿元。完善内控制度建设。完善“1+9+21”内控制度，动态开展廉政风险大排查，全年累计摸排潜在风险131个，梳理、制定防控措施158条。盘活存量资金。梳理盘活乡镇部门存量资金7469万元，提高资金使用效益。

【强化队伍变革】 强化理论学习。完善党委理论中心组及“第一议题”学习制度，开展理论中心组学习7次，“第一议题”学习8次。结合周一夜学、财税讲坛、学习沙龙等形式，围绕省第十五次党代会精神、共同富裕等开展学习教育。推进清廉财政建设。实施“变革重塑，争当奋进排头兵”专项作风建设行动，实施重点工作“挂图作战”、14项作风效能检查、清廉示范岗评选。动态开展廉政风险大排查，全年摸排潜在风险131个，制定防控措施158条。深化“三服务”活动。围绕惠企利民主题，制订服务活动项目清单，2022年开展基层、企业、村(农户)“三服务”活动440次，服务920人次。2022年，武义县财政局获评全省财政系统变革型财政组织创建优秀试点单位、全省财政管理(市县)绩效考评优秀单位。

(武义县财政局供稿　徐陈挺执笔)

磐安县

【概况】 2022年，磐安县实现地区生产总值133.56亿元，按可比价计算下降0.4%。其中：第一产业增加值13.71亿元，增长2.5%；第二产业增加值52.91亿元，下降5.7%；第三产业增加值66.94亿元，增长3.1%。三次产业结构比10.3∶39.6∶50.1。按户籍人口计算，全县人均生产总值63796元。全县常住居民人均可支配收入36497元，增长5.4%。城镇常住居民人均可支配收入49199元，增长3.9%；农村常住居民人均可支配收入24299元，增长5.7%。全年完成社会消费品零售总额40.65亿元，增长0.7%。全县财政总收入22.61亿元，增长5.4%。其中，一般公共预算收入13.78亿元，增长6.3%。一般公共预算支出43.40亿元，增长7.0%。全年财政收支平衡。

【组织财政收入】 加强收入管理。定期会同税务部门研判收入形势,加强对重点税源企业及行业分析预判,掌握可入库收入情况,合理把控组织收入力度和节奏。2022年,全县一般公共预算收入占GDP的10.3%、占财政总收入的60.9%;一般公共预算收入中税收收入10.37亿元,占比75.3%。全年实现非税收入24.99亿元,增长8.7%,其中纳入一般公共预算管理的非税收入3.40亿元,增长46.5%。向上争取资金。全年争取各类补助资金20.86亿元,其中债券资金3.25亿元。入选2023年度一事一议财政奖补支持打造共同富裕乡村试点实施类项目建设单位,获省级补助2000万元。盘活资产资源。规范砂石资源管理,完成渣石处置47起,交易金额3.09亿元。截至2022年年底,累计投资2.66亿元(含砂石经营权1.16亿元)建设尖山砂石厂,提升砂石附加值。公开拍租拍卖废旧资产、闲置公房和制砂经营权,实现收入1.90亿元。

【护航经济发展】 加大企业扶持力度。落实增值税期末留抵退税等新的组合式税费支持政策,全年减免税费3.09亿元;加快政策兑现奖补,全年兑现产业政策涉企奖补资金2.68亿元。根据疫情发展情况,筹措资金2000万元支持市场主体减轻负担、渡过难关。开展政策性担保业务。全年为企业提供政策性担保675笔,担保金额4.79亿元,在保余额5.03亿元,减免担保费319万元。其中,联合省农业融资担保有限公司,为农业经营主体、小微企业等提供"政银担"联保贷款服务,完成268笔担保服务,涉及金额1.42亿元。减免国有房屋租金。采用直接免除、从后续租金中抵扣或返还等方式,为承租县域内国有房屋(含行政事业单位)的小微企业和个体工商户普遍减免3个月租金。2022年,全县行政事业单位、国有企业为208户市场主体减免租金441万元,政策兑现率100.0%。保障科技支出。全年科技支出5667万元,增长17.3%,主要保障科技企业奖励政策兑现。

【保障民生支出】 全年民生支出29.73亿元,增长4.9%,占一般公共预算支出的68.5%。支持教育事业发展。全年教育支出6.08亿元,增长4.3%。其中,支出1500万元保障深泽小学二期建设;校舍维修及义务教育优质均衡县创建改造资金支出2527万元,保障28所学校29个维修改造项目建设;信息化资金支出667万元,用于义务教育学校采购创新实验室设备、新型教学空间建设等,促进城乡教育均衡发展。支持社会保障事业发展。全年社会保障和就业支出5.44亿元,增长7.7%。最低生活保障标准提高至1050元/(人·月);困难残疾人生活补贴提高至315元/(人·月);城乡居民基本养老基础养老金提高至290元/(人·月);65周岁以上城乡居民免费健康体检标准提高至90元;全县基本公共卫生服务人均补助标准提高至97元。支持医疗卫生事业发展。全年卫生健康支出3.74亿元,下降4.8%。支持保障城乡居民基本医疗保险基金补助、城乡居民医疗救助基金补助、基本公共卫生补助等。其中疫情防控支出1.22亿元,主要用于核酸检测、县中医院新冠疫情定点医院床位改造、县人民医院亚定点医院改造及ICU床位扩容等。

【财政数字化改革】 安排数字化改革转型资金1500万元,统筹保障全县数字化改革重点项目。上线"浙里报账"报销平台,实现报销业务无纸化、线上化管理。根据县国有企业监管工作需求,搭建个性化智慧国资监管平台,平台通过IRS(一体化数字资源系统)申请共享资源。完成国有产权交易平台数字化改革,国有产权交易内容全口径纳入"浙交汇"平台,实现国有资产交易一体化、规范化、数字化。

【加强财政监管】 坚持政府过"紧日子",全年压减一般性支出0.16亿元,统筹部门和专户结余结转资金1.56亿元。实现各部门及乡镇(街道)绩效自评全覆盖,全年完成绩效自评项目671个,涉及资金12.38亿元。组织开展项目招引财政扶持政策资金、预决算公开等检查,完成3家单位会计信息质量检查和2家单位专项检查,发现并整改问题47个。完成政府投资项目预结算审核664个,核减资金1.07亿元,完成电子政务项目预算审核75个,核减资金0.15亿元。硬化预算执行约束,全年完成政府投资项目资金来源审核201个,其中65个项目不予立项。

【推动国企改革】 开展市场化业务,县属国有企业拓展砂石产业化项目、综合供能服务站、建筑材料贸易等多领域发展业务。推进区块国企整合,区块所属国有企业与管委会脱钩,根据企业特性整合并入县属国有企业,2022年年底形成清产核资报告和初步整合方案。提升国企监管水平,与县督考办联合下发2022年度县属国有企业考核办法,实行差异化考核,凸显经营业绩和市场化项目考核;深化市场化用工管理机制和工资总额预算管理制度改革,联合专职监事进行二级企业领导人员履职、制度建设、财务管理等专项检查。

【优化队伍建设】 强化党建引领。以党组理论中心组学习、周一夜学、三会一课等形式,开展党的二十大精神学习教育;开展"财政大讲堂"活动,将党建教育融入业务学习;组织党员干部重走习近平总书记来磐调研之路,丰富党建活动载体;与省财政厅农业处、省农业融资担保有限公司党支部签订党建共建协议,开展省市县乡四级财政机关党建"系统联动"活动。推进清廉财政建设。与科室签订《党风廉政建设目标管理责任书》,与党员干部签订《廉洁自律承诺书》,压实廉政主体责任。张贴"清廉文化"宣传标语,营造良好"清廉机关"文化氛围。加强清廉国企建设,磐安县城乡建设集团有限公司获评金华市示范型清廉国企,磐安县旅游发展有限公司获评金华市第二批标准型清廉国企。县清廉国企建设特色亮点经验被省级媒体刊发宣传。开展"三服务"活动。围绕基层和群众关注度高的疑难问题,梳理形成集中破难清单;开展"百团联百村"行动,联系走访结对村,帮助群众解决困难。

(磐安县财政局供稿 胡盼虹执笔)

衢州市财政工作

衢州市

【概况】 2022年，衢州市实现地区生产总值2003.44亿元，按可比价格计算增长4.8%。其中：第一产业增加值93.20亿元，增长3.6%；第二产业增加值874.12亿元，增长6.2%；第三产业增加值1036.12亿元，增长3.8%。三次产业结构比4.7∶43.6∶51.7。按常住人口计算，2022年全市人均生产总值87544元，增长4.5%。全社会固定资产投资总额增长17.7%。社会消费品零售总额878.06亿元，增长4.6%。进出口总额612.50亿元，增长24.3%。城镇居民人均可支配收入57465元，增长5.3%；农村居民人均可支配收入31468元，增长7.5%。全市财政总收入277.88亿元，增长2.1%；一般公共预算收入173.10亿元，增长5.6%，其中税收收入139.96亿元，增长0.1%；一般公共预算支出567.70亿元，增长9.6%。市本级（含两区）财政总收入144.42亿元，下降3.8%；一般公共预算收入87.42亿元，下降2.0%，其中税收收入70.66亿元，下降5.0%；一般公共预算支出264.22亿元，增长12.0%。全市及市本级财政收支平衡。

【加强财政收支管理】 做好组织收入工作。围绕财源培植、收入组织，强化财税、财银、财审协同联动，打造预测、执行、评价全过程管理体系，确保财政收入平稳均衡入库。2022年，全市一般公共预算收入占GDP的8.6%、占财政总收入的62.3%；税收收入占一般公共预算收入的80.9%。全市一般公共预算收入增幅位列全省第一。规范非税收入征缴。建立与市自然资源和规划局、法院等部门合作交流机制，推动各执收单位应收尽收、应缴尽缴。建立动态通报、大额非税入库预告机制，全市实现非税收入413.09亿元，下降20.0%，其中纳入一般公共预算管理的非税收入33.14亿元，增长37.3%。优化财政支出结构。坚持党政机关过“紧日子”，全市压减市级部门非急需非刚性等一般性支出2.63亿元，“三公”经费下降1.0%。推行“公务餐”一件事改革*，源头规范公务接待，全市减少公务接待支出30.0%。发挥政府投资项目评审职能，累计评审项目760个，审减资金10.67亿元。

【服务经济发展】 落实减税降费政策。2022年，全市完成增值税留抵退税56.61亿元。取消政府采购领域投标保证金、降低履约保证金，减少企业资金占用10.84亿元。发放政采贷1901笔2.74亿元。落实国有房屋租金减免政策，为1205户承租户减免租金1583万元。强化政策集成落地。对照省“5+4”稳进提质经济政策体系，梳理政策、项目、资金清单，兑现大科创、大商贸、大农业、大文旅专项扶持资金15.90亿元。调整科创平台支持政策，落实资金9.64亿元，支持浙江大学工程师学院衢州分院和浙江大学衢州研究院、电子科技大学长三角研究院（衢州）等科创平台建设。支持扩大有效投资。出台《衢州市政府产业基金管理暂行办法》，打造政府产业基金3.0版，全市政府产业基金规模104.00亿元，撬动社会资本115.82亿元，扶持招引时代锂电等产业项目落地。争取政策性、开发性金融工具资金24.69亿元，支持衢丽铁路等项目建设。建立专项债券项目储备、审核、申报、督查机制，全年新增政府债券资金156.49亿元，年内支付进度100.0%。

【推进共同富裕】 抓试点。推进扩中提低、强村富民、一老一小、家庭共富等领域小切口改革，重点攻关财政政策研究和项目工作。全市财政系统争取农业转移人口市民化财力保障机制改革、财政金融协同支农数字化改革、一事一议财政奖补支持打造共富村等省级试点12项。建机制。推进基本医疗保险市域统筹，累计归集基本医疗保险基金102.98亿元，实现低收入群体医疗补充政策性保险全覆盖。建立企业职工基本养老保险省级统筹后地方政府责任分担机制。构建教育“双减”成本分担机制，投入资金5722万元，支持义务教育阶段课后服务。促改革。开展财金协同支农数字化改革，打造“聚财兴农”应用场景，促进涉农资金直达基层。“统筹推进连片发展、建设共富未来乡村”等2个案例分别获评全省、全市首批共同富裕“最佳实践”。

【保障民生事业】 全市民生支出395.51亿元，增长9.5%，占一般公共预算支出的69.7%。推动教育事业发展。全年教育支出67.85亿元，将市级义务教育学校中小学生均公用经费分别提高至1250元/（人·年）、1050元/（人·年）。投入资金5500万元，支持衢州学院创建硕士学位授予单位、衢州职业技术学院建设高水平高职院校。提升医疗卫生服务。全年卫生健康支出57.16亿元，推进健康衢州建设，支持市妇幼保健院、市第二人民医院创成三乙医院。基本公共卫生服务财政补助标准提高至97元/（人·年）。落实疫情防控资金15.21亿元，保障应急物资供应、医疗设备购置、公共卫生服务体系建设等。完善社会保障体系。全年社会保障和就业支出71.65亿元，支持城乡居民基础养老金调整，落实殡葬基本服务全流程免费政策，做好最低生活保障等社会救助兜底保障工作。探索实施与企业稳岗扩岗相挂钩的财政就业补贴政策，全市兑付企业失业保险稳岗返还补贴1.36亿元。支持文旅融合发展。落实资金7000万元，支持“南孔圣地·衢州有礼”城市品牌建设。落实健身驿站、南孔书屋与建设运营资金8109万元，支持打造15分钟品质文化生活圈。投入资金1800万元，推进衢黄南饶“联盟花园”合作共建*，带动区域资源共享、产品共拓、客源互送。

【优化财政管理】 打造数字财政。上线“大三农”直达监控、政府投资项目智慧化评审、政府采购数据共享等数字应用，以数字赋能财政治理。实现市级210家预算单位预算管理一体化系统、全市所有公立医院和乡镇卫生院电子医疗票据改革"两个"全覆盖。依托资产云平台"公物仓"模块,调配闲置资产4615件,节省财政资金2151万元。规范绩效管理。健全以绩效为核心的资金管理机制,取消市级低效或无效预算项目91个,调整不合理预算项目166个,核减预算资金2.95亿元。加强直达资金动态监控管理,直达资金分配进度、支出执行进度分别位列全省第一、第四位。强化风险防控。实施防范化解地方政府隐性债务风险专项行动,出台衢州市本级地方政府性债务风险应急处置预案,实现表内隐性债务清零。完善社保风险准备金筹措机制,全市筹集年度社会保障风险准备金22.91亿元。列明公务支出公款消费正负面清单7方面138条,加强基层财务管理。

【加强队伍建设】 建设变革型财政组织。实施衢州财政变革型组织建设三年行动计划,开展"治庸提能力、治懒提精神、治散提干劲、治慢提速度、治推提责任、治拖提效能"作风建设行动。深化清廉财政建设。开展全市清廉财政建设三年行动,实施源头防腐治本、纪律作风整肃、公权力监督智控等十大工程,树立"廉礼同行、衢财有道"品牌。清廉财政建设被纳入衢州市委重点清廉单元,衢州市政府投资项目评审中心获评全省清廉财政建设成效突出单位。提升干部能力素质。建立"师长制""学长制""轮值班长制"三大培养帮带机制,实行"学习小组"研学机制、争先创优"流动红旗"评价机制,集中攻坚项目管理、财政体制、产业基金等财政业务,选派8名干部挂职锻炼。构建"一人一策"干部全链条培养体系,建立岗位赋分、实绩评分、服务积分、专项计分等干部四维考评机制,形成实干争先的用人导向。

(衢州市财政局供稿　何映彦执笔)

注:

***"公务餐"一件事改革**:通过开发建设全市"公务餐"数字化应用平台,实现全市公务人员在市域范围内开展公务活动时,在规定场所可自行扫码付费用餐,不再凭公函安排公务接待。

***衢黄南饶"联盟花园"合作共建**:由衢州市发起,联合安徽黄山、福建南平、江西上饶3市开展的旅游区域协作系列工作。

柯城区

【概况】 2022年,衢州市柯城区实现地区生产总值651.19亿元,按可比价格计算增长6.1%。其中:第一产业增加值8.91亿元,增长1.9%;第二产业增加值288.07亿元,增长8.3%,其中工业增加值253.28亿元,增长10.8%;第三产业增加值354.21亿元,增长4.7%。三次产业结构比1.37:44.24:54.39。按户籍人口计算,人均生产总值147233元,增长6.0%。城镇居民人均可支配收入61822元,增长5.8%;农村居民人均可支配收入33521元,增长7.6%。全年固定资产投资增长26.4%。全区财政总收入23.15亿元,增长4.0%;一般公共预算收入14.25亿元,增长10.7%,其中税收收入10.68亿元,增长4.4%;全区一般公共预算支出57.15亿元,增长16.7%。全区财政收支平衡。

【强化收支管理】 加强收入征管,强化部门联动,建立每月财政收入形势分析研判工作机制,优化乡镇(街道)财政预算管理考核办法,做大税收收入蛋糕,做好非税征缴入库。2022年,全区一般公共预算收入占GDP的2.2%、占财政总收入的61.6%;税收收入占一般公共预算收入的74.9%。全区非税收入39.94亿元,下降5.9%,其中纳入一般公共预算管理的非税收入3.57亿元,增长35.1%。全年向上争取各类财政资金32.58亿元,其中专项债券资金21.13亿元,一般债券资金6.00亿元。树牢党政机关过'紧日子'理念,压减一般性支出1.65亿元。健全结转结余资金收回使用机制,清理收回资金2.67亿元。

【服务经济发展】 按照应退尽退、能退早退要求,顶格落实减税降费1.70亿元,增值税留抵退税3.57亿元。统筹各类资金做好惠企政策兑现,构建惠企政策资金预拨机制,采用免申即享、即申即享、快申快兑等方式,通过"政企通"平台兑现政策资金6.57亿元。促进服务业领域困难行业恢复发展,为承租行政事业单位国有房屋的市场经营户减免租金100万元。助力消费恢复,投入各类促消费资金7260万元,拉动消费10.30亿元。集中财力做好重大项目、产业平台资金保障工作。安排生态工业园区基础设施建设、水系连通及水美乡村建设、寺桥水库等政府投资续建项目资金4.50亿元。坚持首位战略首位保障,财政科技支出1.59亿元,增长21.3%,重点支持企业技术研发、科技成果转化、工业转型升级等。

【助力共同富裕】 推进"扩中""提低"行动,确定保障标准动态调整机制,做好困难群众托底保障,投入救助补助资金1.12亿元。探索将低收入家庭纳入专项救助范围试点,安排专项资金500万元用于特殊困难群体救助。2021—2022年累计投入财政资金5000万元支持余东农民画特色文化产业发展,2022年年底村集体经营性收入112万元,2020—2022年平均增长率125.1%,村民人均可支配收入4.2万元。乡村振兴(人居环境提升)余东画村美丽乡村示范建设探索入选全省财政系统高质量发展建设共同富裕示范区"小切口"改革优秀实践案例。

【保障民生福祉】 全年民生支出45.38亿元,增长1.9%,占一般公共预算支出的67.6%。教育支出9.40亿元,增长27.2%。安排义务教育阶段生均公用经费标准提标790万元,推进学前教育普及普惠县创建。支持"育儿友好型社会"建设,新增普惠托位一次性补助66万元,提升普惠托育服务能力,入选浙江省普惠托育基本公共服务试点。完成航埠新城K12学校、城南中学等项目建设,缓解教育资源紧缺矛盾。卫生健康支出6.69亿元,增长26.8%,支持柯城中医院、人民医院门急诊大楼、县域医共体等项目建设,补齐医疗卫生短板。履行疫情防控经费保障职责,争取省级补助2000万元,投入财政资金2.53亿元。社会保障和就业支出7.27亿元。支持"老年友好型社会"建设，通过"财政投一点、集体担一点、社会捐一点、家庭出一点"模式，推动养老服务"爱心卡"省级试点工作。

【深化财政数字化改革】 推进预算管理一体化改革，形成资金从预算安排源头到使用末端全过程闭环管理。初步建立符合预算管理一体化规范的预算调剂办法，强化预算刚性约束，规范预算管理流程。推动省级应用落地，实现"浙里报账"应用全覆盖，报销总额23.75亿元。上线浙江省非税和票据管理一体化系统，提高非税收入征管质量。推进统一办案系统与公共支付平台深度融合，实现罚没款收缴数字化运行。推进医疗收费电子票据省集中模式改革，全区医疗机构上线医疗收费电子票据业务21家，打通医疗业务"最后一公里"。

【强化财政监管】 创新公款存放监管模式，制定《区财政专户资金公款存放管理实施办法》《区行政事业单位公款竞争性存放管理办法》，构建"制度引领—数字赋能—阳光操作—监督检查"闭环管控机制，公款存放事项纳入"三重一大"集体决策机制，全年增加利息收入33.97亿元。加强绩效管理，以"整体+重点"探索部门整体绩效评价指标体系框架，提炼"投入、过程、产出、效果"一级共性指标4个，聚焦公办幼儿园扩容、老旧小区改造等重大项目政策，突出个性指标。严肃财经纪律，开展项目招引财政扶持政策等省市区联动专项检查11项、公务接待和执行财经纪律情况等区级监督检查5项。规范优化政府投资项目评审流程，完成项目评审1007个，送审金额98.20亿元，节约资金7.89亿元，核减率8.0%。创建柯城"公物仓"，推进全区国有资产共享，按照"应调尽调"原则形成"集中管理、循环共用"模式，节约资金1353万元。

【防范化解财政运行风险】 兜牢"三保"支出底线，完善"三保"预算执行动态监控机制，预警运行风险，全区安排"三保"预算26.20亿元，综合财力覆盖倍数1.9倍。强化债务风险管控，建立债券资金专户管理机制，保障资金使用安全。严格落实政府投资项目立项原则，从源头防范债务风险。加快化解存量隐性债务，杜绝新增隐性债务，2022年按计划完成5年隐性债务化解任务。加强社保基金风险管控，按照"收支平衡，适当留有结余"原则编制社保基金年度预算，分析社会保险基金支出变化趋势，完善社保基金预决算管理。

【加强队伍建设】 推动干部能力素质提升，通过局党组理论中心组带头学、党支部"三会一课"示范学、"8090"青年宣讲互动学等形式，学习贯彻习近平新时代中国特色社会主义思想和党的二十大精神。加强清廉财政建设，对干部苗头性、倾向性问题及时约谈，开展各类谈心谈话73次。以"班子成员+中层骨干"双导师帮带制度为载体，干部PK赛为平台，提升青年干部变革能力。构建"班子成员先锋队+中层骨干攻坚队+青年干部突击队"团队文化，打造变革型财政组织，获评全省财政系统变革型财政组织创建优秀试点单位。注重将干部放在急难险重事件上锻炼。疫情防控期间，干部下沉社区服务1552人次，"巾帼红"志愿服务队获评柯城区疫情防控正面典型。区财政局获全区经济社会发展工作目标综合考核经济发展类一等奖。

（衢州市柯城区财政局供稿　郭　映执笔）

衢江区

【概况】 2022年，衢州市衢江区实现地区生产总值291.02亿元，按可比价格计算增长5.2%。其中：第一产业增加值21.51亿元，下降0.9%；第二产业增加值129.65亿元，增长5.3%；第三产业增加值139.86亿元，增长6.3%。三次产业结构比7.4∶44.5∶48.1。按户籍人口计算，全区人均生产总值70886元，增长5.4%，城镇居民人均可支配收入47918元，增长5.0%；农村居民人均可支配收入27852元，增长6.6%。全年财政总收入21.24亿元，增长10.5%，其中一般公共预算收入14.76亿元，增长10.7%，税收收入11.33亿元，增长7.8%。全区一般公共预算支出67.04亿元，下降3.0%。全区财政收支平衡。

【加强收支管理】 坚持区乡一体涵养税源，做强廿里功能区等乡镇产业平台，加大乡镇招商引资、项目服务力度，关注重点税源企业，做好企业服务工作。2022年，全区一般公共预算收入占GDP的5.1%、占财政总收入的69.5%，税收收入占一般公共预算收入的76.8%。做好非税收入征缴，全年实现政府非税收入56.42亿元，下降8.1%，其中纳入一般公共预算管理的非税收入3.43亿元，增长21.4%。争取新增债券资金35.50亿元，获幸福河湖建设试点补助、绿色农田建设试点补助、省级乡村振兴提升奖补等各类上级补助资金2.21亿元。加强预算支出管理，精简会议、差旅、培训等公务活动，压减一般性支出9000万元，严控项目支出预算追加，盘活沉淀资金2292万元，集中财力保障重点支出。

【服务经济发展】 落实助企纾困政策，执行减免政府采购文件工本费、降低企业担保费率等政策，全年减税降费6.07亿元。落实稳经济一揽子政策，助推市场主体纾困解难，即享快兑惠企政策58条，兑现政策资金2.34亿元。发放汽车、餐饮等政府定向消费券4160万元，拉动居民日常消费4754万元、汽车消费8.86亿元。降低履约保证金收取比例，明确政府采购项目中小企业预留份额，全年中小企业中标金额占比提升至91.5%。实施科技强区战略，全年科技支出9617万元，助力实现科技创新、成果转化、产业升级。投入资金11.00亿元，支持S305省道衢江区松园至上田铺段改建工程、衢江港区保税仓项目等工程建设。拨付国企注册资本金4.95亿元，注入资产20.40亿元，做大做强国资国企。国企当年发债15.00亿元，保障美丽经济交通走廊、缪家小区等超千万元项目48个，撬动项目融资65.70亿元。聚焦"三农"领域，安排财政资金1.20亿元，保障粮食生产和重要农产品供给。投入资金2.00亿元助力产业发展，改善农业生产条件，促进农业现代化和农民增收。投入资金1000万元，推进农事服务中心、农机融合示范建设等农业“双强”行动，强化现代农业基础支撑。投入资金4.27亿元，推进生态宜居美丽乡村建设，落实千村示范万村整治、“四好农村路”等工程。

【保障民生事业】 全年民生支出45.37亿元，下降7.8%，占一般公共预算支出的67.7%。*支持医疗卫生事业发展*。全年卫生健康支出6.71亿元，支持市第二人民医院创成三级乙等综合医院，开展心血管、智能骨科两个国家级诊疗示范中心建设，提升医疗机构发展质量。拨付资金2.42亿元，支持市二院三期、妇保院一期、妇幼产业园等基础设施改造提升，建成“行走的医院”71家，畅通群众看病渠道。完善疫情防控财政保障政策，落实疫情防控应急资金1.67亿元，保障核酸检测、物资采购、隔离点建设、转运隔离等支出。*支持教育事业发展*。全年教育支出9.80亿元，公办幼儿园新建2所、标准化改建6所，申报省等级园评估幼儿园12所。改造提升乡镇中小学12所。安排免教科书经费、扶困助学等经费3604万元，惠及学生29964人。*支持社会保障事业发展*。全年社会保障和就业支出9.59亿元，低保发放标准提高至1035元/(人·月)，累计支出1.32亿元。困难残疾人基本生活补助标准提高至311元/(人·月)，惠及群众1.07万人。*支持文旅体事业发展*。全年文化旅游体育和传媒支出9232万元。安排专项资金1200万元，推进姑蔑古国考古遗址、浙西考古工作站项目开发。安排大文旅专项资金9650万元，推动旅游恢复发展，举办中国城市帆船超级联赛、衢江最美诗画风光带半程马拉松赛等品牌赛事活动。

【财政数字化改革】 新增财政金融协同支农、“浙里捐赠”应用数字化改革省级试点2项。加快推广“浙里报账”平台，实现141家单位全覆盖，上线公务出行、一般事项等十大应用场景，全年累计报销14880单，金额9.94亿元。落实“公务餐”一件事改革，实现机关部门食堂互联互通，累计刷卡8545次。推广应用行政事业单位资产虚拟“公物仓”，加强资产信息动态管理、需求申报一网通办，全年接收、调剂资产175件，推动行政事业单位资产共享共用。完善招投标电子化流程，实现供应商全省范围内在线开标、投标、供货，开、评标现场全程监控，提升智慧监管能力。

【强化财政监管】 防范债务风险，遏制隐性债务增量，将债务风险控制在安全区间。加强监督检查，全年组织开展“三公”经费、深化巡视巡察整改、会计信息质量等自查，督促整改落实。开展区域协调绩效评价，审核大项目18个、子项目233个，涉及资金14.71亿元。探索建立纪委、监管办、审计局多部门联动监督执纪机制，实现资金、项目、绩效评价等联合督查，立体监管乡镇财政财务。优化评审流程，出台《衢州市衢江区政府投资项目概(预)算审核单位评审工作分配管理办法》，提前分解项目，落实专人审核，发挥社会专家辅助力量。全年审核政府投资项目598个，送审金额120.73亿元，核减资金10.62亿元，净核减率8.8%。加强资金存放管理，建立公款竞争性存放评审专家库，全年区级财政资金竞争性存放招标规模10.50亿元。

【加强队伍建设】 巩固清廉财政建设成果，围绕政治建设和党风廉政建设，排查班子及科室廉政风险点12个，落实整改意见20条。建设学习型组织，围绕共同富裕、稳进提质等主题，全年开展青年干部论坛、“8090”宣讲、“财悦读”书香读书会12次，实现青年干部全覆盖。务实工作作风，开展科室业务月度“比晾晒”活动，营造“比学赶超”氛围。建立区乡财政一体化互联考核机制，落实“一月一走访、半年一报告”，试行科室互评、乡镇打分，全年走访乡镇、企业221次。加大干部培养力度，全年提拔中层干部5人，招录、调动交流高层次人才各1人，派往省财政厅挂职2人、财政部挂职1人，入选财政部社会保障人才库1人。

（衢州市衢江区财政局供稿　朱元楠执笔）

江山市

【概况】 2022年，江山市实现地区生产总值381.28亿元，按可比价格计算增长4.6%。其中：第一产业增加值25.19亿元，增长5.9%；第二产业增加值165.33亿元，增长4.1%；第三产业增加值190.76亿元，增长4.7%。三次产业结构比6.6∶43.4∶50.0。按常住人口计算，人均生产总值76640元，增长4.1%。城镇居民人均可支配收入59908元，增长4.6%；农村居民人均可支配收入34257元，增长8.0%。全市财政总收入45.05亿元，增长5.7%，一般公共预算收入28.97亿元，增长13.0%，其中税收收入23.96亿元，增长5.2%。一般公共预算支出88.01亿元，增长6.4%。全市财政收支平衡。

【组织财政收入】 加强与税务、自然资源和规划局等部门沟通，强化收入预测分析，把握收入总量、进度和结构。2022年，全市一般公共预算收入占GDP的7.6%、占财政总收入的64.3%；税收收入占一般公共预算收入的82.7%。深化政府非税收入收缴电子化改革，推进统一行政处罚办案系统与统一公共支付平台对接，全年通过统一公共支付平台收缴业务53万笔，执收金额23.23亿元。推动非税收入征管职责划转改革，建立非税收入征管信息互联互通和信息共享平台。全年实现政府非税收入44.67亿元，其中纳入一般公共预算管理的非税收入5.01亿元，增长74.6%。

【服务经济发展】 *助力企业纾困解难*。出台助力市场主体纾困解难的若干措施，优化政策兑现，全年兑现涉企财政奖补资金5.35亿元，同比增长70.9%。落实减税降费政策，全年减免税收5.46亿元、非税收入9531万元。推动增值税留抵退税政策直达快享，办理退税5.60亿元。*推进重点项目建设*。做好政府债券项目谋划储备工作，争取政府债券资金15.48亿元，用于人民医院迁建和学校改扩建等项目。*激发科技创新活力*。支持企业产品智能化转型，全年兑现产品智能化政策资金1541万元。安排资金4500万元用于科技创新发展政策补助。安排资金1150万元用于电子科技大学长三角研究院、东南数字研究院江山分院、浙大紫金众创小镇江山基地等建设。增强金融服务效能。推进搭桥资金使用,全年办理搭桥资金182笔,提供搭桥资金17.22亿元,帮助企业转贷17.62亿元,为企业节省融资成本539万元。兑现资金259万元用于支持政策性融资担保体系建设,实现在保余额7.72亿元,其中支持小微企业(含个体工商户)360户、在保余额2.84亿元,支持“三农”主体1213户、在保余额4.88亿元。做好“两稳一促”工作。全年兑现资金6607万元用于稳外贸稳外资,支持跨境电子商务、外贸人才培养等。兑付财政资金2700万元,提升消费活力,通过消费券发放和汽车促消费活动,带动消费2.30亿元。

【推动共同富裕】 试点共富家庭画像。参与共富家庭画像改革试点工作,依托公共数据平台对204730户家庭画像数据进行分析计算。支持打造共富村试点。全年省级和地方拨付财政奖补资金4000万元,支持峡口镇枫石村、三卿口村、柴村村和峡南村4个行政村建设一事一议共富村项目。助力农村增收农民致富。拓宽强村富民路径,落地实施华欣湖羊、翰音农业产业基地等项目,采用村集体抱团投资入股参与等方式,增加村集体经营性收入,全市所有行政村实现经营性收入30万元以上,其中64.0%的行政村实现收入50万元以上、28.4%的行政村实现收入100万元以上。

【保障改善民生】 全市民生支出66.69亿元,增长3.8%,占一般公共预算支出的75.8%。助力健康江山建设。全年卫生健康支出7.95亿元。投入医改专项资金1.84亿元,推进县域医共体建设;推进村级医疗机构提升改造工程,支持城乡居民“三免三惠”健康行动。拨付资金5.36亿元,推进人民医院和峡口卫生院迁建工程。提升教育资金保障水平。全年教育支出14.79亿元。安排资金2.15亿元用于学校硬件改善和教学能力提升工程,全年新(扩)建学校9所,收购小学2所;安排资金1.44亿元支持高中教育补短提升;安排资金1184万元用于新增配套地方生均经费。优化社会保障服务。全年社会保障和就业支出16.18亿元。全年拨付低保、特困、医疗救助等社会救助资金2.39亿元。落实企业养老保险省级统筹责任分担机制,拨付资金3.59亿元。安排资金2210万元,推进居家养老“共享食堂”建设全覆盖。拨付稳岗返岗资金2294万元。推动生态环境治理。全年安排环境保护专项资金8052万元,统筹用于污染治理和生态环境保护。提升出境水水质,获钱塘江流域上下游生态补偿资金500万元。支持固废处置匹配能力项目建设,促进打造“无废城市”。做好全市木门行业整治提升财政奖补工作,促进木门行业节能减排。

【推进财政改革】 推进财政数字化改革。做好预算一体化改革试点工作,上线预算编制、批复、调剂模块。推进“浙里报账”改革试点工作,全年实现191家预算单位应用全覆盖,完成报销单数26863笔,报销金额15.77亿元。依托浙政钉2.0平台,构建财政日常内部管理工作数字化转型应用,打造数字留痕、运行高效智能内部办公体系。持续推进“乡镇公共财政服务平台+一卡通”建设,实现在浙里办系统同步查询。实施预算绩效管理。2022年度市级部门项目支出绩效自评实现全覆盖,全年完成63家部门635个项目绩效自评,涉及财政资金49.41亿元。争取改革试点工作。开展道交救助基金抢救费用垫付省级试点改革,全年垫付63人次、垫付金额337万元,追偿资金340万元。推进政府采购改革数据共享及数据应用管理、政府采购营商环境评价管理试点工作,运用可视化技术构建监管数字化和营商环境评价管理体系。

【强化财政监管】 推进公款竞争性存放,完成财政资金公款竞争性存放38.60亿元。开展2021年市县财政决算审计反映问题、落实政府过“紧日子”情况和2021年度地方预决算公开情况等专项检查。规范政府采购工作,建立政府采购全闭环信息公开体系,建立采购文件随机抽查机制。优化重大项目评审机制,提升评审质效,全年完成项目评审506个,净核减14.20亿元。加强国有资产管理,对195个行政事业单位开展资产管理存在问题摸排,并指导完成问题整改。推进“资产云”“公物仓”模块运用,完成公物仓资产划转37件。

【加强队伍建设】 推进党建品牌建设,打造“一个支部一个品牌”。深化干部四维考评,监督党员干部政治理论学习、支部主题党日活动,规范干部平时考核。组织73名党员干部与坛石镇五圳村、新塘边镇毛家仓村等4个村149户低收入农户结对帮扶。提升干部变革能力,加快建设变革型财政组织。组建“财政数字化改革”等攻坚先锋小组,营造干事创业氛围。组建“财政先锋队”驰援疫情封控区、核酸检测点、高速疫情服务站等,服务“险难急”一线。

(江山市财政局供稿　赖东冬执笔)

龙游县

【概况】 2022年,龙游县实现地区生产总值298.66亿元,按可比价格计算增长2.8%。其中:第一产业增加值13.67亿元,增长4.8%;第二产业增加值131.09亿元,增长5.0%;第三产业增加值153.90亿元,增长0.7%。三次产业结构比4.6:43.9:51.5。按常住人口计算,人均生产总值81937元,增长1.9%。城镇常住居民人均可支配收入59811元,增长5.4%;农村常住居民人均可支配收入32037元,增长6.6%。全县财政总收入42.47亿元,增长13.9%。一般公共预算收入27.60亿元,增长20.0%,其中税收收入21.25亿元,增长7.0%。一般公共预算支出69.17亿元,增长2.8%。全年财政收支平衡。

【加强财政收支管理】 围绕收入预算目标,加强部门联动,强化向上争取、国资经营、资源开发和税费统筹,合理把握收入进度和结构。2022年,全县一般公共预算收入占财政总收入的65.0%、占GDP的9.2%,税收收入占一般公共预算收入的77.0%。规范非税收入征缴,全县实现非税收入42.54亿元,下降32.9%,其中,纳入一般公共预算管理的非税收入6.35亿元,增长102.0%。全年新增地方政府债券18.15亿元,增长54.5%。加强"三公"经费管控,压减非刚性、非急需项目73个,减支1.10亿元。统筹盘活存量资金2.26亿元,增加地方可用财力。

【助力经济稳进提质】 落实新的组合式税费支持政策,执行行政事业性收费项目及政府性基金项目停征、免征等政策,全年为企业减负降本10.74亿元;落实大规模增值税留抵退税政策,全年实现增值税留抵退税8.32亿元,缓解企业资金压力。落实各项助企纾困政策,发挥财政逆周期调节作用,谋划出台农业、工业、服务业、促消费等阶段性政策,新增稳经济财政政策资金预算3.00亿元,提振企业发展信心。建立惠企资金高效直达兑现机制,全年拨付惠企政策资金7.60亿元。支持科技创新,全年科技创新支出2.28亿元,重点保障企业研究院和研发中心创建、知识产权提升、企业"卡脖子"重大科技攻关项目研究等。安排2000万元科创资金支持企业创新,引进浙江工业大学生态工业研究院等重大创新载体。

【推动共同富裕】 建设幸福养老服务综合体,开展养老助餐服务,按照每人每餐2元标准,对在助餐点用餐的低保户老年人和80周岁以上孤寡、独居、空巢老年人给予补贴,截至2022年年底,全县累计建成老年食堂46家,配送点70家,累计发放助餐补贴495万元。实施养老民生实事项目,全年拨付现代养老服务体系建设财政补助资金3117万元,支持敬老院建设及改造提升、居家养老服务照料中心建设运营、智慧养老平台和适老化改造等项目。打造"龙易养"智慧养老服务平台并推广应用,数字赋能翠光未来社区、溪口未来乡村试点建设。龙游县幸福养老财政支持政策改革探索入选全省财政系统高质量发展建设共同富裕示范区"小切口"改革优秀实践案例。围绕强村富民,打造小南海镇共富村首批试点,投入财政资金2572万元,支持花菇共富产业园项目建设,推动当地农业产业结构调整和村集体经济发展。

【保障民生改善】 全年民生支出47.42亿元,占一般公共预算支出的68.6%。预算安排资金1.53亿元,保障2022年度龙游县"十大民生实事"项目实施。全年教育支出9.54亿元,推进城乡义务教育学校基础设施建设,改善办学条件,生均公用经费标准分类分档提高。全年社会保障和就业支出10.58亿元,城乡居民基本养老保险最低标准提高到255元/(人·月),发放城乡低保、残疾人补贴等困难补助1.60亿元,扩大失业保险基金支出范围,发放稳岗补贴1961万元,企业一次性留工补助2410万元。全年卫生健康支出6.42亿元,加大卫生设备采购、专科建设、疫情防控等支出,基本公共卫生服务经费人均财政补助标准提高至115元,落实疫情防控支出1.61亿元。加强涉农资金统筹整合,设立大三农专项资金1.38亿元,推进"三农"领域建设。投入政府性资金1.54亿元,推进溪口、浦山、团石等未来乡村建设。围绕城乡风貌提升,安排城乡社区事务支出2.46亿元,实施美丽城镇创建、未来社区建设、城乡公交一体化等项目,改善城乡人居环境。

【推进财政数字化改革】 推进"浙里报账"试点项目上线应用,实现财务报销全流程无纸化,上线运行单位165家,全年报销数据补充。优化"资产云""政采云""一卡通"等财政数字平台应用,政采云平台实现交易额6.83亿元,"资产云"平台汇集行政事业单位资产236.26亿元,通过"一卡通"平台发放补助资金3.57亿元。

【强化财政监管】 坚持党政机关过"紧日子"政策,把好支出审核关。执行中央八项规定精神和财务报销制度,全年纠错拒付不规范支出7903万元。全年完成政府投资项目预算、概算、结算审核801项,核减金额8.69亿元,核减率7.0%;强化预算刚性约束,出台《县级部门预算调整管理办法》,规范财政资金二次分配;依托预算管理一体化系统,推进项目库绩效管理建设,实行绩效信息公开,强化社会监督。加强风险防范,实现存量隐性债务清零,防止新增隐性债务;加强债务风险动态监控,确保财政可持续发展。推进公款竞争性存放网上招标平台应用,完成财政资金公款竞争性存放25.00亿元,开展预算单位公款存放管理督查检查。

【加强队伍建设】 运用党委理论学习中心组领学、支部"三会一课"深学等形式,学习贯彻落实党的二十大精神。推进清廉财政建设,出台《关于加强机关党建引领促进清廉财政建设的实施意见》,将党风廉政建设、作风建设方面的违法违纪违规行为列入干部绩效考核"负面清单",进行量化扣分,与年终考核挂钩。2022年县财政局被评为全县清廉建设成绩突出单位。推进队伍建设,打造具有财政特色的理论宣讲平台,全年开展"8090"理论宣讲比赛2次,承办全县"百团大战"片区宣讲赛1场、全县机关部门"亮剑比拼"党建擂台赛1场。定期组织开展"财政讲谈"活动,由业务骨干授课,提升财政干部政治理论水平及业务技能。龙游县财政局在2022年度全县机关部门综合考核中获一等奖。

(龙游县财政局供稿　刘佳瑜执笔)

常山县

【概况】 2022年,常山县实现地区生产总值200.60亿元,按可比价格计算增长4.1%。其中:第一产业增加值9.18亿元,增长6.5%;第二产业增加值90.60亿元,增长5.9%;第三产业增加值100.82亿元,增长2.4%。三次产业结构比4.6:45.2:50.2。按常住人口计算，全县人均生产总值76565元，增长3.5%。城镇居民人均可支配收入49442元，增长6.0%；农村居民人均可支配收入28996元，增长7.8%。全县财政总收入26.56亿元，增长7.2%；一般公共预算收入16.61亿元，增长10.7%；一般公共预算支出67.94亿元，增长10.4%。全年财政收支平衡。

【组织财政收入】 强化收入分析预测。深化财税协作和部门联动，加强收入结构分析、规模预测，合理把握组织收入力度和节奏。2022年，全县一般公共预算收入占财政总收入的62.5%、占GDP的8.3%，其中税收收入13.85亿元，增长4.3%，占一般公共预算收入的83.4%。加强非税征管。规范非税收入管理，全年非税收入40.88亿元，下降11.6%，其中纳入一般公共预算管理的非税收入2.76亿元，增长59.8%。增加地方可用财力。全年向上争取资金59.03亿元，其中新增专项债券28.80亿元，一般债券6.00亿元。统筹整合涉农资金3.50亿元。

【支持经济发展】 落实税费优惠政策。实施小微企业“六税两费”减免、研发费用加计扣除、小规模纳税人阶段性免征增值税等减税降费政策，全年落实增值税留抵退税4.78亿元，为上年的3.7倍。激活市场主体活力。创新涉企政策兑现预拨机制，财政早退快兑、企业早享早用，兑现涉企政策资金6.00亿元。兑现一次性留工补助、稳岗补贴等政策资金2400万元，释放稳就业政策效应。安排消费券2200万元，拉动消费、扩大内需。落实国有房产租金减免政策，全年减免租金514万元，惠及商户458户。优化企业发展环境。加大政府性融资担保支持力度，全年新增低息担保贷款8.89亿元，担保费率下降10个基点。推动政府采购服务升级，取消工本费2000万元，降低、取消履约保证金，减少企业资金占用1.00亿元。支持乡村振兴。落实资金6700万元，推动胡柚、香柚、油茶“两柚一茶”产业链升级。实施政策性农业信贷担保服务，新增涉农低息贷款2.36亿元。投入一事一议财政支农惠农资金3253万元，实施村级公益事业项目55个。

【保障民生支出】 全年民生支出46.67亿元，增长11.7%，占一般公共预算支出的68.7%。支持教育优先发展。全年教育支出6.98亿元。提高中小学生均公用经费至800元/(生·年)、1000元/(生·年)，增加公办幼儿园学位1860个。提高公共卫生服务水平。全年卫生健康支出7.05亿元，重点保障公立医院改革、乡镇卫生院村卫生室运行等项目。其中筹措资金2.32亿元，保障疫情防控物资等急需。健全社会保障体系。全年社会保障和就业支出8.64亿元。落实资金1.72亿元，保障各类困难群众救助补助、医疗救助补助、困难残疾人生活补贴和重度残疾人护理补贴等兜底服务。保障民生实事工程建设，落实资金4.92亿元，支持公共卫生保障工程、县城南小学建设工程、快递下村U驿站、社区菜场提升等重点民生实事。改善城乡环境。投入资金1.46亿元，推进蓝天碧水净土清废降碳行动。与衢州市、开化县共同设立钱塘江流域上下游横向生态补偿资金800万元，签订上下游横向生态补偿协议。

【深化财政改革】 完善乡镇(街道)财政管理体制，明确“界定范围、核定基数、超收分成、短收赔补、分类划分、考核激励”办法，每年安排考核激励专项资金800万元。深化“大综合一体化”行政执法改革，完成市县级财政行政处罚事项划转60项，推动建立“一张清单管职责”机制。“浙里报账”系统实现全覆盖，上线“浙里捐赠”、政府投资项目评审系统。升级“公务餐”一件事改革，利用浙政钉系统解决干部在衢州市范围内公务活动时的就餐问题，简化程序的同时，全县公务接待费用下降9.2%。深化公务拼车应用，依托省公车平台搭建“公务拼车”模块，实现公车支出和能耗排放“双下降”，全年平台车辆周转率提高38.1%，公车出行均次费用下降28.8%，社会化租车费用同比下降26.6%。深化公物仓改革，出台《公物仓管理暂行规定》，建立“线上”虚拟仓，实现公物仓资产信息发布、调剂、仓储和配送智能管理，全年通过公物仓采购审批352次，转从公物仓调剂543件，节约采购经费87万元。常山县“廉政灶”“绿色拼车”压减“三公”经费、“公物仓”全面盘活闲置国有资产2个案例获评全省坚持党政机关过“紧日子”10大优秀案例。

【加强财政监管】 防范政府债务风险，完成五年化债任务，硬化预算约束，遏制新增隐性债务。优先保障“三保”支出，全年安排“三保”资金24.12亿元，按旬做好支出预算执行监控，确保不发生支付风险。加强政府投资项目审核，全年审核项目资金35.06亿元，核减资金2.24亿元。实施财政资金竞争性存放招标，全年完成招标16.20亿元，综合收益2982万元。开展地方财经秩序专项整治行动，对政府过“紧日子”、基层“三保”等7方面开展自查自纠和专项整改。开展转移支付资金、扶贫资金等专项检查，收回违规资金375万元。

【加强队伍建设】 党建引领优品牌。实施“红色根脉强基工程”，深化“金算子”党建品牌，获评衢州市“有礼先锋”党建品牌，县财政局机关二支部获评全县五星级党支部。优化队伍梯次结构。坚持正确选人用人导向，优化干部队伍结构，提拔“90后”年轻干部5名。参与社会服务工作。参与开发区提质转型攻坚行动、农贸市场片区房屋征收、疫情防控等工作。1名干部获评全县担当作为好干部。

（常山县财政局供稿　刘巧双执笔）

开化县

【概况】 2022年，开化县实现地区生产总值181.35亿元，按可比价格计算增长4.2%。其中：第一产业增加值14.71亿元，增长5.1%；第二产业增加值69.47亿元，增长10.2%；第三产业增加值97.17亿元，增长8.6%。三次产业结构比8.1:38.3:53.6。按常住人口计算，人均生产总值71538元，增长9.8%。社会消费品零售总额102.41亿元，增长1.3%。城镇常住居民人均可支配收入

45846元，增长4.8%；农村常住居民人均可支配收入24737元，增长6.8%。全县财政总收入19.39亿元，增长11.6%，其中一般公共预算收入12.51亿元，增长13.0%。全县一般公共预算支出78.37亿元，增长11.1%。全年财政收支平衡。

【强化收支管理】 完善"税源经济"招引制度，支持引进"链主型"企业，夯实财政增收基础。定期召开财税库银联席会议，加强收入形势分析研判，合理把控组织收入节奏和力度。2022年，全县一般公共预算收入占财政总收入的64.5%、占GDP的6.9%；其中税收收入10.24亿元，增长8.0%，占一般公共预算收入的81.9%。深化非税收入电子化收缴改革，推进土地出让和土地指标调剂交易，规范矿产资源等国有资源资产有偿使用管理。全年实现非税收入34.60亿元，其中纳入一般公共预算管理的非税收入2.27亿元，增长42.9%。全年争取上级转移支付资金48.10亿元，新增政府债券资金8.68亿元。坚持保重点、减开支、稳运行，严控"三公"经费和非刚性、非重点支出，全年压减一般性支出3.91亿元。

【服务经济发展】 落实"5+4"稳进提质等系列助企纾困政策，全年办理增值税留抵退税3.97亿元，免缴中小企业政府采购投标和履约保证金7952万元，落实国有房产租金减免政策，为市场主体减免国有房屋租金723万元。实施经济稳进提质"八大攻坚行动"，出台稳经济一揽子政策，修订完善"工业10条"产业扶持政策。创新"网上申报+部门联办"政策兑现模式，兑现财政奖补资金4.16亿元，涉及农业、工业、科创、商贸、服务业、建筑业等行业。开辟应急专项资金申请"绿色通道"，出台应急专项资金免息政策，提供周转贷款16.47亿元，帮扶企业182家。健全政策性融资担保风险补偿和保费补贴等配套机制，推出"融担相伴"生产经营性贷款，提供政策性农业信贷担保9110万元。发放"三衢暖心、悦享开化"消费券1550万元，出台个人购房补助政策，拉动文旅业、房地产业消费增长。发行绿色乡村振兴公司债券10.00亿元，投入资金22.06亿元，支持开化水库、205国道开化县音坑至华埠段等重大项目建设。参与申报开化县国家公园城市EOD项目，争取到省国家开发银行基础设施基金1.20亿元，配套项目贷款9.00亿元。

【推动共同富裕】 设立县"大三农"专项资金，加大茶叶等农业特色主导产业资金投入力度，支持龙顶茶联盟、清水鱼联盟、红高粱联盟、中蜂联盟等"共富联盟"建设。安排资金5500万元，培育"钱江源"区域公用品牌。实施乡村建设行动，安排专项资金1500万元，推进农村人居环境整治提升，协同打造共同富裕现代化基本单元。统筹整合资金6.68亿元，迭代提升金溪画廊诗画风光，推进密赛未来片区、下淤村、金星村等未来乡村试点建设。实施村级一事一议财政奖补项目63个，补助资金1350万元，入选省级一事一议财政奖补支持打造共富乡村试点实施县。开化县财政活水助力山乡绿富美获评全省财政系统高质量发展建设共同富裕示范区"小切口"改革最佳实践案例。

【保障民生支出】 全年民生支出53.53亿元，增长0.9%，占一般公共预算支出的68.3%。其中教育支出6.80亿元，支持"国家公园、学自开化"品牌打造，推动"山海+城乡"教共体改革。投入钱学森学校、音坑乡明廉小学等教育工程项目资金1.04亿元，加快教育布局优化调整。卫生健康支出5.71亿元，支持急救服务站点及10个村卫生室新改扩建，支持范永升全国名中医传承工作室落地开化。统筹疫情防控资金5.14亿元，专项用于核酸检测、防护物资采购及方舱医院、隔离点等建设。社会保障和就业支出11.07亿元，推动"扩中提低"改革，完善社会保障功能机制，发放困难群众救助补助、残疾人两项补贴、孤儿及困难儿童生活补助等资金1.35亿元，最低生活保障标准提高至1035元/(人·月)。落实失业保险稳岗返还政策，发放稳岗补贴743万元，惠及企业1283家。

【深化财政改革】 迭代升级预算管理一体化系统，新增政府采购、资金申拨、工资管理等操作模块，实现人民银行、代理银行和财政部门数据贯通。加快数字财政建设，搭建"浙里捐赠"应用场景，实现"浙里报账"平台全链路电子化运行，覆盖率100.0%。实施部门整体预算绩效管理改革，从部门决策、管理和绩效3个维度构建评价指标体系，选取县教育局开展改革试点。压实预算单位主体责任，对新出台重大政策、项目实行事前绩效评估。实施"公务餐"一件事改革，全县公务接待费用下降34.5%。依托资产云平台，打造线上"公物仓"，盘活行政事业单位闲置资产。实施政府采购评审专家履职能力提升工程，建立政采云评审专家入库考试系统，保障入库专家专业水准。开化县财政绩效管理工作受到财政部通报表彰，获中央财政县级基本财力保障机制奖补资金600万元，获评2022年度全省财政管理(市县)绩效考评优秀单位。

【强化财政监督】 实施库款运行动态监测，防范"三保"支出风险。加强政府债务风险防控，完成存量隐性债务化解工作，遏制隐性债务增量。实施专项债券"借、用、管、还"闭环管理，加快债券资金支出进度，提高资金使用绩效。建立社保基金动态监测预警机制，落实被征地农民参保资金筹措和待遇支出、社保风险准备金收支情况月报制度。制定乡镇内部控制指引，指导全县各乡镇构建内部财务风险控制体系。开展会计信息质量、财政财务制度执行情况、项目招引财政扶持政策资金等10个财政专项监督检查，牵头完成过"紧日子"分领域专项整治工作。

【加强队伍建设】 开展党的二十大精神专题学习，组织二十大精神主题宣讲比赛、"菁财青年思享汇"、财政干部讲坛等宣传教育活动。参与"裂变跃升、重塑开化"解放思想大讨论活动，全年组织"头脑风暴"18次。开展干部作风专项整治，推进"清风财苑"建设。建立干部"一对一"挂联服务企业机制，全年助企服务115次。以"实绩论英雄"为干部考核导向，制定"工分赋能"考核办法，实行月度工作纪实、季度考核排名。开化县财政局连续三年获县政府集体三等功。

（开化县财政局供稿　余嘉依执笔）

舟山市财政工作

舟山市

【概况】 2022年，舟山市实现生产总值1951.29亿元，按可比价格计算增长8.5%。其中：第一产业增加值170.94亿元，增长3.7%；第二产业增加值950.36亿元，增长15.0%；第三产业增加值829.99亿元，增长3.3%。三次产业结构比8.8:48.7:42.5。按常住人口计算，人均生产总值167134元。全社会固定资产投资增长4.0%。社会消费品零售总额增长4.1%。外贸进出口总额3381.78亿元，增长43.6%。城镇居民人均可支配收入71965元，增长4.1%；农村居民人均可支配收入45924元，增长6.9%。全市实现财政总收入407.64亿元，增长16.6%，同口径（剔除增值税留抵退税因素，下同）增长55.7%；一般公共预算收入156.15亿元，下降13.6%，同口径增长25.3%；其中税收收入107.25亿元，下降18.0%，同口径增长35.3%；一般公共预算支出354.27亿元，增长5.4%。市本级财政总收入268.60亿元，增长36.0%，同口径增长94.7%；一般公共预算收入70.40亿元，下降16.4%，同口径增长53.9%；其中税收收入43.58亿元，下降23.6%，同口径增长78.9%；一般公共预算支出138.91亿元，下降6.8%。全市及市本级财政收支平衡。

【组织财政收入】 加强收入组织。强化财源培育和挖潜增收，加强重点骨干企业税源监控，健全省市县联动和部门协作机制，实现财政总收入、一般公共预算收入、税收收入三项增幅均列全省首位。2022年，全市一般公共预算收入占GDP的8.0%、占财政总收入的38.3%，税收收入占一般公共预算收入的68.7%。加强非税征管。健全非税收入征管机制，全市实现政府非税收入136.59亿元，其中纳入一般公共预算管理的非税收入48.90亿元；实现土地出让收入79.65亿元。向上争取资金。全年新增地方政府债券额度39.29亿元，省海洋（湾区）经济发展资金11.69亿元，中央海岛边境地区转移支付资金2.83亿元，其中新增海洋经济因素1.54亿元，同比增长109.6%；获中央退税减税降费有关专项资金34.71亿元。

【服务经济发展】 落实惠企纾困政策。2022年，全市为企业减负182.03亿元，其中增值税留抵退税、减税168.65亿元；推动各类涉企专项资金直达快享，惠企政策平台兑现资金45.36亿元，惠及企业3.72万家次；打造政府采购最优营商环境，全市政府采购金额37.96亿元，其中授予中小企业合同金额35.58亿元。保障海岛城市基础设施建设。全年完成市本级政府投资预算和国企基础类投资84.69亿元，筹措各类建设资金89.91亿元，支持甬舟高速复线、六横大桥二期等重大项目建设。推动产业经济发展。全年安排经济高质量发展资金24.57亿元，较上年增长40.5%，支持构建“一岛一功能、多岛强功能”海岛特色发展体系和现代海洋产业体系；健全财政科技投入稳增长机制，市本级科技投入5.54亿元，增长15.9%；支持自贸区油品全产业链发展，助力船用燃料油加注跃居全球第五大加油港。发挥政府产业基金引导作用，设立子基金7支，成立以来累计投资实体企业项目46个，投资总额45.65亿元。

【助力共同富裕】 出台偏远海岛转移支付体系实施方案，通过更加精准的财政转移支付分类分档系数调节，推动财力保障均衡长效。发挥财政资金引导作用，通过奖补激励、基金助推、国资投入等多元化筹资，支持加快推进“小岛你好”海岛共富行动*。支持嵊泗县走海岛县高质量发展共同富裕特色之路，向上争取新一轮洋山综保区利益分配政策，明确新一轮洋山保税港区税收征管体制及利益分配协议，每标准集装箱分成从13.1元提高至21元。

【保障民生事业】 全年民生支出242.90亿元，增长5.7%，占一般公共预算支出的68.6%。支持乡村振兴战略。全市农林水支出48.71亿元，健全涉农资金整合长效机制，安排市级乡村振兴专项资金2.24亿元，重点支持全域美丽乡村、现代农业发展等项目，提升城乡基本公共服务水平。支持医疗卫生事业。全市卫生健康支出26.44亿元，深化公立医院综合改革，完善基层医疗卫生机构补偿机制；疫情防控支出1.49亿元，主要用于核酸检测设施设备采购、方舱医院建设等。支持社保和就业发展。全市社会保障和就业支出39.80亿元，兜牢基础保障底线，城乡居民低保标准提高至1035元/（人·月），低保边缘对象基本生活救助标准提高至207元/（人·月）。支持教育事业发展。全市教育支出38.11亿元，市级义务教育学校生均公用经费标准小学提高至1500元/（人·年）、初中提高至1700元/（人·年）。支持文旅体事业。全市文化旅游体育与传媒支出6.43亿元，重点保障公共文体场馆低免开放、文物保护、文艺精品创作、文体赛事活动等，推动构建高质量文旅体融合的现代公共服务体系。

【深化财政改革】 深化预算管理改革。升级集中财力办大事财政政策体系，围绕中心、绩效优先、该保必保、应省尽省。2022年，市本级非刚性非重点项目支出压减率4.5%，“三公”经费压减率11.0%。推进“零基预算”改革，打破支出固化僵局。强化预算绩效全过程管理，实现绩效自评、绩效目标审核和绩效运行监控三个“全覆盖”。推进数字化改革。加快“财政大脑”建设，完善“政采云”“浙里办票”“浙里缴费”等应用场景，承接“浙里报账”“浙里基财智控”“浙里捐赠”等试点建设；打造财政“数据中枢”，提升财政数据分析能力；推进预算管理一体化规范建设，实现预算编制和预算执行全覆盖。深化国资国企改革。实施国企改革三年行动，深化劳动、人事、分配三项制度改革，加强国企董事会建设，构建国资国企大监管体系，促进国有企业提质增效。

【防范财政风险】 防范化解政府债务风险。建立事前源头管控、事中动态监测、事后专项督导的全过程监控机制，制定“一债一策”化解方案，妥善化解隐性债务；督促指导县（区）降低债务风险，实现全市债务风险等级橙色以上地区清零。防范社保基金运行风险。加强社保基金运行分析研判和风险预警，建立常态化资金投入机制和多渠道社保风险准备金筹措机制，按计划上缴企业职工基本养老基金省级统筹责任分担资金23.79亿元。防范基层财政风险。强化县（区）“三保”信息监控，全年全市均未发生“三保”支出风险；建立健全乡镇财政管理体系，指导乡镇内控指引建设。创新财政监督模式。探索“纠错型”向“预防型”转变的监督模式，试点审计协同联动机制；健全公务支出标准管理体系，厘清公用经费和部门项目经费支出边界，规范经费使用；提升公款竞争性存放质效，全年组织市级公款竞争性存放5期，招标公款277.92亿元。加强政府投资项目审价管理，审定金额160.94亿元，调整金额26.49亿元，调整率16.5%。

【加强队伍建设】 加强党的政治理论学习。建立党委理论中心组引领学、支部集中深入学、党员自觉学、教育基地实践学、网络平台自主学“五学”体系，推动党的二十大、省第十五次党代会精神走深走实。推进清廉财政建设。实施政治生态、资金管理、财政监督、源头治腐、清廉文化“五大行动”，量化清廉财政机关建设评价指标体系，形成公款存放、政府采购、支出管理等领域制度约束。夯实国企党建基础。实施国企“红色根脉强基工程”，开展书记党课、专家讲学等活动640余次，指导国有企业贯彻落实习近平总书记重要指示批示精神举措290余项。提升干部队伍素质。强化干部压担历练，健全年轻干部发现储备、培养锻炼、选拔任用和管理监督全链条闭环管理机制。加强财政文化建设。优化财政国资大宣传工作格局，提升意识形态工作水平；打造局史陈列展厅，举办“礼赞二十大　奋进新征程”第七届健步行活动，营造财政国资浓厚的文化氛围。

（舟山市财政局供稿　郑舒悠　章嘉舟执笔）

注：

*“小岛你好”海岛共富行动：在高质量发展建设共同富裕示范区背景下，以提升海岛人民群众生活水平和幸福感为导向，坚持“一岛一品、一岛一策”差异化发展，通过实施三年行动计划，打造30个小而美、小而精、小而特、小而活、小而富、生态优美、各具特色、令人向往的美丽海岛，走出一条具有海岛韵味、舟山气质的共同富裕路径。

定海区

【概况】 2022年，舟山市定海区实现地区生产总值657.98亿元，按可比价格计算增长3.0%。其中：第一产业增加值14.11亿元，增长3.9%；第二产业增加值215.95亿元，增长4.4%；第三产业增加值427.91亿元，增长2.3%。三次产业结构比2.2∶32.8∶65.0。按照常住人口计算，人均生产总值130163元，增长2.2%。全区财政总收入50.20亿元，下降10.9%，同口径（剔除增值税留抵退税因素，下同）增长4.8%；一般公共预算收入24.83亿元，下降26.6%，同口径下降12.6%；税收收入19.51亿元，下降27.0%，同口径下降9.5%。全区一般公共预算支出51.29亿元，增长17.0%。全年财政收支平衡。

【组织财政收入】 发挥财税联动作用，定期召开财税收入分析会议，按月做好收入形势和增减因素分析，增强收入预测准确性。抓好重点项目（企业）税源管理，关注重点企业经营状况、税收入库及留抵退税落实情况，确保完成全年税收目标，全区8个重点项目实现税收总额14.00亿元，完成预期目标的111.3%。2022年，全区一般公共预算收入占GDP的3.8%、占财政总收入的49.5%，税收收入占一般公共预算收入的78.6%。争取上级资金支持，全年新增专项债券1.10亿元、再融资债券4.30亿元，争取直达资金9.68亿元。健全非税收入征管机制，全年完成非税收入5.67亿元，其中纳入一般公共预算管理的非税收入5.32亿元。

【服务经济发展】 出台区级“5+4”稳进提质一揽子财政政策，全年完成增值税留抵退税及减税降费14.87亿元，减免行政事业单位和国有企业房屋租金906万元，发放留舟员工专项补助104万元，助力经济企稳回升。发挥区级转贷资金作用，开展融资担保、应急转贷工作，为89家企业融资担保2.07亿元、506家企业应急转贷32.26亿元，担保额、转贷额分别增长65.6%、21.5%。实施人才强区、创新强区战略，全年科技专项资金投入1.55亿元，增长15.7%，投入资金737万元支持科技创业领军人才等项目建设。投入商务专项资金3209万元，推进内外贸转型升级，定海区稳外资稳外贸工作获省政府办公厅2021年落实有关重大政策真抓实干成效明显地方督查激励。出台新一轮镇街（园区）财政管理体制，调动镇街（园区）发展积极性，助力打造镇街特色经济。

【保障民生支出】 全年民生支出37.69亿元，增长23.1%，占一般公共预算支出的73.5%。支持教育事业发展。全年教育支出6.78亿元，增长5.6%，保障定海二中改扩建工程，城北小学主体工程结顶，沁兰幼儿园建成投用。支持社会保障事业发展。全年社会保障和就业支出5.78亿元，增长42.2%，其中城乡居民及被征地农民养老保险金支出1.14亿元，困难群众、残疾人等特殊群体帮扶支出6720万元，退役军人优抚金、义务兵优待金支出2760万元，养老服务体系建设支出537万元，殡葬改革支出220万元。启动0~3岁婴幼儿托育服务体系建设。支持医疗卫生事业发展。全年卫生健康支出5.01亿元，增长74.9%。投入疫情防控资金2.10亿元，保障医疗物资及设备采购、核酸检测、发热诊室建设等；城乡居民基本医疗保险财政补助标准人均提升60元/年；支持区中心医院建设，提升区域医疗服务水平。支持乡村振兴发展。全年农林水支出9.07亿元，增长3.2%，推进定海中心片区排涝提升工程、海塘安澜工程等建设，提升防洪排涝能力;支持美丽乡村建设,开展一事一议财政奖补项目37个。支持文旅体事业发展。全年文化旅游体育与传媒支出6277万元,推进诗路文化带建设,开展"东海云廊·竹山印记"、马岙稻香节等旅游活动,完成省级全域旅游示范区创建。

【深化财政改革】 推进共同富裕探索。投入资金1720万元,保障东岠岛、刺山岛"小岛你好"项目建设,支持海岛共富行动示范岛创建工作。加快数字财政建设。以预算一体化系统为核心,多点推进财政智慧管理平台建设,"浙里报账"平台应用场景扩面,公款竞争性存放招标平台上线,乡镇财政公共服务平台强化,创新镇街内控信息系统,为财政管理、廉政风险防范提供数字化支撑;深化政府采购数字化改革,推广应用政采云"分散服务市场"系统,全年完成政采云平台交易金额2.67亿元。加强国资国企建设。上线运行国资国企数字化管理平台,实现企业信息由人工收集向实时监管跃升,国资监管由事后处理向事前监督、事中监管转变,促进业务协同与信息共享。

【强化财政监管】 坚持党政机关过"紧日子",全年压减一般性支出2749万元,盘活财政存量资金8.67亿元。开展新增重大政策和项目事前绩效评估,加快推进部门整体绩效预算改革试点。加强政府购买服务监管,开展全区性专项检查,涉及资金2.40亿元。强化政府投资项目编审管理,全年审定项目609个,净核减5.94亿元,净核减率9.4%。完善公款竞争性存放机制,制定《定海区区级公款竞争性存放管理办法》,全年组织招标12期,涉及资金13.92亿元。强化部门理财主体责任,加强资金检查力度,重点做好乡镇财政资金检查、国企业务招待费专项检查等。加强政府债务管理,科学评估财政承受能力及债务风险,规范举债融资行为,推动化解隐性债务。加强集体资产监管,制定《定海区镇(街道)本级集体资产管理办法(试行)》,规范集体资产使用、处置、清查等行为。

【加强队伍建设】 旗帜鲜明讲政治。以"一把手党课、专题讲座、知识竞赛"等活动为抓手,推动党的二十大精神和习近平新时代中国特色社会主义思想深入人心。党建引领促清廉。打造清廉单元品牌,建立清廉国企单元评价体系,推动清廉财政向清廉国企延伸。做好审计反馈问题整改,推进"七张问题清单"整改落实,牵头承办市、区级问题7个,办结率100.0%。实干担当建铁军。搭建干部成长平台,通过师带徒、轮岗交流、挂职锻炼等途径培养干部。健全干部管理正向激励制度,把重实干、重实绩、重担当的干部用起来,新提任中层正职2名、中层副职5名。

(舟山市定海区财政局供稿　王哲烨执笔)

普陀区

【概况】 2022年,舟山市普陀区实现地区生产总值409.67亿元,按可比价格计算增长4.0%。其中:第一产业增加值80.59亿元,增长6.4%;第二产业增加值98.09亿元,增长1.9%;第三产业增加值230.99亿元,增长3.9%。三次产业结构比19.7∶23.9∶56.4。按常住人口计算,全区人均生产总值106271元,增长3.7%。全区财政总收入48.27亿元,下降7.3%,同口径(剔除增值税留抵退税因素,下同)增长6.9%;一般公共预算收入32.23亿元,下降3.8%,同口径增长7.2%;税收收入24.88亿元,下降7.3%,同口径增长6.5%。全区一般公共预算支出67.65亿元,增长9.6%。全年财政收支平衡。

【组织财政收入】 强化收入组织。预判增值税留抵退税等政策影响,加强部门联动,做好收入监测和分析。建立全区促进税收充分落地工作机制,紧盯重点项目和重点行业,统筹协调收入组织工作。全年一般公共预算收入占GDP的7.9%、占财政总收入的66.8%;税收收入占一般公共预算收入的77.2%。加强非税收入征管。加快国有资产资源处置,促进非税收入规范征管、及时入库。全年实现非税收入8.18亿元,增长6.9%,其中纳入一般公共预算管理的非税收入7.35亿元,增长10.2%。向上争取资金。全年争取中央直达资金3.36亿元、省、市财政体制结算补助资金4.50亿元。

【助推经济发展】 落实对企业减负纾困政策。落实新的组合式税费优惠5.72亿元,1211户小微企业和个体工商户享受国有房屋租金减免政策,涉及金额2736万元,通过舟山市惠企政策兑现平台兑付惠企资金7.04亿元。推动产业发展。投入政策性产业扶持资金1.82亿元、科技资金1.69亿元,推进新一轮制造业"腾笼换鸟、凤凰涅槃"战略,助力"打通内外贸,构建双循环",推动航运业稳步发展。发挥产业基金作用。联合浙能集团、巨化集团设立舟山市首支新能源产业基金,总规模20.00亿元;与浙江浙财资本管理有限公司、舟山转型升级产业基金有限公司等5家企业签订舟山浙财腾云高质量发展基金合伙企业之基金合作框架协议,重点投资新能源、化工及原材料、新环保、新制造、新材料等战略新兴领域。保障重大项目建设。全年争取债券资金、专项资金等14.41亿元,用于金钵盂临港产业园、城市住房保障、水利基础设施、六横公路大桥等重点项目建设。

【推进共同富裕】 筹措落实财政专项资金9500万元,支持"小岛你好"海岛共富行动启动实施,推进首批5个小岛55个项目建设,2022年启动葫芦岛环岛游步道、庙子湖五水共治、东福山基础设施提档升级等项目47个,完成白沙岛杆线序化工程、蚂蚁岛风貌设计规划等项目15个。投入财政资金3000万元,助力"红动蓝湾·和美海岛"项目实施,推进桃花岛、蚂蚁岛、登步岛共同富裕示范带建设。建立海岛公交一体化财政补助机制,财政每年给予公交票价179万元补助,49条海岛农村客运班线票价下降30.3%,降低海岛居民出行成本。

【服务保障民生】 全年民生支出55.27亿元,增长11.5%,占一般公共预算支出的81.7%。教育支出8.25亿元,实施民办义务教育购买学位政策,推动“双减”扩面提质,学前教育和小学生均公用经费标准分别提高至1200元/(人·年)、1100元/(人·年)。卫生健康支出5.60亿元,保障疫情防控工作,支持以医疗船服务为核心的“共富方舟·健康守护”行动,出台婴幼儿双向托底照护服务政策,增加公共卫生保障额度5元/人。社会保障和就业支出6.56亿元,完善重点人群社会福利体系,推进打造现代化养老场景,支持国家5A级婚姻登记中心建设,加大残疾人就业、康复支持力度,推进“守护夕阳”偏远海岛养老服务,改造提升海岛养老机构。文化旅游体育与传媒支出1.41亿元,推进百城万村文化惠民工程,支持“星辰大海”*计划。农林水支出15.20亿元,推进美丽海岛、未来乡村建设,实施减船转产助力传统渔业转型。

【深化财政改革】 完善基层财政管理体制。制定新一轮区与镇街财政管理体制,实施镇街内控指引,规范基层财政运行。推进财政数字化改革。投入资金2650万元,推动政府数字化转型、信息基础设施建设和信息资源共享。争取到省“浙里捐赠”“浙里基财智控”应用试点,政采云“分散服务市场”和“浙里报账”实现预算单位全覆盖,“线上公物仓”的设立实现了行政事业单位国有资产共享共用。推进预算绩效管理改革。启动8家单位试点公用经费改革,9家单位实施部门整体绩效预算试点,对上年试点的3家单位实施部门整体绩效预算评价结果应用。建立更严格的结转结余资金收缴使用机制,收缴部门资金6891万元。推进国企改革。出台《关于加强区属国有企业内部审计工作的通知》《区属国有企业过渡性资产租赁管理办法》。开展国企收费、薪酬分配、制度执行等专项检查,优化重点国企考核体系。完成国企经理层成员任期制和契约化试点改革。

【完善监督管理】 防范化解债务风险。规范举债程序和行为,分析债务率变化趋势,通过统筹落实偿债资金、加快存量土地出让等方式,完成年度债务化解任务。加强资金运行管理。坚持党政机关过“紧日子”,压减政府一般性支出2655万元,“三公”经费支出下降5.2%。健全“三保”执行动态监控、风险预警和处置机制,全年“三保”支出16.59亿元。加强国有资产管理。摸清资产家底,完成账外资产评估入账2240处,价值15.49亿元,行政事业单位落实完工项目转固102个,价值22.46亿元。开展行政事业单位国有资产监督绩效评价工作,形成3大类指标和28个子类指标的监督评价指标体系。

【推进变革型组织建设】 全面从严治党。加强党性教育,构建党委书记宣讲等领导领学、个人自学、集体研学、机关评学、实践检学“五学”法。落实“三会一课”、谈心谈话、“双重组织生活”等党内政治生活要求,制定党员干部“八小时外”倡导清单和负面清单,建立周“清风微语”、月“清廉哨兵”、季“红黑张榜”的“三时”监管制。建立“七张问题清单”整改落实闭环机制,全年整改问题50个,办结区级问题15个。建设变革型财政组织。创建局党总支和5个支部的“吾财缤纷”1+5党建集群,结合支部规范化建设排摸和交叉互查,构建党建与业务并进格局。实施以老带新“青蓝工程”,创设“1个社团+4个小组+N个活动”的“蓝海财智”青学社。开展“年轻干部大讲堂”“共富小课堂”9次。提升基层服务水平。2022年,全局干部职工开展“三服务”活动161次,连续第4年下海岛送会计指导服务,参加志愿防疫900人次。

(舟山市普陀区财政局供稿　唐　伟执笔)

注:

*“星辰大海”:指舟山市城市海岸线文化旅游产业发展计划,旨在到2025年,发展数字文化、网络影视、乡野宿集、星空露营4大新兴业态,培育创意市集、展览陈列、时尚秀场、网络直播、主题乐园、休闲绿道、水上运动、社群聚落8大流量业态,打造新螺头理想村、竹山国家纪念公园、海丝之路星光秀场等10大地标空间。

岱山县

【概况】 2022年,岱山县实现地区生产总值753.60亿元,按可比价格计算增长18.0%。其中:第一产业增加值35.53亿元,下降4.6%;第二产业增加值609.80亿元,增长22.0%;第三产业增加值108.28亿元,增长7.5%。三次产业结构比4.7∶80.9∶14.4。按常住人口计算,全县人均生产总值357159元,增长16.8%。全县财政总收入28.18亿元,下降9.8%,同口径(剔除增值税留抵退税因素,下同)增长4.0%;一般公共预算收入20.01亿元,下降1.5%,同口径增长9.0%;税收收入13.81亿元,下降8.6%,同口径增长5.6%。全县一般公共预算支出59.07亿元,增长16.2%。全年财政收支平衡。

【组织财政收入】 发挥“财政+”部门协作机制作用,落实促进税收充分落地工作考核办法,抓好重点项目税收。完成亩均税收5万元以下低效企业整治提升,实现规上工业亩均税收70万元/亩,获全省新一轮制造业“腾笼换鸟、凤凰涅槃”攻坚行动考核激励。2022年,一般公共预算收入占GDP的2.7%、占财政总收入的71.0%,税收收入占一般公共预算收入的69.0%。全年完成非税收入26.18亿元,下降13.8%;其中,纳入一般公共预算管理的非税收入6.20亿元,增长19.4%。

【经济高质量发展】 支持经济稳进提质。为市场主体纾困解难,全年落实增值税留抵退税5.40亿元,减负降本6.90亿元,兑付政府补助补贴资金7755万元。落实小微企业和个体工商户承租国有房屋租金减免政策,减免租金1047万元。推行“即享即兑”惠企模式,落实政府采购支持中小企业等惠企政策。推动扩大有效投资。全年向上争取政府债券10.29亿元,落实县级财政资金3.76亿元,支持交通基础设施改造、文化旅游基础设施、健康医疗养护综合体等政府投资项目建设。支持创新驱动发展。全年科学技术支出1.58亿元,增长17.5%,支持打造高能级创新平台、优化科技创新政策体系，岱山县工业稳增长和技术改造工作获省政府办公厅2021年推动落实重大措施真抓实干地方督查激励，入围“科创中国”省级试点。落实人才经费4918万元，修订《岱山县人才发展专项资金管理办法》及配套政策。

【探索共同富裕】 推进全域美丽建设。落实海岛大花园建设资金15.86亿元，推进海岛交通畅通、森林岱山、海岛城市基础工程和海岛环境提升等建设。壮大村集体经济。衢山镇5个村被列入2023年度一事一议财政奖补支持共富村试点，包含18个共富乡村建设试点项目，获省级财政奖补资金2000万元；开展“联村联社助发展”专项行动，帮扶岛斗村推进停车场、仓库、钢材交易等项目，每年增加村集体经营性收入15万元。促进海岛绿色转化。三年累计财政投入1.00亿元，推动环境保护、绿色发展和平台建设等16个重点项目实施，带动总投资53.30亿元，岱山县入选浙江省第一批生态文明建设实践体验地。加快未来乡村建设。落实财政资金1871万元，支持小长涂岛开展“小岛你好”海岛共富行动，助力打造军港、渔港、农旅特色文化产业链；新增衢山“惠民共富”资金3000万元，保障衢山镇31个村(社)开展惠民共富项目，截至2022年年底完成项目申报106个。

【提升民生福祉】 全县民生支出40.53亿元，增长5.1%，占一般公共预算支出的68.6%。教育支出5.78亿元，增长3.9%，加大优质教育资源供给，支持双峰新城校区等项目建设。岱山县获评全国义务教育优质均衡先行创建县。卫生健康支出4.06亿元，增长32.3%，支持健康岱山建设，推进第一人民医院迁建等工程；防疫支出9881万元，保障医疗物资筹备、医疗救治能力提升、疫苗接种等。社会保障与就业支出7.06亿元，增长8.1%，支持社会保障提质扩面，加强“一老一小”服务供给，老年人自理能力筛查综合评价全省第二，新增托幼一体化试点园2个，城乡居民最低生活保障标准提高至1035元/(人·月)。农林水支出12.95亿元，增长5.2%，开展渔农村环境整治攻坚行动，获评省新时代美丽乡村示范县；支持发展现代渔农业，打造引领船55艘，实施农业“双强”项目5个。文化旅游体育与传媒支出1.30亿元，增长11.0%，发展文体事业，支持全国文明城市创建，全民健身中心建成投用，新增城市书房3家、文化礼堂7家，开展大中型文体活动51场，建成“15分钟品质文化生活圈”90个。

【加强财政监管】 坚持党政机关过“紧日子”，全年非刚性、非重点项目支出压减10.0%，压减金额1720万元。完善公款竞争性存放考评、政府采购等财政管理制度，组织开展财经秩序、“三公”经费专项整治行动。完成政府投资项目造价审核133个，审核资金63.12亿元，调整金额10.02亿元。做好公路资产专项清查、资产账和财务账核对，提高资金使用绩效。出台《岱山县财政支出项目预算绩效目标管理办法》，数字化监控财政支出项目1452个；制订完善绩效评价相关办法9个；完成“菜篮子”专项资金等重点绩效评价项目7个，试点下级政府财政运行综合绩效评价。加强风险防范，针对政府性隐性债务，制定“一债一策”化解方案，统筹财政性资金推进化债工作。落实养老保险省级统筹责任分担机制，确保社保基金平稳运行。优先保障“三保”支出，“三保”运行总体安全。

【深化财政改革】 深化体制机制改革。出台《岱山县乡镇财政管理体制实施办法》，实行“核定基数、超收分成、短收减支、动态调整”的财政管理体制，激励乡镇财政增收节支。出台《岱山县经济开发区财政管理体制实施办法》，支持开发区招商引资、产业引进、动能培育。深化财政数字化改革。推动浙江省非税和票据管理一体化系统应用试点、“浙里捐赠”试点、“浙里报账”重大场景应用等数字化改革工作落地见效；推进预算管理一体化建设，预算指标管理全流程追踪和控制。深化国资国企改革。做大做强国有资本，国企资产总额增长41.4%，资产负债率下降22.1%，营业收入增长68.0%。出台薪酬决定机制、国有资本监管、总审计师试点等监管制度，上线国资国企数字化监管平台。

【建设变革型组织】 加强党建统领。开展学习党的二十大和省第十五次党代会精神、财政国资系统庆祝建党101周年等学习宣讲活动。浙江省岱山蓬莱交通投资集团有限公司等4家国企党建工作统一归属县财政局党委管理，形成“政企一体，双融共促”国企党建格局。建设清廉财政。常态化开展廉政教育活动，出台《加强年轻干部廉政教育管理监督实施方案》。建设变革型财政组织。实施2022年变革型财政组织创建方案，运用好财政系统先进评选表彰、财菁宣讲团、财政业务大讲堂等载体，加大对年轻干部培养，局中层干部中“85后”占比41.2%。加强基层服务。赴企业及鱼山、开发区、衢山镇渔农村开展“三服务”活动，细化服务保障举措，全年服务77次，解决问题28个。

（岱山县财政局供稿　徐　华执笔）

嵊泗县

【概况】 2022年，嵊泗县实现地区生产总值130.04亿元，按可比价格计算增长6.2%。其中：第一产业增加值40.80亿元，增长6.9%；第二产业增加值26.05亿元，增长11.8%；第三产业增加值63.19亿元，增长3.5%。三次产业结构比31.4∶20.0∶48.6。按常住人口计算，全县人均生产总值195553元，增长7.0%。全县财政总收入12.39亿元，下降0.9%，同口径(剔除增值税留抵退税因素，下同)增长10.4%，一般公共预算收入8.67亿元，下降1.6%，同口径增长6.5%，税收收入5.48亿元，增长7.4%，同口径增长21.0%；全县一般公共预算支出37.35亿元，增长21.5%。全年财政收支平衡。

【加强财政收支管理】 联合税务部门对接上海市财政局，完成洋山特殊综合保税区税收征管体制及利益分配新一轮谈判，每个集装箱综合收益由原13.1元提升至21元。争取上级政策和资金支持,主动参与项目竞争,推动宝山钢铁嵊泗马迹山港区、上海LNG站线扩建等重点项目税收充分落地,拓宽税源基础。2022年,全县一般公共预算收入占GDP的6.7%、占财政总收入的70.0%,税收收入占一般公共预算收入的63.2%。全年实现非税收入13.18亿元,其中纳入一般公共预算管理的非税收入3.19亿元。全年向上争取资金17.36亿元,包括增值税留抵退税等减税降费转移支付资金3.36亿元、大陆(小洋山)引水工程资金2.35亿元、农业农村省统筹资金6979万元等。加强支出管理,严控和压减非刚性非重点项目支出,健全结转结余资金清理收回机制,全年压减和收缴结转结余财政资金4626万元。

【服务经济发展】 落实稳经济一揽子政策,推出加大增值税留抵退税政策力度、用好地方政府专项债券、扩大政府性融资担保业务覆盖面、发放“首贷户”财政贴息等财政支持措施10项,助企减负,轻装前行。落实减税降费政策,全年为企业减负2.10亿元,完成增值税留抵退税1.78亿元,政策性融资担保费率由1.0%下调至0.5%。出台《关于统筹设立嵊泗县产业发展专项资金的若干意见》,整合省、市、县三级相关产业资金,围绕双碳战略、海洋经济、数字经济等领域提质扩能,集中财力支持重大项目招引、村集体经济发展等重点工作。推进政府投资、国企投资、产业资金、产业项目4类项目储备库建设,推动项目论证安排与政策资金更加匹配,全年投入资金6.72亿元,支持菜园海塘整治提升工程、嵊泗县大陆(小洋山)饮水工程、菜园海水淡化建设工程等重点项目建设。

【支持海岛共富行动】 启动“小岛你好”海岛共富行动,金鸡山岛、黄龙岛、嵊山岛、枸杞岛列入首批4个示范岛创建,投入资金1.35亿元用于小岛风貌综合整治、小岛产业导入更新、小岛基础设施提升等。安排一事一议财政奖补资金5180万元,支持打造共富村试点及未来乡村建设、花鸟数字海岛二期工程建设。会同县旅投公司梳理优质旅游项目,达成嵊泗东山嘴酒店项目合作意向,启动民宿平台数据接入筹备工作,开启嵊泗国际旅游岛建设项目调研工作。探索偏远海岛老年健康体检“共富”模式,为65周岁以上参保人员增加免费体检项目,该模式入选全省财政系统高质量发展建设共同富裕“小切口”改革优秀实践案例。

【保障民生福祉】 全年民生支出26.40亿元,占一般公共预算支出的70.7%。全年社会保障和就业支出3.94亿元,增长70.7%,加大对社保基金财政补助;新增城镇就业1428人,城镇登记失业率1.3%;加强困难群体救助,增加对养老机构投入。全年卫生健康支出2.91亿元,增长21.7%,推进医疗卫生“山海”提升工程,优化城乡居民健康服务供给,启用浙江医院嵊泗云诊室,防疫支出8500万元。全年教育支出3.26亿元,推进优质教育均衡发展,提高各阶段生均经费标准,助力“县中崛起行动”。全年文化旅游体育与传媒支出9800万元,落实博物馆、民俗馆等大型文化设施建设、运行经费保障,构建多元化、立体化基层文体空间,丰富百姓文化生活。全年农林水支出8.49亿元,增长11.1%,保障小洋山(大陆)引水、菜园海塘整治提升等工程建设。全年城乡社区支出2.80亿元,建设山地公园、口袋公园,助推县城有机更新和综合治理,助力开展全国文明城市创建工作。

【深化财政改革】 完善乡镇财政体制,出台《嵊泗县乡镇财政体制(2021—2023年)调整方案》,完善县对乡镇转移支付制度,鼓励乡镇集中财力办大事,突出对乡镇发展经济的激励导向作用。推进财政数字化改革,启用“浙里报账”平台,建立部门考核评价机制,实现上线率和贯通率100.0%。开展公款竞争性存放网上招标,全年完成网上招标2次,涉及金额5.68亿元。推进政府投资项目监督管理平台建设,加强项目审核管理。深化预算绩效管理,出台县级预算绩效目标管理办法,开展垃圾集中处理经费等4个项目重点绩效评价,涉及资金7772万元。探索“关注民生 试点先行”部门整体预算绩效管理改革工作,实施下一级政府财政运行绩效评价试点工作,县财政局获2022年度全省财政管理(市县)绩效考评优秀。

【防范化解财政风险】 强化债务管控,关注政府债务率指标,实施政府投资项目立项前财政承受能力和债务风险评估。完成本年度政府隐性债务化解任务,优先保障“三保”支出,做好重要节点库款调动工作,完善“三保”执行动态监控和风险预警机制。加强社保基金运行分析,做强社保风险准备金蓄水池,获企业职工基本养老保险县级责任分担减免6324万元。做好国有企业融资监管工作,形成县属国企内部资金调控协调机制,严控债务违约风险。

【壮大国资国企】 深化国有企业改革,落实出资人职责,整合县属国企资源,推进公司集团化运作和资本化管理模式。开展全县国有房屋土地资产专项治理整改工作,规范出租、租赁行为,推进国有资产合理配置和高效利用。加大国资监管力度,印发《嵊泗县国资监管事项办事流程(2022版)》,修订《嵊泗县县属国有企业公务消费监督管理办法》,推进国资综合监管平台升级,上线运行国企人力资源在线管理、财务数据集中采集、债务分析等模块。

【全面从严治党】 学习贯彻落实党的二十大精神和省、市、县党代会的决策部署,结合省市县各项重点中心工作,层层落实党建责任,实施“红色根脉强基工程”。启动嵊财“红管家”队伍品牌建设。纵深推进清廉财政建设,结合“廉政家访”“廉政家文化”等载体,健全关键少数、关键岗位全覆盖的内控机制。强化清廉教育,从严管理干部队伍。建设变革型财政组织,树立“以政领财”理念,通过财说课堂、干部讲坛等深化学习氛围;通过干部教育培训、“青蓝帮带”等加强干部培养;通过数字化改革牵引撬动优化财政管理流程。开展“三服务”活动,全年深入基层、企业、群众开展服务32次,解决问题32个。2022年,嵊泗县财政局获评全省清廉财政建设成效突出单位。

(嵊泗县财政局供稿　施伟伦　朱宸漫执笔)

台州市财政工作

台州市

【概况】 2022年，台州市实现地区生产总值6040.72亿元，按可比价格计算增长2.7%。其中：第一产业增加值330.06亿元，增长2.9%；第二产业增加值2639.10亿元，增长1.5%；第三产业增加值3071.56亿元，增长3.8%。三次产业结构比5.5∶43.7∶50.8。按常住人口计算，人均生产总值90572元，增长2.3%。全市固定资产投资增长6.5%。社会消费品零售总额2585.98亿元，增长3.2%。进出口总额2771.84亿元，增长15.5%。全市城镇常住居民人均可支配收入70737元，增长3.9%；农村常住居民人均可支配收入37700元，增长6.4%。全市财政总收入726.54亿元，下降5.7%；一般公共预算收入440.75亿元，同口径（剔除增值税留抵退税因素，下同）增长6.6%，其中税收收入355.78亿元，同口径增长4.5%；一般公共预算支出834.93，增长13.6%。市本级财政总收入65.38亿元，下降22.1%；一般公共预算收入29.98亿元，同口径增长2.4%，其中税收收入26.34亿元，同口径增长23.8%；一般公共预算支出112.77亿元，增长8.1%。全年全市及市本级财政收支平衡。

【组织财政收入】 *强化收入预测分析。*加强财政与各收入部门沟通联系，实时监控收入情况，加强数据分析研判，做好收支执行情况分析。2022年，全市一般公共预算收入占地区生产总值的7.3%、占财政总收入的60.7%，税收收入占一般公共预算收入的80.7%。*强化非税收入征管。*全市实现非税收入814.79亿元，增长7.8%，其中纳入一般公共预算管理的非税收入84.97亿元，增长18.5%。*向上争取资金。*全年全市争取上级转移支付资金608.13亿元，其中新增债券额度252.24亿元，争取中央、省各项政策性、激励性、补助性等资金355.89亿元。

【支持经济发展】 全年落实新的组合式税费支持政策优惠295.80亿元，其中，增值税留抵退税151.10亿元，惠及企业1.8万家。面向中小企业政府采购金额90.72亿元，增长57.8%；政府采购为企业减负28.24亿元，增长44.2%；兑现涉企政府性补助补贴资金77.21亿元；落实国有房屋减免租金政策，为2653户市场主体减免租金0.46亿元；依托"政采贷"平台，全市为企业授信规模9.55亿元，缓解企业融资难题。支持商贸发展，全市兑现商务促进专项资金4.28亿元，发放各类消费券3.10亿元，拉动消费61.20亿元，扶持"购车狂欢节""双品购物节"等活动。支持科技事业发展，全市科技支出26.86亿元，增长21.3%。支持科技企业"双倍增"、关键核心技术攻坚等工作，全市全年新增国家高新技术企业439家、省科技型中小企业1229家。支持乡村振兴，全市投入乡村振兴资金48.33亿元，重点支持农业"双强"行动、"千万工程"、传统村落保护利用，推动台州实现国家现代农业产业园零突破。设立财金支农试点风险资金池，特色产业年担保费率由0.8%降为0.5%，帮助解决农业贷款难问题。落实直达机制，加快支出进度，全年兑付"两直"资金75.16亿元，支付进度99.5%。

【推动共同富裕】 围绕走深走实推动民营经济创富、做强现代产业造富、畅通内外循环聚富等"九富"路径，以"家庭"共同富裕为基本切入点，开展"扩中家庭"财税政策体系综合试点，支持建成共富工坊1015家，带动农民就业3万余人。从慈善角度切入，开展"浙里捐赠"数字平台建设试点，探索"三次分配"新路径，获全省财政系统高质量发展建设共同富裕示范区"小切口"改革最佳案例实践。支持推动山海协作，在黄岩、天台、仙居和三门谋划实施共富项目78个；支持推动东西协作，全市投入对口援建专项资金3.15亿元，组织全市1564家预算单位采购脱贫地区农副产品0.19亿元。

【保障民生支出】 全市民生支出636.66亿元，增长15.3%，占一般公共预算支出的76.3%。*支持教育事业发展。*全市教育支出174.69亿元，增长10.5%，保障镇海中学台州分校等"民转公"、义务教育生均经费标准提高、台州学院升大学、国家职业教育创新高地建设等重点工作。*支持医疗卫生事业发展。*全市卫生健康支出85.12亿元，增长20.0%，重点推动"三医联动""六医统筹"，实现60岁以上老人免费接种新冠疫苗等项目，基本公共卫生服务人均补助标准提高到97元，增长5.4%。*支持社会保障事业发展。*全市社会保障和就业支出102.02亿元，增长19.5%。城乡居民基础养老金标准提高至280元/（人·月）；低保边缘户范围由1.5倍扩大到2倍，最低生活保障标准提高至12492元/（人·年）；全市9.6万贫困人员实现"台州利民保"保费兜底保障。*支持文化旅游事业发展。*全市文化旅游体育与传媒经费17.06亿元，增长0.9%，助力台州府城文化旅游区晋级国家5A级旅游景区，神仙居旅游度假区入选国家级旅游度假区意向名单。

【推进财政数字化改革】 持续推进预算管理一体化系统建设，整合优化预算管理各环节业务规范，完成预算执行模块整体上线运行。医疗电子票据线上报销改革获评浙江财政数字化改革创新应用大赛三等奖。推广"浙里报账"应用，以财务报销为"小切口"，实现财政财务整体智治，台州市本级全年报销单总量26694笔，报销金额2379.9万元。上线政府采购评审专家管理平台，实现专家入库、学习培训、履职评价、解聘退出等全过程闭环管理，优化政府采购营商环境。开展"浙里垫付2.0"改革，提高内部审批效率，全年为366名伤者垫付2397.92万元；追偿373笔金额1669.68万元。

【深化财政监管】 发挥绩效引领作用。健全预算绩效管理体系,出台《台州市市本级预算绩效管理办法》。夯实绩效事前事中事后管理,全年开展重大政策和项目事前绩效评估64项,对15家市五届人大预算亘点审查部门开展部门整体预算绩效试点改革,对市区公交等市区联动、群众关注度高的资金奖补情况开展绩效评估。台州市打造事前绩效评估标准化作业指导体系入选全省坚持党政机关过"紧日子"10大优秀案例。加强风险管控。遏制新增隐性债务,化解存量隐性债务。优先保障"三保"支出,提升"三保"运行监测和预警能力,兜牢"三保"底线。拓宽社保风险准备金筹集渠道,防范社保基金风险。完善财务内控建设,持续推进行政事业单位内控建设;出台《关于进一步强化和规范乡镇财政监管工作的指导意见》,压实乡镇内控建设责任。

【加强队伍建设】 加强理论学习。落实"第一议题"制度,学习习近平总书记重要讲话精神及关于财政工作重要论述,学习党的二十大和省第十五次党代会精神。深化廉政教育。纵深推进全面从严治党工作,强化财纪联动。推进清廉财政建设,实施以"固本强基全领域、资金监管全链条、市县乡财全贯通、队伍建设全周期、清廉文化全覆盖"为内核的"五全"工程,加强廉政警示教育。加快变革重塑。优化财政干部培养模式,加快能力素质变革重塑。成立共青团台州市财政系统工作委员会,以"菁才论坛""追寻总书记台州足迹"等形式开展学习教育活动。

(台州市财政局供稿　杜依霖执笔)

椒江区

【概况】 2022年,台州市椒江区实现地区生产总值769.82亿元,按可比价格计算增长0.8%。其中:第一产业增加值14.42亿元,下降19.3%;第二产业增加值284.35亿元,增长1.1%;第三产业增加值471.05亿元,增长2.8%。三次产业结构比1.9:36.9:61.2。按常住人口计算,人均生产总值90355元,下降1.0%。社会消费品零售总额309.45亿元,增长1.0%。外贸进出口总额289.69亿元,增长22.4%。全体居民人均可支配收入66124元,增长4.2%。城镇常住居民人均可支配收入77823元,增长3.1%;农村常住居民人均可支配收入39096元,增长5.4%。全年全区[1]实现财政总收入79.61亿元,下降5.5%;一般公共预算收入50.06亿元,下降1.6%;一般公共预算支出67.33亿元,增长15.5%。全年财政收支平衡。

【组织财政收入】 加大收入统筹力度,财政、税务加强收入协同共治,常态化研究协调组织收入工作难题。2022年,全区一般公共预算收入占地区生产总值的6.5%、占财政总收入的62.9%;税收收入44.70亿元,占一般公共预算收入的89.3%。组织非税收入,全区实现非税收入94.70亿元,增长83.4%,其中纳入一般公共预算管理的非税收入5.36亿元,增长103.8%。强化土地出让金征收结算管理,全年土地出让合同价款126.04亿元,国有土地使用权出让收入59.40亿元。首次开展存量国有资产经营权转让,盘活停车位、保障房及陵园等国有资产50.52亿元。争取上级专项转移支付资金10.90亿元,增长25.8%。

【支持经济发展】 落实减负强企政策,配合出台个体工商户纾困帮扶政策,助力经济稳进提质各项政策落地,全年为企业减免税费29.60亿元。落实承租行政事业单位、区属国有公司房屋租金减免政策,全年为市场主体减免租金1734万元,惠及承租户1532户。优化涉企服务保障,组建财政政策保障专班,在"政企通"平台开展所有惠企政策补助,实现财政奖补一网通办,全年180个惠企项目政策兑现资金5.75亿元,惠及企业7482家次。政府采购授予中小企业总合同金额2.69亿元,采购规模和项目数分别占全区政府采购总量的97.4%、97.9%。支持科技人才事业发展,全年科技和人才支出3.40亿元,增长30.5%,重点支持"科创中国"省级试点、人才引进和创业扶持、高校毕业生补助等项目。组建4家总规模55.91亿元产业子基金,撬动社会资本助推区内产业升级。保障重大基础设施建设,全年申报发行新增政府债券36.91亿元、再融资债券12.00亿元,推进大陈岛、五大攻坚行动等重大项目、重大战略实施。指导区属国有企业参与项目建设,全年承接重点工程41个、投资金额超72.00亿元。

【保障民生支出】 2022年,全区民生支出50.78亿元,增长17.4%,占一般公共预算支出的75.4%。支持教育事业发展。全年教育支出13.32亿元,增长9.1%。完善生均公用经费综合定额和单项定额标准体系,统一同类学校标准,区内外学生全部纳入经费保障范围;支持规范民办义务教育发展,争取省补资金4279万元。支持医疗卫生事业发展。全年卫生健康支出8.06亿元,增长31.4%。安排资金1.97亿元支持疫情防控工作,主要用于疫苗接种、核酸检测、患者救治等。提升社会保障水平。全年社会保障和就业支出9.54亿元,增长11.8%。落实就业补助资金1469万元,支持落实稳就业政策,新增城镇就业10097人。安排专项资金1471万元,支持落实关爱"一老一小"政策,完善怡家食堂老年助餐体系,推动托育机构镇街全覆盖。支持文体事业发展。全年文化旅游体育与传媒支出1.86亿元,增长11.7%。助力大陈岛垦荒精神入选首批"浙江文化标识",支持台州刺绣获评省创建级文旅融合IP名录。支持城乡环境改善。全年安排生态环保专项资金3684万元,拨付老旧小区改造、垃圾分类资金5300万元。

【深化财政改革】 推动共同富裕建设,下陈街道横河陈村片区(组团)式乡村共富联合体成功入选省财政厅一事一议财政奖补支持打造共富乡村试点项目。推动财政数字化改革,上线预算

1 全区财政数据统计口径均不含台州湾循环经济产业集聚区。

一体化管理系统，升级“政采云”系统，推广“浙里报账”小程序，入选省财政厅“浙里捐赠”应用试点。强化财政绩效管理，跟踪监控年度预算20万元以上项目的绩效目标，开展2021年度1021个项目绩效自评，涉及资金56.08亿元，镇海中学台州分校等两个重点民生项目绩效评价情况向区人大作专题汇报。

【加强财政监管】 落实党政机关过“紧日子”要求，全年压减非必要非急需项目、部门预算结转资金3.20亿元。对政府性投资项目已竣工未办理财务决算手续情况开展特定问题调查，落实专号整改销单工作。持续加大财政投资评审力度，强化重大项目评审和跟踪问效，全年送审金额13.55亿元，审定金额12.72亿元，核减金额0.83亿元。防范地方债务风险，压实主体责任，多措并举统筹财政资金，化解存量隐性债务，防止新增隐性债务。

【推动队伍建设】 加强党组织建设，选举成立局机关党委、机关纪委。开展变革型财政组织建设三年行动，谋划实施红色根脉强基工程。开展廉政风险点排查，提出18大风险、47处廉政风险点和68条具体防范措施。强化廉洁作风教育，组织开展“书香椒江 阅心财行”读书分享会，组织党员干部赴红色基地接受红色教育，集体观看主旋律电影。加强与省市财政部门党团组织联动，组织开展“弘扬垦荒精神 助推共同富裕”暨多跨联动主题团日活动。

（台州市椒江区财政局供稿 章佳琦执笔）

黄岩区

【概况】 2022年，台州市黄岩区实现地区生产总值612.08亿元，按可比价格计算增长3.5%。其中：第一产业增加值23.04亿元，增长3.3%；第二产业增加值288.31亿元，增长3.1%；第三产业增加值300.73亿元，增长4.0%。三次产业结构比3.8∶47.1∶49.1。按常住人口计算，人均生产总值85905元，增长3.2%。全区固定资产投资增长16.9%。社会消费品零售总额261.39亿元，增长3.0%。外贸进出口总额274.27亿元，增长14.0%。居民人均可支配收入58990元，增长5.0%。其中，城镇常住居民人均可支配收入70714元，增长3.5%；农村常住居民人均可支配收入38787元，增长7.2%。全区财政总收入64.58亿元，下降12.9%；一般公共预算收入40.96亿元，下降6.8%，其中税收收入33.25亿元，下降15.7%；一般公共预算支出68.13亿元，增长12.8%。全年财政收支平衡。

【强化组织收入】 加强收入调节力度，围绕年度收入目标，加强分析研判，把握组织收入方向和力度；协同税务部门加强和完善收入征管机制，提高税收征管效率；优化税收收入结构，增加地方可用财力；完善非税收入征缴机制，加强土地出让金管理，挖掘收入潜力；拓宽政府公共资源收益管理范围，盘活存量国有资产，做大政府可用财力。2022年，全区一般公共预算收入占地区生产总值的6.7%、占财政总收入的63.5%，税收收入占一般公共预算收入的81.2%。全区完成非税收入113.25亿元，增长146.3%，其中纳入一般公共预算管理的非税收入7.71亿元，增长70.1%。

【支持经济高质量发展】 落实减税降费政策，全年减免各类税费23.21亿元。落实国家、省、市稳经济政策，配合出台区经济稳进提质45条。支持实体经济发展，兑付涉企补助资金5.31亿元。安排资金1800万元，开展汽车促销和餐饮促消费活动，拉动社会消费4.21亿元。落实承租行政事业单位、国有企业房屋租金减免工作，全年为市场主体减免租金1165万元，涉及租户558户。提高政府采购项目预留中小企业份额，预留份额89.7%，远超省定30.0%标准。推进小微企业信用贷款评级试点工作，出台《黄岩区小微企业信用贷款评级试点工作实施方案》，安排资金3000万元，用于小微企业信用贷款评级试点贴息及风险补偿，降低企业融资成本1.5个百分点，全年完成信用评级3550户，授信3009户、额度53.72亿元，发放贷款总额29.69亿元。健全融资机制，做好专项债券申报工作，2022年发行新增专项债券15.51亿元。其中，棚改专项债券4.65亿元，其他项目收益专项债券10.86亿元，支持重大项目建设。

【推进共同富裕】 推进财金助力扩中家庭项目试点。指导以黄岩区农商行为主体推进财金助力扩中家庭项目，推出5款针对不同人群“共富系列”贷款产品，建立“扩中”家庭信用档案，出台《黄岩区财金助力扩中家庭项目试点推进方案》，召开全省家庭财金助力扩中项目试点现场会。截至2022年年底，全区完成“扩中”家庭走访15161户，“共富”贷款签约2864户，签约金额36877万元，其中贷款发放户数1162户，贷款余额17269万元。推进农村家庭产业共富计划试点和基于家庭型财务评价的农业融资担保模式试点。围绕西瓜、柑橘、杨梅等主导产业，为从事农业生产的扩中家庭提供低门槛、低费率、纯信用、无抵押政策性农业融资担保。浙江省农业融资担保有限公司向黄岩区西瓜产业授信10.00亿元，将西瓜产业担保费从0.8%降低至0.5%；创设异地种瓜扩中家庭政策性保险，区财政对保险费按50.0%比例进行补助。全年完成政银担贷款业务规模1.54亿元。推进扩中家庭财税政策体系综合试点。打造以“家”为研究核心，以共同富裕为根本目标的“e家富”数字应用，形成家庭经济画像，全年集成人口信息数据687万条、房址户室数据61万条，筛选“扩中”家庭41477户，占总户数21.4%。该试点入选全省财政系统高质量发展建设共同富裕示范区“小切口”改革最佳实践案例。

【保障民生支出】 2022年，全区民生支出55.24亿元，增长12.3%，占一般公共预算支出的81.1%。保障教育事业发展。全年教育支出14.71亿元，增长6.3%，提高中学和小学生均公用经费标准至1200元/(人·年)和1000元/(人·年),保障空调进教室资金476万元、校舍维修及重点项目建设资金1992万元。提高社会保障水平。全年社会保障和就业支出9.08亿元,下降13.2%。用于城乡居民最低生活保障、城乡居民社会养老保险、孤儿基本生活保障、促进就业创业等,提高城乡居民基础养老标准至280元/(人·月)。促进健康黄岩建设。全年卫生健康支出10.43亿元,增长73.3%。用于基本公共卫生服务、县级公立医院改革、常态化疫情防控资金保障等。促进文化体育旅游事业发展。全年文化旅游体育与传媒支出1.94亿元,增长32.0%。落实文化馆新馆建设经费1000万元,图书馆新馆建设经费266.16万元。

【财政数字化改革】 推进"浙企一表通""浙里报账""浙里基财智控""浙里办票""浙里捐赠""浙里担"等10项财政数字化改革试点项目。"浙里报账"在232个预算单位推广使用。"浙里基财智控"应用首批试点完成服务期平台搭建与试点培训。"浙里担"与瓜果天下平台实现对接,全面贯通业务系统,实现担保贷款线上办理。国有房产智慧监管系统通过验收并正式运行,实现对国有房产数字化和智能监管。开展财政资金竞争性网上招投标改革,全年组织财政资金竞争性存放招投标3期,累计存放金额14.98亿元。

【加强财政监管】 防范化解债务风险。压实化债职责,加快国有企业融资平台市场化转型,按照年度化债计划还本付息。强化绩效考核。以单位自评为主、财政抽评为辅,对63个主管部门进行绩效考核评分。全年报送绩效目标3911个,涉及财政资金83.09亿元。加强政府采购监管。全年完成政府采购有效项目321个,采购预算金额9.87亿元,实际采购金额8.81亿元,资金节约率10.8%。加强重点项目监管。全年审结备案项目1439个,送审投资额136.78亿元,审定投资额129.22亿元,净核减资金7.56亿元,平均核减率5.5%。

【加强干部队伍建设】 全面从严治党。围绕习近平新时代中国特色社会主义思想、党的二十大精神等开展专题学习,推动党的创新理论入脑、入心、入行。强化局党委书记第一责任、班子成员"一岗双责"、机关党委直接责任、党支部落实责任"四责协同"机制,制定三级党组织书记机关党建工作责任清单。塑造清廉机关品牌。深化"五廉五财"品牌建设,建立廉政文化长廊,展示廉政文化,设立"清风茶室"为第一种形态"红脸出汗、咬耳扯袖"场所,开展廉政文化教育。深化清廉国企建设,创成市级、区级"清廉机关"示范样板。强化干部管理。建立综合调研专班,推动业务互学。严肃干部职务提拔、职级晋升全过程管理,开展新提任干部任前约谈,全年提拔优秀年轻干部3名。

(台州市黄岩区财政局供稿 杨 卫 刘慧珺执笔)

路桥区

【概况】 2022年,台州市路桥区实现地区生产总值757.00亿元,按可比价格计算增长3.7%。其中:第一产业增加值15.70亿元,增长4.5%;第二产业增加值292.98亿元,增长2.6%;第三产业增加值448.32亿元,增长4.5%。三次产业结构比2.1∶38.7∶59.2。按户籍人口计算,人均生产总值164153元,增长3.9%。城镇常住居民人均可支配收入85274元,增长3.1%;农村常住居民人均可支配收入42939元,增长5.7%。全区固定资产投资增长14.2%。社会消费品零售总额408.06亿元,增长4.2%。外贸进出口总额550.20亿元,增长44.3%。全区财政总收入85.12亿元,增长11.7%;一般公共预算收入50.40亿元,增长18.3%,其中税收收入41.89亿元,增长9.7%;一般公共预算支出53.73亿元,增长12.8%。全年财政收支平衡。

【组织财政收入】 研判财政经济形势,加强收入预测分析,把握组织收入主动性。强化经济部门联动,合力培育优质可持续财源,夯实财政收入增长基础。2022年,全区一般公共预算收入占地区生产总值的6.7%、占财政总收入的59.2%,税收收入占一般公共预算收入的83.1%。全年实现非税收入61.17亿元,下降24.0%,其中纳入一般公共预算管理的非税收入8.53亿元,增长93.0%。

【助力高质量发展】 护航企业发展。开展财政资金"一网"通兑平台建设,全年开通申报惠企政策161项,审定惠企政策资金5.05亿元,惠及中小企业13531家次;落实减税降费政策,全年办理增值税留抵退税12.53亿元,办理缓缴制造业中小微企业税费8.20亿元,减免"六税两费"1.12亿元;做好疫情期间承租国有房屋租金减免工作,全年行政事业单位为市场主体减免租金167万元,国有企业为市场主体减免租金4809万元。落实直达机制,加快支出进度,全年兑付"两直"资金4.68亿元,支付进度99.2%。推动产业转型升级。全年投入科技专项资金5070万元,制造业高质量发展专项资金4580万元,支持实施科技型企业"双倍增"、关键核心技术攻坚行动和高能级创新平台、"工业4.0"示范区、数字经济"一号工程"建设,助力路桥落地全国首单银行间市场知识产权信贷资产证券化项目,该项目获评2021年度浙江省知识产权金融创新十大典型案例。

【增进民生福祉】 2022年,全区民生支出39.60亿元,增长13.1%,占一般公共预算支出的73.7%。支持卫生事业发展。全年卫生健康支出3.21亿元,增长13.0%,推进区中医院二期、区二院二期、路南社区卫生服务中心整体迁建工程、路北卫生院改造提升等项目建设。支持教育事业发展。全年教育支出12.50亿元,增长9.8%,支持义务教育优质均衡发展。安排资金8573

万元，用于重点教育项目建设；小学、初中义务教育生均公用标准分别提高至800元/(生·年)、1000元/(生·年)；完善学前至高等教育全方位学生资助体系，全年资助学生6960人，资助金额947万元。支持文化事业发展。全年文化旅游体育和传媒化支出1.35亿元，增长1.7%。推进文体设施提升和省市民生实事工作，区文化馆新馆开放、区博物馆新馆开馆，新增城市书房2家、文化驿站1家、和合书吧2家，完成“15分钟品质文化生活圈”100个，创成省级乡村博物馆5家。支持乡村振兴。全年安排资金5.83亿元，统筹用于美丽乡村建设、粮食生产等；落实一事一议财政奖补项目25个，改善农村人居环境和村容村貌，受益群众6万余人。

【深化财政改革】 推进财政数字化改革。完成预算管理一体化部署，上线支付云、核算云；推广“浙里报账”应用，上线公务出行、会议培训等6大场景应用，实现财务报销全程无纸化操作和“一次都不用跑”；实行公款存放网上招标，全年开展竞争性存放4期，涉及资金48.40亿元，中标利率相对基准利率达到各类银行最高上浮标准，提高公款存放利息收益。推进共同富裕建设。围绕“一老一小”制定《关于落实婴幼儿普惠托育纳入基本公共服务财政奖补政策的实施方案》，探索建立以家庭为基础、社区为依托、机构为补充的婴幼儿照护服务体系。推进国有企业改革。修订《路桥区国有企业资金存放管理实施办法》，出台《路桥区国有企业收购资产监督管理办法(试行)》等制度，加强对国企重要事项合规性指导，推动国企统筹内部监督资源，完善内部监督制度。

【加强财政监督】 深化预算绩效管理，搭建全流程绩效管理链条，审核6个重点项目实施情况，核减资金410万元。加大财经纪律检查，开展全区镇(街道)财务管理突出问题专项治理检查。强化库款预测研判，建立大额支出月报制度，制定库款调度预案，实时监测库款余额，防范支付风险。盘活资产资源，出台《路桥区行政事业单位房地产历史遗留问题权证办理处置意见》，全年办理房地产权证109宗，出让房产3宗。

【强化队伍建设】 学习贯彻党的二十大精神。组织青年干部参与“财促振兴　政练青春”主题实践、微党课制作与宣讲、知识抢答赛等活动，掀起学习宣传贯彻党的二十大精神热潮。深化清廉财政建设。以“党建+”清廉财政建设为契机，强化廉政文化建设，设立“清风财苑”清廉微地标，组织朗诵会、廉政知识竞赛等活动，丰富清廉财政内涵。做好选人用人工作。坚持党管干部原则，坚持德才兼备、以德为先，调整充实中层干部队伍，重视年轻干部培养，全年提拔任用中层干部4名，优化干部队伍结构。

(台州市路桥区财政局供稿　程陈婷执笔)

临海市

【概况】 2022年，临海市实现地区生产总值878.52亿元，按可比价格计算增长3.6%。其中：第一产业增加值59.24亿元，增长4.3%；第二产业增加396.16亿元，增长3.5%；第三产业增加值423.12亿元，增长3.5%。三次产业结构比6.7∶45.1∶48.2。按常住人口计算，人均生产总值78756元。全市城镇常住居民人均可支配收入65777元，增长4.4%；农村常住居民人均可支配收入37261元，增长5.4%。全市固定资产投资增长18.0%。社会消费品零售总额269.99亿元，增长4.2%。外贸进出口总额384.40亿元，增长7.3%。全市财政总收入104.51亿元，下降6.4%；一般公共预算收入62.11亿元，下降5.9%，其中税收收入52.03亿元，下降8.4%；一般公共预算支出122.60亿元，增长15.7%。全年财政收支平衡。

【强化收支管理】 加强财政收入管理，成立财政收入管理工作专班，做好财政收入运行的分析研判。2022年，全市一般公共预算收入占地区生产总值的7.1%、占财政总收入的59.4%，税收收入占一般公共预算收入的83.8%。全市实现非税收入83.82亿元，下降24.4%，其中纳入一般公共预算管理的非税收入10.08亿元，增长9.6%。落实常态化直达机制，全年落实直达资金13.63亿元，支出进度100.0%。争取上级资金支持，全年获批专项债券额度52.81亿元，支持23个重大项目建设。

【促进经济稳进提质】 落实新的组合式税费支持政策，按照“第一时间+顶格优惠”原则，全年减免税费42.83亿元，办理增值税留抵退税15.64亿元。推进承租国有房屋租金减免政策，全年为市场主体减免租金2782万元，惠及承租户956户。加快“政企通”平台普及应用，实现政策奖补“一网通办”，全年通过“政企通”平台申报项目178个，兑付资金36.91亿元。开展“项目攻坚年”活动，创新“承诺即开工”“拿地即开工”举措，全年开工项目209个，年度计划投资289.00亿元，华海制药科技产业园一期等重大产业项目建成投产，351国道邵家渡至白水洋段全线动工，灵江治理工程一期等重点项目开工建设。举办第二届“古城崛起、突破跨越”项目谋划擂台赛，储备重大项目162个，其中8个项目入选省首批“千项万亿”名单，总投资1330.00亿元。开展国有资产专项行动，整合构建“1+3”市属企业运营架构，全市AA+信用国企再增加3家。

【探索共同富裕】 提升“一老一小”服务。安排财政资金2.00亿元，建设运营“府城老邻舍”系列综合体，鹿城社区成为全国老年友好型示范社区，老年乐园获评省首批四星级养老机构，入选普惠托育基本公共服务省级试点市，安排资金450万元，新建公办托育机构5家，完成托位备案4920个。全域打造共富工坊。

投入财政资金2000万元,支持挂牌运营"共富工坊"150家,实现农户增收6000多万元。强化乡村振兴投入保障。投入乡村振兴资金4.78亿元,保障"一事一议"奖补政策、未来乡村创建奖补政策等落实到位,建设高质量发展共富村样本,"江南·溪山有道"片区共富村入围省级一事一议财政奖补支持打造共富乡村试点。

【保障民生支出】 2022年,全市民生支出99.02亿元,增长18.9%,占一般公共预算支出的80.8%。教育支出26.27亿元,增长5.0%,建成大洋街道中心幼儿园协成园区等项目23个,新增公办幼儿园学位2160个、公办中小学学位2320个;创新台州中学"一校两区两制"改革,启用台州中学西校区,牵手杭州学军中学深度合作办学。卫生健康支出8.10亿元,下降17.4%,引入省级名医工作站1家,启动"健康大脑+智慧医疗"项目建设,加快基层卫生院扩容提质,获评省公立医院综合改革优秀市;全年安排防疫经费2.60亿元,保障核酸检测、疫苗接种、集中隔离、防控物资等工作。社会保障和就业支出11.61亿元,增长14.0%,重点保障城乡居民养老保险、最低生活保障、优抚对象抚恤优待。文化旅游体育与传媒支出1.70亿元,增长0.3%,推进台州府城—紫阳街—尤溪江南大峡谷线路入选全国乡村旅游精品线路,紫阳街历史文化街区成为省首批夜间文化和旅游消费集聚区,宋韵诗路文化体验馆开馆。

【推进财政数字化改革】 实现罚没缴款数字化、一体化、在线化运行,清理、核销所有用票单位纸质票据,实现电子票据用票单位、票据种类、执收单位"全覆盖"。入选"浙里捐赠"应用省级首批试点地区,线上实施"壹元捐"项目,再造全链条捐赠业务流程。上线国资国企数字化综合监管应用,推进国资国企数字化监管。推进政府采购改革,形成以电子交易为主的政府采购新模式,全年完成电子化政府采购项目695个,采购金额21.65亿元,增长88.4%。

【加强财政管理】 动态调整镇(街道)财政管理体制,加大重点工作考核和奖惩力度,调动镇(街道)争先创优积极性。坚持党政机关过"紧日子",出台《党政机关过紧日子负面清单》,规范支出行为,压减非刚性、非重点项目支出5.0%。健全结转结余资金年中收回机制,清理收回资金1.67亿元,统筹用于疫情防控和民生支出。推动零基预算改革与部门整体绩效改革相融合,完善部门整体绩效评价体系,评价结果与部门公用经费预算挂钩。加大财会检查监督,联合纪委、审计等单位开展重点行业会计信息质量检查、镇(街道)财务管理突出问题专项督查等,严肃财经纪律。

【加强队伍建设】 加强党的建设。学习宣传贯彻党的二十大精神。开展契约共建,与联系乡镇签订契约共建协议,组织党员干部服务城乡基层治理和乡村振兴。打造变革型组织。推进理论、组织、力量、流程和方法变革重塑,创新建立"领题调研"制度,建立健全干部培养链条机制,提升干部能力素养。2022年市财政局获评全省财政系统变革型财政组织创建优秀试点单位。打造节约型机关。响应简约适度、绿色低碳倡议,推动全局勤俭节约、反对铺张浪费,被国家机关事务管理局财政部等4部门联合授予节约型机关单位称号。

(临海市财政局供稿 应 凯执笔)

温岭市

【概况】 2022年,温岭市实现地区生产总值1306.76亿元,按可比价格计算增长2.5%。其中:第一产业增加值94.21亿元,增长4.0%;第二产业增加值569.47亿元,下降0.1%;第三产业增加值643.08亿元,增长4.6%。三次产业结构比7.2∶43.6∶49.2。按户籍人口计算,人均生产总值107635元,增长2.8%。全市固定资产投资增长12.3%。社会消费品零售总额730.27亿元,增长3.3%。全市城镇常住居民人均可支配收入73956元,增长4.1%;农村常住居民人均可支配收入41879元,增长5.6%。全市财政总收入132.63亿元,增长0.6%;一般公共预算收入81.34亿元,增长1.2%,其中税收收入65.75亿元,下降6.3%;一般公共预算支出118.70亿元,增长13.5%。全年财政收支平衡。

【组织财政收入】 加强收入统筹。深化财税协作及部门联动,强化收入形势研判和涉税信息共享,实时监测收入入库情况,把握组织收入主动权。2022年,全市一般公共预算收入占地区生产总值的6.2%、占财政总收入的61.3%,税收收入占一般公共预算收入的80.8%。加强非税收入管理。全年实现非税收入109.42亿元,下降36.1%,其中纳入一般公共预算管理的非税收入15.59亿元,增长53.1%。向上争取资金。全年争取上级转移支付资金35.14亿元,新增一般债券2.00亿元、专项债券23.85亿元、再融资债券13.20亿元。

【助推经济稳进提质】 落实减税降费政策。全年争取到中央支持小微企业留抵退税政策专项资金4.67亿元。落实新的组合式税费支持政策87.09亿元。加大扶企助企力度。优化企业奖补资金拨付流程,部分政策免审即享,全年兑现涉企奖补资金20.74亿元。对承租行政事业性国有房屋、国有企业经营性房产且符合条件的租户普遍减免3个月租金,减租3163万元,惠及市场主体820户。落实"两直"政策。落实常态化直达机制,全年争取直达资金11.45亿元,支付进度100.0%。发展产业基金。出台《温岭市产业基金管理办法》《温岭市产业基金投资管理实施细则》,设立子基金7个,基金规模67.00亿元。支持科技创新。全年科技支出3.50亿元,增长30.1%。加大研发投入奖补力度,重点支持培育科技型企业,全年新增国家高新技术企业106家。支持项目建设。全年投入交通重点项目建设资金26.30

亿元，支持“两高”联络线、81省道温岭段改建工程、228国道温岭城东至温峤段工程等交通网建设。

【推进共同富裕建设】 以“探索推进幸福养老财政政策”省级试点建设为契机，牵头和配合出台社会福利事业彩票公益金使用管理办法、养老服务补贴制度实施细则、养老护理员特殊岗位津贴制度实施细则、家庭养老照护床位试点工作方案等政策文件9个，构建老年友好型社会。推动“钱随人走”制度改革共富试点工作，形成《温岭市“钱随人走”转移支付改革试点推进方案》，调研流动人口在享受基本公共服务方面存在的问题，提出改革目标、工作举措以及事权划分和经费分担机制等建议。全年实施村级公益事业建设一事一议财政奖补项目70个，总投资1.44亿元。“城南‘世外桃源’三新共富示范区”项目入围2023年度一事一议财政奖补支持打造共富乡村试点实施类项目，获得省级一事一议财政奖补资金2000万元。建立涉农资金统筹整合长效机制，全年整合涉农资金1.46亿元，推进美丽乡村精品线建设。

【保障民生支出】 全年民生支出82.73亿元，增长5.0%，剔除债券等不可比支出因素后，占一般公共预算支出的76.9%。支持社会保障事业发展。全年社会保障和就业支出14.73亿元，增长23.8%。退休人员基本养老金实现18连涨，城乡居民基础养老金标准提高至280元/(人·月)，城乡居民最低生活保障标准提高至1041元/(人·月)。拨付低保对象补助资金9900万元、残疾人“两项补贴”6144万元、计划生育奖特扶金4222万元。支持医疗惠民事业发展。全年卫生健康支出11.70亿元，增长32.7%。持续推进县域医共体建设，首次将5家医共体和3家公立医院纳入国库集中支付管理。出台《卫生发展专项资金管理办法》《温岭市基本公共卫生服务项目补助资金管理办法》，支持公立医院综合改革。全年疫情防控经费支出3.25亿元。支持教育事业发展。全年教育支出27.10亿元，增长6.1%。落实“空调进教室”项目，提高各学段生均经费标准，推进义务教育优质均衡发展和学前教育普及普惠。支持文化旅游事业发展。全年文化旅游体育与传媒支出3.57亿元。出台《2022年温岭市旅游企业地接奖励办法》，规范旅游奖补资金使用，推进旅游业健康发展。

【深化财政改革】 争取到全省财政领域公平竞争审查、变革型财政组织建设、“钱随人走”制度体系、“浙里基财智控”应用、2023年度一事一议财政奖补支持打造共富乡村、浙江省非税和票据管理一体化系统、政府非税收入电子化缴库、“浙里捐赠”“浙里担+农e富”、幸福养老财税政策共同富裕10项省级试点，推进财政数字化改革。全年通过“浙里担+农e富”办理担保业务253笔，担保贷款9236万元。“浙里捐赠”平台实现捐赠2178笔，捐赠金额20万元。“浙里报账”应用实现市级机关、学校全覆盖，全年报销单数14444笔，报销金额1988万元。推进预算一体化改革，实现预算管理一体化系统单位全覆盖。深化国资国企改革，完成国企改革三年行动计划，完成改革任务32项，实现国企主体信用评级AA+级2家、AA级3家，市属企业资产总额909.19亿元。

【加强财政监管】 优化预算绩效管理。修订《温岭市预算绩效管理办法》。出台《关于加强财政与审计协作推进重塑全面预算绩效管理体系的通知》，构建财政审计联动机制。重大项目预算绩效目标“实质性”审核试点入选省财政厅改革试点优秀案例。加大预结算审核。全年完成预算审核项目233个，核减项目资金3162万元，核减率1.2%；完成结算审核项目266个，核减项目资金1.84亿元，核减率10.1%。深化公款竞争性存放。实施财政性资金存放招投标5期，涉及资金32.69亿元。防范化解财政风险。执行5年化债计划，实现隐性债务清零目标。强化PPP项目管理，确保全年PPP支出责任占一般公共预算支出比例不突破10.0%政策红线。管控乡镇财政风险，整改镇(街道)财务管理突出问题101个。

【加强队伍建设】 深化党建引领。实施“双建争先”(建设清廉机关、创建模范机关争先)工程，打造财绘民生、清廉财政、锋领强企三大品牌，入选台州市清廉文化进机关示范点。机关第一党支部获评台州市级机关先锋党支部。打造变革型组织。出台变革型财政组织建设实施方案，聚焦业务变革、能力变革、习惯变革，推进业务体系重塑、干部能力提升、工作机制构建。提升干部素养。加强业务学习，举办财经管理知识培训班，用好理论中心组学、周一夜学、财政讲坛等学习平台，提升干部业务能力。锻炼服务能力，选派3批次16人协助疫情防控集中隔离点工作、8人协助防疫指挥部工作，累计参与疫情防控380人次。

(温岭市财政局供稿　金娴希执笔)

玉环市

【概况】 2022年，玉环市实现生产总值731.60亿元，按可比价格计算增长2.6%。其中：第一产业增加值45.29亿元，增长5.2%；第二产业增加值391.03亿元，增长1.5%；第三产业增加值295.28亿元，增长3.6%。三次产业结构比6.2∶53.4∶40.4。按户籍人口计算，人均生产总值167308元，增长2.5%。全市固定资产投资增长16.7%。社会消费品零售总额236.56亿元，增长2.6%。进出口总额459.68亿元，增长22.0%。城镇常住居民人均可支配收入85051元，增长4.0%；农村常住居民人均可支配收入44760元，增长6.9%。全市财政总收入81.55亿元，下降9.1%；一般公共预算收入50.38亿元，下降4.3%，其中税收收入41.65亿元，下降9.3%；一般公共预算支出78.99亿元，增长2.9%。全市财政收支平衡。

【组织财政收入】 强化收入分析预测。强化财政收入管理工作专班作用,加强收入预测分析,深化预算管理一体化系统建设,实时监测财政资金动态流向,合理把握组织收入力度和节奏。2022年,一般公共预算收入占地区生产总值的6.9%、占财政总收入的61.8%,其中税收收入占一般公共预算收入的82.7%。强化非税征收管理。上线运行非税和票据管理一体化平台,推进统一支付电子缴款、非税收入收缴全程跟踪,全市实现非税收入63.33亿元,其中纳入一般公共预算管理的非税收入8.73亿元,增长30.5%。争取上级资金支持。全年争取新增债券34.88亿元、再融资债券9.10亿元、中央和省级"两直"资金4.40亿元、省级调度款12.10亿元。

【服务经济发展】 推动经济稳进提质。落实中央及省级减税降费政策,全年全市累计退税、减税降费及缓缴税费33.63亿元,惠及纳税人2.7万人;发放稳岗补贴、失业保险留工补助4393万元,惠及企业6510家次;减免承租国有资产类经营用房、行政事业单位所属经营用房租金2855万元,惠及市场主体1679户;加大政府采购支持中小企业力度,提高政府采购工程面向中小企业预留份额,政府采购中小企业中标项目数、中标项目金额占比98.6%、97.3%。聚焦稳进提质政策体系,全年兑现各类财政奖补资金5.79亿元。发挥基金集聚效应。围绕实现一百亿元基金规模目标,完善产业基金管理办法和投资决策委员会机制,与浙江财通资本投资有限公司签约《母基金委托管理协议》,依托玉环蓝湾资本港效应引进基金60家,总规模10.70亿元。推进子基金项目落地,完成口鹿岛项目第二期子基金投资5000万元,完成人才子基金投资1500万元。

【保障改善民生】 全年民生支出55.83亿元,下降0.1%,占一般公共预算支出的70.7%。安排教育支出15.06亿元,增长7.2%,加大学前教育专项投入,落实课本作业本费、公办学校参与举办民办义务教育学校相关经费,支持中小学校舍维修、零星设备等项目购置,助推义务教育"民转公"工作。安排社会保障和就业支出9.10亿元,下降10.1%,完善困难群众救助体系,支持养老服务体系建设,建设示范型儿童之家13家、公办托育服务机构1家、残疾人之家1家、公共服务场所无障碍改造11处。安排卫生健康支出7.50亿元,增长7.8%,支持省级医院优质医疗资源下沉、医疗人才政策兑现、卫生院设备购置及重点学科、慢病门诊一体化建设;安排疫情防控资金1.66亿元,助力建设10万管核酸检测基地1处、亚定点医院1处、疫情防控隔离点6处。安排文化支出1.62亿元,增长1.5%,扶持文化产业类服务业发展,市图书馆新馆、市博物馆、高铭暄学术馆投入使用,建设"15分钟品质文化生活圈"80个。

【深化财政改革】 探索共同富裕。推动大麦屿街道一事一议财政奖补支持打造共富乡村创建类项目试点建设,推进跨村点、跨产业"共富联合体"机制建设,培育"文旅产业+乡村乐园""古村落+渔文化""滨海度假+民宿集群"三大类项目。推动财政数字化改革。持续推进"浙里办票""浙里报账""浙里基财智控""浙里捐赠"等应用场景建设。加强国企资金运行信息化管理,打造"财资大管家"资金管理系统。强化乡镇财政动态监控平台支付管理,实时在线监管专项资金支付审批、资金流向流量等环节。深化国资改革。完成国企改革三年行动,对标国企改革32条任务清单,优化治理结构、薪酬激励、国资国企布局等。加快处置低效、无效国有资产,盘活闲置不动产7处、全市停车泊位16677个。

【强化财政监督】 抓实财会监管。成立市财政资金安全专项检查领导小组和工作专班,对全市49个部门单位、11个乡镇(街道)、经济开发区及34家国有企业,开展财政资金安全重点检查。加强与纪检监察机关合作,推动财政资金管理使用情况纳入市对乡镇、部门巡察重点内容。完善财政资金安全定期检查机制,加大会计信息质量和执业质量检查,形成财会监督合力。加强政府采购管理。推进政府采购招标全流程电子化,电子招投标率100.0%。上线政采云在线监控功能,确保政府采购项目公开透明、监管精准。加大政府采购执法力度,出具行政处罚决定书1份。

【加强队伍建设】 建设红财党建品牌。深化以信息化手段加强基层党组织标准化建设的"台机智"党建应用,获全市机关党建品牌十佳称号,运行研学展示中心,打造党建宣传阵地。推进清廉财政建设。出台清廉财政推进方案,细化责任清单,优化财政内控体系,持续抓牢作风整顿专项行动。出台清廉国企建设实施方案,部署开展全市国企反腐倡廉全覆盖无盲区零容忍专项行动,开展国企廉政家访活动,加强国企干部"八小时以外"监督。加快变革型财政组织建设。出台创建变革型财政组织实施方案,打造学习型、服务型、效能型、创新型、廉洁型机关,推动"无躺平式干部""无混日子干部"的"双无"单位创建,持续推进作风整顿专项行动。

(玉环市财政局供稿　陈雅淑执笔)

天台县

【概况】 2022年,天台县实现地区生产总值351.08亿元,增长1.7%。其中:第一产业增加值17.82亿元,增长4.4%;第二产业增加值139.40亿元,下降0.1%;第三产业增加值193.86亿元,增长2.8%。三次产业结构比5.1∶39.7∶55.2。按常住人口计算,人均生产总值74698元,增长2.3%。全县固定资产投资下降10.4%。社会消费品零售总额144.19亿元,增长3.7%。进出口总额81.39亿元,增长6.9%。城镇常住居民人均可支配收入56555元,增长3.2%;农村常住居民人均可支配收入30501元,增长5.5%。全县财政总收入39.08亿元,下降2.1%;一般公共预算收入24.80亿元,增长9.0%,其中税收收入20.46亿元,增长

2.9%；一般公共预算支出77.40亿元，增长17.0%。全年财政收支平衡。

【组织财政收入】 成立县长担任组长的县财税收入协调领导小组，建立财政、税务、人社、公安等部门组织收入协调机制，形成合力培育优质税源。2022年，全县一般公共预算收入占地方生产总值的7.1%、占财政总收入的63.5%；税收收入占一般公共预算收入的82.5%。强化非税收入管理，加大土地出让力度，排出月度、季度任务和出让时限、规模，加大闲置资产处理、罚没收入、矿产出让力度。全年实现政府非税收入36.75亿元，增长106.7%，其中纳入一般公共预算管理的非税收入2.08亿元，下降42.5%。全年实现土地出让金收入34.05亿元。

【服务经济发展】 落实减税降费政策，全年减税降费8.50亿元。联合各职能部门修订出台《天台县个体工商户纾困帮扶政策二十七条》《2022年天台县疫后提振旅游消费活动方案》等涉企纾困帮扶政策，兑现涉企奖励资金2.94亿元。发放失业保险稳岗返还补贴2580万元，惠及企业4770家。开展惠企政策"零距离"指导，面对面服务近140多家企业，帮助解决申报疑问123个，办结率100.0%；深化"政企通"应用，通过平台发布惠企政策20个、惠企申报项目261个，审批通过9372项。深化政府采购金融服务，开展政府采购支持融资畅通工程，协同相关部门加快推广政采贷、预付款保函、履约保函等政府采购金融服务，缓解企业融资难题。全年向上争取各类资金19.93亿元，保障重点项目建设；落实直达机制，全年兑付"两直"资金9.32亿元，支付进度99.4%。支持科技发展，全年安排科学技术支出1.19亿元，增长18.3%，支持校地合作、科技创新奖励、"机器换人"技术改造等，助力发挥科技创新引领经济发展乘数效应。落实天台县人才新政，兑现人才奖励资金3776万元。

【保障民生事业】 全年民生支出62.86亿元，增长22.5%，占一般公共预算支出的81.2%。*支持教育事业发展*。全年安排教育支出17.86亿元，增长21.2%。支持"双减"政策落地，助力天台县通过全国义务教育优质均衡发展县省级初评、全国学前教育普及普惠县省级初评，基础教育生态检测、教育满意度均居台州第一。*支持卫生事业健康发展*。全年安排卫生健康支出4.97亿元，下降20.5%。支持"山海合作"工程、中医院搬迁改造，兑现省人民医院医联体资金1874万元；足额保障两癌筛查、结核病防治及重大传染病防控等民生事项，连续4年获健康浙江考核优秀。*支持社会保障事业发展*。全年安排社会保障和就业支出13.53亿元，增长43.2%。城乡居保基础养老金提高至280元/(人·月)；最低生活保障标准提高至1041元/(人·月)。落实被征地农民养老保险新政策，完善社会保险缴费补贴资金筹集办法，保障被征地农民合法权益。*支持文化旅游事业发展*。全年安排文化旅游体育与传媒支出1.50亿元，增长2.8%，支持文化中心、赭溪历史文化街区、历史传统村落保护等建设。*支持推进乡村振兴*。全年安排农林水支出9.24亿元，增长9.3%。重点支持农业农村领域推进共同富裕实践，做好一事一议财政奖补项目，立项31个，总投资3979万元。

【深化财政改革】 深化预算管理改革，提请县政府出台《天台县人民政府关于进一步深化预算管理的实施意见(试行)》，推动部门预算管理改革。完善预算管理一体化系统，在线上开展预算编制、预算执行、会计核算等财政核心业务。推进"浙里报账"试点工作，全县135家预算单位完成上线。入选省财政厅"收支运行智管""浙里捐赠"应用县级试点，在"浙里捐赠"应用平台上架"聚爱天台，筑梦未来——困境儿童慈善助学项目"和"天台县2022慈善一日捐"项目。上线应用"资产云2.0"，升级国有资产管理信息系统。

【优化财政管理】 落实过"紧日子"要求，全年压减一般性支出4372万元，严控"三公"经费、会议费、培训费支出。推行(街道)财政运行综合绩效评价工作，对平桥镇、三合镇等6个乡镇开展乡镇财政综合绩效评价，整改违规问题6大类12小类，清理往来款项2085万元。加大闲置资产盘活力度，全年盘活各类资金4.05亿元，统筹用于"三保"支出。强化政府债务风险防控管理举措，督促、指导有关单位做好存量债务化解工作，遏制新增隐性债务。

【强化队伍建设】 *加强理论学习*。学习贯彻党的二十大重要讲话精神、省第十五次党代会精神等，坚持领导干部示范学、专题研讨交流学、党课辅导引领学、青年论坛常态学、主题党日活动实践学。*全面从严治党*。制定《2022年落实全面从严治党主体责任工作要点》《天台县财政局2022年全面从严治党工作组织领导与责任分工》。与县农商银行签订"党建共富助农联盟"，在南屏乡开展专题联合活动。机关第四党支部获市级机关先锋党支部。深化清廉机关建设，履行管党履职主体责任，开展专题学习会、假日廉政提示语、效能纪律检查、廉政提醒谈话教育等，全年党员干部教育提醒约谈38人次、警示约谈5人次。推进变革型财政组织创建试点工作，打造忠诚干净担当的高素质专业化财政铁军。

（天台县财政局供稿　张玲珍执笔）

仙居县

【概况】 2022年，仙居县实现地区生产总值300.12亿元，按可比价格计算增长4.3%。其中：第一产业增加值18.99亿元，增长4.4%；第二产业增加值123.31亿元，增长4.2%；第三产业增加值157.82亿元，增长4.4%。三次产业结构比为6.3∶41.1∶52.6。全年固定资产投资总额增长17.8%。社会消费品零售总额117.02亿元，增长4.8%。城镇常住居民人均可支配收入51962元，增长

4.7%;农村常住居民人均可支配收入29027元,增长7.7%。全县财政总收入30.73亿元,同口径(剔除增值税留抵退税因素,下同)下降12.2%;一般公共预算收入18.65亿元,同口径下降6.1%。其中,税收收入14.45亿元,下降19.7%;一般公共预算支出60.39亿元,增长8.0%。全县财政收支平衡。

【组织财政收入】 加强与税务、国土等部门协作,挖掘增收潜力,培植优质税源,做好组织收入工作,完成收入目标。2022年,全县一般公共预算收入占地区生产总值的6.2%、占财政总收入的60.7%,税收收入占一般公共预算收入的77.5%。规范非税收入管理,全县实现非税收入73.20亿元,增长171.7%,其中纳入一般公共预算管理的非税收入4.21亿元,增长10.2%。向上争取资金,全年新增地方政府债券25.51亿元,其中一般债券5.00亿元,专项债券20.51亿元。

【支持经济发展】 支持出台县级稳进提质41条以及扶持服务业、总部经济、建筑业等产业发展配套政策,推进稳进提质财政政策体系直达快享。落实新的组合式税费优惠政策,为市场主体减负降本9.41亿元,增长28.6%。顶格落实一揽子惠企政策,全年兑付惠企政策资金3.73亿元,增长239.1%。支持开展促消费系列活动,发放文旅、汽车、电动车等各类消费券1859万元。落实疫情防控期间承租国有房产房租减免政策,全年为市场主体减免国有房产房租1107万元,惠及民营企业、个体工商户及个人809户(人)。为中小企业预留政府采购份额,面向中小企业政府采购5.69亿元,中小企业项目数占比97.4%,采购金额占比98.1%。全年为中小企业提供政采贷1000万元,帮助缓解融资难题。坚持创新驱动发展战略,全年科技投入5971万元,增长23.8%,推进新增国家高新技术企业24家。

【助推共同富裕】 成立共同富裕专班,开展"共富夜谈"活动,邀请部门乡镇共同谋划财政助推共富路径。出台《仙居县财政衔接推进乡村振兴资金和项目管理办法》,重点支持能有效带动帮促村、低收入农户增收的乡村特色产业发展,财政拨付衔接推进乡村振兴补助资金3370万元,支付率100.0%。推进"小切口"共富改革试点,入选浙江省2022年度一事一议财政奖补支持打造共富乡村试点,梳理整合涉农政策资金1.92亿元,支持建设未来乡村、美丽乡村精品村、山海协作产业园等项目65个。统筹调配资金2.48亿元,分两批建设一事一议财政奖补支持打造共富村试点11个。入选财政支持乡村旅游发展试点县,选取3个村创建乡旅共富样板村,健全乡村旅游发展评价指标体系,探索乡村旅游助力强村富民新路径。

【改善民生事业】 全年民生支出41.84亿元,下降1.5%,占一般公共预算支出的69.3%。卫生健康支出5.58亿元,下降18.4%,有序推进人民医院、下各中心医院、第五人民医院迁建;投入资金1.27亿元支持疫情防控,保障核酸检测和应急突发抢救设施配置等各项防疫支出。教育支出12.59亿元,增长17.8%,支持教育提质三年行动计划实施,保障"清凉进教室"工程、校舍维修、义务教育薄弱学校改造等教育补短板项目建设,助推仙居技师学院揭牌招生、华东师范大学附属仙居学校签约落地。社会保障与就业支出9.15亿元,增长23.9%,提高困难群众保障标准,加大城乡养老、城乡医疗等社保基金保障力度。交通支出7.14亿元,增长81.7%,推进G351国道界岭头至桐桥段改建工程、椒江至武义公路仙居朱溪至白塔段工程等重点交通项目。文旅支出9672万元,增长3.9%,支持创成全省大花园示范县、全省文旅产业融合试验区。

【深化财政改革】 推进新一轮乡镇财政体制改革,调整乡镇收入基数、税收超收分成档次和比例、部分专项政策等,建立乡镇招商引资奖励政策,优化县乡财政分配结构,调动乡镇发展经济、培植财源积极性。打造政府性项目资金管家系统,解决政府性项目数据分散、项目资金支付不透明等问题,以项目线上备案取代线下备案,加快审批流程。严格政府投资项目稽核,全年审核项目218个,核减造价0.62亿元,核减率3.8%。创新监管模式,线上监管代理机构开标现场,开展政府采购远程异地评标。

【加强财政监管】 全面实施预算绩效管理,编制仙居县十三都坑义岸村至下陈朱村段综合整治工程、仙居县招大引强奖励政策等4个项目事前绩效评估报告。开展监督检查与内部审计,完成2022年度局内审工作。做好项目招引财政扶持政策资金梳理自查。加强乡镇财政资金监管,开展2021年度乡镇财政资金监管检查、乡镇财务管理突出问题专项治理和乡镇往来款全面清理工作,推进乡镇财政资金规范化管理。

【加强队伍建设】 打造学习型组织。深入学习党的二十大精神,引领干部学思践悟习近平总书记关于财政工作重要论述。县财政局第三支部获评市级先锋党支部,"四联兴财"*工作法获评市级优秀工作法。打造担当型组织。搭建省财政厅、市财政局、县财政局、乡(村)五级党建联动平台,开展财政、税务、银保监三部门党建联建,提升服务大局水平。组织党员干部开展社区服务、核酸检测实战演练、助企纾困等活动,展现干部担当。打造清廉型组织。总结提炼政府性项目资金管理中的清廉要素,形成仙居清廉财政特色亮点。加强风险点梳理和日常教育管理,塑造财政廉洁氛围。

(仙居县财政局供稿　朱梦娇执笔)

注:

*"**四联兴财**":建立"理论联学、组织联动、执行联抓、服务联心"的"四联"工作机制,促进财政工作兴、财政资金兴、财政项目兴、财政政策兴。

三门县

【概况】 2022年，三门县实现地区生产总值332.63亿元，按可比价格计算增长2.6%。其中：第一产业增加值40.57亿元，增长4.3%；第二产业增加值154.22亿元，增长0.9%；第三产业增加值137.84亿元，增长4.1%。三次产业结构比12.2∶46.4∶41.4。按户籍人口计算，人均生产总值74953元，增长3.0%。固定资产投资总额增长28.8%。社会消费品零售总额109.05亿元，增长2.0%。外贸进出口总额98.6亿元，增长14.4%。全县城镇常住居民人均可支配收入57062元，增长3.6%；农村常住居民人均可支配收入32735元，增长5.8%。全县财政总收入43.36亿元，增长5.0%；一般公共预算收入32.06亿元，增长6.4%，其中税收收入15.26亿元，增长3.9%；一般公共预算支出74.89亿元，增长36.6%。全县财政收支平衡。

【组织财政收入】 推进财税合作，加强重点企业帮扶、重点税源监测，确保税收应收尽收。梳理盘活存量资产资源，深挖收入潜力。2022年，全县一般公共预算收入占地区生产总值的9.6%、占财政总收入的73.9%；税收收入占一般公共预算收入的47.6%。强化非税收入征管，全年实现非税收入38.42亿元，增长36.1%，其中纳入一般公共预算收入管理的非税收入16.79亿元。

【支持经济发展】 落实减税降费政策，全年为市场主体减免税费7.96亿元。围绕扎实稳住经济一揽子政策措施等，形成清单化闭环管理机制，加快兑现惠企政策资金。全年在台州市专项资金云通办平台（政企通）上线政策项目134个，完成项目审批3878项，兑付补贴补助类资金2.79亿元，兑现率100.0%。落实承租国有房屋房租减免政策，建立周督月晒制度，全年为市场主体减免租金649万元，惠及企业、个体工商户、个人535家（人）。提高政府采购面向中小企业预留份额比例，降低中小企业参与门槛，全年授予中小企业合同金额4.58亿元，占全县总合同金额的97.7%；中小微企业总合同数342个，成交项目占比98.3%。落实直达机制，全年落实直达资金6.95亿元，支出进度99.2%，助力经济稳进提质。支持科技事业发展，全年安排科技支出0.67亿元，增长16.4%，推进三门湾科创走廊建设，加快创新孵化，培育创新主体。支持乡村振兴发展，投入资金2.95亿元，以乡村振兴集成创新建设为抓手，加快推进巩固拓展脱贫攻坚成果与乡村振兴有效衔接。

【增进民生福祉】 全年民生支出57.67亿元，增长46.7%，占一般公共预算支出的77.0%。支持教育事业发展，全年安排教育支出11.25亿元，增长9.3%，持续推进教育现代化建设，保障创建全国义务教育优质均衡县。完善社会保障体系，全年安排社会保障和就业支出12.02亿元，增长95.9%，健全医疗保险和社会救助体系，保障困难群众基本生活，稳步提升社会保障待遇。支持医疗卫生事业发展，全年安排卫生健康支出4.29亿元，下降20.2%，推进卫生健康领域改革系统集成，提升医疗服务能力；支出6462万元保障疫情防控常态化工作，在预算安排、资金拨付、政府采购等环节开通绿色通道。支持文化体育事业发展，全年安排文化体育支出1.11亿元，增长12.6%，统筹规划全县文化和体育产业发展，完善公共文化体育服务体系。

【防范化解风险】 防范"三保"风险，优先保障"三保"支出，确保预算安排足额编列、不留缺口。防范社保基金风险，推进社保基金扩面增收、提高参保率，加大城乡养老（医疗）保险基金和机关事业养老保险基金财政补助力度，确保社会保险基金安全平稳运行。防范政府债务风险，多渠道筹措化债资金，真金白银进行化债；做好全口径债务率监测，确保债务率控制在合理区间。防范基层财政风险，加强乡镇财政机构队伍建设，完善内控机制，推进内控信息化建设；构建财政大监督体系，联合纪委、审计等部门开展乡镇财政突出管理问题专项检查。

【推进财政改革】 推进财政数字化改革。推进财政国库管理数字化改革，保障"浙里报账"上线应用，覆盖全县部门单位148家，处理报销业务9428笔，报销金额833万元。推进绩效管理改革。实现预算绩效目标全覆盖，开展绩效自评项目1145个，涉及财政资金39.67亿元，项目数比上年增长91.8%，资金量增长74.6%，加强预算绩效管理与预算执行、项目安排衔接的紧密度。

【加强队伍建设】 加强清廉财政建设，开展项目提速、亩均提标、民生提质、改革争先、服务争优、平安争鼎"三提三争"立功竞赛活动，加强清廉文化阵地建设。举办干部素质提升培训班，开设党风廉政建设专题课程，引导干部坚定理想信念、守好廉洁自律关。三门县财政局获评2022年全省清廉财政建设成效突出单位。优化干部考评方式，完善工作责任制考评办法，开展纠"躺平"治"佛系"专题作风建设活动，提高财政干部塑造变革能力。发挥党员干部先锋模范作用，做好疫情防控、文明创建、平安建设等服务保障工作。

（三门县财政局供稿　黎家辉执笔）

丽水市财政工作

丽水市

【概况】 2022年，丽水市实现地区生产总值1830.87亿元，按可比价格计算增长4.0%。其中：第一产业增加值117.71亿元，第二产业增加值705.91亿元，第三产业增加值1007.25亿元，分别增长4.4%、4.3%、3.9%。三次产业结构比为6.4∶38.6∶55.0。按常住人口计算，人均生产总值72812元。社会消费品零售总额804.84亿元，增长4.1%。全市进出口总额324.57亿元，下降1.4%，其中，出口289.26亿元，增长0.8%。全市城镇常住居民人均可支配收入55784元，增长4.7%；农村常住居民人均可支配收入28470元，增长7.9%。全市财政总收入280.29亿元，增长3.5%；一般公共预算收入170.86亿元，增长4.2%，同口径（剔除增值税留抵退税因素，下同）增长13.6%，其中税收收入122.12亿元，下降11.4%，同口径增长0.3%。全市一般公共预算支出607.10亿元，增长11.3%。市本级财政总收入69.69亿元，下降2.1%，一般公共预算收入44.29亿元，增长0.3%，同口径增长10.8%，其中税收收入31.95亿元，下降17.6%，同口径下降4.7%。一般公共预算支出94.20亿元，增长11.7%。全市和市本级财政收支平衡。

【组织财政收入】 加强税收收入管理。落实地方财税收入协调机制议事规则，坚持收入总量和质量并举。2022年，全市一般公共预算收入占GDP的9.3%，其中市级（含莲都区、市本级）为12.4%；一般公共预算收入占财政总收入的61.0%，其中市本级为63.6%；全年税收收入占一般公共预算收入的71.5%，其中市本级为72.1%。规范非税收入管理。2022年，全市非税收入366.50亿元（含国有土地使用权出让收入236.81亿元），其中纳入一般公共预算管理的非税收入48.74亿元；市本级非税收入101.59亿元（含国有土地使用权出让收入82.06亿元），其中纳入一般公共预算管理的非税收入13.05亿元。向上争取资金。首次争取革命老区补助8409万元，争取中央专项彩票公益金支持革命老区补助9150万元，争取中央财政支持公立医院改革和高质量发展示范项目5.00亿元。争取纳入首批中央财政支持普惠金融发展示范区名单，获1500万元奖补资金。争取全省巨灾保险试点，获省级专项补助资金4500万元。

【支持经济发展】 落实稳进提质财政政策。加强宏观调控政策协同，配合出台《丽水市经济稳进提质攻坚行动方案》《丽水市文化和旅游领域经济稳进提质政策实施细则》等政策文件。落实“5+4”稳进提质政策，全年兑付涉企类财政扶持资金42.82亿元。落实减税降费政策。落实新的组合式税费支持政策，全市全年办理增值税留抵退税45.15亿元。实施阶段性减免国有房产租金政策，全市为市场主体减免租金7792万元，惠及租户5648户。完善直达资金管理。落实直达资金晾晒监管机制，加快兑付进度，提高使用绩效，全年争取中央直达资金72.28亿元，同比增长56.5%。发挥政府采购政策功能。全年政府采购规模39.81亿元，其中面向中小企业采购35.99亿元。助力人才科技工作。全市财政科技支出16.04亿元，增长19.0%。建立人才科技转移支付激励机制，每年安排人才发展专项资金1000万元，奖励成功揭榜市级重点人才科技任务的县（市、区）。

【保障民生支出】 2022年，全市民生支出444.06亿元，增长9.9%，占一般公共预算支出的73.1%，其中市本级支出66.97亿元，占市本级一般公共预算支出的71.1%。保障重点项目建设。落实政府投资项目财政支出68.71亿元，保障丽水机场、衢丽铁路等重大项目、重点领域工程资金需求。整合省市县资金支持瓯江源头山水林田湖草沙一体化保护和修复工程。推进市域上下游横向生态保护补偿工作，落实市级饮用水水源地保护和补偿资金。支持教育事业发展。全年教育支出92.32亿元，增长6.1%，其中市本级15.59亿元，增长6.9%。支持义务教育“民转公”改革，市本级义务教育学校生均公用经费标准提高150元/（生·年），高于省定标准。支持“双减”政策落地，明确课后服务收费标准。研究解决公办幼儿园劳动合同制教师同工同酬问题，推动学前教育普及普惠。支持医疗卫生事业发展。全年卫生健康支出14.79亿元。安排医疗急救网络建设资金4897万元，助力完善医疗急救体系，统建全市“120”智能调度平台。安排资金7390万元，以建设县域胸痛、卒中、创伤三大救治中心为重点，提升15家医共体牵头医院、30个基层片区医疗中心抢救能力。加大社会保障力度。全年社会保障和就业支出72.40亿元，增长8.1%，其中市本级支出5.66亿元，增长0.1%。城乡最低生活保障标准提高至1035元/（人·月），城乡居民基础养老金标准提高至255元/（人·月），城乡居民基本医疗保险财政补助标准提高至1090元/（人·年）。助力农业农村发展。全年农林水支出76.10亿元，增长16.1%。会同主管部门出台《关于加快推进政策性农业保险高质量发展的实施意见》《“丽水山耕”品牌提升奖补资金管理办法》等政策文件，强化财政支农政策供给，提升支农重点工作保障水平，整合乡村振兴专项资金1.49亿元。

【深化财政改革】 推进共同富裕建设。争取育儿友好型财税体制机制改革省级试点，制定《丽水市优化生育政策促进人口长期均衡发展的十条措施》，构建生育友好型社会服务体系和工作机制。丽水市“探索支持生育养育财税政策　降低家庭生育养育成本”入选全省财政系统高质量发展建设共同富裕示范区“小切口”改革优秀实践案例。完善预算管理一体化系统。上线新执行模块，线上开展预算编制、预算执行、会计核算等财政核心业务，打通“丽水市产业及惠民政策奖励兑现系统”“丽水人才码”与预算执行系统应用接口。贯通“浙里报账”应用。完成省财政厅数字化改革重点应用“浙里报账”试点建设工作，以“报销一件事”为切口，贯通公务出行、会议活动、学习培训等子场景，实现全市市县乡三级预算单位全覆盖，完成报销业务17.94万笔。创新全领域数字函证区块链服务平台。为强化财会监督，以区块链技术为支撑，通过大数据赋能、多跨协同和机制重塑，实现数字函证全过程线上化、全链条闭环管理，市本级会计师事务所全部入驻，平台获浙江数据开放创新应用大赛二等奖、浙江财政数字化改革创新应用大赛二等奖。深化政府采购改革。运用“市县一体化”政府采购远程异地开评标管理系统，实现与杭州、新疆等地跨市域、跨省域远程异地开评标，被列入省财政厅政府采购数字化共建共享改革试点。

【加强财政监管】 坚持厉行节约。非刚性、非重点项目支出只减不增，市本级一般性支出预算压减10%，“三公”经费和会议费、培训费压减10%。建立预算执行月度通报机制，压减回收预算执行进度低的项目资金，全年收回一般公共预算资金3.01亿元。完善内部控制。开展市直单位内控建设“回头看”。开展乡镇内控指引建设。深化财会监督。开展地方财经秩序专项整治等行动，对12家单位开展专项监督检查，发现问题128个，依法下达行政处理决定书。强化投资项目审核。完善政府投资项目审核操作规程，完成市直政府投资项目审核179项，审定金额102.37亿元，节约财政资金13.19亿元。

【建设变革型财政组织】 坚持政治引领。围绕学习宣传贯彻党的二十大精神，组织“财政讲坛”“青年夜学”“学习贯彻党的二十大 推进财政高质量发展”讲书大赛等活动。建设清廉财政。打造“三不腐”能力指数评价体系。政府资金管理领域廉政风险“丽水样本”入选全省清廉财政建设“十佳”实践案例。市财政局总预算局获评全省清廉财政建设成效突出单位。优化干部人才队伍。坚持“综合处室业务化”“业务处室专业化”“一线岗位年轻化”要求，落实“中层干部5年、普通干部8年”全员轮岗交流制度。选调7名年轻干部外派挂职。制定《丽水市会计行业人才发展规划（2023—2025年）》，开展“财会建设年”主题活动。2022年，市财政局连续第5年获全省财政管理绩效考评优秀，连续第9年获市委、市政府综合考核优秀；市本级、龙泉市、青田县获评全省财政系统变革型财政组织创建优秀试点单位；市财政局国库支付中心获“一星级全国青年文明号”荣誉，总监中心、审核中心创成“省级巾帼文明岗”。

（丽水市财政局供稿　应　佳执笔）

莲都区

【概况】 2022年，丽水市莲都区实现地区生产总值483.18亿元，按可比价格计算增长4.3%。其中：第一产业增加值23.68亿元，增长4.4%；第二产业增加值164.69亿元，增长8.7%；第三产业增加值294.81亿元，增长2.1%。按户籍人口计算，全区人均生产总值113221元。全区固定资产投资额增长16.5%。社会消费品零售总额229.02亿元，同比增长7.6%。城镇常住居民人均可支配收入58908元，增长4.5%；农村常住居民人均可支配收入36602元，增长8.4%。全区全年实现财政总收入95.26亿元，下降7.7%，其中一般公共预算收入59.90亿元，同口径（剔除增值税留抵退税因素）增长4.2%；一般公共预算支出155.22亿元，增长11.8%。全年财政收支平衡。

【组织财政收入】 贯彻“市区同体”理念，动态分析研判宏观经济形势，把握组织收入节奏，争取上级资金、政策、要素支持。2022年，全区一般公共预算收入占财政总收入的62.9%、占GDP的3.2%。其中税收收入11.91亿元，下降27.8%，剔除增值税留抵退税因素下降17.1%。加强非税收入征管，全年实现非税收入25.96亿元，增长136.4%；土地出让金收入21.19亿元，增长199.5%。

【支持经济发展】 助推经济企稳向好。落实莲都区稳进提质34条、科技新政10条、人才新政25条、工业新政40条等一系列扶持政策。简化程序兑现各类涉企扶持资金4.09亿元，发放稳岗补贴1943万元。减免小微企业和个体工商户承租国有房屋租金520万元，惠及市场主体410户。运用政府采购政策扶持中小微企业，全年政府采购面向中小微企业金额2.84亿元，其中小微企业政府采购金额2.13亿元。配合举办8轮促消费活动，财政投入5478万元，惠及商户1.2万家，带动消费7.40亿元。落实减税降费政策。全年减免各种税收14.32亿元，落实增值税留抵退税11.49亿元，中小微企业缓税政策9355万元，“六税两费”减半征收4971万元。争取上级资金支持。区本级新增债券12.80亿元，争取省级转移支付15.50亿元。集聚科技创新力量。全年科技支出5.84亿元。出台一揽子人才科技新政，区本级兑现人才科技专项政策经费8196万元，同比增长448.2%，惠及人才3000人。

【保障民生支出】 全年民生支出114.72亿元，同比增长13.5%，占一般公共预算支出的73.9%。支持教育事业发展。投入资金24.19亿元支持实施教育提质行动，加快推进城乡幼儿园、农村义务教育学校提升改造工程、碧湖三小、长岗背小学新建工程、大洋路小学改扩建工程，加大民办幼儿园扶持力度，小学、初中生均公用经费分别提高至900元/（生·年）、1230元/（生·年）。支持卫生健康事业发展。投入资金22.10亿元助力打造健康莲都，全速推进莲都区人民医院改扩建和丽云中心卫生院项目，持续实施莲都公共卫生设施建设提升工程，落实疫情防控资金1.26亿元。支持社会保障建设。投入15.49亿元实施分层分类精准保障和就业提升行动，实施社会救助14.3万人次。城乡低保、特困人员保障标准分别提高至1035元/（人·月）、1662元/（人·月）。

投入资金2.76亿元解决住房难问题。支持文体事业发展。投入资金3.83亿元提供优质公共文化服务，重点推进莲都区雅溪文广旅体中心建设项目。支持城市建设。投入资金15.41亿元推进城乡协调发展，落实资金9.28亿元支持碧湖新城建设，保障莲都区青少年宫迁建、白口双创中心等重点项目建设。支持城乡交通发展。投入资金11.22亿元支持城乡枢纽交通优化提升，加快推进西生活区块道路网工程、南山互通至丽新公路等重点交通项目，改造提升石郎线等城乡连接线，高标准建设“四好”农村公路。支持乡村振兴。投入资金10.31亿元促进乡村全面振兴，重点推进省级革命老区乡村振兴示范区项目，加快农村生活污水设施、供水保障工程建设，持续实施农业基础设施项目建设，全线推进碧湖平原水系综合治理、林地生态修复目等生态保护修复项目。

丽水市莲都区康养旅游小镇

【深化财政改革】 探索共同富裕。打造“财聚融通 莲享助农”财政支农工作矩阵，支持小微企业、涉农主体486家。金融机构投放农业项目低息金融贷款6.00亿元，助推峰源乡山区“共富”绿色金融合作意向授信3.00亿元，构建融合财政项目管理、政策制度导向、银担服务一体化的“三农”领域多元化保障新生态。莲都区“创新完善‘财政+金融’‘政府+市场’的财政支农新机制”入选全省财政系统“小切口”改革省级指导名单。提速数字财政建设。整体上线预算管理一体化系统执行模块。试点公款竞争性存放网上招标，涉及资金3.60亿元。“浙里报账”“核算云”平台、财政电子票据管理改革实现区级行政事业单位全覆盖，政府采购实现全流程线上审批。

【强化财政监管】 落实党政机关过“紧日子”政策。全年压减项目支出2.57亿元，压减率17.4%。政府投资项目评审净核减率8.2%，节约财政资金2.62亿元。清理预算单位账户两年以上结转结余资金，盘活财政资金4.50亿元。加强绩效管理。出台区县级财政政策绩效评价管理办法以及《事前绩效评估管理暂行办法》《财政绩效管理考评细则》。防控财政风险。提前完成存量隐性债务清零任务，启用授权支付动态监控预警，修订局本级专项风险防控办法9个。开展乡镇资金监管、部门预算公开、财经秩序等专项检查督查。

【打造变革型财政组织】 推进清廉财政建设。制定《关于纵深推进清廉财政建设的实施方案》，创新“清风论坛”“清风对话”“清风展台”“清风寄语”“清风岗哨”为主要内容的“财乘清风”廉政工作品牌。加强财政工匠培养。全年举办财政青年思享会5期，上线财政小课堂201期，开展财经法律研学活动、产业基金运作等专题讲座。创新实施高素质、年轻化选人用人“菁财计划”。加强社会服务。全年走访帮扶农户328户，“走亲联企”规上企业87家，办实事72件，开展“党员在身边”志愿服务活动53次，完成疫情防控任务。2022年，莲都区财政局获评丽水市高质量绿色发展模范集体，莲都区“大抓落实年”工作先进集体、抗击新冠肺炎疫情工作集体嘉奖。

（丽水市莲都区财政局供稿 陈鹤升执笔）

龙泉市

【概况】 2022年，龙泉市实现生产总值170.32亿元，按可比价格计算增长3.1%。其中：第一产业增加值18.09亿元，增长4.5%；第二产业增加值59.63亿元，增长1.5%；第三产业增加值92.60亿元，增长3.8%。三次产业结构比10.6∶35∶54.4。按常住人口计算，人均生产总值68266元，增长3.1%。2022年，龙泉市财政总收入16.86亿元，增长3.7%；一般公共预算收入11.54亿元，增长10.3%，税收收入8.67亿元，增长0.6%；一般公共预算支出58.00亿元，增长11.2%。全年财政收支平衡。

【组织财政收入】 建立组织收入月调度、季研讨、年考核机制，发挥执收部门力量谋划收入，压实执收责任，拓宽增收途径，形成齐抓共管新格局。2022年，全市一般公共预算收入占GDP的6.8%、占财政总收入的68.5%，税收收入占一般公共预算收入的75.1%。深化统一公共支付平台应用，通过平台网上缴款24万笔，收缴金额25.85亿元。全年完成地方政府非税收入42.80亿元，增长1.6%，其中纳入一般公共预算管理的非税收入2.87亿元，增长55.4%。

【服务经济发展】 落实减税降费政策，全年新增减税降费及退税缓税缓费5.64亿元。安排资金2.08亿元，支持减负强企、科技创新、“两稳一促”等重点支持领域。出台《龙泉市产业政策资金管理办法》20条，兑现生态工业、剑瓷业、金融业、建筑业、电子商务等产业扶持及惠企资金2.85亿元。梳理制定《政府采购负面清单》，开展减负纾困助力中小企业发展专项行动，2022年中小企业政府采购合同金额3.52亿元，占政府采购总金额的92.9%。争取中央直达资金6.24亿元，建立直达资金运行管理机制。优化产业基金运作，拨付政府产业基金813万元，完成投资2200万元，带动社会总投资5.48亿元，撬动社会资本5.63倍。与上海厚同瑞吉股权投资管理合伙企业签订龙泉首个汽车科技产业投资基金战略合作协议，基金总规模10.00亿元。推进政府性融资担保业务提质扩面，加强小微企业和"三农"金融支持，截至2022年年底，丽水市政策性融资担保有限公司龙泉分公司在保项目456个，在保余额3.34亿元，其中已放款项目447个，金额3.17亿元。

【助力重大战略实施】 助力乡村振兴战略，全年农林水支出8.16亿元，保障"大搬快聚　富民安居"工程、美丽城镇创建、历史文化村落保护等农村事业发展。安排资金5.50亿元，支持兰巨生态产业平台和城乡发展一体化提升改造项目。完善财政支农政策体系，统筹涉农资金4.51亿元，推进"竹茶菌蔬""峰果药渔"全产业链提升工程，助力黑木耳全程机械化协同项目突破、高山蔬菜育种等。落实生态公益林补助、雨露计划等政策帮扶资金8100万元。整合财力16.55亿元保障政府性投资项目，助力西街历史文化街区综合治理工程、小城镇环境综合整治、"三改一拆"等重点工作，支持G25长深高速(丽龙段)龙泉东互通改建工程、龙泉市百山祖国家公园投资建设项目等重点项目建设。全年科学技术支出1.39亿元，支持科研项目开展、新型研发机构建设、扶持科技创新平台、兑现科技政策等科技创新事业。化解政府隐性债务，推动322国道龙泉安仁段、528国道龙泉西街至兰巨段改建工程通过浙江省财政厅政府投资项目资金来源落实和风险评估。

【保障民生重点】 全年民生支出42.81亿元，增长10.1%，占一般公共预算支出的73.8%。教育支出9.97亿元，支持教育人才引进培育、"名校+"合作办学，持续保障第五中学新建，第二、第四中学扩建，青瓷宝剑技师学院提升改造等项目推进。安排卫生健康支出6.39亿元，其中疫情防控资金9102万元，保障新冠疫苗全民免费接种、移动核酸检测车购置、隔离点建设等资金需求。社会保障和就业支出7.88亿元，重点保障基本养老保险、稳定就业创业、困难群众补助等民生支出。加大稳岗补贴、技能提升补贴等政策力度，其中面向2359家企业安排稳岗返还资金871万元。文化旅游体育与传媒支出1.58亿元，支持第五届世界青瓷大会、公共文化服务先行县创建、推进城市书房建设、披云山景区基础设施改造等文旅事业。

【深化财政改革】 推进财政金融协同支农数字化改革省级试点任务，完成"龙财通"迭代升级，贯通26个部门政策申报入口，受理申报项目6957个，同比增长74.1%。通过"龙财通"应用兑现涉企、涉农等政策资金6.10亿元，压减办理时限72.3%。"龙财通"入选浙江省2022年度数字经济系统最佳应用名单及第二批丽水市数字化改革优秀应用，获浙江财政数字化改革创新应用大赛二等奖。试点上线"浙里报账"公务报销系统，完成报销单14558笔，报销金额1335万元。至2022年7月底实现165家预算单位全覆盖。在浙江省首创EPC项目施工图财政经济性审查*，完成在建EPC项目回头看工作22个，落实优化建议831条，节约财政资金1.14亿元。

【优化绩效管理】 强化财政资金绩效评估，开展年中预算项目评估调整工作，核减21个执行率低、取消75个绩效差的项目预算计1.29亿元。完成政府投资项目工程预算审查63个，工程变更方案备案及审查305个，核减8386万元，平均核减率8.4%。监控重点项目55个，督促11个部门整改问题42个。出台《龙泉市财政专项资金竞争性分配办法》，完成统筹特色精品农业发展等11类专项资金竞争性分配工作，涉及资金5189万元。获评浙江省财政管理绩效考评优秀单位，获评"比学赶超·打造品质龙泉"工作先进集体。

【强化队伍建设】 突出党建引领，常态化开展主题党课，组织党员干部到居住地、共建社区双报到。出台《加快推进清廉财政建设三年行动方案(2022—2024年)》，推进清廉财政、模范机关建设，获评浙江省清廉财政建设成效突出单位、丽水市"建设清廉机关、创建模范机关"工作先进集体、龙泉市"十佳清廉示范点"。加快实施变革型财政组织三年行动计划，深化夜学制度，举办"财政讲堂"8期。举办2022年"变革型财政组织建设·能力提升"培训班，提升干部能力素质，获评浙江省财政系统变革型财政组织建设优秀试点单位。

(龙泉市财政局供稿　金鑫洋执笔)

注：

***EPC项目施工图财政经济性审查：**即按照有关法律、法规、设计规范，对工程总承包项目施工图涉及主要经济技术指标、技术标准及工程材料等进行经济性审查。

缙云县

【概况】 2022年，缙云县实现地区生产总值301.51亿元，按可比价计算增长5.2%。其中：第一产业增加值13.63亿元，同比增长4.7%；第二产业增加值146.91亿元，同比增长6.0%；第三产业增加值140.97亿元，同比增长4.4%。三次产业结构为4.5∶48.7∶46.8。按常住人口计算，人均生产总值74355元，增长5.2%。城镇居民人均可支配收入54407元，增长4.1%，农村居民人均可支配收入28721元，增长8.7%。2022年缙云县财政总收入31.78亿元，下降1.3%。一般公共预算收入21.35亿元，增长6.8%，其中税收收入14.13亿元，下降18.2%。一般公共预算支出74.19

亿元，增长11.1%。全年财政收支平衡。

【组织财政收入】 加强收入预测分析，合理把握收入节奏，不断优化收入结构，提升收入质量。2022年，全县一般公共预算收入占GDP的7.1%、占财政总收入的67.2%，税收收入占一般公共预算收入的66.2%。强化非税收入征管，做好非税收入执行情况分析，加强土地出让收入管理。全年收缴各项非税收入43.79亿元，其中纳入一般公共预算管理的非税收入7.22亿元，增长164.3%；政府性基金预算收入36.57亿元，下降4.6%。盘活沉淀资金和国有资产，全年收回以前年度结转资金2.98亿元，盘活低效闲置资产2.50亿元，完成资产处置221笔，涉及金额4.57亿元，统筹用于重点领域支出。

【支持经济发展】 坚持"工业强县"战略，全年兑现生态工业、招商引资、科技创新、总部经济、金融发展扶持政策等惠企政策资金6.80亿元。落实减税降费政策，全年为企业减轻成本和负担19.28亿元，其中降低企业各项税费负担13.66亿元、企业用工成本1530万元、企业融资成本1.87亿元。持续开展疫情防控期间国有房产房租减免工作，2022年全县累计减免租金168万元，惠及承租户126户。兑现非缙云籍留缙过年的企业员工补助资金96万元。推进融资担保业务创新发展，"双招双引""创业担保贷"落地缙云，截至2022年年底，融资担保项目在保666个，融资担保金额5.23亿元。推进全市远期结售汇担保业务落地缙云，全年在保业务11笔，担保金额2255万元。

【推进乡村振兴】 全年农林水支出8.88亿元，增长26.2%，统筹用于区域发展、集体经济巩固和农民增收。全年安排资金2143万元，保障全县39个一事一议项目，推进浙江省农村综合改革集成示范区试点项目建设，完成投资总额6070万元。2022年获评全省一事一议财政奖补工作成绩突出县，获省财政奖励530万元。落实2022年度衔接推进乡村振兴补助资金8361万元，坚持"菜单式"产业扶持造血模式，安排扶持资金430万元，惠及低收入农户2624户。落实财政资金7150万元，实施富阳—缙云扶贫飞地项目，全县村集体经济总收入2.85亿元，增长21.4%，经营性收入1.92亿元，增长30.6%。发挥政府性担保支持个体工商户作用，助推"乡村振兴——个体户"金融产品融资担保项目落地，涉及个体户承保21户，金额990万元。

【保障民生事业】 2022年，全县民生支出52.46亿元，占一般公共预算支出的70.7%。*健全社会保障体系*。全年社会保障和就业支出10.75亿元，城乡最低生活保障标准提高到1035元/(人·月)，优抚对象抚恤补助人均增加44元，发放失业金、失业补助金等各类资金1209万元，惠及失业人员9426人；安排城乡最低生活保障经费9835万元，城乡医疗救助2134万元，优抚对象抚恤补助及医疗补助3686万元；安排养老机构建设、养老服务补贴及运行服务补助资金6080万元；持续安排全县52家村级"爱心浴室"建设资金265万元，惠及4000多名困难群众。*加快医疗卫生事业发展*。全年安排医疗卫生支出6.14亿元，其中疫情防控经费7890万元（含核酸检测经费2762万元）、疫苗及接种费用补助专项资金103万元。完善医疗保险基金制度，落实城乡居民基本医疗保险补贴3.75亿元，城乡居民基本医疗保险筹资标准提高至1560元/(人·年)，其中政府筹资提高至1080元/(人·年)。*加快教育事业发展*。全年教育支出13.52亿元，安排改善基础教育办学条件资金3880万元，民办学校全年生均事业费资金1752万元，普惠性民办幼儿园生均公用经费补助616万元，义务教育家庭经济困难学生营养餐资金452万元，促进教育事业提质增效。*保障重点民生建设项目*。安排缙云县第二人民医院迁建工程1.50亿元，县城排水防涝综合治理工程1.00亿元，缙云县保障房工程1.00亿元，缙云综合客运枢纽工程1.00亿元等。

【深化财政改革】 持续完善预算管理一体化建设，全县各部门实现线上开展预算编制、预算执行、会计核算等财政核心业务。推进"浙里报账"平台应用，全年办理194家预算单位48208笔业务，涉及资金1.22亿元。助推国企改革，形成"国资运营、工业发展、城市建设、水务经济、交通运输、文化旅游及现代服务业"的"6+X"国有资本布局结构，推进公司市场化实体化运营。2022年，缙云县国有资产投资经营有限公司发行各类债券15.10亿元，运用企业债、公司债等融资工具实现融资29.40亿元，首次争取政策性开发性金融工具1.40亿元。2022年全县国有企业获AA主体信用评级5家。

【加强财政监管】 开展涉农资金专项检查及重点绩效评价，创新"绩效评价+专项检查"双轨制绩效监督模式，重点对美丽乡村、五彩农业、文旅节庆等6个项目开展检查，发现和整改问题15个。全年净核减政府性投资项目资金8543万元，核减率7.5%。通过"政采云"平台完成采购交易5.63亿元，节约采购资金3158万元，预算节约率8.4%。落实党政机关过"紧日子"举措，统筹压减各项支出5.83亿元。全年争取中央直达资金9.10亿元，分配率100%，支出进度100%。加强公款竞争性存放管理，全年通过公开招投标存放公款16.76亿元。规范涉农惠民补贴发放，全年通过"乡镇公共财政服务平台+一卡通"发放到人到户涉农补助和民生补贴金额4.08亿元，涉及补贴项目112项，惠及131355人。

【加强队伍建设】 深化清廉财政建设，对标省委"十大工程"，持续擦亮"清廉财政"品牌建设。常态化开展党史党政思想教育，以理论统领工作；紧盯资金分配、拨付等关键环节，开展党章党规党纪学习，定期组织廉政风险排查；坚持通过党组书记上廉政课等形式，强化廉洁自律氛围。加强干部队伍建设，调整中层干部结构，将6位年轻干部充实到中层干部队伍中，中层干部平均年龄从46岁下降到42岁；开展干部轮岗交流，综合培养人才。

（缙云县财政局供稿　麻珂蕾执笔）

青田县

【概况】 2022年，青田县实现地区生产总值279.39亿元，按可比价格计算增长3.1%。其中：第一产业增加值11.70亿元，增长4.6%；第二产业增加值105.83亿元，增长1.3%；第三产业增加值161.87亿元，增长4.0%。三次产业结构比4.2∶37.9∶57.9。按常住人口计算，全县人均生产总值54623元，增长2.6%。全年全县财政总收入33.01亿元，增长9.5%；一般公共预算收入22.16亿元，增长10.7%；一般公共预算支出76.53亿元，增长10.9%。全年财政收支平衡。

【组织财政收入】 加强组织收入管理。建立财政税务联席会商制度，强化税源分析和季度税收收入情况预测，完善乡镇（街道）财政管理体制，提升收入调控能力。全年一般公共预算收入占GDP的7.9%、占财政总收入的67.1%，其中税收收入14.13亿元，占一般公共预算收入的63.8%。强化非税收入征收管理。全年征缴非税收入30.63亿元，其中纳入一般公共预算管理的非税收入8.03亿元，占比26.2%。

【服务经济发展】 强化扶工助企。落实减税降费政策，全年办理结构性减税和税收优惠11.34亿元。发挥财政惠企纾困政策资金作用，全年兑付建筑企业、外贸进出口、科技品牌奖励、旅游业发展奖励等扶持资金4.39亿元，惠及企业828家；全年为67家企业实施政策性融资担保涉及金额1.62亿元，减免担保费157万元。支持重点项目建设。做好重大项目、产业平台资金保障，为浙西南江海联运中心港、旧城改造等重点工程提供财力支持；统筹全球重要农业文化遗产大会专项工作经费，支持高水平承办大会。运用好产业基金。提升生态产业基金、中关村协同创富基金、科创产业基金效能，全年新增投资1.90亿元。争取上级资金支持。全年争取新增债券17.00亿元，其中，新增一般债券5.00亿元、专项债券12.00亿元。全年争取上级转移性补助资金34.80亿元，其中返还性资金1.13亿元，一般性转移支付资金27.27亿元，专项转移支付资金6.40亿元。支持创新驱动发展战略。安排科技支出3.06亿元，增长16.2%；人才工作专项经费0.42亿元，增长77.6%，支持推进新侨培育聚才项目、华侨创业创新试验区、青田全球人才科技孵化中心等平台建设。

【保障民生支出】 2022年，全县民生支出60.59亿元，增长10.0%，占一般公共预算支出的79.2%。支持教育事业发展。全年教育支出13.52亿元，推进名校名校长名师、教育共同体全覆盖和优质均衡全提升等项目建设，新改建中小学11所，学前教育公办园覆盖率57.9%、优质园覆盖率62.7%。完善社保体系。全年社会保障和就业支出10.90亿元，发放低保金1.47亿元，最低生活保障标准提高至1035元/（人·月）。投入资金0.68亿元，建设和提升乡镇级居家养老服务中心14家。支持医疗卫生事业发展。全年卫生健康支出9.53亿元，实施医疗卫生“山海”提升工程，推进县域医共体建设，构建“15分钟医疗服务圈”，提升山区基本医疗卫生服务均等化水平，保障疫情防控资金需求。

【支持文旅体融合发展】 全年文化旅游体育与传媒支出2.10亿元，推动县域生态旅游高质量发展片区建设，举办首届全国桨板瑜伽锦标赛等活动，咖啡之窗、千帆驿站成为全省一级旅游驿站。安排资金4.27亿元，建设农遗公园，新增全国乡村旅游精品线路1条、省级美丽乡村示范乡镇2个、市级精品花园乡村5个。青田县获2022年度全省深化“千万工程”建设新时代美丽乡村（农村人居环境提升）工作优胜县，“传承发展‘稻鱼文化’赋能乡村振兴”入选全省乡村振兴十佳创新实践案例。

【深化财政改革】 优化财政管理体制。进一步完善乡镇（街道）财政管理体制，出台实施意见，调动乡镇发展经济、涵养财源、增收节支积极性。促进财政管理数字化转型。落实预算管理一体化改革任务，全县194家国库支付单位实现系统软件全切换；185家预算单位在“浙里报账”平台完成线上财务报销全流程业务；基层卫生院医疗票据电子化改革实现全覆盖；推进公款竞争性存放线上招投标，全县18家银行、30位专家库成员入驻网上招投标平台，全年竞争性存放资金2.18亿元。深化国资国企改革。新增2家AA信用等级国有企业，国企资产规模突破400.00亿元，发行浙江省山区26县首单自贸区离岸债券*。

【强化财政监管】 加强财政资金管理。健全过“紧日子”长效机制，压减一般性支出以及非急需、非刚性支出，全年压减（延后）项目支出预算2.71亿元。通过资金上缴、统筹省市县财政专项等举措，全年清理盘活财政结转结余资金1.80亿元。深化预算绩效管理。推动事前绩效评估和绩效监控全覆盖，所有预算项目支出开展绩效运行监控，部分项目重点跟踪，实行红黄蓝三色预警。预算项目支出绩效自评实现全覆盖，涉及单位重点自评项目85个、资金6.51亿元，财政重点绩效评价项目8个、资金1.35亿元。防范财政运行风险。完成地方政府隐性债务年度化解任务，政府债务率持续保持绿色安全等级。制定《青田县政府性投资项目造价审核工作管理办法》，提升项目审核管理水平。加强国资国企监管。出台《青田县县属国有企业投资管理暂行办法》等23项制度，印发《青田县国有资产监督管理规章制度汇编》。

【加强队伍建设】 强化机关党建。深化“新财政·心服务”党建品牌建设，《多维度“红色课堂”激活党员教育红色基因》入选省直机关工委汇编的《党支部工作50法》，“红色课堂”项目实践获评丽水市机关党建工作“实招妙招”创新展示擂台赛优秀创新案例、青田县2022年度优秀党建项目。推进全面从严治党。加强清廉财政建设，定期召开全面从严治党工作会议、党风廉政教育专题会议、警示教育活动,开展内部廉政风险筛查,健全整改落实“回头看”机制。注重财政文化建设。举办读书会、职工趣味运动会等活动,在全省财政系统“学习宣传党的二十大精神——变革型财政组织建设·青年说”演讲比赛中获三等奖。2022年,县财政管理工作获省政府办公厅2021年落实有关重大政策措施真抓实干成效明显地方表彰,青田县财政局获评全省财政系统变革型财政组织创建优秀试点单位、全省清廉财政成效突出单位。

(青田县财政局供稿　邹　静执笔)

注:

***山区26县首单自贸区离岸债券:**2022年12月12日,青田县国有资产控股集团有限公司发行3年期6.00亿元人民币中国(上海)自由贸易试验区离岸债券(“明珠债”),是浙江省山区26县首单自贸区离岸债券。

云和县

【概况】 2022年,云和县实现地区生产总值95.14亿元,按可比价格计算下降4.1%。其中:第一产业增加值5.71亿元,增长2.7%;第二产业增加值44.60亿元,下降11.7%;第三产业增加值44.84亿元,增长2.9%。三次产业结构比为6:46.9:47.1。按常住人口计算,人均生产总值74331元。全县财政总收入13.82亿元,下降2.5%;一般公共预算收入8.80亿元,增长0.1%,其中:税收收入6.60亿元,下降7.4%;一般公共预算支出37.97亿元,增长10.0%。全年财政收支平衡。

【组织财政收入】 加强重点税源管理,服务纳税大户,助力企业恢复生产,做到勤收细收、应收尽收。做好非税收入和土地出让金收入征管,实现收入平稳有序可持续。2022年,一般公共预算收入占GDP的9.2%、占财政总收入的63.7%,税收收入占一般公共预算收入的75.0%。全县政府性基金收入12.47亿元,各类社保基金收入3.04亿元,国有资本经营预算收入287万元。全年实现非税收入14.69亿元,其中纳入一般公共预算管理的非税收入2.20亿元。

【助力经济稳进提质】 落实稳住经济一揽子政策。完善《产业政策奖补资金管理办法》,全年累计通过线上平台兑现各类奖补资金1.15亿元。落实增值税留抵退税政策,坚持“早退”“快享”,全年办理增值税留抵退税2.27亿元。发挥小额担保公司作用,500万元以下担保项目担保费率由1.0%降至0.5%,减轻企业融资成本。加强政府采购管理,为减轻企业资金占用,及时清退质量保证金,全年退还质量保证金706万元。助力稳岗就业。落实《稳就业惠民生政策实施方案》,全年累计向1311家企业发放一次性留工培训补助520万元,向1071家企业发放失业保险稳岗补贴557万元。发挥政府债券作用。成立工作专班,制订《云和县专项债工作专项行动方案》《云和县地方政府专项债券资金管理(试行)办法》,构建专项债券项目谋划、储备、使用、管理工作闭环。全年争取债券资金8.02亿元,其中一般债券5.50亿元、专项债券2.52亿元。

【推进共同富裕】 优化集中财力办大事政策体系,调整财力支持结构,破解发展不平衡不充分问题。帮扶低收入群体增收,统筹财政资金4000万元,开展“云和雪梨产业创新集成发展三年行动计划”,助力云和雪梨产业化、品牌化发展。落实“精准扶持低收入农户加快实现共同富裕20条政策”,统筹财政资金350万元,用于产业补助、技能培训、开发公益性岗位、扶贫小额贷款贴息,补齐低收入群体增收短板。成立云和县财政局“青春建功、共富有我”主题行动工作推进专班,组建云和财政青年精准服务共富小分队及5支先锋队,落实共同富裕相关政策。

【优化民生保障】 全年民生支出29.10亿元,增长14.0%,占一般公共预算支出的76.6%。完善社会保障体系。全年社保和就业支出4.10亿元,提升最低生活保障标准至1035元/(人·月),建立城乡统筹标准自然增长机制以及防范因病致贫返贫长效机制。投入资金0.33亿元开展“善居工程”,为60户低保家庭制定“一户一策”改造方案。支持实施“一老一小”明眸皓齿工程。支持教育优化供给。全年教育支出4.59亿元,围绕创建“全国义务教育优质均衡发展县”,保障县实验小学分校(改扩建)、功能教室新建、营养改善提升、义务教育经济困难学生生活补助等项目。完善普惠性托育服务政策,对符合标准的托育机构和经登记幼儿园托育部给予资金补助。支持医疗卫生事业发展。全年卫生健康支出4.38亿元,支持推进医疗卫生“山海”提升工程、疫情防控和日常运转等。保障重点项目建设。聚焦建设新型城镇化样板、交通基础设施、全域旅游等重点领域,筹集基本建设资金11.46亿元,保障全域旅游创建、235国道云和段改建等重点项目建设。

【深化财政改革】 推进财政数字化改革。推广“收支运行智管”“专项债券全周期智管”“财政公权力大数据监督应用”,打造“财政大脑”。承接“浙里捐赠”应用试点,全面上线“浙里报账”,实现上线单位公务出行场景全覆盖。持续完善预算管理一体化系统,提高项目储备、预算编审、调整和调剂、资金支付等工作标准化、自动化水平。规范项目支出管理。出台《云和县项目支出预算管理办法》,系统梳理项目分类、项目库建设以及项目前期谋划、储备、编报、审核,规范预算项目管理。深化国企改革。出台《云和县市场化改革国有企业整合重组方案》,集中优势资源,将云和县国有资本运营有限公司升格为云和县富云国有资产投资集团有限公司。提升国有企业市场化运营水平,实现营业收入3.06亿元,增长49.2%。探索发行企业债券等直接融资渠道,国投集团全年发行企业债1.60亿元。引导国有公司以市场化方式参与公共项目建设,全年承担建设项目80个,助力云景产业平台、小徐未来社区、城市心肺工程等重点项目建设。

【加强财政监管】 树立过"紧日子"思想，严控"三公"经费、会议费、培训费，全年压减非刚性、非重点支出3211万元。定期清理回收结余结转资金，全年清理盘活财政资金0.88亿元。全面推进预算绩效管理，实现重点绩效目标自评全覆盖，开展重大项目事前绩效评估，从立项必要性、投入经济性、项目绩效评价等方面设计事前绩效评估模版，全年对77个项目开展绩效抽评，涉及资金1.28亿元，开展重点绩效评价（政策、项目）5个、部门整体绩效评价2个，涉及资金5.88亿元。加强财会监督，开展会计信息质量及基层财政资金管理专项检查，全年检查部门（单位）、乡镇街道77个，发现问题12类148个，涉及资金154万元。聚焦减税降费政策等六项重点任务，开展地方财经秩序整治。规范公款竞争性存放，上线网上招标平台，全年开展公款竞争性存放8.34亿元。制定《云和县国有房产（土地）集中排摸整治攻坚行动问题整治工作方案》，排查全县行政事业单位及国企管理房产（土地）1044处。

【严守安全底线】 防范政府债务风险。开展隐性债务五年化解工作，完成年度化债任务，历年隐性债务全部清零。防范社保基金风险。落实被征地农民参加养老保险政策和企业养老保险省级统筹，按照省级统筹责任分担办法，上解责任分担额1.36亿元。多渠道筹措社会保障风险金1.36亿元。统筹安排资金0.69亿元，保障职工基本医疗保险个人账户等资金需求，助力医保基金实现市级统筹。兜实"三保"支出风险。滚动研判"三保"特别是工资保障形势，优先保障"三保"支出10.04亿元，占一般公共预算支出的26.4%。

【建设清廉财政】 打造"阳光财政"清廉品牌。开展干部培训，通过警示教育典型案例学习，塑造一支"政治强、情况明、底子清、数字准、业务精、作风正"的阳光财政干部队伍，助力财政工作提质增效。健全选人用人、项目建设、财务监督、亲清关系等各类权力运行机制、风险防控机制以及便民利民工作机制，丰富清廉财政建设内涵，激发财政工作活力和效率。建立清廉文化展示区，培育财政廉洁氛围。

（云和县财政局供稿　周清杰执笔）

遂昌县

【概况】 2022年，遂昌县实现地区生产总值172.75亿元，按可比价格计算增长5.9%。其中：第一产业增加值14.35亿元，增长4.7%；第二产业增加值72.49亿元，增长4.6%；第三产业增加值85.91亿元，增长7.2%。三次产业结构比为8.3∶42.0∶49.7。按常住人口计算，人均生产总值88819元，增长5.9%。全县财政总收入23.32亿元，增长6.8%；一般公共预算收入15.28亿元，增长17.1%，同口径（剔除增值税留抵退税因素，下同）增长30.3%，其中，税收收入9.48亿元，下降16.1%，同口径增长0.2%。一般公共预算支出60.03亿元，增长23.2%。全年财政收支平衡。

【组织财政收入】 聚焦遂昌特色产业、总部经济招引、园区产业发展等财政收入来源重点企业、重点行业，加强税源监管，全年一般公共预算收入占GDP的8.8%、占财政总收入的65.5%，税收收入占一般公共预算收入的62.0%。强化非税征管，全年组织非税收入36.85亿元，下降4.7%，其中纳入一般公共预算管理的非税收入5.80亿元，增长231.1%。全年争取各类资金51.43亿元，增长18.1%，其中：争取地方政府债券16.40亿元，增长28.1%。

【服务经济发展】 落实新的组合式税费支持政策，全年完成增值税留抵退税4.49亿元。优化产业扶持政策体系，兑现生态工业、服务业等政策资金3.70亿元。落实促进消费政策，安排非标电动自行车提前淘汰置换、发放消费券等资金673万元。推进国有房屋减免租金政策，为729户市场主体减免租金690万元。加大政府采购对中小企业扶持力度，提高政府采购预付款比例，降低政府采购合同履约保证金比例，全年政府采购面向小微企业采购金额2.50亿元，占政府采购总金额的91.2%。争取中国农业发展银行浙江省分行、国家开发银行浙江省分行授信300.00亿元。筹措项目建设财政资金38.27亿元（不含国企自筹资金），出台《遂昌县"项目前期经费银行"管理办法（试行）》，安排项目前期预算7000万元，保障项目前期准备相关工作开展。全年科学技术支出0.91亿元，增长24.1%，保障政府数字化投资项目、人才工程专项、金属制品产业创新服务综合体等重点工作。

【推进共同富裕】 实施省级区域协调财政专项激励政策、乡村振兴综合试点等项目，安排7.45亿元实施农村基础设施、未来乡村、数字乡村、花园数字乡村，农村水利建设、农村饮用水达标提标、村集体经济发展等工程。支持夯实农业产业，安排农业产业类扶持资金1.78亿元。全年安排财政衔接推进乡村振兴补助资金（含"消薄"资金）1.50亿元，全县村集体经济收入9925万元，经营性收入4793万元，完成"消薄"任务。入围省财政厅一事一议财政奖补支持打造共富乡村试点实施类项目。

【保障民生支出】 全年民生支出47.87亿元，增长24.4%，占一般公共预算支出的79.7%。社会保障和就业支出5.69亿元，落实企业基本养老保险基金补助，保障残疾人事业支出、抚恤支出、特困人员救助供养、低保支出等，筹集社会保障风险准备金2.71亿元。教育支出7.76亿元，支持新建和改造提升中小学学校19所、幼儿园7所，保障学校基础设施和信息化建设，小学、初中生均公用经费基准定额标准分别提升至800元/（生·年）、1000元/（生·年），助力民办教育高质量发展，遂昌县创建全国义务教育优质均衡发展县通过省级预评。卫生健康支出5.16亿元，保障城乡居民基本医疗及困难群众医疗救助支出，安排疫情防控经费6980万元，提升县域公共医疗卫生服务能力。

【深化财政改革】 推动财政数字化改革。加快预算管理一体化系统建设，贯通预算管理主体业务全流程，规范项目库管理，实现财政部业务规范和技术标准落地运行。深化“数字财政”系统应用，推动“浙里办票”“浙里报账”等场景建设，实现预算单位“浙里报账”全覆盖。推进财政惠企利民服务平台建设，强化惠民惠农补贴发放数字化监管，发放补助项目112个，发放金额4.05亿元，受益8.28万人。推进政府采购改革。“政府采购代理机构监督评价管理”项目入选省财政厅政府采购数字化共建共享改革试点项目，项目集中线上监督、评价、管理等功能，实现监督检查和评价环节数字化管控。深化国资国企改革。推进市场化进程，遂昌县建设投资发展有限公司、遂昌县经济投资发展集团有限公司完成AA信用评级。出台《遂昌县县属企业专职监事管理办法》《遂昌县县属企业投资监督管理办法》等制度文件，完成国企监事会组建。2022年年底，5家国有企业资产总额463.78亿元，增长51.6%；营业收入48.83亿元，增长46.0%；完成融资授信78.86亿元，放款51.98亿元，保障县域重点项目建设。

【强化财政监管】 加快预算执行进度，对预算执行率低的单位预警提示，对部门年度预算执行中暂未使用的资金按规定调整用于经济社会发展所需和疫情防控等领域，全年盘活资金3.01亿元。增强预算绩效管理，推进全县绩效自评全覆盖，完成单位绩效自评80家，单位绩效运行监控80家。开展部门单位整体支出绩效指标设置，5家试点单位完成设置。开展财政重点评价项目8个。强化财政资金监管，开展财经秩序专项整治行动、财政综合业务和单位内部控制专项检查，规范财经秩序。开展乡镇街道内部控制指引建设，推进内控信息化建设。加强政府投资项目审价，预算审核、结算复查项目139个，项目备案334个，节约财政资金3.02亿元。

【提高风险防范能力】 加强地方政府债务管理，保障政府债券的还本付息支出，遏制新增隐性债务，完成五年化债任务。守牢社保基金安全底线，围绕业务运行、基金财务、信息系统、监督管理，完善定期互查和数据比对制度，做大社保储备资金“蓄水池”。兜牢“三保”风险，依托预算管理一体化系统，做实“三保”预算审核、执行监控、应急处置，提升管理水平。

【加强干部队伍建设】 深化党建联动机制，推进“红耀绿谷、强基共富”工程，举办“青春建功、共富有我”“追寻红色足迹，传承红色基因”活动，营造财政干部争先创优工作氛围。推进清廉财政建设，印发《关于纵深推进清廉财政建设的实施方案》，组织开展综合业务能力提升培训，推动廉洁、效能机关建设。聚焦“七张问题清单”等行动，在财政保障、服务供给、风险防控、政策处理等内容上迭代升级工作机制，形成整体高效闭环管控，提高干部变革能力。遂昌县2021年度县级财政管理绩效综合评价工作获财政部预算司通报表扬；遂昌县财政局获评2022年度全省财政管理绩效考评优秀单位。

（遂昌县财政局供稿　汪　越执笔）

松阳县

【概况】 2022年，松阳县实现地区生产总值142.98亿元，按可比价格计算增长7.3%。第一产业增加值14.98亿元、第二产业增加值59.46亿元、第三产业增加值68.54亿元，分别增长4.5%、10.6%、5.3%。三次产业结构比10.5∶41.6∶47.9。按常住人口计算，人均生产总值69745元，增长7.3%。城镇居民人均可支配收入49911元，增长6.1%，农村居民人均可支配收入25324元，增长8.2%。全县财政总收入15.30亿元，增长8.8%，一般公共预算收入10.03亿元，增长12.3%，剔除增值税留抵退税因素增长19.5%。一般公共预算支出54.47亿元，增长9.7%，全年财政收支平衡。

【强化组织收入】 科学研判经济形势，深度挖掘聚财潜能，科学把握组织收入节奏和力度，保障财政经济平稳增长。2022年，全县一般公共预算收入占财政总收入的65.6%、占GDP的7.0%；税收收入7.29亿元，占一般公共预算收入的72.7%。全年实现非税收入42.89亿元，其中纳入一般公共预算管理的非税收入2.74亿元。政府性基金收入39.85亿元，国有资本经营预算收入991万元。

【助推经济稳进提质】 惠企政策“早出快兑”。印发《松阳县产业政策奖补资金兑现管理办法》，实现惠企政策“一站式、无障碍”直通快达企业。预算安排县本级资金1.50亿元，专项用于财政奖补政策兑现和助企纾困补助，同比增长100%，实际兑现财政奖补资金1.97亿元。房租减免“应减尽减”。加快兑现国有房产租金减免政策，全县国有企业减免租金223万元，行政事业减免租金88万元。专项债券“用快用好”。建立支出进度通报预警和考核机制，将专项债券申报、支出进度与部门考核相挂钩。全年争取专项债券资金8.30亿元，资金拨付率100.0%。支持科技创新。全年科技支出0.86亿元，增长21.6%，重点保障松阳茶产业创新服务综合体、百度Apollo智能交通生态联盟（松阳）创新中心、浙江中医药大学松阳研究院等项目建设。

【推进共同富裕】 全年财政投入资金8746万元，持续开展财政部大东坝农村综合改革试点工作，实施乡村产业发展（生态产品价值转化）、数字乡村发展工程、促进农民增收、改善乡村治理四大工程，推动传统产业变革式发展。2022年，试点区域村集体经济总收入1700万元以上，辐射带动所在地农户增收600余户，解决劳动力就地就业300人以上，带动农民增收300万元以上。

结合财政部农村综合改革试点试验项目建设，选取大东坝镇内大东坝村、茶排村、黄南村、山头村、蔡宅村等5个村作为共富村试点，投入财政资金3283万元加强产业支撑、完善基础设施等，其中"村企"联建共富村联合体展销体验中心开业，全年实现营业收入80万元，带动20余户农户增收6万余元，600余户低收入农户人均增收超8000元。

【加强民生保障】 2022年，全县民生支出40.39亿元，增长10.2%，占一般公共预算支出的74.2%。全年教育支出7.55亿元，增长8.3%，支持促进松阳县普通高中高质量发展的"县中崛起"行动计划，丽水学院松阳校区揭牌成立。全年卫生健康支出5.56亿元，增长16.0%，县人民医院成功结对浙二医院，县中医院结对省新华医院。全年社会保障和就业支出7.08亿元，支持基本养老保险基金平稳运行，提高困难群众救助补助力度，兜实社会保障底线，支持就业培训及人才培养。全年文化支出1.16亿元，增长11.6%，明清古街上榜全国非遗旅游街区，三都乡上田村上榜第四批全国乡村旅游重点村。全年农林水支出10.20亿元，增长26.0%，松古平原水系综合治理工程项目列入省级水利重大项目，松古灌区入选世界灌溉工程遗产名录，古市"飞地"抱团"消薄"和大东坝豆腐工坊入选省委组织部共富工坊典型案例。

【深化财政改革】 推进预算管理一体化改革，依托一体化系统，在全省预算支出标准体系框架内，规范7大类36小类85项开支范围，运用"经济科目+支出类别"双控制方式，划清基本支出与项目支出边界。推动国资国企改革工作，构建企业重组方案股权架构图、集团公司及子公司重组架构图，制定工作进度表。全面排摸、梳理、整合全县行政事业单位和国有企业闲置、低效资产，总计评估价值96.16亿元。国企全年发行公司债5.80亿元，实现一级市场融资"零突破"。

【防范财政风险】 加强政府性债务管理，推进隐性债务化解，通过收缴项目收益、盘活国有资产、安排预算资金，完成全年化债任务。优先保障"三保"支出，全年"三保"预算安排16.83亿元，100.0%支出到位。健全财政存量资金动态管理和定期清理机制，出台加强资金统筹盘活存量资金管理办法，全年收回财政结余结转资金3.01亿元，统筹用于全县重点项目建设。

【建强干部队伍】 深化清廉财政建设，召开全面从严治党工作部署会，开展财政风险防控排摸梳理，常态化组织警示教育，巩固清廉机关建设成效。《打造"金绿红"三色品牌　助推清廉财政建设》获评全省清廉财政建设优秀实践案例。深化变革型财政组织建设，印发《关于建设变革型财政组织的实施方案》，制定变革型财政组织试点任务年度清单。加强干部队伍建设，发挥平时考核在年度考核中的基础作用，调动干部的积极性。2022年，县财政局干部获全县劳模称号1人、全县青年岗位能手称号1人。

（松阳县财政局供稿　潘　雄执笔）

庆元县

【概况】 2022年，庆元县实现地区生产总值92.65亿元，按可比价格计算增长5.9%。其中：第一产业增加值8.13亿元，增长4.1%；第二产业增加值31.94亿元，增长5.8%；第三产业增加值52.58亿元，增长6.2%。三次产业结构比8.8∶34.5∶56.7。按常住人口计算，人均生产总值65019元，增长6.2%。社会消费品零售总额51.35亿元，增长4.1%。城镇居民人均可支配收入49433元，增长5.1%；农村居民人均可支配收入23759元，增长5.3%。全县财政总收入8.55亿元，增长6.9%；一般公共预算收入5.91亿元，增长10.3%，其中税收收入3.56亿元，下降5.5%。全县一般公共预算支出42.29亿元，增长9.8%。全年财政收支平衡。

【组织财政收入】 组建增收节支工作专班，动态研判收入运行情况，涵养财源。全县一般公共预算收入占财政总收入的69.1%、占GDP的6.4%；税收收入占一般公共预算收入的60.2%。强化非税收入征管，全年完成非税收入15.44亿元，增长215.8%，其中纳入一般公共预算管理的非税收入2.35亿元，增长47.9%。开展预算单位实有资金账户结转结余资金清理盘活专项行动，盘活存量资金8994万元。全年争取新增地方政府债券资金7.25亿元，其中一般债券3.00亿元，专项债券4.25亿元。

【支持经济稳进提质】 助企减负纾困。做好惠企税费政策落地工作，全年拨付涉企财政补助资金1.74亿元，落实退减缓免税费支持政策资金2.32亿元。建立资金直达机制。实施直达资金执行情况月度通报制，支付进度纳入年度目标管理责任制财政专项工作考核。2022年全县直达资金总支付进度99.97%。保障重点项目实施。统筹安排政府性投资项目资金21.82亿元，重点支持庆景青公路万年隧道、生物科技（食用菌）产业园等基础设施工程落地，发挥投资对稳增长拉动作用。支持科技战略实施。全年科学技术支出7112万元，同比增长34.7%，重点保障人才工作经费、企业研发经费、电子政务建设、工业政策兑现等。

【推进共同富裕】 财金协同助力共富。创新涉农融资担保，全年办理担保业务504笔，新增担保贷款金额1.23亿元，推动金融助力农业特色产业发展。全年土地出让收入用于农业农村占比18.4%。探索建立村级慈善爱心基金。充分发挥"第三次分配"作用，以村级慈善爱心基金引领慈善事业发展，截至2022年年底，建成村级慈善爱心基金106个，创建省级村级慈善爱心基金8个，募集爱心慈善基金1219万元。该做法入选全省财政系统高质量发展建设共同富裕示范区"小切口"改革十大最佳实践案例。支持建设共富乡村试点。黄田、黄坛等村入围省一事一议财政奖补支持打造共富乡村试点，获省级财政补助2000万元，主要用于黄田村浙南闽北两山共富产业园、安溪村绿色食品加工产业园建设、黄坛村甜桔柚扩面种植和污水管网建设等，促进村集体和村民增收。

【保障民生事业】 全年民生支出29.83亿元，增长9.4%，占一般公共预算支出的70.5%。提升医疗卫生服务水平。全年卫生健康支出3.63亿元，重点保障医疗卫生事业加快发展、城乡居民基本医疗保险补助、疫情防控工作等。提高基本公共卫生服务人均补助标准至97元/年。统筹资金3396万元保障疫情防控工作。保障教育事业发展。全年教育支出6.41亿元。提升小学、初中生均公用经费标准至850元/(生·年)、1050元/(生·年)。落实公办、民办教师工资待遇保障4.14亿元，通过国家学前普及普惠县省级督导检查。投入资金8419万元，支持实验小学濛洲校区、松源幼儿园等教育基础设施建设。支持社会保障工作。全年社会保障和就业支出4.08亿元，重点用于社会救助补助、残疾人事业发展、公共就业服务能力建设及社保基金补助等。其中，向低保对象、特困人员等困难群体发放救助金6037万元。支持文体事业发展。全年文化旅游体育与传媒支出9636万元，增长7.9%。安排资金4906万元，推进发展全域旅游；安排预算500万元支持举办"第十二届庆元香菇文化节"。支持乡村振兴。全年完成农林水支出7.54亿元，同比增长15.6%，重点支持兰溪桥水库扩建、松源溪流域综合治理等重大项目建设和食用菌、甜橘柚等特色产业发展，支持巩固脱贫衔接乡村振兴项目等。低碳农业产业园入选省乡村振兴综合试点名单，获省财政补助3000万元。强化应急保障。"6·18"特大暴雨灾情发生后，第一时间拨付各乡镇(街道)救灾资金836万元，保障应急救灾。

【深化财政改革】 推进财政数字化改革。完善预算管理一体化系统建设，构建起从预算指标到资金支付"记录、控制、报告、对账"全方位管理机制。推进"浙里报账"平台嵌入单位内控管理制度，完成报销单审核后，自动生成支付信息，实现无纸化报销、入账、归档，降低财务管理风险。加快国企改革步伐。重新成立国企改革领导小组，组建工作专班，构建改革总体构架。制定国有企业整合方案，推进9家国企注销工作，完成出资人变更15家，加快国有资产划转速度，全年累计融资授信49.12亿元，资产总额172.63亿元，增长77.1%。获全县"国企改革资产整合比拼""总部经济税收"猛虎奖。

【强化财政监管】 规范债券资金管理。出台《庆元县地方政府专项债券资金管理(暂行)办法》，加强债务统计监测和分析预警，遏制新增隐性债务。加强政府投资项目审核。全年审核政府性投资项目747个，核减政府投资1.10亿元。加强公款存放管理。开展行政事业单位(国有企业)银行存款核查，开设政府资金风险防控暨内审工作专题研讨班等，加强单位内部管理。《织密政府资金风险防控监督网》入选2022年丽水市巡察整改优秀案例。开展财政监督检查。全县行政事业单位和县属国有企业内控检查全覆盖，完成财政内控制度执行情况自查自纠和重点核查工作，健全内控检查长效机制。配合巡察审计检查。落实县委巡察组反馈整改及"七张问题清单"整改，配合市审计局开展2021年度决算审计工作。

【打造变革型组织】 学习贯彻党的二十大精神。创新班子成员专题学、党员干部示范学、线上线下全员学，开展"清风财韵扬正气""廉洁主题读书会"等活动。强化党建品牌引领。推进"理财能手共富先锋"党建品牌建设，2022年度机关党建"双建"示范点创建评比获一等奖。开展党风廉政建设教育。组织观看警示教育片、参观清廉文化教育基地等活动，举办党风廉政建设专题讲座，开展"青春心向党，献礼二十大"主题演讲比赛，持续增强干部担当作为本领。加强干部队伍管理。对科室干部进行岗位调整，提拔副股到正股3人、一般干部到中层干部10人，选派干部走上级挂职，组织干部参加全县干部技能大赛。

(庆元县财政局供稿　郑　斌执笔)

景宁畲族自治县

【概况】 2022年，景宁畲族自治县(以下简称景宁县)实现地区生产总值93.24亿元，按可比价格计算增长4.0%。其中：第一产业增加值7.28亿元，增长4.4%；第二产业增加值20.49亿元，增长3.8%；第三产业增加值65.47亿元，增长4.0%。三次产业结构比7.8:22.0:70.2。按常住人口计算，人均生产总值84378万元。全社会固定资产投资51.85亿元，增长11.0%。社会消费品零售总额36.62亿元，增长1.7%。进出口总额19.49亿元，下降24.1%，其中：进口额12.32亿元，下降31.8%；出口额7.17亿元，下降6.0%。城镇常住居民人均可支配收入47807元，增长4.9%；农村常住居民人均可支配收入26139元，增长8.6%。全县财政总收入42.39亿元，增长36.7%；一般公共预算收入15.90亿元，增长16.1%，剔除增值税留抵退税因素增长23.7%。一般公共预算支出48.41亿元，增长1.9%。全年财政收支平衡。

【组织财政收入】 强化预期管理，加强分析研判，加大统筹力度，合理把握组织收入的力度和节奏，稳住收入基本盘，提高收入质量。2022年，一般公共预算收入占地区生产总值的17.1%、占财政总收入的37.5%；其中税收收入14.40亿元，增长12.8%，剔除增值税留抵退税因素增长21.0%，占一般公共预算收入的90.6%，比上年下降2.6个百分点。全年征缴非税收入4.32亿元，增长138.2%，其中纳入一般公共预算管理的非税收入1.50亿元，增长61.5%。

【助力经济稳进提质】 落实助企纾困、工业稳增长、促服务、稳外贸、扩投优化结构、保基本民生措施等6方面24条财政措施，统筹财政资金618万元(不包括消费券资金)，推动经济稳进提质。争取和筹集财政资金17.80亿元，其中一般债券4.00亿元、专项债券资金7.90亿元、县级资金5.90亿元，支持总投资31.43亿元的124个政府投资项目建设。落实增值税留抵退税政策，全年办理留抵退税1.45亿元。加大惠企政策执行力度，兑付县级涉企财政政策资金4.85亿元。政府采购授予中小企业合同金额1.22亿元，占全县政府采购规模的91.1%。持续推进企业清费减租减负，行政事业单位减免21户企业和个体户房租10万元，国有企业减免566户企业和个体户房租390万元。落实阶段性下调失业费率政策，1132户企业失业保险金下调1283万元，发放企业稳岗补贴676万元、一次性留工培训补助64万元、一次性扩岗补助42万元，惠及企业1692家次、职工22297人次。

【保障民生支出】 2022年，全县民生支出32.82亿元，增长2.0%，占一般公共预算支出的67.8%，比上年提升0.1个百分点。全年卫生健康支出3.98亿元，推进公立医院综合改革，支持公立医院高质量发展。安排专项资金6385万元保障疫情防控。全年教育支出4.81亿元，重点支持景宁二中新建、职业高中迁建等项目建设。落实义务教育生均公用经费省定标准，小学每生每年提高至800元，初中每生每年提高到1000元。全年社保和就业支出6.46亿元。为1329人发放失业保险金205万元，为951名符合条件人员发放失业补助金63.67万元，为237名就业困难人员发放“4050”社保补贴159万元。筹集资金5390万元支持总投资1.54亿元的城区老年医养综合服务中心建设。全年支出1098万元保障抚恤资金、大学生入伍奖励、义务兵家庭优待、退役安置、生活补助等资金足额发放。全年公共文化事业支出1.34亿元，增长1.0％，建成15分钟品质文化生活圈34个、城市书房2个、乡村博物馆5个、百姓健身房3个、多功能运动场2个。

【推进财政数字化改革】 完善预算管理一体化系统，预算执行模块、新清算系统实现预算单位全覆盖，预算编制、预算执行、会计核算等财政核心业务实现线上办。迭代服务社会应用，分两批推进预算单位应用“浙里报账”系统，办公设备购置、办公用品采购、差旅费等9大场景上线运行，全年报销13451单，计8029万元。建设电子凭证库系统，三家银行完成业务71笔，计2975万元。推进财政电子票据改革，全县151家执收单位开通电子票据系统，票据种类覆盖非税收入的11种财政电子票据种类；完成公立医院全国统一医疗收费电子票据开通工作，覆盖全县乡镇卫生院。

【强化财政监管】 加强政府性债务管理，经县人大常委会批准，2022年地方政府债务限额62.71亿元，其中：一般债务限额45.18亿元，专项债务限额17.53亿元。组织8.50亿元财政专户资金实行公款竞争性存放，其中社保资金6.50亿元，核算中心代管资金2.00亿元；加强对行政事业单位公款竞争性存放管理和业务指导，组织住房公积金等9家行政事业单位、国有企业和行政村开展公款竞争性存放，涉及金额4.31亿元。深化预算绩效管理，选择县水利局、县民政局开展部门整体支出绩效评价试点，委托第三方进行整体支出绩效评价，涉及财政资金3.47亿元，整改涉及7大类14方面23个问题；继续开展乡镇财政运行综合绩效评价试点工作，选择东坑镇、澄照乡试点，涉及财政资金6325万元，整改5大类16方面31个问题；开展事前绩效财政评估试点，委托第三方对县住房和建设局城乡环卫保洁和生活垃圾处置项目进行评估，涉及财政资金5244万元，经评估核减596万元。

【深化国企改革】 整合重组县属国企，全县39家国有企业和4家集体企业整合成国控集团、城投集团、交通集团和文旅集团4家集团公司。解除国有企业部门隶属关系，由县国资办履行出资人职责，对全县经营性国有资产实行集中统一监管。深化企业用人制度改革，实行企业用工集团化限额管理，制定各集团公司人员定额方案。深化企业薪酬制度改革，建立国有企业工资决定机制。推进国企信用评级，县国控集团获AA信用评级，入选景宁走山区县高质量发展共同富裕特色之路2022年度标志性成果。

【打造变革型组织】 深入实施变革型组织建设三年行动计划，制定《关于加快打造变革型财政组织实施方案》，以党建为引领，提升财政部门和财政干部塑造变革能力。深化清廉财政建设，制定加快推进清廉财政建设三年行动方案，牵头推进清廉国企建设，制定“清廉国企”创建方案，县国有资产投资经营有限公司示范型清廉国企创建、浙江畲族歌舞团规范型清廉国企创建被列入县委《清廉畲乡建设2022年行动计划》创建成果。完善干部选拔任用机制，选拔任用中层干部4人，新招录公务员2人，新录用事业人员2人，选调事业干部1人。

（景宁畲族自治县财政局供稿　吴向东执笔）

市县（市、区）图片集锦

Zhejiang caizheng nianjian

杭州市财政会同相关主管部门制定《杭州市城镇未来社区创建市级专项奖补资金管理暂行办法》，2022年安排财政资金1.81亿元，推动未来社区从美好愿景转化为市民可感可及的共富实景。截至2022年年底，杭州市已累计创建185个未来社区，受益居民168万人。

1 建德洋安未来社区
2 临平里窑未来社区
3 临安马溪未来社区
4 萧山振宁未来社区
5 余杭南滕未来社区

1

2

3

4

5

2022 年，杭州市上城区推进宋韵文化新高地建设，投入财政资金 1.50 亿元，支持文化研究、产业赋能、品牌塑造、创新转化“四位一体”整体推进，取得南宋德寿宫开馆亮相、第二届宋韵文化节成功举办等标志性成果。

1 2022 宋韵文化节开幕暨南宋德寿宫遗址博物馆开馆仪式
2 国风奇妙夜市民宋韵秀
3 斗茶会上传承点茶非遗项目

2022 年，杭州市拱墅区加快推进嵌入式体育场地设施建设，财政投入资金 4800 万元，累计建设嵌入式体育场地设施 341 片，探索推出“桥下空间 + 体育”“公园绿地 + 体育”“屋顶 + 体育”等建设新模式，将拱墅的“金角银边”变身为“10 分钟健身圈”，不断提升人民群众的获得感和幸福感。

4 瓜山未来社区运动中心
5 立交桥下嵌入式篮球公园
6 祥符街道——崇安中心屋顶网球场

2022 年，杭州高新技术产业开发区（滨江）秉承“办好一个会、提升一座城”的理念，投入 4759 万元推进迎亚运城市街区“微更新”工作，实现奥体、迎春等 4 个片区的“最后一公里”华丽变身“最美一公里”。

1 奥体片区亚运形象 logo
2 改造后的冠山南风景
3 迎春街区风貌

2022 年，杭州市萧山区教育支出 70.18 亿元，增长 12.04%，占一般公共预算支出的 27.3%。支持学校软硬环境改造提升，推进民办义务教育规范工作，统筹配置城乡教育资源，实施义务教育课后服务一揽子政策，促进“双减”政策落地见效。

4 萧山区盈丰小学
5 萧山区金山教育集团金惠小学
6 萧山区江南初中

2022 年，杭州市钱塘区财政聚焦企业所急、群众所盼，紧扣经济运行、城市建设、民生保障等重点领域，确保一般公共预算支出的三分之二以上用于民生，投入 49.23 亿提升城市能级，投入 37.30 亿元助力产业发展，为奋力书写中国式现代化钱塘答卷贡献财政力量。

1 助企纾困座谈会
2 广汽乘用车整车制造车间
3 钱塘居民丰收节
4 “活力钱塘 共享亚运”活动

2022 年，杭州市临安区财政厚植绿色发展理念，以浙江省“综合类低碳试点县”建设为契机，落实“绿色”转化专项激励政策资金 1.00 亿元，高质量构建绿色转化通道，助力打造宜居宜业生态城市。

5 绿色转化项目——活山村岭上站点污水终端改造
6 绿色转化项目——天目耕织风貌样板区
7 绿色转化项目——大明山高山滑雪场
8 绿色转化项目——浙西天路户外圈提升改造

2022 年，建德市财政加大对“一老一小”、低收入群体、农业农村等民生领域投入，支持老旧小区电梯加装、婴幼儿托育机构建设、草莓标准地打造、水美乡村项目、320 国道改建等，为推动共同富裕建设保驾护航。

1 改建后的 320 国道
2 老旧小区加装电梯
3 梅城千鹤草莓园
4 婴幼儿成长驿站

1

2

3

4

5

2022 年，淳安县以“共富村”建设为小切口，选取下姜村等 5 村，通过联建共富平台、联兴共富产业、联享共富生活等举措，积极打造“共富村”淳安样板。

5 汪村美丽茶园
6 下姜村高标准农田
7 大下姜乡村振兴发展年度分红大会

6

7

2020–2022 年，桐庐县以 3.00 亿元省级绿色转化财政专项激励资金为牵引，撬动社会资本 32.00 亿元，推动“山水农居”试点项目建设 24 个，涵盖环境保护、绿色产业、平台创新、体制机制四大类别，高质量打通绿色转化通道，连续两年在全省绿色转化财政专项激励资金绩效考评中获优秀。

1 污泥填埋场改建的钟山蓝莓基地
2 “生仙里”山地休闲旅游发展试点项目
3 陇西村蓝莓智创园
4 联盟村全域土地综合整治改革项目
5 “黄金左岸”梅蓉村美丽风光
6 西金坞村农村生活污水零直排试点
7 农村生活污水处理示范项目

宁波市加大保障力度，支持共富乡村集约创新示范建设试点工作，着力发展乡村产业、壮大集体经济、促进农民增收、提升宜居环境，探索推进乡村全面振兴促进共同富裕的有效路径。

1 茅山村综合活动中心
2 菌菇智慧方舱富民项目
3 知青公社精品民宿
4 走马塘村古村落
5 姜山镇共富乡村试点片区

1

2

3

4

5

2022年，宁波市北仑区财政持续加强政策资金供给，支持推动“北仑制造”新一轮“腾笼换鸟、凤凰涅槃”、数字化转型、服务业提升、自贸试验区建设等创新突破，为打造中国式现代化港城示范区提供财力支撑和智力支持。

1 繁忙的东方大港
2 金融创新促自贸区高质量发展论坛
3 进口商品交易展示中心
4 重大项目签约仪式
5 梅山保税港区三创基地
6 大榭绿色化工园区

2022 年，余姚市财政加大转移支付力度，从政策、资金、资源等方面支持四明山区域发展，保障生态环境保护、交通基础设施完善、旅游业发展及民生改善等。

1 人与生态相和谐
2 村民采摘茶叶
3 四明山美丽乡村
4 山中美景

慈溪市健全民生保障长效机制，坚持财政支出三分之二以上用于民生，增进民生福祉，2022 年第八次荣膺“中国最具幸福感城市”。

1 敬老孝亲活动
2 慈溪现代农业园区万倾良田
3 环境整治后的新河坊
4 建设中的中横线高架
5 明月湖赛艇基地

温州市2022年投入84.40亿元保障“未来乡村”试点、田园综合体创建、农业双强、预制菜产业发展等重点任务。持续深化财政支农资金折股量化改革，撬动社会资本支持乡村振兴，带动低收入农户户均年增收2000元以上。

1 北林垟田园综合体成为乡村打卡新地标
2 中国美丽休闲乡村墩头村
3 机械强农新模式
4 山根音乐艺术小村塘河夜市
5 文成县武阳村未来乡村美景
6 入选温州市预制菜企业名录的藤桥食品公司

2022 年，温州市瓯海区财政文化支出 1.11 亿元，支持挖掘“两山一水”特色地域文化，提质拓面文化礼堂、文明实践站、书房书屋等公共文化设施，举办系列文化惠民活动，促进瓯海区文化气质辨识度进一步提升。

1 瓯海龙舟公园城市书房
2 温州泽雅龙溪艺术馆
3 瓯地文博之夜皮纸花草灯实践活动
4 蓝夹缬印染体验活动
5 宋韵点茶分享会
6 中国校园文学年度颁奖典礼

2022 年，温州市鹿城区财政投入 2.17 亿元支持园林绿化发展、绿地系统规划等，打造“推窗见绿、出门入园”的城市环境，助力创建国家生态园林城市。

1 花团锦簇的杨府山公园
2 绿树掩映下的松台山古塔
3 天桥绿化

温州市龙湾区落实教育支出 12.20 亿元，支持“双减”、公参民等政策落地生效，满足人民群众对优质教育资源的新需求。2022 年龙湾区获浙江省义务教育阶段作业改革温州市实验区试点称号，“双减”课后服务平台入选教育部试点。

4 龙湾区汤西幼儿园
5 焕然一新的校舍
6 学生阳光体育大课间活动

2022 年，温州市洞头区发挥财政引导作用，加大资金投入，助推智慧渔业高质量发展。全年远洋渔业捕捞产量超 1700 吨，“两菜一鱼’年产值 7.20 亿元，“蟹公寓”“北参南养”等模式激发水产养殖新动能，“浙海安康—海洋灾害智防”成为省级最优场景，“数智渔业’获得全省首届数字乡村“金翼奖”。

1 “数智渔业”获得数字乡村“金翼奖”
2 大黄鱼智能声波无网海洋牧场
3 洞头霓屿紫菜新田园
4 科研人员研发海洋食品新产品
5 洞头数字渔业系统

1

2

3

4

5

2022 年，瑞安市财政投入资金 41.39 亿元，支持瑞安市基础教育国家级“两个创建”工作，推动教育事业优质均衡发展。实施教育基础设施建设项目 40 个，建成投用瑞安市第五中学等 9 个项目，创建新型公办园 48 所，升级组建城乡教育共同体 53 个。

1 孩子们在瑞安寓言馆阅读
2 劳动实践基地“大自然学校”
3 教育表彰大会
4 中小学生体育节
5 南滨江小学开工仪式
6 小学生参加“全国科普日”活动
7 改造升级后的瑞安市阳光小学

2022 年，乐清市投入资金 26.00 亿元，用于支持交通重点项目建设，加快打造现代综合交通枢纽，中心城区四通八达，方便市民出行。

1 乐清市区城市主干道
2 乐清湾大桥
3 南塘高速枢纽

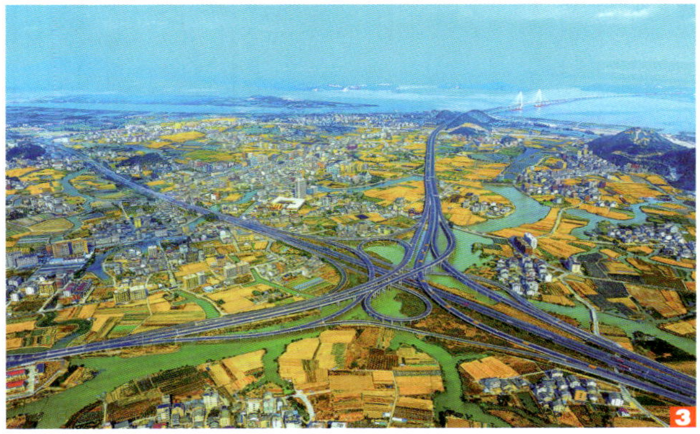

2022 年，永嘉县加大投入，深入挖掘宋韵文化瑰宝，将楠溪江山水与宋文化有机融合，打响“宋韵永嘉”文化品牌。

4 宋韵文化研究中心（永嘉）学术与实践基地揭牌仪式
5 雅宋生活体验街坊
6 山水诗画游——林坑古村

2022 年，平阳县财政争取资金、谋划项目，以美丽乡村建设为载体，持续推动“三农”发展质量变革、效率变革、动力变革，逐步改善人居环境，打造“高颜值”新农村，荣获“温州市美丽乡村建设成绩突出集体”。

1 平阳粮仓
2 南麂渔场改造
3 湖屿村居民宿

2022 年，文成县加大民生保障，推进共同富裕建设，景文高速建成通车，娃哈哈智能化饮料生产基地等优质水制品项目建成投产，举办第三届农业投资洽谈会，创成全省大花园典型示范县，获省政府督查激励，森林氧吧小镇和刘伯温故里景区入选全省大花园耀眼明珠。

4 景文高速
5 第三届农业投资洽谈会
6 娃哈哈工业园区
7 百亩金丝皇菊成就乡村致富路

2022 年，苍南县积极筹措资金，完成综合交通投资 35.97 亿元，同比增长 25.3%。开工建设苍泰高速，提速推进瑞苍高速、104 国道、228 国道等重点项目，168 黄金海岸线三澳至瑶洞段提名全国“年度十大最美农村路”。

1 桥墩至莒溪“四好”农村公路
2 苍南大道
3 苍南 168 黄金海岸线
4 鳌江大桥
5 甬台温苍南段

2022 年，泰顺财政围绕“生态立县、旅游兴县、产业强县”发展战略，支持打造廊桥——氡泉旅游度假区等一批标志性旅游项目，激活全域旅游新动能，创成国家级旅游度假区——泰顺廊桥——氡泉旅游度假区，展现“浙南明珠、最美山城”的新风采。

1 松垟花开火车乐园
2 筱村公社
3 粉黛乱子草花田
4 小松坡游客集散中心

2022 年，龙港市加大财政资源统筹力度，完善城市书房、生态公园、文化中心等公共文化基础设施建设，助力打造亮点鲜明、厚植文脉、生态宜居的现代化滨海城市。

5 翠湖公园
6 文化中心
7 九龙河生态公园

湖州市2022 年财政投入 53.99 亿元，推动教育事业高质量发展。安排资金 10.72 亿元保障建设完成爱山小学奥体校区、仁北中学、仁西小学三个项目，缓解中心城义务教育资源紧张的局面。投入 1.14 亿元支持湖州师院双创中心建设，发挥对稳就业的带动作用。

1 仁西小学竣工
2 湖师院大学生创新创业中心
3 书法教室传承中华文化
4 仁北五中体育馆

2022 年，湖州市吴兴区持续推进乡村振兴战略，全年“三农”支出 4.29 亿元，重点支持美丽乡村建设和农村旅游发展，助力打造生态宜居、聚商宜业、魅力宜游、统筹发展的美丽乡村。

5 道场乡红里山美食街
6 高新区溇港水韵
7 八里店镇丝路文化旅游节
8 妙西镇黄桃节

2022年，湖州市南浔区入选全省农村综合改革集成建设单位，通过打造共富联合体，建设一批可推广可复制、具有南浔辨识度的高质量发展共富乡村样本。全年实施项目6个，总投资1.42亿元，惠及13个行政村，带动农户120余户。

1 观音堂村美丽庭院
2 平乐村数字化管服平台
3 “羊光互补”共富农场

德清县统筹省以上资金2.4亿元、累计配套地方财政资金1.05亿元，支持美丽河湖建设。截至2022年年底，累计建成省级美丽河湖11条（个），全面完成全国水系连通及水美乡村建设试点县、全省第一批幸福河湖试点县建设。

4 国家级示范河湖——蠡山漾
5 省级美丽河湖——东苕溪
6 省级美丽河湖——凤栖湖
7 省级美丽河湖——盘溪

2022 年，长兴县“三农”支出 15.24 亿元，重点用于美丽乡村建设和农村旅游发展，持续推动农业高质高效、农村宜居宜业、农民富裕富足。

1 水口乡大唐贡茶院夜经济
2 滩龙桥村茶产业
3 一事一议项目——毛家店白茶街
4 和平镇山沟采桃节

2022 年，安吉县“5G 物联网 + 余村溪泉鱼”项目获中央财政补助资金 982 万元。该项目基于“物联网智慧养殖管理”平台，以“溪泉水 + 陆基循环水养殖”为抓手，充分挖掘绿水青山资源，打造“两山”理论深度践行的新标杆和数字渔业新基建全国样板村。

5 “5G 物联网 + 余村溪泉鱼”数字化展示厅
6 鱼菜共生区
7 智能蜂窝养殖池

嘉兴市2022 年投入人才资金 16.32 亿元，支持拓展引才模式，加大企业、院校引才支持力度，打造重点人才科创平台，高质量推动人才强市建设。

1 清华长三角研究院
2 天鹅湖未来科学城
3 湘家荡科创湖区
4 嘉兴学院

2022 年，嘉兴市南湖区财政统筹财力，保障重大交通项目、城乡公共交通发展等资金需求，助力“四好农村路”全国示范县创建，七沈公路入选全国“十大最美农村路”。

5 七沈公路
6 乡道边的红色驿站
7 新建的公交站台
8 乡村大道

2022 年，海宁市作为全省首批普惠托育基本公共服务试点县（市、区），聚焦“一小”优质服务提升，加大财政投入，推进“潮城善育”婴幼儿托育机构建设工程。截至 2022 年年底，备案托位 3920 个，每千人拥有婴幼儿托位数 3.49 个，托幼一体化实现大跨越。

1 向日葵亲子小屋
2 育婴员培训
3 示范性托育机构——麦希宝贝日托中心
4 幼儿趣味游戏
5 “医防护”儿童健康管理中心

1

2

3

4

5

2022 年，平湖市财政支持打造制造业高质量发展示范县，争取省级专项激励 1.10 亿元，发挥财政资金引导撬动作用，推动企业大发展、产业大集聚、先进制造业“强链壮群”，加快构建现代化产业体系。

1 新凤鸣集团独山能源有限公司
2 长城汽车股份有限公司厂房
3 外资企业艾莱希斯生产车间
4 日本电产机床车间
5 津上精密机床（浙江）有限公司厂房

1

2

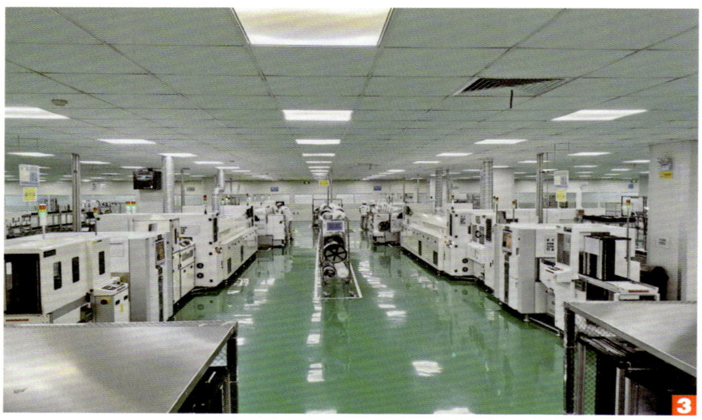

3

4

5

2022 年，桐乡市财政围绕打造农业农村现代化先行示范，累计投入涉农资金 17.42 亿元，支持实施“农业双强”、全域农创、未来乡村建设等行动，为高质量发展建设共同富裕示范区夯实“三农”发展基底。

1 桐乡市现代农业创新服务中心
2 石门子恺漫画村
3 中科康成种苗桐乡基地
4 湾里村共富大棚
5 全国文明村新联村

2022年，嘉善县财政投入12.20亿元，保障长三角生态绿色一体化发展示范区重大项目建设，推动示范区在制度创新、生态绿色、科创产业、共同富裕等方面取得一批标志性成果。

1 长三角企业交流服务基地
2 祥符荡全色大底板项目
3 西塘竹小汇科创聚落项目
4 姚庄沉香共同富裕聚落项目
5 祥符荡科创绿谷
6 长三角生态绿色一体化示范区全景

2022 年，海盐县财政统筹资金，支持高品质幸福河湖网建设，打造滨海生态水城风貌，累计创建省级美丽河湖 7 条，助力获评省级“幸福河湖”建设试点优秀单位。

1 六里村的江南韵味
2 环境整治后的一杭漾河畔景观
3 梦湖公园
4 南北湖河湖景观
5 东海村生态修复工程
6 省级美丽河湖——白洋河

绍兴市2022年统筹盘活资金、资产、资本、资源，运用专项资金、专项债、投资基金等，支持交通基础设施建设，促进城市能级跃升，为高质量发展建设共同富裕示范区贡献财政力量。

1 杭绍台高速公路全线通车
2 镜湖新区夜景
3 绿云高架桥
4 地铁一号线主线通车
5 于越快速路

2022，绍兴市越城区教育支出20.88亿元，同比增长10.7%。支持教育基础设施建设，优化教育资源，打造“越同心·育同力”协同育人品牌，推动教育优质均衡发展。

1 学校塑胶运动场
2 镜湖中学图书馆
3 文澜中学心理健康教室
4 跨地区教共体结对帮扶大会

绍兴市柯桥区持续推进轻纺产业转型升级，2C22年投入财政资金1.81亿元，支持现代纺织技术创新中心、清华大学长三角研究院、江南大学纺织产业技术中心等创新平台发展，持续提升纺织印染行业科技含金量，进一步擦亮中国轻纺城“金字招牌”。

5 轻纺市场采购（跨境电商）监管中心
6 中国轻纺城市场
7 轻纺城情指中心

2022 年，绍兴市上虞区获得专项债券资金 39.24 亿元，投入交通基础设施、社会事业、生态环保等建设项目 29 个，撬动总投资 161.22 亿元，拉动形成实物投资量 57.30 亿元，加快城市能级提升和产业全面升级。

1 城南医用中心项目建设
2 南站站前广场建设
3 体育中心小球馆项目

诸暨市推进财政数字化改革，创新开发“诸暨市资囊不动产管理应用系统”，对国有不动产实施全生命周期动态监管。2022 年该应用系统荣获全省财政数字化改革创新应用项目提名奖。

4 应用项目荣获全省财政数字化改革创新应用项目提名奖
5 诸暨市“资囊”国有不动产管理应用项目演示界面

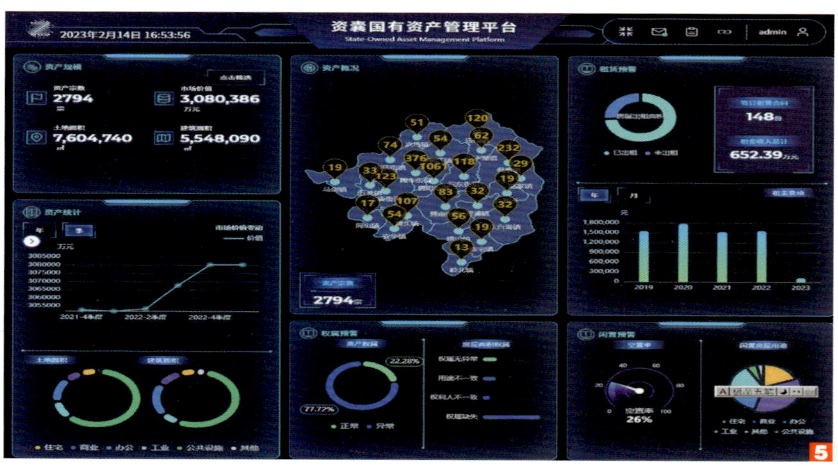

2022年，新昌县财政科技支出7.06亿元，聚焦“小县大科技”，支持创新驱动发展战略实施。助力新昌县连续2年获全省“科技创新鼎”，获评首批国家创新型县。

1 新昌科技日·人才周
2 新昌茶产业大脑
3 新昌制造业科创走廊
4 新昌智能装备小镇
5 新昌工业园区

1

2

3

4

5

金华市 2022年市本级文化支出4.52亿元，助力举办浙江省第十七届运动会、第十五届戏剧节，保障浙江中西部文化中心建设，推进文化建设九大行动落到实处。

1 悦读吧开展新年阅读第一课活动
2 雅畈镇新时代文明实践所
3 “婺风遗韵·一梦归婺州”举岩之夜晚会
4 浙江省第十七届运动会开幕式

2022 年，金华市婺城区财政加大“三农”投入，深化强村富民乡村集成改革，通过打造生态廊道风景线、组建共富联盟合力发展、挖掘地域特色开发美丽产业等共富实践，发展文旅富民新模式。

1 共富柑橘节
2 南山漫道美丽风景线
3 未来乡村大岭村
4 熊猫猪猪未来牧场

2022 年，金华市金东区被列入省级一事一议财政奖补助推美丽乡村建设试点，获得省级补助资金 2000 万元，助力做大做优做强特色农业产业链，助推现代化示范乡村建设。

5 “金佛手”文体休闲广场
6 数字化乡村新场景
7 现代化示范乡村北山口村

2022 年，永康市财政集中财力做好经济稳进提质、保障民生福祉等工作，投入奖补资金 9.16 亿元，出台六轮次助企纾困政策；投入资金 17.49 亿元，保障政府投资项目以及公共服务、居民基础设施建设，助力打造“世界五金之都 品质活力永康”。

1 永康道明全自动化车间
2 高标准农田
3 “海铁联运”永康中转站

2022 年，兰溪市推进“5+4”稳进提质政策落地，地方配套涉企奖补资金 5.42 亿元，支持智能制造、两化融合、中小企业帮扶纾困等工作，助力打造“新时代典型工业城市”。

4 工业机械手
5 传统产业改造提升
6 智能化无尘织布车间
7 甬金金属智能制造

2022年，东阳市财政局统筹落实建设资金10.30亿元，支持金义东市域轨道交通、金甬铁路、义东高速等工程建设，推进综合交通高质量发展。

1 义东高速工程
2 轨道交通工程

2022年，义乌市优化财政政策供给，积极构建育儿友好型社会。全链条贯穿提升婴幼儿医疗、保健、养育服务，塑造普惠生育养育新场景。

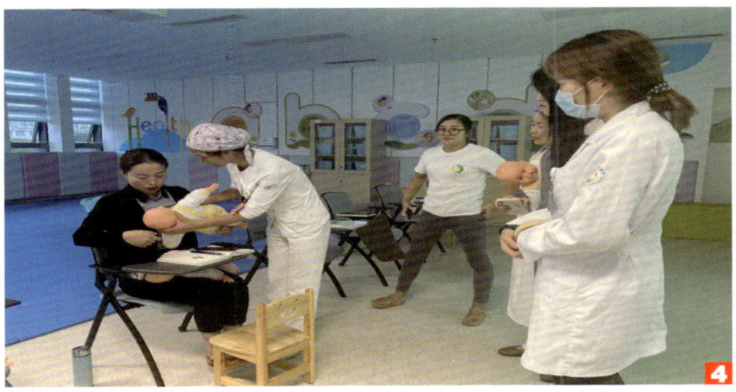

3 “医防护”一体化儿童健康管理中心
4 开展婴幼儿照护指导师培训
5 社区普惠托育园开园
6 亲子互动交流
7 婴幼儿照护服务驿站

衢州市 2022年聚焦重大基础设施，争取政策性、开发性金融工具资金24.69亿元和新增政府债券资金156.49亿元，支持项目落地建设，形成实物工程量，为衢州经济高质量发展提供财力支撑。

1 双港大桥改造工程
2 信安湖十里江滨景观带改造
3 紫薇路隧道建成通车
4 衢州市文化艺术和便民服务中心
5 时代锂电年产40万吨前驱体项目
6 杭衢铁路主体施工
7 礼贤未来社区

1

2

3

4

5

6

7

2022 年，衢州市衢江区安排财政资金 5200 万元，支持挖掘红色、民俗、非遗等文化内涵，打造“衢州有礼”诗画风光带、“6080”共富老街、双桥水云间等多个标志性文旅项目，助力创成省级全域旅游示范区。

1 “衢州有礼”诗画风光带
2 非遗基地研学
3 城市帆船超级联赛

2022 年，江山市围绕浙江山区 26 县高质量发展与共同富裕目标要求，重点落地实施光伏发电、华欣湖羊、翰音农业产业基地等项目，采用村集体抱团投资入股参与等方式，提高村集体经营性收入，实现全市所有行政村经营性收入达到 30 万元以上。

4 枫石村来料来样加工基地
5 华欣湖羊农牧一体化共富坊
6 林光互补光储一体化示范项目
7 坛石镇汇农蛋鸡项目

2022 年，龙游县围绕城乡融合战略目标，安排财政资金 19.93 亿元，支持城东公共文化服务中心、老旧小区改造、高铁站前区块配套工程等重大政府性投资项目建设，改善城乡人居环境。

1 “四好农村路”溪毛线
2 翠光未来社区
3 跨江大桥
4 城东公共文化服务中心
5 高铁站前区配套工程

2022年，常山县财政推动公务餐、公物仓、公务拼车改革，落实政府过“紧日子”要求，“廉政灶”“绿色拼车”相关做法获“全省基层清廉建设（浙江）十大创新经验”创新奖、全省党政机关过“紧日子”十大优秀案例、全省清廉财政建设实践案例一等奖、全省数字化改革实践创新案例。

1 干部在公务拼车点集中拼车
2 公务餐扫码就餐
3 两公一码生态大屏——公务餐
4 两公一码生态大屏——公务仓

1

2

3

4

2022年，开化县农林水支出17.55亿元，助推县域农业转型升级，培育发展“钱江源”区域公用品牌，打造“两茶一鱼两中”共富型农业产业体系。“钱江源”区域公用品牌授权产品销售额突破2.00亿元。

1 钱江源品牌山海协作展示馆
2 上安村红高粱产业基地
3 立江村油菜花田
4 田畈清水鱼养殖基地
5 长虹乡龙顶茶园基地

1

2

3

4

5

舟山市围绕海岛共富先行，实施“小岛你好”三年行动计划（2022–2024 年），2022 年安排市级奖补资金 5145 万元，保障海岛共富行动项目快竣工、快投入、快出效益。

1 海上小岛东福山岛
2 “海上运动岛”白沙岛
3 舟山群岛帆船跳岛拉力赛

2022 年，舟山市普陀区紧扣海岛共同富裕，加大对农业农村投入，全力支持渔农业高质量发展，推动渔农民“扩中”“提低”。农村居民人均可支配收入增长 7.0%；70% 的村经济合作社经营性收入 50 万元以上；全面消除年人均收入 10000 元以下家庭，低收入渔农户人均可支配收入增长 10% 以上。

4 悬山海洋牧场开展大黄鱼养殖
5 南岙村优质“普陀佛茶”出产
6 展茅街道田园综合体喜获丰收

2022年，舟山市定海区文化旅游体育与传媒支出6277万元，扶持海岛文化旅游事业发展，支持美丽乡村周、东海云廊·竹山印记、马岙稻香节等旅游活动开展，创成省级全域旅游示范区。

1 美丽乡村周走进“三毛故里”
2 马岙稻香节展现海岛稻作文化
3 东岠岛培育海岛旅游新兴业态露营基地
4 集文化创意和乡村休闲于一体的黄沙秘境
5 俯瞰东海云廊竹山段

1

2

3

4

5

2022 年，岱山县落实海岛大花园建设资金 15.86 亿元，推进海岛交通畅通、森林岱山、海岛城市基础工程和海岛环境提升等建设，高质量完成岱山海岛公园建设三年行动计划。

1 东海郊野公园
2 景城交融的海岛大花园
3 多元立体的现代综合交通运输网

2022 年，嵊泗县加大财政投入，助力“小岛你好”海岛共富行动，支持打造一事一议财政奖补共富村试点，激发小岛发展新动能。

4 箱子岙村民宿综合体项目
5 百年渔场嵊山镇港口

台州市 2022 年发挥财政政策引导作用，打造“财助共富”品牌，推动财政金融协同发力，激发乡村发展活力，助力建设“高质量发展建设共同富裕先行市”。

1 “浙里捐赠”一日捐上线
2 椒江区第一笔政银担业务授信
3 仙居水阁村共富项目

1

2

3

4

2022 年，台州市椒江区公共文化事业费支出 1.80 亿元，增长 12.0%，推进文化保障卡发放、“椒享乐”文化品牌、365 公益培训、文遗传承等文化民生实事建设。

4 惠民剧场上演越剧《游上林》
5 气球花艺课
6 乱弹剧团非遗馆演出

5

6

2022 年，台州市黄岩区财政助力探索高质量发展建设共同富裕示范区，推进财金助力扩中家庭项目试点，加快各类民生共富项目落地。

1 黄岩财政联合黄岩农商行开展扩中家庭入户调研
2 官河古道民生项目竣工

2022 年，台州市路桥区安排预算资金 1.01 亿元，推进公路基础设施建设和国省道整治，20 公里“四好农村路”实现提升，新增农村公路安防设施 5 公里。

3 四通八达公路网
4 路桥沿海高速
5 水滨路

2022 年，临海市财政局聚焦“扩中”“提低”改革，助推共富工坊挂牌运营。通过盘活全市农村闲置资产资源、引导市场主体参与建设等措施，推动农民就近灵活稳定就业，促进农村产业发展和农民增收，累计建成“共富工坊”150 家，实现农户增收 6000 多万元。

1 共富工坊启动仪式
2 共富工坊直播间
3 草编共富工坊的劳作者
4 永强共富工坊

1

2

3

4

5

2022 年，天台县安排绿色转化财政专项激励资金 1.00 亿元，支持美丽河湖、生态多样性建设，提升生态环境现代化治理能力。

5 夕阳下的始丰湖
6 始丰秀水赤城蓝天

6

2022 年，温岭市财政文化事业支出 3.57 亿元，推进文化惠民工程建设，优化公共文化服务供给，推动基层文化高质量发展。

1 东山村文化礼堂
2 魅力非遗进社区
3 栖衡石舍民宿图书分馆
4 博物馆里的雕刻艺术展
5 民间太极拳运动

2022 年，玉环市财政投入 3.91 亿元，支持美丽乡村和“花园式港口城市”建设，全域风貌得到提升，新增省级县域风貌样板区 1 个、省级美丽城镇样板镇 2 个、省未来社区试点 6 个、省未来乡村试点 4 个，新时代美丽乡村覆盖率超 90%，获评省全域旅游示范市。

1 垟根村文旦产业示范建设项目
2 鸡山乡火车村帐篷酒店
3 西塘村文化礼堂夜景
4 海山乡大青村港口码头

2022 年，仙居县入选财政支持乡村旅游发展试点县，创建乡旅共富样板村 3 个，健全乡村旅游发展评价指标体系，探索乡村旅游助力强村富民新路径。

1 朱溪镇“千亩共富坊”
2 双庙乡研学基地
3 田市镇农业产业服务中心项目

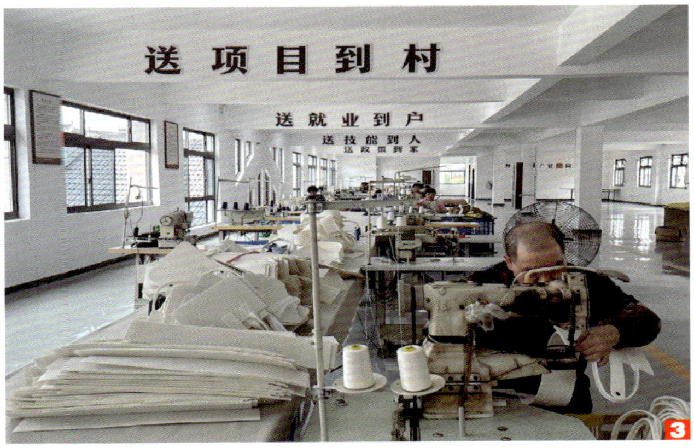

2022 年，三门县农林水支出 9.32 亿元，锚定乡村特色产业发展，提升全县农业现代化水平，促进农业增效、农村增美、农民增收，助力打造“鲜甜三门”。

4 “渔光互补”光伏发电
5 蛏子海螺丰收季
6 红糖制作共富工坊
7 浦坝港沿海高速大桥

丽水市贯彻落实习近平生态文明思想，加强政策供给和资金保障，加快推进瓯江源头区域山水林田湖草沙一体化保护和修复工程项目实施。累计获得中央资金 4 批 19.00 亿元，落实地方财政资金 23.80 亿元，做好瓯江山水工程五大类60个子项目的资金保障；支持开展丽水市生物多样性本底调查和评估；依托省域空间治理数字化平台，支持打造“浙‘丽’生态”数字平台。

1 生物多样性白皮书
2 生物多样性本底调查分布图
3 “浙‘丽’生态”数字平台
4 古堰画乡美景

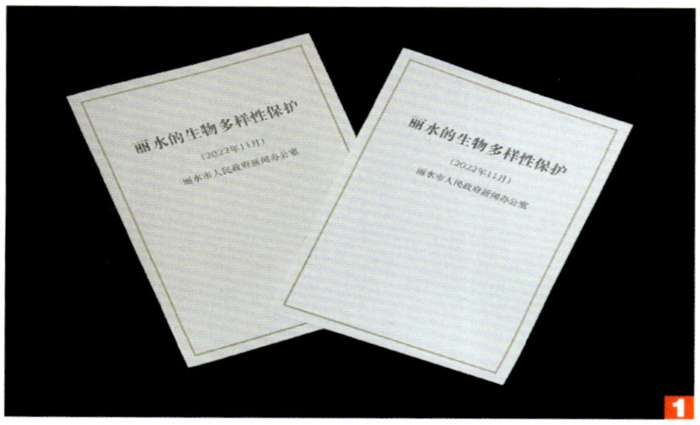

1

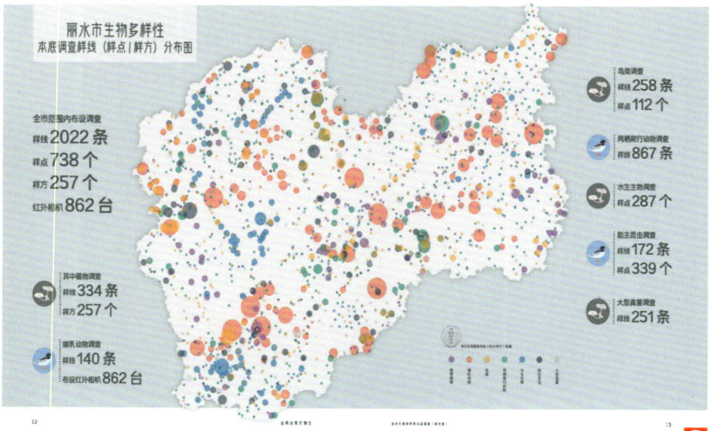

2

3

4

2022 年，龙泉市农林水支出 8.16 亿元，集中财力支持“竹茶菌蔬”“峰果药渔”等特色产业发展，助推乡村振兴和强村富民。

1 大汪村茶园春色
2 秀洲——龙泉飞地产业园
3 天和农业集团灵芝设施化栽培
4 第三届（中国）龙泉灵芝大会
5 周村铁皮石斛基地
6 兰巨省级现代农业园区

1

2

3

4

5

6

2022 年，遂昌县财政强化资金要素保障，加快推进基础设施、品质农业、文旅融合、城市更新、强村富民等工作，增添社会服务“民生温度”，绘就产业生态“幸福底色”，为创建革命老区共同富裕先行示范县贡献财政力量。

1 未来乡村试点村——蕉川村
2 古院未来公园
3 大柘万亩茶园点“绿”成金
4 革命老区发展红色旅游产业
5 箬叶“共富工坊”
6 遂昌和美家园全景

2022 年，松阳县依托乡村资源禀赋，发展二、三产业，延长产业链、提升价值链，以乡村振兴绘就共富先行的美好图景。

1 古市镇入选美丽城镇省级样板镇
2 明清古街上榜全国非遗旅游街区
3 松古灌区入选世界灌溉工程遗产名录

2022 年，青田县统筹财政资金 2.77 亿元，保障全球重要农业文化遗产大会召开，推进稻鱼共生全产业链提升综合试点项目建设，书写农遗大会“后半篇文章”，助力绘就共同富裕世界青田“美丽画卷”。

4 稻鱼共生系统吉祥物鱼多多
5 全球重要农业文化遗产大会
6 稻鱼共生系统的核心保护区——龙现村
7 稻鱼共生系统国际友谊田园增殖放流仪式

2022年，庆元县优化财政政策，扶持生态特色产业，助推食用菌、甜橘柚、荒野茶等产业转型升级、提质增效，推动庆元县实现绿色共富。

1 高山油茶种植户领取务工报酬
2 竹口镇高标准农田
3 屏都街道西红柿“共富工坊”
4 黄田镇灰树花种植基地
5 龙溪乡高山绿茶基地

1

2

3

4

5

财政统计资料

zhejiang caizheng nianjian

1978—2022年浙江省财政收支表

年份	财政总收入（亿元）	一般公共预算收入（亿元）			一般公共预算支出（亿元）	增长率（%）			全省GDP值（亿元）	总收入占GDP比重（%）
			其中税收收入（亿元）	占比%		总收入	一般公共预算收入	一般公共预算支出		
1978	27.45				17.43				124	21.8
1979	25.87				17.74	-5.8		1.8	158	16.4
1980	31.13				17.34	20.3		-2.3	180	17.3
1981	34.34				17.12	10.3		-1.3	205	16.8
1982	36.64				18.88	6.7		10.3	234	15.7
1983	41.79				21.94	14.1		16.2	257	16.3
1984	46.67				28.80	11.7		31.3	323	14.5
1985	58.25				37.40	24.8		29.9	429	13.6
1986	68.61				50.96	17.8		36.3	502	13.7
1987	76.36				51.24	11.3		0.5	607	12.7
1988	85.55				63.14	12.0		23.2	770	11.1
1989	98.21				74.77	14.8		18.4	849	11.6
1990	101.59				80.23	3.4		7.3	905	11.1
1991	108.94				88.43	7.2		10.2	1089	10.2
1992	118.36				95.31	8.6		7.8	1376	8.7
1993	166.64				125.04	40.8		31.2	1926	8.7
1994	209.39	94.63			153.03	25.7		22.4	2689	7.9
1995	248.50	116.82			180.29	18.7	23.4	17.8	3558	7.0
1996	291.75	139.63			213.71	17.4	19.5	18.5	4189	7.0
1997	340.52	157.33			240.16	16.7	12.7	12.4	4686	7.3
1998	401.80	198.10			286.81	18.0	25.9	19.4	5053	8.1
1999	477.40	245.47			344.04	18.8	23.9	20.0	5444	8.8
2000	658.42	342.77			431.30	37.4	39.6	25.4	6141	10.7
2001	856.00	500.69			597.30	30.5	46.1	38.5	6898	12.4
2002	1166.58	566.85			749.90	36.3	13.2	25.5	8004	14.6
2003	1468.89	706.56			896.77	25.9	24.6	19.6	9705	15.1
2004	1805.16	901.05			1062.94	22.9	27.5	18.5	11649	15.5
2005	2115.36	1066.60			1265.53	17.2	18.4	19.1	13418	15.7
2006	2567.66	1298.20	1184.24	91.60	1471.86	21.4	21.7	16.3	15718	16.3
2007	3239.89	1649.50	1535.35	93.00	1806.79	26.2	27.1	22.8	18754	17.3
2008	3730.06	1933.39	1792.09	92.70	2208.58	15.1	17.2	22.2	21463	17.4
2009	4122.04	2142.51	1983.81	92.60	2653.35	10.5	10.8	20.1	22990	17.9
2010	4895.41	2608.47	2464.96	94.50	3207.88	18.8	21.7	20.9	27722	17.7
2011	5925.00	3150.80	2952.01	93.70	3842.59	21.0	20.8	19.8	32000	18.5
2012	6408.49	3441.23	3227.77	93.80	4161.88	8.2	9.2	8.3	34606	18.5
2013	6908.41	3796.92	3545.66	93.40	4730.47	7.8	10.3	13.7	37568	18.0
2014	7522.55	4122.02	3853.96	93.50	5159.57	8.9	8.6	9.1	40154	18.7
2015	8549.47	4809.94	4168.22	86.70	6645.98	8.8	7.8	21.1	42886	19.9
2016	9225.07	5301.98	4540.08	85.60	6974.25	7.7	9.8	10.0	46485	19.8
2017	10301.16	5804.38	4940.74	85.10	7530.31	10.6	10.3	8.6	51768	19.9
2018	11705.95	6598.21	5586.63	84.70	8629.53	13.6	11.1	13.1	56197	20.8
2019	12268.24	7048.58	5898.75	83.70	10053.03	4.8	6.8	16.5	62352	19.7
2020	12421.49	7248.24	6261.75	86.39	10082.01	1.2	2.8	2.6	64613	19.2
2021	14517.03	8262.64	7171.97	86.80	11014.59	16.9	14.0	9.2	73516	19.7
2022	14421.72	8039.85	6620.33	82.34	12017.78	-0.7	-2.7	9.1	77715	18.6

2020—2022年浙江省一般公共预算收支决算表

单位:万元

收入				支出			
预算科目	2020年	2021年	2022年	预算科目	2020年	2021年	2022年
一、税收收入	62617457	71719727	66203274	一、一般公共服务支出	10515456	11053107	11620144
增值税	23171476	26879806	22513579	二、外交支出	0	0	0
企业所得税	11450170	14440341	15177552	三、国防支出	93238	109221	127295
个人所得税	4687899	5321071	5921648	四、公共安全支出	6919638	7295060	7497472
资源税	128362	140104	141321	五、教育支出	18810941	20395156	21972580
城市维护建设税	3567422	4137402	4161203	六、科学技术支出	4721292	5785958	6808874
房产税	2341213	2498212	3223632	七、文化旅游体育与传媒支出	2296218	2493533	2692839
印花税	1027381	1217753	1272821	八、社会保障和就业支出	11300170	12861309	14005459
城镇土地使用税	1105442	995239	1304534	九、卫生健康支出	8388459	9080433	12360766
土地增值税	5155934	6987763	5089895	十、节能环保支出	2205855	2035597	2231550
车船税	602197	650657	678948	十一、城乡社区支出	10216671	11598908	10993018
耕地占用税	933158	729312	619692	十二、农林水支出	7648948	7952656	8311998
契税	8381648	7672755	6052989	十三、交通运输支出	4705033	5142976	5893686
烟叶税	89	73	105	十四、资源勘探工业信息等支出	3129063	3916836	4036308
环境保护税	33487	31858	31578	十五、商业服务业等支出	2007568	2320950	2873159
其他税收收入	31579	17381	13727	十六、金融支出	525495	269138	336821
二、非税收入	9864932	10906629	14195269	十七、援助其他地区支出	394646	313444	327835
专项收入	4809366	4815762	5614953	十八、自然资源海洋气象等支出	1118187	1313989	1400825
行政事业性收费收入	1414380	1668642	1645972	十九、住房保障支出	2373306	2680931	2910632
罚没收入	1529750	1561735	2087827	二十、粮油物资储备支出	364896	297762	306356
国有资本经营收入	-1003663	-864943	-607801	二十一、灾害防治及应急管理支出	650587	694786	788146
国有资源(资产)有偿使用收入	2756372	3252388	4956534	二十二、债务付息支出	2190472	2380979	2505864
其他收入	358727	473045	497784	二十三、债务发行费用支出	12398	11729	9333
				二十四、其他支出	231543	141420	166882
本年收入合计	72482389	82626356	80398543	本年支出合计	100820080	110145878	120177842

2018—2022年浙江省11市及市本级一般公共预算收入及排序表

单位:万元

地区	2018年		2019年		2020年		2021年		2022年	
	一般公共预算收入	排序	一般公共预算收入	排序	一般公共预算收入	排序	一般公共预算收入	排序	一般公共预算收入	排序
杭州市	18250616	1	19659731	1	20933893	1	23865936	1	24506119	1
杭州市本级	3602608	2	3769353	2	4025690	1	3415134	2	3910423	2
宁波市	13796865	2	14685072	2	15108432	2	17231388	2	16802309	2
宁波市本级	3852992	1	3931521	1	3884621	2	4494162	1	4700806	1
温州市	5475765	3	5789706	3	6019813	3	6575549	4	5738500	4
温州市本级	1287740	3	5789706	3	1595849	3	1750552	3	1529981	3
嘉兴市	5185536	4	5656945	4	5988000	4	6748000	3	5964742	3
嘉兴市本级	1117750	4	1204332	4	1216508	4	1391982	4	1121600	4
湖州市	2870960	8	3160702	8	3365565	8	4135188	8	3872962	8
湖州市本级	455403	8	475484	8	504965	8	752053	7	610519	7
绍兴市	5013379	5	5283698	5	5435174	5	6038029	5	5400896	5
绍兴市本级	518347	6	589534	7	600429	7	662079	8	509380	9
金华市	3926214	7	4113010	7	4232520	6	4923237	6	4891632	6
金华市本级	935846	5	950131	5	957716	5	772784	6	693457	6
衢州市	1280960	11	1371245	11	1409050	11	1639311	11	1731004	9
衢州市本级	425822	9	455600	9	461334	9	630211	9	584062	8
舟山市	1460243	9	1548600	9	1591996	9	1807000	9	1561472	11
舟山市本级	513787	7	670017	6	702757	6	842529	5	704046	5
台州市	4311768	6	4384983	6	4012385	7	4554334	7	4407498	7
台州市本级	331506	11	389700	10	428911	10	460326	10	325258	11
丽水市	1300106	10	1398293	10	1438556	10	1639653	10	1708624	10
丽水市本级	345820	10	373338	11	384707	11	441687	11	442933	10

2018—2022年浙江省县(市、区)一般公共预算收入及排序表

单位:万元

地区		2018年		2019年		2020年		2021年		2022年	
		一般公共预算收入	排序	一般公共预算收入	排序	一般公共预算收入	排序	一般公共预算收入	排序	一般公共预算收入	排序
杭州市	富阳区	727000	24	800008	22	901379	18	1050187	18	917363	19
	桐庐县	306679	55	337654	53	342245	54	383973	54	414851	48
	临安区	531682	37	611600	34	685550	30	903943	25	839885	23
	建德市	282707	58	311008	57	342266	53	384966	53	520165	41
	淳安县	194962	65	210871	64	227682	62	259442	63	239175	67
	上城区	806481	20	851296	20	794640	25	2013817	6	2105573	7
	下城区	893996	14	965861	15	812344	24				
	江干区	950901	12	1036818	11	1076575	11				
	拱墅区	843980	17	911928	16	867308	20	1795357	7	1842865	8
	西湖区	1394075	6	1506362	6	1619799	6	1756701	8	2334888	4
	滨江区	1648585	5	1755863	5	1827504	5	2028851	5	2146539	6
	萧山区	2703161	2	2676630	2	3000273	2	3430286	2	3183090	2
	余杭区	3363799	1	3914479	1	4410638	1	3756877	1	3529291	1
	临平区							1513279	9	1355731	9
	钱塘区							1173123	15	1166280	15
宁波市	慈溪市	1045673	9	1129316	8	1185836	8	1350928	11	1241420	12
	余姚市	1006321	10	1072259	10	1141976	10	1297227	12	1207431	13
	奉化区	494700	38	600046	35	645065	34	741827	33	692970	32
	象山县	409984	46	462599	42	518061	39	578878	40	608166	40
	宁海县	616311	30	660175	30	679138	31	686638	35	624665	37
	鄞州区	1984294	3	2123958	3	2161967	3	2319227	4	2214211	5
	镇海区	785824	21	842299	21	845042	21	899442	26	744025	31
	北仑区	1825612	4	1956401	4	2045540	4	2549816	3	2578630	3

续表(一)　　单位:万元

地区		2018年		2019年		2020年		2021年		2022年	
		一般公共预算收入	排序	一般公共预算收入	排序	一般公共预算收入	排序	一般公共预算收入	排序	一般公共预算收入	排序
	江北区	728878	23	781709	26	842906	22	1016290	19	1019419	17
	海曙区	1046276	8	1124789	9	1158280	9	1296953	13	1170566	14
温州市	平阳县	395628	48	380260	50	364900	50	420003	49	367406	51
	苍南县	568631	34	424574	47	263490	61	301837	59	302661	59
	瑞安市	710898	26	796399	24	819053	23	842459	27	660057	34
	永嘉县	350711	51	395265	49	407969	46	413403	51	357557	53
	乐清市	943017	13	996893	13	943849	14	970089	22	834679	24
	文成县	82620	81	96302	82	102164	80	117502	83	107693	85
	泰顺县	87605	80	101018	78	138031	75	158786	75	151032	78
	洞头区	81758	82	97043	81	100163	82	102794	86	106174	86
	鹿城区	314625	54	343935	52	352878	51	414425	50	357677	52
	瓯海区	368449	49	420053	48	430976	45	500107	43	446080	46
	龙湾区	284083	57	321631	56	329996	55	383258	55	288374	61
	龙港市					170495	73	200334	70	229129	68
嘉兴市	海宁市	889957	15	970200	14	1009270	13	1143973	16	950769	18
	桐乡市	724000	25	796500	23	939806	15	1093050	17	1058401	16
	平湖市	818818	19	884488	19	900088	19	965800	23	807227	28
	嘉善县	615975	31	677939	29	717883	29	828340	30	804787	29
	海盐县	475231	40	522800	39	581837	38	639047	38	623726	38
	南湖区	294330	56	327968	55	347298	52	395286	52	351192	54
	秀洲区	249475	61	272718	60	275310	59	290522	62	247040	65
湖州市	长兴县	593675	32	658269	32	675539	32	827500	31	818826	25
	德清县	591450	33	656609	33	670820	33	832467	29	798420	30
	安吉县	469217	43	535632	38	597599	36	658286	37	624837	36
	吴兴区	409586	47	455456	44	512045	40	634425	39	624873	35
	南浔区	351629	50	379252	51	404597	47	430457	47	395487	50

续表(二)　　单位:万元

地区		2018年		2019年		2020年		2021年		2022年	
		一般公共预算收入	排序	一般公共预算收入	排序	一般公共预算收入	排序	一般公共预算收入	排序	一般公共预算收入	排序
绍兴市	柯桥区	1263560	7	1314074	7	1372348	7	1471416	10	1325910	11
	上虞区	826461	18	895152	18	936898	16	1001046	21	910102	20
	嵊州市	454858	44	457590	43	458205	42	520270	42	472840	45
	新昌县	418800	45	436635	45	437210	44	449491	45	416516	47
	诸暨市	873729	16	898144	17	903182	17	1002043	20	902845	21
	越城区	657624	27	692569	28	726902	26	931684	24	863303	22
金华市	兰溪市	266000	59	282838	59	296095	58	346666	56	344951	55
	永康市	563580	35	599255	36	606739	35	710379	34	668606	33
	武义县	259807	60	270277	61	274484	60	295554	61	331033	56
	东阳市	657548	28	699007	27	726456	27	833823	28	816147	26
	磐安县	100068	77	106402	77	110690	79	129598	80	137766	82
	义乌市	952005	11	1012240	12	1060054	12	1274908	14	1328995	10
	浦江县	191360	67	192860	67	200286	65	240880	65	243761	66
	金东区							192334	74	176486	73
	婺城区							126311	82	150430	79
衢州市	龙游县	176315	70	189283	68	196327	67	230000	66	275986	62
	常山县	109781	75	117850	75	121905	77	150007	76	166087	74
	江山市	192060	66	205409	66	213083	63	256328	64	289696	60
	开化县	93887	78	99475	79	102030	81	110700	84	125073	83
	柯城区	119256	74	128394	74	133159	76	128709	81	142500	81
	衢江区	163839	71	175234	71	181212	70	133356	78	147600	80
舟山市	岱山县	241540	62	176002	70	181290	69	203051	69	200134	71
	嵊泗县	72008	85	78000	84	83094	85	88092	88	86706	89
	定海区	317751	52	330793	54	320252	56	338233	57	248312	63
	普陀区	315157	53	293788	58	304603	57	335095	58	322274	57

续表(三)　　　　单位:万元

地区		2018年		2019年		2020年		2021年		2022年	
		一般公共预算收入	排序	一般公共预算收入	排序	一般公共预算收入	排序	一般公共预算收入	排序	一般公共预算收入	排序
台州市	临海市	640650	29	659900	31	594890	37	660200	36	621134	39
	温岭市	772850	22	782700	25	721157	28	803800	32	813380	27
	玉环市	533376	36	539248	37	478468	41	526318	41	503800	43
	三门县	186290	69	181700	69	161600	74	301384	60	320589	58
	仙居县	208400	64	210900	63	198237	66	218062	68	186522	72
	天台县	218960	63	223312	62	203992	64	227432	67	247958	64
	椒江区	472176	41	496123	40	443280	43	491100	44	475126	44
	黄岩区	477200	39	430800	46	397974	48	439647	46	409578	49
	路桥区	470360	42	470600	41	383876	49	426065	48	504153	42
丽水市	缙云县	153412	73	166468	73	172529	72	200012	72	213525	70
	景宁县	77418	83	69756	85	89586	84	136855	77	158950	75
	莲都区	158312	72	172940	72	179583	71	194990	73	156027	76
	龙泉市	91018	79	97922	80	91747	83	104677	85	115430	84
	青田县	191071	68	210229	65	190290	68	200240	71	221595	69
	庆元县	50500	87	54810	87	52531	88	53593	90	59136	90
	松阳县	72697	84	78910	83	81895	86	89279	87	100288	87
	遂昌县	100968	76	109590	76	114325	78	130420	79	152783	77
	云和县	58890	86	64330	86	81363	87	87900	89	87957	88

2022年度浙江省一般公共预算收支决算分级表

单位:万元

预算科目	决算数合计	省级	地级	其中:地级直属乡镇	县级	乡级
一、税收收入	66203274	2055051	12052249	69318	33634443	18461531
增值税	22513579	873501	3530456	57738	9855611	8254011
企业所得税	15177552	1041695	2731499	3522	7786249	3618109
个人所得税	5921648	82957	976368	1638	3342143	1520180
资源税	141321	0	11623	0	33378	96320
城市维护建设税	4161203	30791	1170485	2190	1918280	1041647
房产税	3223632	13942	459297	1645	1635865	1114528
印花税	1272821	6454	250811	620	660669	354887
城镇土地使用税	1304584	308	190196	1458	474549	639531
土地增值税	5089895	10	534187	148	3527382	1028316
车船税	678948	0	120266	0	484622	74060
耕地占用税	619692	0	81278	0	409617	128797
契税	6052989	0	1990964	359	3480768	581257
烟叶税	105	0	0	0	105	0
环境保护税	31578	5304	3441	0	13870	8963
其他税收收入	13727	89	1378	0	11335	925
二、非税收入	14195269	1757734	3080216	2600	8881295	476024
专项收入	5614953	628995	1802251	2600	2852542	331165
行政事业性收费收入	1645972	472228	208210	0	961707	3827
罚没收入	2087827	52909	461903	0	1571576	1439
国有资本经营收入	-607801	15577	-393167	0	-230211	0
国有资源(资产)有偿使用收入	4956534	495026	813591	0	3508513	139404
其他收入	497784	92999	187428	0	217168	189
本年收入合计	80398543	3812785	15132465	71918	42515738	18937555
一、一般公共服务支出	11620144	604278	2241305	16370	6445222	2329339
二、外交支出	0	0	0	0	0	0
三、国防支出	127295	12612	27425	87	77575	9683
四、公共安全支出	7497472	865822	1771542	3660	4683167	176941
五、教育支出	21972580	1910418	3467023	28068	15499378	1095761
六、科学技术支出	6808874	676498	1642658	712	4241240	248478
七、文化旅游体育与传媒支出	2692839	345249	723295	2069	1425202	199093
八、社会保障和就业支出	14005459	720502	2193464	13729	10497210	594283
九、卫生健康支出	12360766	478934	2790199	12506	8644082	447551
十、节能环保支出	2231550	67140	494727	262	1435445	234238
十一、城乡社区支出	10993018	17403	2958295	13530	6366071	1651249
十二、农林水支出	8311998	412909	608245	16981	5035244	2255600
十三、交通运输支出	5893686	178497	2292007	180	3287079	136103
十四、资源勘探工业信息等支出	4036308	122125	693625	953	2567406	653152
十五、商业服务业等支出	2873159	38583	872529	0	1467184	494863
十六、金融支出	336821	81289	89999	0	148414	17119
十七、援助其他地区支出	327835	98168	67819	0	161249	599
十八、自然资源海洋气象等支出	1400825	81268	250744	77	885012	183801
十九、住房保障支出	2910632	233696	632676	7408	1866657	177603
二十、粮油物资储备支出	306356	100727	93453	0	107456	4720
二十一、灾害防治及应急管理支出	788146	66266	169122	1194	491044	61714
二十二、其他支出	166882	5407	34898	49	117403	9174
二十三、债务付息支出	2505864	94647	474098	0	1913937	23182
二十四、债务发行费用支出	9333	170	2617	0	6546	0
本年支出合计	120177842	7212608	24591765	117835	77369223	11004246

2022年度浙江省政府性基金收支决算分级表

单位:万元

收入项目	决算数合计	省级	地级	其中:地级直属乡镇	县级	乡级
国有土地使用权出让相关收入	83466657	0	32039180	0	49670054	1757423
国有土地收益基金相关收入	2668338	0	1335201	0	1318373	14764
农业土地开发资金相关收入	78616	13904	25916	0	37196	1600
城市基础设施配套费相关收入	1129056	0	291997	0	801378	35681
污水处理费相关收入	761480	0	248330	0	512158	992
车辆通行费相关收入	673101	269904	372946	0	30251	0
彩票公益金收入	419753	182027	155107	0	81064	1555
其他各项政府性基金相关收入	11492727	72867	968388	0	10249654	201818
本年收入合计	100689728	538702	35437065	0	62700128	2013833
国有土地使用权出让相关支出	74341185	2150	19637470	52561	50238020	4463545
国有土地收益基金相关支出	1367313	0	801503	0	512658	53152
农业土地开发资金相关支出	16315	0	0	0	11247	5068
城市基础设施配套费相关支出	683527	0	75005	0	542657	65865
污水处理费相关支出	1334207	0	373237	0	949545	11425
车辆通行费相关支出	1336584	568791	659989	0	107804	0
彩票公益金安排的支出	354212	14966	108242	215	188625	42379
抗疫特别国债安排的支出	0	0	0	0	0	0
其他各项政府性基金相关支出	34106702	961038	5572285	60366	24882126	2691253
本年支出合计	113540045	1546945	27227731	113142	77432682	7332687

2022年度浙江省国有资本经营收支决算总表

单位：万元

预算科目	决算数	预算科目	决算数
利润收入	1395763	解决历史遗留问题及改革成本支出	32104
股利、股息收入	190003	国有企业资本金注入	447943
产权转让收入	269270	国有企业政策性补贴	157638
清算收入	12872	其他国有资本经营预算支出	315992
其他国有资本经营预算收入	51884		
本年收入合计	1919792	本年支出合计	953677
上级补助收入	2139	上解上级支出	0
上年结余收入	184265		
省补助计划单列市收入	0	计划单列市上解省支出	0
		调出资金	967385
		年终结余	185134
收入总计	2106196	支出总计	2106196

2022年浙江省社会保险基金收支表

单位：万元

险　种	本年收入	全国统筹调剂资金收入	本年支出	全国统筹调剂资金支出	本年收支结余	滚存结余
一、企业职工基本养老保险	30692723	0	32840234	204500	−2147511	16933294
二、城乡居民基本养老保险	3436664	0	2846895	0	589768	4134140
三、机关事业单位基本养老保险	7275780	0	6884003	0	391778	1899309
四、职工基本医疗保险	16753050	0	12035248	0	4717802	30709374
五、城乡居民基本医疗保险	4975127	0	4650734	0	324393	2908078
六、工伤保险	919419	0	926514	0	−7095	702384
七、失业保险	1233142	0	1885197	0	−652055	1344724
合计	65285905	0	62068825	204500	3217080	58631303

注：本年收入和本年支出中均不含省内上下级调剂收支。

2018—2022年浙江省政府非税收入表

单位：亿元

项目	2018年	2019年	2020年	2021年	2022年
行政事业性收费	387.92	408.94	414.90	510.17	532.41
政府性基金	462.51	486.74	426.09	497.57	538.59
国有资源有偿使用收入	8473.71	8916.81	11017.08	11315.76	9397.93
国有资产有偿使用收入	90.67	114.3	94.04	84.06	235.51
按规定上缴财政的国有资本经营收入	33.94	42.48	14.06	37.70	151.99
行政(刑事)处罚的罚没收入	172.50	1402.28	159.44	158.21	208.16
彩票公益金	48.64	45.63	37.80	42.16	41.98
以政府名义接受捐赠的收入	0.57	0.74	0.77	0.69	0.81
应当纳入政府非税收入管理的其他资金	324.96	600.74	454.86	408.26	762.51
合计	9995.42	12018.66	12619.05	13054.58	11874.79

备注：1. 本表所列政府非税收入项目分类标准依照《浙江省政府非税收入管理条例》相关规定，不同于预算科目分类标准；
2. 按规定上缴财政的国有资本经营收入含国有企业计划亏损补贴。
3. 行政事业性收费中含纳入财政专户管理的教育收费。

2022年浙江省市县级一般公共预算收支情况表

单位：万元

项目 \ 地区	杭州市	市本级	富阳区	桐庐县	临安区	建德市	淳安县	上城区
一、收入合计	24506119	3910423	917363	414851	839885	520165	239175	2105573
(一)税收收入小计	21698557	3168677	755985	354910	659184	333368	195903	1992108
增值税	7292040	1221311	287857	155837	187180	106548	58797	642729
企业所得税	5334604	353382	172297	75080	162388	97332	56921	597342
个人所得税	2278680	88492	44866	19206	32454	19460	32208	258070
资源税	24668	0	10314	2835	2304	7020	397	0
城市维护建设税	1494955	354645	43643	17887	37815	15643	8001	123137
房产税	882311	43766	25977	17404	21150	11107	7750	152360
城镇土地使用税	144040	2561	14022	8195	13535	8813	2252	8228
土地增值税	1554055	40462	34680	24411	114493	19464	10658	144607
耕地占用税	130397	16341	18060	3870	4653	6614	849	0
契税	1973916	1003413	78532	20838	66690	20954	11002	0
其他各项税收收入	588891	44304	25737	9347	16522	20413	7068	65635
(二)非税收入小计	2807562	741746	161378	59941	180701	186797	43272	113465
专项收入	1483593	557197	40889	20305	37748	18790	9383	94895
行政事业性收费收入	226365	65633	41720	3051	10406	5139	5697	287
罚没收入	364705	71008	38197	19588	29345	17693	13569	17547
国有资本经营收入	-220580	-220800	21600	0	-6200	-4700	0	0
国有资源(资产)有偿使用收入	828020	174911	18972	13337	108650	142052	13948	736
其他收入	125459	93797	0	3660	752	7823	675	0
二、支出合计	25420894	4592982	1356922	751670	1061760	785547	807095	1522072
一般公共服务支出	2100067	368883	149929	64629	109760	80134	94114	151787
外交支出	0	0	0	0	0	0	0	0
国防支出	21039	1734	100	455	482	526	735	612
公共安全支出	1493817	409024	73525	40492	54497	41623	36245	116315
教育支出	5000916	773145	249926	212147	191189	124124	118427	379381
科学技术支出	2077342	267433	74800	44703	49441	35362	14798	118499
文化旅游体育与传媒支出	572354	236847	22103	17644	20626	12236	13470	33399
社会保障和就业支出	2890618	647328	199803	81908	174367	121250	123102	193366
卫生健康支出	2632981	543023	161527	95156	125204	91116	75929	151447
节能环保支出	392344	37562	28686	11374	21175	12287	35922	10230
城乡社区支出	3142869	335239	67642	29973	46276	61950	33156	228221
农林水支出	969527	81497	91740	60833	102596	91319	120798	7299
交通运输支出	957864	577068	57256	42252	55010	34619	40792	0
资源勘探工业信息等支出	1052232	8057	53711	7032	26209	6889	19828	6046
商业服务业等支出	686731	35794	9220	3815	5529	7647	14337	46566
金融支出	28928	2698	6492	530	167	175	23	5911
援助其他地区支出	81095	16101	2807	1055	2235	1206	0	9632
自然资源海洋气象等支出	193586	43719	12535	6978	7234	16685	6910	4227
住房保障支出	486674	76669	53213	15086	40552	18583	24927	35229
粮油物资储备支出	41582	27898	937	1584	14	1300	2315	146
灾害防治及应急管理支出	129323	28070	9600	2891	10218	4162	4959	4657
其他支出	36357	5003	2047	0	0	187	0	4212
债务付息支出	431033	69936	29268	11070	18902	22078	26300	14801
债务发行费用支出	1615	254	55	63	77	89	8	89

续表(一)　　　　　　　　　　　　　　　　　　　　　　　　　　　　单位:万元

项目＼地区	拱墅区	西湖区	滨江区	萧山区	余杭区	临平区	钱塘区	宁波市
一、收入合计	1842865	2334888	2146539	3183090	3529291	1355731	1166280	16802309
(一)税收收入小计	1719614	2218075	2016054	2633780	3361505	1224990	1064404	13825149
增值税	563202	749235	651015	863022	920206	454116	430985	5055644
企业所得税	471853	672461	586499	560915	1011242	245968	270924	3176085
个人所得税	176148	357992	436715	161676	493719	69937	87737	1471216
资源税	0	0	0	1765	33	0	0	13068
城市维护建设税	118628	136957	162533	150150	160428	68378	97110	958521
房产税	124704	98850	85098	98366	74286	53730	67763	601242
城镇土地使用税	10201	8769	4939	27552	10619	12535	11819	287430
土地增值税	149491	133027	46004	339025	317323	115268	65142	836428
耕地占用税	0	0	0	16830	18023	45157	0	53494
契税	0	0	0	337909	301857	132721	0	980615
其他各项税收收入	105387	60784	43251	76570	53769	27180	32924	391406
(二)非税收入小计	123251	116813	130485	549310	167786	130741	101876	2977160
专项收入	93035	97644	123081	121046	119267	77458	72855	1263643
行政事业性收费收入	7655	8792	376	67037	6202	1569	2801	220382
罚没收入	21485	7928	6048	46009	36703	28672	10913	256746
国有资本经营收入	0	0	0	-6880	-3600	0	0	-99998
国有资源(资产)有偿使用收入	1076	2430	980	303866	8975	22780	15307	1264541
其他收入	0	19	0	18232	239	262	0	71846
二、支出合计	1341962	1498383	1677522	3431276	3344867	1968827	1280009	21878133
一般公共服务支出	142405	116264	56651	266667	204228	165957	128659	1791137
外交支出	0	0	0	0	0	0	0	0
国防支出	118	4019	2245	4473	2231	1805	1504	20856
公共安全支出	143289	96964	49979	175246	95973	87673	72972	1049147
教育支出	331688	402487	309816	701751	504878	436725	265232	2987893
科学技术支出	81035	233873	401254	202871	291299	81293	180681	1509955
文化旅游体育与传媒支出	14173	15395	36450	55932	50694	38922	4463	399116
社会保障和就业支出	130027	175985	193736	273737	309809	180481	85719	2375970
卫生健康支出	200015	121073	99495	333735	303792	244195	87274	1925322
节能环保支出	17766	5636	14442	57998	106902	22396	9968	312371
城乡社区支出	218614	205458	298933	601029	472966	412936	130476	3032076
农林水支出	2591	21310	10923	100382	195282	36557	46400	1089369
交通运输支出	0	10	0	32377	84151	26674	7655	1164113
资源勘探工业信息等支出	4381	42400	88270	240042	278996	121101	149270	1182738
商业服务业等支出	27740	6425	20404	159252	297282	31220	21500	1341574
金融支出	1776	956	1630	5948	885	667	1070	107442
援助其他地区支出	4005	4424	10216	12818	7176	6389	3031	56194
自然资源海洋气象等支出	6871	7329	4987	40125	17340	12596	6050	181543
住房保障支出	5090	12189	52586	63082	54644	17038	17786	682642
粮油物资储备支出	100	0	0	89	5041	2158	0	65990
灾害防治及应急管理支出	3178	11703	3970	19557	10644	6752	8962	131263
其他支出	0	4000	0	18204	1858	846	0	35315
债务付息支出	7057	10415	21475	65597	48620	34248	51266	434484
债务发行费用支出	43	68	60	364	176	198	71	1623

续表(二)　　单位:万元

项目 \ 地区	市本级	慈溪市	余姚市	奉化区	象山县	宁海县	鄞州区	镇海区
一、收入合计	4700806	1241420	1207431	692970	608166	624665	2214211	744025
(一)税收收入小计	3544841	934099	943435	545152	433587	451722	1983820	592138
增值税	1324532	444769	467673	222441	185189	149335	587257	196040
企业所得税	1056812	114046	135155	91240	56472	84321	380271	145305
个人所得税	310951	53979	62045	21840	78764	46673	141354	48025
资源税	0	1776	2173	602	1906	1086	2862	866
城市维护建设税	399055	46555	58344	25870	19546	21803	98652	43038
房产税	116249	62393	52188	24159	19913	28195	108736	33081
城镇土地使用税	67924	42275	44160	15847	16594	10490	22107	16698
土地增值税	66320	51356	25176	31648	-622	48961	332944	23908
耕地占用税	2903	8991	1927	3943	9038	8725	4176	4826
契税	104998	81130	67661	95265	31585	37567	252479	55393
其他各项税收收入	95097	26829	26933	12297	15202	14566	52982	24958
(二)非税收入小计	1155965	307321	263996	147818	174579	172943	230391	151887
专项收入	720351	92871	69673	20603	22274	25347	77493	33234
行政事业性收费收入	42323	17540	14243	11431	26994	25925	37244	8455
罚没收入	67355	43052	19720	15322	20404	15343	16372	20890
国有资本经营收入	-4800	-19266	-18700	0	0	68	0	0
国有资源(资产)有偿使用收入	292704	163701	175935	100142	104907	103718	96445	82155
其他收入	38032	9423	3125	320	0	2542	2837	7153
二、支出合计	7569218	1679536	1489567	1073185	1016696	1024918	2007037	1075739
一般公共服务支出	372146	170584	123870	156137	128625	94840	187652	93732
外交支出	0	0	0	0	0	0	0	0
国防支出	6626	1759	890	250	1751	2525	3554	753
公共安全支出	339707	120350	86678	58211	48865	56619	92690	54198
教育支出	730279	399037	272115	162851	157498	181312	345134	162807
科学技术支出	812683	78131	83886	57281	56513	31178	89224	49180
文化旅游体育与传媒支出	173740	31909	24505	24292	24705	18893	32939	14689
社会保障和就业支出	453718	211092	246801	189253	191257	175852	305919	139781
卫生健康支出	541505	174449	176401	74648	93634	129226	268103	99884
节能环保支出	145400	9931	20465	4912	5251	4196	18082	6964
城乡社区支出	1521563	197601	77789	76830	42165	65537	241757	241664
农林水支出	159194	96020	152385	121539	139982	79962	98016	57452
交通运输支出	832238	33301	38411	39044	24406	57495	56709	15896
资源勘探工业信息等支出	302940	31216	61170	18694	15118	19852	56434	26385
商业服务业等支出	608583	6326	25011	7378	3930	5073	26357	16273
金融支出	21927	5543	3299	5188	828	1251	29198	4487
援助其他地区支出	23974	4621	4234	1718	1893	2116	6211	2149
自然资源海洋气象等支出	56777	14287	24861	9321	11202	12576	13333	7941
住房保障支出	196863	51747	25562	32406	30014	34912	84953	40833
粮油物资储备支出	41442	1325	730	3527	1249	3433	5714	518
灾害防治及应急管理支出	43786	14583	8841	8760	4631	5178	10588	9294
其他支出	22266	261	15	605	372	2713	269	8388
债务付息支出	160305	25456	31639	20335	32801	40167	34192	22466
债务发行费用支出	1556	7	9	5	6	12	9	5

续表(三) 单位:万元

项目 \ 地区	北仑区	江北区	海曙区	温州市	市本级	平阳县	苍南县	瑞安市
一、收入合计	2578630	1019419	1170566	5738500	1529981	367406	302661	660057
(一)税收收入小计	2391119	926614	1078622	4489541	1307214	283749	221114	508010
增值税	774744	323826	379838	1613178	269151	128331	109563	192270
企业所得税	718652	190085	203726	780725	245796	32129	28158	84186
个人所得税	515595	84814	107176	275079	87123	32684	7758	31705
资源税	49	59	1689	5162	420	797	184	297
城市维护建设税	137580	46841	61237	278565	89541	15976	12581	32625
房产税	59614	36822	59892	257793	81714	17037	6140	35405
城镇土地使用税	26448	11366	13521	73333	16836	8603	2966	9539
土地增值税	40840	98047	117850	343830	119964	4374	9286	18746
耕地占用税	4448	3122	1395	53174	10217	9394	4696	4156
契税	58223	100884	95430	630707	345009	23619	30884	75433
其他各项税收收入	54926	30748	36868	177995	41443	10805	8898	23648
(二)非税收入小计	187511	92805	91944	1248959	222767	83657	81547	152047
专项收入	102057	53088	46652	280609	78621	17886	15838	30364
行政事业性收费收入	12032	19469	4726	113240	22493	16324	15059	9342
罚没收入	22436	9145	6707	262071	51754	15562	34411	23086
国有资本经营收入	-57300	0	0	-27426	-15000	0	-1200	-5700
国有资源(资产)有偿使用收入	100026	11016	33792	565956	66193	24272	12644	82447
其他收入	8260	87	67	54509	18706	9613	4795	12508
二、支出合计	2613156	945557	1383524	11377360	2032869	906311	893166	1381805
一般公共服务支出	142864	93076	227611	1332813	205566	125019	95170	136041
外交支出	0	0	0	0	0	0	0	0
国防支出	1287	588	873	12144	2437	815	574	1708
公共安全支出	68426	36289	87114	830094	187468	49841	59973	88907
教育支出	214922	130532	231406	2572359	410311	197962	203131	340547
科学技术支出	139528	49545	62806	380168	120460	17710	12236	47306
文化旅游体育与传媒支出	26539	10759	16146	214684	53784	16847	16831	18280
社会保障和就业支出	207179	104806	150312	1436173	167704	177753	165210	234720
卫生健康支出	166606	71021	129845	1361310	337851	88849	76039	165110
节能环保支出	83572	6920	6678	191061	101824	10718	6800	9884
城乡社区支出	266731	123064	177375	769247	147682	28377	22728	55335
农林水支出	41879	70179	72761	843599	51639	91417	138584	88333
交通运输支出	42409	4702	19502	395905	36108	33643	62593	38347
资源勘探工业信息等支出	572074	46591	32264	154365	28829	5130	452	34659
商业服务业等支出	521992	93753	26898	95805	19896	3481	1193	30939
金融支出	8190	20756	6775	12219	5528	0	762	56
援助其他地区支出	4316	1973	2989	18070	7045	0	0	3099
自然资源海洋气象等支出	15020	7207	9018	153696	31259	13389	9716	14785
住房保障支出	43605	56406	85341	272015	79020	3775	3693	36358
粮油物资储备支出	1107	700	6245	16768	2297	3770	1871	991
灾害防治及应急管理支出	8216	5983	11403	90289	16939	7100	5815	13666
其他支出	370	34	22	16548	113	13646	725	0
债务付息支出	36314	10671	20138	207275	19075	17008	9011	22619
债务发行费用支出	10	2	2	753	34	61	59	115

续表(四) 单位:万元

项目＼地区	永嘉县	乐清市	文成县	泰顺县	洞头区	鹿城区	瓯海区	龙湾区
一、收入合计	357557	834679	107693	151032	106174	357677	446080	288374
(一)税收收入小计	308832	710281	73255	116959	49394	262669	272924	234604
增值税	107984	311997	41659	51805	27746	108723	104971	103545
企业所得税	39012	120412	7874	34111	5474	54321	61416	51069
个人所得税	11567	44106	3359	3232	2541	15093	17778	13784
资源税	807	242	12	709	1433	0	0	248
城市维护建设税	12639	42025	3892	6830	4676	14746	17679	18241
房产税	12791	35769	1654	1418	1423	14824	21794	20283
城镇土地使用税	4791	12833	962	738	1416	3226	3442	3790
土地增值税	61699	43239	2874	2247	744	32696	32358	9903
耕地占用税	5294	8959	1553	1661	168	1827	3322	1547
契税	39821	65634	6970	10870	0	0	0	0
其他各项税收收入	12427	25065	2446	3338	3773	17213	10164	12194
(二)非税收入小计	48725	124398	34438	34073	56780	95008	173156	53770
专项收入	16093	45859	5978	17165	4102	12536	15110	14927
行政事业性收费收入	3912	12380	7572	5188	1268	8027	5081	1970
罚没收入	15313	42626	3115	2034	12711	24998	13656	13406
国有资本经营收入	-1350	-3500	0	-176	0	0	-500	0
国有资源(资产)有偿使用收入	12680	27012	16167	9443	38177	47658	139809	21842
其他收入	2077	21	1606	419	522	1789	0	1625
二、支出合计	992250	1310793	505858	597331	334139	850862	709113	482791
一般公共服务支出	130951	129168	58122	74857	39475	127691	109709	67956
外交支出	0	0	0	0	0	0	0	0
国防支出	599	2106	229	414	942	956	590	61
公共安全支出	57992	103743	27024	22777	19939	82094	61632	43428
教育支出	236885	357699	86700	79582	47961	238050	160740	112757
科学技术支出	34744	27850	7345	4827	11163	31102	21495	38715
文化旅游体育与传媒支出	14790	18590	14390	16968	7841	11313	12458	9689
社会保障和就业支出	130930	156596	73702	80217	31710	68465	55521	31137
卫生健康支出	95468	154549	66223	56801	42934	95863	88411	52976
节能环保支出	6454	11123	14012	8946	5749	4349	6883	3696
城乡社区支出	107860	86460	16146	78766	43115	63462	70032	26722
农林水支出	72429	103656	74919	63769	28328	23861	46836	24905
交通运输支出	31877	28110	26480	65864	10841	10446	7945	17239
资源勘探工业信息等支出	18284	36568	393	267	6396	5339	9259	6979
商业服务业等支出	965	7713	557	1785	805	16934	6305	3786
金融支出	0	16	20	96	186	316	3042	1462
援助其他地区支出	0	3348	0	0	0	1881	1437	1260
自然资源海洋气象等支出	14155	34002	7013	6118	16050	717	785	960
住房保障支出	6016	8503	14090	15279	6303	47733	32456	15463
粮油物资储备支出	8	5189	459	443	720	0	1000	0
灾害防治及应急管理支出	9584	9478	3515	2940	2161	5636	5203	5627
其他支出	80	1480	148	0	0	0	0	356
债务付息支出	22116	24770	14301	16563	11470	14645	7327	17561
债务发行费用支出	63	76	60	52	50	9	47	56

续表(五)

单位:万元

项目 \ 地区	龙港市	湖州市	市本级	长兴县	德清县	安吉县	吴兴区	南浔区
一、收入合计	229129	3872962	610519	818826	798420	624837	624873	395487
(一)税收收入小计	140536	3434597	552455	750724	648765	570695	560749	351209
增值税	55433	1148353	150817	292154	224727	168960	151820	159875
企业所得税	16767	701331	124389	152387	134238	106077	120853	63387
个人所得税	4349	323354	42122	76272	65962	95469	27775	15754
资源税	13	31473	2927	16086	3347	1515	7597	1
城市维护建设税	7114	165658	33961	36574	27560	25613	24363	17587
房产税	7541	177873	26452	30614	37263	25919	34581	23044
城镇土地使用税	4191	118248	14980	30145	19570	20570	17963	15020
土地增值税	5700	251204	71679	26402	41827	53231	59151	-1086
耕地占用税	380	80337	10500	12077	9824	8212	29603	10121
契税	32467	344266	64610	53556	66172	53642	71286	35000
其他各项税收收入	6581	92500	10018	24457	18275	11487	15757	12506
(二)非税收入小计	88593	438365	58064	68102	149655	54142	64124	44278
专项收入	6130	172831	30981	39513	30275	31032	23196	17834
行政事业性收费收入	4624	74475	9967	2228	36361	10270	12505	3144
罚没收入	9399	74367	16419	2361	12930	6427	22524	13706
国有资本经营收入	0	-18300	-17000	0	0	-1300	0	0
国有资源(资产)有偿使用收入	67612	125268	15506	24000	65388	6314	5899	8161
其他收入	828	9724	2191	0	4701	1399	0	1433
二、支出合计	380072	6019198	1509441	1171722	1015680	941874	691239	689242
一般公共服务支出	33088	610083	142305	115031	133825	73816	64888	80218
外交支出	0	0	0	0	0	0	0	0
国防支出	713	7321	1837	2209	1619	150	307	1199
公共安全支出	25276	359439	100094	67007	61761	57409	40321	32847
教育支出	100034	1049752	259677	193065	152711	164048	138139	142112
科学技术支出	5215	262508	55690	51417	51733	58750	24154	20764
文化旅游体育与传媒支出	2903	117436	29171	20938	27267	18196	9343	12521
社会保障和就业支出	62508	735152	146081	144840	124035	76560	123693	119943
卫生健康支出	40236	665101	190631	93160	99846	101039	90971	89454
节能环保支出	623	197451	16687	33186	17747	104318	15233	10280
城乡社区支出	22562	404127	92688	91096	73847	82592	36831	27073
农林水支出	34923	502961	47746	152444	88799	91326	42927	79719
交通运输支出	26412	279407	104936	57108	67198	26050	13009	11106
资源勘探工业信息等支出	1810	255491	117821	46427	41639	7839	36179	5586
商业服务业等支出	1446	129303	80264	11552	7831	4319	12633	12704
金融支出	735	14631	4947	346	2330	636	3333	3039
援助其他地区支出	0	8779	4322	1846	2611	0	0	0
自然资源海洋气象等支出	4747	71463	11582	22655	17427	12347	5742	1710
住房保障支出	3326	97580	50316	9082	7402	8207	8066	14507
粮油物资储备支出	10	6793	88	2485	2938	46	0	1236
灾害防治及应急管理支出	2625	44340	13016	7929	5668	6518	5501	5708
其他支出	0	1720	900	0	0	0	789	31
债务付息支出	10809	197642	38425	47728	27316	47700	19134	17339
债务发行费用支出	71	718	217	171	130	8	46	146

续表(六)

单位:万元

项目 \ 地区	嘉兴市	市本级	海宁市	桐乡市	平湖市	嘉善县	海盐县	南湖区
一、收入合计	5964742	1121600	950769	1058401	807227	804787	623726	351192
(一)税收收入小计	5235117	1001169	851611	914351	732127	750765	501720	288003
增值税	1890372	286566	298717	308947	290876	311039	202718	100148
企业所得税	1151274	200271	170511	244419	158272	135293	141734	63707
个人所得税	406647	201210	72868	42090	35446	34559	19940	305
资源税	289	23	0	0	0	2	264	0
城市维护建设税	301963	64243	43202	48790	48895	39096	28726	17753
房产税	343291	60400	69096	55743	43578	40355	34880	18020
城镇土地使用税	134372	10206	19173	17228	26541	19448	13663	15971
土地增值税	382725	7737	59362	75095	68599	95492	10075	56112
耕地占用税	44332	3843	7191	12023	2650	4314	4762	4483
契税	430328	133413	88064	84655	36240	54878	33078	0
其他各项税收收入	149524	33257	23427	25361	21030	16289	11880	11504
(二)非税收入小计	729625	120431	99158	144050	75100	54022	122006	63189
专项收入	280111	49380	37967	42541	41107	37309	30600	24819
行政事业性收费收入	142064	16280	18319	52223	10650	3161	6561	22957
罚没收入	134008	13822	27246	23697	18840	7521	20972	9566
国有资本经营收入	-69551	-19500	-10505	-7000	-15000	-8960	-8586	0
国有资源(资产)有偿使用收入	216246	50166	17033	30087	16772	14991	70505	5847
其他收入	26747	10283	9098	2502	2731	0	1954	0
二、支出合计	8277051	1531363	1223033	1332611	1202117	1099977	875482	542047
一般公共服务支出	695177	124864	119976	95285	82584	103715	77274	38174
外交支出	0	0	0	0	0	0	0	0
国防支出	8282	2511	1017	1182	1346	2	998	1076
公共安全支出	507437	101200	61242	86399	60399	79224	50940	33523
教育支出	1586842	222043	280896	297935	206698	191548	175377	114135
科学技术支出	461927	65192	68210	61608	76477	74938	44298	39282
文化旅游体育与传媒支出	160951	43439	22627	25595	18740	24379	15513	5985
社会保障和就业支出	775398	146347	161030	122531	120309	73624	67642	48689
卫生健康支出	1000380	197278	156976	151432	155475	164321	92449	41992
节能环保支出	202514	21936	17456	62107	31251	43850	16528	3875
城乡社区支出	1133547	349301	55258	200534	147581	112105	121194	106165
农林水支出	609123	29075	107311	94413	100853	93943	86585	36667
交通运输支出	314497	90559	28817	35933	65217	25614	42681	6141
资源勘探工业信息等支出	195160	29256	37164	17378	31565	21094	23598	28126
商业服务业等支出	77816	10738	11800	9155	17012	13752	5341	4951
金融支出	3887	1827	30	80	4	359	261	718
援助其他地区支出	14719	3271	2600	2498	3088	0	1119	1270
自然资源海洋气象等支出	94788	5372	15692	15044	10505	14454	23254	2761
住房保障支出	154014	34827	30585	14941	37889	8176	6700	9514
粮油物资储备支出	10300	4606	21	520	349	423	1597	0
灾害防治及应急管理支出	45260	10337	8733	3085	4700	6354	3316	5304
其他支出	23350	0	0	0	0	22785	0	565
债务付息支出	200786	37276	35413	34777	29974	25217	18719	13078
债务发行费用支出	896	108	179	179	101	100	98	56

续表(七)

单位:万元

项目 \ 地区	秀洲区	绍兴市	市本级	柯桥区	上虞区	嵊州市	新昌县	诸暨市
一、收入合计	247040	5400896	509380	1325910	910102	472840	416516	902845
(一)税收收入小计	195371	4112364	393553	1025815	726100	329441	304911	613830
增值税	91361	1124442	58375	235050	185022	99243	100859	181287
企业所得税	37067	749359	88101	162135	153900	50561	67836	100474
个人所得税	229	276056	21598	44385	53338	30552	40181	53248
资源税	0	5117	0	52	680	1883	1307	1044
城市维护建设税	11258	215185	28877	38246	39349	18121	14846	31280
房产税	21219	314807	24913	100250	44831	28564	17235	38524
城镇土地使用税	12142	160606	6584	48712	18985	25637	9255	30160
土地增值税	10253	634200	57873	266144	99729	2819	1275	69494
耕地占用税	5066	70226	4693	12802	11355	5164	7221	18386
契税	0	430233	76793	87344	98293	56582	36111	68287
其他各项税收收入	6776	132133	25746	30695	20618	10315	8785	21646
(二)非税收入小计	51669	1288532	115827	300095	184002	143399	111605	289015
专项收入	16388	596832	69647	171304	156804	81769	17036	52132
行政事业性收费收入	11913	161308	7254	36979	5894	14139	8043	47467
罚没收入	12344	146769	16174	37096	2655	20041	17073	44973
国有资本经营收入	0	-3600	-3700	100	0	0	0	0
国有资源(资产)有偿使用收入	10845	354706	23291	44230	16990	24233	67838	132918
其他收入	179	32517	3161	10386	1659	3217	1615	11525
二、支出合计	470421	8048576	1322761	1372737	1372878	1041889	710659	1233624
一般公共服务支出	53305	809238	140274	124416	133087	107435	75947	108272
外交支出	0	0	0	0	0	0	0	0
国防支出	150	10123	2100	1953	825	1264	1139	1527
公共安全支出	34510	503252	160453	79946	80623	47962	38497	69796
教育支出	98210	1570741	188845	313166	258322	163354	132290	305916
科学技术支出	31922	418552	36300	93500	83696	74845	70590	14901
文化旅游体育与传媒支出	4673	157713	47411	28532	23044	13237	12216	20683
社会保障和就业支出	35226	1170191	132225	157098	219612	163946	72224	267272
卫生健康支出	40457	912839	156190	154953	152587	101940	78464	122454
节能环保支出	5511	118089	13738	56225	22266	4795	7741	6356
城乡社区支出	41409	366431	28498	108059	97008	21425	13591	47811
农林水支出	60276	478304	28675	88502	109231	62262	63417	88437
交通运输支出	19535	580987	292102	24637	52029	98995	59860	39907
资源勘探工业信息等支出	6979	299469	2013	27707	47505	112803	24522	26819
商业服务业等支出	5067	123420	4911	29848	16751	10556	9877	9640
金融支出	608	13537	0	186	9965	748	852	1716
援助其他地区支出	873	21626	6596	4671	3873	1150	1579	3487
自然资源海洋气象等支出	7706	94152	13752	7288	23128	12978	11841	18561
住房保障支出	11382	170044	34826	27563	6835	13456	13571	28288
粮油物资储备支出	2784	18036	4078	2246	8204	874	1673	911
灾害防治及应急管理支出	3431	52628	10151	9111	9183	5335	4567	7639
其他支出	0	3605	3452	0	0	0	0	153
债务付息支出	6332	154827	16123	32978	15054	22384	16099	42842
债务发行费用支出	75	772	48	152	50	145	102	236

续表(八)　　单位:万元

项目 \ 地区	越城区	金华市	市本级	兰溪市	永康市	武义县	东阳市	磐安县
一、收入合计	863303	4891632	693457	344951	668606	331033	816147	137766
(一)税收收入小计	718714	4101866	553692	250512	537916	247996	684670	103725
增值税	264606	1375587	162831	94369	213007	103672	261979	48541
企业所得税	126352	699375	79688	43742	61445	35985	136852	18913
个人所得税	32754	216182	35618	15221	16562	11083	58507	7629
资源税	151	8900	671	2666	86	1176	1207	100
城市维护建设税	44466	235159	38325	16939	31834	12754	36984	6755
房产税	60490	247890	30061	12026	32368	14584	24641	3282
城镇土地使用税	21273	120657	12698	10413	17689	10723	8429	2146
土地增值税	136866	482507	51291	15274	92310	28457	72395	4005
耕地占用税	10605	68072	9570	5728	7516	1879	8979	3127
契税	6823	491561	102921	24126	47767	20727	51417	6431
其他各项税收收入	14328	155976	30018	10008	17332	6956	23280	2796
(二)非税收入小计	144589	789766	139765	94439	130690	83037	131477	34041
专项收入	48140	238386	36400	16152	33296	17928	46744	8547
行政事业性收费收入	41532	74781	12633	4277	12032	5350	15843	4809
罚没收入	8757	241293	62671	12428	28400	23234	64029	6032
国有资本经营收入	0	−54800	−8000	−2200	−3300	0	−2000	0
国有资源(资产)有偿使用收入	45206	260933	32201	62087	54394	27851	6561	8892
其他收入	954	29173	3860	1695	5868	8674	300	5761
二、支出合计	994028	8303964	1274155	802597	917191	609148	1153382	433972
一般公共服务支出	119807	897824	152719	68455	99255	52359	93491	76449
外交支出	0	0	0	0	0	0	0	0
国防支出	1315	4463	1666	488	0	142	674	10
公共安全支出	25975	574899	122208	39711	69299	32809	67343	21221
教育支出	208848	1563885	196639	140119	194649	101604	237288	60786
科学技术支出	44720	280770	47451	6317	34615	32300	37410	5667
文化旅游体育与传媒支出	12590	209197	45219	12488	26166	16629	34151	16530
社会保障和就业支出	157814	1042767	123069	146388	102432	79509	180486	54390
卫生健康支出	146251	1027886	221272	100890	125053	61036	111984	37366
节能环保支出	6968	135714	27332	4867	29591	16995	19569	4864
城乡社区支出	50039	447128	48251	24359	62908	46250	39831	30025
农林水支出	37780	639551	44265	77476	56826	70330	94148	65962
交通运输支出	13457	422554	33039	76567	14521	48625	42931	25489
资源勘探工业信息等支出	58100	284486	56832	44706	24383	3401	67841	3278
商业服务业等支出	41837	129993	24488	6089	23133	2326	30225	365
金融支出	70	13899	4195	31	985	1327	5429	0
援助其他地区支出	270	11300	2210	0	1928	0	1828	0
自然资源海洋气象等支出	6604	129182	30349	6623	10046	8373	9859	14155
住房保障支出	45505	199782	51599	12262	7143	12615	37026	456
粮油物资储备支出	50	9144	4235	521	2672	34	1238	106
灾害防治及应急管理支出	6642	71137	11722	4813	5630	5013	6327	3585
其他支出	0	26636	54	22836	0	0	0	369
债务付息支出	9347	181047	25314	6561	25869	17402	34160	12884
债务发行费用支出	39	720	27	30	87	69	143	15

续表(九)　　单位:万元

项目＼地区	义乌市	浦江县	金东区	婺城区	衢州市	市本级	龙游县	常山县
一、收入合计	1328995	243761	176486	150430	1731004	584062	275986	166087
(一)税收收入小计	1269739	185465	150202	117949	1399582	486501	212510	138478
增值税	325736	68321	57610	39521	504154	153581	92143	52312
企业所得税	256501	19018	25621	21610	240519	108480	31378	27832
个人所得税	48748	6602	7068	9144	81641	38645	6211	3635
资源税	1232	1762	0	0	11574	1	800	6023
城市维护建设税	59778	6875	8875	16040	73429	33882	9061	6038
房产税	98129	13120	14000	5679	52189	17672	9266	5049
城镇土地使用税	44103	5838	4722	3896	48292	16613	11478	4076
土地增值税	162623	20695	20135	15322	145895	51846	18283	12511
耕地占用税	15341	3022	8288	4622	28664	3579	3680	3504
契税	204754	33418	0	0	168283	43446	24756	13421
其他各项税收收入	52794	6794	3883	2115	44942	18756	5454	4077
(二)非税收入小计	59256	58296	26284	32481	331422	97561	63476	27609
专项收入	53505	9596	6421	9797	77528	20749	13243	7369
行政事业性收费收入	2428	4488	6201	6720	32146	9798	6701	1975
罚没收入	7247	29531	3821	3900	70934	32674	2170	8309
国有资本经营收入	-38300	-1000	0	0	-4073	-3990	0	0
国有资源(资产)有偿使用收入	32492	15315	9076	12064	143136	32671	38906	8851
其他收入	1884	366	765	0	11751	5659	2456	1105
二、支出合计	1596897	541578	528374	446670	5677004	1300227	691672	679353
一般公共服务支出	175360	56055	71395	52286	630185	134648	65661	64243
外交支出	0	0	0	0	0	0	0	0
国防支出	694	457	332	0	10032	4515	1066	672
公共安全支出	133879	31709	30562	26158	247417	76745	31813	23693
教育支出	365426	102497	79253	85624	678517	142559	95389	69809
科学技术支出	82596	13248	14473	6693	202699	86657	22839	16251
文化旅游体育与传媒支出	28182	13986	7637	8209	129903	27694	36703	12766
社会保障和就业支出	157932	84794	50591	63176	716463	83147	105769	86355
卫生健康支出	188897	70789	59202	51397	571558	166282	64199	70478
节能环保支出	14549	3991	6018	7938	118654	68562	7875	20220
城乡社区支出	135894	33372	14504	11734	353461	160418	24589	16236
农林水支出	94666	51596	36441	47841	715363	61976	78061	78944
交通运输支出	40783	14455	89499	36645	506853	55595	59254	91242
资源勘探工业信息等支出	53834	10498	13838	5875	167834	89864	14853	9605
商业服务业等支出	18495	3053	20300	1519	140232	70796	34626	8079
金融支出	853	0	1079	0	5286	1480	104	3230
援助其他地区支出	4553	781	0	0	400	100	0	0
自然资源海洋气象等支出	29282	10461	1723	8311	96127	9317	17930	13431
住房保障支出	19947	20037	12351	26346	221039	30435	6965	71950
粮油物资储备支出	14	126	198	0	12712	3506	2228	2950
灾害防治及应急管理支出	22084	3857	7105	1001	39328	9977	3942	2943
其他支出	3030	0	347	0	48	0	0	0
债务付息支出	25735	15795	11443	5884	112484	15867	17746	16201
债务发行费用支出	212	21	83	33	409	87	60	55

续表(十)　　单位:万元

项目＼地区	江山市	开化县	柯城区	衢江区	舟山市	市本级	岱山县	嵊泗县
一、收入合计	289696	125073	142500	147600	1561472	704046	200134	86706
(一)税收收入小计	239605	102409	106790	113289	1072469	435764	138121	54751
增值税	92861	34291	39211	39755	-13271	-200646	35260	23194
企业所得税	28370	16936	14263	13260	459059	354944	24224	6598
个人所得税	16816	6020	7002	3312	108755	75046	6676	2747
资源税	2128	305	3	2314	15637	429	6565	868
城市维护建设税	10719	3766	5539	4424	114339	75029	5004	2253
房产税	8540	4380	4222	3060	60715	19598	9274	1898
城镇土地使用税	8585	2944	2069	2527	83054	25746	13951	4080
土地增值税	28970	14519	4746	15020	53629	8200	12193	3555
耕地占用税	3458	2992	1941	9510	34227	5613	8188	144
契税	32379	13088	26004	15189	86929	27289	11640	7119
其他各项税收收入	6779	3168	1790	4918	69396	44516	5146	2295
(二)非税收入小计	50091	22664	35710	34311	489003	268282	62013	31955
专项收入	10785	4593	10238	10551	239779	195704	7728	2959
行政事业性收费收入	2494	1959	8063	1156	13274	4841	2550	720
罚没收入	6672	3590	7460	10059	56085	15814	15283	6175
国有资本经营收入	-83	0	0	0	0	0	0	0
国有资源(资产)有偿使用收入	27725	12522	9949	12512	172604	49942	35826	21701
其他收入	2498	0	0	33	7261	1981	626	400
二、支出合计	880130	783671	671512	670439	3542734	1389114	590725	373452
一般公共服务支出	74099	65404	113741	112389	589421	369767	63169	47578
外交支出	0	0	0	0	0	0	0	0
国防支出	677	723	1688	691	5216	2196	493	548
公共安全支出	36754	26983	26677	24752	192985	78041	26987	20148
教育支出	110780	68028	94002	97950	381141	140477	57783	32646
科学技术支出	35457	16002	15876	9617	109409	55450	15799	5825
文化旅游体育与传媒支出	13566	22239	7703	9232	64257	21024	13043	9794
社会保障和就业支出	161812	110742	72736	95902	398028	164568	70634	39403
卫生健康支出	79491	57127	66928	67053	264422	88546	40647	29078
节能环保支出	6601	9072	1802	4522	40932	8511	4072	6386
城乡社区支出	46273	25071	47382	33492	396281	169411	46843	28010
农林水支出	133516	175529	95027	92310	487133	30015	129508	84899
交通运输支出	56140	129644	45221	69757	257536	139079	74357	9895
资源勘探工业信息等支出	30591	2847	18468	1606	45239	11696	5504	11164
商业服务业等支出	14267	7887	1472	3105	20729	5442	598	2507
金融支出	337	135	0	0	850	605	55	45
援助其他地区支出	0	0	200	100	2398	1331	0	0
自然资源海洋气象等支出	9829	14398	17544	13678	55071	18373	4699	24176
住房保障支出	42694	24461	25680	18854	94367	37538	14904	7819
粮油物资储备支出	1427	846	0	1755	8082	3413	1350	803
灾害防治及应急管理支出	5740	4903	7908	3915	21943	6820	3100	2062
其他支出	48	0	0	0	4063	0	0	0
债务付息支出	19984	21574	11406	9706	103061	36725	17168	10659
债务发行费用支出	47	56	51	53	170	86	12	7

续表(十一)　　单位:万元

项目 \ 地区	定海区	普陀区	台州市	市本级	临海市	温岭市	玉环市	三门县
一、收入合计	248312	322274	4407498	325258	621134	813380	503800	320589
(一)税收收入小计	195071	248762	3557806	288895	520320	657505	416549	152646
增值税	48756	80165	1219319	33765	191840	231327	187695	63296
企业所得税	31245	42048	655968	66678	97008	119728	62329	25189
个人所得税	12949	11337	259757	26700	44146	46254	20163	7902
资源税	4291	3484	8740	0	757	1362	343	344
城市维护建设税	17768	14285	225644	34833	32275	37727	27176	8310
房产税	13330	16615	230686	26670	32952	39715	28461	13854
城镇土地使用税	20114	19163	107406	6290	23009	21068	14989	5532
土地增值税	24817	4864	292817	21901	32751	65389	29924	9254
耕地占用税	314	19968	27848	1959	4434	2993	7475	3976
契税	14582	26299	386344	48258	43770	68022	25388	8985
其他各项税收收入	6905	10534	143277	21841	17378	23920	12606	6004
(二)非税收入小计	53241	73512	849692	36363	100814	155875	87251	167943
专项收入	21187	12201	259019	27418	35676	59060	33119	11426
行政事业性收费收入	2477	2686	74391	7837	6047	6003	12182	1521
罚没收入	14300	4513	308422	67149	32232	72545	15160	19629
国有资本经营收入	0	0	-124485	-100480	-350	-8000	-4000	-220
国有资源(资产)有偿使用收入	12596	52539	312863	31948	27209	20569	29935	134836
其他收入	2681	1573	19482	2491	0	5698	855	751
二、支出合计	512908	676535	8349302	1127683	1225979	1187032	789933	748942
一般公共服务支出	50134	58773	941251	141054	109542	129668	107247	80497
外交支出	0	0	0	0	0	0	0	0
国防支出	1212	767	8702	1488	1020	377	1384	950
公共安全支出	32542	35267	553831	124254	65358	83924	50188	33731
教育支出	67752	82483	1746919	247152	262710	270983	150588	112455
科学技术支出	15466	16869	268593	53012	39979	34986	44457	6747
文化旅游体育与传媒支出	6277	14119	170589	20369	16990	35702	16245	11076
社会保障和就业支出	57846	65577	1020174	72703	116119	147279	91024	120241
卫生健康支出	50121	56030	851156	199705	81048	116963	75042	42904
节能环保支出	6310	15653	347664	15464	197976	12049	8987	44299
城乡社区支出	49835	102182	427490	18265	60798	39057	26530	102690
农林水支出	90746	151965	803188	40783	127851	169076	69914	93220
交通运输支出	16548	17657	344602	39886	48657	42286	51616	35061
资源勘探工业信息等支出	5431	11444	122924	10161	16926	18592	16277	7091
商业服务业等支出	5808	6374	66994	7039	3033	10387	3050	2818
金融支出	65	80	50474	44215	30	380	182	30
援助其他地区支出	350	717	14925	2869	1812	3189	2167	5
自然资源海洋气象等支出	4994	2829	126690	15705	16209	12122	24463	17114
住房保障支出	21566	12540	177024	28565	21328	9853	25373	9385
粮油物资储备支出	0	2516	6342	890	1114	440	101	2276
灾害防治及应急管理支出	5630	4331	51300	8810	5562	7757	3524	3661
其他支出	3704	359	3404	110	0	992	360	667
债务付息支出	20539	17970	244097	35032	31842	40861	21122	21936
债务发行费用支出	32	33	969	152	75	109	92	88

续表(十二)　　　　单位:万元

项目＼地区	仙居县	天台县	椒江区	黄岩区	路桥区	丽水市	市本级	缙云县
一、收入合计	186522	247958	475126	409578	504153	1708624	442933	213525
(一)税收收入小计	144462	204597	421497	332477	418858	1221175	319488	141353
增值税	55790	60922	156169	132311	106204	430260	70173	64445
企业所得税	25237	34642	60996	46714	117447	187558	52958	18499
个人所得税	18000	14807	31792	22367	27626	141324	48863	6213
资源税	767	2186	36	311	2634	16693	7152	201
城市维护建设税	7322	9206	25875	22849	20071	66994	18094	7720
房产税	7387	9655	20206	22087	29699	40893	11802	3870
城镇土地使用税	2450	2612	8609	10802	12045	26838	9758	2920
土地增值税	3176	34506	44850	28817	22249	112595	36914	13973
耕地占用税	1145	1683	2678	1330	175	28921	12060	4192
契税	17666	27904	57414	32818	56119	129807	40814	14749
其他各项税收收入	5522	6474	12872	12071	24589	39292	10900	4571
(二)非税收入小计	42060	43361	53629	77101	85295	487449	123445	72172
专项收入	10082	14346	21477	25206	21209	93627	15803	14536
行政事业性收费收入	3661	6568	17550	6855	6067	41318	9151	2574
罚没收入	27611	15283	11531	17136	30046	119518	47063	21249
国有资本经营收入	-150	-1500	-2370	-415	-6500	-565	103	-550
国有资源(资产)有偿使用收入	856	5997	1110	27758	32645	217235	44058	32959
其他收入	0	2667	4631	561	1828	16316	7267	1404
二、支出合计	603935	773978	673271	681296	537253	6071018	941952	741948
一般公共服务支出	73320	86186	80300	65232	68205	618670	89079	67011
外交支出	0	0	0	0	0	0	0	0
国防支出	314	720	877	883	689	6505	315	90
公共安全支出	32529	36926	46634	37386	42901	319332	72348	34320
教育支出	125902	178644	133204	147179	118102	923197	155896	135176
科学技术支出	5971	11908	23589	34224	13720	160453	42330	18900
文化旅游体育与传媒支出	9672	14963	18566	13494	13512	151390	24597	18823
社会保障和就业支出	91491	135325	95376	90808	59808	724023	56574	107523
卫生健康支出	55896	49736	80631	104339	44892	668877	147916	61449
节能环保支出	10530	21981	4175	17307	14896	107616	37711	4002
城乡社区支出	13570	74958	39075	25373	27174	502958	86979	45320
农林水支出	62369	92375	38489	61118	47993	760971	33380	88840
交通运输支出	67852	21582	12092	16826	8744	490871	91397	73056
资源勘探工业信息等支出	5485	6746	22665	6488	12493	154245	36156	31597
商业服务业等支出	3529	2928	5895	9133	19182	21979	4578	5275
金融支出	0	89	1412	94	4042	4379	2577	173
援助其他地区支出	0	0	1795	1575	1513	161	0	0
自然资源海洋气象等支出	9379	9216	11548	6644	4290	123259	14539	18058
住房保障支出	10441	9759	28084	21199	13037	121755	12018	10244
粮油物资储备支出	13	200	633	375	300	9880	1000	1420
灾害防治及应急管理支出	4264	3494	6309	4409	3510	45069	9494	4044
其他支出	0	0	0	616	659	10429	3000	874
债务付息支出	21355	16161	21820	16494	17474	144481	20020	15699
债务发行费用支出	53	81	102	100	117	518	48	54

续表(十三)　　单位:万元

项目＼地区	景宁县	莲都区	龙泉市	青田县	庆元县	松阳县	遂昌县	云和县
一、收入合计	158950	156027	115430	221595	59136	100288	152783	87957
(一)税收收入小计	143969	119103	86692	141320	35585	72907	94755	66003
增值税	68423	28815	24531	55611	15094	30391	32349	40428
企业所得税	20956	25181	15415	19804	5616	11037	13292	4800
个人所得税	33747	7256	3661	15482	1909	3751	18735	1707
资源税	21	617	915	4421	63	724	2546	33
城市维护建设税	7138	7504	4171	7202	1867	3099	4137	6062
房产税	1286	5600	3173	5724	1674	2490	3140	2134
城镇土地使用税	1220	2746	1856	1876	639	1597	1940	2286
土地增值税	1968	13318	15061	10942	3538	9452	4705	2724
耕地占用税	793	1858	1408	3351	391	1637	2911	320
契税	4274	21009	13698	13211	3605	6151	8396	3900
其他各项税收收入	4143	5199	2803	3696	1189	2578	2604	1609
(二)非税收入小计	14981	36924	28738	80275	23551	27381	58028	21954
专项收入	8273	9038	7059	12797	3916	6756	5462	9987
行政事业性收费收入	2354	3393	4247	9479	3967	4495	980	678
罚没收入	1000	12872	6650	11834	8634	5480	200	4536
国有资本经营收入	0	14	0	0	0	0	-132	0
国有资源(资产)有偿使用收入	2566	11600	9582	44739	6136	8929	50757	5909
其他收入	788	7	1200	1426	898	1721	761	844
二、支出合计	484127	610206	580005	765260	422888	544672	600299	379661
一般公共服务支出	55617	66637	59284	67665	60552	58295	52620	41910
外交支出	0	0	0	0	0	0	0	0
国防支出	631	720	1006	808	301	1120	939	575
公共安全支出	17863	36620	25273	34568	25590	22706	30715	19329
教育支出	48072	85986	99749	135189	64128	75466	77644	45891
科学技术支出	7631	16087	13992	30619	7112	8575	9132	6075
文化旅游体育与传媒支出	13845	13662	15780	20658	9636	11594	10948	11847
社会保障和就业支出	64639	98334	78800	108662	40771	70808	56871	41041
卫生健康支出	39802	73119	63924	95335	36305	55605	51612	43810
节能环保支出	8640	1171	13560	7930	8527	8558	11142	6375
城乡社区支出	48074	67128	30571	58576	23671	39963	52842	49834
农林水支出	68986	69696	81646	86978	75428	102047	97197	56773
交通运输支出	20994	20781	44692	49043	27898	49784	95947	17279
资源勘探工业信息等支出	51708	13323	4697	2911	601	1879	4174	7199
商业服务业等支出	682	1013	2517	1933	604	1801	2257	1319
金融支出	0	0	800	557	29	0	193	50
援助其他地区支出	0	0	0	0	0	161	0	0
自然资源海洋气象等支出	7535	12216	13921	17736	12649	9685	11555	5365
住房保障支出	10648	15625	4807	27349	7128	8621	15331	9984
粮油物资储备支出	83	1014	1605	800	568	1404	924	1062
灾害防治及应急管理支出	2834	4872	4355	5064	4057	3834	3683	2832
其他支出	354	851	0	2	3799	0	1514	35
债务付息支出	15462	11317	18941	12834	13507	12723	12975	11003
债务发行费用支出	27	34	85	43	27	43	84	73

2022年浙江省各市县财政总收入

单位:万元

地区名称	财政总收入	地区名称	财政总收入	地区名称	财政总收入
杭州小计	**45900795**	桐乡市	1797735	龙游县	424687
杭州市	43946799	嘉善县	1381108	常山县	265621
桐庐县	712153	海盐县	1069108	开化县	193865
建德市	805273	**湖州小计**	**6745038**	**舟山小计**	**4076364**
淳安县	436570	湖州市	2787465	舟山市	3670685
宁波小计	**33586340**	德清县	1325003	岱山县	281757
宁波市	27573525	安吉县	1096934	嵊泗县	123922
慈溪市	1983963	长兴县	1535636	**台州小计**	**7265398**
余姚市	2057850	**绍兴小计**	**8216403**	台州市	2946885
宁海县	970993	绍兴市	5526074	温岭市	1326272
象山县	1000009	诸暨市	1316603	临海市	1045105
温州小计	**9188072**	嵊州市	693992	玉环市	815508
温州市	4418864	新昌县	679734	三门县	433562
乐清市	1393899	**金华小计**	**7794107**	天台县	390754
瑞安市	1027073	金华市	1687850	仙居县	307312
永嘉县	541776	兰溪市	536078	**丽水小计**	**2802938**
平阳县	592983	东阳市	1372501	丽水市	952569
苍南县	471009	义乌市	2116034	龙泉市	168590
文成县	166274	永康市	999489	青田县	330145
泰顺县	259250	浦江县	350560	云和县	138156
龙港市	316944	武义县	505459	庆元县	85539
嘉兴小计	**10299860**	磐安县	226136	缙云县	317776
嘉兴市	3102103	**衢州小计**	**2778812**	遂昌县	233245
海宁市	1616565	衢州市	1444161	松阳县	152993
平湖市	1333241	江山市	450478	景宁县	423925

2022年浙江省乡镇(含比照乡镇财政体制管理的街道)一般公共预算收入排序表

单位:万元

排序	所属地区	县(市、区)	乡镇(街道)	一般公共预算收入	排序	所属地区	县(市、区)	乡镇(街道)	一般公共预算收入
1	湖州市	安吉县	递铺街道	223774.00	32	杭州市	西湖区	三墩镇	86476.00
2	绍兴市	柯桥区	马鞍街道	220681.00	33	温州市	苍南县	灵溪镇	83612.00
3	宁波市	江北区	慈城镇	216391.00	34	绍兴市	嵊州市	浦口街道	82130.00
4	金华市	东阳市	横店镇	208826.00	35	宁波市	海曙区	古林镇	81687.00
5	嘉兴市	桐乡市	高桥街道	198535.00	36	宁波市	鄞州区	姜山镇	81377.00
6	湖州市	吴兴区	八里店镇	189035.00	37	湖州市	长兴县	画溪街道、新能源装备高新技术产业园区管委会	79723.00
7	金华市	义乌市	稠江街道	178426.00	38	舟山市	普陀区	东港街道	78772.00
8	嘉兴市	平湖市	钟埭街道	173226.00	39	湖州市	安吉县	昌硕街道	77862.00
9	温州市	乐清市	柳市镇	160505.00	40	嘉兴市	海宁市	经济开发区(海昌街道)	77826.00
10	台州市	玉环市	玉城街道	158147.00	41	湖州市	长兴县	煤山镇	76207.00
11	金华市	义乌市	稠城街道	152055.00	42	湖州市	长兴县	李家巷镇	75655.00
12	湖州市	吴兴区	织里镇	151479.00	43	嘉兴市	桐乡市	洲泉镇	74103.00
13	金华市	义乌市	北苑街道	146258.00	44	嘉兴市	桐乡市	梧桐街道	73422.00
14	嘉兴市	嘉善县	经济开发区管理委员会	141914.00	45	金华市	武义县	白洋街道	73179.00
15	绍兴市	上虞区	曹娥街道	138349.00	46	嘉兴市	平湖市	当湖街道	71339.00
16	温州市	永嘉县	瓯北城市新区管理委员会	135039.00	47	宁波市	慈溪市	龙山镇	71316.00
17	嘉兴市	平湖市	乍浦镇	118601.00	48	金华市	义乌市	福田街道	70473.00
18	绍兴市	上虞区	百官街道	114290.00	49	嘉兴市	嘉善县	姚庄镇	70235.00
19	杭州市	萧山区	瓜沥镇	109119.00	50	金华市	义乌市	江东街道	70004.00
20	湖州市	南浔区	南浔镇	107503.00	51	台州市	临海市	大洋街道	69692.00
21	温州市	乐清市	北白象镇	105467.00	52	宁波市	海曙区	高桥镇	69651.00
22	温州市	永嘉县	三江街道	103017.00	53	宁波市	鄞州区	邱隘镇	68854.00
23	宁波市	慈溪市	周巷镇	102546.00	54	杭州市	萧山区	衙前镇	67983.00
24	宁波市	慈溪市	观海卫镇	101111.00	55	绍兴市	诸暨市	暨阳街道	67940.00
25	嘉兴市	平湖市	独山港镇	96404.00	56	温州市	瑞安市	塘下镇	65419.00
26	嘉兴市	海盐县	武原街道	95817.00	57	温州市	平阳县	昆阳镇	63280.00
27	湖州市	长兴县	太湖街道	93566.00	58	台州市	玉环市	大麦屿街道	61676.00
28	嘉兴市	海盐县	经济开发区管理委员会	92736.00	59	宁波市	慈溪市	横河镇	61363.00
29	温州市	平阳县	鳌江镇	92019.00	60	嘉兴市	海宁市	马桥街道	59881.00
30	嘉兴市	海宁市	长安镇	89510.00	61	杭州市	余杭区	瓶窑镇	59094.00
31	嘉兴市	南湖区	大桥镇	88575.00	62	绍兴市	柯桥区	齐贤街道	58643.00

续表(一) 单位:万元

排序	所属地区	县(市、区)	乡镇(街道)	一般公共预算收入	排序	所属地区	县(市、区)	乡镇(街道)	一般公共预算收入
63	绍兴市	诸暨市	陶朱街道	58236.00	94	温州市	乐清市	虹桥镇	44633.00
64	台州市	温岭市	大溪镇	57178.00	95	湖州市	吴兴区	埭溪镇	44329.00
65	绍兴市	柯桥区	安昌街道	56965.00	96	湖州市	德清县	新市镇	44326.00
66	宁波市	宁海县	西店镇	56811.00	97	宁波市	宁海县	黄坛镇	44171.00
67	台州市	天台县	始丰街道	55424.00	98	舟山市	普陀区	六横镇	44120.00
68	绍兴市	诸暨市	店口镇	55168.00	99	绍兴市	诸暨市	大唐街道	43872.00
69	台州市	临海市	杜桥镇	54963.00	100	台州市	仙居县	福应街道	43443.00
70	宁波市	海曙区	集士港镇	54944.00	101	宁波市	前湾新区	庵东镇	43441.00
71	绍兴市	柯桥区	钱清街道	54662.00	102	金华市	义乌市	廿三里街道	43155.00
72	杭州市	萧山区	义桥镇	53785.00	103	宁波市	奉化区	溪口镇	43049.00
73	湖州市	长兴县	和平镇	52943.00	104	嘉兴市	海宁市	袁花镇	42867.00
74	湖州市	安吉县	灵峰街道(灵峰旅游度假区管理委员会)	52512.00	105	绍兴市	诸暨市	浣东街道	41700.00
75	绍兴市	柯桥区	杨汛桥街道	52110.00	106	台州市	玉环市	坎门街道	41466.00
76	金华市	武义县	壶山街道	51149.00	107	台州市	玉环市	楚门镇	41453.00
77	温州市	泰顺县	罗阳镇	51111.00	108	杭州市	建德市	新安江街道	41080.00
78	台州市	天台县	赤城街道	50611.00	109	宁波市	鄞州区	五乡镇	40944.00
79	杭州市	临平区	崇贤街道	50199.00	110	绍兴市	柯桥区	福全街道	40758.00
80	杭州市	临平区	乔司街道	49833.00	111	台州市	仙居县	南峰街道	40632.00
81	台州市	温岭市	泽国镇	49752.00	112	嘉兴市	海宁市	斜桥镇	40389.00
82	金华市	永康市	东城街道	49587.00	113	丽水市	青田县	鹤城街道	40302.00
83	嘉兴市	嘉善县	魏塘街道	48998.00	114	金华市	永康市	西城街道	40059.00
84	嘉兴市	嘉善县	罗星街道	48848.00	115	温州市	乐清市	城东街道	39854.00
85	金华市	义乌市	后宅街道	48803.00	116	温州市	乐清市	乐成街道	39839.00
86	嘉兴市	海宁市	黄湾镇	48223.00	117	湖州市	南浔区	练市镇	39309.00
87	宁波市	余姚市	泗门镇	48221.00	118	丽水市	青田县	温溪镇	39063.00
88	台州市	临海市	古城街道	47549.00	119	湖州市	德清县	钟管镇	38982.00
89	杭州市	富阳区	富春街道	47370.00	120	宁波市	鄞州区	云龙镇	38912.00
90	嘉兴市	嘉善县	陶庄镇	46442.00	121	温州市	乐清市	城南街道	38690.00
91	金华市	武义县	熟溪街道	46123.00	122	台州市	路桥区	金清镇	38471.00
92	杭州市	萧山区	临浦镇	45774.00	123	金华市	义乌市	佛堂镇	36770.00
93	湖州市	德清县	雷甸镇	45315.00	124	丽水市	缙云县	壶镇镇	36699.00

续表(二)　　　　单位:万元

排序	所属地区	县(市、区)	乡镇(街道)	一般公共预算收入	排序	所属地区	县(市、区)	乡镇(街道)	一般公共预算收入
125	舟山市	岱山县	衢山镇	36457.00	156	湖州市	吴兴区	妙西镇	28452.00
126	台州市	临海市	汛桥镇	36196.00	157	嘉兴市	南湖区	新丰镇	28334.00
127	温州市	平阳县	万全镇	36131.00	158	宁波市	海曙区	洞桥镇	28129.00
128	台州市	玉环市	沙门镇	35574.00	159	嘉兴市	海宁市	盐官镇	27938.00
129	杭州市	临平区	塘栖镇	35529.00	160	台州市	路桥区	蓬街镇	27874.00
130	湖州市	南浔区	双林镇	34325.00	161	金华市	兰溪市	灵洞乡	27558.00
131	杭州市	富阳区	新登镇	34298.00	162	宁波市	鄞州区	东吴镇	27509.00
132	绍兴市	嵊州市	三江街道	34165.00	163	衢州市	开化县	华埠镇	27318.00
133	嘉兴市	桐乡市	崇福镇	34130.00	164	湖州市	南浔区	旧馆街道	27243.00
134	杭州市	西湖区	双浦镇	34095.00	165	台州市	天台县	福溪街道	26973.00
135	宁波市	慈溪市	逍林镇	32724.00	166	湖州市	德清县	乾元镇	26963.00
136	杭州市	萧山区	所前镇	32541.00	167	杭州市	萧山区	党湾镇	26896.00
137	金华市	东阳市	南马镇	32421.00	168	嘉兴市	嘉善县	天凝镇	26733.00
138	宁波市	余姚市	马渚镇	32024.00	169	台州市	仙居县	安洲街道	26693.00
139	绍兴市	嵊州市	剡湖街道	31978.00	170	台州市	温岭市	箬横镇	26301.00
140	台州市	临海市	大田街道	31120.00	171	金华市	义乌市	城西街道	26138.00
141	温州市	平阳县	水头镇	31020.00	172	台州市	天台县	平桥镇	26015.00
142	台州市	临海市	上盘镇	30868.00	173	嘉兴市	海盐县	百步镇	25704.00
143	金华市	永康市	古山镇	30810.00	174	宁波市	镇海区	九龙湖镇	25507.00
144	嘉兴市	海宁市	许村镇	30608.00	175	宁波市	余姚市	小曹娥镇	25350.00
145	宁波市	象山县	西周镇	30382.00	176	宁波市	慈溪市	掌起镇	25298.00
146	湖州市	吴兴区	环渚街道	30224.00	177	杭州市	富阳区	银湖街道	25223.00
147	台州市	临海市	江南街道	30223.00	178	台州市	玉环市	芦浦镇	24964.00
148	金华市	武义县	桐琴镇	30018.00	179	杭州市	萧山区	益农镇	24957.00
149	湖州市	长兴县	龙山街道	29668.00	180	绍兴市	上虞区	小越街道	24793.00
150	金华市	东阳市	歌山镇	29074.00	181	嘉兴市	桐乡市	凤鸣街道	24593.00
151	嘉兴市	平湖市	曹桥街道	28994.00	182	嘉兴市	嘉善县	西塘镇	24324.00
152	湖州市	南浔区	和孚镇	28816.00	183	嘉兴市	秀洲区	王江泾镇	24052.00
153	台州市	玉环市	清港镇	28808.00	184	宁波市	余姚市	黄家埠镇	24023.00
154	宁波市	海曙区	横街镇	28802.00	185	嘉兴市	桐乡市	乌镇镇	24012.00
155	宁波市	鄞州区	东钱湖镇	28477.00	186	湖州市	安吉县	天子湖镇	23974.00

续表(三)

单位:万元

排序	所属地区	县(市、区)	乡镇(街道)	一般公共预算收入	排序	所属地区	县(市、区)	乡镇(街道)	一般公共预算收入
187	嘉兴市	海盐县	秦山街道	23940.00	218	台州市	三门县	海游街道	20323.00
188	嘉兴市	海盐县	望海街道	23595.00	219	宁波市	余姚市	陆埠镇	20245.00
189	温州市	瓯海区	娄桥街道	23578.00	220	丽水市	缙云县	五云街道	20104.00
190	台州市	路桥区	横街镇	23495.00	221	嘉兴市	平湖市	新埭镇	19941.00
191	舟山市	普陀区	展茅街道	23440.00	222	嘉兴市	桐乡市	濮院镇	19793.00
192	湖州市	吴兴区	湖东街道	23293.00	223	丽水市	青田县	三溪口街道	19527.00
193	嘉兴市	平湖市	新仓镇	23252.00	224	杭州市	富阳区	鹿山街道	19395.00
194	温州市	瓯海区	梧田街道	23156.00	225	舟山市	普陀区	沈家门街道	19229.00
195	衢州市	柯城区	航埠镇	23077.00	226	宁波市	余姚市	临山镇	19172.00
196	宁波市	象山县	石浦镇	22915.00	227	温州市	平阳县	萧江镇	19107.00
197	杭州市	萧山区	河上镇	22863.00	228	温州市	永嘉县	南城街道	18910.00
198	台州市	温岭市	松门镇	22712.00	229	绍兴市	诸暨市	暨南街道	18874.00
199	绍兴市	柯桥区	平水镇	22550.00	230	舟山市	岱山县	高亭镇	18809.00
200	湖州市	南浔区	菱湖镇	22266.00	231	湖州市	德清县	新安镇	18622.00
201	嘉兴市	南湖区	余新镇	22172.00	232	温州市	泰顺县	司前畲族镇	18506.00
202	绍兴市	上虞区	道墟街道	21951.00	233	金华市	义乌市	上溪镇	18224.00
203	金华市	东阳市	巍山镇	21905.00	234	嘉兴市	海宁市	丁桥镇	18047.00
204	宁波市	镇海区	澥浦镇	21899.00	235	杭州市	余杭区	径山镇	18033.00
205	金华市	武义县	泉溪镇	21876.00	236	杭州市	建德市	下涯镇	18033.00
206	宁波市	余姚市	丈亭镇	21826.00	237	台州市	温岭市	温峤镇	17811.00
207	湖州市	德清县	武康街道	21731.00	238	湖州市	安吉县	孝丰镇	17687.00
208	湖州市	长兴县	泗安镇	21262.00	239	绍兴市	柯桥区	兰亭街道	17661.00
209	杭州市	富阳区	东洲街道	21121.00	240	杭州市	桐庐县	桐君街道	17465.00
210	温州市	瓯海区	潘桥街道	21115.00	241	衢州市	常山县	辉埠镇	17454.00
211	嘉兴市	嘉善县	大云镇	21098.00	242	湖州市	长兴县	夹浦镇	17444.00
212	嘉兴市	秀洲区	王店镇	21040.00	243	金华市	磐安县	安文街道	17275.00
213	湖州市	长兴县	小浦镇	21004.00	244	台州市	临海市	东塍镇	17176.00
214	宁波市	慈溪市	新浦镇	20975.00	245	宁波市	鄞州区	横溪镇	17163.00
215	衢州市	江山市	贺村镇	20658.00	246	宁波市	前湾新区	崇寿镇	17150.00
216	宁波市	慈溪市	长河镇	20619.00	247	舟山市	定海区	岑港街道	16965.00
217	嘉兴市	嘉善县	干窑镇	20370.00	248	金华市	兰溪市	兰江街道	16770.00

续表(四)　　单位:万元

排序	所属地区	县(市、区)	乡镇(街道)	一般公共预算收入	排序	所属地区	县(市、区)	乡镇(街道)	一般公共预算收入
249	绍兴市	上虞区	汤浦镇	16642.00	280	嘉兴市	海宁市	海洲街道	14717.00
250	湖州市	吴兴区	东林镇	16627.00	281	杭州市	萧山区	戴村镇	14691.00
251	杭州市	桐庐县	富春江镇	16517.00	282	台州市	黄岩区	院桥镇	14652.00
252	湖州市	德清县	洛舍镇	16500.00	283	嘉兴市	海盐县	通元镇	14560.00
253	金华市	永康市	芝英镇	16492.00	284	杭州市	建德市	梅城镇	14550.00
254	衢州市	江山市	双塔街道	16453.00	285	温州市	洞头区	北岙街道	14446.00
255	宁波市	余姚市	河姆渡镇	16419.00	286	舟山市	岱山县	秀山乡	14162.00
256	温州市	苍南县	南宋镇	16320.00	287	湖州市	德清县	禹越镇	14150.00
257	台州市	温岭市	滨海镇	16316.00	288	绍兴市	嵊州市	三界镇	14139.00
258	丽水市	青田县	瓯南街道	16233.00	289	台州市	温岭市	石塘镇	14092.00
259	杭州市	淳安县	千岛湖镇	16187.00	290	湖州市	长兴县	林城镇	14060.00
260	舟山市	岱山县	岱西镇	16184.00	291	杭州市	富阳区	新桐乡	14017.00
261	丽水市	龙泉市	剑池街道	15970.00	292	舟山市	定海区	环南街道	13880.00
262	金华市	义乌市	苏溪镇	15927.00	293	嘉兴市	海宁市	周王庙镇	13783.00
263	舟山市	定海区	金塘镇	15922.00	294	宁波市	余姚市	牟山镇	13768.00
264	绍兴市	诸暨市	次坞镇	15902.00	295	嘉兴市	海盐县	澉浦镇	13685.00
265	金华市	永康市	江南街道	15685.00	296	金华市	永康市	象珠镇	13670.00
266	绍兴市	上虞区	崧厦街道	15679.00	297	杭州市	萧山区	进化镇	13629.00
267	台州市	温岭市	新河镇	15648.00	298	绍兴市	上虞区	盖北镇	13531.00
268	台州市	温岭市	城南镇	15641.00	299	宁波市	宁海县	强蛟镇	13477.00
269	温州市	永嘉县	桥下镇	15637.00	300	台州市	玉环市	龙溪镇	13412.00
270	丽水市	莲都区	碧湖镇	15505.00	301	温州市	鹿城区	藤桥镇	13326.00
271	湖州市	长兴县	雉城街道	15411.00	302	宁波市	余姚市	三七市镇	13295.00
272	嘉兴市	桐乡市	石门镇	15280.00	303	湖州市	安吉县	天荒坪镇	13268.00
273	台州市	临海市	沿江镇	15175.00	304	温州市	苍南县	矾山镇	13223.00
274	嘉兴市	南湖区	凤桥镇	15074.00	305	温州市	瓯海区	新桥街道	13185.00
275	舟山市	定海区	白泉镇	15056.00	306	丽水市	松阳县	西屏街道	13055.00
276	丽水市	缙云县	新碧街道	15055.00	307	金华市	义乌市	大陈镇	12913.00
277	杭州市	富阳区	渌渚镇	15052.00	308	宁波市	慈溪市	桥头镇	12895.00
278	温州市	永嘉县	北城街道	14735.00	309	衢州市	龙游县	湖镇镇	12869.00
279	衢州市	江山市	虎山街道	14731.00	310	温州市	乐清市	翁垟街道	12783.00

续表(五) 单位:万元

排序	所属地区	县(市、区)	乡镇(街道)	一般公共预算收入	排序	所属地区	县(市、区)	乡镇(街道)	一般公共预算收入
311	宁波市	慈溪市	胜山镇	12758.00	342	杭州市	建德市	大同镇	10988.00
312	金华市	磐安县	新渥街道	12724.00	343	绍兴市	嵊州市	鹿山街道	10963.00
313	杭州市	萧山区	浦阳镇	12671.00	344	嘉兴市	平湖市	林埭镇	10923.00
314	舟山市	岱山县	东沙镇	12581.00	345	温州市	洞头区	东屏街道	10896.00
315	金华市	东阳市	湖溪镇	12547.00	346	宁波市	慈溪市	附海镇	10857.00
316	温州市	瓯海区	郭溪街道	12486.00	347	金华市	永康市	龙山镇	10845.00
317	宁波市	鄞州区	咸祥镇	12483.00	348	杭州市	建德市	寿昌镇	10837.00
318	绍兴市	上虞区	东关街道	12401.00	349	金华市	磐安县	尚湖镇	10788.00
319	绍兴市	上虞区	梁湖街道	12206.00	350	金华市	兰溪市	云山街道	10738.00
320	杭州市	临安区	太湖源镇	12099.00	351	宁波市	慈溪市	匡堰镇	10706.00
321	湖州市	安吉县	梅溪镇	12022.00	352	温州市	瓯海区	仙岩街道	10703.00
322	杭州市	临安区	板桥镇	11916.00	353	湖州市	长兴县	洪桥镇	10696.00
323	温州市	永嘉县	桥头镇	11914.00	354	湖州市	德清县	下渚湖街道	10581.00
324	嘉兴市	海盐县	沈荡镇	11844.00	355	杭州市	建德市	洋溪街道	10567.00
325	湖州市	南浔区	善琏镇	11718.00	356	金华市	磐安县	尖山镇	10547.00
326	台州市	临海市	邵家渡街道	11717.00	357	温州市	乐清市	淡溪镇	10530.00
327	金华市	义乌市	义亭镇	11700.00	358	绍兴市	诸暨市	枫桥镇	10490.00
328	台州市	路桥区	新桥镇	11544.00	359	丽水市	云和县	凤凰山街道	10480.00
329	温州市	永嘉县	乌牛街道	11473.00	360	衢州市	柯城区	府山街道	10431.00
330	杭州市	临平区	运河街道	11423.00	361	绍兴市	嵊州市	黄泽镇	10428.00
331	杭州市	桐庐县	横村镇	11416.00	362	宁波市	奉化区	裘村镇	10391.00
332	金华市	永康市	花街镇	11395.00	363	嘉兴市	海盐县	于城镇	10363.00
333	绍兴市	诸暨市	牌头镇	11388.00	364	湖州市	长兴县	虹星桥镇	10273.00
334	湖州市	安吉县	杭垓镇	11278.00	365	温州市	瓯海区	南白象街道	10097.00
335	嘉兴市	桐乡市	河山镇	11239.00	366	嘉兴市	平湖市	广陈镇	10078.00
336	绍兴市	诸暨市	璜山镇	11221.00	367	绍兴市	嵊州市	甘霖镇	10028.00
337	湖州市	吴兴区	道场乡	11162.00	368	台州市	玉环市	干江镇	10016.00
338	温州市	苍南县	金乡镇	11106.00	369	丽水市	遂昌县	妙高街道	9997.00
339	宁波市	海曙区	鄞江镇	11097.00	370	舟山市	岱山县	长涂镇	9941.00
340	嘉兴市	秀洲区	新塍镇	11031.00	371	金华市	兰溪市	永昌街道	9839.00
341	嘉兴市	桐乡市	屠甸镇	10992.00	372	绍兴市	柯桥区	漓渚镇	9738.00

续表(六)　　　　单位:万元

排序	所属地区	县(市、区)	乡镇(街道)	一般公共预算收入	排序	所属地区	县(市、区)	乡镇(街道)	一般公共预算收入
373	舟山市	定海区	盐仓街道	9722.00	404	金华市	浦江县	黄宅镇	8190.00
374	丽水市	青田县	油竹街道	9544.00	405	衢州市	开化县	芹阳办事处	8163.00
375	温州市	平阳县	南麂镇	9496.00	406	温州市	瑞安市	陶山镇	8064.00
376	金华市	东阳市	画水镇	9487.00	407	衢州市	衢江区	廿里镇	8023.00
377	杭州市	建德市	李家镇	9467.00	408	温州市	泰顺县	雅阳镇	7804.00
378	温州市	瓯海区	瞿溪街道	9459.00	409	杭州市	建德市	乾潭镇	7673.00
379	丽水市	庆元县	松源街道	9349.00	410	绍兴市	柯桥区	稽东镇	7495.00
380	宁波市	鄞州区	瞻岐镇	9254.00	411	绍兴市	新昌县	儒岙镇	7418.00
381	宁波市	鄞州区	塘溪镇	9086.00	412	温州市	永嘉县	黄田街道	7411.00
382	金华市	兰溪市	上华街道	9053.00	413	衢州市	龙游县	龙洲街道	7180.00
383	台州市	天台县	坦头镇	8958.00	414	湖州市	德清县	舞阳街道	7161.00
384	衢州市	柯城区	万田乡	8922.00	415	台州市	临海市	涌泉镇	7112.00
385	绍兴市	上虞区	丰惠镇	8821.00	416	金华市	武义县	茭道镇	7103.00
386	台州市	三门县	健跳镇	8774.00	417	绍兴市	诸暨市	山下湖镇	7077.00
387	绍兴市	柯桥区	夏履镇	8743.00	418	温州市	瑞安市	马屿镇	7030.00
388	杭州市	富阳区	场口镇	8704.00	419	舟山市	定海区	小沙街道	7027.00
389	金华市	浦江县	浦阳街道	8697.00	420	舟山市	定海区	双桥街道	7023.00
390	丽水市	云和县	白龙山街道	8566.00	421	舟山市	嵊泗县	菜园镇	6991.00
391	杭州市	临安区	高虹镇	8519.00	422	杭州市	建德市	更楼街道	6962.00
392	台州市	仙居县	下各镇	8492.00	423	金华市	浦江县	仙华街道	6928.00
393	绍兴市	诸暨市	安华镇	8486.00	424	杭州市	富阳区	大源镇	6875.00
394	绍兴市	诸暨市	姚江镇	8461.00	425	湖州市	长兴县	水口乡	6860.00
395	绍兴市	嵊州市	崇仁镇	8457.00	426	温州市	瓯海区	景山街道	6848.00
396	台州市	三门县	浦坝港镇	8416.00	427	温州市	泰顺县	西旸镇	6827.00
397	丽水市	云和县	浮云街道	8400.00	428	宁波市	宁海县	力洋镇	6821.00
398	杭州市	富阳区	胥口镇	8323.00	429	绍兴市	嵊州市	仙岩镇	6742.00
399	宁波市	余姚市	梁弄镇	8317.00	430	丽水市	莲都区	岩泉街道	6663.00
400	绍兴市	嵊州市	长乐镇	8278.00	431	嘉兴市	秀洲区	洪合镇	6662.00
401	宁波市	宁海县	长街镇	8228.00	432	嘉兴市	南湖区	七星街道	6639.00
402	金华市	永康市	石柱镇	8226.00	433	舟山市	嵊泗县	洋山镇	6604.00
403	金华市	兰溪市	游埠镇	8207.00	434	丽水市	青田县	巨浦乡	6561.00

续表（七）

单位：万元

排序	所属地区	县（市、区）	乡镇（街道）	一般公共预算收入	排序	所属地区	县（市、区）	乡镇（街道）	一般公共预算收入
435	金华市	东阳市	千祥镇	6500.00	466	杭州市	桐庐县	城南街道	5606.00
436	杭州市	临安区	於潜镇	6474.00	467	金华市	东阳市	佐村镇	5534.00
437	舟山市	定海区	昌国街道	6452.00	468	绍兴市	上虞区	章镇镇	5508.00
438	温州市	平阳县	顺溪镇	6444.00	469	台州市	天台县	白鹤镇	5490.00
439	金华市	兰溪市	女埠街道	6431.00	470	绍兴市	诸暨市	应店街镇	5482.00
440	温州市	乐清市	石帆街道	6417.00	471	嘉兴市	桐乡市	大麻镇	5457.00
441	宁波市	象山县	贤庠镇	6377.00	472	嘉兴市	秀洲区	油车港镇	5446.00
442	绍兴市	新昌县	沃洲镇	6358.00	473	温州市	平阳县	腾蛟镇	5434.00
443	杭州市	富阳区	灵桥镇	6339.00	474	宁波市	象山县	大徐镇	5408.00
444	绍兴市	上虞区	谢塘镇	6310.00	475	丽水市	遂昌县	云峰街道	5407.00
445	宁波市	余姚市	大隐镇	6292.00	476	金华市	兰溪市	马涧镇	5340.00
446	台州市	仙居县	白塔镇	6230.00	477	湖州市	长兴县	吕山乡	5320.00
447	温州市	永嘉县	东城街道	6111.00	478	温州市	乐清市	天成街道	5286.00
448	台州市	三门县	珠岙镇	6045.00	479	杭州市	临安区	龙岗镇	5282.00
449	杭州市	萧山区	楼塔镇	6019.00	480	宁波市	象山县	东陈乡	5277.00
450	温州市	永嘉县	沙头镇	6016.00	481	杭州市	临安区	昌化镇	5259.00
451	温州市	泰顺县	泗溪镇	5989.00	482	湖州市	安吉县	章村镇	5242.00
452	丽水市	青田县	船寮镇	5983.00	483	杭州市	桐庐县	分水镇	5236.00
453	金华市	东阳市	马宅镇	5891.00	484	绍兴市	上虞区	驿亭镇	5230.00
454	金华市	磐安县	方前镇	5851.00	485	舟山市	定海区	马岙街道	5224.00
455	湖州市	安吉县	报福镇	5828.00	486	湖州市	安吉县	上墅乡	5049.00
456	嘉兴市	海宁市	硖石街道	5824.00	487	温州市	苍南县	钱库镇	4938.00
457	衢州市	衢江区	上方镇	5800.00	488	衢州市	龙游县	小南海镇	4892.00
458	温州市	乐清市	清江镇	5767.00	489	绍兴市	柯桥区	王坛镇	4800.00
459	宁波市	象山县	鹤浦镇	5762.00	490	丽水市	莲都区	联城街道	4762.00
460	温州市	苍南县	桥墩镇	5757.00	491	金华市	兰溪市	诸葛镇	4691.00
461	绍兴市	上虞区	上浦镇	5715.00	492	丽水市	莲都区	仙渡乡	4637.00
462	丽水市	松阳县	水南街道	5675.00	493	丽水市	龙泉市	石达石街道	4630.00
463	衢州市	江山市	四都镇	5673.00	494	台州市	黄岩区	沙埠镇	4626.00
464	台州市	临海市	尤溪镇	5629.00	495	台州市	临海市	白水洋镇	4612.00
465	湖州市	南浔区	石淙镇	5613.00	496	台州市	黄岩区	北洋镇	4610.00

续表(八)　　单位:万元

排序	所属地区	县(市、区)	乡镇(街道)	一般公共预算收入	排序	所属地区	县(市、区)	乡镇(街道)	一般公共预算收入
497	杭州市	富阳区	环山乡	4576.00	528	温州市	瓯海区	丽岙街道	3912.00
498	杭州市	富阳区	常安镇	4575.00	529	宁波市	宁海县	深甽镇	3903.00
499	金华市	武义县	履坦镇	4524.00	530	杭州市	建德市	杨村桥镇	3841.00
500	杭州市	建德市	大洋镇	4472.00	531	杭州市	建德市	钦堂乡	3808.00
501	湖州市	安吉县	溪龙乡	4471.00	532	金华市	兰溪市	梅江镇	3787.00
502	丽水市	莲都区	紫金街道	4406.00	533	绍兴市	新昌县	沙溪镇	3782.00
503	湖州市	安吉县	孝源街道	4369.00	534	丽水市	青田县	高湖镇	3763.00
504	金华市	永康市	唐先镇	4365.00	535	衢州市	柯城区	双港街道	3723.00
505	丽水市	青田县	东源镇	4304.00	536	温州市	泰顺县	彭溪镇	3681.00
506	丽水市	青田县	黄垟乡	4279.00	537	台州市	黄岩区	头陀镇	3671.00
507	台州市	临海市	永丰镇	4269.00	538	杭州市	富阳区	春建乡	3669.00
508	温州市	平阳县	凤卧镇	4267.00	539	金华市	东阳市	虎鹿镇	3633.00
509	舟山市	定海区	城东街道	4215.00	540	金华市	永康市	方岩镇	3630.00
510	杭州市	余杭区	鸬鸟镇	4207.00	541	衢州市	柯城区	荷花街道	3608.00
511	温州市	平阳县	闹村乡	4203.00	542	丽水市	缙云县	东渡镇	3571.00
512	金华市	浦江县	浦南街道	4199.00	543	绍兴市	越城区	富盛镇	3557.00
513	丽水市	莲都区	太平乡	4184.00	544	温州市	乐清市	雁荡镇	3551.00
514	湖州市	南浔区	千金镇	4176.00	545	绍兴市	诸暨市	五泄镇	3550.00
515	杭州市	余杭区	黄湖镇	4165.00	546	丽水市	莲都区	白云街道	3543.00
516	温州市	乐清市	芙蓉镇	4136.00	547	丽水市	龙泉市	龙渊街道	3525.00
517	舟山市	嵊泗县	枸杞乡	4079.00	548	湖州市	安吉县	鄣吴镇	3442.00
518	温州市	瓯海区	泽雅镇	4073.00	549	宁波市	宁海县	一市镇	3427.00
519	湖州市	德清县	莫干山镇	4068.00	550	金华市	兰溪市	横溪镇	3412.00
520	温州市	永嘉县	岩头镇	4063.00	551	杭州市	富阳区	洞桥镇	3394.00
521	宁波市	象山县	墙头镇	4063.00	552	衢州市	龙游县	东华街道	3373.00
522	温州市	苍南县	宜山镇	4025.00	553	舟山市	嵊泗县	嵊山镇	3372.00
523	金华市	武义县	王宅镇	4016.00	554	金华市	浦江县	郑宅镇	3357.00
524	舟山市	普陀区	虾峙镇	4008.00	555	衢州市	江山市	峡口镇	3279.00
525	衢州市	柯城区	石梁镇	4007.00	556	舟山市	普陀区	桃花镇	3265.00
526	金华市	东阳市	东阳江镇	3970.00	557	金华市	永康市	西溪镇	3263.00
527	杭州市	余杭区	百丈镇	3923.00	558	温州市	平阳县	南雁镇	3258.00

续表(九)　　单位:万元

排序	所属地区	县(市、区)	乡镇(街道)	一般公共预算收入	排序	所属地区	县(市、区)	乡镇(街道)	一般公共预算收入
559	丽水市	庆元县	屏都街道	3253.00	590	金华市	永康市	前仓镇	2698.00
560	温州市	洞头区	霓屿街道	3235.00	591	丽水市	缙云县	新建镇	2676.00
561	舟山市	岱山县	岱东镇	3225.00	592	宁波市	海曙区	章水镇	2665.00
562	杭州市	富阳区	永昌镇	3214.00	593	温州市	平阳县	山门镇	2640.00
563	金华市	浦江县	郑家坞镇	3204.00	594	温州市	鹿城区	山福镇	2617.00
564	金华市	浦江县	白马镇	3183.00	595	金华市	兰溪市	黄店镇	2610.00
565	杭州市	临安区	天目山镇	3149.00	596	台州市	椒江区	大陈镇	2608.00
566	湖州市	安吉县	山川乡	3125.00	597	台州市	三门县	海润街道	2601.00
567	丽水市	龙泉市	安仁镇	3117.00	598	台州市	仙居县	官路镇	2596.00
568	台州市	温岭市	石桥头镇	3110.00	599	绍兴市	新昌县	城南乡	2554.00
569	杭州市	建德市	航头镇	3075.00	600	衢州市	柯城区	九华乡	2547.00
570	金华市	兰溪市	香溪镇	3043.00	601	丽水市	青田县	腊口镇	2543.00
571	丽水市	莲都区	万象街道	3038.00	602	丽水市	庆元县	竹口镇	2536.00
572	温州市	乐清市	南塘镇	2998.00	603	宁波市	象山县	涂茨镇	2522.00
573	金华市	兰溪市	赤溪街道	2976.00	604	丽水市	缙云县	东方镇	2516.00
574	丽水市	庆元县	濛洲街道	2967.00	605	宁波市	宁海县	胡陈乡	2494.00
575	杭州市	富阳区	龙门镇	2951.00	606	舟山市	嵊泗县	花鸟乡	2477.00
576	衢州市	江山市	凤林镇	2943.00	607	丽水市	缙云县	七里乡	2475.00
577	衢州市	衢江区	樟潭街道	2938.00	608	衢州市	柯城区	新新街道	2455.00
578	台州市	天台县	三合镇	2921.00	609	杭州市	建德市	大慈岩镇	2385.00
579	杭州市	临安区	潜川镇	2920.00	610	温州市	泰顺县	仕阳镇	2380.00
580	衢州市	江山市	大陈乡	2918.00	611	温州市	乐清市	南岳镇	2362.00
581	金华市	磐安县	仁川镇	2917.00	612	杭州市	富阳区	上官乡	2344.00
582	金华市	兰溪市	柏社乡	2915.00	613	杭州市	桐庐县	瑶琳镇	2322.00
583	温州市	瓯海区	茶山街道	2899.00	614	台州市	临海市	括苍镇	2302.00
584	杭州市	富阳区	万市镇	2845.00	615	温州市	泰顺县	筱村镇	2289.00
585	绍兴市	诸暨市	浬浦镇	2839.00	616	宁波市	宁海县	大佳何镇	2276.00
586	台州市	天台县	洪畴镇	2800.00	617	衢州市	柯城区	花园街道	2263.00
587	温州市	瓯海区	三垟街道	2738.00	618	宁波市	余姚市	大岚镇	2262.00
588	温州市	乐清市	磐石镇	2724.00	619	温州市	瑞安市	桐浦镇	2241.00
589	温州市	平阳县	麻步镇	2700.00	620	丽水市	缙云县	舒洪镇	2238.00

续表(十) 单位:万元

排序	所属地区	县(市、区)	乡镇(街道)	一般公共预算收入	排序	所属地区	县(市、区)	乡镇(街道)	一般公共预算收入
621	杭州市	临安区	太阳镇	2194.00	652	绍兴市	上虞区	岭南乡	1791.00
622	衢州市	龙游县	横山镇	2188.00	653	绍兴市	嵊州市	石璜镇	1697.00
623	衢州市	江山市	上余镇	2168.00	654	宁波市	宁海县	越溪乡	1686.00
624	衢州市	衢江区	高家镇	2154.00	655	金华市	磐安县	冷水镇	1672.00
625	温州市	平阳县	海西镇	2150.00	656	衢州市	衢江区	浮石街道	1661.00
626	温州市	泰顺县	龟湖镇	2149.00	657	衢州市	柯城区	衢化街道	1658.00
627	丽水市	龙泉市	八都镇	2143.00	658	舟山市	嵊泗县	五龙乡	1637.00
628	绍兴市	诸暨市	岭北镇	2137.00	659	宁波市	奉化区	松岙镇	1636.00
629	丽水市	松阳县	叶村乡	2091.00	660	杭州市	富阳区	春江街道	1635.00
630	绍兴市	上虞区	永和镇	2082.00	661	温州市	苍南县	望里镇	1628.00
631	宁波市	象山县	新桥镇	2078.00	662	宁波市	宁海县	茶院乡	1625.00
632	温州市	泰顺县	三魁镇	2046.00	663	衢州市	衢江区	莲花镇	1615.00
633	金华市	磐安县	盘峰乡	2027.00	664	台州市	温岭市	坞根镇	1602.00
634	宁波市	海曙区	龙观镇	2018.00	665	温州市	洞头区	鹿西乡	1575.00
635	衢州市	江山市	清湖街道	2009.00	666	杭州市	临安区	清凉峰镇	1571.00
636	温州市	苍南县	马站镇	1992.00	667	衢州市	常山县	金川街道	1565.00
637	衢州市	常山县	芳村镇	1976.00	668	温州市	瑞安市	湖岭镇	1552.00
638	杭州市	淳安县	姜家镇	1957.00	669	杭州市	富阳区	湖源乡	1531.00
639	绍兴市	诸暨市	东白湖镇	1920.00	670	绍兴市	诸暨市	陈宅镇	1510.00
640	杭州市	桐庐县	江南镇	1916.00	671	台州市	临海市	汇溪镇	1505.00
641	湖州市	德清县	阜溪街道	1900.00	672	宁波市	余姚市	四明山镇	1491.00
642	宁波市	象山县	茅洋乡	1890.00	673	丽水市	遂昌县	湖山乡	1474.00
643	杭州市	建德市	三都镇	1879.00	674	丽水市	遂昌县	柘岱口乡	1461.00
644	衢州市	常山县	紫港街道	1868.00	675	丽水市	云和县	紧水滩镇	1460.00
645	温州市	泰顺县	凤垟乡	1853.00	676	衢州市	柯城区	石室乡	1456.00
646	宁波市	宁海县	岔路镇	1842.00	677	绍兴市	诸暨市	赵家镇	1451.00
647	台州市	仙居县	大战乡	1840.00	678	绍兴市	新昌县	镜岭镇	1430.00
648	金华市	磐安县	玉山镇	1823.00	679	绍兴市	新昌县	小将镇	1369.00
649	衢州市	常山县	天马街道	1821.00	680	宁波市	象山县	晓塘乡	1369.00
650	衢州市	龙游县	溪口镇	1820.00	681	衢州市	常山县	球川镇	1359.00
651	衢州市	江山市	石门镇	1794.00	682	丽水市	松阳县	赤寿乡	1331.00

续表(十一)　　单位:万元

排序	所属地区	县(市、区)	乡镇(街道)	一般公共预算收入	排序	所属地区	县(市、区)	乡镇(街道)	一般公共预算收入
683	金华市	东阳市	三单乡	1329.00	714	金华市	兰溪市	水亭畲族乡	1089.00
684	温州市	泰顺县	包垟乡	1320.00	715	绍兴市	上虞区	下管镇	1081.00
685	丽水市	遂昌县	北界镇	1311.00	716	杭州市	淳安县	文昌镇(千岛湖高铁新区管理委员会)	1073.00
686	温州市	平阳县	青街畲族乡	1300.00	717	绍兴市	新昌县	东茗乡	1070.00
687	衢州市	常山县	青石镇	1299.00	718	宁波市	奉化区	大堰镇	1068.00
688	衢州市	江山市	新塘边镇	1292.00	719	绍兴市	上虞区	丁宅乡	1063.00
689	金华市	磐安县	大盘镇	1284.00	720	绍兴市	诸暨市	马剑镇	1059.00
690	台州市	临海市	桃渚镇	1281.00	721	杭州市	富阳区	渔山乡	1051.00
691	台州市	临海市	小芝镇	1254.00	722	衢州市	常山县	招贤镇	1047.00
692	绍兴市	嵊州市	金庭镇	1244.00	723	温州市	乐清市	湖雾镇	1035.00
693	衢州市	柯城区	华墅乡	1239.00	724	杭州市	淳安县	里商乡	1034.00
694	台州市	黄岩区	宁溪镇	1235.00	725	宁波市	余姚市	鹿亭乡	1033.00
695	台州市	三门县	亭旁镇	1213.00	726	杭州市	桐庐县	旧县街道	1032.00
696	台州市	仙居县	横溪镇	1196.00	727	杭州市	桐庐县	钟山乡	1026.00
697	金华市	浦江县	岩头镇	1192.00	728	杭州市	淳安县	威坪镇	1026.00
698	衢州市	开化县	马金镇	1181.00	729	杭州市	富阳区	里山镇	1012.00
699	温州市	泰顺县	百丈镇	1180.00	730	湖州市	德清县	康乾街道	1002.00
700	温州市	乐清市	大荆镇	1180.00	731	金华市	武义县	新宅镇	1002.00
701	丽水市	云和县	元和街道	1170.00	732	温州市	永嘉县	金溪镇	972.00
702	丽水市	莲都区	丽新畲族乡	1161.00	733	台州市	临海市	河头镇	971.00
703	温州市	永嘉县	岩坦镇	1150.00	734	衢州市	衢江区	后溪镇	942.00
704	宁波市	宁海县	桑洲镇	1138.00	735	绍兴市	新昌县	回山镇	939.00
705	丽水市	松阳县	望松街道	1137.00	736	宁波市	象山县	黄避岙乡	933.00
706	温州市	洞头区	元觉街道	1136.00	737	温州市	泰顺县	南浦溪镇	913.00
707	丽水市	庆元县	黄田镇	1124.00	738	丽水市	松阳县	大东坝镇	911.00
708	杭州市	淳安县	汾口镇	1123.00	739	丽水市	龙泉市	上垟镇	900.00
709	绍兴市	上虞区	长塘镇	1122.00	740	宁波市	象山县	高塘岛乡	889.00
710	台州市	仙居县	朱溪镇	1122.00	741	金华市	磐安县	双溪乡	888.00
711	舟山市	嵊泗县	黄龙乡	1118.00	742	宁波市	象山县	定塘镇	882.00
712	衢州市	衢江区	大洲镇	1116.00	743	丽水市	龙泉市	查田镇	877.00
713	台州市	仙居县	田市镇	1102.00	744	衢州市	开化县	池淮镇	875.00

续表(十二)　　单位:万元

排序	所属地区	县(市、区)	乡镇(街道)	一般公共预算收入	排序	所属地区	县(市、区)	乡镇(街道)	一般公共预算收入
745	丽水市	莲都区	大港头镇	872.00	776	舟山市	定海区	干览镇	639.00
746	杭州市	临安区	岛石镇	859.00	777	丽水市	松阳县	象溪镇	630.00
747	杭州市	淳安县	临岐镇	852.00	778	衢州市	柯城区	七里乡	627.00
748	衢州市	龙游县	石佛乡	852.00	779	杭州市	淳安县	浪川乡	626.00
749	衢州市	衢江区	横路办事处	842.00	780	杭州市	淳安县	枫树岭镇	622.00
750	杭州市	淳安县	大墅镇	840.00	781	温州市	苍南县	赤溪镇	622.00
751	丽水市	遂昌县	新路湾镇	839.00	782	温州市	永嘉县	碧莲镇	620.00
752	衢州市	龙游县	詹家镇	828.00	783	丽水市	龙泉市	西街街道	615.00
753	温州市	永嘉县	鹤盛镇	823.00	784	衢州市	衢江区	全旺镇	603.00
754	台州市	黄岩区	上垟乡	822.00	785	丽水市	遂昌县	濂竹乡	602.00
755	绍兴市	嵊州市	谷来镇	815.00	786	衢州市	江山市	坛石镇	601.00
756	丽水市	云和县	石塘镇	813.00	787	衢州市	衢江区	湖南镇	597.00
757	杭州市	淳安县	梓桐镇	806.00	788	衢州市	衢江区	杜泽镇	587.00
758	衢州市	常山县	新昌乡	805.00	789	衢州市	柯城区	沟溪乡	583.00
759	台州市	天台县	石梁镇	792.00	790	金华市	武义县	俞源乡	581.00
760	绍兴市	诸暨市	东和乡	784.00	791	丽水市	青田县	祯埠镇	573.00
761	衢州市	衢江区	峡川镇	778.00	792	金华市	磐安县	窈川乡	569.00
762	衢州市	江山市	碗窑乡	773.00	793	温州市	苍南县	藻溪镇	556.00
763	杭州市	桐庐县	凤川街道	771.00	794	金华市	磐安县	九和乡	555.00
764	杭州市	建德市	莲花镇	756.00	795	衢州市	衢江区	云溪乡	552.00
765	丽水市	遂昌县	三仁畲族乡	749.00	796	温州市	泰顺县	柳峰乡	551.00
766	杭州市	富阳区	常绿镇	748.00	797	杭州市	淳安县	金峰乡	544.00
767	杭州市	临安区	河桥镇	745.00	798	温州市	永嘉县	枫林镇	540.00
768	丽水市	青田县	山口镇	740.00	799	丽水市	青田县	海口镇	539.00
769	金华市	武义县	柳城畲族镇	735.00	800	温州市	泰顺县	竹里畲族乡	535.00
770	丽水市	松阳县	古市镇	720.00	801	金华市	磐安县	双峰乡	508.00
771	宁波市	象山县	泗洲头镇	711.00	802	丽水市	遂昌县	黄沙腰镇	501.00
772	衢州市	龙游县	塔石镇	686.00	803	衢州市	江山市	大桥镇	498.00
773	衢州市	龙游县	模环乡	672.00	804	衢州市	开化县	桐村镇	494.00
774	衢州市	衢江区	黄坛口乡	667.00	805	衢州市	江山市	长台镇	484.00
775	衢州市	柯城区	姜家山乡	663.00	806	丽水市	龙泉市	屏南镇	476.00

续表(十三)　　单位:万元

排序	所属地区	县(市、区)	乡镇(街道)	一般公共预算收入	排序	所属地区	县(市、区)	乡镇(街道)	一般公共预算收入
807	丽水市	龙泉市	小梅镇	470.00	838	杭州市	淳安县	安阳乡	303.00
808	杭州市	桐庐县	莪山畲族乡	468.00	839	台州市	仙居县	皤滩乡	299.00
809	温州市	苍南县	霞关镇	468.00	840	金华市	浦江县	檀溪镇	298.00
810	温州市	乐清市	岭底乡	467.00	841	台州市	仙居县	湫山乡	298.00
811	丽水市	莲都区	老竹畲族镇	465.00	842	丽水市	龙泉市	锦溪镇	296.00
812	丽水市	莲都区	雅溪镇	449.00	843	杭州市	桐庐县	新合乡	286.00
813	温州市	泰顺县	大安乡	446.00	844	衢州市	开化县	杨林镇	284.00
814	杭州市	淳安县	鸠坑乡	442.00	845	丽水市	景宁畲族自治县	红星街道	284.00
815	杭州市	桐庐县	百江镇	440.00	846	温州市	文成县	巨屿镇	279.00
816	台州市	仙居县	埠头镇	439.00	847	衢州市	龙游县	沐尘畲族乡	278.00
817	温州市	文成县	大峃镇	427.00	848	温州市	平阳县	怀溪镇	274.00
818	台州市	三门县	沙柳街道	426.00	849	丽水市	青田县	高市乡	274.00
819	温州市	苍南县	沿浦镇	418.00	850	衢州市	衢江区	周家乡	270.00
820	衢州市	衢江区	太真乡	405.00	851	温州市	永嘉县	溪下乡	261.00
821	温州市	瑞安市	林川镇	399.00	852	台州市	天台县	街头镇	256.00
822	丽水市	遂昌县	石练镇	385.00	853	杭州市	淳安县	富文乡	255.00
823	丽水市	遂昌县	大柘镇	380.00	854	衢州市	衢江区	岭洋乡	254.00
824	温州市	瑞安市	平阳坑镇	366.00	855	绍兴市	上虞区	陈溪乡	241.00
825	丽水市	景宁畲族自治县	鹤溪街道	352.00	856	丽水市	青田县	祯旺乡	235.00
826	温州市	苍南县	凤阳畲族乡	349.00	857	丽水市	遂昌县	西畈乡	234.00
827	丽水市	缙云县	方溪乡	347.00	858	温州市	瑞安市	高楼镇	232.00
828	温州市	瑞安市	曹村镇	345.00	859	杭州市	淳安县	中洲镇	231.00
829	丽水市	青田县	万山乡	342.00	860	丽水市	庆元县	隆宫乡	230.00
830	丽水市	遂昌县	应村乡	339.00	861	丽水市	遂昌县	龙洋乡	229.00
831	温州市	乐清市	蒲岐镇	329.00	862	杭州市	淳安县	王阜乡	223.00
832	杭州市	淳安县	屏门乡	323.00	863	衢州市	衢江区	东港街道	220.00
833	衢州市	开化县	村头镇	319.00	864	金华市	武义县	桃溪镇	219.00
834	杭州市	淳安县	瑶山乡	317.00	865	金华市	浦江县	大畈乡	216.00
835	台州市	黄岩区	茅畲乡	315.00	866	温州市	永嘉县	巽宅镇	215.00
836	杭州市	淳安县	左口乡	313.00	867	金华市	浦江县	中余乡	201.00
837	丽水市	龙泉市	兰巨乡	309.00	868	衢州市	衢江区	灰坪乡	201.00

续表(十四)　　单位:万元

排序	所属地区	县(市、区)	乡镇(街道)	一般公共预算收入	排序	所属地区	县(市、区)	乡镇(街道)	一般公共预算收入
869	丽水市	景宁畲族自治县	东坑镇	196.00	900	丽水市	松阳县	斋坛乡	135.00
870	丽水市	缙云县	大洋镇	194.00	901	丽水市	景宁畲族自治县	英川镇	133.00
871	温州市	永嘉县	大若岩镇	193.00	902	衢州市	常山县	同弓乡	128.00
872	丽水市	青田县	舒桥乡	192.00	903	台州市	三门县	蛇蟠乡	128.00
873	衢州市	衢江区	双桥乡	191.00	904	台州市	黄岩区	平田乡	127.00
874	金华市	浦江县	虞宅乡	189.00	905	丽水市	松阳县	新兴镇	124.00
875	衢州市	开化县	音坑乡	180.00	906	杭州市	淳安县	界首乡	119.00
876	杭州市	淳安县	宋村乡	179.00	907	丽水市	遂昌县	高坪乡	119.00
877	衢州市	衢江区	举村乡	179.00	908	温州市	永嘉县	云岭乡	115.00
878	台州市	黄岩区	屿头乡	177.00	909	台州市	仙居县	上张乡	115.00
879	衢州市	常山县	东案乡	176.00	910	台州市	天台县	南屏乡	114.00
880	温州市	文成县	黄坦镇	174.00	911	温州市	文成县	玉壶镇	108.00
881	温州市	泰顺县	雪溪乡	173.00	912	衢州市	开化县	林山乡	108.00
882	衢州市	常山县	白石镇	172.00	913	舟山市	普陀区	东极镇	108.00
883	台州市	仙居县	双庙乡	171.00	914	金华市	浦江县	杭坪镇	105.00
884	台州市	仙居县	步路乡	167.00	915	丽水市	松阳县	安民乡	105.00
885	台州市	玉环市	海山乡	167.00	916	绍兴市	诸暨市	同山镇	101.00
886	温州市	乐清市	白石街道	163.00	917	温州市	乐清市	智仁乡	100.00
887	衢州市	龙游县	庙下乡	163.00	918	台州市	仙居县	溪港乡	100.00
888	温州市	苍南县	炎亭镇	159.00	919	衢州市	开化县	长虹乡	98.00
889	温州市	苍南县	大渔镇	156.00	920	温州市	文成县	周壤镇	93.00
890	温州市	文成县	南田镇	155.00	921	丽水市	青田县	仁宫乡	92.00
891	衢州市	江山市	塘源口乡	150.00	922	台州市	玉环市	鸡山乡	91.00
892	台州市	三门县	花桥镇	149.00	923	温州市	泰顺县	东溪乡	90.00
893	金华市	武义县	大田乡	145.00	924	丽水市	遂昌县	垵口乡	85.00
894	金华市	永康市	舟山镇	145.00	925	丽水市	庆元县	安南乡	85.00
895	丽水市	遂昌县	蔡源乡	145.00	926	台州市	天台县	龙溪乡	84.00
896	丽水市	景宁畲族自治县	沙湾镇	144.00	927	金华市	武义县	白姆乡	83.00
897	台州市	黄岩区	富山乡	143.00	928	丽水市	松阳县	裕溪乡	83.00
898	丽水市	莲都区	黄村乡	137.00	929	丽水市	松阳县	樟溪乡	82.00
899	丽水市	青田县	万阜乡	136.00	930	宁波市	宁海县	前童镇	82.00

续表(十五)　　单位:万元

排序	所属地区	县(市、区)	乡镇(街道)	一般公共预算收入	排序	所属地区	县(市、区)	乡镇(街道)	一般公共预算收入
931	绍兴市	嵊州市	贵门乡	80.00	962	丽水市	缙云县	溶江乡	46.00
932	丽水市	缙云县	大源镇	80.00	963	金华市	浦江县	前吴乡	45.00
933	衢州市	常山县	大桥头乡	79.00	964	丽水市	遂昌县	王村口镇	41.00
934	丽水市	龙泉市	住龙镇	78.00	965	丽水市	景宁畲族自治县	景南乡	40.00
935	丽水市	青田县	阜山乡	76.00	966	丽水市	松阳县	枫坪乡	38.00
936	温州市	永嘉县	茗岙乡	75.00	967	丽水市	景宁畲族自治县	雁溪乡	38.00
937	丽水市	青田县	吴坑乡	74.00	968	丽水市	景宁畲族自治县	九龙乡	38.00
938	丽水市	景宁畲族自治县	梧桐乡	74.00	969	衢州市	开化县	大溪边乡	37.00
939	温州市	乐清市	仙溪镇	72.00	970	丽水市	松阳县	竹源乡	37.00
940	台州市	仙居县	广度乡	70.00	971	丽水市	青田县	章旦乡	36.00
941	台州市	天台县	泳溪乡	69.00	972	温州市	瑞安市	芳庄乡	35.00
942	温州市	文成县	铜铃山镇	66.00	973	衢州市	江山市	保安乡	34.00
943	丽水市	青田县	方山乡	65.00	974	衢州市	江山市	张村乡	34.00
944	绍兴市	嵊州市	下王镇	62.00	975	台州市	三门县	横渡镇	33.00
945	金华市	武义县	坦洪乡	62.00	976	丽水市	松阳县	四都乡	33.00
946	衢州市	开化县	苏庄镇	61.00	977	衢州市	开化县	中村乡	32.00
947	丽水市	景宁畲族自治县	澄照乡	59.00	978	台州市	仙居县	安岭乡	31.00
948	温州市	苍南县	岱岭畲族乡	58.00	979	丽水市	景宁畲族自治县	大均乡	30.00
949	温州市	苍南县	莒溪镇	57.00	980	丽水市	景宁畲族自治县	毛垟乡	30.00
950	丽水市	青田县	仁庄镇	54.00	981	丽水市	景宁畲族自治县	秋炉乡	30.00
951	衢州市	开化县	齐溪镇	53.00	982	温州市	文成县	西坑畲族镇	28.00
952	台州市	黄岩区	上郑乡	53.00	983	丽水市	云和县	赤石乡	28.00
953	丽水市	青田县	季宅乡	53.00	984	温州市	永嘉县	界坑乡	25.00
954	丽水市	青田县	小舟山乡	53.00	985	丽水市	景宁畲族自治县	标溪乡	25.00
955	丽水市	松阳县	玉岩镇	52.00	986	衢州市	江山市	廿八都镇	23.00
956	衢州市	常山县	何家乡	51.00	987	丽水市	青田县	海溪乡	23.00
957	温州市	文成县	周山畲族乡	48.00	988	丽水市	缙云县	胡源乡	23.00
958	金华市	武义县	西联乡	47.00	989	丽水市	松阳县	板桥畲族乡	22.00
959	台州市	天台县	雷峰乡	47.00	990	温州市	文成县	峃口镇	21.00
960	丽水市	庆元县	淤上乡	47.00	991	衢州市	龙游县	罗家乡	21.00
961	丽水市	缙云县	前路乡	46.00	992	衢州市	龙游县	社阳乡	21.00

续表(十六)　　单位:万元

排序	所属地区	县(市、区)	乡镇(街道)	一般公共预算收入	排序	所属地区	县(市、区)	乡镇(街道)	一般公共预算收入
993	丽水市	遂昌县	焦滩乡	21.00	1024	丽水市	龙泉市	龙南乡	3.00
994	温州市	文成县	桂山乡	20.00	1025	丽水市	龙泉市	岩樟乡	2.00
995	丽水市	景宁畲族自治县	渤海镇	20.00	1026	金华市	武义县	三港乡	1.00
996	丽水市	景宁畲族自治县	梅岐乡	20.00	1027	金华市	婺城区	新狮街道	0.00
997	丽水市	景宁畲族自治县	郑坑乡	20.00	1028	金华市	婺城区	罗店镇	0.00
998	丽水市	景宁畲族自治县	大漈乡	20.00	1029	金华市	婺城区	雅畈镇	0.00
999	丽水市	景宁畲族自治县	鸬鹚乡	20.00	1030	金华市	婺城区	安地镇	0.00
1000	丽水市	景宁畲族自治县	大地乡	20.00	1031	金华市	婺城区	白龙桥镇	0.00
1001	丽水市	景宁畲族自治县	家地乡	20.00	1032	金华市	婺城区	琅琊镇	0.00
1002	台州市	天台县	三州乡	18.00	1033	金华市	婺城区	蒋堂镇	0.00
1003	丽水市	遂昌县	金竹镇	17.00	1034	金华市	婺城区	乾西乡	0.00
1004	温州市	乐清市	龙西乡	16.00	1035	金华市	婺城区	竹马乡	0.00
1005	衢州市	龙游县	大街乡	15.00	1036	金华市	婺城区	长山乡	0.00
1006	衢州市	开化县	何田乡	14.00	1037	金华市	婺城区	箬阳乡	0.00
1007	丽水市	莲都区	峰源乡	14.00	1038	金华市	婺城区	沙畈乡	0.00
1008	丽水市	松阳县	三都乡	13.00	1039	金华市	婺城区	塔石乡	0.00
1009	丽水市	龙泉市	宝溪乡	13.00	1040	金华市	婺城区	莘畈乡	0.00
1010	丽水市	青田县	章村乡	12.00	1041	金华市	金东区	多湖街道	0.00
1011	丽水市	缙云县	三溪乡	10.00	1042	金华市	金东区	东孝街道	0.00
1012	丽水市	云和县	雾溪畲族乡	10.00	1043	金华市	金东区	孝顺镇	0.00
1013	丽水市	云和县	安溪畲族乡	10.00	1044	金华市	金东区	傅村镇	0.00
1014	丽水市	龙泉市	竹垟畲族乡	8.00	1045	金华市	金东区	曹宅镇	0.00
1015	丽水市	青田县	汤垟乡	7.00	1046	金华市	金东区	澧浦镇	0.00
1016	丽水市	青田县	贵岙乡	7.00	1047	金华市	金东区	岭下镇	0.00
1017	杭州市	桐庐县	合村乡	6.00	1048	金华市	金东区	江东镇	0.00
1018	金华市	浦江县	花桥乡	6.00	1049	金华市	金东区	塘雅镇	0.00
1019	丽水市	缙云县	石笕乡	6.00	1050	金华市	金东区	赤松镇	0.00
1020	金华市	武义县	大溪口乡	5.00	1051	金华市	金东区	源东乡	0.00
1021	温州市	文成县	平和乡	4.00	1052	金华市	婺城区	汤溪镇	0.00
1022	温州市	文成县	双桂乡	3.00	1053	金华市	婺城区	罗埠镇	0.00
1023	温州市	文成县	公阳乡	3.00	1054	金华市	婺城区	洋埠镇	0.00

续表(十七)　　单位:万元

排序	所属地区	县(市、区)	乡镇(街道)	一般公共预算收入	排序	所属地区	县(市、区)	乡镇(街道)	一般公共预算收入
1055	金华市	婺城区	苏孟乡	0.00	1071	丽水市	缙云县	双溪口乡	-5.00
1056	衢州市	柯城区	白云街道	0.00	1072	丽水市	缙云县	仙都街道	-6.00
1057	衢州市	柯城区	黄家街道	0.00	1073	温州市	文成县	珊溪镇	-21.00
1058	丽水市	庆元县	荷地镇	0.00	1074	温州市	瑞安市	北麂乡	-33.00
1059	丽水市	庆元县	左溪镇	0.00	1075	温州市	文成县	二源镇	-60.00
1060	丽水市	庆元县	贤良镇	0.00	1076	台州市	仙居县	淡竹乡	-106.00
1061	丽水市	庆元县	百山祖镇	0.00	1077	丽水市	云和县	崇头镇	-119.00
1062	丽水市	庆元县	岭头乡	0.00	1078	丽水市	龙泉市	道太乡	-197.00
1063	丽水市	庆元县	五大堡乡	0.00	1079	杭州市	淳安县	石林镇	-492.00
1064	丽水市	庆元县	张村乡	0.00	1080	杭州市	临安区	湍口镇	-859.00
1065	丽水市	庆元县	举水乡	0.00	1081	丽水市	青田县	北山镇	-922.00
1066	丽水市	庆元县	江根乡	0.00	1082	温州市	乐清市	盐盆街道	-1083.00
1067	丽水市	庆元县	龙溪乡	0.00	1083	衢州市	柯城区	信安街道	-2283.00
1068	丽水市	庆元县	官塘乡	0.00	1084	温州市	洞头区	大门镇	-4781.00
1069	丽水市	龙泉市	城北乡	-2.00	1085	金华市	义乌市	赤岸镇	-15378.00
1070	温州市	文成县	百丈漈镇	-3.00					

2022年浙江省一般公共服务支出

单位:万元

科　目	决算数	科　目	决算数
人大事务	271767	港澳台事务	21795
政协事务	201516	档案事务	89337
政府办公厅(室)及相关机构事务	4773720	民主党派及工商联事务	68919
发展与改革事务	532231	群众团体事务	225536
统计信息事务	150888	党委办公厅(室)及相关机构事务	382422
财政事务	468427	组织事务	411584
税收事务	559159	宣传事务	248040
审计事务	133213	统战事务	125501
海关事务	53440	对外联络事务	1680
纪检监察事务	466210	其他共产党事务支出	210035
商贸事务	578276	网信事务	37147
知识产权事务	20300	市场监督管理事务	1143796
民族事务	14525	其他一般公共服务支出	430680
一般公共服务支出合计		11620144	

2022年浙江省教育支出

单位:万元

科　目	决算数	科　目	决算数
教育管理事务	395582	留学教育	0
普通教育	17202307	特殊教育	135731
职业教育	2155411	进修及培训	261573
成人教育	89417	教育费附加安排的支出	895291
广播电视教育	56049	其他教育支出	781219
教育支出合计		21972580	

2022年浙江省科学技术支出

单位:万元

科　目	决算数	科　目	决算数
科学技术管理事务	207599	社会科学	31850
基础研究	807221	科学技术普及	84690
应用研究	135936	科技交流与合作	52223
技术研究与开发	2399753	科技重大项目	193251
科技条件与服务	363114	其他科学技术支出	2533237
科学技术支出合计		6808874	

2022年浙江省社会保障和就业支出

单位:万元

科　目	决算数	科　目	决算数
人力资源和社会保障管理事务	1226005	最低生活保障	602862
民政管理事务	447562	临时救助	58275
行政事业单位养老支出	4344273	特困人员救助供养	67799
企业改革补助	5882	补充道路交通事故社会救助基金	269
就业补助	316121	其他生活救助	73145
抚恤	468749	财政对基本养老保险基金的补助	2509851
退役安置	261399	财政对其他社会保险基金的补助	462306
社会福利	458218	退役军人管理事务	139495
残疾人事业	592928	财政代缴社会保险费支出	3451
红十字事业	32329	其他社会保障和就业支出	1934540
社会保障和就业支出合计		14005459	

2022年浙江省卫生健康支出

单位:万元

科　目	决算数	科　目	决算数
卫生健康管理事务	408127	财政对基本医疗保险基金的补助	2822543
公立医院	1507981	医疗救助	205757
基层医疗卫生机构	955675	优抚对象医疗	18622
公共卫生	3818567	医疗保障管理事务	179674
中医药	53450	老龄卫生健康事务	14249
计划生育事务	314432	其他卫生健康支出	1026823
行政事业单位医疗	1034866		
卫生健康支出合计		12360766	

2022年浙江省文化旅游体育与传媒支出

单位:万元

科　目	决算数	科　目	决算数
文化和旅游	1363333	新闻出版电影	32059
文物	214436	广播电视	232463
体育	373048	其他文化旅游体育与传媒支出	477500
文化旅游体育与传媒支出合计		2692839	

2022年浙江省节能环保支出

单位:万元

科　目	决算数	科　目	决算数
环境保护管理事务	238127	已垦草原退耕还草	0
环境监测与监察	38008	能源节约利用	507433
污染防治	362877	污染减排	171932
自然生态保护	239780	可再生能源	9953
天然林保护	6007	循环经济	42235
退耕还林还草	0	能源管理事务	6967
风沙荒漠治理	0	其他节能环保支出	608231
退牧还草	0		
节能环保支出合计		2231550	

2022年浙江省城乡社区支出

单位：万元

科　目	决算数	科　目	决算数
城乡社区管理事务	2796221	城乡社区环境卫生	1190498
城乡社区规划与管理	182089	建设市场管理与监督	71871
城乡社区公共设施	2842211	其他城乡社区支出	3910128
城乡社区支出合计		10993018	

2022年浙江省农林水支出

单位：万元

科　目	决算数	科　目	决算数
农业农村	3540198	农村综合改革	890813
林业和草原	567076	普惠金融发展支出	261470
水利	2338028	目标价格补贴	0
巩固脱贫衔接乡村振兴	255641	其他农林水支出	458772
农林水支出合计		8311998	

2022年浙江省交通运输支出

单位：万元

科　目	决算数	科　目	决算数
公路水路运输	3533446	邮政业支出	16249
铁路运输	161144	车辆购置税支出	1104470
民用航空运输	123147	其他交通运输支出	955230
交通运输支出合计		5893686	

2022年浙江省资源勘探工业信息等支出

单位：万元

科　目	决算数	科　目	决算数
资源勘探开发	61875	国有资产监管	45396
制造业	203701	支持中小企业发展和管理支出	1922414
建筑业	60366	其他资源勘探工业信息等支出	973888
工业和信息产业监管	768668		
资源勘探信息等支出合计		4036308	

2022年浙江省商业服务业等支出

单位：万元

科　目	决算数	科　目	决算数
商业流通事务	513733	其他商业服务业等支出	1976032
涉外发展服务支出	383394		
商业服务业等支出合计		2873159	

2022年浙江省金融支出

单位：万元

科　目	决算数	科　目	决算数
金融部门行政支出	15265	金融调控支出	0
金融部门监管支出	3464	其他会融支出	120226
金融发展支出	197866		
金融支出合计		336821	

2022年浙江省自然资源海洋气象等支出

单位:万元

科　目	决算数	科　目	决算数
自然资源事务	1095718	其他自然资源海洋气象等支出	227323
气象事务	77784		
自然资源海洋气象等支出合计		1400825	

2022年浙江省住房保障支出

单位:万元

科　目	决算数	科　目	决算数
保障性安居工程支出	1023594	城乡社区住宅	114414
住房改革支出	1772624		
住房保障支出合计		2910632	

2022年浙江省粮油物资储备支出

单位:万元

科　目	决算数	科　目	决算数
粮油物资事务	207417	粮油储备	81470
能源储备	10	重要商品储备	17459
粮油物资储备支出合计		306356	

2022年浙江省灾害防治及应急管理支出

单位:万元

科　目	决算数	科　目	决算数
应急管理事务	340408	自然灾害防治	20326
消防救援事务	394373	自然灾害救灾及恢复重建支出	15789
矿山安全	92	其他灾害防治及应急管理支出	14284
地震事务	2874		
灾害防治及应急管理支出合计		788146	

2022年度浙江省乡镇财政收支决算表

单位:万元

项　　目	决算数	项　　目	决算数
一、一般公共预算收支决算		上级补助收入	5462240
收入总计	26449806	待偿债再融资专项债券上年结余	0
一般公共预算收入	19009473	上年结余收入	353673
上级补助收入	6244817	调入资金	111009
待偿债再融资一般债券上年结余	0	债务(转贷)收入	170000
上年结余收入	344454	支出总计	8110755
调入资金	243204	政府性基金预算支出	7445829
债务(转贷)收入	0	上解上级支出	58538
动用预算稳定调节基金	607858	调出资金	181924
区域间转移性收入	0	债务还本支出	0
支出总计	26449806	待偿债再融资专项债券结余	0
一般公共预算支出	11122081	年终结余	424464
上解上级支出	14521838	三、国有资本经营预算收支决算	
调出资金	0	收入总计	679
债务还本支出	0	国有资本经营预算收入	0
补充预算周转金	0	上级补助收入	679
安排预算稳定调节基金	523252	上年结余收入	0
区域间转移性支出	0	支出总计	679
待偿债再融资一般债券结余	0	国有资本经营预算支出	677
年终结余	282635	上解上级支出	0
二、政府性基金预算收支决算		调出资金	0
收入总计	8110755	年终结余	2
政府性基金预算收入	2013833		

2022年全国各省、市、自治区财政收支占全国财政收支/税收收入占一般公共预算收入比重及排序

地　区	一般公共预算收入（亿元）	约占地方一般公共预算收入的比重(%)	占比排序	税收收入（亿元）	约占一般公共预算收入的比重(%)	占比排序	一般公共预算支出（亿元）	约占地方一般公共预算支出的比重(%)	占比排序
北京市	5714	5.3	6	4867	85.2	1	7469	3.3	12
天津市	1847	1.7	22	1347	72.9	11	2730	1.2	27
河北省	4056	3.7	9	2243	55.3	29	9306	4.1	8
山西省	3454	3.2	11	2697	78.1	5	5876	2.6	19
内蒙古自治区	2824	2.6	17	2134	75.6	7	5888	2.6	18
辽宁省	2525	2.3	18	1664	65.9	16	6261	2.8	16
吉林省	851	0.8	27	571	67.1	14	4044	1.8	26
黑龙江省	1291	1.2	25	793	61.5	23	5452	2.4	23
上海市	7608	7.0	4	6349	83.5	2	9393	4.2	7
江苏省	9259	8.5	2	6803	73.5	8	14901	6.6	2
浙江省	**8040**	**7.4**	**3**	**6620**	**82.3**	**3**	**12018**	**5.3**	**4**
安徽省	3589	3.3	10	2247	62.6	22	8380	3.7	11
福建省	3339	3.1	12	2092	62.7	21	5691	2.5	22
江西省	2948	2.7	16	1789	60.7	26	7289	3.2	13
山东省	7104	6.5	5	4796	67.5	13	12129	5.4	3
河南省	4250	3.9	8	2590	60.9	25	10647	4.7	6
湖北省	3281	3.0	14	2412	73.5	8	8624	3.8	10
湖南省	3102	2.9	15	2004	64.6	18	8992	4.0	9
广东省	13261	12.2	1	9286	70.0	12	18533	8.2	1
广西壮族自治区	1688	1.6	24	930	55.1	30	5893	2.6	17
海南省	832	0.8	28	609	73.2	10	2097	0.9	29
重庆市	2103	1.9	19	1271	60.4	27	4893	2.2	24
四川省	4881	4.5	7	3151	64.6	18	11915	5.3	5
贵州省	1886	1.7	21	1022	54.2	31	5851	2.6	20
云南省	1949	1.8	20	1197	61.4	24	6700	3.0	15
西藏自治区	180	0.2	31	106	59.1	28	2593	1.2	28
陕西省	3312	3.0	13	2683	81.0	4	6761	3.0	14
甘肃省	908	0.8	26	583	64.2	20	4257	1.9	25
青海省	329	0.3	30	256	77.7	6	1975	0.9	30
宁夏回族自治区	460	0.4	29	307	66.7	15	1588	0.7	31
新疆维吾尔自治区	1688	1.6	23	1095	64.9	17	5712	2.5	21
地方合计	108762			76643			224981		

注：地方合计数取自财政部决算表。合计数与分项加总数或存有尾差。

财政法规选编

zhejiang caizheng nianjian

浙江省农村综合改革补助资金管理办法

浙财基〔2022〕1号　2022年1月20日

第一章　总则

第一条　为规范和加强农村综合改革补助资金管理，提高资金使用效益，推动落实党中央、国务院和省委、省政府有关农村综合改革发展的决策部署，根据《农村综合改革转移支付管理办法》（财农〔2021〕36号）精神，结合我省实际，制定本办法。

第二条　本办法所称农村综合改革补助资金是指中央财政和省级财政安排用于支持农村综合改革发展工作的专项资金，对各地开展相关工作给予适当补助。

第三条　农村综合改革补助资金原则上以3年为一个周期，至2024年，届时结合财政部相关工作部署开展政策评估确定是否继续实施。

第四条　省财政厅负责编制省级农村综合改革补助资金预算，分配下达中央和省级补助资金及工作任务，组织开展预算绩效管理工作，指导各地加强资金管理等相关工作。市级财政部门负责本辖区资金监管工作，定期开展检查核查。县（市、区）财政部门负责农村综合改革补助资金的统筹安排、使用管理、监督检查、绩效评价，以及农村综合改革项目的组织实施和管理等工作，并对资金使用的合规性和有效性负责。

第五条　各地应创新农村综合改革补助资金投入和使用方式，采取以奖代补、民办公助、先建后补、政府与社会资本合作等方式，充分发挥财政资金引导作用和杠杆作用，撬动金融、工商、社会资本参与农村综合改革发展事项，放大财政资金使用效益。

第六条　农村综合改革补助资金投入形成的公益性资产应当明确主体，及时移交产权，确定运行管护责任主体。农村综合改革补助资金投入形成的经营性资产，除拨款时明确产权的以外，原则上归属于村级集体经济组织，能够在村集体经济组织与成员之间量化的可按股权比例量化，不得以任何形式将农村综合改革补助资金量化给其他非集体经济组织。

第二章　资金使用范围

第七条　农村综合改革补助资金用于支持各县（市、区）开展农村公益事业建设财政奖补、助推美丽乡村建设、农村综合改革发展相关示范试点和村级集体经济发展等工作。

第八条　农村公益事业建设财政奖补资金主要用于支持以村级组织为实施主体、村民为受益主体，采取一事一议办法和民主决策程序，解决村民群众需求最迫切、反映最强烈、利益最直接的村级公益事业建设项目。

第九条　助推美丽乡村建设奖补资金用于支持列入一事一议财政奖补助推美丽乡村建设范围的县（市、区）开展相关项目建设。

第十条　农村综合改革发展相关示范试点资金用于支持列入农村综合性改革试点试验、田园综合体建设试点、农村综合改革集成建设等国家级和省级农村综合改革试点的县（市、区）开展相关改革试点项目建设。

第十一条　村级集体经济发展资金用于支持壮大村级集体经济。

第十二条　农村综合改革补助资金不得用于单位基本支出、修建楼堂馆所、偿还债务及其他与农村综合改革无关的支出。

绍兴市上虞区崧厦街道祝温村

第三章　资金测算分配

第十三条　农村综合改革补助资金的安排使用遵循客观公正、突出重点、规范管理、注重绩效的原则。

第十四条　农村综合改革补助资金分配对象为市、县（市、区）政府，采取因素法分配和竞争性分配两种管理方式。

农村公益事业建设财政奖补资金采用因素法分配，根据各地行政村数、农村人口数、转移支付系数、地方财政实际投入数、工作绩效、乡财工作情况等因素测算分配。

村级集体经济发展资金采用因素法分配，根据转移支付分类分档、省定薄弱村数、省定薄弱村占比、工作绩效等因素确定各市承担的任务村个数。

助推美丽乡村建设奖补资金，农村综合性改

革试点试验、田园综合体建设试点、农村综合改革集成建设等农村综合改革发展相关示范试点补助资金采取竞争性分配，开展动态绩效评价，实行定额补助。

第四章　资金下达

第十五条　省财政厅按照《中华人民共和国预算法》《中华人民共和国预算法实施条例》要求及时下达农村综合改革补助资金，同时分解下达年度农村综合改革重点任务和绩效目标。

第十六条　县（市、区）财政部门应结合农村综合改革年度重点任务、本地农村综合改革实际情况等，足额安排本级农村综合改革资金，与中央和省级下达的农村综合改革补助资金统筹使用，确保开展农村综合改革工作的资金需要。

第十七条　县（市、区）财政部门收到省以上农村综合改革补助资金后，应及时分解落实到具体项目计划，并在规定时间内将资金项目落实情况报省财政厅备案。

县（市、区）财政部门应根据省财政厅确定的重点改革任务，加强农村综合改革项目库建设，农村综合改革项目原则上从项目库中择优选取。

第十八条　农村综合改革补助资金的支付应当按照国库集中支付制度有关规定执行。

第五章　监督检查和绩效管理

第十九条　市级财政部门应按照工作职责和省财政厅有关要求，对农村综合改革补助资金进行监管。县（市、区）财政部门应加强农村综合改革补助资金管理，自觉依法接受审计监督和社会监督。

第二十条　切实发挥乡镇财政部门对农村综合改革补助资金就地就近监管作用，农村综合改革补助资金原则上通过乡镇财政支付。

第二十一条　县（市、区）财政部门应对本辖区年度资金使用、项目建设、农村综合改革进展等情况进行总结和自评考核，于次年1月底前将绩效自评结果上报省财政厅。省财政厅对各地自评结果进行审核汇总，形成区域绩效目标自评报告上报财政部，并根据需要对重点改革事项及相关资金使用管理、项目建设情况进行监督检查和抽查考评，考评结果采取适当方式进行通报。

第二十二条　省财政厅按要求建立健全全过程预算绩效管理机制，完善绩效目标管理，组织实施农村综合改革资金绩效评价，将评价结果作为预算安排、改进管理、完善政策的重要依据。县（市、区）财政部门要根据项目管理和相关工作要求，同步建立绩效管理机制，定期组织实施绩效目标申报、绩效监控和绩效评价工作，切实提高资金使用效益。

第二十三条　各级财政部门应当加快预算执行进度，提高资金使用效益。结转结余资金按照相关规定执行。

第二十四条　各级财政部门、有关管理部门及其工作人员在资金分配、项目安排工作中，存在违反规定分配资金、向不符合条件的单位（或项目）分配资金或擅自超出规定的范围或标准分配资金，弄虚作假或挤占、挪用、滞留资金，以及其他滥用职权、玩忽职守、徇私舞弊等违法违纪行为的，按照《中华人民共和国预算法》《中华人民共和国预算法实施条例》《中华人民共和国公务员法》《中华人民共和国监察法》《财政违法行为处罚处分条例》等有关规定追究相应责任；构成犯罪的，依法追究刑事责任。

第六章　附则

第二十五条　县（市、区）财政部门依据本办法，结合各地工作实际，制定具体实施细则。

第二十六条　本办法自2022年3月1日起实施。《浙江省财政厅关于印发浙江省农村综合改革补助资金管理办法的通知》（浙财基〔2018〕19号）同时废止。

浙江省财政厅关于进一步发挥政府采购政策功能全力推动经济稳进提质的通知

浙财采监〔2022〕3号　2022年1月29日

为深入贯彻落实党中央、国务院和省委、省政府关于促进经济平稳健康发展重大决策部署，助力高质量发展建设共同富裕示范区，根据《中华人民共和国政府采购法》《中华人民共和国政府采购法实施条例》《政府采购促进中小企业发展管理办法》（财库〔2020〕46号）等规定精神，现就拓展发挥政府采购政策功能，全力推动经济稳进提质，支持高质量发展有关事项通知如下：

一、总体要求

坚持以习近平新时代中国特色社会主义思想为指导，认真贯彻党的十九大和十九届历次全会精神、中央经济工作会议精神，全面落实省委、省政府决策部署，聚焦“忠实践行‘八八战略’、奋力打造‘重要窗口’”，突出“稳进提质、除险保安、塑造变革”，全面贯彻新发展理念，坚持稳字当头、稳中求进，推动积极的财政政策提质增效，进一步深化预算管理制度改革，加快推进财政数字化改革，持续推动政府采购治理变革，深化打造一流营商环境，充分激发市场主体活力，促进经济持续健康发展，把忠诚拥护“两个确立”、坚决做到“两个维护”体现到财政工作全过程。

二、政策措施

（一）进一步保障企业参与政府采购公平竞争。采购单位不得以企业注册资本、资产总额、营业收入、从业人员、利润、纳税额等规模条件和财务指标作为供应商的资格要求或评审因素；不得将与采购项目的具体特点和实际需要不相适应或者与合同履行无关的供应商商务条件、资信、资质、认证、荣誉、从业人员技术职称等作为评审因素，不得在企业股权结构、经营年限等方面对中小企业实行差别待遇或者歧视待遇；不得以特定金额的业绩作为评审因素，政府采购货物和服务项目业绩分不得高于价格分的10%，不适用招标投标法的政府采购工程建设项目业绩分不得高于价格分的5%；不得限制大中型企业与小微企业组成联合体参与投标，不得限制大中型企业向小微企业合理分包，确保中小企业参与政府采购公平竞争机会。适用招标投标法的政府采购工程建设项目，按国家和省有关规定执行。政府采购应平等对待内外资企业，切实保障内外资企业公平竞争，平等维护内外资企业的合法利益。

（二）进一步降低政府采购制度交易成本。继续执行免收政府采购投标（响应）保证金和采购文件工本费政策。鼓励采购单位根据项目特点、供应商诚信等因素免收履约保证金或降低缴纳比例。政府采购货物和服务项目收取履约保证金的，最高缴纳比例不超过合同金额的2.5%，项目验收结束后应及时退还。供应商以银行、保险公司出具保函形式提交履约保证金的，采购单位不得拒收。政府采购货物和服务项目不得收取质量保证金。政府采购工程以及与工程建设有关的货物、服务，采用招标方式采购的，按国家和省有关规定执行。

（三）进一步提高政府采购项目预留中小企业份额。严格执行《政府采购促进中小企业发展管理办法》规定，加大对中小企业支持力度。采购限额标准以上，200万元以下的货物和服务采购项目、400万元以下的工程采购项目，适宜由中小企业提供的，采购单位应当专门面向中小企业采购；超过200万元的货物和服务采购项目、超过400万元的工程采购项目中适宜由中小企业提供的，预留该部分采购项目预算总额的40%以上专门面向中小企业采购，其中货物和服务项目预留给小微企业的比例不低于70%，工程项目预留给小微企业的比例不低于60%。

（四）进一步提高政府采购价格扣除评审优惠幅度。对于经主管预算单位统筹后未预留份额专门面向中小企业采购的采购项目，以及预留份额项目中的非预留部分采购包，采购单位、采购代理机构应当对符合规定的小微企业报价按最高优惠幅度（货物和服务项目为10%、工程项目为5%）给予扣除，用扣除后的价格参加评审。对于联合协议或者分包意向协议约定小微企业的合同份额占到合同总金额30%以上的，采购单位、采购代理机构应当对联合体或者大中型企业的报价按最高优惠幅度（货物和服务项目为3%、工程项目为2%）给予扣除，用扣除后的价格参加评审。适用招标投标法的政府采购工程建设项目的价格分加分政策，采购单位应当按照《政府采购促进中小企业发展管理办法》严格执行。

（五）进一步提高政府采购预付款比例。采购单位应当在政府采购合同中约定预付款，对中小企业合同预付款比例原则上不低于合同金额的40%，不高于合同金额的70%；项目分年安排预算的，每年预付款比例不低于项目年度计划支付资金额的40%，不高于年度计划支付资金额的70%；采购项目实施以人工投入为主的，可适当降低预付款比例，但不得低于20%。对供应商为大型企业的项目或者以人工投入为主且实行按月定期结算支付款项的项目，预付款可低于上述比例或者不约定预付款。在签订合同时，供应商明确表示无需预付款或者主动要求降低预付款比例的，采购单位可不适用前述规定。采购单位根据项目特点、供应商诚信等因素，可以要求供应商提交银行、保险公司等金融机构出具的预付款保函或其他担保措施。政府采购预付款应在合同生效以及具备实施条件后7个工作日内支付。政府采购工程以及与工程建设有关的货物、服务，采用招标方式采购的，预付款从其相关规定。

（六）进一步加快政府采购项目资金支付进度。采购单位应当及时组织项目验收，不得以政府部门审计作为支付供应商款项的条件。采购单位对于满足合同约定支付条件的，自收到发票后7个工作日内将资金支付到合同约定的供应商账户。采购单位不得以机构变动、人员更替、政策调整、单位放假、履行内部付款流程，或者在合同未作约定的情况下以等待竣工验收批复、决算审计等为由迟延付款。迟延支付中小企业款项的，供应商可要求采购单位支付逾期利息。采购单位应当于每年3月31日前将上一年度逾期尚未支付中小企业款项的合同数量、金额等信息通过浙江政府采购网等便于公众知晓的方式公开。

（七）进一步推动绿色创新赋能经济社会高质量发展。对境内自然人、法人和非法人组织的科技创新产品、服务，在功能、质量等指标能够满足政府采购需求的条件下，政府采购应当购买；首次投放市场的，政府采购应当率先购买，不得以商业业绩为由予以限制。财政部门应协同相关部门进一步落实首台套产品和制造精品的政府首购制度，加大对科技型中小企业重大创新技术、产品和服务采购力度。积极推动“专精特新”企业和产品入驻政采云制造（精品）馆。采购单位采购“专精特新”产品应当提高预付款比例，对供应商可免予提交预付款担保措施。财政部门应当在政府采购预算中优先安排节能环保产品的采购资金，并充分考虑价格调整因素，为采购节能环保产品提供资金保障，积极推进实施政府绿色采购。

（八）进一步支持乡村产业振兴。继续执行政府采购脱贫地区农副产品有关政策，全省各级预算单位在完成采购脱贫地区农副产品任务的基础上，应当加大对我省山区26县以及对口帮扶地区农副产品的采购力度，促进乡村产业振兴，助力共同富裕示范区建设。

（九）进一步优化政府采购金融服务。鼓励金融机构积极开发灵活适用的“政采贷”“履约保函”“预付款保函”等政府采购金融服务产品，拓宽企业融资渠道，充分利用数字化平台优化业务流程，降低业务门槛和融资利率，提高授信额度，加快放款速度。

（十）进一步规范单一来源采购方式运用。采购单位要建立健全政府采购内控制度，加强采购需求管理，严格按政府采购法律规定实施单一来源采购，不得扩大适用情形，应当依法执行法定采购程序，不得仅以会议纪要代替采购流程。采购合同依法依规在浙江政府采购网公开，接受社会监督。财政部门要严格审批，切实加强单一来源采购项目的监管，适宜竞争采购的项目不得采用单一来源采购方式。

三、工作要求

财政、相关主管部门和采购单位要切实提高政治站位、强化责任担当，扎实推动政府采购促进企业发展的各项政策措施落地见效。要进一步加大政府采购信息公开力度，实现政府采购全流程信息公开，落实企业知情权，接受社会监督。从2022年开始，各市财政部门要按季度向省财政厅报告本地区政府采购支持企业发展政策执行情况。执行过程中如有问题和建议，请及时反馈省财政厅政府采购监管处。

本通知自2022年1月29日起实施。此前有关规定与本通知不一致的，按本通知执行。

浙江省教育发展专项资金管理办法

浙财科教〔2022〕11号　2022年3月22日

第一章　总则

第一条　为进一步规范并加强浙江省教育发展专项资金（以下简称专项资金）管理，提高资金使用绩效，根据《浙江省人民政府办公厅关于进一步加强省级财政专项资金管理工作的通知》等有关规定，制定本办法。

第二条　本专项资金是指由省级财政一般公共预算等安排，统筹用于浙江省除高等教育、职业教育以外各教育阶段改善办学条件、提升教育质量等工作的专项转移支付资金。

除省级财政安排的资金，中央通过转移支付形式拨付浙江省，支持除高等教育、职业教育以外各教育阶段改善办学条件、提升教育质量等工作转移支付资金，如无明确要求的，可参照本专项资金确定的分配方式进行分配。

第三条　设立专项资金，旨在通过省级财力的引导和支持，带动提升各市县人民政府的积极性，推动省、市、县共同加大对教育事业的投入和支持力度，集中财力解决相关教育阶段教育事业发展中遇到的突出问题，促进相关教育领域优质、均衡、高质量发展。

第四条　专项资金分配遵循“突出重点、统筹兼顾、公开透明、绩效优先”的原则，并按规定向社会公开分配结果，接受有关部门和社会的监督。

第五条　专项资金实施期限原则上为三年。到期后，省教育厅对三年实施总体情况开展绩效评价，省财政厅视情开展重点绩效评价，并根据评价结果确定专项资金及相关支持政策保留、调整或取消。在新的管理办法出台前，专项资金管理仍按本办法执行。

第六条　专项资金实施期间由省财政厅会同省教育厅按照各自职责分工共同管理。

省财政厅负责专项资金的预算审核、管理、拨付等工作，会同省教育厅确定阶段性教育工作任务及年度重点工作；根据确定的年度重点工作，会同省教育厅确定分配因素；审核确定专项资金年度分配方案和绩效目标；开展全面绩效评价和监督检查，并指导地方做好相关预算工作。

省教育厅根据中央及省委、省政府教育领域重大政策、重大部署以及浙江省教育实际，会同省财政厅确定阶段性工作任务及年度重点工作；会同省财政厅确定年度专项资金分配因素；通过相关基础数据提出年度专项资金分配方案；组织做好绩效目标制定、绩效监控、绩效评价及落实结果应用等全过程预算绩效管理具体工作；开展或参与监督检查，并指导地方做好相关工作。

各市、县（市、区）财政局、教育局按照职责分工具体负责资金的分解、使用和绩效管理等工作。

第二章　资金分配和下达

第七条　专项资金围绕年度重点工作，通过因素法进行分配。每年重点工作及具体分配因素由省教育厅、省财政厅联合确定或调整。

某市、县（市、区）补助资金额度=∑某地某重点工作因素得分÷全省市、县（市、区）因素得分总数×年度补助资金分项金额。

第八条　每年四季度由省教育厅提出次年资金分配方案报省财政厅审核，原则上提前下达部分不低于当年资金规模的70%、时间不晚于11月30日。剩余部分待预算年度开始后，由省财政厅会同省教育厅在省人民代表大会批准当年预算后60日内下达。如出现资金增减情况，另行按规范流程报批后下达。

第三章　资金使用

第九条　各市、县（市、区）财政局、教育局结合相关重点支持内容，围绕整体绩效目标，制定地方实施方案，做好相关项目储备、资金分解、项目管理、资金监管、绩效管理等具体工作。

第十条　各市、县（市、区）财政局、教育局应切实加强专项资金管理，严格按照国库集中支付、政府采购法律法规、基本建设相关程序等要求，确保资金规范使用。结转结余资金，按照《中华人民共和国预算法》和其他相关规定处理。

第十一条　按照预算管理相关要求，各市、县（市、区）财政局、教育局收到资金后，应将专项资金分解情况、项目明细、绩效目标等报省财政厅、省教育厅备案，并在相关项目库中进行填列。

第十二条　专项资金由各市、县（市、区）用于财政部《政府收支分类科目》“302商品和服务支出”“310资本性支出”相关科目规定的支出事项，不得用于平衡预算、偿还债务和利息、对外投资、本单位在职在编人员经费等方面。法律法规或中央和省有其他相关规定的，从其规定。

第四章　绩效管理和监督检查

第十三条　各市、县（市、区）财政局、教育局要按照全面实施预算绩效管理的要求，建立健全全过程预算绩效管理机制，根据专项资金确定的整体绩效目标贯彻实施相关内容，提高资金使用效率。

第十四条　各市、县（市、区）财政局、教育局要建立健全资金监管机制，加强对专项资金使用的风险评估、流程监管和监督检查，运用抽查、专项审计、评价等多种方式，及时纠正专项资金使用中出现的问题，确保资金使用安全、规范。

第十五条　省教育厅、省财政厅对专项资金使用情况进行绩效评价，并视情开展监督检查，相关评价或检查可委托第三方机构、监管部门等共同参与。

第十六条　各市、县（市、区）财政局、教育局及有关单位分配使用专项资金情况应自觉接受审计、纪检监察等部门的监督和检查，并按照相关要求逐步推进全过程管理的信息公开工作。

第十七条　相关单位及个人在资金申报和使用管理中存在弄虚作假或挤占、挪用、长期滞留资金等违法行为的，按照《中华人民共和国预算法》《中华人民共和国公务员法》《中华人民共和国监察法》《财政违法行为处罚处分条例》等有关规定追究相应责任；涉嫌犯罪的，移送司法机关处理。

第五章　附则

第十八条　本办法自2022年4月1日起施行。《浙江省财政厅　浙江省教育厅关于印发浙江省教育发展专项资金管理办法的通知》（浙财科教〔2017〕21号）、《浙江省财政厅关于印发省财政支持市县民办教育发展专项资金管理办法的通知》（浙财教〔2013〕196号）同时废止。

浙江省金融业发展专项资金管理办法

浙财金〔2022〕10号　2022年3月29日

第一章　总则

第一条　为支持全省金融业高质量发展，规范专项资金管理，提高资金使用效益，根据《中华人民共和国预算法》《浙江省人民政府关于印发浙江省金融业发展“十四五”规划的通知》（浙政发〔2021〕15号）、《浙江省人民政府办公厅关于进一步加强省级财政专项资金管理工作的通知》（浙政办函〔2014〕66号）等文件精神，结合我省金融工作实际，制定本办法。

第二条　浙江省金融业发展专项资金（以下简称“专项资金”）由省财政预算安排，统筹用于支持各地提高金融服务实体经济能力、加强金融支持乡村振兴发展、深化区域金融改革、强化金融风险防控、推进数智金融建设、推动地方金融组织发展等，促进我省金融业发展。

第三条　专项资金分配遵循科学规范、突出重点、公开透明、统筹兼顾、注重绩效的原则。

（一）科学规范。按照国家和我省相关法律法规以及预算管理规定，规范使用程序，明确责任分工，强化监督管理。

（二）突出重点。贯彻省委、省政府重大决策部署，推动金融改革创新发展、引导金融助力共同富裕示范区建设，全面推动金融业高质量发展。

（三）公开透明。按要求做好专项资金管理信息公开。

（四）统筹兼顾。结合相关领域工作实际和地方财力状况，加大对山区26县的支持力度，加强资金统筹利用和协同配合。

（五）注重绩效。实施全过程预算绩效管理，健全绩效管理机制，强化绩效评价结果应用，提高资金的配置效率和使用效益。

第四条　专项资金实施期限原则上为3年，政策到期后根据专项资金综合绩效评价结果，研究确定新一轮实施计划。

第五条　专项资金由地方金融工作部门、财政部门按照职责分工共同管理。

省财政厅负责专项资金预算安排，审核资金分配建议方案，视情开展重点绩效评价，指导地方预算管理等。省地方金融监管局根据年度地方金融重点工作，负责研究提出资金分配建议方案和绩效目标，做好专项资金绩效管理，并指导市县做好相关工作，提高财政资金使用效益。

各市、县（市、区）（以下简称“市县”）财政、地方金融工作部门根据专项资金使用方向和支持重点，负责项目储备、资金分配、项目管理、资金监管、绩效管理等具体工作。

第二章　资金分配和下达

第六条　专项资金采取因素法分配，分配因素主要包括金融改革创新发展因素、金融支持共同富裕示范区建设因素、重点工作任务因素及其他因素。

（一）金融改革创新发展因素。根据各地推动普惠金融改革、绿色金融改革、科创金融改革、开放金融改革以及其他金融改革创新等情况确定。

（二）金融支持共同富裕示范区建设因素。根据各地开展金融支持经济高质量发展、金融助力收入分配制度改革、金融赋能公共服务优先共享、金融促进城乡区域协调发展、金融助推生态文明建设、金融助力社会主义先进文化发展和社会治理等工作情况确定。

（三）重点工作任务因素。根据省委、省政府部署的金融重点工作任务，以及省级有关部门提出的其他重点工作任务等情况确定。

（四）其他因素。根据防控金融风险、绩效考核、地方财力，以及其他突发性和特殊事项等确定。

上述因素指标，可根据省委、省政府有关决策部署和年度金融工作重点适当调整细化，并根据财力状况适当调节。

第七条　每年11月底前，省财政厅按不低于当年专项资金规模的70%提前下达市县下一年度转移支付资金，人代会批准预算后60日内下达全部专项资金，各市县区域绩效目标同步下达。市县财政部门应根据要求，将提前下达的专项资金编入下一年度本级财政预算。

第三章　使用管理

第八条　市县财政、地方金融工作部门应当按照“谁用款、谁负责”的原则，建立健全专项资金管理制度，做好项目储备和前期工作，在收到资金文件后，将专项资金落实到具体项目和实施单位，并加强预算执行管理，提高预算执行率。

第九条　市县因情况发生变化涉及资金使用方案调整的，地方金融工作部门应当及时向本级财政部门报告。对于专项资金的结余资金和连续两年未用完的结转资金，各地财政部门应按照结余结转资金有关规定执行，避免闲置浪费。

第十条　专项资金的支付按照国库集中支付制度有关规定执行。属于政府采购管理范围的，按照政府采购法律法规和有关制度规定执行。专项资金按照规定用途专款专用，不得用于支付各种罚款、捐赠、赞助、投资、偿债等支出。任何单位和个人不得以任何理由截留、挤占和挪用。

第四章　监督检查和绩效管理

第十一条　省财政厅会同省地方金融监管局按照全面实施预算绩效管理的要求，建立健全专项资金绩效目标编制、绩效运行监控、绩效评价及结果应用等工作机制。

第十二条　市县地方金融工作部门根据项目管理和实施情况，编制本地区区域绩效目标、资金投向和工作重点建议等，于每年年底前报省地方金融监管局。

第十三条　省地方金融监管局汇总审核市县地方金融工作部门报送的区域绩效目标后，提出专项资金年度整体绩效目标，每年1月底前随资金分配方案一并报省财政厅审核。

第十四条　市县地方金融工作部门会同财政部门组织实施全过程预算绩效管理，按照下达的本年度绩效目标组织开展绩效运行监控，年度结束后开展绩效自评。

第十五条　专项资金使用管理接受审计、纪检监察等部门的监督检查和社会监督。一旦发现截留、挤占、挪用或骗取专项资金等违法违纪行为，依照有关法律法规的规定追究相应责任。

第十六条　各级财政部门、地方金融工作部门及其工作人员在专项资金的分配、审核、使用管理等工作中，存在违规审批、分配、使用和管理资金，以及其他滥用职权、玩忽职守、徇私舞弊等违法违纪行为的，按照《中华人民共和国预算法》《中华人民共和国公务员法》《中华人民共和国监察法》《财政违法行为处罚处分条例》等国家有关规定追究相应责任。涉嫌犯罪的，依法移送司法机关处理。

第五章　附则

第十七条　市县可根据当地实际情况，制定具体实施管理办法，报省地方金融监管局、省财政厅备案。

第十八条　本办法自印发之日起施行。《浙江省财政厅浙江省地方金融监管局关于印发浙江省金融业发展专项资金管理办法的通知》（浙财金〔2019〕14号）同时废止。

浙江省山海协作资金管理办法

浙财建〔2022〕62号　2022年6月10日

第一条　为贯彻落实《关于进一步支持山海协作“飞地”高质量建设与发展的实施意见》（浙政办发〔2021〕5号）、《关于支持山区26县特色生态产业平台提升发展的指导意见》（浙发改地区〔2021〕216号）有关要求，促进山海协作“产业飞地”和特色生态产业平台高质量建设和有序发展，规范省级山海协作资金管理，提高财政资金的使用绩效，根据相关财政政策法规，特制定本办法。

第二条　省级山海协作资金（以下简称“资金”）是指省级财政预算安排，用于支持山海协作“产业飞地”和特色生态产业平台建设的奖励资金，属一般性转移支付，纳入省与市县财政年终结算，资金实施期限为2022-2024年。

第三条　资金按照“分类分档、奖补结合，动态激励、以奖促建”的原则分配。

第四条　资金由省发展改革委和省财政厅按照职责分工共同管理。省发展改革委负责编制资金预算、做好资金分配前期工作、提出资金初步分配方案和绩效目标，牵头对资金执行情况进行监督检查、绩效评价和绩效监控。省财政厅负责审核资金预算和资金分配方案，牵头下达资金，并指导资金使用管理、监督检查和绩效管理。各有关市、县（市、区）发展改革（支援合作、区域合作、长三角、协作中心）、财政部门具体负责资金的使用安排、绩效管理、信息公开、监督检查等工作。

第五条　资金奖励对象为经省山海协作领导小组办公室认定的省级山海协作“产业飞地”和特色生态产业平台所属的山区26县。

第六条　资金规模为平均每个“产业飞地”和特色生态产业平台各4000万元，按照“基础奖励+中期绩效奖励”方式进行分配。具体分配方法如下：

（一）按照《浙江省山区26县特色生态产业平台建设导则》《浙江省山海协作“飞地”建设导则》的要求，2022年完成申报并审核通过的“产业飞地”和特色生态产业平台，按补助标准的60%下达基础奖励资金，逾期启动的不予奖励。

（二）2023年底，对“产业飞地”和特色生态产业平台项目建设情况和资金使用情况进行中期绩效评估，按照评价等次，于2024年初下达剩余奖励资金，中期绩效评估不合格的不予安排奖励资金。

第七条 资金由各有关市、县(市、区)统筹安排使用,主要用于"产业飞地"和特色生态产业平台建设和发展,具体包括:

(一)"产业飞地"和特色生态产业平台范围内政府投资的基础设施建设项目。

(二)"产业飞地"和特色生态产业平台人才培训和技术创新等相关项目。

(三)其他山海协作"产业飞地"和特色生态产业平台建设相关的重点工作。

资金不得用于安排单位运转经费和发放津贴补贴,任何单位或个人不得以任何名义和方式挤占挪用。

第八条 各地要建立资金使用管理机制,统筹安排资金,同时提出明确的绩效目标,在收到资金3个月内将具体分配方案和绩效目标上报省发展改革委、省财政厅。各地山海协作职能部门会同当地财政部门具体实施资金全过程预算绩效管理,按照下达的绩效目标组织开展绩效运行监控,年度结束后开展绩效自评。

省发展改革委、省财政厅将适时开展绩效抽评,并加强绩效评价结果的应用。

第九条 资金使用管理接受审计、纪检监察、财政等部门的监督检查,各级财政、发展改革(支援合作、区域合作、长三角、协作中心)等部门及其工作人员在资金审核、下达工作中,存在违规分配或使用资金,以及其他滥用职权、玩忽职守、徇私舞弊等违法违纪行为的,资金使用单位和个人存在虚报冒领、骗取套取、挤占挪用资金等违法违纪行为的,按照《中华人民共和国预算法》《中华人民共和国公务员法》《中华人民共和国监察法》《财政违法行为处罚处分条例》等有关法律法规追究相关人员法律责任;涉嫌犯罪的,移送司法机关处理。

第十条 本办法由省财政厅、省发展改革委负责解释。各相关市、县(市、区)财政、发展改革(支援合作、区域合作、长三角、协作中心)等部门可根据本办法,结合当地实际情况,制定资金管理实施细则。

第十一条 本办法自2022年7月1日起施行。《浙江省财政厅 浙江省发展和改革委员会关于印发浙江省山海协作产业园建设资金管理办法的通知》(浙财建〔2018〕44号)同时废止。

浙江省财政厅关于支持碳达峰碳中和工作的实施意见

浙财资环〔2022〕37号　2022年6月15日

为贯彻落实省委、省政府关于推进碳达峰碳中和工作的决策部署以及财政部相关工作要求,充分发挥财政职能作用,支持我省碳达峰碳中和工作,促进经济社会发展全面绿色低碳转型,现提出如下实施意见。

一、总体要求

(一)指导思想。

以习近平新时代中国特色社会主义思想为指导,深入贯彻习近平生态文明思想,全面贯彻党的十九大和十九届历次全会精神,立足新发展阶段、贯彻新发展理念、构建新发展格局,忠实践行"八八战略"、奋力打造"重要窗口",把碳达峰碳中和纳入经济社会发展全局。统筹考虑经济发展、能源安全、碳排放、居民生活,聚焦关键变量,坚持降碳、减污、扩绿、增长协同推进,发挥财政基础性和支柱性作用,加快构建支持低碳绿色发展的财税政策体系,推动有为政府和有效市场更好结合,为争创国家碳达峰碳中和示范省提供坚实的财政保障。

(二)主要目标。

与我省碳达峰碳中和实施意见的主要目标相衔接,围绕经济发展、能源安全、碳排放和居民生活四个维度,找准近期目标和长期发展的平衡点,把握财政政策着力点,建立健全财政支持碳达峰碳中和政策体系。

到2025年,初步建立有利于绿色低碳发展的财税政策框架,支持各行业领域加快绿色低碳转型,多领域、多层级、多样化低碳零碳发展模式取得突破。2030年前,有利于绿色低碳发展的财税政策体系基本形成,促进绿色低碳发展的长效机制逐步建立,推动全省碳达峰目标如期完成,为实现碳中和奠定坚实基础。2060年前,财政支持绿色低碳发展的政策体系成熟健全,推动碳中和目标顺利实现。

二、主要政策措施

(一)优化财政支出政策。以数字化改革为引领,支持双碳数智平台建设,构建碳达峰碳中和数字化治理体系,提升碳达峰碳中和整体智治水平。进一步完善绿色发展财政奖补机制。围绕能耗总量、能耗强度、碳排放总量、碳排放强度等关键指标,建立碳排放财政奖惩制度,按照国家考核要求从能耗"双控"向碳排放总量和强度"双控"奖惩过渡。围绕森林覆盖率、森林碳储量等关键指标,健全森林质量奖惩制度。用好科技创新关键变量,支持绿色低碳前沿技术和减污降碳关键核心技术攻关,抢占碳达峰碳中和技术创新制高点。抓住关键领域、关键行业,根据分领域分行业碳达峰路线图,加强财政资源统筹,调整优化支持政策,加大支持力度。以多领域、多层级、多样化低碳零碳体系试点示范为抓手,优先支持其申报国家和省级试点示范,探索差异化低碳零碳建设路径,对领跑者予以重点激励。对符合条件的绿色低碳公益性项目可给予地方政府债券支持。

(二)落实相关税收政策。落实环境保护税、增值税、企业所得税、消费税、资源税、车船税、车辆购置税、关税等税收政策;落实支持节能环保和绿色发展相关税收优惠政策,激励企业加大减排降碳研发投入和科技创新,推动资源综合利用,促进清洁生产和循环经济发展。同时,适时调整环境保护税,强化资源税等征收管理,倒逼高污染、高排放企业减少排放,促进环境质量持续改善。

(三)完善政府绿色采购政策。积极支持绿色低碳(认证)产品采购，强化采购人主体责任。结合国家试点探索研究制订绿色建筑和绿色建材政府采购需求标准，推广应用绿色建材，推行绿色建造方式，大力发展钢结构等装配式建筑，促进建筑领域节能降碳。稳步推进公务用车新能源化，优先采购提供新能源汽车的租赁服务。

（四）深化多元化资金投入机制。发挥省产业基金引导作用，积极争取国家绿色发展基金、国家低碳转型基金等投资基金，撬动更多社会资本投入绿色低碳发展领域。鼓励社会资本以市场化方式设立绿色低碳产业投资基金。采取多种方式支持并规范生态环境领域政府和社会资本合作（PPP）项目。支持环境权益交易，健全排污权有偿使用制度，推进排污权、碳排放权、用能权等交易机制，建立健全重点行业超能耗阶梯电价制度，探索林业碳汇补偿交易机制，利用市场机制引导低碳绿色产业发展。

三、“6+1”领域碳达峰重点支持方向

（一）支持构建清洁低碳安全高效的能源体系。完善清洁能源支持政策，大力支持可再生能源高比例应用，推动构建以新能源为主体的新型电力系统。通过财政补贴、政府产业基金、财政引导金融等多种政策，支持海上风电发展。鼓励有条件地区因地制宜发展电化学储能等新型储能和天然气分布式发展，加快形成以储能和调峰能力为基础支撑的电力发展机制。支持产业能效标准和智慧能源监测综合服务平台建设，加强对重点行业重点企业重点设备的节能监测。完善能耗“双控”考核奖惩政策，不断提高能源利用效率和减碳水平。

（二）支持构建绿色低碳循环的工业体系。支持开展新一轮“腾笼换鸟、凤凰涅槃”攻坚行动，瞄准工业领域重点高碳行业、传统制造业及关键环节，省市县联动，加大对工业节能降碳改造支持力度，引导企业加快淘汰落后产能，加大节能降碳、新能源应用、资源循环利用等改造投入。加大对绿色低碳、能源替代、深度脱碳等首台（套）高端装备工程化攻关和推广应用的支持力度，促进升级工业技术体系，提升节能降碳技术和工艺水平，优化工业用能结构。实施制造业高质量发展产业链协同创新计划，大力培育清洁能源、数字经济、高端装备等绿色低碳、新兴产业，优化产业结构，为实现工业增长与碳排放“脱钩”打好基础。支持深化“亩均论英雄”改革，强化正向激励与反向倒逼，引导企业加快生产制造方式变革。鼓励县（市、区）创新机制体制和支持方式，因地制宜，分类施策，加大工业节能降碳投入力度，为全省节能降碳工作提供示范。

（三）支持构建绿色节能的建筑体系。支持绿色低碳建筑标准编制提升和绿色建筑专项规划修编等，大力推动装配式建筑和绿色建材，促进建筑绿色化发展。鼓励各地采取硬核措施，实施一批具有高辨识度的示范项目。完善综合考核监督机制，鼓励市县分类施策，对建筑领域碳达峰碳中和成效突出的地区给予激励。深化与绿色金融协调发展的机制，拓宽绿色建筑项目融资渠道。支持建筑节能改造，提高可再生能源利用，推动建筑能效提升与用能结构优化。

（四）支持构建绿色低碳交通运输体系。坚持将绿色低碳理念贯穿交通运输发展全过程，支持推动运输结构、交通装备、组织效率、出行活动、基础设施等交通运输各环节低碳升级。支持优化运输结构，重点支持大宗货物“公转水”“公转铁”，加大水运基础设施建设，提高港口和船闸作业效率，加快完善铁路支线网络、创新铁路运输组织模式，提升多式联运衔接水平。优化省级新能源汽车推广应用和充电基础设施建设奖补政策，重点支持充电基础设施（含换电站）及加氢站建设，充电设施服务平台建设和运维，新能源汽车设计研发、关键零部件及技术攻关和智能网联汽车等新业态培育。加快国三及以下标准营运柴油货车淘汰，逐步推进国四及以下标准营运柴油货车淘汰。支持零碳、低碳枢纽和服务区示范创建。支持交通运输碳排放核算标准体系建设，加强重点企业监测评价。

（五）支持构建低碳高效生态农业产业体系。完善农机购置补贴、高耗能农机报废补偿和更新补贴政策，重点支持智能高效、绿色环保机具。支持加速淘汰帆张网渔船、涉氨冷藏船和病老渔船。深化涉农资金统筹整合，调整优化财政支农资金支持方向，加大力度支持乡村产业绿色生态发展，加快高标准农田等基础设施建设，持续推进“肥药两制”改革，逐步减少碳排放。支持农作物秸秆综合利用及地膜回收利用。支持挖掘和提升森林、海洋、湿地等碳汇资源，落实森林生态效益补偿机制，推进湿地生态补偿，推动百万亩国土绿化和森林质量精准提升。统筹推进中央和省级山水林田湖草沙保护和修复试点。

（六）支持构建绿色低碳生活体系。积极支持绿色低碳主题宣传教育活动和“零碳”系列展览，开展居民生活领域绿色载体试点示范。完善生活垃圾处理收费制度，鼓励市县因地制宜研究制定生活垃圾低价值可回收物支持政策，强化阶梯水价、电价、气价的政策运用，引导居民形成绿色低碳生活方式。大力发展公共交通，提倡绿色出行。支持废旧物资循环利用体系建设，

杭州市富阳区循环经济产业园生活垃圾焚烧处置项目

促进循环经济发展。支持“无废城市”建设，推进固体废物治理体系和治理能力现代化。

（七）支持绿色低碳技术创新体系。大力支持碳达峰碳中和技术创新，以技术安全可控为目的，采用“揭榜挂帅”“赛马制”等方式，支持可再生能源、储能、氢能、二氧化碳捕集利用与封存、生态碳汇等领域关键核心技术研发，抢占技术制高点。省市县联动支持新材料等领域省实验室、新能源等领域省技术创新中心建设，助推碳达峰碳中和源头创新和产业创新。

四、保障措施

（一）加强组织领导。各级财政部门要坚持以习近平生态文明思想为指导，牢固树立“没有领先就是落后、没有特色就是问题、没有用心就是懒政”的意识，紧盯紧扣紧跟省委、省政府关于碳达峰碳中和重大决策部署，切实提高政治站位，加强组织领导，健全工作机制，明确责任分工，深化构建集中财力办大事财政政策体系，研究制定本地财政支持碳达峰碳中和的政策举措，保障本地区如期实现碳达峰碳中和目标。

（二）加强协同推进。坚持系统观念系统方法，统筹推进碳达峰碳中和工作。强化顶层设计，因地制宜、分类施策，既要加强中央、省与市县政策纵向衔接，又要加强财政政策与金融政策、标准体系、核算体系、价格体系、法规体系等横向协同，形成政策合力。整合各类相关财政资金，集中投入碳达峰碳中和领域，形成资金合力。加强部门间横向协作和省市县纵向协同，完善工作体系，形成工作合力。

（三）加强绩效考核。强化“绩效论英雄”理念，加强全过程预算绩效管理，强化政策事前绩效评估，健全绩效结果与预算安排和政策调整的挂钩机制，不断提升财政资源配置效率，促进财政资金全面提质增效。各地要紧跟中心、主动跟进，省财政将对贯彻落实碳达峰碳中和行动坚决、措施有力、绩效突出的地区给予奖励，对推进不积极或成效不明显的地区适当扣减相关转移支付资金。

（四）加强学习宣传。各级财政干部要加强对碳达峰碳中和理论的学习，深刻理解其重要意义、内涵、特征、路径。各级财政部门要将其作为教育培训的重要内容，切实增强财政干部做好碳达峰碳中和工作的本领。广泛利用各种媒体和财政门户网站，加大对碳达峰碳中和支持政策宣传力度，促进全社会更好形成绿色发展、低碳生活的良好氛围。

浙江省文化产业发展专项资金管理办法

浙财文〔2022〕23号　2022年9月20日

为贯彻落实中央和省委、省政府关于推动文化产业高质量发展的决策部署，加快建设新时代文化浙江工程，打造新时代文化高地，彰显“诗画江南、活力浙江”省域品牌，根据《中华人民共和国预算法》等有关法律法规规定，省财政设立浙江省文化产业发展专项资金（以下简称专项资金）。为规范专项资金管理，提高资金使用效益，制定本办法。

一、专项资金管理原则

（一）突出重点。围绕省委、省政府关于推动文化产业高质量发展的有关决策部署，聚焦重点工作任务。

（二）强化引导。充分发挥引导撬动激励作用，广泛吸引社会资本投入文化产业，促进产业创新和发展，形成政府与市场联动推进、省与地方联动支持的机制。

（三）注重绩效。树立绩效理念，强化绩效管理，加强年度、终期绩效评价。省委宣传部会同省财政厅对专项资金三年实施总体情况开展绩效评价，并根据评价结果对专项资金及相关支持政策予以保留、调整或取消。

（四）典型示范。通过引领扶持，打造一批文化产业高质量发展的标杆和品牌，发挥示范引领作用。

二、分配方式和使用方向

（一）竞争主体。专项资金重点支持全省范围内文化产业发展具有引领性的县（市、区）。

专项资金通过竞争性遴选，由省委宣传部、省财政厅联合组织，择优选择20个县（市、区）予以支持。其中，对山区26县择优选择不少于3个县予以支持。

（二）分配方式。主要采用“区域任务+项目清单”的方式进行遴选。各县（市、区）根据地方出台的文化产业发展规划，由宣传部门会同财政部门统筹制订《____县（市、区）文化产业发展三年实施方案》（以下简称三年实施方案），三年实施方案要求阐述属地文化产业现状基础，明确文化产业发展目标体系、工作体系、政策体系、保障体系。

各县（市、区）应当因地制宜谋划文化产业重点项目，填报项目清单，并逐个编制重点项目申报书（详见附件1—4）。重点项目须已经启动实施且尚未完成。

各地要强化项目储备，提交不多于4个符合专项资金扶持方向的重点项目参与竞争。重点项目分为产业引领类和政策保障类，产业引领类项目指在文化及相关产业分类中，能够在优化结构布局、加快转型升级、提高质量效益等方面具有较强带动作用，具有较大市场潜力和较好发展前景的项目。政策保障类项目指地方党委、政府以及宣传等部门牵头制定出台扶持文化产业发展的专项政策，专项政策应当聚焦特色、突出重点、注重效益。

（三）使用方向。专项资金支持经竞争性评审论证后入围“项目清单”的项目，资金每年度原则上对每个县（市、区）集中扶持1—2个清单项目。重点支持纳入国家文化及相关产业分类的行业，着力推动以下产业集聚发展：

1.数字文化产业。大力培育发展媒体融合、视频点播、数字文娱、数字音乐、网络文学、网络视听、数字影像、广播电视科技创新等数字文化产业新业态；

2.影视文化产业。深化影视业综合改革，加强影视工业化生产体系建设，打造一批影视新兴产业发展基地，推进影视创作、拍摄、制作、放映，培育发展网络剧、数字影视、演艺科技、短视频等影视新业态；

3. 文化旅游产业。支持实施文旅融合"标志性"IP和金名片培育工程；

4. 文化制造产业。支持推动文化制造业数字化转型，做大做强先进文体装备制造业，加快打造一批高端文化设备制造基地；

5. 创意设计产业。大力发展工业设计、建筑设计、时尚设计、广告设计等产业，因地制宜培育生产性设计服务集群；

6. 历史经典产业。支持文房四宝、丝绸、青瓷、宝剑、越剧、石雕、木雕、根雕、木玩、民族工艺等特色产业创新发展，打造一批区域文化品牌；

7. 重大平台发展。推进之江文化产业带、四条诗路文化带、大运河国家文化公园、宋韵文化传世工程等平台建设，提升文化产业园区、文化创意街区、数字文化产业基地等文化服务平台；

8. 重点文化企业培育。支持优质文化企业对接资本市场，培育一批成长型文化企业；

9. 创新文化金融服务。支持拓展文化企业融资渠道。

三、资金申报与评审程序

（一）申报条件。专项资金分配以县（市、区）为单位，各县（市、区）对本地区文化产业发展现状和目标规划进行评估后自愿参与申报。上轮终期绩效评价结果为中及以下的县（市、区）不得申报。

参与申报的县（市、区）申报年度可采集的文化产业增加值占GDP的比重不低于4%，文化产业增加值增速不低于10%；或县（市、区）文化产业特色鲜明、有较为完善的文化产业政策体系，包括文化产业发展规划、文化产业专项政策、文化产业扶持资金等，通过周期内重点项目实施，能够形成文化产业高质量发展态势。

（二）组织申报。根据省委宣传部、省财政厅印发的三年实施方案、项目清单及重点项目申报书编制要求，各县（市、区）宣传、财政部门于申报年度联合行文上报各设区市宣传、财政部门。申报材料应包括申请专项资金的请示、三年实施方案、项目清单及重点项目申报书。具体申报时间由省委宣传部、省财政厅另行通知。

参与申报的县（市、区）宣传、财政部门应对申报材料中指标、数据的真实性负责，对申报过程中有弄虚作假行为的，一经查实，取消申报资格，且下一轮周期不得再申报。

（三）市级初审。设区市宣传、财政部门根据通知要求，负责所辖地区文化产业扶持县（市、区）申报及初审工作，加强对申报材料的审核把关，并择优推荐。上报材料应包括各市初审意见和初审入围的县（市、区）三年实施方案、项目清单及重点项目申报书。各市上报的县（市、区）个数原则上不得多于所辖地区县（市、区）总数的40%。

（四）省级评审。省委宣传部、省财政厅按照省级财政资金竞争性分配程序要求，对各市上报的材料组织专家进行评审，专家评审设材料评审、陈述答辩、专家审议等环节。省委宣传部、省财政厅根据评审结果择优选取20个县（市、区）给予扶持。评审结果在省财政厅门户网站上公示7天。

（五）方案完善。省委宣传部、省财政厅联合将拟扶持县（市、区）申报材料专家评审意见反馈至所在地宣传、财政部门。拟扶持县（市、区）宣传、财政部门根据专家意见修改完善申报材料，并于收到评审修改意见之日起5个工作日内将修改后的申报材料报省委宣传部、省财政厅备案。

四、资金分配与下达

（一）扶持标准。根据公示结果，对纳入省级扶持范围的县（市、区）安排专项资金进行扶持，扶持周期内原则上每年补助1000万元，年度间根据绩效评价结果调整补助金额。

（二）资金下达。按照预算管理规定，省财政厅会同省委宣传部于每年11月30日前，按不低于本年度转移支付预计执行率的70%提前下达下一年度专项资金；剩余资金待省人代会批准预算后60日内，结合年度绩效评价结果下达，区域绩效目标随同专项资金文件一并下达。

（三）资金管理。专项资金必须专款专用、单独核算，任何部门、单位和个人不得截留、挤占、挪用，也不得用于平衡本级财政预算。县（市、区）宣传、财政部门应切实加强专项资金管理，并在每年6月30日前将该年度资金分配使用方案报省委宣传部、省财政厅备案。

专项资金的支付按照国库集中支付制度和专项转移支付有关规定执行。资金使用过程中涉及政府采购的，按照政府采购法律法规和有关制度规定执行。专项资金形成的结转结余资金，按照省级专项转移支付结转结余资金管理有关规定执行。

专项资金的管理和使用应当严格执行国家法律法规和财政财务规章制度，并接受财政、审计等部门的监督。

专项资金原则上以三年为一个周期，到期后，如未修改出台新的管理办法，则继续延用本办法。

五、绩效管理和监督检查

（一）绩效管理。省委宣传部应按全面实施预算绩效管理的要求，建立健全专项资金预算绩效管理机制，建立专项资金申报监控管理系统，实行"项目清单+绩效目标"周期动态管理，按要求做好专项资金管理信息公开。

1. 健全周期内项目清单管理机制，按照省级统筹指导，属地具体实施的方式进行管理。获扶持县（市、区）宣传部门抓好具体落实工作，加强项目实施和监管。纳入项目清单管理的项目，确因客观原因无法实施的，由获扶持县（市、区）宣传部门报经省委宣传部审核同意后，按"撤一建一"方式调整。调整项目数量不超过1个。

2. 健全全过程预算绩效管理机制，建立健全核心绩效指标体系，指导获扶持县（市、区）宣传部门对绩效目标实现情况进行监控，每年组织实施专项资金绩效评价，确保绩效目标如期完成。对年度绩效评价不合格的，扣减下年度专项资金额度的

20%,扣减资金用于奖励年度绩效考核优秀的县(市、区)。

省财政厅可视情开展终期重点抽评,评价结果作为下一周期专项资金预算安排的重要依据和调整因素。

获扶持县(市、区)宣传、财政部门应组织实施全过程预算绩效管理的具体工作,根据项目管理和实施情况做好绩效目标管理、绩效运行监控和绩效自评,并加强绩效成果运用,切实提高财政资金使用效益。

(二)监督检查。获扶持的县(市、区)财政、宣传部门要加强对专项资金使用情况的监督检查,及时发现资金使用中存在的问题,并督促做好整改,确保资金使用合法、合规。

县(市、区)财政、宣传部门及有关单位分配使用专项资金情况应接受财政、审计、纪检监察等部门的监督和检查。相关单位及人员在资金申报和使用管理中,弄虚作假或挤占、挪用、长期滞留资金等违法违纪行为,按照《中华人民共和国预算法》《中华人民共和国公务员法》《中华人民共和国监察法》《财政违法行为处罚处分条例》等国家有关规定追究相应责任;涉嫌犯罪的,移送司法机关处理。

本办法自2022年11月1日起施行,《浙江省文化产业发展专项资金管理办法》(浙财文〔2018〕4号)同时废止。

(附件略)

关于深化省内流域横向生态保护补偿机制的实施意见

浙财资环〔2022〕55号　2022年9月20日

为贯彻落实《浙江省生态环境保护条例》《浙江省深化生态保护补偿制度改革的实施意见》,进一步健全流域横向生态保护补偿机制,切实提高实施成效,现提出以下实施意见。

一、指导思想

以习近平生态文明思想为指导,全面贯彻党的十九大和十九届历次全会精神,立足新发展阶段,贯彻新发展理念,构建新发展格局,深入践行"绿水青山就是金山银山"理念,忠实践行"八八战略",按照省委、省政府有关生态文明建设决策部署,以省内流域上下游地区经济社会协调可持续发展为主线,以流域水资源保护和水质改善为主要目标,强化政策引导,形成责任清晰、合作共治的流域保护和治理长效机制,促进水生态环境持续改善和经济社会高质量发展。

二、基本原则

(一)权责对等,合理补偿。强化生态优先、绿色发展的理念,妥善处理经济社会发展与资源节约、环境保护的关系,流域所在地人民政府承担水生态保护和治理责任。在此基础上,下游应充分尊重上游水质保护作出的努力,对上游提供良好生态产品付出努力作出适当的补偿,上游为出境水质恶化对下游予以赔偿。

(二)强化约束,结果导向。坚持生态环境只能优化、不能恶化的目标导向,以解决当前流域水生态存在的突出问题为着力点,以水质水量等指标为主要考核依据,强化绩效目标约束,补偿措施与环境指标改善结果挂钩。

(三)系统推进,多元补偿。坚持全流域协同治理,突出流域保护的整体性、系统性、协同性。优化补偿模式,将横向补偿与纵向补偿有效结合,并因地制宜探索多元化、市场化的补偿方式,不断健全上下游各方共建共保、合作共赢机制。

三、实施范围

以全省(不含宁波)跨行政区域河流交接断面为基础,将钱塘江等八大水系和京杭运河的主干流或一级支流中,上下游污染责任明确、流向相对稳定的断面纳入实施范围(详见附件)。鼓励其他具备实施条件的流域上下游建立生态保护补偿机制,鼓励饮用水源地和用水邻县开展排污权交易和水权交易。

涉及跨设区市域交接断面的,流域上下游所在设区市牵头开展横向生态补偿方案编制、协商谈判,可由上下游所在设区市直接签订补偿协议,也可由上下游所在县(市、区)签订补偿协议。涉及市域内交接断面的,设区市负责推动建立市域内横向生态补偿机制,上下游所在县(市、区)负责签订横向生态补偿协议。签订补偿协议的政府负责补偿资金的预算安排及资金结算。

四、实施内容

(一)补偿指标。

以高锰酸盐、氨氮、总氮、总磷作为水质指标,以交接断面水质自动监测数据作为补偿依据,暂无自动监测数据的以手工监测数据作为补偿依据。各地可因地制宜增加用水总量、用水效率(年度万元GDP用水量、万元工业增加值用水量指标)、泥沙等指标。

(二)补偿基准。

按照"只能更好、不能变差"原则,交接断面水质指标前3年平均值优于国家或省里确定的目标值的,则以补偿年度前3年平均值作为补偿基准,反之以国家或省里确定的目标值作为补偿基准。

(三)水质补偿指数。

1.P值(水质补偿指数)计算公式。

$$P = \sum_{i=1}^{n} r_i \frac{c_i}{c_{i,o}}$$

式中:P为水质补偿指数

n为选取的指标个数

r_i为第i项污染物的权重

c_i为第i项污染物的浓度

$c_{i,o}$为第i项污染物的基准浓度

2.权重设置。高锰酸盐、氨氮、总氮、总磷指标权重可按照0.2、0.25、0.25和0.3设置,流域上下游政府也可根据所在水体主

要问题自主协商确定各指标权重，如有必要，双方可协商适当增加其他特色指标。

3. 多个断面P值计算。对于只有1个交接断面的上下游地区，断面P值即为双方的水质补偿指数。对于有多个交接断面的上下游地区，可先按上述公式计算出每个断面的P值，再按照各断面年流量加权平均，最终得出水质补偿指数。断面年流量以省水利厅提供的数据作为考核依据，若其中1个或多个断面无法获得流量数据的，水质补偿指数则以算术平均计算。

（四）补偿标准。

根据流域生态环境现状、保护治理和节约用水成本投入、水质改善的收益、下游支付能力、下泄水量保障等因素，上下游流域所在地政府每年在800—2000万元范围内协商确定补偿资金。

（五）补偿确定。

对于水质在Ⅱ类及以上的交接断面，当P＜0.9时，由下游地区按照协议规定拨付上游地区；当P＞1.1时，由上游地区按照协议规定拨付下游地区；当0.9≤P≤1.1时，上下游地区按照协议相互不补偿。对于Ⅲ类断面，当P＜0.95时，由下游地区按照协议规定拨付上游地区；当P＞1.05时，由上游地区按照协议规定拨付下游地区；当0.95≤P≤1.05时，上下游地区按照协议相互不补偿。对于年度考核结果Ⅳ类及以下的断面，由上游地区拨付下游地区。补偿资金可用于本地区水环境治理、水质监控及水源地保护等相关工作，包括但不限于相关河流及周边地区排污企业提标整治、农业面源整治、污水处理设施建设运维等项目。

五、组织保障

（一）落实责任分工。根据交接断面跨行政区域层级情况，实施分级管理。省级相关部门负责制定流域横向生态补偿机制总体框架，指导市县建立流域横向生态保护补偿机制。设区市负责协商建立跨市域流域横向生态保护补偿机制，协调本市域内上下游县（市、区）签订横向生态补偿协议，对政策实施给予指导，对协议履行情况实施监管。流域上下游县（市、区）自主协商建立横向生态保护补偿机制，通过签订协议明确具体责任和义务。

（二）加强业务指导。省生态环境厅、省水利厅负责组织水质、水量监测，为流域横向生态保护补偿提供指标数据，并对不可抗力造成的水质、水量异常予以核准确认。省财政厅、省发展改革委、省生态环境厅、省水利厅等部门建立工作联系制度，推动信息共享，及时跟踪机制建设情况，积极协调出现的新问题，共同研究解决生态保护补偿机制推进中遇到的重大问题，不断丰富和完善补偿机制，协力推进流域保护和治理。

（三）强化激励约束。将流域横向生态补偿工作纳入美丽浙江建设考核内容，在考核时对应建未建或未履行协议的地方予以扣分。建立纵向与横向有机结合的生态补偿机制，将流域横向生态补偿机制建设成效作为兑现出境水水质财政奖惩和生态环保财力转移支付资金的考虑因素，推动健全流域横向生态补偿长效机制。跨设区市重点流域达成补偿协议的，在安排省生态环境保护专项资金时给予引导激励。

（四）加强联防联治。流域上下游县（市、区）应当以签订横向生态补偿协议为契机，健全完善区域联防共治机制，按照流域水资源统一管理要求，协商推进流域保护与治理，联合查处跨界环境违法行为，建立健全重大工程项目环评共商、环境应急协调联防机制。

六、本实施意见自发布之日起实施。在发布之日前已签订协议的，协议在有效期内继续有效。

（附件略）

浙江省地方政府专项债券项目资金绩效管理办法

浙财债〔2022〕24号　2022年9月23日

为加强我省地方政府专项债券项目资金绩效管理，提高地方政府专项债券资金使用效益，有效防范地方政府债务风险，根据《地方政府专项债券项目资金绩效管理办法》（财预〔2021〕61号）、《浙江省项目支出绩效评价管理办法》（浙财监督〔2020〕11号）等有关规定，结合我省实际情况，制定本办法。

一、总则

（一）本办法所称地方政府专项债券（以下简称专项债券）是指省政府为有一定收益的公益性项目发行的、以公益性项目对应的政府性基金收入或专项收入作为还本付息资金来源的政府债券，包括新增专项债券和再融资专项债券等。

（二）本办法所称绩效管理，是指我省各级财政部门、项目主管部门和项目单位以专项债券支持项目为对象，通过事前绩效评估、绩效目标管理、绩效运行监控、绩效评价管理、评价结果应用等环节，推动提升专项债券资金配置效率和使用效益的过程。

（三）绩效管理应当遵循以下原则：

1. 科学规范。专项债券项目资金绩效实行全生命周期管理。坚持“举债必问效、无效必问责”，遵循项目支出绩效管理的基本要求，注重融资收益平衡与防控偿债风险。建立规范的工作流程和指标体系，推动绩效管理工作有序开展。

2. 协同配合。财政部门牵头组织并督促指导专项债券项目资金绩效管理工作，项目主管部门和项目单位具体实施各项管理工作。上级财政部门加强工作指导和检查。

3. 公开透明。绩效信息是专项债券项目信息的重要组成部分，应当依法依规公开，自觉接受社会监督，通过公开推动专项债券资金使用绩效提高。

4. 强化运用。突出绩效管理结果的激励约束作用，将专项债券项目资金绩效管理结果作为专项债券额度分配的重要测算因素，并与有关管理措施和政策试点等挂钩。

二、事前绩效评估

（一）申请专项债券资金前，项目单位或项目主管部门要开展事前绩效评估，并将评估情况纳入专项债券项目实施方案。事前绩效评估主要判断项目申请专项债券资金支持的必要性和可行性，重点论证以下方面：

1.项目实施的必要性、公益性、收益性；

2.项目建设投资合规性与项目成熟度；

3.项目资金来源和到位可行性；

4.项目收入、成本、收益预测合理性；

5.债券资金需求合理性；

6.项目偿债计划可行性和偿债风险点；

7.绩效目标合理性；

8.其它需要纳入事前绩效评估的事项。

（二）财政部门指导项目主管部门和项目单位做好事前绩效评估，将事前绩效评估作为项目进入专项债券项目库的必备条件。项目主管部门要将评估结果作为项目单位提出专项债券需求的重要参考。必要时财政部门可组织第三方机构独立开展绩效评估，并将评估结果作为项目能否获得专项债券资金支持的重要参考依据。

三、绩效目标管理

（一）绩效目标应当重点反映专项债券项目的产出数量、质量、时效、成本，还包括经济效益、社会效益、生态效益、可持续影响、服务对象满意度等绩效指标。

（二）项目单位在申请专项债券项目资金需求时，要同步设定绩效目标，经项目主管部门审核后，报同级财政部门审定。绩效目标要尽可能细化量化，能有效反映项目的预期产出、融资成本、偿债风险等。

（三）财政部门要将绩效目标设置作为安排专项债券资金的前置条件，加强绩效目标审核，将审核后的绩效目标与专项债券资金同步批复下达。

（四）绩效目标在执行中原则上不作调整。确因项目建设运营环境发生重大变化等原因需要调整的，按照新设项目的工作流程调整绩效目标。

四、绩效运行监控

（一）绩效运行监控是指在专项债券资金使用过程中，对项目资金预算执行进度和绩效目标实现情况进行“双监控”，查找资金使用和项目实施中的薄弱环节，及时纠正偏差。

（二）项目主管部门和项目单位应当建立专项债券项目资金绩效跟踪监测机制，对债券资金拨付使用进度和绩效目标实现程度进行动态监控，发现问题及时纠正并告知同级财政部门，提高专项债券资金使用效益，确保绩效目标如期实现。

（三）财政部门应当跟踪专项债券项目绩效目标实现程度，对严重偏离绩效目标的项目要暂缓或停止拨款，督促项目主管部门和项目单位及时整改。项目无法实施或存在严重问题的要及时追回专项债券资金并按程序调整用途。

（四）财政部门利用信息化手段探索对专项债券项目进行穿透式监管，根据工作需要组织对专项债券项目建设运营等情况开展现场检查，及时纠偏纠错。

五、绩效评价管理

（一）财政部门负责组织本级专项债券项目资金绩效评价工作。年度预算执行终了，项目单位要开展绩效自评，并将评价结果报送项目主管部门和本级财政部门。项目主管部门和本级财政部门选择部分重点项目开展绩效评价。

（二）省财政厅将根据工作需要，每年选取部分重大项目开展重点绩效评价。选取项目对应的资金规模原则上不低于上年新增专项债务限额的5%，并逐步提高比例。适时引入第三方机构，对重大项目开展重点绩效评价。

（三）项目主管部门和财政部门绩效评价要反映项目决策、管理、产出和效益，以《浙江省地方政府专项债券项目资金绩效评价指标框架》和《浙江省地方政府专项债券项目资金绩效评价报告提纲》为基础和参考。包括但不限于以下内容：

1.决策方面。项目立项批复情况；项目完成勘察、设计、用地、环评、开工许可等前期工作情况；项目符合专项债券支持领域和方向情况；项目绩效目标设定情况；项目申请专项债券额度与实际需要匹配情况等。

2.管理方面。专项债券收支、还本付息及专项收入纳入政府性基金预算管理情况；债券资金按规定用途使用情况；资金拨付和支出进度与项目建设进度匹配情况；项目竣工后资产备案和产权登记情况；专项债券本息偿还计划执行情况；项目收入、成本及预期收益的合理性；项目年度收支平衡或项目全生命周期预期收益与专项债券规模匹配情况；专项债券期限与项目期限匹配情况；专项债券项目信息公开情况；外部监督发现问题整改情况；信息系统管理使用情况；其他财务、采购和管理情况。

3.产出方面。项目形成资产情况；项目建设质量达标情况；项目建设进度情况；项目建设成本情况；考虑闲置因素后债券资金实际成本情况；项目建成后提供公共产品和服务情况；项目运营成本情况等。

4.效益方面。项目综合效益实现情况；项目带动社会有效投资情况；项目支持国家及我省重大区域发展战略情况；项目直接服务对象满意程度等。

（四）专项债券项目建立全生命周期跟踪问效机制，项目建设期绩效评价侧重项目决策、管理和产出等，运营期绩效评价侧重项目产出和效益等。

（五）财政部门负责组织实施本地区绩效评价结果公开工作，指导项目主管部门和项目单位在每年6月底前，按照政府信息公开的有关规定公开上年度专项债券项目资金绩效评价结果。绩效评价结果要在全国统一的地方政府债务信息公开平台上公开。

六、评价结果应用

（一）绩效评价结果量化为百分制综合评分，并按照综合评分进行分级。综合评分为90分（含）以上的为“优”，80分（含）至90分的为“良”，60分（含）至80分的为“中”，60分以下的为

"差"。

(二)项目主管部门和项目单位要根据绩效评价结果和整改意见,提出明确整改措施,认真组织开展整改工作。项目主管部门要进一步加大项目建设协调推进力度,提升专项债券项目储备质量。

(三)上级财政部门对下级财政部门的绩效管理工作定期开展抽查,指导和督促下级财政部门提高绩效管理水平。

(四)按照评价与结果应用主体相统一的原则,省财政厅在分配专项债务限额时,将抽查情况及开展的重点绩效评价结果等作为分配调整因素。各级财政部门将绩效评价结果作为项目建设期专项债券额度以及运营期财政补助资金分配的调整因素。

(五)财政部门、项目主管部门和项目单位及个人,违反专项债券项目资金绩效管理规定致使财政资金使用严重低效无效并造成重大损失的,以及有其他滥用职权、玩忽职守、徇私舞弊等违法违规行为的,依法责令改正;对负有直接责任的主管人员和其他直接责任人员依法给予处分;涉嫌犯罪的,依法移送有关机关处理。

本办法自2022年11月1日起施行。2022年及以后年度新增专项债券到期后按规定发行的再融资专项债券参照本办法执行。

浙江省农业农村重大项目投资激励实施办法

浙财农〔2022〕60号　2022年9月29日

根据《浙江省人民政府关于印发浙江省实施科技强农机械强农行动大力提升农业生产效率的行动计划(2021—2025年)的通知》(浙政发〔2021〕39号)、《浙江省人民政府办公厅关于扩大农业农村有效投资高水平推进农业农村现代化"补短板"建设的实施意见》(浙政办发〔2021〕17号)和《浙江省乡村振兴绩效提升奖补资金管理办法(试行)》(浙财农〔2019〕41号)等有关要求,为全面贯彻落实中央和省委、省政府稳经济稳增长的系列决策部署,更好发挥财政支农政策和资金的撬动作用,鼓励引导国有资本、社会资本、金融资本投向农业农村重点领域,建立健全农业农村重大项目投资激励机制,特制订本实施办法。

一、政策激励导向

聚焦聚力农业农村共同富裕和现代化建设"两个先行"的重点领域和关键环节,激励引导扩大农业农村有效投资,加快推进农业农村重大项目建设。重点突出三个导向:

(一)引领性。重大投资项目要代表农业农村领域新产业、新业态、新模式发展方向,或在农业科技创新、现代种业发展、先进设施应用等方面具有领先优势,能够打造标志性成果。

(二)示范性。重大投资项目要在区域主导特色产业提升、美丽经济发展、强村富民作用等方面体现典型示范价值,能够带动面上现代农业未来发展。

(三)共享性。重大投资项目要采取产业带动、折股量化等方式,建立强村富民、帮农促富等利益联结机制,充分发挥项目实施对集体经济壮大和农户增收致富的促进作用。

二、政策激励范围与条件

(一)项目投资激励。根据投资规模、产业类别和项目性质,激励项目主要分为特别重大项目、鼓励类项目、农业"双强"重点突破试点项目,优先鼓励社会资本投入。其中:

1.特别重大项目。总投资超过5亿元的农业农村重大项目,不包括高标准农田、全域土地综合整治、农村公路等基础设施建设项目。

2.鼓励类项目。每年制订《浙江省农业农村重大项目鼓励类项目目录》。重点面向总投资5000万元以上的重大农业农村产业项目(山区26县及海岛地区可适当放宽至3000万元以上),主要包括未来田园创新、数字(设施)农业建设、农产品精深加工、预制菜、农产品冷链物流,现代种业发展、农机研发制造,以及农业综合服务、农业科技创新和农创客培育等平台建设。

3.农业"双强"重点突破试点项目。按照农业"双强"工作部署要求另行制订管理办法。

激励项目应为单体项目,并应已开工或能在当年开工建设,且同一建设内容未享受过省级以上其他财政支农政策和项目扶持(不含粮油规模种植补贴、农机购置补贴等普惠性补贴政策)。

(二)企业上市激励。从2022年开始,对省农业农村厅认定的农业龙头企业当年在境内主板、创业板、中小板及北交所上市的,经审核后对其所在地区给予适当奖励。

三、项目遴选流程

(一)建立农业农村重大项目库。每年年初,省农业农村厅会同省财政厅联合组织编制农业农村重大项目年度实施计划,年中可视情开展增减和动态调整。各地要提前做好农业农村重大项目储备工作,加强项目前期工作。其中拟申请省级激励资金支持的项目,应按要求提供有关方案材料、佐证依据,分年度实施的续建项目还应补充前期实施情况总结。所有激励项目均从项目库中择优确定,不入库则不安排激励资金。

(二)对申请激励项目,由省农业农村厅会同省财政厅组织开展项目评审,严格按规定程序进行审核遴选。分项目初审和项目联审两个环节。

1.项目初审。由省农业农村厅按照本实施办法和年度重点支持要求,对省农业农村重大项目库中符合条件的项目分领域进行审核,提出初审意见。初审项目清单由省农业农村厅、省财政厅审核确定。

2.项目联审。由省农业农村厅会同省财政厅组织有关行业专家,进行激励项目统一联审,对初审通过的项目进行竞争性遴选,重点从项目投资有效性、技术模式先进性、示范带动性、共富机制建设和综合效益发挥等方面进行审核筛选,必要时可对有关项目开展实地调研审核。根据联审结果,形成激励项目清单,在农业农村重大项目库中建立激励项目子库。

四、激励资金安排

(一)省财政厅会同省农业农村厅根据激励项目入库清单,结合年度预算安排情况,按照审核认定实际落地投资额的一定比例(一般不超过20%)切块下达激励资金,实际落地投资额从2022年1月1日起开始计算。同时,省财政按每家300万元的标准对农业龙头企业上市的地区予以奖励。

(二)市县农业农村部门会同财政部门按照省下达的激励资金规模,统筹当地安排支持资金,从激励项目子库中自主优选项目予以支持,各级财政补助比例原则上不超过总投资的50%(对设区市认定的"菜篮子"保障型基地建设项目可适当放宽),其中:特别重大项目省级激励资金最高不超过5000万元,鼓励类项目和农业"双强"重点突破试点项目省级激励资金最高不超过2000万元,具体金额可由各地结合项目重要性程度、示范引领作用等情况,实行分类分档安排。资金使用安排情况报省农业农村厅、省财政厅备案。

(三)激励项目从激励当年开始原则上两年内完工,特别重大项目经报备审核后可根据实际情况适当延长。对当年能完成投资的激励项目,可一次性兑现省级激励资金;对分年实施的激励项目,实行分次兑现,一般先预拨50%,待项目完工验收后再兑现后续激励资金。

(四)省级激励资金主要用于与农业农村现代化先行密切相关的公共性、基础性、创新性的环节和内容,不得用于单位人员经费、运转经费等支出,以及与重点支持方向无直接关联的内容。

五、投资调度和绩效管理

(一)加强对投资激励项目调度,确保项目早落地、早开工、早见效。省里对纳入激励项目子库的所有项目实际投资完成情况按月统一进行专项调度,并实行"三色"亮灯管理,对投资进度慢亮红灯的,下发督导单。

(二)已纳入激励项目子库的项目,应按审定项目方案实施,原则上不予调整。因重大政策调整、项目实施条件变化等不可预见因素影响,确需调整的,需按原程序规定重新评审入库。

(三)各地应采取邀请审计部门或委托第三方中介机构等方式,对激励项目年度实施情况进行审计审查,并于每年3月底前,将上一年度审计结果报送省财政厅、省农业农村厅。

(四)省农业农村厅会同省财政厅,引入第三方中介机构,对激励项目开展绩效监控评价,并适时对激励项目年度实施情况进行复审和抽查。对已获得激励资金但投资进展严重滞后、项目绩效出现偏差的项目,下一年度相应扣减该地区省级激励资金额度。对弄虚作假,以瞒报、谎报项目投资额等方式骗取激励资金的项目主体,除扣回激励资金外,下一年度将取消该地区项目纳入激励资格,并予以通报。

(五)各地要充分认识探索建立此项激励机制的重要意义,切实强化组织领导,密切部门协作,明确职责分工;按照全面实施绩效管理和高水平建设的要求,进一步强化农业农村重大投资项目管理,建立健全相关管理制度,认真抓好具体项目投资落地、实施管理和资金使用监管。特别是对入库的激励项目,要积极统筹政策、资金、土地、人才等资源要素并予以支持保障,全方位推动农业农村重大投资项目落地见效。

本实施办法自2022年1月1日起施行,实施期限为2022—2025年,并适时进行政策实施绩效评价和调整。具体由省财政厅、省农业农村厅负责解释。

浙江省行政事业性国有资产管理办法

浙财资产〔2022〕160号　2022年12月1日

为加强行政事业性国有资产监督和管理,促进国有资产治理体系和治理能力现代化,保障行政事业单位高效履职,推进基本公共服务均等化,在高质量发展中推进共同富裕先行和省域现代化先行,根据《行政事业性国有资产管理条例》《浙江省人民代表大会常务委员会关于加强国有资产管理情况监督的决定》等有关规定,结合浙江省实际,制定本办法。

一、明确管理范围和原则

(一)本办法适用于浙江省各级党的机关、人大机关、行政机关、政协机关、监察机关、审判机关、检察机关和各民主党派机关、群团机关以及执行政府会计准则制度的事业单位(以下简称单位)。

(二)本办法所称行政事业性国有资产,是指单位通过使用财政资金形成的资产,接受调拨或者划转、置换形成的资产,接受捐赠并确认为国有的资产和其他依法确认为国有的资产。具体包括流动资产、固定资产、无形资产、在建工程、对外投资、公共基础设施、政府储备物资、文物文化资产、保障性住房等。

(三)行政事业性国有资产应当遵循安全规范、节约高效、公开透明、权责一致的原则,实现实物管理与价值管理相统一,资产管理与预算管理、财务管理相结合。

二、建立分级分层分类的管理体制

(四)行政事业性国有资产实行"国家统一所有、分级分层分类管理"管理体制。行政事业性国有资产属于国家所有,各级人民政府代表国家对本级行政事业性国有资产行使所有权;同级政府的财政部门、主管部门和所属单位根据规定职责和权限分层次对行政事业性国有资产进行管理;具有行业特性或需要重点管理的资产专设分类进行管理。

(五)各级财政部门对行政事业性国有资产实行综合监管,负责制定本级行政事业性国有资产管理制度并负责组织实施和监督检查,牵头编制行政事业性国有资产管理情况报告;建立国有资产绩效管理制度,建立健全绩效指标和标准,指导开展国有资产绩效管理工作。

（六）主管部门负责本部门国有资产管理，指导、监督所属单位国有资产管理工作；根据职责会同财政部门制定具有行业特性或需要重点管理的行政事业性国有资产管理办法并组织实施。

（七）单位负责本单位行政事业性国有资产的具体管理，按规定建立健全资产管理内部控制管理制度，按规定开展资产绩效评价。

三、科学合理地配置资产

（八）资产配置是指单位为保证履行职责需要，按照规定的标准和程序，合理选择购置、建设、调剂、租用、接受捐赠等方式配备资产的行为。

（九）单位应当根据依法履行职能、提供公共服务和事业发展的需要，按照勤俭节约、讲求绩效和绿色环保的要求，结合资产存量、资产配置标准、绩效目标配置资产。

（十）各部门及其所属单位应当优先通过调剂方式配置资产；不能调剂的，可以采用购置、建设、租用等方式。

（十一）县级以上人民政府应当建立、完善资产配置标准体系，明确配置的数量、价值、等级、最低使用年限等标准。资产配置标准是对配置资产的品目、数量、价格、等级技术性能以及使用年限所作的统一规定，是编制和审核资产配置预算、实施政府采购、评价单位资产配置合理性的重要依据。资产配置标准应根据国家有关政策、经济社会发展水平、市场价格变化、科学技术进步、财政承受能力等因素研究制定并适时调整。

（十二）通用资产配置标准由财政部门制定；专用资产配置标准由主管部门根据本行业特点制定，经财政部门审核后会同有关部门发布实施；按职责权限由国家或省有关职能部门统一制定配置标准的，从其规定。

（十三）对已制定配置标准的资产，各单位应根据规定的配置标准、同类资产存量、单位人员编制、内设机构、人员级别、特殊岗位以及其他特殊需要等情况，按规定权限确认该类资产编制数或配置计划；对未制定配置标准的资产，应当按需从严控制。

（十四）对建筑物、大型设备、开发建设的软件等重点资产购建应当经可行性研究和集体决策程序，需要立项的，按照相关项目管理规定执行；配置资产价值较高的按照国家有关规定进行资产评估，并履行审批程序。投资建设公共基础设施，应当依法落实资金来源，加强预算约束，防范政府债务风险，并明确公共基础设施的管理维护责任单位。

（十五）单位应根据完成职能的最低限度和最优标准，结合存量资产情况编制相关支出预算，不得超标超编配置资产；严格按照批准的资产配置预算组织实施，年度预算执行中如确需对已批准的资产配置预算作调整的，须按程序报批；购建资产涉及政府采购的，应当依法实施政府采购。

四、安全高效地使用资产

（十六）资产使用是指单位国有资产的自用、出租以及事业单位对外投资和担保等行为。资产使用应遵循权属清晰、安全完整、流程规范、风险可控、注重绩效的原则，应保证依法履行职能、提供公共服务和事业发展的需要。接受捐赠的资产，应当按照捐赠约定的用途使用；没有约定用途的，应当统筹安排使用。

（十七）单位应当明确资产使用人和管理人的岗位责任。资产使用人、管理人应当履行岗位责任，合理使用、管理资产，充分发挥资产效能。资产需要维修、保养、调剂、更新、报废的，资产使用人、管理人应当及时提出。资产使用人、管理人发生变化的，应当及时办理资产交接手续。

（十八）单位应当按照规定设置资产台账，对各种方式获得的资产进行验收，登记资产明细账，进行会计核算；严把数量、质量关，不得形成账外资产；对无法确定价值的资产，可以根据需要组织专家参照资产评估方法进行估价或按名义金额入账；对无法进行会计确认入账的资产可以登记备查账，反映资产实际状况。

（十九）采用建设方式配置资产的，应当在建设项目竣工验收合格后及时办理资产交付手续，并在规定期限内办理竣工财务决算，期限最长不得超过1年；对已交付但未办理竣工财务决算的建设项目，应当按照国家统一的会计制度确定暂估价值登记资产账，办理权属登记，竣工财务决算后再按实际成本调整原来暂估价值。

（二十）单位应明晰资产权属，加强产权保护，需要办理权属登记的资产应当依法及时办理。国有单位之间发生的产权纠纷通过协商解决，也可向同级或者共同上一级财政部门申请调解或者裁定，必要时报有管辖权的人民政府处理。与非国有单位或者个人之间发生产权纠纷的，由单位提出处理意见，按规定程序批准后与对方当事人协商解决；协商不能解决的，依照司法程序处理。

（二十一）单位资产管理部门应当按月和财务部门进行对账，定期或者不定期对资产进行盘点；年度终了，应当进行一次全面资产清查盘点。盘盈资产及时确认后登记资产卡片，盘亏资产按照资产处置流程办理，并及时进行账务处理，做到账实相符和账账相符。

（二十二）单位有下列情形之一的，应当对行政事业性国有资产进行清查：

1. 根据本级政府部署要求；

2. 发生重大资产调拨、划转以及单位分立、合并、改制、撤销、隶属关系改变等情形；

3. 因自然灾害等不可抗力造成资产毁损、灭失；

4. 会计信息严重失真；

5. 国家统一的会计制度发生重大变更，涉及资产核算方法发生重要变化；

6. 其他应当进行资产清查的情形。

（二十三）资产清查中发现账实不符、账账不符的，应当查明原因予以说明，并随同清查结果一并履行审批程序；单位应当根据审批结果及时调整资产台账信息，同时进行会计处理。

（二十四）单位应充分运用“公物仓”“软件共享仓库”“大仪共享平台”等各类共享平台，在确保安全使用的前提下，统筹规划、有效推进各类资产开放共享，建立资产共享共用与资产配置、资产绩效、资金预算挂钩联动机制；资产所有方依法依规向资产共享使用方收取合理的成本费用。

（二十五）经批准召开重要会议、举办大型活动以及开展临时性专项工作等需要的资产，主办单位首先应当利用“公物仓”现有存量资产满足配置资产需要，避免资产重复购置与浪费。确需购置的，应当按照资产配置管理程序报经批准；工作结束，资产应交回“公物仓”用于调剂或共享。

（二十六）资产出租是指单位在保证履行行政职能和完成事业任务的前提下，经批准以有偿方式将国有资产使用权让渡给公民个人、法人或其他组织的行为。

（二十七）资产出租应按照公开、公平、公正原则，经评估后，委托公共资源交易中心或产权交易机构实行公开出租，因特殊情况无法公开出租的，经审批同意可以其他方式出租。有权属不清晰、被依法查封冻结、有争议、不符合安全标准等情形的资产不得出租。

（二十八）除法律另有规定外，行政单位不得以任何形式将国有资产用于对外投资或者设立营利性组织；事业单位利用国有资产对外投资应当有利于事业发展和实现国有资产保值增值，符合国家有关规定，经可行性研究和集体决策，按照规定权限和程序进行。

（二十九）事业单位应当明确对外投资形成的股权及其相关权益管理责任，按照规定将对外投资形成的股权纳入经营性国有资产集中统一监管体系。

（三十）事业单位不得利用财政拨款和财政拨款结转结余对外投资，不得买卖期货、股票，购买各种企业债券、各类投资基金和其他任何形式的金融衍生品或进行任何形式的金融风险投资；进行境外投资的，应遵循国家境外投资项目核准和外汇管理等相关规定。

五、严格规范地处置资产

（三十一）资产处置是指单位对占有、使用的国有资产进行产权转让或者注销产权的行为。处置方式包括报废、报损、出售、出让、转让、置换、无偿调拨（划转）、对外捐赠以及货币性资产损失核销等。

（三十二）单位应当按照规定的权限履行审批程序，未经批准不得自行处置。资产处置应当遵循公开、公正、公平和竞争择优的市场化原则进行。鼓励结合绿色环保、物尽其用、公益慈善等要求探索集约化、专业化运营的处置、盘活新机制。

（三十三）资产无偿调拨（划转）应在国有单位之间，不得改变国有属性；对外捐赠应遵照《中华人民共和国慈善法》《中华人民共和国公益事业捐赠法》执行，公益物资捐赠应通过“公益仓”实施；报损资产应进行责任认定，承担相应的损失赔偿；以出售、出让、转让等市场化方式处置资产的，应委托公共资源交易中心或产权交易机构等采取拍卖、招投标等方式以及国家法律、行政法规规定的其他方式进行。

（三十四）单位发生分立、合并、改制、撤销、隶属关系改变或者部分职能、业务调整等情形，应对其国有资产进行清查，符合评估情形的应当进行评估，提出资产处置方案，按规定程序报批。

（三十五）资产的出售、出让、转让和置换等应当委托具有相应资质的资产评估机构，依照国家有关规定进行资产评估，评估结果作为市场竞价的参考依据；在交易过程中，当意向交易价格低于评估结果90%时，应当按规定权限审核确认后方可继续交易，低于评估结果80%的，应重新评估。交易事项完成后，单位应及时将交易结果及有关情况按规定进行备案。

（三十六）国家设立的研究开发机构、高等院校对其持有的科技成果的使用和处置，依照《中华人民共和国促进科技成果转化法》《中华人民共和国专利法》和国家有关规定，由单位根据内部控制规范，自主决定转让、许可或者作价投资，对科技成果在境内的使用、处置不再审批或备案；通过依法设立的技术交易市场公开交易的，经公示后可以不评估。

（三十七）单位处置资产的审批材料和处置结果证明材料是资产配置的参考依据，也是调整有关资产、资金账目的依据和原始凭证；资产处置业务完结应及时核销资产台账，进行相关会计账务处理，确保账实相符。

六、及时足额上缴资产收入

（三十八）行政事业性国有资产收入包括：

1.资产处置收入。是指行政事业单位在出售、出让、转让、置换、报废报损等处置国有资产过程中获得的收入，包括：出售资产的收入、置换差价收入、报废报损残值变价收入、拆迁补偿收入或赔偿收入、保险理赔收入、转让股权和土地使用权收益等。

2.资产出租收入。指行政事业单位将其占有的国有资产出租所取得的收益。

3.对外投资收益。指事业单位将其占有的国有资产对外投资取得的股利、红利、利润等收益。

（三十九）行政事业单位国有资产处置收入、行政单位国有资产出租收入属于政府非税收入，纳入一般公共预算，实行“收支两条线”管理。事业单位国有资产出租收入、对外投资收益按照同级财政部门规定执行。

（四十）单位不得自行设立国有资产收入过渡性账户。行政事业单位取得国有资产收入，按照国家有关规定需要依法纳税的，应当按税务部门的规定使用税务发票，并在扣除相关税金等费用后，按照政府非税收入收缴管理有关规定及时上缴同级财政。

（四十一）国有资产收入、支出预算必须按照部门预算管理有关规定编报、审批程序执行。对年度预算执行中需要调整预算的，也必须按预算调整程序办理。

（四十二）单位应当及时收取各类资产收入，不得违反国家规定，多收、少收、不收、侵占、私分、截留、占用、挪用、隐匿、坐支，确保国有资产收入应收尽收、应缴尽缴。

（四十三）单位占有的公有住房按现行房改政策出售、出租取得的收入，按国家有关规定执行。

（四十四）单位应当将依法罚没的资产按照国家规定公开拍卖或者按照国家有关规定处理，所得款项全部上缴同级财政。

七、客观公允地评估资产

（四十五）单位有下列情形之一的，应当委托具有资产评估资质的评估机构对相关资产进行评估：

1.出售、出让、转让、置换国有资产的；

2.整体或者部分改制为企业的；

3.整体或者部分资产租赁给非国有单位的；

4.确定涉讼资产价值的；

5.事业单位以非货币性资产对外投资的；

6.依照国家有关规定需要进行资产评估的其他情形。

（四十六）下列情形之一的，可以不进行资产评估：

1.经批准整体或者部分资产无偿划转；

2.行政、事业单位之间的合并、分立；

3.发生其他不影响国有资产权益的特殊产权变动行为，报经同级财政部门确认可以不进行资产评估的。

（四十七）单位进行资产评估应如实提供有关情况和资料，并对所提供的情况和资料的客观性、真实性和合法性负责，不得以任何形式干预评估机构依法执业。

（四十八）资产评估机构应根据行业自律要求，对资产评估结果进行业务报备并赋码。单位应根据业务办理需要将资产评估结果报送财政部门或主管部门备案。

八、建立完善国有资产报告制度

（四十九）县级以上地方人民政府建立行政事业性国有资产管理情况报告制度，按照规定向本级人民代表大会常务委员会报告行政事业性国有资产管理情况。

（五十）行政事业性国有资产管理情况报告，主要包括资产负债总量，相关管理制度建立和实施，资产配置、使用、处置和收益，推进管理体制机制改革等情况。

（五十一）行政事业性国有资产管理情况按照国家有关规定向社会公开。

（五十二）各部门所属单位应当每年编制本单位行政事业性国有资产管理情况报告，逐级报送相关部门。各部门应当每年汇总编制本部门行政事业性国有资产管理情况报告，报送本级政府财政部门。县级以上地方人民政府财政部门应当每年汇总本级和下级行政事业性国有资产管理情况，报送本级政府和上一级政府财政部门。

九、推进资产管理数字化

（五十三）省财政厅负责持续推进全省行政事业性国有资产管理云服务平台（简称资产云）迭代升级，逐步融合一体化智能化公共数据平台和预算管理一体化平台，对接财务审计、资产评估等行业协会业务备案系统，推进资产分类与编码等资产数据和业务标准建设；建设全口径国有资产数据库，对接人大国有资产联网监督系统，高效支撑全省国有资产报告工作。

（五十四）各级财政、主管部门和所属单位应充分利用资产云汇聚国有资产管理数据，丰富各类资产管理的应用场景，培育软件和数据交易市场生态，探索资产优化配置和盘活新机制；加强公共基础设施、政府储备物资、保障性住房、文物文化资产、人防工程、房产土地、车辆、大型仪器设备、软件、数据等重点资产的基础管理，细化分级分层分类国有资产管理模式；以全口径国有资产大数据服务支撑部门预算编制，创新资产管理与财务管理、预算管理结合模式。

（五十五）单位负责用数字化理念推动资产业务流程再造和制度重塑，完善内部资产管理功能，将责任落实到人，实现国有资产全口径、全生命周期、全员管理。充分利用资产云移动端推动资产业务"掌上办"，提高资产管理工作效率。推动资产管理和单位办公、财务、人事、内控等系统对接，提升软件、数据共享水平，提升国有资产绩效。

十、全面开展监督检查

（五十六）县级以上人民政府应当接受本级人民代表大会及其常务委员会对行政事业性国有资产管理情况的监督，组织落实本级人民代表大会及其常务委员会审议提出的整改要求，并向本级人民代表大会及其常务委员会报告整改情况。

（五十七）乡、民族乡、镇人民政府应当接受本级人民代表大会对行政事业性国有资产管理情况的监督。

（五十八）县级以上人民政府对下级政府的行政事业性国有资产管理情况进行监督。下级政府应当组织落实上一级政府提出的监管要求，并向上一级政府报告落实情况。

（五十九）县级以上人民政府财政部门应当对本级各部门及其所属单位行政事业性国有资产管理情况进行监督检查，依法向社会公开检查结果。

（六十）县级以上人民政府审计部门依法对行政事业性国有资产管理情况进行审计监督。

（六十一）各部门应当建立健全行政事业性国有资产监督管理制度，根据职责对本行业行政事业性国有资产管理依法进行监督。

（六十二）各部门及其所属单位应当制定行政事业性国有资产内部控制制度，防控行政事业性国有资产管理风险。

（六十三）公民、法人或者其他组织发现违反本办法的行为，有权向有关部门进行检举、控告。接受检举、控告的有关部门应当依法进行处理，并为检举人、控告人保密。任何单位或者个人不得压制和打击报复检举人、控告人。

十一、严肃追究违法违规责任

（六十四）各部门及其所属单位有下列行为之一的，责令改正，情节较重的，对负有直接责任的主管人员和其他直接责任人员依法给予处分：

1.配置、使用、处置国有资产未按照规定经集体决策或者履行审批程序；

2.未经审批超标准配置国有资产；

3.未按照规定办理国有资产调剂、调拨、划转、交接等手续；

4.未按照规定履行国有资产拍卖、报告、披露等程序；

5.未按照规定期限办理建设项目竣工财务决算；

6.未按照规定进行国有资产清查；

7.未按照规定设置国有资产台账；

8.未按照规定编制、报送国有资产管理情况报告。

（六十五）各部门及其所属单位有下列行为之一的，责令改正，有违法所得的没收违法所得，情节较重的，对负有直接责任的主管人员和其他直接责任人员依法给予处分；构成犯罪的，依法追究刑事责任：

1.非法占有、使用国有资产或者采用弄虚作假等方式低价处置国有资产；

2.违反规定将国有资产用于对外投资或者设立营利性组织；

3.未按照规定评估国有资产导致国家利益损失；

4.其他违反本办法规定造成国有资产损失的行为。

（六十六）各部门及其所属单位在国有资产管理工作中有违反预算管理规定行为的，依照《中华人民共和国预算法》及其实施条例、《财政违法行为处罚处分条例》等法律、行政法规追究责任。

（六十七）各部门及其所属单位的工作人员在国有资产管理工作中滥用职权、玩忽职守、徇私舞弊或者有浪费国有资产等违法违规行为的，由有关部门依法给予处分；构成犯罪的，依法追究刑事责任。

十二、其他相关规定

（六十八）除国家另有规定外，社会组织直接支配的行政事业性国有资产管理，依照本办法执行。

（六十九）行政事业单位按照预算管理有关规定执行的货币形式的资产管理，执行企业财务、会计制度的事业单位以及事业单位对外投资的全资企业或者控股企业的资产管理，不适用本办法。

（七十）对公共基础设施、政府储备物资、国有文物文化资产、保障性住房、人防工程等重点资产和行业特点突出的行政事业性国有资产，省财政厅会同有关部门分类制定具体办法。

（七十一）各地可根据本办法制定本级行政事业性国有资产管理实施细则，明确具体操作流程和权限，并在执行中不断调整和优化。

（七十二）本实施办法自2023年1月1日起施行，现行行政事业单位国有资产管理相关规定与本办法不一致的，以本办法为准。

浙江省工业与信息化发展财政专项资金管理办法

浙财建〔2022〕185号　2022年12月21日

为了加强专项资金使用管理，提高财政资金使用绩效，加快推进产业基础高级化和产业链现代化，建设全球先进制造业基地和全球数字变革高地，夯实共同富裕产业基础，根据《中华人民共和国预算法》《浙江省人民政府关于加快建立现代财政制度的意见》（浙政发〔2015〕41号），以及省委、省政府《关于以新发展理念引领制造业高质量发展的若干意见》、省政府《关于高质量发展建设全球先进制造业基地的指导意见》（浙政发〔2022〕23号）、《关于印发浙江省实施制造业产业基础再造和产业链提升工程行动方案（2020–2025年）的通知》（浙政发〔2020〕22号）、打造数字经济“一号工程”升级版、浙江省“415X”先进制造业集群建设行动方案等有关法律法规及政策，制定本办法。

一、总则

（一）本办法所称浙江省工业与信息化发展财政专项资金（以下简称“专项资金”）是指由省级财政预算统筹安排，纳入省级政府部门专项资金清单管理，专项用于促进全省工业和信息化发展的资金。本轮专项资金实施期限至2025年，实施期满后，根据专项资金总体绩效评价结果，研究确定新一轮实施计划。

（二）专项资金由财政部门和经信部门按职责分工共同管理。

1.省财政厅负责明确年度专项资金额度，会同省经信厅确定专项资金支持重点、支持方式、支持标准、分配方法等；根据省经信厅报送的年度专项资金分配方案、绩效目标建议及有关材料，按程序下达预算、绩效目标并拨付资金；指导省经信厅开展绩效管理和监管工作。

2.省经信厅负责提出专项资金年度支持重点、支持方式、支持标准、分配方法、绩效目标等，会同省财政厅组织实施资金申报、分配；审核专项资金分配对象、申报主体相关材料、数据、实施方案等；根据年度预算编制要求，及时向省财政厅提供年度专项资金分配方案、绩效目标建议及资金测算等有关材料；加强对地方项目安排、方案实施、资金使用情况的监督检查和绩效管理及业务指导。

3.市、县（市）经信部门根据年度申报通知要求，负责对申报材料、绩效目标等进行审核，会同同级财政部门及时做好资金申报工作。负责直接受理资金申报材料的主管部门，承担资金申报审核、资金使用监督的直接责任。加强项目跟踪管理和业务指导，落实全过程绩效管理机制，组织开展绩效监控和绩效自评，推进项目顺利实施，促进绩效目标达成。

4.市、县(市)财政部门会同经信部门建立健全资金使用管理制度,指导经信部门完善绩效管理措施,采取切实可行措施加快预算执行进度;督促经信部门指导项目实施单位按规定使用专项资金。

5.资金申报、使用单位承担资金真实申报、合规使用和有效管理的主体责任,对申报材料、绩效目标的真实性、准确性、完整性负责,申报时需同时出具真实性承诺书,并严格按照有关规定使用资金,接受有关部门和社会监督;对项目实施中遇到的问题和重大调整,及时向当地经信、财政部门报告。

(三)专项资金的管理和使用应当符合国家、省工业与信息化发展规划及政策要求,遵循"公开、公正、规范、透明、绩效"原则,接受有关部门和社会监督。

(四)专项资金实行专款专用、专项管理,确保专项资金使用规范、安全和高效。省级专项资金不得用于人员福利、公用经费、楼堂馆所建设等支出;不得用于平衡本级预算。

二、支持方向和分配方式

(一)支持方向。围绕党中央、国务院和省委、省政府决策部署,深入实施制造强省建设战略,聚焦"415X"先进制造业集群建设,奋力打造全球先进制造业基地和全球数字变革高地。

1.支持制造业高质量发展。支持实施产业基础再造、首台套提升工程、工业节能减碳,推进制造业创新中心建设,着力提升制造业核心竞争力,打造标志性产业链。

2.支持实施数字经济"一号工程"升级版。以数字化改革为引领,支持制造业加快生产制造方式转型,培育发展数字经济核心产业,推进工业互联网平台建设,引导制造业高端化、智能化、绿色化发展。

3.支持共同富裕示范区建设。落实高质量发展建设共同富裕示范区工作部署,对山区26县和海岛偏远县予以倾斜支持,推动加快发展地区跨越式高质量发展。

4.支持省级医药储备建设,以及省委、省政府确定的其他年度重点工作。

(二)分配方式。专项资金可根据年度重点工作需要,采取竞争法、因素法、项目法、考核激励等分配方式。专项资金的分配方式要与支持的重点内容(领域)目标任务紧密关联。积极推进竞争法、因素法分配管理要求与项目法管理流程相结合的"二维分配法",不断提高专项资金支持精准性和使用绩效。

1.竞争法分配。针对年度确定的需要通过"以点带面"实现示范引领作用的重点领域、重要工作,以市、县(市)为主体,开展竞争性遴选,安排一定资金择优在部分地区开展专项激励。积极推进竞争法分配管理要求与项目法管理流程相结合的"区域+项目清单"等二维分配方式,即各地要聚焦该领域遴选一批真实储备、带动示范作用强、近期可实现有效投资的优质项目清单参与竞争。

2.因素法分配。针对年度确定的需要省市县联动、面上整体统筹推进为主的重点领域,以市、县(市)为分配对象,综合考量该重点领域本年度工作任务量、绩效目标、项目储备情况、年度绩效评价结果、专项资金使用情况等因素,按因素法切块下达到市县。积极推进因素法分配管理要求与项目法管理流程相结合的"因素法+项目(任务)清单"等二维分配方式,即以年度支持的重点内容(领域)各地申报纳入省级项目储备库的项目清单(年度重点任务)及其绩效目标为主要分配因素,推动各地加快项目储备,提高资金执行效率。

3.项目法分配。针对需要通过点上支持突破的工业与信息化重点领域断链断供风险关键核心技术产业化、产业创新平台建设,以及工程化攻关与推广应用的首台(套)产品等,通过项目法遴选方式,按规定标准对入选的项目实施、平台建设、产品开发推广的承担单位给予一定补助。

4.考核激励分配。根据国家和省委、省政府有关工作要求,以各地工业和信息化领域重点工作绩效为导向,按照绩效考核(评定)结果及相应的标准或权重给予奖励或补助。

三、资金分配、下达和使用

(一)根据年度确定的工业与信息化工作重点和专项资金预算安排情况,由省经信厅会同省财政厅于每年7月30日前研究提出下一年度专项资金支持重点(领域),明确分配方式、分配权重(资金额度)、支持标准等。省经信厅要根据明确的分配方案,及时组织资金申报、方案(项目)评审、考核评价、指标统计、任务下达等各项前期工作,研究提出资金分配方案,并于每年10月底前报省财政厅审核。

(二)每年11月底前,省财政厅按不低于当年专项资金预计执行数的70%提前下达市、县(市)下一年度转移支付资金。每年11月底前,完成专项资金分市、县(市)预算编制工作。省人代会批准预算后60日内,省财政厅会同省经信厅下达全部专项资金。

(三)下达市县的专项资金,实行属地管理,由市、县(市)按照本办法规定的支持方向和年度具体使用要求,结合本地工作实际,统筹用于支持省级明确的工业与信息化重点领域和重点工作推进。采取"二维分配法"下达的专项资金,根据省级工业与信息化领域财政专项资金"二维分配法"工作指南执行。

1.竞争法分配下达的资金,各地要按照申报或批复的实施方案明确的使用方向和使用重点进行统筹安排。其中按"区域+项目清单"法分配的资金原则上需用于支持清单内项目实施,具体数额和比例由各地按要求自主决定。

2.因素法分配下达的资金,各地要统筹用于确定的重点领域。按照"因素法+项目(任务)清单"方式分配的资金,要优先用于支持列入省级项目储备库的项目(任务承接单位)。

3.考核激励分配下达的资金,各地要按照考核激励办法规定的重点领域或重点内容进行统筹安排,考核激励办法无明确要求的,各地可统筹用于年度工业与信息化重点工作。

4.项目法分配下达的资金专项用于支持各地上报并经省级部门遴选认定的项目实施、平台建设、产品开发推广承担单位。

(四)各市、县(市)经信、财政部门在收到专项资金下达计划后,要按照本办法和年度文件要求,及时开展专项资金申报、拨付工作。省级已明确具体使用要求的，各地要按明确的使用方案执行；省级未明确具体使用要求的，各地要制定专项资金使用方案，进一步明确扶持重点和绩效目标；涉及项目申报的，要在本地区范围内公开公正组织开展。

（五）各市、县（市）财政、经信部门要按照职责分工，建立健全工作机制，按规定做好项目储备等工作，加快资金拨付进度。对于省级下达时已明确具体补助对象及补助金额的资金，原则上市、县（市）应自收到资金文件后30日内拨付到项目承担企业（单位）；其中，对确需分期拨付、按进度拨付的项目资金，省里已有相应项目管理办法、操作细则，从其规定；无相应项目管理办法、操作细则，市县可在符合有关规定前提下制定相应的管理办法、操作细则；其他按竞争性、因素法、考核激励等分配下达的资金，原则上应自收到省级资金文件后30日内明确资金的使用方案，每年10月底前原则上需完成拨付。

（六）各地要积极依托政策兑付平台和大数据共享，推动资金兑现便利化，按照能快则快、能早则早原则，结合实际，在确保资金安全的前提下，可采取预先拨付、分期拨付等方式加快资金兑现，推动资金直达快享、及早发力。

（七）对于专项资金的结余资金和连续两年未用完的结转资金，各地财政部门应按照结转、结余资金有关规定执行。

四、绩效评价和监督检查

（一）各级有关主管部门是绩效管理的责任主体，根据中央和省委、省政府全面实施预算绩效管理要求，省经信厅应建立健全专项资金预算绩效管理制度，完善绩效目标管理，健全核心绩效指标体系，组织实施专项资金绩效自评。各地经信部门会同财政部门根据项目管理和实施情况组织实施绩效目标申报、绩效监控和绩效评价等工作，切实提高财政资金使用效益。省经信厅要及时加强对市、县（市）绩效目标完成情况进行监测、核查和追踪，确保专项资金年度绩效目标总体达成。

（二）绩效评价按照“谁使用、谁评价”的原则实施。年度终了，省经信厅组织市、县（市）经信部门和有关单位对转移支付资金的绩效情况开展自评，并在汇总下级部门绩效自评的基础上，开展全省的转移支付资金绩效自评。专项资金实施到期后，省经信厅应对专项资金3年实施总体情况开展绩效自评，省财政厅开展重点绩效评价，并根据评价结果确定专项资金保留、调整或取消。绩效评价按照规定程序和要求组织实施，可采取成立评价工作组（专家组）或委托第三方机构等方式开展。

（三）专项资金使用管理接受审计、纪检监察、财政等部门的监督检查，一旦发现截留、挤占、挪用或骗取专项资金等违法违纪行为，依照有关法律法规的规定追究相应责任。对于需要公开、公示的事项，按规定要求及时向社会公开、公示，接受社会监督。省经信厅应当按照规定将资金分配结果主动向社会公开；各市、县（市）经信部门应当将资金支持企业或者具体项目的情况向社会公示，不宜公开的除外。

（四）各级财政部门、经信部门要按照职责分工，建立健全专项资金使用管理、监督检查和跟踪问效制度，督促指导项目承担单位按规定使用专项资金，确保资金安全、高效，对发现的问题要及时纠正，并向省财政厅、省经信厅报告。

（五）各级财政部门和经信部门，项目申报主体及其工作人员在专项资金使用管理工作中，存在违反规定审批、分配、拨付、使用和管理资金，以及滥用职权、玩忽职守、徇私舞弊、骗取、挪用和截留资金等其他违法违纪行为的，按照《中华人民共和国监察法》《中华人民共和国预算法》《中华人民共和国公务员法》《财政违法行为处罚处分条例》等国家有关法律法规追究相应责任；涉嫌犯罪的，移送司法机关处理。

（六）项目实施单位应按现行有关财务会计制度规定加强财务管理，按规定用途使用资金，自觉接受财政、经信等有关部门的监督检查。

本办法自2023年1月1日施行。《浙江省工业与信息化发展财政专项资金使用管理办法》（浙财企〔2018〕63号）同时废止。

丽水市莲都区高溪工业小镇

2022年财政规章及相关政策文件目录(选编)

序号	文件名称	发文单位	文号	印发日期
1	关于设立3岁以下婴幼儿照护个人所得税专项附加扣除的通知	国务院办公厅	国发〔2022〕8号	2022.3.21
2	关于推动个人养老金发展的意见	国务院办公厅	国办发〔2022〕7号	2022.4.11
3	关于贯彻落实《道路交通事故社会救助基金管理办法》的通知	财政部 银保监会 公安部 国家卫生健康委 农业农村部	财金〔2022〕1号	2022.1.10
4	关于印发《农田建设补助资金管理办法》的通知	财政部 农业农村部	财农〔2022〕5号	2022.1.17
5	关于修订《中央财政城乡居民基本医疗保险补助资金管理办法》的通知	财政部 国家医保局	财社〔2022〕1号	2022.1.19
6	关于印发《生源地信用助学贷款风险补偿金管理办法》的通知	财政部 教育部	财教〔2022〕1号	2022.1.19
7	关于印发《中央财政预算管理一体化资金支付管理办法(试行)》的通知	财政部 人民银行	财库〔2022〕5号	2022.1.24
8	公布施行《政府采购框架协议采购方式管理暂行办法》	财政部	财政部令第110号	2022.1.24
9	关于印发《公共体育场馆向社会免费或低收费开放补助资金管理办法》的通知	财政部 体育总局	财教〔2022〕2号	2022.2.8
10	关于印发《中央财政城镇保障性安居工程补助资金管理办法》的通知	财政部 住房城乡建设部	财综〔2022〕37号	2022.2.15
11	关于加强中央财政衔接推进乡村振兴补助资金使用管理的指导意见	财政部 农业农村部等六部门	财农〔2022〕14号	2022.2.25
12	关于进一步实施小微企业“六税两费”减免政策的公告	财政部 国家税务总局	公告2022年第10号	2022.3.3
13	关于进一步实施小微企业所得税优惠政策的公告	财政部 税务总局	公告2022年第13号	2022.3.17
14	关于进一步加大增值税期末留抵退税政策实施力度的公告	财政部 税务总局	公告2022年第14号	2022.3.22
15	关于修订农业相关转移支付资金管理办法的通知	财政部 农业农村部	财农〔2022〕25号	2022.4.7
16	关于印发《土壤污染防治资金管理办法》的通知	财政部 生态环境部	财资环〔2022〕28号	2022.4.15
17	关于印发《中央财政农业转移人口市民化奖励资金管理办法》的通知	财政部	财预〔2022〕60号	2022.4.15
18	关于印发《中央对地方重点生态功能区转移支付办法》的通知	财政部	财预〔2022〕59号	2022.4.15
19	关于印发《中央对地方均衡性转移支付办法》的通知	财政部	财预〔2022〕58号	2022.4.15
20	关于印发《中央对地方资源枯竭城市转移支付办法》的通知	财政部	财预〔2022〕55号	2022.4.15
21	关于进一步加快增值税期末留抵退税政策实施进度的公告	财政部 税务总局	公告2022年第17号	2022.4.21
22	关于修订《中央财政医疗救助补助资金管理办法》的通知	财政部 国家卫生健康委 国家医保局	财社〔2022〕32号	2022.4.22

续表(一)

序号	文件名称	发文单位	文号	印发日期
23	关于印发《中央财政农村危房改造补助资金管理暂行办法》的通知	财政部　住房城乡建设部	财社〔2022〕42号	2022.4.25
24	关于修订基本公共卫生服务等5项补助资金管理办法的通知	财政部 国家卫生健康委等五部门	财社〔2022〕31号	2022.4.28
25	关于印发《财政支持做好碳达峰碳中和工作的意见》的通知	财政部	财资环〔2022〕53号	2022.5.30
26	关于进一步加大政府采购支持中小企业力度的通知	财政部	财库〔2022〕19号	2022.6.1
27	关于印发《社会保险基金预算绩效管理办法》的通知	财政部 人力资源社会保障部等四部门	财社〔2022〕65号	2022.6.1
28	关于印发《关于加强新时代注册会计师行业人才工作的指导意见》的通知	财政部	财会〔2022〕21号	2022.7.4
29	关于支持国家综合货运枢纽补链强链的通知	财政部　交通运输部	财建〔2022〕219号	2022.7.8
30	关于印发《2023年政府收支分类科目》的通知	财政部	财预〔2022〕107号	2022.7.13
31	关于印发《安全生产预防和应急救援能力建设补助资金管理办法》的通知	财政部　应急部 国家矿山安监局	财资环〔2022〕93号	2022.8.8
32	关于修改《大气污染防治资金管理办法》的通知	财政部	财资环〔2022〕106号	2022.9.19
33	关于印发《中央专项彩票公益金教育助学项目资金管理办法》的通知	财政部　教育部	财教〔2022〕175号	2022.9.26
34	关于加强“三公”经费管理严控一般性支出的通知	财政部	财预〔2022〕126号	2022.9.27
35	关于印发《出国留学经费管理办法》的通知	财政部　教育部	财教〔2022〕190号	2022.10.25
36	关于印发《三峡后续工作专项资金使用管理办法》的通知	财政部　水利部	财农〔2022〕80号	2022.10.27
37	关于印发《个人养老金实施办法》的通知	人力资源社会保障部 财政部等五部门	人社部发〔2022〕70号	2022.10.28
38	关于盘活行政事业单位国有资产的指导意见	财政部	财资〔2022〕124号	2022.11.2
39	关于印发《水利发展资金管理办法》的通知	财政部　水利部	财农〔2022〕81号	2022.11.3
40	关于印发《农业生产和水利救灾资金管理办法》的通知	财政部　农业农村部　水利部	财农〔2022〕79号	2022.11.3
41	关于进一步推动政府和社会资本合作(PPP)规范发展、阳光运行的通知	财政部	财金〔2022〕119号	2022.11.17
42	关于印发《中央高校建设世界一流大学(学科)和特色发展引导专项资金管理办法》的通知	财政部　教育部	财教〔2022〕242号	2022.11.23
43	关于印发《中央支持地方公共文化服务体系建设补助资金管理办法》的通知	财政部	财教〔2022〕270号	2023.1.10
44	关于印发《林业草原改革发展资金管理办法》的通知	财政部　国家林草局	财资环〔2022〕171号	2023.1.18
45	关于改革完善省财政科研经费管理的实施意见	浙江省政府办公厅	浙政办发〔2022〕22号	2022.4.28
46	关于扶持个体工商户纾困发展的若干意见	浙江省政府办公厅	浙政办发〔2022〕24号	2022.4.27

续表(二)

序号	文件名称	发文单位	文号	印发日期
47	关于支持稳外贸稳外资十条措施的通知	浙江省政府办公厅	浙政办发〔2022〕44号	2022.7.10
48	关于支持民航运输企业纾困解难若干措施的通知	浙江省政府办公厅	浙政办发〔2022〕48号	2022.7.15
49	印发关于进一步支持稳外贸稳外资促消费若干措施的通知	浙江省政府办公厅	浙政办发〔2022〕62号	2022.9.30
50	关于印发浙江省进一步盘活存量资产扩大有效投资实施方案的通知	浙江省政府办公厅	浙政办发〔2022〕65号	2022.11.4
51	转发省财政厅等部门关于浙江省道路交通事故社会救助基金管理办法的通知	浙江省政府办公厅	浙政办发〔2022〕77号	2022.12.31
52	关于印发浙江省农村综合改革补助资金管理办法的通知	浙江省财政厅	浙财基〔2022〕1号	2022.1.20
53	关于印发浙江省中央财政渔业发展补助资金管理实施细则的通知	浙江省财政厅 浙江省农业农村厅	浙财农〔2022〕1号	2022.1.25
54	关于进一步发挥政府采购政策功能全力推动经济稳进提质的通知	浙江省财政厅	浙财采监〔2022〕3号	2022.1.29
55	关于浙江省实施小微企业“六税两费”减免政策的通知	浙江省财政厅 国家税务总局浙江省税务局	浙财税政〔2022〕4号	2022.3.8
56	关于印发浙江省教育发展专项资金管理办法的通知	浙江省财政厅　浙江省教育厅	浙财科教〔2022〕11号	2022.3.22
57	关于印发浙江省金融业发展专项资金管理办法的通知	浙江省财政厅 浙江省地方金融监督管理局	浙财金〔2022〕10号	2022.3.29
58	关于全面深化医疗收费电子票据管理改革的通知	浙江省财政厅　浙江省卫生健康委员会　浙江省医疗保障局	浙财综〔2022〕12号	2022.4.6
59	关于印发中央专项彩票公益金支持革命老区县社会公益事业发展项目资金实施细则的通知	浙江省财政厅	浙财综〔2022〕14号	2022.4.11
60	关于印发浙江省中央重点生态保护修复治理资金管理办法实施细则的通知	浙江省财政厅 浙江省自然资源厅	浙财资环〔2022〕19号	2022.4.18
61	关于印发浙江省中央自然灾害防治体系建设补助资金管理办法的通知	浙江省财政厅 浙江省自然资源厅	浙财资环〔2022〕22号	2022.4.25
62	关于印发浙江省中央财政城镇保障性安居工程补助资金管理实施办法的通知	浙江省财政厅 浙江省住房和城乡建设厅	浙财建〔2022〕58号	2022.5.31
63	关于印发浙江省财政票据管理办法的通知	浙江省财政厅	浙财综〔2022〕20号	2022.6.8
64	关于印发浙江省山海协作资金管理办法的通知	浙江省财政厅 浙江省发展和改革委员会	浙财建〔2022〕62号	2022.6.10
65	关于支持碳达峰碳中和工作的实施意见	浙江省财政厅	浙财资环〔2022〕37号	2022.6.15
66	关于进一步加大政府采购支持中小企业力度　助力扎实稳住经济的通知	浙江省财政厅	浙财采监〔2022〕8号	2022.6.27
67	关于印发浙江省国家电影事业发展专项资金管理办法的通知	浙江省财政厅 中共浙江省委宣传部	浙财文〔2022〕16号	2022.7.29
68	关于印发浙江省海洋(湾区)经济发展资金管理办法的通知	浙江省财政厅 浙江省发展和改革委员会	浙财建〔2022〕116号	2022.8.30
69	关于印发浙江省非物质文化遗产保护资金管理办法的通知	浙江省财政厅 浙江省文化和旅游厅	浙财文〔2022〕22号	2022.9.7

续表(三)

序号	文件名称	发文单位	文号	印发日期
70	关于印发浙江省文物保护资金管理办法的通知	浙江省财政厅　浙江省文物局	浙财文〔2022〕21号	2022.9.13
71	关于印发浙江省文化产业发展专项资金管理办法的通知	浙江省财政厅 中共浙江省委宣传部	浙财文〔2022〕23号	2022.9.20
72	关于深化省内流域横向生态保护补偿机制的实施意见	浙江省财政厅　浙江省生态环境厅　浙江省发展和改革委员会　浙江省水利厅	浙财资环〔2022〕55号	2022.9.20
73	关于印发浙江省地方政府专项债券项目资金绩效管理办法的通知	浙江省财政厅	浙财债〔2022〕24号	2022.9.23
74	关于印发浙江省农业农村重大项目投资激励实施办法的通知	浙江省财政厅 浙江省农业农村厅	浙财农〔2022〕60号	2022.9.29
75	关于印发浙江省级基础性公益性战略性地质工作项目资金管理办法的通知	浙江省财政厅 浙江省自然资源厅	浙财资环〔2022〕61号	2022.10.26
76	关于印发浙江省基层宣传文化专项资金管理办法的通知	浙江省财政厅 中共浙江省委宣传部	浙财文〔2022〕29号	2022.11.1
77	关于印发浙江省基本公共文化服务(宣传文化)补助资金管理办法的通知	浙江省财政厅 中共浙江省委宣传部	浙财文〔2022〕28号	2022.11.2
78	关于印发浙江省基层党建工作专项资金使用管理办法的通知	浙江省财政厅　中共浙江省委组织部　中共浙江省委新经济与新社会组织工作委员会	浙财行〔2022〕63号	2022.11.2
79	关于印发浙江省政府向社会力量购买服务指导性目录(2023年度)的通知	浙江省财政厅	浙财预〔2022〕34号	2022.11.15
80	关于印发浙江省省级行政事业单位房产出租管理办法的通知	浙江省财政厅	浙财资产〔2022〕154号	2022.11.21
81	关于进一步规范财务审计秩序　促进注册会计师行业健康发展的实施意见	浙江省财政厅等十四部门	浙财会〔2022〕34号	2022.11.21
82	关于印发浙江省农业保险财政补贴管理办法的通知	浙江省财政厅	浙财金〔2022〕35号	2022.11.23
83	关于印发浙江省发展与改革专项资金管理办法的通知	浙江省财政厅 浙江省发展和改革委员会	浙财建〔2022〕156号	2022.11.24
84	关于印发浙江省哲学社会科学专项资金管理办法的通知	浙江省财政厅 浙江省社会科学联合会	浙财科教〔2022〕45号	2022.11.28
85	关于印发浙江省行政事业性国有资产管理办法的通知	浙江省财政厅	浙财资产〔2022〕160号	2022.12.1
86	关于印发浙江省慈善事业引导资金管理办法(试行)的通知	浙江省财政厅　浙江省民政厅	浙财社〔2022〕94号	2022.12.7
87	关于印发浙江省森林生态效益补偿资金管理办法的通知	浙江省财政厅　浙江省林业局	浙财资环〔2022〕74号	2022.12.14
88	关于印发浙江省工业与信息化发展财政专项资金管理办法的通知	浙江省财政厅 浙江省经济和信息化厅	浙财建〔2022〕185号	2022.12.21
89	关于印发浙江省妇女儿童发展专项资金使用管理办法的通知	浙江省财政厅 浙江省妇女联合会	浙财行〔2022〕94号	2022.12.20
90	关于印发浙江省自然灾害救灾资金管理暂行办法的通知	浙江省财政厅 浙江省应急管理厅	浙财资环〔2022〕81号	2022.12.30
91	关于印发浙江省博物馆纪念馆免费开放补助资金管理办法的通知	浙江省财政厅　浙江省文物局	浙财文〔2022〕59号	2023.1.10

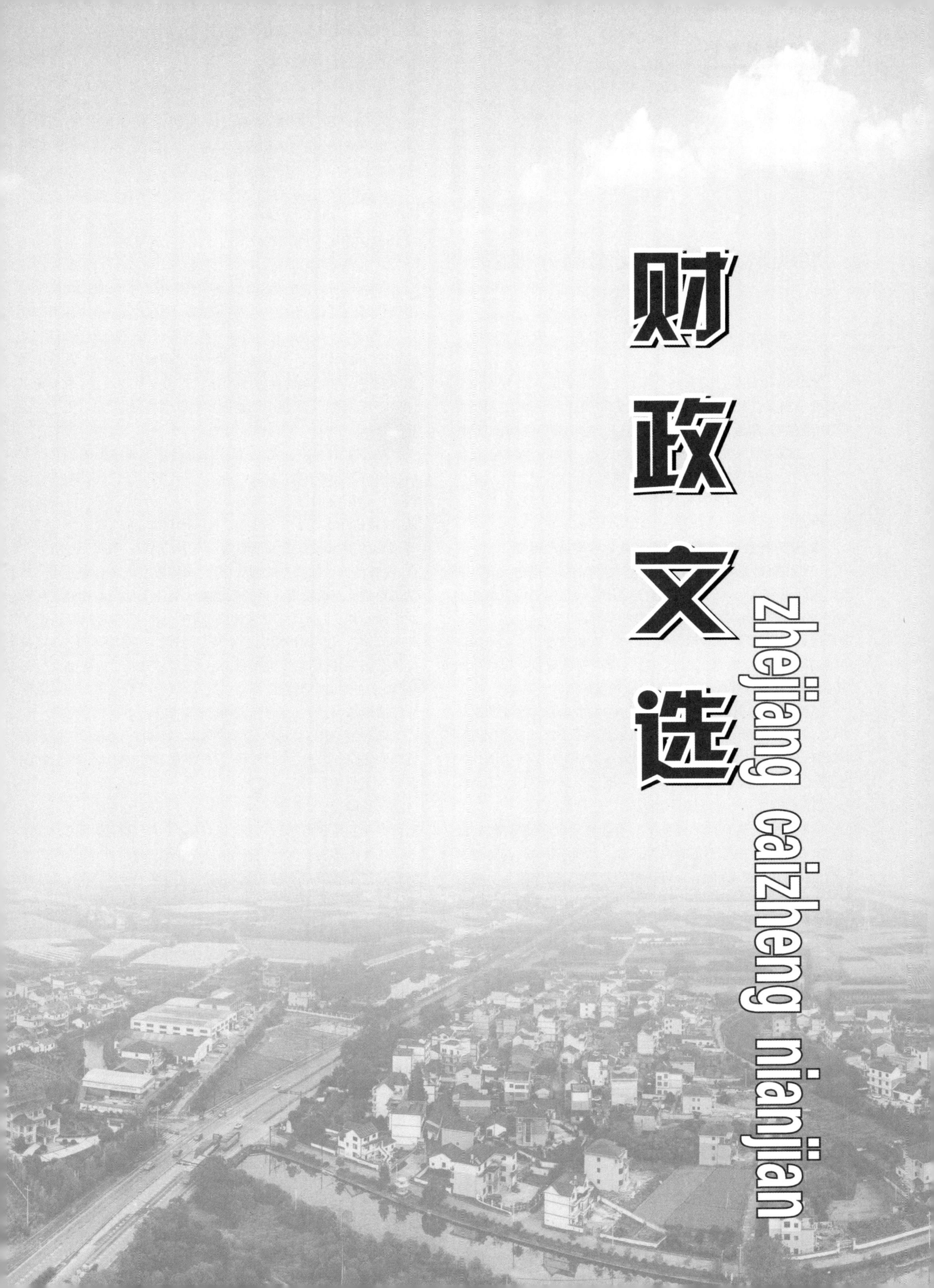

财政文选

zhejiang caizheng nianjian

厅领导谈财政

展现财政担当　交出高分报表

浙江省财政厅党组书记、厅长　尹学群

2021年12月举行的中央经济工作会议提出，2022年经济工作要稳字当头、稳中求进。浙江省委经济工作会议提出“稳进提质、除险保安、塑造变革”的要求。对此，财政必须主动担当、积极作为，按照“积极的财政政策要提升效能，更加注重精准、可持续”的要求，更好发挥跨周期和逆周期调节作用，更“多”承接中央政策、更“快”出台浙江省政策、更“准”直达落实政策、更“好”稳定财政运行，服务全省经济社会发展大局。

增强“五种意识”在应对风险挑战中展现财政担当

一要增强政治意识。胸怀“两个大局”，心系“国之大者”，不断提高政治判断力、政治领悟力、政治执行力，切实将忠诚拥护“两个确立”、坚决做到“两个维护”贯穿财政工作全过程。把稳增长作为安排预算、制定政策的第一原则，积极推出有利于经济稳定的财政政策，慎重出台有收缩效应的财政政策。以财政的“稳”，为全省经济社会平稳健康运行夯实基础。

二要增强机遇意识。牢牢把握中央密集出台政策的窗口期，加强与各方面的沟通对接，及时做好政策预案和应对准备，承接好、落实好中央各项政策。同时，继续研究谋划稳增长的“一揽子”财税政策，丰富工具箱，优化组合拳，抢抓机遇、主动作为。以财政的“进”，为市场主体注入底气、增强信心。

三要增强风险意识。经济下行可能导致政府债务增加、社保基金和“三保”保障不足等风险显现。因此，需时刻保持清醒头脑，科学制定收入目标，合理把握收入节奏，确保收支平稳运行。同时，密切关注财政风险异动和演化，采取切实有效的防范化解措施，切断风险传递链条，下好先手棋、打好主动仗。以财政的“安”，为经济社会大局稳定营造良好的环境。

四要增强协同意识。财政政策和货币政策要协调联动，强化财政政策与微观政策、结构政策、科技政策、改革开放政策、区域政策、社会政策等的配合，实现跨周期和逆周期政策有机结合；加强工具协同，强化减税降费、政府产业基金、政府债券、专项资金、政府采购等财政政策工具的搭配，形成政策同向发力的叠加效应；加强上下协同，坚持全省“一盘棋”，以省级政策带动市县政策。通过政策的“统”，为更好发挥财政“四两拨千斤”的作用创造条件。

五要增强变革意识。要把完整、准确、全面贯彻新发展理念的过程，转化为推进变革性实践的过程，加快打造变革型财政组织，深入推进理念变革、机制变革、方法变革、业务变革、能力变革。以财政的“变”，为积极应对各种风险挑战提供坚实的支撑和保障。

突出“五个坚持”在服务大局中交出财政高分报表

坚持稳字当头，以积极的财政政策举措稳主体稳预期。财政政策是直接、灵活、有效的政策工具，政策越靠前，工作越主动。一是聚焦纵向协同，放大政策叠加效应。近日，根据浙江省委、省政府决策部署，省财政厅研究了30多条稳增长政策。二是聚焦落地见效，积极贯彻中央政策。按照“第一时间+顶格优惠”的原则，认真落实大力度减税降费等政策，确保既接得住、又落得下，及早惠及广大市场主体。三是聚焦助企纾困，支持市场主体发展。继续实施地方水利建设基金停征等政策，为市场主体减轻负担；统筹整合中小企业发展等专项资金，重点用于中小企业纾困。

坚持稳中有进，在稳增长中促进经济高质量发展。发挥财政稳投资促消费扩出口作用，助推“三驾马车”并驾齐驱、平稳运行。一是用足用好专项债券。扎实开展专项债券项目储备行动，为做好债券工作夯实基础。创新财政评价方式，对跨区域、跨市县的国家和省重大项目实行整体谋划、一项一评、明确责任、统筹推进。加强专项债券监管，确保资金依法合规使用。二是引导扩大有效投资。系统联动加大对重大项目前期经费保障并滚动使用，主动研究促进铁路、高速公路、公路等投融资改革相关政策。三是加快政府产业基金运作。构建培育“1+3+N”基金生态圈，引进国家级大基金落地浙江，组建转型升级浙江子基金、中小企业发展浙江子基金、绿色双碳产业基金等。四是激活居民消费需求。五是稳住外贸外资基本盘。

坚持主动作为，积极投身共同富裕示范区建设。用好系统重塑的思路和方法，大胆假设、仔细求证，加快探索实践路径，确保取得实质性进展。一是抓深化。聚焦“1+5+N”特别是“扩中”“提低”行动，系统谋划“一揽子”具有主导性、引领性、突破性的重大抓手和重大改革，加快构建有利于共同富裕的财税政策体系。二是抓落实。对标财政部《支持浙江探索创新打造财政推动共同富裕省域范例的实施方案》，逐条逐项分解落实，推动政策资金加快落地、改革试点先行先试，争取率先取得突破。三是抓切口。找准共同富裕场景下的财政“小切口”，研究提出“试点推进一批、研究出台一批、深化完善一批”的清单，以点上的破题，推动面上的工作。比如，探索构建体系化、集成化的“钱随人走”制度体系全国试点、研究出台市域共同富裕财政激励奖补政策、创新完善省对市县财政体制、健全动态调整的转移支付分类分档体系等。

坚持整体智治，加快打造财政数字化改革标志性成果。深入领会数字化改革的核心内涵、目标任务和路径方法，找准“跑道”、厘清界面、完善机制，推进财政数字化改革，争取更多实践成果、制度成果、理论成果。一是加快建成“一个门户、四个系统”。构建既彰显浙江特色又契合财政部规范的一体化系统。迭代升级集中财力办大事任务管理系统，建立健全覆盖大事、政策、项目、资金的全过程管理体系。二是迭代升级现有应用。持续推进"政采云""浙里办票"等重大应用场景建设。完善应用财政公权力大数据监督，不断提升财政资金监督能力。创新"资产云"运用，全面推广线上"公物仓"。三是重点突破一批重大应用。建设"浙企一表通"改革创新应用，率先探索建立企业财务报表单一来源制度。全面推广"浙里报账"和"浙里基财智控应用"，提升财政治理能力和监管水平。四是高水平保障数字化改革。重点保障多跨协同、制度重塑和改革创新的重大应用，将钱花在"刀刃"上。

坚持底线思维，着力防范化解各类财政风险。统筹发展和安全，不断健全事前、事中、事后的全过程风险防控机制。一是强化政府债务风险管控。持续深入实施防范化解地方政府隐性债务风险专项行动，严格实施政府投资项目立项前财政承受能力和债务风险评估，进一步强化事前源头管控、事中动态监测、事后专项督导的全过程监控。二是强化社保基金风险管控。规范养老保险待遇项目，完善企业职工基本养老保险省级统筹责任分担机制。加强社保基金执行情况监测分析，推进社保风险准备金多渠道筹措。三是强化基层"三保"风险管控。完善县级"三保"预算编制审核机制，加强"三保"预算执行监控，开发完善"三保"动态监测及风险预警系统，切实兜牢"三保"底线。四是强化乡镇财政风险管控。

（刊于《中国财经报》2022年1月13日）

浙江：切实肩负稳住经济大盘的财政担当

浙江省财政厅党组书记、厅长　尹学群

近段时间以来，习近平总书记多次就做好当前经济工作作出重要论述，提出明确要求。近期国务院出台33项政策，浙江省随后迅速出台38项贯彻落实措施，速度快、力度大、范围广、含金量高，是稳住经济大盘的实招硬招，充分体现了党中央和省委对大势大局的深谋远虑、精准研判。财政部门是重要的经济部门，也是稳定经济增长的重要力量，必须超常努力、主动作为，用最短的时间研究政策、吃透政策、配套政策、落实政策，充分发挥财政逆周期调节的关键作用，助力稳住宏观经济大盘，以优异成绩迎接党的二十大胜利召开。

统一思想、提高站位，切实增强做好经济稳进提质的责任感紧迫感

第一，这是忠诚拥护"两个确立"、坚决做到"两个维护"的具体行动。习近平总书记指出，疫情要防住、经济要稳住、发展要安全，这是党中央的明确要求。要加大宏观政策调节力度，扎实稳住经济，努力实现全年经济社会发展预期目标，保持经济运行在合理区间。财政部门要学深悟透习近平总书记关于当前经济工作的重要论述精神，深刻领会"疫情要防住、经济要稳住、发展要安全"的要求，深刻领会一揽子政策举措的战略意图和丰富内涵，将发展作为解决一切问题的基础和关键，以"时时放心不下"的责任感为稳定宏观经济出力，以实际行动展示忠诚拥护"两个确立"、坚决做到"两个维护"的政治担当。

第二，这是积极应对当前经济形势、牢牢把握工作主动权的责任担当。当前经济形势极为严峻复杂，"三重压力"叠加"两大变量"，不稳定、不确定因素明显增多，经济基本面深度承压。从财政来看，面对经济性减收、疫情性减收、政策性减收"三叠加"以及防疫性增支、政策性增支、保障性增支"三碰头"的双重压力，工作的难度系数明显增加。财政部门要坚定信心、迎难而上，既要看到当前形势的复杂性、稳增长任务的艰巨性，又要看到经济运行中的积极变化、积极因素，全力做好本职工作，牢牢把握经济工作主动权，以确定性的工作和政策应对不确定的经济和形势。

第三，这是彰显财政职能作用、加强逆周期调节的主动作为。财政政策作为宏观调控政策的重要组成部分，是实施跨周期调控和逆周期调节的重要政策工具，必将对稳定经济大盘发挥关键作用。这次浙江省38条政策中有24条与财政直接相关，涉及减税退税、支出政策、专项债券、政府采购、民生社保等。对财政政策和发挥的作用，中央高度重视，省委高度期待，企业高度关注。这是财政部门义不容辞的政治责任，也是展现担当、彰显作为的难得契机。财政部门要认清大势大局，克难攻坚、主动谋划，用足用好财税政策工具箱，抓紧抓实党中央和浙江省各项政策的落实，充分发挥财政在逆周期调节中的关键作用，切实肩负起稳住经济大盘的财政担当。

第四，这是打造变革型财政组织、提升塑造变革能力的重大考验。稳经济是一场大战硬战，也是一场在"两难""多难"复杂背景下实现多维目标的攻坚战、考验战。情况越复杂、工作越困难，越能体现财政干部的工作作风和能力水平，也越是检验变革型财政组织成色、成果、成效的试金石、练兵场。财政部门要把实现全省经济稳进提质作为中心任务，以战斗的姿态、奋斗的状态，全力以赴推进实施"八大攻坚行动"，以超常规力度和举措迎难而上、主动作为，在实战实练中推进工作变革、能力变革，在变革性实践中助力实现经济企稳回升、稳进提质的目标。

超常努力、主动作为，坚定不移落细落实稳经济的各项政策措施

打好政策落实组合拳。一是以更大决心更大力度推动留抵退税政策直达快享。实施大规模留抵退税是今年组合式税费支持政策的主要内容，是稳定宏观经济大盘的关键性举措。4月份实施新增留抵退税政策以来，浙江省坚持"早退""快退"、应退尽退，截至6月底，全省完成退税1523亿元，退税规模和进度均居全国前列，以真金白银为逾21万户市场主体送去及时雨、雪中炭。要进一步加快退税速度，宁可牺牲短期的财政收入，也要坚决将退税政策快速落实到位。要针对本次新扩围的7个行业，及时做好资金测算和工作准备，确保第一时间落实国家政策。同时，完善库款监测和应急处置机制，对存在大额退税的市县，加强重点监测和预警，对库款保障水平偏低的地区，督促其切实采取措施，防范化解库款支付风险，必要时给予库款支持，确保各地不因资金问题影响退税进度。二是以全链条闭环化管理狠抓专项债券进度。专项债券在带动扩大有效投资、稳定宏观经济等方面发挥着重要作用。今年浙江省新增专项债券2325亿元，目前已全部发行完毕，支持项目1830个，有力地支持了扩大有效投资。要巩固上阶段大服务大督查大抓落实行动成果，完善专项债券资金支出进度通报预警机制和债券额度与支出进度挂钩机制，进一步加快债券使用进度，按照"8月底前基本使用完毕"的要求，倒排时间，明确节点，确保完成任务。同时，聚焦"9+2"领域特别是新增的新型基础设施和新能源项目以及浙江"4+1"重大项目，加大项目谋划储备力度，为承接更多的中央专项债券额度打下基础。三是以全面顶格的增量政策积极应对经济下行压力。要按照"全面顶格、能出尽出、精准高效"的原则，全面落实国家和浙江各项政策，确保一项不漏、一点不漏。对于财政部门牵头的政策，要研究吃透现有政策，马上出台配套政策，确保政策能高效落地。对于财政部门配合的政策，要加强工作协同，主动对接牵头部门，协助出台实施细则，配合抓好落实。同时，要把握好政策窗口期，及时对接好中央新的增量政策，争取最大力度的支持。

打好超常规工作组合拳。一是建立专班破难机制。围绕浙江省委"八大攻坚行动"，组建工作专班，加强对稳经济工作的统筹协调，以量化目标牵引问题攻坚，构建"及时发现问题—深入分析面上问题—及时出台政策—快速解决问题"的工作闭环。二是建立对口联系机制。由班子成员对口联系督导1—2个市的政策落实情况，常态化开展大服务大督查大抓落实活动，主动赴企业、基层送政策、送服务，做到抓落实与强服务结合、提效能与听民意并举，加快政策落实。三是建立月度晾晒机制。围绕专项债券使用进度、留抵退税以及重点政策落实情况，探索构建月度晾晒机制，动态晾晒各地工作开展情况，推动各地加快工作进度，营造争先创优的良好氛围。四是建立政策储备机制。进一步挖掘政策潜力，从纾困减负、稳岗稳就业、保障民生等方面加强政策研究和储备，突出精准、可持续，根据形势发展和省委、省政府部署，适时出台增量政策，下好先手棋，打足提前量，确保政策、资金跑在风险、困难前面。五是建立绩效评价机制。以企业和群众获得感、满意度为标尺，密切跟踪政策实施情况，对重大政策进行绩效评价，不断提高政策实效性，确保每一项政策都能发挥出最大作用。

打好资金保障、风险化解组合拳。将稳收支、稳运行放在突出重要位置，统筹好退税减税和组织收入工作，为一揽子政策落地提供坚实的财政支撑。一是千方百计稳定收入。要提高政治站位，充分认识大规模退税减税是财政部门应对经济下行压力的主动作为，正确看待收入增速回落，坚定不移地将退税减税政策落实到位，坚决不收过头税。要建立每月专题研究财政收入形势工作机制，全面分析预判收入形势，把握好收入力度和节奏，努力为全国大局多作贡献。二是千方百计优化支出。要高度关注收支运行中的突出问题，在动态变化中平衡好财政预算，确保运行安全。进一步树牢铁心过紧日子的思想，建立过紧日子清单和公务支出正负面清单，严控和压减非刚性非重点项目支出，降低行政运行成本。建立健全结转结余资金按季清理收回机制，对年度执行中确实不需使用的资金，按规定调整用于经济社会发展以及疫情防控等亟需资金支持的领域。三是千方百计兜牢底线。对新出的政策要加强资金测算，及时保障好资金需求，避免出现缺口。要严肃财经纪律，杜绝弄虚作假、数据造假，以硬碰硬的措施、实打实的成绩来推动工作。要完善库款运行监测机制，自动实施红橙黄"三色"预警，及时分析研判异常情况，分类精准督导应对。要完善"三保"执行动态监控和风险预警机制，构建市县财政困难程度评价体系，实现市县分类跟踪，并建立"三保"托底提低机制，夯实财政安全运行的基础。

（刊于《中国财政》2022年第13期）

以走在前列的政治担当奋力扛起共同富裕示范区建设探路者和模范生的政治责任

浙江省财政厅党组书记、厅长　尹学群

高质量发展建设共同富裕示范区是习近平总书记亲自谋划、亲自定题、亲自部署、亲自推动的重大战略决策，是习近平总书记、党中央赋予浙江的光荣使命。财政是国家治理的基础和重要支柱，在高质量发展和共同富裕中起着举足轻重的作用，要以走在前列的政治担当，奋力扛起共同富裕示范区建设探路者和模范生的政治责任，以优异成绩迎接党的二十大胜利召开。

大胆假设、仔细求证，研究探索共同富裕示范区建设的财政路径

深入贯彻习近平总书记重要讲话精神和浙江省共同富裕示范区建设推进大会精神，在全省财政系统开展"高质量发展建设共同富裕示范区奋进年"行动。主要目标是实现"三个一批"：一是打造一批标志性成果。坚持国家所需、浙江所能、群众所盼、未来所向，着力打造一批具有全国影响力、浙江辨识度的财政标志性成果。二是探索一批体制机制改革。聚焦缩小"三大差距"、促进社会公平，在农业转移人口市民化、迭代升级绿色发展财政奖补机制、26县高质量跨越式发展等领域率先探索突破，为全国创造浙江经验。三是谋划一批重大改革方案。聚焦破解共同富裕普遍性难题新题，研究谋划财政事权和支出责任划分、扩中家庭增收、"钱随人走"、基本公共服务保障标准体系等牵一发动全身的改革方案。

在实施过程中把握好“四部曲”：一是勇于担当，力争走在前列。树立“走在前列”的意识，谋划“走在前列”的举措，打造“走在前列”的成果，以“走在前列”的政治自觉，主动研究谋划共同富裕示范区建设的重大改革重大政策，在理念上实现从单纯服务保障向主动引领推动的跃升。二是大胆假设，勇闯“无人区”。加强理论研究和创新，把原有的体系研究透，对照共同富裕的目标，查找存在的问题，研究初次分配、再分配、三次分配协调配套的基础性财税制度安排，实现从发展型向共富型财税政策体系的转变。三是仔细求证，找准“小切口”。从操作性、可行性出发，寻找具有主导性、突破性、牵引性、示范性的“小切口”和抓手，将“大胆假设”转化为实实在在的可落地的成果。同时，坚持尽力而为、量力而行，不能一味地靠加大财政投入，而要更多依靠体制机制创新，充分发挥市场和社会力量，形成“四两拨千斤”的合力。四是试点突破，打造标志性成果。建立省市县协同推进机制，通过揭榜挂帅，选择部分市县、部分群体先行先试，在体制机制创新等方面率先取得实质性突破，创造可复制、可推广的经验。

深入实施“八大行动”，奋力交出共同富裕财政高分报表

（一）实施理论创新引领行动。以理论创新为引领，汇聚省市县财政部门以及智库力量，开展“1+N”研究。“1”是构建有利于共同富裕的财税政策体系研究，推动构建财政的“四梁八柱”。“N”是若干个小切口的深度研究，包括“扩中提低”的财政路径、强村富民集成改革、三次分配财税政策、公共服务均等化、生态产品价值实现机制研究等。

（二）实施共富型财政体制迭代升级行动。以体制优化为抓手，形成区域协调发展的浙江经验。一是突出高质量发展。完善财政收入奖补政策，将奖补向高质量发展的地区倾斜；研究山区26县财政专项激励政策，促进26县增强内生发展能力。二是突出共同富裕。动态调整转移支付分类分档体系，在保持总体稳定的前提下，研究动态调整和退档奖励机制；进一步加大区域统筹发展激励奖补力度，提升区域中心城市辐射能力和跨区域事务合作治理能力。三是研究打造绿色发展财政奖补机制升级版，结合碳达峰碳中和及生态产品价值实现机制试点建设要求，研究生态保护补偿引导性政策和激励约束措施。

（三）实施“扩中提低”财政攻坚行动。以“扩中”为突破口，形成财政重大改革方案，提高“扩中”家庭的收入和生活水平。一是加强调研。通过大调研，摸清低收入家庭的基本情况，研究提出“扩中”家庭的共富标准、政策框架、实施方案等。二是探索构建以家庭为单位的共富财税政策体系，推动更多家庭进入中等收入群体行列。三是支持构建高质量就业创业体系。完善就业财政帮扶机制，推进激发创业创新活力集成改革，有针对性地增加重点群体收入。

（四）实施强村富民财政政策体系重塑行动。以集成改革为手段，着力增加农民收入。一是实施以村为单位的综合性财政支持政策改革试点。创新完善“财政+金融”“政府+市场”的财政支农新机制，开展一事一议财政奖补支持打造共富村，探索完善涉农资金统筹整合长效机制。二是优化村集体资产管理。研究完善村集体资产核算、经营、处置、收益分配等相关制度，探索集体经营性建设用地入市增值收益分配机制。三是探索发挥共富型采购引导作用。积极引导全省各级党政机关、国有企事业单位、社会团体等采购山区26县和海岛地区特色产品和服务，稳定就业、促进增收。

（五）实施公共服务优质共享行动。以均等化为目标，探索公共服务优质共享的财政路径。一是建立基本公共服务保障标准体系。健全统一的民生支持标准备案制度，探索建立市县基本公共服务保障情况评估机制，研究财政承受能力评估机制。二是研究“钱随人走”制度体系。在卫生、教育领域率先开展改革试点，提高转移支付分配的合理性和精准度。三是建立农业转移人口市民化财力保障机制。健全“人钱挂钩”财政激励机制，完善省对市县转移支付制度和农业转移人口市民化奖补机制，促进农业转移人口市民化工作提速增效。

（六）实施“一老一小”财税政策创新行动。以“一老一小”为主攻方向，提高财税政策的针对性实效性。一是开展育儿友好型财税体制机制改革试点。降低家庭生育养育成本，推动三孩政策落地。二是开展老年友好型财税体制机制改革试点。研究完善城乡居民基本养老保险制度，探索建立基本养老服务目录清单制度和居家社区养老服务中心运行保障长效机制等。

（七）实施困难群体托底保障行动。以“保基本、兜底线”为原则，加大困难群众帮扶力度，共富路上一个也不能少。一是完善基本生活保障制度，探索建立低保标准合理确定和动态调整机制。二是研究扩大专项救助政策的覆盖面。三是加大发展型救助力度。提升低收入家庭教育、医疗、住房救助措施，强化就业培训和服务，增强家庭自身的保障和发展能力。

（八）实施三次分配财税改革突破行动。以政策为引导，促进公益慈善事业加快发展，更好发挥三次分配在共同富裕中的作用。一是推动完善慈善税收支持政策体系。研究优化公益性捐赠税前扣除资格认定流程，完善对慈善机构非营利组织认定，便利其享受税收政策。二是打造“浙里捐赠”数字平台。探索建立善款上链、过程存证、信息溯源的捐赠生态闭环，达到善款流向的全流程透明。三是拓展“公物仓”功能，共建“浙里公益仓”，发挥国有力量在公益慈善事业中的引导作用，逐步开放接受个人、企业、社会闲置资产捐赠，带动社会各方力量参与公益事业。

（刊于《中国财政》2022年第6期）

以变革型财政组织建设为抓手 体系化推进人才队伍建设

浙江省财政厅党组书记、厅长　尹学群

近年来，浙江省财政厅党组深入贯彻落实习近平总书记重要讲话精神和中央人才工作会议精神，以及财政部党组有关人才工作要求和全国财政系统人才工作会议部署，坚持党管人才，不断强化"人才是第一资源"理念，按照"事业为上、以用为本"要求，加强系统谋划，以变革型财政组织建设为抓手，聚焦提升干部重塑变革能力，持续推进重塑财政收支高质量可持续运行体系、集中财力办大事财政政策体系、高质量发展财政保障制度体系、全生命周期公共服务供给体系、全面预算绩效管理体系、财政风险防控体系等"六大体系"，实施政治能力提升、整体智治融合、争先创优领跑、破难攻坚亮剑、财政文化引领、自我革新强基等"六大工程"，按照"一年重点突破、两年深化提高、三年基本建成"的总目标，在全省财政系统实施建设变革型财政组织三年行动计划，全力打造高素质专业化财政人才队伍。

坚持党对人才工作全面领导，高站位谋划人才队伍建设

一是强化政治引领。将政治建设作为首位建设，将政治能力作为首位能力，深入学习习近平总书记一系列重要讲话精神，及时将贯彻落实中央人才工作会议精神作为厅党组会议"第一议题"进行传达学习，统筹推进人才工作和干部工作，以领导班子配备和干部队伍建设需求指引人才队伍建设方向，以人才队伍建设加强优秀干部资源储备。

二是强化顶层设计。出台加快建设变革型财政组织实施意见，制订三年行动计划，印发变革型财政组织创建试点工作方案。成立由厅长担任组长的全省财政系统变革型财政组织创建领导小组，全面指导创建工作。各级财政部门积极构建"党组（党委）书记亲自抓，分管领导具体抓，处（科）室和单位协同抓"的工作机制，形成工作合力。

三是强化系统联动。以组织联动、业务联建等为主要抓手，加强干部人才工作上下联动。把变革型财政组织创建试点工作、人才库推荐工作等纳入省对市县财政管理绩效考评，以考评促工作，充分激发市县财政部门争先创优、选育人才的积极性。

坚持围绕财政中心工作，高层次推进财政人才工作

一是着力建好头雁队伍。加强领导班子建设，强化系统观念、系统思维，打造"领头雁"队伍，增强引领带动变革的能力。编印习近平总书记关于财政工作重要论述，深入学习领会，作为财政工作重要遵循。围绕年度重点工作和热点问题，每年举办市县局长培训班；开展"百名局长研百题"，协同研究推进高质量发展建设共同富裕示范区。

二是着力建好菁雁队伍。围绕高质量发展建设共同富裕示范区、数字化改革、乡村振兴等大事要事，分级分类实施干部能力提升工程，丰富教学方式，强化"靶向培训"。常态化开展业务大比武，补足知识弱项、能力短板和经验盲区，提升财政干部专业能力和整体知识水平。整合人力资源，通过专班攻坚、"集结令"等形式，运用赛马晾晒、积案销号等机制，破解急难险重任务或历史遗留难题等。

三是着力建好雏雁队伍。定期开展新进人员入门教育，实施新进人员"青蓝工程""以师带徒"成长导师制等，帮助年轻同志快速成长。组建"浙江财政8090宣讲团"，以讲促学，以学促用，锻炼开口能说、提笔能写、问策能对、遇事能办的综合能力。丰富年轻干部培育方式，通过感悟财政历史、传承财政精神、开展专题辅导、组织结对引领等，从严从实加强年轻干部教育管理监督，提升政治素质。

坚持目标导向，高效能构建人才选育用机制

一是建立人才选拔机制。浙江省在全国率先建设财政专业人才库，面向市县财政部门择优选才入库，完善入库人才评价机制，分类制订量化评价指标，实施动态调整。目前共有预算管理、财政监督等9个人才库，在库人员457名。积极参加财政部专业人才库选拔，择优推荐系统内业务骨干，已入选人才库人员30名。

二是建立争先创优机制。树立"没有领先就是落后，没有特色就是问题，没有用心就是懒政"的理念，强化争先创优意识。开设"荣誉之光"专栏，营造比学赶超氛围。建立健全特色工作申报考核机制，推进最佳实践、总结最佳案例，形成财政标志性成果，锻造"靠得住""谋得深""做得实"的干部人才队伍。

三是建立多跨协同培养机制。推动打造跨部门合作联盟，通过与财政部、高校、科研院所建立固定合作关系等多种形式，建立重大课题研究机制、决策咨询例会机制、理论阐释传播机制，大成集智着力破解普遍性难题新题，拓宽理论与实践的转化通道，打造共同富裕示范区财政"最强大脑"。开展"青春建功、共富有我"系列活动，组建系统"共同富裕财政青年智库"，坚持问题导向，开展"小切口深研究"，提供决策参考。

厅党组紧密结合财政职能和队伍实际，全省一体推进变革型财政组织建设，人才队伍增效明显。一是政治能力明显提升。各级财政自觉把政治建设摆在首位，不断强化"财政部门首先是政治机关，其次才是业务机关；首先是宏观管理部门，其次才是微观操作部门；首先是参谋部，其次才是保障部"的认识，立足党和国家事业发展大局，谋划推动各项工作。浙江省财政管理工作连续6年获得国务院督查激励。"省市县乡四级财政机关党建系统联动"经验被浙江省直机关工委在全省推广。二是创新能力显著提高。面对高质量建设共同富裕示范区、数字化改革等"深水区""无人区"，突破惯性思维，勇于创新，积极向财政部沟通汇报，协同研究推动建立共同富裕的财政体制机制，在财政部支持下出台了《支持浙江探索创新打造财政推动共同富裕省域范例的实施方案》。财政数字化改革重大应用建设稳步推进，在全国率先上线全省电子发票（票据）综合服务平台，改革进度居全国第一；"浙里缴费"累计提供缴费服务突破3亿人次，服务人次和收缴资金居全国第一；“政采云”已推广至18省（区、市）1300多个行政区划，累计交易额突破1.7万亿元；“浙里捐赠”入选2022年省委改革办数字社会一本账。三是专业能力整体提升。根据浙江省实际，搭建专班攻坚，项目化、清单化推进重大改革重大任务，既保障重点难点工作顺利开展，又促进各层次优秀人才厚植专业素养。预算编制人才库组建工作专班，部省联动，牵头研究全国地方预算支出标准制定，形成《预算支出标准制定办法》《分类别的预算支出标准制定细则》等4个办法。预算管理一体化系统建设、预算绩效管理、财政监督评价等多项工作在财政部考核中稳居全国前列，预算指标账工作在全国率先试点，为财政部建立全国规范的预算指标核算制度探索经验。

（刊于《中国财政》2022年第19期）

探索构建“1+4”家庭型财税政策体系 助力橄榄型社会构建

浙江省财政厅党组副书记、副厅长、一级巡视员
王广兵

党中央和国务院赋予浙江高质量发展建设共同富裕示范区的政治使命，要求浙江先行先试，率先探索缩小三大差距、构建橄榄型社会的有效路径。根据省委、省政府“要推动公共政策从以个体为主向以家庭为单位转变”的要求，以家庭为切入点，精准识别目标群体，探索构建了“增收型”“共享型”“减负型”“补偿型”等四位一体的家庭型财税政策体系。

一、明确中等收入“标准家庭”，精准识别目标群体

1.明确一个标准。为更好实现以家庭为单位的扩中提低，有效扩大中等收入群体规模，在实地调研的基础上，提出了中等收入“标准家庭”概念，明确了“收入有基础、资产有积累、生活有保障”的中等收入家庭衡量标准。一是收入有基础。以家庭人均可支配收入为标准，参考浙江省上年度居民人均可支配收入中位数乘以适当权重作为中等收入家庭的上下限。二是资产有积累。以浙江省家庭年人均可支配收入的1.5倍为标准，明确中等收入家庭储蓄存款标准。三是生活有保障。住房保障方面，以拥有1套及以上住房为标准，且人均建筑面积不低于统计部门公布的上年度浙江省人均住房建筑面积。社会保障方面，家庭夫妻双方退休后有一定保障，家庭成员均参加医疗保险，实现应保尽保，保障水平不能过低。

2.实施一项工程。精准识别目标群体，实施精准画像工程，找到“人在哪里”。一是实施数据融通工程，建立综合人员家庭信息库。以公安户籍人口数据为基础，关联民政婚姻登记数据、卫健新生儿数据等形成相对完整的家庭成员结构数据集。进一步融合民政、人社、卫健、医保、残联、教育等部门数据实现对家庭及成员的多维打标，标签包含年龄、政治面貌、教育、技能、房产、地域、健康、行业等人员特征，并同步低保、低边、特困及临时救助等民政已认定的家庭数据。二是建立目标家庭模型库，推进动态监测分析。通过综合信息库科学合理界定重点群体和低收入家庭范围。通过建立公积金结算模型、医保结算模型、社保结算模型、保障补贴收入模型等测算家庭收入，参照民政低保低边审核机制，再进一步进行房产、金融（存贷款）、车船、第一产业（土地）等多项专项核算和筛减，建立目标家庭筛选模型，合理界定重点群体和范围；建立动态监控分析机制，重点实时监测和分析家庭收支的动态变化和趋势，以防家庭因病因困返低，有效推进“扩中”“提低”。

二、打造“增收型”家庭政策体系，鼓励“勤劳创新致富”

1.明确稳岗稳就业导向，完善就业帮扶政策体系。一是探索实施与企业稳岗扩岗相挂钩的财政补贴、贷款支持等政策，鼓励企业稳定用工。探索将社保费缴纳规模纳入“亩均效益”评价指标体系，更全面体现企业解决就业的主体责任和社会贡献。二是完善就业重点群体帮扶政策。将符合条件的零就业人员纳入公益性岗位安置范围，加大开发公益性岗位，增加绿色生态类、社区服务类、道路维护类等岗位就近安置相对能力较弱的劳动力。提高就业援助精准度，确保零就业家庭主要劳动力实现稳定就业。实施高校毕业生就业创业促进计划，落实社保补贴、就业补贴、职业培训补贴等支持高校毕业生多渠道就业，拓展困难毕业生求职创业补贴范围。

2.强化创业风险担保，建立创业支持政策体系。一是完善创业政策，推进激发创业创新活力集成改革，有针对性地增加高校毕业生、技术工人、进城农民工、小微企业和个体工商户等群体收入。鼓励各地建立以创业带动就业为主要支持方向的创业引导基金，优化创业担保贷款和财政贴息政策，适度提升创业担保贷款额度，解决创业融资难、融资贵的问题，推广创业导师制度。二是创新农村集体经济发展新模式。探索将农村经营性项目财政补助资金按一定比例折股量化到农户家庭，强化低收入农户创业的启动资金保障；探索建立农村家庭资产池，对农户家庭扩大生产、创业实行免担保制度。

3.坚持强能力强兜底原则，优化职业服务供给机制。一是完善职业培训补贴政策，健全面向全体劳动者的终身职业技能培训制度，支持对法定劳动年龄内有就业要求和培训愿望且履行就业失业登记义务的重点群体参加就业技能培训，并给予就业技能培训补贴。特别要加大对农户、新就业群体等重点对象有针对性的培训课程开发力度，按需培训、精准培训。创新培训支持机制，推广职业培训券制度。二是扩大参保覆盖面。探索完善适应新就业形态的参保缴费政策，扩大社保政策的宣传力度，引导更多新就业形态从业人员参与社会保险。探索建立新就业从业人员职业伤害保障办法，通过工伤保险扩面和商业保险的补充形式，提高其抵御职业风险能力。

三、打造“共享型”家庭社保制度，增强风险抵御能力

1.提升保障水平，优化完善基本医疗保险制度。一是完善职工基本医疗保险和城乡居民基本医疗保险制度，完善重特大疾病医疗保险和救助制度，健全困难人员大病保障倾斜机制，提升目标家庭医疗保障水平。完善城乡居民基本医保自主缴费机制，结合经济社会发展实际探索扩大城乡居民基本医保资助缴费范围。二是完善个人账户家庭共济制度。扩大个人账户家庭共济使用范围，个人账户结余资金可用于家庭成员参加城乡居民基本医保缴费、由个人承担的门诊医疗费用和住院医疗费用、购买商业健康保险等支出。

2.提升共享水平，打通家庭共济共享通道。持续推进大病医保共济共享，探索以家庭为单位的大病保险起付线和封顶线共济保障机制，对困难群众家庭和扩中家庭按照个人起付线的一定倍数计算家庭起付线；按照家庭所有成员个人封顶线之和一定比例计算家庭封顶线，有效打通家庭共享通道。

四、打造“减负型”家庭政策体系，优化公共服务供给

1.减轻生育负担。完善生育保险政策，扩大制度保障范围，将灵活就业人员等纳入生育保险范围，按规定落实生育医疗费用报销和生育津贴待遇。探索建立良性互动的生育养育成本共担机制，出台0—3岁以下婴幼儿照护政策，鼓励各地根据当地实际，对三周岁以下的婴幼儿家庭给予育儿津贴、托育费用补助等，减轻婴幼儿家庭托育费用负担。制定出台女性产假期间社会保险补贴政策，对用人单位为女性产假期间缴纳的社会保险费给予适当补助。积极探索根据企业育龄妇女的比例等情况给予企业所得税减免政策。

2.减轻教育负担。积极开展城乡义务教育共同体建设，推动城乡校长、教师轮岗交流，推进中小学教师培训改革，优化基础教育资源配置，推进城乡义务教育优质均衡发展，完善“双减”政策体系，扩大困难学生教育救助范围，充分保障目标家庭就学权益。

3.减轻就医负担。支持建立健全医疗机构间医学检查检验结果互认共享机制。实施城乡居民“三免三惠”健康行动，优化城乡居民健康体检项目，开展重点人群重大疾病筛查。推进“浙里医保”商业补充医疗保险，探索研究基本医保外高额医疗费用的补偿机制。健全优质高效整合型医疗卫生服务体系，深入推进县域医共体、城市医联体建设，推动城市大医院与县级医院建立合作帮扶和远程医疗制度。

4.减轻住房负担。完善保障性住房的支持政策，鼓励通过商品房配建、购买等形式加大公租房房源筹集力度，引导企业等社会力量投资建设小户型、低租金的保障性租赁住房，因地制宜合理调整公租房租赁补贴标准，实行实物保障和货币补贴并举，对城镇户籍低保、低收入住房困难家庭依申请应保尽保，鼓励有条件的市县将保障范围从城镇户籍困难家庭逐步扩大到城镇常住人口困难家庭。探索扩大住房公积金制度覆盖面，开展灵活就业人群等群体缴存住房公积金改革试点。以家庭为单位，加大居民住房保障契税优惠力度，提高人均面积免征额度。

5.降低养老负担。探索建立基本养老服务目录清单制度和居家社区养老服务中心运行保障长效机制，深化推进长期护理保险制度试点，普遍建立失能失智老人长期照护综合保障制度，减少养老服务支出。深入推进医养结合发展，完善医养结合支持政策、医保支付政策。

五、打造“补偿型”家庭制度体系，强化制度兜底保障

1.构建更加积极的家庭型社会救助制度。一是根据经济社会发展水平和物价上涨幅度等因素，动态调整最低工资标准，确保最低工资标准增幅与GDP、社会平均工资等因素增幅保持联动，直接有效推动一线劳动者基本工资和加班工资的增长，切实提高低收入扩中家庭的工资收入水平。二是优化彩票公益金的使用导向。完善福利彩票公益金使用管理，进一步明确福利彩票公益金“扶老、助残、救孤、济困”使用导向，加大对扩中家庭的倾斜力度，特别是加强对扩中家庭中符合条件的老人提供家庭适老化改造、节日走访慰问等特殊困难老人探访关爱服务。此外，为有残疾人家庭提供无障碍设施及家庭无障碍改造支持，满足其正常生活需求。三是拓展家庭救助内容。从解决家庭物质基本需要增加到精神方面的需求，制订社会帮扶服务目录清单，实行“物质+服务”的救助方式，鼓励社会力量参与，为低收入家庭成员提供心理慰藉、探访照护、社会融入、生活指导等服务。

2.重塑更加科学的家庭型个税制度。一是健全完善税前扣除政策。摒弃“一刀切”的费用扣除额标准，将综合部分的费用扣除改为基本扣除与特别扣除相结合，将自住房贷款利息费用扣除、特定教育费用扣除、特定医疗费用扣除、子女附加费用扣除、残疾人费用扣除等纳入特别扣除额。统筹考虑家庭实际支出负担，完善个人所得税的专项附加扣除项目体系，适时调整专项附加扣除项目范围和标准，增加婴幼儿养护费用、残疾家属养护费用、商业养老和补充医疗保险支出、多子女激励等专项附加扣除项目。二是研究负所得税制的可行性。测算阶段性负所得税率，对达不到个税起征点且具有劳动能力的家庭，实行负所得税率逐步退坡递减，直至为零，通过“以奖代补”，鼓励其通过增加劳动供给来增加家庭收入，推动提低目标有效实现。

（2022年12月8日）

预算绩效管理助力“绿色包容韧性发展”的浙江样本

——在财政部和亚洲开发银行联合主办“2022亚洲评价周”国际论坛上的交流发言

浙江省财政厅副厅长、一级巡视员　陈焕昌

浙江是习近平新时代中国特色社会主义思想重要萌发地。2021年5月，党中央、国务院赋予浙江高质量发展建设共同富裕示范区的光荣历史使命，这是习近平总书记亲自谋划、亲自定题、亲自部署、亲自推动的重大战略决策。财政部高度重视支持,出台了支持浙江省打造财政推动共同富裕实施方案;在此基础上,又建立并升格了省部协同研究机制,共同研究有利于共同富裕的基础性制度安排。浙江财政坚决扛起"经济大省要勇挑大梁"的政治担当,接连出台实施多轮稳经济政策,构建有利于共同富裕的财政政策体系,为共同富裕示范区建设提供全方位的引导、支撑和保障。

绩效是财政管理的生命线。近年来,浙江预算绩效管理工作紧扣共同富裕示范区建设的各项目标任务,在全面落实预算绩效管理三年行动计划的基础上,深化预算绩效管理改革,构建了全面预算绩效管理制度,以"小切口、大转变"为突破,实施了158项改革试点,有力推动财政资金聚力增效,巩固共富基础。聚焦本次论坛"绿色、包容、韧性增长"主题,简要介绍浙江财政的实践做法和取得的积极成效。

一、让绿色成为发展最动人的色彩

浙江是"绿水青山就是金山银山"理念的重要发源地。10多年以来,浙江财政始终坚持打好财政政策组合拳,系统化构建了"有奖有罚、激励与约束相结合"的绿色发展财政奖补机制,守好绿水青山,打造金山银山。

*一是坚持将绩效导向贯穿绿色奖补机制。*按照习近平总书记"要逐步建立健全生态补偿机制"重要论述,浙江财政创新绿色发展财政体制机制,实施"绿水青山就是金山银山"财政专项激励政策,建立流域上下游横向补偿试点,助推浙江省成为全国首个通过国家生态省建设试点验收的省份。绿色发展财政奖补机制荣获财政部"贯彻落实中央重大决策部署、深化财政改革发展的生动案例"一等奖。世界银行贷款浙江农村生活污水处理系统及饮水工程建设项目,荣获世界银行"副行长奖",是本次全球评选活动获奖的2个中国项目之一。

*二是坚持把绩效理念融入低碳转型财税政策体系。*牢记习近平总书记"中国将力争2030年前实现碳达峰、2060年前实现碳中和"这一庄严承诺,浙江财政于2022年6月出台《关于支持碳达峰碳中和工作的实施意见》,率先提出构建1个目标、4个政策工具、N个领域的"1+4+N"财政政策体系,建立碳排放财政奖惩机制,优化相关转移支付支持重点,形成绿色低碳发展财政政策体系,成为全国首个发布财政支持"双碳"政策的省份。

*三是坚持以绩效评价推动财政政策迭代升级。*不断完善多层级评价机制,对"绿水青山就是金山银山"财政专项激励政策开展重点绩效评价,指出部分地区存在将激励资金当作单纯财力补充、项目资金使用分散等问题。根据评价情况,迭代升级"两山(一类)"财政政策,实施区域协调财政专项激励政策,政策目标从补齐低收入农户增收促进、基本公共服务有效供给两大短板,向创新农业产业化发展、乡村振兴,全面推进农业农村高质量发展转变。

二、让包容成为发展最和谐的声音

共同富裕是社会主义的本质要求,是人民群众的共同期盼。习近平总书记强调,要在高质量发展中促进共同富裕,提高发展的平衡性、协调性、包容性。财政作为国家治理的基础和重要支柱,在高质量发展和共同富裕中起着举足轻重的作用,更要以走在前列的政治担当,扛起示范区建设探路者和模范生的政治责任。

*一是聚焦高质量发展。*以绩效为核心,构建起省市县三级全覆盖的集中财力办大事政策体系,实施"优进、劣退、杂整"的政策体系动态调整体制,增强重大战略、重大产业、重大政策的财力保障。2021年,浙江财政首创开展集中财力办大事财政政策全面绩效审查,涉及33个部门142项大事政策,对不符合规划和战略目标的予以退出,对重叠交叉的予以整合,切实保障大事中的大事,以全方位的资金统筹筑牢共同富裕的底盘。

*二是聚焦共享发展。*在"做大蛋糕"的基础上"分好蛋糕",浙江财政率先出台《"钱随人走"制度改革总体方案》,在省级教育、卫生领域率先启动试点,并上升为财政部的改革试点。以科学性、可测性、实用性为原则,建立转移支付资金使用绩效评价体系,聚焦公共服务领域项目的获得感和满意度,通过设定个性化评价指标,力促转移支付分配更精准、市县财力保障更均衡、基本公共服务水平更均等。

*三是聚焦协调发展。*建立均衡性转移支付稳定增长机制,以缩小区域差距、城乡差距、收入差距为主攻方向,出台深化预算管理制度改革的实施意见,提出6方面24条改革举措。积极推进重塑强村富民财政政策体系,统筹安排财政资金,支持推进强村富民乡村集成改革。通过"系统联动、重点突出、分类实施"的绩效评价机制,着力推动财政支持"大三农"政策的系统集成和资金清理整合,为强村富民注入强大动力。

三、让韧性成为发展最恒久的风景

当前,我国经济发展环境的复杂性、严峻性、不确定性上升。浙江财政深入贯彻习近平总书记"疫情要防住、经济要稳住、发展要安全"的重要指示精神,采取了一系列有力举措,以财政政策的"实"和"效"努力实现发展的"稳"和"进"。

*一是打好政策落实组合拳。*将稳经济稳增长作为工作的重中之重,深入实施稳进提质"八大攻坚行动",财税政策"能出尽出",留抵退税"早退快退",专项债券"快发快达",纾困政策"早兑快兑"。浙江财政以绩效监控为重点,持续跟踪督查稳经济一揽子财政政策在减轻企业负担、增强企业活力等方面的效应,对兑现速度慢、目标完成情况不理想的政策实施预警,及时督促纠正政策执行中存在的问题和弱项,推进政策直达快享、精准发力、落地见效,确保花好每一分钱。

*二是打好资金保障组合拳。*在当前财政减收和增支矛盾突出的背景下,"零基预算"是管好、分好、用好政府钱袋子的重大改革举措。浙江财政构建"资金全覆盖、项目全梳理、结果全运用、来源全统筹"的管理新模式,建设形成"目标、指标、审核、评价"四个体系组成的全过程管理机制,通过实施零基预算管理改革,优化资源配置,提高资金使用效益,切实增强财政可持续发展的内生动力。

*三是打好风险化解组合拳。*强化专项领域绩效管理制度建设和绩效评价。出台政府专项债券项目资金绩效管理办法,推

动提升债券资金配置效率和使用效益,防范化解政府债务风险。以绍兴市为试点,在全国率先开展社保基金绩效评价,探索形成7套社保基金绩效评价指标体系和1个评价办法,强化社保基金财政监管。通过开展亚运会训练场馆提升改造项目审核、公共区域视频监控共建共享等"小切口"绩效评价,促进专项领域财政资金提质增效。

下阶段,将以预算绩效管理改革为动力,着力提升"三个绩效":

一是进一步提升财政资源配置绩效。加强财政资源统筹,完善集中财力办大事政策体系,对新纳入的重大政策开展事前绩效评估,完善中期评估机制,建立目标实质性审核机制,健全绩效评价和激励约束机制,更好地发挥绩效优化资源配置的作用。

二是进一步提升部门整体绩效。在已经对94家省级部门开展"事前评估、目标编制、事中监控、事后评价、结果应用"等"五维度"画像的基础上,建立部门过紧日子的评估机制,构建形成"可量化、可考核、可比较"的部门整体绩效评价体系,提升部门资金使用绩效。

三是进一步提升数字财政管理绩效。突出制度重塑,强化数字财政顶层设计,深化应用预算管理一体化系统,以"财政大脑"为依托,加快"浙财有效"应用建设,探索绩效管理成果数字化展示和智能分析,将绩效数字化改革优势转化为财政治理效能。

(2022年9月13日)

奋力开创财政支农工作新局面 为全面推进乡村振兴提供坚强后盾

——在全省财政支持乡村振兴推进共同富裕培训班上的讲话(摘要)

浙江省财政厅党组成员、副厅长　沈　磊

一、将学深悟透习近平总书记关于"三农"工作重要论述与深入贯彻省第十五次党代会精神紧密结合,奋力推进"两个先行"

(一)深刻认识"三农"作为全党工作重中之重的战略地位,增强推进农业农村现代化先行的政治意识

深入把握新发展阶段"三农"工作的历史方位和战略定位,主动对标省党代会赋予农业农村的新使命新任务,在推进"两个先行"中不断提升和锤炼政治判断力、领悟力、执行力,进一步凝聚全面推进乡村振兴、加快农业农村现代化的共识和合力,把中央和省委、省政府关于"三农"工作的重大决策部署,通过政策、资金和项目落细落实、落地见效,坚决支持保障农业农村优先发展。

(二)深刻认识缩小"三大差距"这一做好"三农"工作的内在要求,找准财政支农工作着力点

着力解决发展不平衡不充分问题,紧紧围绕区域协调发展、城乡公共服务均等化、农民增收等方面的重点、难点和关键点,厘清政府与市场边界,谋划一批重大政策、推动一批重点改革、找准一批重大抓手,确保财政支农政策更加精准有效。

(三)深刻认识乡村振兴这一新时代"三农"工作的中心任务,全力保障"三大行动"

全面实施乡村振兴战略,聚焦农业"双强"、乡村建设、农民共富"三大行动",进一步迭代优化新一轮集中财力办大事财政政策体系,着力推进政策集成、资金集聚、项目集中,保障乡村振兴示范省建设各项重点工作、重大任务顺利实施。

二、全面贯彻落实中央和省"三农"决策部署,财政支农工作取得显著成效

(一)持续加强"三农"投入财政保障

1. 继续加大"三农"财政投入力度。坚持农业农村优先发展,进一步健全投入保障机制,确保财政投入与高水平推进农业农村现代化任务相适应。认真谋划土地出让收入用于农业农村的政策措施,拓宽实施乡村振兴的资金渠道。持续推进涉农资金统筹整合,多层次、多形式推进涉农资金实质性统筹整合。

2. 不断完善财金协同支农体系。强化财金政策协同,积极运用债券、担保、保险等金融工具,引导撬动多元化投入。开展基层政策性农业信贷担保服务创新试点,建立由当地政府、省农担公司和合作银行三方共担的风险分散机制。加快推进建立以数字担保为核心,政银担合作、省市县协同的政策性农业信贷担保体系,设计开发财政金融协同支农"浙里担+农e富"应用平台。

(二)有效保障重要农产品供给安全

1. 支持粮食等重要农产品稳产保供。研究制定《关于大力推进粮食生产降本增效的通知》等政策,筹措落实耕地地力保护、粮油规模种植、种粮农民一次性补贴、生猪养殖奖励等资金,切实加大力度支持农业生产稳定发展和农民持续增收。

2. 促进现代种业发展。制定出台《关于加强农业种质资源保护与利用的实施意见》,健全完善种质资源保护制度和政策保障体系。支持特色优势种质资源保护和开发利用,加强种子生产基地和种业创新平台建设。

3. 加强耕地保护和农业基础提升。整合粮食生产功能区提标改造和高标准农田建设资金,集中支持推进高标准农田和高效节水灌溉设施建设。制定出台《关于开展绿色农田建设的通知》,对试点范围内高标准农田建设和改造提升项目,省级财政亩均补助标准提高至3000-5000元,集中力量支持建设高标准农田样板区。

(三)全力支持现代农业高质量发展

1. 聚焦农业"双强"行动,制定出台《浙江省2021-2023年农机购置补贴实施意见》,加大丘陵山区和小型化、轻量化农机具应用支持力度。省级财政安排支持农业"双强"相关资金,重点支持丘陵山区宜机化改造、农机农艺融合示范试验基地和高标准农事服务中心建设,加快推进特色优势产业全程机械化发展。

2. 聚焦乡村振兴重点领域,创新谋划高质量发展项目载体。批复同意48个县(市、区)60个项目纳入省级乡村振兴产业发展和集成创新示范建设范围。继续支持农业产业集群、现代农业园

区、特色农业强镇等平台建设，推动乡村特色优势产业加快发展。

3. 聚焦农业绿色生态发展，支持质量强农绿色兴农。聚焦农产品质量安全，支持推进肥药“两制”改革和病虫害专业化统防统治等社会化服务，大力发展高效生态农业。

4. 聚焦渔业可持续发展，实施新一轮中央渔业发展补助政策，支持国家级沿海渔港经济区建设等，促进渔业绿色高质量发展。会同制定《关于促进远洋渔业持续健康发展的意见》，进一步加大远洋渔业发展支持力度。

5. 聚焦气象服务保障能力提升，支持气象监测预报能力提升工程建设，提升气象精准监测预报服务能力。支持覆盖城乡、区域均衡、全民共享的基本公共气象服务建设，打造基层气象防灾减灾救灾体系。

（四）扎实推进乡村建设和农民共富

1. 支持深化“千万工程”建设。推进新时代美丽乡村建设，重点支持历史文化（传统）村落保护利用和农村生活垃圾分类运维奖补，开展共同富裕新时代美丽乡村示范带建设。研究出台省级未来乡村建设财政奖补政策，强化未来乡村创建工作指导，协同打造共同富裕现代化基本单元。

2. 推进水利事业高质量发展。推进重大水利工程建设，大力支持海塘安澜工程建设，持续推进“百项千亿”重大工程建设。补齐农村水利基础设施短板，支持小型水库除险加固、中小流域综合治理、中型灌区配套改造等，进一步提升水利工程水旱灾害防御、供水保障和农业灌溉能力。推进农村水环境综合治理，支持中央水系连通及水美乡村试点县加快项目实施。

3. 推动巩固拓展脱贫攻坚成果与乡村振兴有效衔接。落实省以上财政衔接推进乡村振兴补助资金，支持山区26县等重点地区巩固拓展脱贫攻坚成果，促进低收入农户增收。争取中央彩票公益金支持欠发达革命老区乡村振兴示范项目资金，支持革命老区乡村振兴发展。牵头制定《关于加强财政衔接推进乡村振兴补助资金使用管理的实施意见》，强化衔接资金项目管理。修订完善低收入农户小额信贷管理办法，加大金融支持力度。

（五）不断强化财政支农资金管理

1. 完善财政支农资金管理制度。制订出台《浙江省农业相关转移支付资金管理实施细则》《浙江省中央财政农业生产和水利救灾资金管理办法实施细则》《浙江省财政衔接推进乡村振兴补助资金管理办法》《浙江省海塘安澜工程建设项目财政资金管理实施细则》等制度，规范支农资金管理。

2. 加强财政支农资金绩效管理。组织中央水利发展资金绩效评价、乡村振兴产业发展示范建设年度考核评价等，开展区域协调激励政策中期检查，不断提高项目和资金管理规范化水平。

3. 强化财政支农资金使用监管。组建财政支农重大项目监管工作专班，建立财政支农重大项目定期调度机制，实施项目常态化监督指导。持续跟进中央直达资金管理使用情况，加快资金执行进度。对全省农林水支出进行跟踪监控，加强预算执行分析，有力保障“三农”重点支出。

三、紧紧围绕全面推进乡村振兴争创农业农村现代化先行省，聚力推动财政支农工作再上新台阶

（一）加强统筹谋划，推进大三农政策体系变革重塑

1. 落实“国之大者”。推进财政支持“大三农”政策体系变革重塑，进一步建立健全财政支农资金投入稳定增长机制，以更加积极有为、更加精准有效、更加坚强有力的财政政策和资金投入保障。进一步提高站位，充分发挥财政职能作用，真正把解决好“三农”问题作为“重中之重”。认真落实调整完善土地出让收入优先支持农业农村的政策措施，稳步提高土地出让收入用于农业农村比例，确保完成中央对我省以及省对市县的考核任务。

2. 助力“两个先行”。通过政策梳理和反复迭代，已初步建立财政支持“大三农”“8+1”政策框架，即稳产保供、绿色安全、基础设施、农业“双强”、乡村建设、乡村治理、农民共富、财金协同等8个重点领域和综合性扶持政策1个大类。紧扣“两个先行”赋予农业农村领域的新使命新任务，突出粮食安全、稳进提质、强村富民等核心关键，系统重塑“大三农”政策资金扶持方向和支出结构，推动各项强农惠农富农政策落实落地。

3. 创新支农方式。加大力度引入竞争性分配和项目化管理模式，着力解决“因素法”分配不聚焦、不精准等问题。特别是针对农业“双强”行动、重大投资激励等资金，全力推行项目库管理制度，实行全流程管理模式，并配套建立项目调度机制和绩效晾晒机制，着力强化奖优罚劣。

（二）对标共同富裕示范区建设要求，探索构建共富型财政政策体系

1. 强化政策创设。针对当前发展不充分、不平衡等问题和农业农村共同富裕薄弱环节，要切实找准财政定位，主动谋划政策抓手，在有利于推动共同富裕先行的重要领域和关键环节上保持强度、持续发力，推动积极的财政政策更加积极有为，更加聚焦聚力。

2. 强化制度创建。聚焦重点区域和重点人群，特别是作为扩中主要对象的农户家庭，进一步总结梳理现有政策实施效果，并不断迭代优化，力争把点上推动农业农村共同富裕的经验做法上升为面上整体推进共同富裕的制度框架，探索形成财政支持乡村振兴、推动共同富裕的长效机制。

3. 强化机制创新。结合农村宅基地改革、农业标准地改革等契机，充分利用国有企业和国资平台在整合资源、专业运作、利益分享等方面的独特优势，因地制宜组建成立强村公司、农投公司，积极盘活利用闲置资产和资源，打造以产业为纽带、片区化组团式发展的乡村共富联合体，探索形成有效实现共同富裕的发展模式。

（三）对标数字化改革要求，充分发挥数字赋能变革重塑的作用

1. 创新担保业务模式。依托乡村振兴数据仓，利用大数据算法建设准入审核、综合评价和风险预警等系列模型，对农业主体进行精准画像，开展担保业务零人工干预的智能化审批，对保后风险实时预警监测，实现以信用评价代替抵押风控，以机器代替人工智能决策，有效破解农业融资“难贵烦”问题。

2.创新项目监管模式。利用现有农业经营主体数据库与信用评价模型，重点抓住“实施主体”和“实施地点”这两个关键，在项目立项和项目实施“两个环节”开展实时的“数据监管”，推动问题发现节点由“事后”向“事中”“事前”转移，从地方“自下而上”报送向省级“自上而下”推送转变，切实提高项目监管的及时性和有效性。

3.创新政策供给模式。借助“农e富”平台，打造全省统一的政策发布模块，推进财政支农政策核心要素的标准化解析，推动财政支农政策清单化、标准化、条目化，逐步实现财政支农政策的“主动推送”和“智能检索”。

（四）对标稳进提质发展要求，在稳住经济大盘中贡献“三农”力量

1.持续推进水利事业高质量发展。一是加快水利重大工程建设。加快重大建设项目，尤其是专项债券项目的指导督查力度，压实项目主体责任，推动新建项目尽快开工、在建项目加快进度。积极支持海塘安澜工程建设，全力做好“百项千亿”重大工程建设资金保障，提升防台御潮、江河防洪和平原排涝能力。二是补齐农村水利基础设施短板。加大力度支持大中型灌区节水改造、中小流域综合治理等，进一步提升水利工程综合能力。三是推进农村水环境综合治理。实施好水美乡村和幸福河湖建设中央试点项目，督促加快工程进度和资金执行。建立健全农饮水设施运维管护机制，促进工程长效运行。

2.牢固树立保障粮食安全底线意识。落实好种粮农民一次性补贴政策，启动实施2022年动态补贴，积极保障种粮农民合理收益。高度重视涉粮相关政策执行和落实，特别是耕地地力保护补贴、种粮农民一次性补贴等点多面广的普惠性政策实施，坚决守牢粮食安全底线。

3.努力扩大农业农村有效投资。探索建立农业农村重大项目投资激励机制，进一步引导市县积极培育和引进农业龙头企业等社会力量，撬动更多的国有资本、社会资本、金融资本投向农业农村重点领域。抓紧做好与农业农村部门的工作衔接，围绕未来田园创新、农产品精深加工、预制菜、农产品冷链物流、农机研发制造、数字化设施农业等支持重点，积极谋划好项目载体，推荐纳入省级农业农村重大项目库。

4.全力支持乡村宜居宜业。坚持规划引领乡村建设，合力补齐乡村建设短板。围绕乡村风貌整治提升，通过政策集成、资金整合，合力打造彰显“整体大美、浙江气质”的新时代“富春山居图”。围绕数字乡村建设，本着因缺补缺原则，需要什么建什么，进一步统筹规划项目布局，多渠道筹集建设资金，重点支持探索构建乡村大脑，迭代升级未来邻里、乡村智治等应用场景，努力打造共同富裕现代化基本单元。支持推进以集体经济为核心的强村富民集成改革，进一步激活农村资源资产，完善收益分配制度，加快推动美丽乡村建设向美丽经济发展转变。

5.持续推进脱贫攻坚成果与乡村振兴有效衔接。聚焦小农户和低收入农户等重点人群，调整优化政策措施，山区26县要加快推进协调发展，推动更多农民进入中等收入群体。结合工作实际，及时调整帮扶举措，用快用好财政资金。进一步坚持问题导向，排查监管漏洞，提前做好今年省以上衔接资金绩效评价相关工作。12个区域协调财政专项激励政策县，要进一步规范资金和项目管理，做好中期检查发现问题的整改落实，加快组织项目实施，确保政策实施取得实效。

6.深化政策性农业信贷担保体系建设。准确把握建立健全政策性农担体系的目的意义和工作要求，把统筹支持农担工作开展作为财政支农工作的重点内容之一，并在政策扶持、工作考核等方面推动市县农业信贷担保业务健康发展，逐步形成上下联动、运行高效的政策性农担工作新格局。

（五）狠抓工作落实，着力提升财政支农管理水平

1.加强支农政策谋划。围绕财政支农领域的重点任务，切实增强政策研究、数据分析、形势研判、监测预警等综合能力，努力提升支农政策的精准性和资金分配管理的科学性。

2.严格直达资金管理。要落实好衔接资金、耕地地力补贴等直达资金管理要求，避免违规拨付、使用直达资金，确保直达资金监控系统数据及时准确录入。

3.加快支出进度。按照《关于进一步做好2022年预算执行工作的通知》要求，加快财政支出进度、做好资金统筹、保障财政平稳运行，特别是加强对直达资金支出进度的监控，要切实按照序时进度完成支出进度。

4.是强化项目监管。加快推进重大项目落地，抓住重点领域、重点项目、重点资金，建立健全专项监管与日常监管有机结合的常态化、全方位监管机制。

（2022年8月24日）

奋发有为务实进取　努力推动财政国库管理工作迈上新台阶

——在全省财政决算工作会议上的讲话

浙江省财政厅党组成员、副厅长　倪学军

一、真抓实干，全省财政国库管理工作亮点纷呈

（一）坚持稳中求进，服务保障稳经济政策落实

1.全省一盘棋稳定收入运行。2022年，受疫情性减收、经济性减收、政策性减收“三叠加”影响，财政收入平稳运行遇到前所未有的挑战。全省各级财政部门会同税务部门、人民银行坚决贯彻省委、省政府决策部署，统筹减税降费和收入组织，在不折不扣落实积极财政政策的基础上全力稳住收入基本盘，以实际行动扛起经济大省“勇挑大梁”的责任担当。我省收入增幅、质量领先东部。这主要得益于收入组织工作机制的不断完善，省厅与省税务局建立了常态化联动机制，互通信息，强化分析研

判；加强调查研究，实地到市县、到企业、到基层，深入了解各地经济运行、财政收支、经济税源、减税退税等情况，增强了形势分析的前瞻性和精准性，统一思想、凝聚财税合力。同时，紧紧抓住数字化改革的契机，开发建设"收支智管"系统，重塑"收入执行监测—收入预期管理—收入完成情况"的全过程量化闭环管理机制，在探索收入智慧化管理的道路上迈出了重要一步。

2.全力保障留抵税额早退快退。大规模增值税留抵退税是2022年组合式税费支持政策的"重头戏"，直接为市场主体注入现金流，对于提升企业发展信心、稳定宏观经济大盘意义重大。全省各级财政国库部门以功成不必在我的精神境界和功成必定有我的历史担当，全力以赴做好对留抵退税的保障。一是加强组织协调。省厅执行局牵头，提请省政府成立由常务副省长担任组长，省财政厅、省税务局、人行杭州中心支行等参与的组合式税费支持政策落实协调领导小组，各地也建立相应的工作机制，明确职责分工，凝聚工作合力。二是靠前谋划调度。省厅执行局及时向省税务局了解各期间预计退税规模，将其列入当月大额支出第一事项，全力优先调度留抵退税地方负担部分资金（年终再与市县清算），以100%的资金保障留抵退税及时到达市场主体账上。三是高效畅通直达。创新建立资金紧急调度绿色通道，提高调度效率，第一时间保障市县退税需要。

3.专项债早发快用带动有效投资。专项债是2022年积极财政政策的重要发力点，我省坚持早发快用，持续投向补短板、惠民生、稳增长领域，发挥四两拨千斤的撬动作用。一是规模创历史新高。2022年我省（不含宁波）全年共发行3684亿元地方政府债券。二是发行节奏大幅前置。1月即启动新增专项债券发行工作，三批新增债务限额均早于财政部规定时间发行完毕，及早发挥2265亿元专项债券稳经济、扩投资的作用。三是融资成本大幅降低。专项债平均发行利率为3.03%，较2021年全年平均低34个BP，融资成本大幅降低，市场化发行水平持续提升。

4.全省库款保障能力进一步加强。2022年以来，全省各级财政部门面对复杂严峻的经济形势和财政收支状况，坚持上下联动，以问题为导向，有力保障了库款运行安全平稳。一是库款预警监测和考核进一步加强。完善库款智能统计分析系统，建立"三色"预警机制，强化实时监测督导，分类施策，切实保障"三保"支付、减税降费支出需求。完善库款绩效考核引导机制，修订2022年全省财政绩效考核库款管理指标。二是库款管理与债券发行的联动进一步加强。全年延后发行再融资债券616.9亿元，动用库款垫付，待债券发行后回补库款，有效降低资金综合成本，熨平年度内库款波动，预计年内节约利息支出2.77亿元。三是库款管理与国库现金操作的协同进一步加强。综合考虑操作金额和期限，增加绿色财政收入。

（二）坚持整体智治，推进财政国库管理数字化改革

1.积极推进预算管理一体化执行模块建设。2022年以来，全省各级财政部门严格落实预算管理一体化改革工作方案，细化工作清单，分解落实任务，组织开展学习培训，群策群力、高效协同推进预算管理一体化执行模块建设。全省11个市已全部上线运行预算管理一体化系统，各地深化预算管理、强化预算执行、优化单位核算，一体化系统运行较为平稳，数据质量显著提升。我省国库口在全国预算管理一体化考核中名列前茅，执行模块6—10月稳居第一。

2.全链路全覆盖建设"浙里报账"场景应用。根据财政数字化改革统一部署，我们采用省级统建、分级使用模式，通过制度重塑、流程再造，构建涵盖行政事业单位所有经济事项的数智财务综合管理平台（即"浙里报账"），实现从业务申请到领导审批、财务报销、资金支付、会计核算、会计档案的全流程无纸化。整合高频率、高需求、高综合事项，印发《"浙里报账"应用有关问题解答》，解决预算单位急难愁盼问题。在全省各级财政部门高度重视下，"浙里报账"改革取得了阶段性成果，已上线公务出行、会议培训、公务接待、政府采购、合同管理等10个子场景，覆盖全省97个财政区划；上线单位达到1.9万余家，150余万公务人员掌上办理经济业务。

3.扩大预算指标核算试点成效。这项工作是全国试点工作，浙江、云南作为两个试点省份2021年启动实施。目前，预算指标核算管理改革已在全省全面推开，各市县均已上线运行，在2021年试点基础上，进一步提升预算指标核算管理系统功能，及时跟踪、定期统计分析各地试点运行情况。经过一年多的改革试点，我省预算指标核算管理改革工作取得了一定的成效，有力推进了全国改革进程，得到财政部多次表扬，并在全国预算指标核算管理改革动员会上进行典型经验介绍，9月财政部已正式发文明确自2023年起在全国范围内推广实施预算指标核算管理。

（三）坚持唯实惟先，为财政管理提供数据支撑

1.深化政府财务报告制度改革。全省8400个部门完成政府部门财务报告，在此基础上，省本级、112个市、县（市、区）通过合并财政、部门、国有企业等主体的财务报表，圆满完成2021年度各级和合并政府综合财务报告编审工作。开展"政府财务报告合并反映地方政府专项债券及其对应资产"课题研究，为加强地方政府资产负债管理和财政中长期可持续发展提供决策依据。

2.扎实做好财政总决算编审。积极统筹疫情防控和决算工作，全省上下高效协调联动，进一步完善工作机制、创新编审方式、强化信息支撑，高质量完成了2021年度财政总决算工作。我省2021年度财政总决算工作取得了全国排名第一的好成绩，再次获得财政部通报表扬，这是全省财政国库系统共同努力的结果。

3.提升部门决算工作质量。新形势下，各级财政部门主动担当作为，充分考虑疫情防控形势，倒排培训、编报、审核时间表，按时保质报送财政部，圆满完成部门决算编报工作。同时，我们坚持提前谋划，分级有序部署，全省部门决算信息公开延伸至单位，做到应公开尽公开，财政透明度进一步提高。

（四）坚持主动作为，保障国库运行稳妥有序

1.圆满完成全省国库管理领域专项行动。一是第一时间部署。根据财政部加强和改进地方财经秩序专项行动工作要求，结合财政部国库管理领域专项行动指南，及时成立领导小组和

工作专班，制定专项行动方案。二是迅速开展自查。全省各级财政部门严格对照要求，有序开展自查和复查工作，边整边改，有效发挥专项行动“以查促改”作用。三是健全长效机制。针对性修订完善有关制度，持续完善国库管理、账户管理、竞争性存放、政府采购等领域相关制度，筑牢国库管理领域规范制度基础。

2.规范公款存放管理。一是助力做大可用财力“蛋糕”。积极向财政部争取国库现金管理额度，2022年达1400亿元，位居全国前三。二是注重数字赋能。借助“财政公权力大数据监督”应用系统，融合公款竞争性存放网上招标平台，设置“红黄绿”三级管理，将监督嵌入公款存放管理全流程。推动网上招标平台推广至全省所有市县。三是加强财政专户管理。按照财政部财政专户管理要求，印发《关于全面加强财政专户资金安全管理的通知》，严肃财经纪律，维护财经秩序，筑牢专户资金安全防线。

3.推进财政总会计制度改革。2022年5月财政部下发了财政总会计制度试点方案，11月正式印发《财政总会计制度》，为推进总会计制度的顺利实施，我省主动参与制度模拟，成立专班，高标准筹划改革工作，有序开展组织部署、人员培训、系统改造等。针对股权投资等重难点问题，积极开展调研，形成《省级政府持有企业股权投资总会计核算方案》，确保2023年新财政总会计制度在全省落实落地。

4.健全预算执行动态监控机制。一是强化直达资金监控数据质量管理。及时核实处理预警信息，更正监控系统中错误和不规范数据；积极落实财政部一体化直达资金支出偏离度考核工作，及时核对整改不达标数据。二是建立全省“三公”经费执行监控机制。成立“三公”经费监控工作督导组，建立月报制度，专人负责全国预算管理数据汇总系统“三公”经费监控执行数据；强化全省“三公”经费监控预警功能，细化预警规则统一模板，利用多维度关键信息，整合“碎片化”数据，生成要素完善的预警事项，筑牢无预算超预算支付防火墙。

二、担当作为，推进财政国库管理工作稳进提质

（一）以持续发展为要义，高站位落实收入组织核心工作

1.不折不扣落实收入组织核心工作。省委、省政府高度重视今年的收入组织工作，就做好全年收入组织工作提出了具体要求。各级财政部门务必要坚持“全省一盘棋”和“匹配性、均衡性、可持续性”原则不动摇，把可持续增长放在更加突出位置，努力实现运行平稳、开局良好。

2.久久为功提高财政收入质量。继续不折不扣落实减税降费政策，加强对大规模留抵退税政策落实情况的跟踪问效，培育涵养优质税源，形成“放水养鱼、水多鱼多”的良性循环。着力提升财政收入质量，严肃收入组织工作纪律，不脱离实际提出收入增长目标，坚决杜绝盲目比拼收入总量和增幅等行为。

3.全力以赴守牢财政安全底线。各级财政国库部门要进一步统筹发展和安全，切实强化风险意识，牢固树立底线思维，加强库款管理，严格按照党政机关过紧日子的要求，坚持以收定支、量入为出，及时调整优化支出结构，切实压减非必要非刚性支出，真正做到无预算不支出、无库款不支出。要进一步强化库款运行重点监测和实时预警，及早发现库款保障风险隐患和运行异常，设区市应进一步强化对所属区的督导，切实兜牢“三保”和资金安全底线。要强化统筹协调，加强与预算、债务管理部门沟通，加快预算执行进度，推进存量资金收回，加快债券资金拨付使用，尽快形成实物工作量，力争库款管理工作继续走在全国前列。

（二）以争先创优为动力，高效能推进财政数字化改革

1.着力推进“浙里报账”建设。要提高思想认识，坚持以习近平总书记关于数字浙江建设的重要论述为指导，全力落实省委、省政府数字化改革有关部署。各地要动态收集梳理“浙里报账”运行中遇到的问题，及时向省厅反馈；相互交流学习，听一听情况、晒一晒进度、摆一摆问题。要主动谋划、抓实抓好每一个阶段、每一个场景、每一个环节的迭代升级工作，促进“浙里报账”工作再落实再推进，不断积累优势、实现跨越。

2.着力推进预算管理一体化执行模块建设。要坚持目标导向，全力落实整改，秉持“没有领先就是落后”理念，立足全省实际情况，以“走在前列、力争前三”的标准，真抓实干、实事求是抓好预算管理一体化执行模块建设。要高度重视单位资金的会计核算考核工作，根据财政部单位资金核算考核口径及2022年考核中反映的各类情况，做好单位基数清理。

3.着力深化预算指标核算管理改革。要对照财政部正式下发的《预算指标核算管理试行办法》，认真开展学习培训，提高相关人员业务水平和能力。同时，要密切跟踪预算指标核算运行情况，协调财政内部各业务部门，按照财政部预算管理一体化规范要求，进一步规范预算管理、执行业务，夯实预算指标管理业务基础，定期进行预算指标核算数据和业务数据的对账，确保数据全面、及时、准确，要第一时间发现、反馈和处理试点中遇到的问题，推进预算指标核算管理改革全面深化完善。

（三）以细致稳妥为导向，高水平建设财政财务报告体系

1.完善政府财务报告编制。要做好政府综合财务报告的布置、指导、编制和汇审工作；结合政府会计制度系列解释，进一步完善政府财务报告审核规则和分析应用体系建设；结合审计发现问题和新的总会计制度，加强股权投资、土地储备资金等重点难点和新要求的研究，配合财政部做好政府综合财务报告重新修订工作。

2.完善财政总决算编审。要严格执行预算法及其实施条例规定，进一步提高预算编制及预算执行的规范性、准确性、合理性。结合预算管理一体化工作，强化各业务环节之间的衔接，夯实决算数据基础。着力优化审核流程，建立有序、高效编审工作机制，持续提高决算编审水平，确保高质高效完成2022年度全省总决算编审工作。同时，强化决算数据的分析利用，不断提高决策支持和服务管理能力。

3.完善部门决算编审。各级财政部门要积极应对一体化改革，提前谋划，做好一体化数据库基础数据维护，确保决算基础数据来源的准确性。要严格报表审核，对照财政部最新要求，结合地区实际提前设置浙江审核公式、审核模板，增加核对表，加强数据审核力度。要重点关注历年决算编审过程中重复出现的

错误，通过多方位多层次的数据审核，提高审核精准度，保证决算数据真实性、完整性和及时性。

（四）以安全防范为重点，高质量控牢财政国库运行风险

1.深化财政专户资金电子化管理。探索通过电子化获取资金流入、流程、余额信息，各地要将财政专户资金拨付纳入信息系统管理，构建严密的业务流程控制和完整的系统操作日志，禁止手工填制拨款单，实现资金支付各环节之间有效制衡，完善内部权限和系统安全管理，实现账户异常自动预警和自动防控机制。

2.数字赋能公款存放管理。根据"大稳定、小调整、突出贡献、注重安全"的原则，围绕共同富裕示范区建设等省委、省政府中心工作，动态优化2023年度评分指标设置，激励银行践行普惠金融事业，更加精准引导银行加大对共同富裕示范区建设的支持力度。迭代升级全省公款竞争性存放网上招标平台、财政公权力大数据监督应用，各地要积极配合，支持进一步优化功能配置，将公款存放全流程纳入数字化监管，通过数据分析比对，强化结果运用，有效发现疑点、一对一监督整改，实现"线上与线下""技防与人防"相结合的数字监督新模式。

3.加强"三公"经费执行监控。加强"三公"经费管理、严格控制一般性支出是深入贯彻中央八项规定精神，进一步落实政府过紧日子要求的具体体现，各级财政部门务必严格按照中央和省统一部署，主动对标对表，全面梳理排查"三公"经费监控工作中的短板漏洞，根据省厅要求，认真落实月报制度，及时报送数据，进一步完善"三公"经费监控工作机制。要加大对"三公"经费管理重点事项的监控力度，持续优化监控流程，科学设置"三公"经费监控预警规则，针对系统预警，及时核实、剖析根源、抓好整改。

4.全面实施全省总会计改革工作。根据财政部要求，2023年1月1日起，正式实施新财政总会计制度。各市县要按照省厅统一部署，尽早制定改革方案，开展学习培训，尽快完成会计核算软件的更新调整，确保2023年新旧制度顺畅衔接，并做好实施情况的检查和反馈。同时，结合预算管理一体化工作要求，统筹新制度实施与财政收支月报、库款月报、财政总决算、政府综合财务报告等有关财政报表的衔接，确保新总会计制度在我省顺利实行。

（2022年11月25日）

多措并举高质量推进会计管理工作体系建设

浙江省财政厅党组成员、总会计师　赵雅玲

一、会计管理和会计监督工作情况

近年来，在财政部的支持指导下，我省不断加强会计管理和监督管理工作。为更好发挥财会工作在经济社会运行管理中的基础性作用，2022年在全省组织开展"财会建设年"主题活动，聚焦强基础、促改革、提效能、助发展，进一步做深做实制度准则宣贯、行业秩序规范、人才队伍建设、会计数字化改革等各项工作。

（一）扎实推进国家统一会计制度高质量实施

一是多措并举强化宣贯，营造制度实施的良好氛围。组织开展全省财会知识大赛，线上超12万人参加，线下通过层层选拔组织12支队伍进行现场比拼，推动形成财会人员比学赶超、精业敬业的行业氛围。采取线上线下相结合方式，组织开展会计准则制度培训。面向相关监管部门、重点企业、金融机构、会计师事务所等不同主体，开展准则制度实施情况调研，加强指导，收集整理相关问题并及时向财政部反馈。

二是结合实际制定细则，推动准则制度落地实施。联合省交通厅发布公路水路公共基础设施政府会计核算实施细则，联合省水利厅发布水利基础设施政府会计核算实施细则，新增入账公路水路公共基础设施资产10034亿元，水利基础设施资产正在全面梳理入账。积极开展市政基础设施、非营利组织会计核算等工作情况调研，为财政部制订相关制度做好情况摸底。

三是四级联动建指引，推进内控建设提质扩面。我省通过开展内控分级抽查评价，加强评价结果反馈应用，推动行政事业单位内控制度持续更新和完善。同时，按照省市县乡四级联动要求，以"标准化+信息化"为重点着力推进乡镇内控建设，建立乡镇内控指引样本库和内控数字化改革示范乡镇。2022年年底乡镇内控指引建设覆盖全省60%的市县。

（二）全面提升行业监管治理水平

一是猛药去疴，持续整治行业秩序。出台我省贯彻落实国办30号文实施意见，建立公安、司法、税务、市场监管等14个部门联席会议机制，推进行业监管数字化改革，加大检查惩治力度。2021年以来，我省累计注销1669名挂名执业注册会计师执业资格，成功破获全国首例集团化网络售卖虚假审计报告案。2021年，对151名注册会计师及所在的70家会计师事务所开展超胜任能力重点检查，对13家事务所给予行业惩戒，对2名注册会计师作出行政处罚，清理了141家有照无证会计师事务所，对3家事务所作出行政处罚。今年，通过大数据比对筛选，将对64名注册会计师及所在的26家事务所进行重点检查；已对36家有照无证会计师事务所发出责令整改通知书。

二是优化服务，确保行业"放管服"改革走在前列。我省自2017年全面推行"一网通办"以来，持续深入推进行业"放管服"改革，压时间、减材料，不断优化会计中介机构审批工作。目前，会计师事务所设立审批，申请材料由法定5项精减至3项，审批时限由30个工作日压缩至5个工作日。会计师事务所分所设立审批，申请材料由法定6项减为3项，审批时限由30个工作日压缩至1个工作日。境外会计师事务所审计业务审批时限也压缩至5个工作日。中介机构从事代理记账业务审批，申请材料由法定4项减少到2项，审批时限由10个工作日压缩至1个工作日。变更备案、终止备案实现即审即办。

三是协同发力，推进会计监督与其他监督有机贯通。建立会计职能处室、监督职能处室、省注协协同工作机制，通过联席会议、工作专班、“五统一”检查等方式，实现行政监管和行业自律的协同。2019年至2021年，我省财政部门共对3050家行政事业单位和企业开展会计信息质量检查，对318家会计师事务所开展执业质量检查，检查发现违法违规问题数分别为1762家、48家，涉及问题金额约79亿元。截至2021年底，已对1702家问题单位进行整改处理，整改金额约60亿元。经有关部门问责处理，给予党纪政纪处分8人，移送纪检监察、司法等部门6人，处罚会计从业人员2人，处罚事务所22家、事务所从业人员50人。

（三）加快会计人才队伍建设

一是完善机制，大力实施财会队伍强基行动。聚焦行政事业单位财会机构设置不全、人员配备不足等突出问题，开展重构行政事业单位财会管理新格局试点，探索完善行政事业单位财会机构设立和财会人员配备机制。建立覆盖财会人员全生命周期的常态化培训机制，高质量开展财会人员入职培训、日常培训和继续教育。健全财会人员激励机制，建立两年一次、每次20名的“最美会计人”评选制度和五年一次、每次100名的省先进会计工作者评选制度。

二是突出重点，打造高层次财会人才高地。聚焦高素质、复合型、国际化高端会计人才培养，省财政厅共开展高端会计人才培养9期，累计培养高端会计人才466人。32个市县同步实施高端会计人才长期培养项目，其中17个市县纳入当地人才培养计划。建立省会计领军人才工作委员会和领军人才市地工作组，定期组织高端会计人才开展学术交流研讨、“三服务”等活动，聚焦帮扶中小企业，开展了“助企直通资本市场，稳进提质共同富裕”服务中小企业专场活动，助力经济社会高质量发展。研究制定高级会计职称评审管理办法，优化评价标准和评审工作流程，实现全流程监管，推进评审工作标准化、制度化、规范化。

三是探索创新，优化财会人员管理和服务。针对会计人员信息采集难、更新难问题，利用浙江数字化改革先行优势，建立政府部门信息共享机制，实施会计人员“单位+人员”双维管理，全面、及时、准确掌握会计人员基础信息，探索构建会计人员全生命周期管理体系。加强会计人员信用体系建设，出台加强会计人员信用建设的指导意见，全省已有18个市县制定会计信用建设相关制度。会同公安、卫健、网信等8部门建立多跨协同工作机制，为全省会计类考试组织实施保驾护航。组织开展“财会职业精神大讨论”征文活动，深入挖掘提炼新时代财会职业精神，以文化引领队伍建设和行业发展。

（四）推进会计工作数字化改革

一是推进数字标准建设，助推单位会计工作数字化转型。我省依托电子发票综合服务平台，在全省范围开展电子凭证会计数据标准试点，是全国唯一整体纳入国家试点的省份。5类国家试点标准电子凭证及我省19类发票电子凭证均可通过“浙里办票”平台统一免费为试点企业提供下载；35家（652个会计主体）接收端试点企业全部完成系统改造，实现电子凭证接收、处理、归档全流程无纸化。同时，我省积极开展企业财务报表会计数据标准研究，目前已通过浙江省地方标准立项评审并向社会公开征集意见。

二是推进“浙企一表通”应用建设，推动会计管理数字化转型。“浙企一表通”的建设目标是解决企业财务报表数据“多头报送”“一事一表”等问题。目前，已开发完成企业财务报表电子报送和共享系统，汇聚企业财务报表会计数据，与统计局等其他监管部门共享比对或直接应用，在6个试点地区开展企业财务报表向会计师事务所、金融机构等授权共享。在此基础上，积极推进企业会计信息质量大数据监管和企业会计信息辅助政府决策系统开发建设。

二、下一步工作建议

（一）指导地方加强会计管理和监督机构建设

目前，财政部门尤其是县级财政部门会计管理和监督机构设置不健全、人员配备不足、专业能力不高等问题比较突出。建议财政部出台加强地方财政部门会计管理和监督机构设置、职责分工和人员配备的指导性意见，加强对地方财政部门工作的指导和培训，推动地方加强会计管理和监督体系建设。

（二）加强对会计人员的管理和服务

目前，会计人员底数不清、情况不明的问题比较突出。建议：一是从法律层面明确单位、会计人员向财政部门备案会计人员基本信息的义务和相应责任，有效解决会计从业资格取消后缺乏管理抓手的问题。二是进一步完善会计人员继续教育机制，建立全国会计人员继续教育综合服务平台，常态化免费为会计管理、监督人员和广大会计人员提供在线学习课件，提升会计人员素质水平，增强会计人员组织归属感。

（三）加快完善“证照分离”改革相关配套制度

自贸区“证照分离”改革实施后，国务院文件明确监管责任主体是属地财政部门，但后续地方财政部门“管什么、怎么管”监管规则有待健全。比如，我省自贸区代理记账机构年度备案工作，2021年自贸区内新增的333家企业中有229家以年度备案无法律依据为由不予配合，建议加快完善“证照分离”改革相关配套制度。

（四）加强会计数据管理应用

企业财务报表是重要会计信息，税务、市场监管、统计等部门都有明确法律依据进行定期采集，财政部门作为会计工作主管部门却无法律依据和手段渠道，我省“浙企一表通”系统在探索企业财务报表电子报送和数据共享时，因此遇到重重阻碍。建议从法律层面赋予财政部门定期收集并向其他监管部门共享财务报表等会计数据的职责，发布统一数据标准，建立统一报送和共享机制，加强数据监管和分析利用，充分发挥财政在会计管理和监督的主导作用。

市县领导议财政

立足城乡统筹发展优势 高质量推进共同富裕示范区建设

嘉兴市南湖区人民政府区委副书记、区长
陈群伟

共同富裕是社会主义的本质要求，是人民群众的共同期盼。作为中国革命红船起航地、红船精神发源地、党的初心萌发地，南湖区也是全国城乡统筹先行地，始终以“高质量建设共同富裕示范区之首善之区”为主线，对标“两个先行”、奋进“两个率先”，努力在共同富裕新赛道上领跑示范，多项指标走在全省、全国前列，尤其在经济发展、城乡统筹、生态建设、公共服务等方面有较好的先行优势。

一、做大做好经济“蛋糕”，厚植共同富裕沃土

实现共同富裕，首先要把“蛋糕”做大做好。南湖区坚持在高质量发展中促进共同富裕，进一步夯实共同富裕的物质基础。

一是规模增长且均衡性较好。2021年，全区地区生产总值达到729.91亿元，增长8.8%，财政总收入达到95.85亿元，一般公共预算收入39.53亿元，增长13.8%。固定资产投资增长30.8%，城镇、农村居民人均可支配收入分别增长至63792元和42830元，城乡居民收入比缩小至1.49:1，成为全省城乡居民收入比最小的县(市、区)之一。

二是经济发展核心优势突出。全区实现规上工业增加值248.87亿元，增长16.9%。高新技术产业、战略性新兴产业、数字经济核心产业制造业、装备制造业增加值增速均居全省前列。数字经济发展综合评价位列全省第7、全市第1，挂牌南湖生命健康微电子产业生态园、南湖智能装备制造产业生态园，南湖高新技术产业园入围全省高新区亩均效益领跑者。农业综合生产能力稳步提高，2021年全区累计建成粮食生产功能区12.24万亩，全年粮食播种面积24.75万亩、产量2.01亿斤，连续两年获全省“产粮大县”。

三是发展弹性较好。面对国际环境复杂严峻和国内疫情散发频发带来的多重考验，南湖区坚持稳字当头、稳中求进，科学统筹疫情防控和经济社会发展。全区经济表现好于预期，呈现逐步复苏态势。2022年1~6月，实现规上工业企业利润总额47.68亿元，同比增长50.2%，增速列全市第1。引进招大引强项目15个，招引数量全市第一，其中总投资超亿美元项目9个，世界500强投资项目4个。上半年，南湖区财政总收入58.07亿元，一般公共预算收入27.53亿元，增长9.0%，增速保持在全市前列。

二、立足城乡统筹优势，夯实共同富裕基石

嘉兴作为全省乃至全国统筹城乡发展先行之地，是全国首批11个国家城乡融合发展试验区之一。作为嘉兴的主城区，南湖区始终立足城乡统筹优势，通过各种手段推进城乡融合发展，在提高市民幸福感和获得感中夯实共同富裕基石。

南湖区始终坚持把城市与农村视为一个有机整体，全面推动城乡规划布局、基础设施建设、产业发展等“六个一体化”，大力实施以优化土地使用制度为核心的“十改联动”，推进城乡一体均衡富庶发展，积极推进城乡基础设施建设，实现了水、电、网以及公共交通等一体化，农村和城镇共享同规同网的公共配套。同时，立足统筹城乡发展的先发优势和丰富实践，以数字化改革为牵引，积极开展数字乡村建设工作，率先为全省、全国共建共享、共同富裕探明道路。《数字化监管系统助力农村生活垃圾分类新模式》入选农业农村部、国家发改委第三批全国农村公共服务典型案例。先后获得国家县域节水型社会达标区县、全国农业社会化服务创新试点县、第二批省级数字乡村试点县等荣誉称号。

在缩小城乡居民人均可支配收入差距方面，南湖区以“扩中”“提低”推进社会结构变革，率先基本形成橄榄型社会结构，优化收入分配格局，打造均衡富庶发展先行地。2021年南湖区城乡居民人均可支配收入比缩小至1.49:1，远低于全省1.94:1的平均水平，民众获得感幸福感安全感和认同感监测排名全省前列。具体从以下三个方面着手：

一是持续完善大社保体系。推动共富型社保体系迭代升级，进一步提升社会保险保障力度，实现企业职工失业保险应保尽保，拓展社保覆盖人群范围，促进灵活就业人员和新就业形态劳动者积极参保。构筑因病致贫返贫防范长效机制，强化基本医保、大病保险、医疗救助三重制度保障。入选国家级智慧健康养老示范基地，三级养老服务网络基本建成，实现镇(街道)“工疗型”残疾人之家全覆盖。持续完善“1+8+X”社会大救助体系，在健全兜底型、支出型、急难型救助基础上，探索推进关爱型、发展型救助，持续加大提标扩面力度。不断提高救助标准，2022年最低生活保障标准由920元/月提高到1070元/月，增长16.3%，全年达到12840元，到2025年，将达到15000元，是省标准(13000元)的1.15倍。大力开展项目化帮扶，实施“暖巢行动”“爱心帮一点”“虚拟岗”“儿童雨露计划”等项目，至今共完成“暖巢行动”400余户。开启“美好生活号”政务服务大篷车，打造全省首个政务服务智能流动窗口，走街串巷，将群众高频办理事项带到百姓身边，实现“人找服务”向“服务找人”转变，真正打通社保服务的“最后一公里”。

二是深化高质量就业创业服务体系。完善技能人才培养政策体系，深入实施职业技能提升行动三年计划，全面提升从业人员技能水平，打造高素质工匠队伍，助力中等收入群体扩大。“十三五”期间全区累计支出就业专项资金2.1亿元。2021年城镇新增就业1.29万人，帮助就业困难人员再就业2242人，新增技能人才4531人，开展培训1.49万人次，发放培训补贴179万元、担保贷款1080万元。借助“百名局长联百企”、调研企业技能等级认定工作等契机，指导企业用好稳岗补贴、技能补贴等惠企政策，政策红利直送上门。同时，按照“能早则早、能快则快”的原则，简化办理流程，加快兑现进度，全面推进“免申即享”，精准高效地推动援企稳岗政策落实落地，确保政策直达快享，2022年以来，全区“免申直享”兑现稳岗补贴、一次性留工补助共1.27亿余元，惠及企业2.15万余家。全区11个镇（街道）、112个村（社区）实现重点群体帮扶就业治理100%全覆盖。同时，加大对创业者的房租减免、住房优惠等政策扶持力度，以数字化赋能驱动创业服务，打造“创业担保贷款在线”应用，实现了大学生、退役军人、残疾人、就业困难人员等群体创业担保贷款线上“一件事”智能速办、无感贴息。

三是深入实施“强村富民”计划。一方面是增强农业竞争力。构筑以南湖农业经济开发区为核心，各镇为特色的“1+4”都市农业发展平台，基本形成了“一镇一平台”的发展格局，稻米、葡萄、水蜜桃、生姜、蜗牛五大特色产业全产业链效益逐渐显现。中国水稻研究所水稻生物学国家重点实验室嘉兴实验基地落地南湖区；2021年成功创建省级水产健康养殖示范场8家。积极推广“万元千斤”“林下经济”等高效农作制度模式，落实稻麦基肥代施等农业社会化服务精准覆盖14万亩。另一方面是多管齐下发展壮大村级集体经济。深化“强村富民”抱团计划，确保100%的村年经常性收入达150万元、经营性收入达50万元，试点村集体股份分红。全区自2008年实施村级集体经济发展壮大计划以来，从开始各村“单打独斗”逐步升级到“镇域统建”再到全区“抱团发展”，累计建成强村富民项目50余个，总投资5.39亿元。

三、发挥财政职能作用，助力打造共同富裕先行示范区

扎实推进共同富裕是一项系统性工程。南湖区将坚持系统谋划、强化统筹协调，在高质量发展中促进共同富裕，深入推进城乡融合发展和区域协调发展，找准牵一发动全身的突破性抓手，全力争当七个先行示范的领跑者。在这个进程中，财政作为国家治理的基础和重要支柱，必须要积极发挥资源配置、收入分配和促进社会公平等职能，为南湖区高质量推进共同富裕示范区建设贡献更多的财政力量。

一是做大做好“蛋糕”，激发高质量发展新动能。增加财政在科技创新领域的支出总量，发挥科技创新的溢出效应。大力支持核心技术开发与研究，着力解决关键技术“卡脖子”问题。同时，关注人工智能、互联网等新兴领域的研究，充分利用科技创新的溢出效应，将新技术应用到更加广泛的领域中。另外要健全高端技术人才培养与激励机制，充分发挥人力资本在创新驱动发展阶段的关键作用。同时，企业是创新的重要主体，应给予企业相应的财政支持，以推动其积极进行研发投入。最后，规范科研经费的使用流程，优化科研经费的使用结构，提高财政资金的使用效率，实现财政资源的最优配置，真正把钱用在“刀刃”上。

二是要完善财政转移支付体系，在收入分配制度改革先行示范上争当领跑者。实施“扩中”“提低”行动，通过优化区级财政转移支付体系框架，探索构建财政转移支付数据模型；聚焦“扩中”“提低”支出方向，进一步规范资金分配方法和分配标准，提高财政政策的精准性；主动探索“收入分配制度改革试验区”建设，抓好扩大高质量就业、优化收入分配格局、增加居民财产性收入、减少居民支出压力、加强困难群体帮扶等重点工作。深化“乐业富民”，构建高质量就业创业服务体系，开展高质量就业示范企业培育行动，着力扩大产业工人、专业技术人员、个体工商户和小微创业者、高素质农民、新业态从业人员五类群体规模，提高低收入农户、困难群体等相对弱势群体收入水平，努力形成“扩中”“提低”经验。探索建设“全面覆盖、精准画像”的基础数据库，实施各类群体统计调查，建立完善共富型统计监测体系。

三是要创新完善财政政策制度。加强财政预算绩效管理和中长期规划管理，创新完善区对镇、街道财政体制，理顺区与街道的财政分配关系，充分调动街道发展经济、培植税源、增收节支的积极性，提升镇、街道财政预算管理水平和管理效能，更好地促进产业结构调整和区域协调发展。推动土地集约利用，做大地方财力，将新增财力的80%以上投入到农村城市低收入人群的支出保障，推动教育、社保、就业等公共服务提升效能，稳步推进本区的“扩中”“提低”工作，加快缩小收入差距。建立健全常态化财政资金直达机制，更加精准高效直接地惠企利民。

踔厉奋发　接续赶考
奋力谱写共同富裕先行新篇章

瑞安市人民政府市长　秦　肖

省第十五次党代会提出了在高质量发展中奋力推进中国特色社会主义共同富裕先行和省域现代化先行的奋斗目标，作为改革开放的前沿阵地、民营经济的先发地区、“温州模式”的主要发祥地，瑞安从制度破题，先行先试、敢闯敢干，走出了一条共同富裕先行的新路子。踏上新赶考路，对标打造“八个高地”具体目标，瑞安将奋力扛起温州做强做大“全省第三极”主力军的使命担当，以实干实绩实效当好“续写创新史、走好共富路”的排头兵，奋力谱写共同富裕先行新篇章。

一、实干争先，开展共同富裕先行标兵行动

高质量发展建设共同富裕示范区起步以来，瑞安对标对表省、市决策部署，为推动共同富裕先行探路，第一时间制定《瑞安争当高质量发展建设共同富裕示范区先行标兵行动方案（2021—2025年）》，明确了“作战图”，吹响了“冲锋号”。在全市上下的共同努力下，瑞安经济社会发展各项事业迈上新台阶，2021年，全市实现地区生产总值1149亿元，规上工业产值突破千亿元大关，达1128.6亿元。位列中国百强县第20位，进入全国工业百强县前50强，跃居全国绿色发展百强县市第8位、全国投资潜力百强县市第14位、全国科技创新百强县市第14位，蝉联"中国最具幸福感城市"。2022年，全市上下承压奋进，实干争先，前三季度全市实现地区生产总值843.74亿元，城乡居民人均可支配收入分别增长4.9%和8.4%，这些都为共同富裕先行奠定了坚实基础。

在推动共同富裕的具体做法上，瑞安市重点推动七个方面走前列、显担当。一是在"创新驱动"上走前列、显担当。深化"科创中国"试点县建设，持续实施云江科创九大行动2.0版，大力实施全域大孵化器战略，高标准推进自创区八大攻坚、环大罗山科创走廊"三大会战"，加快打造科技成果转化和产业化高地。二是在"改革开放"上走前列、显担当。统筹数字化改革重大应用"一本账"，梳理形成动态"12＋N"重点项目库；全面深化"开放瑞安"三年行动计划，全域推行组货拼箱、"国际物流＋海外仓贸易"等外贸服务新模式，打造外贸服务新高地。三是在"产业振兴"上走前列、显担当。持续推进"先进制造、战新崛起"五大行动，全面落实九大重点产业"链长制"，深入实施数字经济"一号工程"升级版、"一十百千"项目倍增计划等，联动推进新一轮制造业"腾笼换鸟、凤凰涅槃"攻坚行动，加快打造"321"现代产业集群。四是在"城乡统筹"上走前列、显担当。持续实施拥江发展、温瑞一体战略，做大交通圈、拓展都市圈、培育经济圈，大力度高标准建设温州南部新区，提速打造五大亮点区块，全域比拼、整体推进未来城镇、未来社区、未来乡村建设。五是在"民生优享"上走前列、显担当。全面打响民生"七优享"品牌，持续完善"为民办实事"长效机制，深化"扩中提低"改革，健全多层次社会保障体系，联动构建以"一老一小"为重点的全龄友好型社会，实施青年发展型城市创建八大行动，提质打造儿童友好十大标志性工程，推动老城区全域适老化改造，擦亮"中国最具幸福感城市"品牌。六是在"文化建设"上走前列、显担当。全面实施"八大文化工程"，推动永嘉学派、南戏故里、国旗教育等文化基因传承发展；推进全域化高水平全国文明城市建设，打造15分钟"品质文化生活圈、阅读服务圈、文明实践服务圈"；持续推进文化产业"双百"计划，加快打造文化产业集群。七是在"社会治理"上走前列、显担当。持续深化治理体系和治理能力现代化，迭代完善风险闭环管控大平安机制，迭代升级"141"社会治理体系，推进法治瑞安、法治政府、法治社会一体建设，营造安全稳定的政治社会环境。

二、积极探路，打造共同富裕先行硬核成果

农村"三位一体"改革是习近平总书记在浙江工作期间亲自部署推动的一项重要改革，瑞安作为农村"三位一体"改革的始源地，16年来，坚决贯彻落实习近平总书记指示精神，持续推进改革迭代升级，从"组建农民合作经济组织、开展生产供销信用合作"的1.0版，发展到"涉农资源大整合、为农服务大提升、富农产业大融合"的2.0版，农村"三位一体"改革工作走在全国前列，曾被两次写入中央一号文件，荣获"全国改革十大探索""中国地方政府创新奖""全国供销社系统金扁担贡献奖"等称号。2018—2021年，全市村集体经济总收入从15.91亿元增至22.9亿元、年均增速20%，"百万村"占比达78.4%；农村居民人均可支配收入从3.35万元增至3.94万元、年均增速8.5%，低收入农户人数下降近一半，城乡居民人均收入倍差从2.53降至1.87，优于省定"十四五"目标值。2022年，瑞安的"深化农村'三位一体'改革、激发强农富民新活力"入选浙江省高质量发展建设共同富裕示范区第二批试点。

促进共同富裕，最艰巨最繁重的任务仍然在农村。瑞安市将围绕高质量发展建设共同富裕示范区工作部署，聚焦"农村集体经济改革发展"跑道，围绕"农村'三位一体'改革、激发强农富民新活力"主题，以"农业现代化、农民共同富裕"为目标，以数字化改革为抓手，针对农民组织化程度不高、农业服务不系统和农业领域风险大等问题，持续推进农村"三位一体"改革迭代升级，健全完善"三位一体"智农共富平台，全力打造新时代强农富民的"瑞安样本"。主要形成三大标志性成果：一是形成"握指成拳"的组织体系。聚焦"一体化、组织力"，突出组织聚合、功能聚合、利益聚合，构建新型农民合作组织体系，形成农户深度融入现代服务组织的普遍经验。二是形成"用数赋智"的服务网络。聚焦"数字化、服务力"，以数字平台集成服务，以数字农业提质增效，以数字金融激活资源，塑造农业整体智治的全新形态，形成数字为农服务全面覆盖农户生产经营环节的普遍经验。三是形成"联农带户"的标准规范。聚焦"标准化、竞争力"，以标准建设打造"品牌优势"，以链型合作促进"增值增收"，发展"高质高效"的现代农业，拓宽现代农业发展的循环通道，形成小农户充分融入现代农业经营体系的普遍经验。争取2022年底，瑞安农村人均可支配收入超4.2万元，小农户融入现代农业组织化程度超过90%。

三、承责担当，做好共同富裕先行财政文章

推进高质量发展建设共同富裕示范区，县级财政部门责任在肩、大有可为。近年来，瑞安财政部门坚持把做大"蛋糕"、分好'蛋糕"作为首要任务，既注重在实现共同富裕的根本路径上发力，促进社会物质财富的持续增加；又注重在实现共同富裕的关键环节上发力，推动财政支出政策的完善优化。在具体实践中，统筹做好稳收入、育财源、优支出、强保障、控风险等文章，建立多渠道资金筹集机制，构建集中财力办大事的财政政策体系，公共财政用于民生支出比重保持在70%以上。按照财政"走到舞台中央"的定位，瑞安对财政部门提出三方面的要求：

一是提高站位，善当"参谋者"。紧扣瑞安争当高质量发展建设共同富裕示范区先行标兵的目标定位，以"当家"的思维履行'管家"的责任，以更高的站位、更大的格局和更宽的视野来谋划推进财政工作。围绕党委政府推动共同富裕作出的决策部署，谋大事、谋政策、谋资源，推动财政资金资源向中心聚焦、为大局发力，提前介入、深度参与共同富裕相关规划、制度、政策的制定以及事关共同富裕长期发展的重大问题研究，并从专业角度积极建言献策，增强财政工作的战略性、前瞻性、主动性，充分发挥参谋助手作用。

二是守正创新，勇当“探路者”。对照高质量发展建设共同富裕示范区的主要目标和任务，进一步发挥财政职能作用，以勇闯“无人区”的奋进姿态，努力在体制机制创新上取得突破，在共同富裕大场景下探索经济高质量发展新路子和致富新模式。健全为民办实事长效机制，构建基本公共服务标准体系，更高质量推进基本公共服务均等化、数字化、社会化；探索以“扩中、提低、调高、禁非”为导向的收入分配制度改革，构建初次分配、再分配、三次分配协调配套的制度，在打造收入分配制度改革试验区上取得实质性突破。

三是强化担当，甘当“逆行者”。当前财政经济形势依然复杂严峻，财政部门需要审时度势，深刻认识稳收入严管理的重要性紧迫性，切实将思想和行动统一到中央和省委、市委的决策部署上来。一方面，要深入贯彻落实习近平新时代中国特色社会主义经济思想，继续发挥积极财政政策逆周期调节的作用，持续加力推进经济稳进提质攻坚行动，以更加务实的举措和有效的路径推进共同富裕。另一方面，要坚决树牢财政可持续发展理念，加强财政收支运行分析研判，注重财政可承受能力评估，做好收支平衡方案，筑牢财政风险防控底线，确保财政平稳健康可持续运行。

四、改革创新，完善共同富裕先行政策体系

瑞安财政部门在推进共同富裕改革实践的基础上，2022年又系统性谋划制订了共富型财政政策体系，在强化基础保障的同时，聚焦完善体制、扩中提低、强村富民、优化公共服务等着力点，研究提出“四大类”创新改革举措和政策体系。

一是“协同类”政策体系。以省级实施共富型财政体制迭代升级为契机，认真研究“钱随人走”“人钱挂钩”等相关制度，紧紧把握政策导向，促进积极财政政策提升效能，助力新动能培育和经济高质量转型。健全政府采购支持中小企业发展机制，落实预留中小企业采购份额、降低政府采购交易成本、提高价格扣除评审优惠等扶持措施。打造财金政策组合工具箱，强化财政政策与担保、贷款、基金等政策协同，支持“专精特新”企业发展。

二是“主导类”政策体系。优化资金分配促共富，谋划建立共同富裕重大项目库，在编制年度政府投资项目预算时，项目决策和资金安排向库中项目倾斜。完善转移支付促共富，深化市与乡镇（街道）财政体制改革，结合各乡镇（街道）社会经济现状、财源基础及财政收入等因素，探索完善市与乡镇（街道）两级收入划分规则，适当加大财力下沉力度。支持绿色发展促共富，探索建立绿色发展奖补机制，实行资金分配与生态环境质量相挂钩，扶持山区、半山区、海岛、湿地等区域生态平衡发展。

三是“引导类”政策体系。研究建立“引资本下乡”“引服务入乡”“引人才兴乡”“引国资进乡”“引慈善助乡”等激励机制，形成助推共同富裕的合力。如设立5亿元规模的“三位一体”共同富裕投资基金，采取直接股权投资、投贷并行等方式，重点支持农业龙头企业发展及乡村振兴项目建设，推进共同富裕投资基金运作，加快项目储备库建设，引进社会资本支持乡村建设和农业发展；建立基金退出及收益分配机制，对基金投资出现亏损的，财政出资资金可转为补助资金或适当延长投资期限。

四是“保障类”政策体系。重点是优化公共服务和社会保障，全力做好“优享”文章。建立健全低保标准确定和调整机制，推行与消费支出挂钩的低保标准确定机制。深化城乡居民“三免三惠”健康行动，建立城乡一体的居民免费健康体检机制，推进重点疾病早筛早诊早治，提升城乡居民健康水平。建立基本养老服务目录清单，优化幸福养老服务财政保障政策。强化社会保障制度“托底”功能，建立失能人员长期护理保险制度。推进保障性租赁住房建设，落实保障性租赁住房扩面补贴，改善中低收入群体住房条件。

财政工作大事记

zhejiang caizheng nianjian

浙江省

一月

1月6日　全省财政工作会议以视频形式召开。省委书记袁家军、代省长王浩为此次会议作批示。省财政厅党组书记、厅长尹学群作工作报告。

1月11日　省财政厅党组书记、厅长尹学群带队赴浙江大华技术股份有限公司开展"助企开门红"活动。

1月21日　省十三届人大六次会议审议通过省政府提出的2022年省级政府预算，同意省财政厅受省政府委托所作的《关于2021年全省和省级预算执行情况及2022年全省和省级预算草案的报告》，赞成率100%。

1月28日　省财政厅召开党史学习教育总结会，传达学习习近平总书记关于党史学习教育的重要指示和中央、省委党史学习教育总结会议精神。省财政厅党组书记、厅长尹学群讲话。

是日　省财政厅党组召开党史学习教育专题民主生活会(2021年度民主生活会)。省财政厅党组书记、厅长尹学群主持会议。省委党史学习教育第十四巡回指导组组长赵祖地到会指导。

是日　财政部等八部门联合印发《关于联合开展电子凭证会计标准试点工作的通知》，浙江省作为全国唯一试点省份整体纳入试点。

二月

2月8日　"浙里办票+浙里报账"入选2021年度浙江省改革突破奖银奖。

2月9日　中共浙江省委全面深化改革委员会印发《关于2021年度全面深化改革考评情况的通报》，省财政厅被评为2021年度全面深化改革考评优秀单位。

2月11日　省财政厅召开全省财政系统高质量发展建设共同富裕示范区奋进年动员大会。省财政厅党组书记、厅长尹学群讲话。

2月12日　省财政厅党组书记、厅长尹学群参加财政部召开的全国财税体制及区域城乡协调发展交流会，并作交流发言。

2月15日　省政协副主席陈铁雄来省财政厅调研指导。省财政厅党组书记、厅长尹学群作工作汇报。

2月16日　省财政厅党组书记、厅长尹学群带队赴衢州开展"扩中提低"专题督查调研。

2月23日　省财政厅印发《全省财政系统"高质量发展建设共同富裕示范区奋进年"行动方案》。

是日　财政部召开全国电子凭证会计数据标准试点启动会，省财政厅作交流发言。

2月24日　省财政厅党组书记、厅长尹学群赴京走访省委高质量发展建设共同富裕示范区咨询委员会委员，并在中国财政科学研究院主持召开专家研讨会。

是日　省财政厅党组书记、厅长尹学群陪同省委书记袁家军、省长王浩赴财政部进行交流座谈，商议确定共同富裕省部协同研究机制。

2月28日　省财政厅党组召开扩大会议，学习领会习近平总书记关于"三农"工作重要论述精神，传达中央和省委农村工作会议以及一号文件精神，研究部署贯彻落实意见。省财政厅党组书记、厅长尹学群主持会议并讲话。

是日　财政部召开地方预算管理一体化建设工作视频会议，省财政厅作交流发言。

三月

3月3日　省政府办公厅印发《关于2021年度省政府绩效考评情况的通报》，省财政厅被评为2021年度省政府绩效考评优秀单位。

3月5日　十四届全国人大一次会议浙江代表团举行全体会议，审议政府工作报告。全国人大代表、省财政厅党组书记、厅长尹学群参加审议，并围绕"以扩中提低为牵引，打造收入分配制度改革试验区"作发言。

3月14日　省财政厅召开全体干部会议，传达学习贯彻全国"两会"精神。全国人大代表、省财政厅党组书记、厅长尹学群提出贯彻落实要求。

是日 根据浙委干〔2022〕80号文件，章启诚同志任财通证券股份有限公司党委委员、书记，免去其浙江省金融控股有限责任公司党委书记、委员职务；杨强民同志任浙江省金融控股有限责任公司党委委员、书记，免去其浙江省财务开发有限责任公司党委书记、委员职务。

是日 根据浙组干任〔2022〕9号文件，杨强民同志任浙江省财政厅党组成员；免去章启诚同志的浙江省财政厅党组成员职务。

3月15日 全省财政系统全面从严治党工作视频会议召开。省财政厅党组书记、厅长尹学群作工作报告。

3月17日 省财政厅会同省税务局印发《关于浙江省实施小微企业"六税两费"减免政策的通知》。

3月21日 省委全面依法治省委员会印发《关于表扬2021年度法治浙江（法治政府）建设优秀单位的通报》，省财政厅获得考核优秀单位。

3月24日 省财政厅召开党组会议，学习贯彻习近平总书记在中央党校（国家行政学院）中青年干部培训班开班式上重要讲话精神及全省组织部长会议精神。

四月

4月1日 财政部召开国库管理专题视频会议，省财政厅以《发挥全省库款统筹、调度功能 全力保障经济平稳运行》为题作交流发言。

是日 根据《财政部 税务总局关于进一步加大增值税期末留抵退税政策实施力度的公告》（财政部 税务总局公告2022年第14号），即日起实施大规模增值税留抵退税政策。

4月19日 省委办公厅、省政府办公厅印发《关于2021年度实施乡村振兴战略实绩考核优秀单位的通报》，省财政厅被评为优秀单位。

4月21日 财政部办公厅印发《贯彻落实〈支持浙江省探索创新打造财政推动共同富裕省域范例的实施方案〉部省联动工作方案》。

4月24日 根据浙组干任〔2022〕13号文件，免去章忠良同志的浙江省财政厅党组成员职务。

是日 根据浙组干任〔2022〕15号文件，赵雅玲同志任浙江省财政厅党组成员。

4月27日 根据浙政干〔2022〕13号文件，章忠良任浙江省财务开发有限责任公司董事、董事长，免去其浙江省财政厅副厅长职务。

4月28日 省政府办公厅印发《关于改革完善省财政科研经费管理的实施意见》。

是日 省财政厅党组印发《关于加快推进全省清廉财政建设三年行动方案（2022—2024年）和2022年重点任务清单》。

五月

5月5日 省财政厅印发《"钱随人走"制度改革总体方案》。

5月7日 根据浙政干〔2022〕16号文件，倪学军任浙江省财政厅副厅长，免去其浙江省财政厅总会计师职务；赵雅玲任浙江省财政厅总会计师（试用期一年）。

5月16日 省财政厅召开学习贯彻习近平总书记在庆祝中国共产主义青年团成立100周年大会上重要讲话精神座谈会。省财政厅党组书记、厅长尹学群讲话。

5月26日 世界银行贷款浙江农村生活污水处理系统及饮水工程建设项目和世行团队获东亚太平洋区的副行长奖。

5月30日 省财政厅党组书记、厅长尹学群参加财政部召开的全国财政支持稳住经济大盘工作视频会议，并以《切实肩负稳住经济大盘的浙江财政担当》为题作交流发言。

是日 省财政厅会同省人大财经委等部门印发《关于进一步规范财务审计秩序 促进注册会计师行业健康发展的实施意见》。

六月

6月1日 省财政厅党组召开扩大会议，学习全国稳住经济大盘电视电话会议及浙江省续会、全省经济稳进提质攻坚行动工作推进会、全国财政支持稳住经济大盘工作视频会议精神，研究部署贯彻落实意见。省财政厅党组书记、厅长尹学群主持会议并讲话。

6月2日 国务院办公厅印发《关于对2021年落实有关重大政策措施真抓实干成效明显地方予以督查激励的通报》，浙江省财政直达资金下达使用、落实财政支出责任、国库库款管理、预决算公开等财政工作绩效突出，连续6年获得国务院督查激励。

6月13日 《浙江省人民政府 财政部关于建立共同富裕财税政策体系省部协同研究机制备忘》正式签署。

是日 省财政厅印发《关于支持碳达峰碳中和工作的实施意见》，浙江省成为全国首个发布财政支持“双碳”政策的省份。

6月15日 省财政厅召开省属金融企业首批外部董事任前集体谈话暨任职宣布会。省财政厅党组书记、厅长尹学群作省属金融企业外部董事任前集体谈话。

6月23日 省财政厅党组召开扩大会议暨中心组学习会，学习《干在实处 勇立潮头——习近平浙江足迹》，传达省第十五次党代会精神，研究部署贯彻落实举措。省财政厅党组书记、厅长尹学群主持会议并作中心发言。

6月30日 财政部举行注册会计师行业统一监管平台上线运行启动仪式，省财政厅党组书记、厅长尹学群参加并作交流发言。

七月

7月5日 省财政厅党组书记、厅长尹学群参加财政部召开的进一步推进省以下财政体制改革工作动员部署会议，并以《优化具有浙江特色财政体制机制 夯实共同富裕示范区建设财力基础》为题作大会交流发言。

是日 省财政厅印发《关于推进“钱随人走”转移支付制度改革的实施意见》。

7月12日 省委副书记、省长王浩来省财政厅调研指导，主持召开省属有关金融企业工作专题会议。省财政厅党组书记、厅长尹学群作工作汇报。

7月13日 全省财政系统局长培训班在杭州开班。省财政厅党组书记、厅长尹学群在培训班上作主题报告。

7月15日 省财政厅成立浙江省财政系统人才工作领导小组，厅党组书记、厅长尹学群任组长。

7月29日 省十三届人大常委会第三十七次会议审议通过《关于浙江省2021年财政总决算和省级财政决算草案的报告》和《浙江省2022年1至6月财政预算执行情况的报告》。

八月

8月11日 省财政厅党组印发《关于加强新时代廉洁文化建设打造全省财政系统“清风财韵”廉洁文化品牌的通知》。

8月12日 浙江省注册会计师协会、浙江省资产评估协会第七次会员代表大会在杭州召开。省财政厅党组书记、厅长尹学群出席大会并致辞。

是日 省财政厅会同长三角生态绿色一体化发展示范区执行委员会、上海市财政局、江苏省财政厅印发《长三角生态绿色一体化发展示范区政府采购管理改革试点实施方案》。

8月18日 省财政厅党组召开扩大会议，传达学习贯彻省委书记袁家军关于家庭型财税政策体系的系列批示精神，研究部署贯彻落实举措。省财政厅党组书记、厅长尹学群主持会议并讲话。

8月25日 省财政厅党组理论学习中心组召开(扩大)学习会，学习《习近平谈治国理政》第四卷。省财政厅党组书记、厅长尹学群主持会议并作中心发言。

8月26—29日 财政部党组书记、部长刘昆率国务院稳住经济大盘督导和服务工作组来浙江开展督导服务，先后赴温州、台州、宁波、杭州开展现场督导、现场协调、现场办公，省财政厅党组书记、厅长尹学群全程参加。

九月

9月1日 省财政厅召开全省财政稳收入严管理工作部署会议。省财政厅党组书记、厅长尹学群讲话。

9月5日 省财政厅党组印发《构建家庭型财税政策体系攻坚行动方案和试点清单》。

是日 省委办公厅、省政府办公厅印发《关于纵深推进清廉财政建设的实施方案》。

9月6日 财政部办公厅印发《预算指标核算管理办法》，浙江省等8个省份自2023年1月1日起全面推广实施预算指标核算管理。

9月13日 财政部与亚洲开发银行联合主办“2022亚洲评价周”，省财政厅以《预算绩效管理助力“绿色包容韧性发展”的浙江样本》为主题作交流发言。

9月19日　省财政厅党组书记、厅长尹学群带队赴温州市开展省政府稳住经济大盘督导服务工作。

9月21日　省财政厅党组书记、厅长尹学群带队赴财政部，专题汇报浙江省收支运行智管项目建设情况。

9月27日　省财政厅党组书记、厅长尹学群带队赴舟山市开展省政府稳住经济大盘督导服务工作。

十月

10月8日　省财政厅会同省委宣传部印发《关于开展“最美浙江人——最美会计人”评选活动的通知》，建立每两年一次的选树制度。

10月9—10日　省财政厅党组书记、厅长尹学群带队赴金华市、义乌市、浦江县等地开展工作思路调研。

10月11日　省财政厅召开全省清廉财政建设推进会，举行全省财政系统“清风财韵”廉洁文化品牌发布仪式，省纪委副书记、省监委副主任温暖出席会议并讲话。省财政厅党组书记、厅长尹学群讲话。

10月16日　省财政厅组织集中收看中国共产党第二十次全国代表大会开幕会，省财政厅党组书记、厅长尹学群就学习贯彻党的二十大精神作部署。

10月24日　省财政厅党组召开（扩大）会议，学习党的二十大精神和全省领导干部会议精神，研究部署贯彻落实举措。厅党组书记、厅长尹学群主持会议并讲话。

10月29日　“浙里办票+浙里报账”、政府采购（政采云）应用获评全省数字化改革“最佳应用”，财政大脑获评全省“最强大脑”。

十一月

11月2日　省财政厅党组书记、厅长尹学群带队，省发展改革委、省自然资源厅相关负责人参加，赴宁波、舟山进行舟山危化品运输通道建设现场调研服务。

11月23日　省十三届人大常委会第三十九次会议审议通过《2021年度全省国有资产管理情况的综合报告》。

11月29日　省财政厅党组书记、厅长尹学群带队赴基层联系点淳安，实地考察下姜村建设发展情况。

是日　全省财政系统“财悦读·启新程——典读党的二十大”暨“财悦读”品牌建设一周年活动在嘉兴举行。

11月7—10日　财政部党组成员、部长助理欧文汉带队赴浙江调研共同富裕示范区建设工作推进情况。

十二月

12月3日　财政部党组成员、副部长朱忠明带队来浙江开展督导服务“回头看”，省财政厅党组书记、厅长尹学群参加。

12月8日　召开全省财政系统共同富裕工作座谈会。

12月15日　省财政厅召开务虚会，分析研判当前和今后一个时期财政经济形势，谋划2023年财政工作思路。省财政厅党组书记、厅长尹学群主持会议并讲话。

12月19日　省财政厅《迭代绿色财政奖补 助推“绿”“富”共进双赢》获评全省共同富裕最佳实践（第二批）。

12月20日　省财政厅党组召开扩大会议，传达学习中央经济工作会议、省委十五届二次全体（扩大）会议暨省委经济工作会议精神，研究部署贯彻落实举措。省财政厅党组书记、厅长尹学群主持会议并讲话。

12月21日　“浙里捐赠”入选浙江省数字社会系统2022年度最佳应用。

12月27日　国务院稳经济大盘督导服务组与浙江视频连线，财政部党组书记、部长刘昆与浙江省委副书记、省长王浩、省委常委、常务副省长徐文光分别讲话，省财政厅党组书记、厅长尹学群参加。

12月28日　省财政厅党组书记、厅长尹学群参加财政部组织召开的全国会计管理工作会议，并作交流发言。

12月29日　省财政厅党组书记、厅长尹学群在财政部召开的全国财政工作会议上，以《探索共富型现代财税体制 助推共同富裕示范区建设》为题作大会交流发言。

（浙江省财政厅供稿　俞　薇执笔）

杭州市

1月6日 杭州市财政局党组书记、局长谢建华在全省财政工作会议上就变革型财政组织建设作大会交流发言。

1月26日 根据市委干〔2022〕20号文件，谢永同志任杭州市财政局二级巡视员。根据杭组干通〔2022〕5号文件，免去谢永同志中共杭州市财政局党组成员职务。2月12日根据杭政干〔2022〕2号文件，免去谢永同志的杭州市财政局副局长职务。

2月10日 杭州市财政局召开党史学习教育总结会议。

2月11日 杭州市财政局党组书记、局长谢建华在全省财政系统助推共同富裕示范区建设工作会议上，作大会交流发言。

2月17日 财政部浙江监管局调研杭州市老旧小区改造工作，并赴和睦新村实地调研座谈。

2月23日 民政部办公厅、财政部办公厅印发《关于公布居家和社区养老服务改革试点工作优秀案例名单的通知》，杭州市《精准服务 四化赋能 发展家庭养老床位》项目获评优秀案例。

2月28日 杭州市财政局召开局党组(扩大)会议，传达学习市第十三次党代会精神。

是日 杭州市财政局印发《关于提升政府采购监管优化营商环境的通知》。

3月7日 杭州市财政局政府采购投诉处理行政裁决示范化创建项目获浙江省2021年度县乡法治政府建设“最佳实践”项目。

3月8日 省财政厅印发《浙江省财政厅关于推广深化预算绩效管理改革典型做法的通知》，杭州市“以事前评估为突破口 严控财政增量”“重大政策(项目)全生命周期绩效管理”均获评2021年度试点改革优秀案例。

3月9日 杭州市财政局召开2021年度财政系统抓基层党建工作述职评议会暨2022年度全面从严治党、警示教育部署会议。

3月30日 杭州市第十四届人民代表大会第一次会议审议并全票通过《关于杭州市及市本级2021年预算执行情况和2022年预算草案的报告》。

4月7日 杭州市财政局印发《关于从严监管单一来源政府采购的通知》。

4月29日 杭州市财政局党组成员、副局长许杭在财政部召开的政府采购和国库支付营商环境创新试点交流会上，作大会交流发言。

5月6日 由省财政厅、杭州市财政局联合省民政厅、国家税务总局浙江省税务局建设的“浙里捐赠”数字平台正式运行。

5月9日 杭州市财政局党组书记、局长谢建华带队赴城西科创管委会开展调研服务。

5月19日 省财政厅党组副书记、副厅长王广兵带队在杭州市财政局调研变革型财政组织、清廉财政、共富示范等工作。

5月27日 省财政厅党组成员、总会计师赵雅玲率省财政厅加快专项债券资金使用“大服务、大督查、大抓落实”第二督查组来杭督查指导专项债券使用管理工作。

5月30日 杭州市本级401家预算单位完成预算一体化执行模块整体切换上线。

6月1日 杭州市财政局召开全市推进隐性债务化解工作专题会，部署推进2022年存量隐性债务化解工作。

6月2日 省政府办公厅印发《浙江省人民政府办公厅关于对2021年落实有关重大政策措施真抓实干成效明显地方予以督查激励的通报》，杭州市财政管理工作获督查激励。

是日 杭州市政府印发《杭州市贯彻落实国务院、浙江省扎实稳住经济一揽子政策措施的实施方案》，出台进一步加大增值税留抵退税政策力度等7项财政支持措施。

6月22日 杭州市政协党组成员、副主席毛溪浩到市财政局调研指导工作。

是日 杭州市财政局召开党建引领服务保障共同富裕暨“聚能环”党建品牌提质增效研讨会。

6月23日 杭州市十四届人大常委会第五次主任会议听取市政府关于全市政府债务管理和风险防控有关情况的报告。杭州市委常委、常务副市长柯吉欣，市财政局党组书记、局长谢建华参加。

6月24日 杭州市财政局“清风财韵”廉政文化品牌获全省财政系统典型示范推广。

6月27日 杭州市财政局举办“喜迎二十大,共富向未来”杭州财政系统第二届党建创新创优成果展示活动暨全省财政系统党建品牌展示观摩会。

6月29日 杭州市财政局党组召开扩大会议暨理论中心组学习会,学习研讨《干在实处 勇立潮头——习近平浙江足迹》,传达省第十五次党代会精神,研究部署贯彻落实举措。

是日 根据杭组干通〔2022〕34号文件,李六文同志任中共杭州市财政局党组成员;根据市委干〔2022〕98号文件,李六文同志任中共杭州市纪委市监委派驻市财政局纪检监察组组长。

是日 根据杭组干通〔2022〕34号文件,免去许杭同志的中共杭州市财政局党组成员职务;7月13日,根据杭政干〔2022〕12号文件,免去许杭的杭州市财政局副局长职务。

是日 根据杭组干通〔2022〕36号文件,周前同志任中共杭州市财政局党组成员;7月13日,根据杭政干〔2022〕13号文件,周前任杭州市财政局副局长(试用期一年)。

是日 根据杭组干通〔2022〕36号文件,免去阮华兴同志的中共杭州市财政局党组成员职务;根据市委干〔2022〕107号文件,免去阮华兴同志的中共杭州市纪委市监委派驻市财政局纪检监察组组长职务。

是日 根据市委干〔2022〕98号文件,免去龚萍同志的中共杭州市财政局党组副书记职务。

是日 根据市委干〔2022〕107号文件,王军同志任中共杭州市财政局党组副书记;7月13日,根据杭政干〔2022〕13号文件,王军任杭州市财政局副局长。

7月11日 青海省海西州财政系统干部到杭州市财政局交流学习。

7月14日 省委组织部到杭州市财政局开展党务工作规范化清查整治工作。

7月15日 杭州市财政局连续10年获中国政府采购报和中国政府采购新闻网联合评选的“年度创新奖”,并获“绿色采购先锋奖”。

7月25日 杭州市本级378家预算单位全面推进“浙里报账”无纸化改革试点。

8月9日 杭州市财政局召开数字化改革工作推进会。

8月11日 杭州市政府召开会议,部署开展市级财政专项资金清理规范工作。市委常委、常务副市长柯吉欣出席并讲话。

8月13日 杭州市财政局召开2023年市级部门预算编制工作培训会。

8月16日 杭州市政府召开全市营商环境建设推进大会,杭州市财政局政府采购监管处获集体嘉奖。

8月19日 杭州市财政局承办全省变革型财政组织创建现场会。

8月24日 杭州市财政局“抓实基层社区财务监管 建强清廉财政最小单元”入选全省清廉财政建设“十佳”案例。

8月30—31日 省财政厅在杭州市财政局开展稳进提质财政政策落实情况督查调研。

8月31日 杭州市十四届人大常委会第四次会议审议并全票通过《关于杭州市及市本级2021年决算草案和2022年上半年预算执行情况的报告》。

是日 杭州市财政局会计处联合杭州市财政会计学会举办全市财会知识大赛。

9月1日 杭州市委常委、市纪委书记、市监委主任陈一行,市纪委常务副书记、市监委副主任童定干等到市财政局调研清廉财政建设工作。

9月7日 杭州市人大常委会副主任戴建平专题调研“新制造业计划”专项资金绩效管理情况。

9月23日 杭州市财政局联合财政部浙江监管局赴铁路西站枢纽,开展“服务重点项目、助力亚运攻坚”党建联盟主题活动。

9月25日 杭州市“科技创新”企业高端会计人才培养项目在厦门国家会计学院开班。

9月30日 杭州市融资担保集团有限公司揭牌成立。

10月8日 省委常委、杭州市委书记刘捷专题调研防范化解地方政府债务风险工作。

10月11日 杭州市人大财经工委召开政府投资类专项资金绩效管理情况专题调查会议，市人大常委会副主任戴建平部署工作。

10月16日 杭州市财政局全体党员干部职工集中收看中国共产党第二十次全国代表大会开幕会，聆听习近平总书记代表第十九届中央委员会所作的报告。

10月21日 杭州市财政局干部张忆琳在省财政厅"变革型财政组织建设青年说"演讲决赛中，获一等奖。

10月26日 中共杭州市委、杭州市人民政府印发《关于深化集中财力办大事预算绩效管理改革的实施意见》。

10月31日 杭州市财政局召开"学习党的二十大精神　砥砺奋进新征程"学习会。党的二十大代表徐川子作专题宣讲，局党组书记、局长谢建华上专题党课。

11月9日 财政部税政司司长贾荣鄂、综合司副司长李虹等来杭调研共同富裕。省财政厅党组副书记、副厅长王广兵参加调研。

11月21日 杭州市财政局获浙江财政数字化改革创新应用大赛优秀组织奖、政府采购"掌上淘"项目获大赛三等奖。

12月6日 根据杭组干通〔2022〕80号文件，寿学军同志任中共杭州市国有资本投资运营有限公司委员会委员，免去其中共杭州市财政局党组成员职务。

12月12日 杭州市财政局召开全市清廉财政建设推进会暨成果展示会。

12月14日 中共杭州市委办公厅、杭州市人民政府办公厅印发《关于进一步严管理稳运行过紧日子的通知》。

12月15日 根据杭政干〔2022〕22号文件，免去寿学军的杭州投资发展有限公司董事会董事长、董事职务；根据杭政函〔2022〕86号文件，寿学军任杭州市国有资本投资运营有限公司副总经理。

12月20日 杭州市财政局印发《关于加强政府绿色采购的通知》。

12月26日 杭州市财政局印发《杭州市市级行政事业单位公款竞争性存放管理办法》。

12月29日 杭州市"'一老一小'友好型社会财政支持机制改革"获评全省财政系统高质量发展建设共同富裕示范区"小切口"改革最佳实践案例。

12月30日 杭州市财政局获中华全国供销合作总社颁发的"政府采购突出贡献奖"。

（杭州市财政局供稿　刘淮执笔）

宁波市

1月14日 财政部举办注册会计师资产评估行业党的十九届六中全会精神视频宣讲会，宁波市财政局党组成员、副局长、行业党委书记华平，行业党委委员、行业党史学习教育领导小组成员，宁波市注协、市评协班子成员等参加会议。

1月21日 宁波市财政局党组召开党史学习教育专题民主生活会。

1月25日 宁波市财政局召开全市财政工作会议。

2月16日 宁波市财政局召开2022年全面从严治党工作会议。

2月17日 宁波市财政局党组书记盛悠带队调研宁波市医工（军民）融合创新研究院和宁波金田铜业（集团）股份有限公司。

是日 宁波市财政局局长姚蓓军带队调研宁波音王集团有限公司、宁波培罗成集团有限公司。

2月25日 宁波市财政局召开全市企业财务工作会议。

3月4日 宁波市财政局召开"智慧财政"区（县、市）财政局预算编制应用座谈会。

3月15日 宁波市财政局召开全市预算绩效管理工作会议。

3月17日 宁波市财政局召开全市财政国有资产管理工作会议。

4月12日 宁波市获2022年中央财政支持普惠金融发展示范区绩效考核全国第二。

4月25日 宁波市财政局被宁波市委授予"2020—2021年度市

级模范机关创建示范单位”“2020—2021年度市级文明机关标兵单位”“市级清廉机关建设先进单位”“市级文明机关建设先进单位”等荣誉称号。

5月7日　宁波市财政局与财政部宁波监管局召开联合监管联席会议。市财政局局长姚蓓军、副局长高国平，财政部宁波监管局局长张庆增、二级巡视员应亚红等参会。

5月17日　宁波市人大常委会副主任宋越舜带队在市财政局调研财政工作。

5月23日　宁波市注册会计师协会召开第六次会员代表大会暨六届一次理事会。

5月26日　宁波市委副书记、市长汤飞帆在市财政局调研财政、国资工作。

5月30日　宁波市资产评估协会召开第三次会员代表大会暨三届一次理事会。

6月7日　宁波市财政局召开全市财政系统“规范管理、效能提升”行动动员会。

6月21日　宁波市政府召开全市财政支持稳就业促共富工作推进会，市政府副秘书长宣柏林出席并讲话，市财政局副局长高国平主持。

6月29日　宁波市财政局召开“七一”党课报告会暨争创省级模范机关动员会，庆祝中国共产党成立101周年。

6月30日　宁波市财政局举行“光荣在党50年”纪念章颁发仪式。

7月8日　宁波市财政局召开全市行政事业国有资产清查盘活暨培训会议。

7月13—15日　亚投行项目鉴别团在甬进行项目考察鉴别，宁波市政府副秘书长亢武卫致辞并出席项目鉴别成果总结会，市财政局副局长王晓主持会议并陪同考察。

8月26—27日　财政部党组书记、部长刘昆率国务院稳住经济大盘督导和服务工作组来宁波督导指导，考察宁海县清溪水库项目和宁波新建铁路南通至宁波项目。宁波市财政局局长姚蓓军随市领导全程参加，并汇报宁波财政经济运行和工作情况。

8月29日　宁波市财政局党组书记盛悠带队赴洞桥资源循环利用基地等地，调研世行贷款和PPP绿色环保项目，开展“财政服务月”专项行动。

9月17日　宁波市启动高端会计人才(行政事业类)培养项目。

9月21日　省财政厅党组成员、副厅长沈磊率全省制造业高质量发展工作专项督查组来甬，实地督查宁波软件园、磁性材料创新中心、北仑大碶高档模具产业园等。

10月16日　宁波市财政局组织全体党员干部集中收看中国共产党第二十次全国代表大会开幕会，聆听习近平总书记代表第十九届中央委员会所作的报告。

10月27日　宁波市财政局召开党组理论学习中心组(扩大)会议，传达学习党的二十大等会议精神。

11月3—4日　宁波市财政局组织开展2022年度预算管理业务培训。

11月10日　财政部党组成员、部长助理欧文汉带队在宁波调研，宁波市政府副市长杨勇、市财政局局长姚蓓军参加。

11月29日　宁波市财政局发布“智创担”政策性金融产品。

12月7日　宁波市电子非税收入一般缴款书全面上线。

12月29日　宁波市财政局三个“保”政策金融工具获全省财政系统高质量发展建设共同富裕示范区“小切口”改革优秀实践案例。

(宁波市财政局供稿　范　雯执笔)

温州市

1月7日　温州市财政局在全省财政工作会议上就债务管理工作作典型发言。

2月18日　温州市委常委、市纪委书记、市监委主任张建明一行在温州市财政局调研清廉机关建设工作。

3月22日　温州市财政局召开全市财政工作会议暨全面从严治党工作视频会议。

4月12日　温州市第十四届人民代表大会第一次会议审议通过《关于温州市2021年全市和市级预算执行情况及2022年全市和市级预算草案的报告》。

4月21日　在温州市“续写创新史走好共富路”推进会暨考绩表彰大会上，温州市财政局社会审计报告“一库一码全链条”监管应用入选全市改革创新典型案例。

5月12日　全省首单数字人民币财政实拨业务在温州落地。

5月20日　全市财政系统党建联动“牵手帮共富”行动现场会在永嘉县枫林镇兑垟村举行。

6月2日　温州市获批全国首批中央财政支持普惠金融发展示范区，获1500万元奖补资金。

6月8日　温州市级公益仓揭牌暨首批物资捐赠仪式举行。

8月16日　省财政厅与省卫健委联合组织验收专家组，参加温州市财政局组织召开的浙江“用血直免浙里办”电子票据应用试点验收会，专家组原则通过验收。

8月24日　温州市财政局“三仓融合”创新举措入选全省清廉财政建设“十佳”实践案例，在现场展评会中获二等奖。

8月26日　财政部党组书记、部长刘昆率国务院稳住经济大盘督导和服务工作组来温州督导和服务，并开展工作调研。

9月5日　温州市会计专业技术资格高(初、中)级无纸化考试结束。

9月15日　温州市人民政府办公室印发《温州市财政支持普惠金融发展示范区建设实施方案》。

9月19—20日　省财政厅党组书记、厅长尹学群带队赴温州，对稳经济一揽子政策措施贯彻落实情况、重大项目推进落地情况开展督导和服务。

9月23日　温州市财政局社会审计报告“一库一码全链条”监管应用获评省数字政府系统优秀应用案例。

10月11日　温州市财政局在全省清廉财政建设推进会上就“三不腐”机制建设作经验交流。

10月12日　温州市财政局举办全市财政系统数字化改革创新应用项目大赛。

10月21日　温州市财政局召开全市清廉财政建设推进会，市纪委副书记、市监委副主任陈钷出席会议并讲话。

11月15日　温州市财政局社会审计报告“一库一码全链条”监管应用和惠企利民直达智控两个项目，分别获全省财政数字化改革创新应用大赛决赛一等奖、三等奖。

（温州市财政局供稿　袁谷若执笔）

湖州市

1月7日　湖州市注册会计师协会召开行业联合党委扩大会议暨常务理事会。

2月11日　湖州市委副书记、代市长洪湖鹏带队走访省财政厅并与省财政厅党组书记、厅长尹学群进行座谈。

2月14—18日　财政部浙江监管局2021年度专项债券检查组赴湖州市财政局开展2021年政府专项债券资金使用情况核查。

2月21日　2022年度全市财政工作会议召开，总结全市财政系统2021年工作，分析当前和今后一个时期财政经济形势，部署2022年财政重点工作任务。

2月22—23日　省财政厅副厅长、一级巡视员陈焕昌带队来湖专题督查调研“5+4”稳进提质财政政策落实情况。

3月11日　省财政厅在全省开展一事一议财政奖补支持打造共富村试点工作，湖州市南浔区、安吉县入选。

4月19—20日　湖州市财政局召开2022年重点绩效评价工作布置会。

4月25日　由湖州、嘉兴、绍兴三地联合开展湖州市第五中学办公家具采购项目评审，为省内首个政府采购跨市域多点远程异地评标项目。

5月24日　财政部浙江监管局党组成员、副局长彭刚一行赴南浔区考察美丽乡村有关工作。

5月27日　省财政厅督查组在湖州市开展加快专项债券资金使用“大服务、大督查、大抓落实”活动。

6月7日　湖州市财政局在德清举办全市基层财政“浙里基财智控应用”建设推进会。

7月12日　湖州市财政局受邀参加年度政府采购峰会并被授予“中国政府采购奖”。

7月13日　湖州市财政局党组书记、局长杨中校在全省财政局长工作会议暨培训班上作交流发言。

7月22日　湖州市财政局获湖州市2021年度市级部门考核一等奖。

8月10日　湖州市财政局召开全市区县财政局长工作座谈会。

8月15日　湖州市财政局组织举办市本级行政事业单位政府采购助农共富暨优化营商环境培训。

8月16日　湖州市财政局召开2023年市直预算编制布置会。

8月23—26日　2022年全省预算编制人才库研讨班在湖州市长兴县召开。

8月24日　湖州市财政局入选全省“清廉财政”建设“十佳”实践案例，在现场展评中获三等奖。

8月25日　财政部国库司副司长潘风华，财政部浙江监管局副局长彭刚，省财政厅党组成员、副厅长倪学军一行在长兴县走访调研天能集团。

9月30日　湖州市财政局召开政策“一键兑”平台使用工作推进会。

10月16日　湖州市财政系统及行业协会集中收看习近平总书记在中国共产党第二十次全国代表大会上的报告。

10月17日　湖州市委常委、常务副市长吴智勇赴市财政局调研并看望慰问财政干部。

10月19—20日　省财政厅党组成员、副厅长邢自霞带队，对湖州市经济社会发展及财政收支运行情况开展调研并召开座谈会。

10月21日　湖州市财政局在全省财政系统“学习宣传党的二十大精神——变革型财政组织建设·青年说”演讲决赛中获二等奖。

11月2日　湖州市委常委、常务副市长吴智勇主持召开全市财政重点工作推进会并讲话。

11月3—4日　召开全市2022年债务管理培训暨债务管理工作推进会。

11月8日　湖州市财政局党组书记、局长杨中校赴埭溪镇第一人大代表联络站宣讲党的二十大精神。

11月10日　湖州市财政局联合市综合行政执法局，开展财政领域数字化“综合查一次”联合执法行动，探索创建本地协同场景——会计信息质量检查一件事。

11月14日　湖州市财政局联合市人行，指导工商银行湖州分行在柜台受理客户缴纳交通罚款，实现数字人民币缴纳罚款业务。

11月15日　德清县财政局获“浙江财政数字化改革创新应用大赛”提名奖。

11月21日　湖州市财政局召开2023年度财政工作务虚会，深入学习领会党的二十大精神，分析研判当前和今后一个时期的财政工作形势。

12月13日　湖州市委常委、常务副市长吴智勇主持召开2023年度预算编制推进会并讲话。

（湖州市财政局供稿　宋钰辰执笔）

嘉兴市

1月5日　嘉兴市财政局印发《关于将嘉兴市第一医院等4家单位纳入国库集中支付的通知》。

1月25日　中共嘉兴市委员会任命蔡土贵同志为嘉兴市财政局党委副书记。

是日　中共嘉兴市委员会组织部任命胡理文同志为嘉兴市财政局党委委员（全国人大常委会预算工委法案室处长挂职嘉兴市财政局一年）、任命钱骏同志为嘉兴市财政局党委委员。

2月7日　嘉兴市财政局成立重构市级行政事业单位财会管理新格局工作专班，市财政局党委书记、局长王申峰任组长。

2月14日 嘉兴市人民政府任命胡理文同志任嘉兴市财政局副局长(挂职一年);任命黄益良同志为嘉兴市财政局副局长,免去其嘉兴市财政局总会计师职务;任命钱骏同志为嘉兴市财政局总会计师(试用期一年);任命俞强同志为政府投资项目财务中心(嘉兴市财政项目预算审核中心)主任(试用期一年)。

2月22日 嘉兴市财政局印发《关于进一步加强行政事业单位公款存放管理的通知》。

3月4日 嘉兴市财政局召开全市财政系统年度工作会议暨党史学习教育总结大会及全面从严治党工作会议。会议表彰2021年度先进集体和先进个人,市财政局党委书记、局长王申峰作工作报告并与各分管领导签订《全面从严治党和党风廉政建设责任书》。

5月16日 嘉兴市财政局印发《2022年嘉兴市级部门预算绩效管理监督工作方案》,成立五个监督组,嘉兴市审计局全程参与,围绕财会管理、绩效评价、稳进提质政策落实等开展监督检查。

5月31日 嘉兴市财政局印发《中共嘉兴市财政局委员会关于开展变革型财政组织创建试点工作的实施方案》,在全市财政系统开展变革型财政组织创建试点工作。

6月2日 嘉兴市财政局提供的作品《幸福在竹林 禾城奔共富》在全省财政系统"共同富裕·青年说"宣讲挑战赛总决赛中获一等奖。

6月9日 中共嘉兴市委员会组织部任王申峰同志为二级巡视员;任沈建忠同志为三级调研员。

6月10日 中共嘉兴市委机构编制委员会《关于嘉兴市财政局有关机构编制事项的批复》同意市财政局设立自然资源和生态环境处,划入经济建设处承担的部分工作职责。将行政事业资产管理处更名为资产管理处,划入企业处承担的部分工作职责。将企业处承担的部分工作职责划入经济建设处。不再保留企业处。调整后,市财政局内设机构仍为20个。

是日 中共嘉兴市委机构编制委员会《关于调整嘉兴市政府投资项目财务中心(嘉兴市财政项目预算审核中心)有关机构编制事项的批复》同意嘉兴市政府投资项目财务中心(嘉兴市财政项目预算审核中心)名称调整为嘉兴市财政项目预算审核中心;核定事业编制13名。

6月28日 嘉兴市财政局印发《公款存放方面防止利益冲突和利益输送回避办法》。

6月29日 嘉兴市财政局、嘉兴市国有资产监督管理委员会联合开展嘉兴市地方政府隐性债务变动核查专项行动。

7月30日 嘉兴市财政局印发《关于防止年底突击花钱 加强财政支出预算管理的通知》。

8月25日 嘉兴市财政局会同市场监督管理局联合开展代理记账行业违法违规行为专项整治工作。

9月13—16日 财政部浙江监管局就嘉兴市、海宁市、桐乡市2021年度地方预决算公开情况、2020年至2022年(1—8月)"三公"经费情况开展专项检查。

9月15—16日 财政部浙江监管局党组成员、副局长、纪检组长彭刚带队赴嘉兴开展调研。

10月20—21日 省财政厅副厅长、一级巡视员陈焕昌一行赴嘉兴市开展财政工作思路调研。

11月1日 嘉兴市财政局召开全市财政系统变革型财政组织创建试点工作现场推进会。

11月8—9日 财政部党组成员、部长助理欧文汉一行3人赴桐乡市出席2022年世界互联网大会,浙江省财政厅党组成员、副厅长邢自霞陪同。

11月15日 嘉兴市财政局部门预算数字化监管系统获浙江财政数字化改革创新应用大赛三等奖。

11月19日 嘉兴市财政局召开学习宣传贯彻党的二十大精神动员部署暨专题宣讲会,市财政局党委书记、局长王申峰作党的二十大精神专题宣讲。

11月29日 嘉兴市财政局承办全省财政系统"财悦读·启新程——典读党的二十大"暨"财悦读"品牌建设一周年现场会活动,省财政厅党组副书记、副厅长、一级巡视员王广兵带队参加。

11月30日 嘉兴市会计学会召开第八次会员代表大会。

12月16—31日 审计署上海特派办对嘉兴市2019年以来耕地占补平衡相关资金作现场延伸审计。

12月26日 中共嘉兴市委员会组织部任沈建忠同志为二级调研员。

(嘉兴市财政局供稿 赵雨馨执笔)

绍兴市

1月4日　根据绍兴市委市政府、市人大有关文件规定，金水法同志任绍兴市财政局党委书记、局长。

1月20日　绍兴市财政局召开全市财政局长会议，总结2021年财政工作，统筹谋划2022年重点工作，局党委书记、局长金水法提出"构建财政'大盘子'、谋划财政'大格局'、树立财政'大气度'"工作理念。

1月24日　绍兴市财政局召开党史学习教育专题民主生活会，绍兴市委党史学习教育第五巡回指导组相关领导到会指导。

1月27日　绍兴市财政局召开2021年度总结表彰大会暨党史学习教育总结会。

2月11日　绍兴市财政局传达学习全市干部大会和全省财政系统高质量发展建设共同富裕示范区奋进年动员大会精神，研究部署贯彻落实举措。

2月15日　绍兴市财政局党委书记、局长金水法带队赴新昌县财政局开展助企开门红调研。

2月24日　绍兴市财政局召开市属国有企业党组书记抓基层党建工作述职评议会。绍兴市财政局党委书记、局长金水法主持。

2月23—24日　省财政厅党组成员、副厅长邢自霞带队来绍开展专题调研。绍兴市财政局党委书记、局长金水法汇报全市"5+4"稳进提质财政政策落实情况。

2月25日　绍兴市财政局召开2022年全市财政工作会议。

3月15日　绍兴市审计局进驻市财政局，对2021年度市本级预算执行和决算（草案）情况进行审计。

3月24日　绍兴市财政局党委书记、局长金水法赴柯桥区，就基层财政规范化建设、"浙里基财智治"试点运行情况开展专题调研。

4月2日　绍兴市人大九届一次会议审议并全票通过《关于全市和市本级2021年财政预算执行情况及2022年财政预算（草案）的报告》。

4月10日　绍兴市委副书记、市长施惠芳走访市财政局调研指导。

5月17日　绍兴市委第四巡察组进驻市财政局，开展九届市委第一轮巡察。

6月7日　绍兴市财政局印发《盘活存量资产扩大有效投资试点专班工作方案》。

7月11日　绍兴市财政局会同市民政局、市人社局、市融资担保公司、市市民卡公司举行"共富家庭"党建联盟签约仪式，宣布"共富家庭"党建联盟品牌标识和旗帜。

7月28日　绍兴市财政局等三部门印发《全市国有企业降本降息专项行动实施方案》，开展全市国有企业降本降息专项行动，分档压降存量债务融资成本。

8月12日　绍兴市财政局等八部门印发《绍兴市支持"扩中家庭"共同富裕行动方案》，推出促就业、助创业、减负担、强公益等四方面15条政策举措。

10月13日　绍兴市财政局举办贯彻落实全省清廉财政建设推进会精神暨"喜迎二十大 财悦读诵清风"绍兴站活动。

10月16日　绍兴市财政系统全体党员干部集中收看中国共产党第二十次全国代表大会开幕会。

10月21日　绍兴市财政局党委召开巡察整改专题民主生活会。

10月24—28日　中共绍兴市财政局直属机关开展党支部换届选举工作，选举产生新一届党支部委员会。

10月27日　省财政厅党组成员，省金融控股有限公司党委书记、董事长杨强民在绍调研财政经济运行和财政改革发展、产业基金运行等工作。

11月7日　绍兴市财政局党委书记、局长金水法赴诸暨开展2023年重点工作调研，走进"局长·代表面对面"活动现场，听取人大代表建议。

11月15日　绍兴市财政局"筑采云"获浙江财政数字化改革创新应用大赛一等奖。

11月18日 绍兴市财政局举行2022年度新提任科级领导干部宪法宣誓仪式。

12月15—16日 绍兴市委组织部、市财政局、市委党校联合在杭州湾会计学苑举办地方政府债务规范健康发展专题研修班。

（绍兴市财政局供稿 张 莹执笔）

金华市

2月16—17日 省财政厅党组成员、副厅长沈磊在金华开展"扩中提低"改革专项调研。

3月10—11日 金华市财政局举办全市农财业务集中培训。

3月22—23日 省财政厅党组成员、副厅长沈磊赴横店集团、永康市开展"5+4"稳进提质财政政策落实情况专项调研。

4月12日 金华市第八届人民代表大会第一次会议审议并通过《关于全市和市本级2021年财政预算执行情况及2022年财政预算（草案）的报告》。

5月13日 根据金委干〔2022〕37号文件，卢小珍同志任中共金华市财政局党组书记。

是日 金华市财政局召开全市政府专项债工作座谈培训会。

6月6日 财政部浙江监管局副局长、党组成员、纪检组长彭刚带队赴金华开展地方财经秩序专项整治行动。

6月22—23日 省财政厅党组成员、副厅长沈磊赴金华开展扎实推进经济稳进提质工作调研。

6月29日 根据金人大常干〔2022〕10号文件，卢小珍同志任金华市财政局局长。

7月7日 省财政厅"浙企一表通"应用试点及会计治理数字化改革座谈会在金华召开。

7月11日 金华市委书记凌志峰走访金华市财政局开展财政工作调研。

7月28日 金华市财政局举行上半年"扛旗先行 财政担当"晒拼活动。

9月1日 金华市第八届人民代表大会常务委员会第四次会议审议通过《关于全市和市本级2021年财政决算(草案)和2022年1—6月财政预算执行情况的报告》。

9月6—15日 金华市财政局组织开展全市2022年新增专项债资金使用管理情况专项核查。

10月9—10日 省财政厅党组书记、厅长尹学群赴金华市、义乌市、浦江县开展工作思路调研。

10月14日 金华市财政局完成32名干部职级晋升工作。

10月25日 金华市财政局召开全体干部会议传达学习党的二十大精神。

11月28日 金华市财政局召开全市财政工作座谈会。

11月29—30日 金华市财政局召开全市基层财政管理工作现场会。

11月30日 根据金市组干通〔2022〕186号文件，孙倩同志任中共金华市财政局党组成员。

12月12日 根据金政干〔2022〕15号文件，陈志坚同志任金华市财政局副局长。

是日 根据金政干〔2022〕16号文件，孙倩同志任金华市财政局总会计师。

12月13日 金华市财政局召开全市教科文工作会议。

12月21日 根据金委干〔2022〕143号文件，胡金东同志任中共金华市财政局党组副书记。

是日 根据金市组干通〔2022〕222号文件，张高强同志、张飞燕同志任中共金华市财政局党组成员。

12月31日 根据金政干〔2022〕19号文件，张高强同志任金华市财政局副局长。

（金华市财政局供稿 曾东平执笔）

衢州市

1月4日　衢州市财政局召开财政工作务虚会，局党委书记、局长方世忠主持会议并讲话。

1月21日　衢州市财政局党委召开党史学习教育专题民主生活会，市委党史学习教育第七巡回指导组组长胡智宏到会指导，局党委书记、局长方世忠作表态发言。

2月16日　省财政厅党组书记、厅长尹学群带队赴衢州开展"'扩中提低''5+4'政策体系落地情况"专题督查调研。

3月7—8日　省财政厅党组成员、副厅长邢自霞带队赴衢州开展债务专项督导及财政工作调研。

3月28日　衢州市政府投资项目评审中心被浙江省妇女联合会评为"浙江省巾帼文明岗"。

4月24日　衢州市财政局召开全面从严治党工作会议，局党委书记、局长方世忠作工作报告。

4月29日　衢州市八届人大一次会议审议通过《关于2021年全市和市级预算执行情况及2022年全市和市级预算草案的报告》。

5月12日　衢州市财政局召开全市财政局长工作会议，局党委书记、局长方世忠主持会议并讲话。

5月17日　衢州市获批中央财政支持普惠金融发展示范区。

5月27日　衢州市财政局《统筹推进连片发展 建设共富未来乡村》获评浙江省高质量发展建设共同富裕示范区最佳实践(第一批)。

5月30日　根据衢委干〔2022〕75号文件，刘明鹤任衢州市财政局党委书记，免去方世忠的衢州市财政局党委书记职务。

6月16日　根据衢人大常干〔2022〕10号文件，刘明鹤任衢州市财政局局长，免去方世忠的衢州市财政局局长职务。

6月27日　衢州市财政局召开党委(扩大)会议，传达学习省第十五次党代会和全市领导干部会议精神，局党委书记、局长刘明鹤主持会议并讲话。

7月6日　衢州市财政局党委书记、局长刘明鹤赴廿里镇白马新村、后溪镇泉井边村宣讲省第十五次党代会精神，并开展挂联服务。

7月20日　衢州市财政局联合衢州市纪委印发《衢州市"公务餐"管理办法(试行)》的通知。

7月25日　衢州市八届人大常委会第三次会议审议通过《关于衢州全市和市级2021年财政决算草案以及2022年上半年财政预算执行情况的报告》。

8月3日　衢州市财政会计学会召开七届二次会员代表大会，市财政局党委书记、局长刘明鹤当选财政会计学会会长。

8月26日　衢州市财政局获2021年度全省企业职工基本养老保险工作考核优秀等次。

10月9—10日　省财政厅党组成员，省金融控股有限公司党委书记、董事长杨强民带队赴开化县开展"走村入企万里行"专项行动。

10月17—19日　省财政厅党组副书记、副厅长、一级巡视员王广兵带队赴衢州开展工作思路调研，实地走访开化县、龙游县。

10月21日　衢州市财政局举办全市财会知识大赛，参赛总人数3512人。

11月4日　衢州市财政局召开共富基金县(市、区)平台组建会，局党委书记、局长刘明鹤主持会议并讲话。

11月23日　衢州市财政局党委书记、局长刘明鹤带队赴高新东(巨化)社区开展企业走访服务活动。

11月24日　衢州市财政局召开全市清廉财政建设推进会，局党委书记、局长刘明鹤主持会议并讲话，市纪委副书记、市监委副主任邵晓航出席会议并讲话。

是日　衢州市财政局组织召开党的二十大精神主题宣讲会暨全市财政系统工作会议，局党委书记、局长刘明鹤作党的二十大精神主题宣讲。

12月22日　衢州市财政局《衢州市建立全市域上下游生态补偿机制的实践与思考》等2项课题获评衢州市第十六届哲学社会科学优秀成果。

（衢州市财政局供稿　叶正宇执笔）

舟山市

1月8日　舟山市财政局批复市级政府产业基金股权划转，浙江舟山群岛新区财金投资基金有限公司股东变更为舟山市财金投资控股有限公司。

3月8日　省财政厅副厅长、一级巡视员陈焕昌赴舟山市专题调研中小企业惠企助企财政政策落实情况。

3月28日　舟山市涉农资金统筹整合工作获省财政厅通报表扬。

3月31日　舟山市财政局召开2022年全面从严治党工作会议。

4月10日　舟山市财政会计学会召开八届三次理事会。

4月16日　舟山市八届人代会一次会议审议通过舟山市2021年全市和市本级预算执行情况及2022年全市及市本级预算草案的报告。

4月22日　舟山市财政局审价中心获评2019—2021年度舟山市“工人先锋号”。

4月25日　舟山市财政局、舟山市住房和城乡建设局印发《舟山市城镇保障性安居工程补助资金管理办法》。

5月11日　舟山市财政局印发《舟山市市级预算绩效目标管理办法》。

5月12日　舟山市委副书记、市长徐仁标主持召开市财政审计工作会议，市财政局党委书记、局长周军刚参加。

5月27日　舟山市本级电子非税收入一般缴款书全面上线。

6月1日　舟山市财政局、中共舟山市委宣传部印发《舟山市文化产业发展专项资金管理办法》。

6月17日　在全省营商环境无感监测指标测评中，舟山市政府采购一级指标获评全省唯一标杆城市。

6月30日　舟山市医疗收费电子票据省集中模式改革实现医疗机构全覆盖。

7月25日　舟山市财政局印发《舟山市财政局内部审计工作暂行办法》。

8月3日　舟山市财政局、市文化和广电旅游体育局联合印发《舟山市体育社团承办体育赛事（活动）经费管理办法》。

8月29—30日　省财政厅党组成员、总会计师赵雅玲一行赴舟山市督导调研稳进提质财政政策落实情况。

8月30日　舟山市慈善捐赠项目“爱心点燃希望·雏鹰助学”入驻“浙里捐赠”平台，开出首张区块链捐赠证书。

9月15日　舟山市财政局、市自然资源和规划局、市农业农村局联合印发《舟山市市级省分成新增建设用地土地有偿使用费分配使用管理办法实施细则》。

9月29日　舟山市财政局印发《舟山市基层财政工作专项资金管理办法》。

10月16日　舟山市财政局全体党员干部职工集中收看中国共产党第二十次全国代表大会开幕会直播。

10月21日　舟山市财政局参加省财政厅“学习宣传党的二十大精神——变革型财政组织建设·青年说”演讲比赛并获三等奖。

11月28日　舟山市财政局、市工商业联合会联合印发《舟山市工商联应急转贷资金管理办法》。

12月16日　舟山市财政局印发《舟山市偏远海岛财政转移支付体系实施办法》。

12月28日　实施浙石化增值税留抵退税100余亿元。

12月29日　舟山市委副书记、市长徐仁标一行走访市财政局慰问干部职工。

（舟山市财政局供稿　郑舒悠执笔）

台州市

1月24日　根据市委干〔2022〕6号文件，陈玲萍任台州市财政局党组书记；2月15日，根据台大人常干〔2022〕6号，陈玲萍任台州市财政局局长。

是日　根据市委干〔2022〕6号文件，郭华明任台州市财政局党组成员；2月10日，根据台政干〔2022〕4号文件，郭华明任台州市财政局副局长。

1月26日　台州市财政局召开党史学习教育总结大会。

2月21—22日　省财政厅党组成员、总会计师倪学军带队赴台州企业和基层，督查调研"5+4"稳进提质财政政策落实情况。

3月3日　台州市财政局召开全市财政工作会议。

3月25日　台州市财政局召开全市财政系统全面从严治党工作视频会议。

3月29日　省直机关工委常务副书记郑才法一行在台州市财政局调研党建工作。

4月15日　台州市财政局、国家税务总局台州市税务局和台州市工商联联合举办"落实减税降费 优化营商环境"宣讲会暨第31个全国税收宣传月和第4个财政政策宣讲月启动仪式。

5月6日　台州市人大常委会副主任王荣千一行到市财政局调研预算绩效管理工作。

5月26日　省财政厅副厅长、一级巡视员陈焕昌带队，在台州开展加快专项债券资金使用"大服务、大督查、大落实"活动。

6月13日　根据台政干〔2022〕9号文件，张贤鸣任台州市财政局副局长。

7月6日　台州市财政局、市民政局、国家税务总局台州市税务局、市慈善总会联合上线"浙里捐赠"一日捐场景。

7月18日　台州市委第二巡察组召开巡察台州市财政局党组工作动员会。

8月3—4日　台州市财政局党组理论中心组（扩大）学习会暨全市财政系统半年度工作会议召开。

8月28日　财政部预算司青年小组到台州开展财政推动共同富裕建设情况调研。

9月6日　台州市财政局党组书记、局长陈玲萍接受市直机关工委"双建争先"一把手访谈。

10月20日　台州市政协副主席陈建勋一行到市财政局开展民主监督工作调研。

10月28日　台州市财政局召开市财政系统三季度局长例会。

11月2—3日　省财政厅党组成员、驻厅纪检监察组组长徐首红带队赴玉环市、温岭市、台州市黄岩区等地，开展2023年财政工作思路调研。

11月15日　台州市委第二巡察组召开巡察台州市财政局党组情况反馈会。

12月19日　台州市财政局召开2023年工作务虚会。

（台州市财政局供稿　杜依霖执笔）

丽水市

1月11日　根据丽组干〔2022〕6号文件，阎家骥任丽水市财政局党组成员。

1月18日　丽水市财政局党组书记、局长潘建青一行在帮扶结对村——景宁县红星街道岗石村开展新春走访慰问。

1月26日　丽水市人大常委会党组副书记、副主任陈建波一行在市财政局调研2022年财政预算编制工作并召开座谈会。

是日　根据丽政干〔2022〕2号，阎家骥任丽水市财政局副局长。

1月28日　丽水市财政局党组书记、局长潘建青参加市纪委四届七次全体会议第一次大会，并陪同丽水市代市长吴舜泽听取全市国土空间规划及2022年市本级土地出让盘子等情况汇报。

是日　中共丽水市财政局党组印发《关于调整局领导班子分工的通知》。

1月29日　丽水市财政局召开党史学习教育总结会议，总结市财政局党史学习教育主要做法和成效。局党组书记、局长潘建青作总结讲话。

2月22—24日　省财政厅党组成员、副厅长章忠良一行来丽调研指导工作。

3月2日　丽水市财政局召开全体干部职工大会，总结2021年财政工作，部署2022年工作任务。

3月7日　省财政厅党组成员、总会计师倪学军来丽调研指导工作。

3月14日　丽水市财政局党组书记、局长潘建青参加全市领导干部会议、2022年度全市党委（党组）书记抓基层党建和人才科技工作述职评议会。

3月23日　丽水市财政局印发《“浙丽共富路　财政勇担当”行动方案》。

4月9日　丽水市财政局党组书记、局长潘建青参加丽水市五届人大一次会议。

4月29日　丽水市财政局印发《关于促进服务业领域困难行业恢复发展做好疫情期间市级国有房屋租金减免工作的通知》。

5月5日　丽水市财政局印发《关于同意丽水诚合琢璞股权投资基金立项的通知》。

5月30日　丽水市财政局召开“喜迎二十大 永远跟党走　奋进新征程”青年座谈会暨主题团课。

6月13日　丽水市财政局举行共同富裕“揭榜挂帅”启动仪式。

6月16日　丽水市财政局召开全面从严治党工作会议。局党组书记、局长潘建青作工作报告，总结2022年财政工作，安排部署下阶段工作，并签订全面从严治党责任书。

6月18日　丽水市财政局、中共丽水市委组织部联合印发《丽水市本级机关培训费管理规定》。

6月29日　财政部、自然资源部、生态环境部联合召开全国山水林田湖草沙一体化保护和修复工程推进会，丽水市作表态发言。

7月15日　丽水市财政局召开党组理论学习中心组（扩大）会议暨“财政讲坛”宣讲省第十五次党代会精神。

8月2日　丽水市财政局召开全市财政局长座谈会。

8月19日　丽水市首例政府采购远程异地评标项目——“丽水学院电子商务综合实训平台”完成开评标。

9月13日　省财政厅党组副书记、副厅长、一级巡视员王广兵来丽调研稳进提质财政政策落实工作。

9月22日　丽水市财政局印发《丽水市直行政事业单位“线上公物仓”实施办法（试行）》。

9月28日　丽水市财政局召开全市乡镇内控指引建设推进会。

9月29日　丽水市财政局印发《丽水市直行政事业单位软件资产管理办法（试行）》。

9月30日　中共丽水市财政局党组印发《关于印发〈关于纵深推进清廉财政建设的实施方案〉等文件的通知》。

10月18日　丽水市财政局印发《丽水市直部门项目支出预算管理办法（试行）》。

10月18—20日　省财政厅党组成员、副厅长倪学军带队来丽调研，了解丽水财政工作情况，听取基层意见建议，帮助解决实际困难。

10月25日　丽水市财政局召开局党组理论学习中心组(扩大)学习会暨党的二十大精神专题学习会，学习党的二十大精神，传达全市领导干部会议精神，并部署学习宣传贯彻举措。

11月2—7日　丽水市财政局党组书记、局长潘建青赴青田县、景宁县财政局和联系村景宁县红星街道岗石村开展党的二十大精神宣讲。

12月5日　根据丽政干〔2022〕105号文件，丁硕科任丽水市财政局党组成员。

12月15日　根据丽政干〔2022〕107号文件，李蕾任丽水市财政局党组成员（挂职）。

12月28日　根据丽政干〔2022〕23号文件，孙海敏任丽水市财政局副局长，免去丽水市财政局总会计师职务。

是日　根据丽政干〔2022〕24号文件，丁硕科任丽水市财政局总会计师。

12月31日　中共丽水市财政局党组印发《关于调整局领导班子分工的通知》。

（丽水市财政局供稿　应　佳执笔）

财政机构人员

zhejiang caizheng nianjian

浙江省财政厅厅领导名单

（2022年12月31日）

党组书记、厅长	尹学群
党组副书记、副厅长、一级巡视员	王广兵
副厅长、一级巡视员	陈焕昌
党组成员、副厅长，省委两新工委委员	沈　磊
党组成员、驻厅纪检监察组组长	徐首红
党组成员、副厅长	邢自霞
党组成员、副厅长	倪学军*
党组成员，省金融控股有限公司党委书记、董事长	杨强民*
党组成员、总会计师	赵雅玲*
二级巡视员	尹红平
二级巡视员	侯余兴

浙江省财政厅机构设置及领导名单

（2022年12月31日）

一、厅机关

办公室

主任、一级调研员：叶光胜

副主任：徐小俊（兼）

正处长级干部：王　琛（援疆工作）*

副主任、二级调研员：高　翔

副主任：赵春伟

副主任：黄建勇*

二级调研员：林圣才

人事处

处长：杨慧芳

副处长：姜伟荣

副处长：查仕明*

二级调研员：费　萍

直属机关党委

专职副书记、一级调研员：金洪根

机关纪委专职副书记：杨一斐

政策法规处

处长：张旭东

副处长：李　斐

一级调研员：朱炳仁*

二级调研员：董强波

总预算局

局长：张远东

副局长：顾健耀

地方政府债务管理办公室

主任、一级调研员：周爱明

副主任：项　真

副主任：罗　荆

税政处

处长：马　勇

副处长、三级调研员：费国炎

预算执行局

局长：童黛铭

副局长：朱小燕

副局长：孙柳媚

二级调研员：蒋小聪

二级调研员：陈　珍

综合处

处长：肖艳菱

副处长、二级调研员：吴凤珍

副处长、二级调研员：邬达贵

副处长：莫建斌

会计处

处长：陈志远*

二级巡视员：江中亮

副处长：楼丽娜

副处长：朱卫品

一级调研员：汤　淮

一级调研员：李雪萍

一级调研员：杨树圣*

二级调研员：郑肖亮

行政政法处

处长、一级调研员：陈百平

副处长、二级调研员：陈　达

副处长、三级调研员：赵巧丽

副处长：陈　琰

副处长：步恩绵

二级调研员：王柳霞

科教处

处长：虞劲松*

副处长、二级调研员：甘建辛

副处长：周参雍

二级调研员：王　静

文化处（文化企业国有资产监督管理办公室）

处长：赵利明

副处长:童　盈
副处长:李慧辉
二级调研员:金　涛
资产管理处
处长:管海燕
副处长:潘朝晖
副处长:饶亚君
一级调研员:陈丽君
二级调研员:吴新芳
农业处
处长:叶茂乐
二级巡视员:何新星
副处长、三级调研员:傅彩莲
副处长:王　姣
副处长:何法顺
基层财政管理处
处长:徐来兴
副处长:鲁　明
二级调研员:许建全
自然资源和生态环境处
处长:王林尧
副处长、二级调研员:马建胜
副处长:沈燕萍(永嘉挂职)*
金融处
副处长:詹　飙
副处长:蔡伟玮*
社会保障处
副处长:李　杰
副处长:黄　青*
副处长:朱家立
一级调研员:李　鸣*
二级调研员:全龙江*
经济建设处
副处长、二级调研员:何喜平
副处长:王朝辉
副处长:杨　博
副处长:何小康
二级调研员:汤宿秀
二级调研员:楼慧芬*
财政监督局
局长、一级调研员:刘　臻
二级调研员:周学伟
二级调研员:孙建苗*
二级调研员:汤建新*
绩效管理处
副处长:刘　虹
副处长:陆　阳
政府采购监管处
处长:康国梁
副处长、二级调研员:邵　健
副处长:倪文良
二级调研员:徐剑锋
二级调研员:梁妙其

二、直属单位

省级财政国库支付中心
主任:包尧兴
二级巡视员:郑　耀
副主任、二级调研员:何玮富
副主任:金国兴
副主任:沈　维
一级调研员:宋万生*
省财政项目预算审核中心
副主任:魏成勇
副主任:林长乐
二级调研员:沈应庚
二级调研员:吴春桃
二级调研员:俞富桥*
省财政票据管理中心(省非税收入中心)
主任:叶时宝
二级调研员:吴小明
省级部门预算编制中心(省地方政府债务管理中心)
主任:范　愿
副主任:姜传鸽
副主任:任　芳*
一级调研员:陈志光*
省财税政策研究室
主任:徐小俊
副主任:冯　健
副主任:陈优芳
二级调研员:王非文
省数字财政管理中心
主任:李　军
副主任:金永勤
副主任:陈健东
管理五级职员:寿建钢
管理六级职员:陈相良*
省国有金融资本运营评价中心
主任:陆龙泉
副主任:林金松
省社保基金和交通事故救助基金管理中心
主任:吴益民

正处长级专员:许智敏
副主任:陈　瑞*

省会计事务服务中心
主任:戴晔沸*
正处长级专员、省注册会计师资产评估行业联合党委专职副书记:张光敏
副主任:童联新
副主任:夏烨能*
副主任:李书玲*

省财政干部教育和后勤中心
主任:陈亚谊*
副主任:沈幼华

省农业融资担保有限公司
总经理:赵　虹
董事、副总经理:王新江

浙江省各市、县(市、区)财政局领导名单
（2022年12月31日）

杭州市财政局
党组书记、局长、一级巡视员:谢建华
党组副书记、副局长:王　军*
党组成员、派驻纪检监察组组长:李六文*
党组成员、副局长:龚　巍*
党组成员、总会计师:汪生祥
党组成员、副局长:张海艳
党组成员、副局长:周　前*
党组成员、一级调研员:毛慧敏
二级巡视员:万　强
二级巡视员:龚　萍*
二级巡视员:阮华兴*
一级调研员:许　杭*
一级调研员:卓安军
一级调研员:郭顺华

上城区财政局
党委书记、局长:石荣祥
党委委员、派驻纪检监察组组长:陈春晓*
党委委员、副局长:陈普照
党委委员、副局长:吴国荣

拱墅区财政局
党委书记、局长:唐晓华*
党委委员、副局长:娄　瑾
党委委员、副局长:许　斌
党委委员、副局长:胡国庆
党委委员、副局长:李亚鹏
党委委员、副局长:童湘军*

西湖区财政局
党委书记、局长:罗　元
党委委员、副局长:陈岳毅
党委委员、副局长:赵水林
党委委员、副局长:王　瑛
党委委员、副局长:刘　苗*
二级调研员:仰红英
四级调研员:兰兆军

高新区(滨江)财政局
党委书记、局长:邵　臻*
党委副书记、副局长:张　军
党委委员、副局长:李　颖
副局长:曾　阳
党委委员、副局长:徐　峥*
党委委员、三级调研员:王慎红*
纪检组长:余凤珍

萧山区财政局
党委书记、局长:杨月万
党委委员、副局长:韩梓华
党委委员、副局长:陆　巍*
党委委员、派驻第九纪检监察组组长:丁国权*
党委委员、国资办副主任:蒋海芸
党委委员、副局长:沈国伟*
党委委员、总会计师:范永明*
党委委员、总经济师:毛生刚*

余杭区财政局
党委书记、局长:姜根军
党委委员、副局长:朱　方
党委委员、副局长:支小红
党委委员、副局长:于　俊
党委委员、国资办专职副主任:卢晓琴
党委委员、副局长:周云虎

临平区财政局
党委书记、局长:卢君飞
党委委员、副局长:莫雅明
党委委员、副局长:计汉强
党委委员、副局长:朱益成*
党委委员:张　茵*
一级调研员:施成华
二级调研员:钱建伟
二级调研员:楼志燕

钱塘区财政局
党委书记、局长:袁　月

党委委员、副局长：汤 波
党委委员、副局长：胡科强
党委委员、副局长：吴 丹
一级调研员：刘晓平
二级调研员：江 源
四级调研员：孙小平
党委委员：朱 红*

富阳区财政局
党委书记、局长：李向明
党委委员、副局长：朱经国
党委委员、派驻纪检监察组组长：王元新
党委委员、副局长：金卫泉
党委委员、副局长：方红华*
党委委员、总会计师：彭国锋*
党委委员、组织员：潘小琴
党委委员：王峥嵘

临安区财政局
党委书记、局长：黄生云
党委副书记、副局长：戚峥嵘
派驻纪检监察组组长：胡晓军*
党委委员、副局长：胡 钧
党委委员、副局长：陈一鸣
党委委员、副局长：陈 瑛
党委委员、副局长：苏晓艳*
一级调研员：张发平
一级调研员：马泽华*
三级调研员：周 佳

建德市财政局
党组书记、局长：陈 刚
党组成员、派驻第六纪检监察组组长：华爱民
党组成员、副局长：陈 善
党组成员、副局长：李 鹏
党组成员、副局长：宋 智*

桐庐县财政局
党委书记、局长：濮樟平*
党委委员、副局长：何庆娟
党委委员、副局长：俞 斌
党委委员、副局长：陈小马*
党委委员、总会计师：吴俊华
党委委员：童海鹏
党委委员：王 垚

淳安县财政局
党委书记、局长：陆建育
正局级组织员、党委副书记、副局长：万海卫
党委委员、纪检组长：王富设
党委委员、副局长：余德贵
党委委员、总会计师：吴苏琴
党委委员、副局长：徐建芳

宁波市财政局
党组书记：盛 悠*
局长：姚蓓军
党组副书记、副局长：王 晓*
党组成员、副局长：高国平
党组成员、副局长：应日捷*
党组成员、派驻纪检监察组组长：王兴兵
党组成员、副局长：孙东升*（挂职）
总会计师：叶颢威*
党组成员、副局长：陈建永*
二级巡视员：华 平*
一级调研员：包建华

海曙区财政局
党组书记、局长：朱裕高
党组成员、副局长：童 霞
党组成员、副局长：邱顺年
党组成员、总会计师：范 颖
党组成员、副局长：王 海*

江北区财政局
局长：邹旭明*
党组书记、副局长：李 丹
党组成员、副局长：林 剑
党组成员、总经济师：陈燕平
党组成员、区国有资产管理服务中心主任：田雪梅
党组成员、四级调研员：尹小炜

镇海区财政局
党组书记、局长：孙 灵
副书记、副局长：陈 晓
党组成员、总会计师：汤宇瑾
党组成员、副局长：朱 峰
二级调研员：王镇亮*
二级调研员：郑建勋*
三级调研员：陈 红

北仑区财政局
党组书记、局长：叶奇丹*
党组成员、副局长：何旭培
党组成员、副局长：袁 波*
党组成员、总会计师：王海珍*

鄞州区财政局
党组书记、局长、一级调研员：李青萍
党组成员、二级调研员：陈 黎

党组成员、副局长、三级调研员：严文飞*
党组成员、副局长：程　洪
副局长：虞文萍
党组成员、副局长：赵海波
党组成员、总会计师：毛盈飞
党组成员、四级调研员：张　威

奉化区财政局
党委书记、局长：江洪平
党委委员、副局长：陈玲萍
党委委员、副局长：杨盛波
党委委员、纪检组长：王海洪
党委委员、副局长：张成方
党委委员、区政府投资项目评审中心副主任：徐炯
党委委员、区政府投资项目评审中心副主任：俞亚芬
党委委员、总会计师：董贤杰*
党委委员：陈礼军

余姚市财政局
党委书记、局长：王文辉
党委副书记、副局长：鲁永飞
党委委员、副局长：韩士其
党委委员、总会计师：吴久林
党委委员、副局长：赵建军*

慈溪市财政局
党委书记、局长：胡利嗥
党委副书记、副局长：潘钊先
党委委员、副局长：黄军岳
党委委员、副局长：陈军燎
党委委员、总会计师：胡杰聪
党委委员：叶伟丰

宁海县财政局
党委书记、局长：庞建宏
党委副书记、副局长：周必正
党委委员、副局长：王勇剑*
党委委员、副局长：戴　晟
总会计师：周　晶

象山县财政局
党组书记、局长：张茂豪
党组成员、副局长：陈忠祥
党组成员、副局长：郑世敏
党组成员、副局长：胡　斌
党组成员、总会计师：陈　莹*

温州市财政局
党组书记、局长、二级巡视员：陈宣安
党组副书记、副局长、机关党委书记：沈显克*
党组成员、派驻纪检监察组组长：兰晓轩*
党组成员、副局长：叶晓东
党组成员、三级调研员：张方任*
党组成员、副局长：李　麟
党组成员、副局长：连莱菁*
党组成员、总预算局（税政处）局长（处长）：韩加斌*

鹿城区财政局
党委书记、局长、国资办主任：陈翔俊*
党委委员、派驻纪检监察组组长：叶玉峰
党委副书记、副局长：陈幼彦
党委委员、副局长：孙丽娟
党委委员、副局长：白劲松*
党委委员、副局长：徐　丹
党委委员、督查专员：刘建雄*
党委委员、总会计师：严正海*
党委委员：胡连云*
党委委员：章扬帆*

瓯海区财政局
党组书记、局长兼区国资办主任：许建宇*
党组副书记、副局长：杨海慧
党组成员、副局长兼区国资办副主任：徐　教
党组成员、总会计师：吴建峰
党组成员、副局长：阮众贺
党组成员、副局长：金秀礼
党组成员、预算执行局局长：黄玉坚
党组成员、副局长（挂职）：韩加斌*

龙湾区财政局
党组书记、局长兼国资办主任：吴尊林
副局长：鲁传义
党组成员、副局长：施寒毅
党组成员、总会计师：朱爱忠
党组成员、副局长：陈银晔
党组成员、预算编制局局长：李晓青
党组成员、财政信息中心主任：冯小燕*

洞头区财政局
党组书记、局长、国资办主任：黄建敏
党组副书记、副局长：许晓斐
党组成员、副局长：朱海斌
党组成员、副局长、国资办副主任（兼）：邱芬芬
党组成员、总会计师：林菲菲

瑞安市财政局
党委书记、局长、国资办主任：谢钦巨*
党委副书记、副局长：林孝昭*
党委委员、市纪委市监委驻市财政局纪检监察组组长：郑圣学
党委委员、副局长：陈大青*
党委委员、副局长、国资办副主任：潘孝义*
党委委员、总会计师：曾　谦*

党委委员、市政府投资项目财政融资评审中心主任：阮晓国*
党委委员、预算局（税政科）局长（科长）：洪　炜*
乐清市财政局
党组书记、局长：陈晓炬*
党组副书记、副局长：杨宏辉*
党组成员、副局长：卢正文
党组成员、副局长：郑清华
党组成员、副局长：包建信*
党组成员、总会计师：李　华*
党组成员：陈永光*
永嘉县财政局
党委书记、局长：陈海州*
党委委员、副局长：潘来毅
党委委员、副局长：叶强忠
副局长：林文胜*
党委委员、派驻纪检监察组组长：柯海璞
党委委员、副局长：李雪峰*
党委委员、总会计师、机关党委书记：马永亮*
党委委员、预算科科长：周黎光
党委委员、办公室负责人、预算编制中心主任：金翎仲*
副局长：林　钱*（挂职）
平阳县财政局
党组书记、局长、国资办主任：周胜苏
党组成员、副局长：温从忠*
党组成员、副局长：洪益平
党组成员、副局长、国资办副主任：温振睦
党组成员、副局长：许映月*
党组成员、副局长：朱　侗
党组成员、副局长：吕　航*
总会计师：王　坚*
党组成员：金剑波*
党组成员：王作出*
苍南县财政局
党组书记、局长：陈国子
党组成员、副局长：王雪琴
党组成员、副局长：陈荣早
党组成员、副局长：陈志苍
党组成员、副局长：杨从国
党组成员、总会计师：杨梅芳
文成县财政局
党委书记、局长：季建明
党委副书记、副局长：胡学铐*
党委副书记、副局长：金宪树
党委委员、副局长：胡国鑫
党委委员、派驻纪检监察组组长：邢万方
党委委员、副局长：徐　迅*（挂职）
党委委员、办公室主任：苏建钦
泰顺县财政局
党委书记、局长：周仕姜
党委副书记、副局长：毛旭升
党委委员、副局长：夏文伟
党委委员、副局长：翁迪软
副局长：周　畅（挂职）
党委委员、总会计师：曾瑞武*
党委委员、副局长：李　磊*（挂职）
党委委员、办公室主任、国有控股集团有限公司总经理：吴明双
龙港市财政局
党组书记、局长：周正声*
党组副书记、副局长：王　骏
党组成员、副局长：林贤更
党组成员、副局长：陈先勤
党组成员、总会计师：金明拯*

湖州市财政局
党组书记、局长：杨中校*
党组副书记、副局长：林　明*
党组成员、副局长：徐　慧
总会计师：黄建华
党组成员、副局长：孙　迎*
党组成员、组宣人事处处长：赵明明*
吴兴区财政局
党委书记、局长：杨卫华
党委委员、副局长：叶　青
党委委员、副局长：俞勤仕
党委委员、副局长：光　晨
党委委员、总会计师：叶楚江
党委委员、副局长：顾　燕*
南浔区财政局
党委书记、局长：闻爱祥*
党委副书记、副局长（正科长级）：王杰华*
党委委员、副局长：詹家峰*
党委委员、总会计师：李卫英
党委委员、办公室主任：顾　靓
德清县财政局
党委书记、局长、国资办主任：沈　忠*
党委委员、副局长、国资办副主任：钱伟国
党委委员、副局长：嵇月红
党委委员、副局长：俞明耀
党委委员、副局长：夏　婷*
党委委员、总会计师：冯　杨
长兴县财政局
党委书记、局长、国资办主任：朱为兵*

党委委员、国有企业联合监事会主席、正科级组织员：邵建峰
党委副书记、副局长：刘志新*
党委委员、副局长：张春喜
党委委员、副局长：吴建勇*
党委委员、总会计师：沈　利
党委委员、预算局局长（兼）：沈　菲

安吉县财政局
党委书记、局长、国资办主任：李　明
党委副书记、副局长：童升明
党委委员、副局长：潘丽敏
党委委员、副局长：张　勇
党委委员、副局长：刘　清
总会计师：柳世雯

嘉兴市财政局

党委书记、局长：王申峰
党委副书记、副局长：蔡土贵*
副局长：姜　东
党委委员、派驻纪检监察组组长：厉瑛栋
党委委员、副局长：胡理文（挂职）*
党委委员、副局长：黄益良*
党委委员、嘉兴长三角创新投资集团有限公司党委书记、董事长、总经理：周　峰
党委委员、总会计师：钱　骏*
党委委员、二级调研员：沈建忠

南湖区财政局
党委书记、局长：夏　峰*
党委委员、副局长：张　涛*
党委委员、副局长：陈　萍*
党委委员、副局长：汪　军*
党委委员：沈钟苹*

秀洲区财政局
党委书记、局长：成海明
党委委员、副局长：陈宏义
党委委员、副局长：戚娟芬*
党委委员、总会计师：沈　聪*
党委委员：严承瑾

嘉善县财政局
党委书记、局长、国资监管办主任：陈卫强
党委委员、副局长：邬伟强
党委委员、副局长：姚　亮*
党委委员、副局长：蒋丽萍*
党委委员、总会计师：周志刚*
党委委员、党委办公室主任、人事教育科科长：孟雪荣
党委委员、国资监管办副主任：陆东利

平湖市财政局
党委书记、局长：吴兰兰
党委副书记、副局长：顾利鹤
党委委员、副局长：丁根林
党委委员、副局长：钱道明
党委委员、总会计师：宋丽梅
党委委员、办公室主任（政策法规科科长）：李　莉*

海盐县财政局
党组书记、局长：王晓军
党组成员、副局长：王建林
党组成员、副局长、国资办副主任：富钧毅
党组成员、副局长：朱晓展
党组成员、副局长：刘建明
总会计师：范永飞*

海宁市财政局
党委书记、局长、国资办主任：章如强*
党委副书记：曹智慧*
党委委员、派驻第五纪检监察组组长：朱建忠
党委委员、副局长、国资办副主任：孙　伟
党委委员、副局长：高　迪
党委委员、总会计师：翟晓杰
党委委员、组织人事科科长：柴云康

桐乡市财政局
党委书记、局长：金朱平
党委委员、市国资国企改革发展服务中心主任：费　佳*
党委副书记：夏胜平
党委委员、副局长：朱振宇
副局长：陈伟达*
党委委员、副局长：茅路平*
党委委员、总会计师：张　岚*
市国资国企改革发展服务中心副主任：沈冬晓
市国资国企改革发展服务中心副主任：倪为荣

绍兴市财政局

党委书记、局长：金水法*
党委委员、金融控股公司董事长、总经理：孙永国
党委委员、派驻纪检监察组组长：陈雪军
党委委员、副局长：王霞辉
党委委员、副局长：韩春芳*
党委委员、副局长：章　瀚*
党委委员、总会计师：屠　瑜*
党委委员、副局长：丁　玲*

越城区财政局
党组书记、局长、国资办主任：赵雄伟
党组成员：谢晓芳
党组成员、副局长：林先明

党组成员、副局长、国企党工委书记：陈　红*
党组成员、总会计师：王　萍
党组成员：王华华*
党组成员：陈洁如*

柯桥区财政局
党工委书记、局长：谭　科*
党工委副书记、副局长：徐利忠
党工委委员、副局长：陈　超
党工委委员、副局长：倪永亮*
党工委委员、总会计师：童　君*
党工委委员、区财政项目预算审核中心主任：来建祥

上虞区财政局
党委书记、局长：杜永刚
党委委员、副局长：陈志坚
党委委员、副局长：周敏波
党委委员、副局长：金权炜
总会计师：徐　俊
党委委员、预算执行局局长：丁光兴
党委委员、办公室主任：姜志军

诸暨市财政局
党组书记、局长：章　辉*
副局长：戚俏新
党组成员、副局长：杨列伟
党组成员、总会计师：斯　巍
党组成员、副局长：朱向前
党组成员、党建室主任：骆洪涛

嵊州市财政局
党委书记、局长：王春江*
党委委员、驻局纪检监察组组长：朱建国
党委委员、副局长：王正浩
党委委员、副局长：王小燕
党委委员、副局长：钱　莉
党委委员、总会计师：柳　栋*
党委委员、人事科科长：陈　伟

新昌县财政局
党委书记、县国资办主任(兼)，县委国资工委书记(兼)：王豪东*
党委委员、副局长、县委国资工委副书记(兼)：求伟清
党委委员、副局长：徐良明*
党委委员、总会计师：王燕妃*
党委委员、副局长：黄晓东*
党委委员、机关党委副书记(专职)：梁晓富
党委委员、预算局局长：潘晓平*

金华市财政局
党组书记、局长：卢小珍*
党组副书记、副局长：胡金东*
党组成员、副局长：陈志坚*
党组成员(副局长级)、机关党委书记：雷康盛
党组成员、副局长：张高强*
党组成员、总会计师：孙　倩*
党组成员：张飞燕*

婺城区财政局
党组书记、局长：邵建平
党组成员、副局长：俞叶青
党组成员、副局长：张德建*
总会计师：张向群*
党组成员、国资运营服务中心主任：陈　鹏*

金东区财政局
党组书记、局长、国资办主任：吴谊林*
党组副书记、副局长、国资运营发展中心主任：孙岳彪*
党组成员、副局长：张　波
副局长、总会计师：叶晓咏*
党组成员、国资运营发展中心副主任：洪　俊
党组成员、国资运营发展中心副主任：傅丹文

兰溪市财政局
党组书记、局长：张　靓
党组副书记、副局长、国资办主任：张海湘
党组副书记、副局长：陈　浩
党组成员、副局长：盛时新
党组成员、总会计师：张新跃
党组成员、财政监督局局长：包永平
党组成员、预算局局长：陈晓芳
党组成员、预算执行局局长：章　茹

义乌市财政局
党委书记、局　长：俞华忠*
党委委员、副局长：吴小雁
党委委员、副局长：虞一青
党委委员、副局长：周丽珠(挂职)
党委委员、副局长：傅晓平*
总经济师：金巧梅*
党委委员：傅扬华*

东阳市财政局
党组书记、局长：赵　锋
党组成员、副局长：金旭东
党组成员：韦向东
副局长：徐爱民*
党组成员、副局长：李永刚*
总会计师：陈洪升*
党组成员、预算执行局局长：葛宏亮*

永康市财政局
党委书记、局长：杜奕铭
党委委员、副局长：胡高峰

党委委员、副局长:程凤飞
党委委员、副局长:胡俊杰
党委委员、总会计师:李亚敏
党委委员、财政监督局局长:冯　强*
浦江县财政局
党委书记、局长:陈志平
党委委员、副局长:于培东
党委委员、副局长:芮赢省
副局长:程晓月*
总会计师:沈　倩*
党委委员:金燚涛*
武义县财政局
党委书记、局长:徐宏亮
党委委员、副局长:朱晓鹏
党委委员、副局长:陈　莉
党委委员、总会计师:陈潇杭*
党委委员、副局长:陶国伟*
党委委员、预算局局长:潘荷花*
党委委员、综合科科长:章　晔*
磐安县财政局
党组书记、局长:陈珍高*
党组副书记、副局长:林永平*
党组成员、副局长:黄　强
党组成员、副局长:陈　山*
党组成员、副局长:吴少青*(挂职)
党组成员、总会计师:陈爱方*
党组成员、经建科科长:施尚海*

衢州市财政局
党委书记、局长:刘明鹤*
党委副书记、副局长:马伟民
党委委员、三级调研员:张　庆
党委委员、派驻纪检监察组组长:曾骁环*
党委委员、副局长:林　霄
党委委员、副局长:徐国富
党委委员、总会计师:程立新
党委委员、副局长:董高法
党委委员:许　见*
柯城区财政局
党组书记、局长:吴　川
党组成员、派驻纪检监察组组长:杨　洁
党组副书记:王　林*
党组成员、副局长:姜杨青
党组成员、总会计师:张　星
衢江区财政局
党组书记、局长:刘　俊
党组成员、副局长:颜小忠
党组成员、副局长:吴凌霞
党组成员、派驻纪检监察组组长:李旭武
党组成员、总会计师:夏庆丰
党组成员、国库支付中心主任:汪静洲*
江山市财政局
党委书记、局长、国资办主任:周建荣*
党委委员、驻纪检监察组组长:郑晓岗
党委委员、副局长:董志成
党委委员、副局长:杨忠福
党委委员、数字消防产业办专职副主任:陈　红
党委委员、预算局局长:周新胜
党委委员、副局长:陈　超
党委委员、国资中心书记、主任:严献明*
龙游县财政局
党委书记、局长:王　晟*
党委委员、派驻纪检监察组组长:项继忠
党委委员、副局长:倪　斌
副局长:兰昊涛
党委委员、总会计师:郑　婷
副局长:郑振宇*(挂职)
党委委员:余　哲
党委委员:陈　婷*
常山县财政局
党委书记、局长:汪启红*
党委副书记,县金融服务中心主任、党组书记:郑秀平*
党委委员,县国资中心主任、党组书记:刘晓刚*
党委委员、派驻纪检监察组组长:王伟荣
党委委员、副局长:吴　艳
党委委员、副局长:徐鸣华
党委委员、副局长:余　浩
党委委员、总会计师:胡　兰*
开化县财政局
党委书记、局长:廖继军*
党委副书记、副局长:汪福海
党委委员、县国有资产管理服务中心主任:胡小斌*
党委委员、副局长:傅满鹏
党委委员、副局长:余晓华
党委委员:钟丽霞*
党委委员、派驻纪检监察组组长:汪华艳*
党委委员、总会计师:郑国平*

舟山市财政局
党委书记、局长:周军刚*
党委副书记:徐剑锋*
党委委员、副局长:王海平

党委委员、驻局纪检监察组组长：邓兆俊
党委委员、副局长：王醒飞
党委委员、副局长：韩志波
总会计师：王　英

定海区财政局
党委书记、局长：杨英俊*
党委副书记：蒋　华*
党委委员、副局长：李汉定
党委委员、副局长：蒋科卫
党委委员、总会计师：刘　刚

普陀区财政局
党委书记、局长：刘科峰*
党委委员、驻局纪检监察组组长：张永迪
党委委员、副局长：徐安祥*
党委委员、副局长：陈嗣韦
党委委员、副局长：于　翔*
党委委员、总会计师：刘力瑜

岱山县财政局
党委书记、局长：柴忠堂
党组副书记：吴常波
党委委员、派驻纪检监察组组长：潘明明
党委委员、副局长：郑　辰
党委委员、副局长：袁欣芝
总会计师：马兆儿
党委委员、副局长：王旭丹

嵊泗县财政局
党委书记、局长：罗奇辉
党委专职副书记：陈海燕*
党委委员、派驻纪检监察组组长：王忆海
党委委员、副局长：陈　波*
党委委员、总会计师：刘学研*
党委委员、副局长：唐波军
党委委员、副局长：谢　波

台州市财政局
党组书记、局长：陈玲萍*
党组成员、副局长：卢修贤
党组成员、副局长、总会计师：张贤鸣*
党组成员、派驻纪检监察组组长：张兴平
党组成员、副局长：郭华明*
党组成员、副局长：汪晶晶

椒江区财政局
党委书记、局长：徐　彪*
党委副书记、副局长：王海兵*
党委委员、副局长：金大根*
国有资产事务中心副主任：徐　伟*

黄岩区财政局
党委书记、局长：林文宏*
党委委员、副局长：卢向炜
党委委员、副局长：韩　华
党委委员、总会计师：解卫敏
党委委员：苏先能
党委委员：尚　敏

路桥区财政局
党委书记、局长、国资办主任：陈益民*
党委委员、副局长：牟晓燕
党委委员、副局长：王文彬*
副局长：谢勇奇
党委委员、总会计师：陈仙根*
国资工作中心副主任：蒋　弦*
党委委员：李　勇*

临海市财政局
党委书记、局长、国资办主任：徐　军*
党委委员、副局长：徐　震
党委委员、副局长、国资办副主任：蒋修勤
党委委员、总会计师：刘子剑
党委委员、副局长：洪荣好*

温岭市财政局
党委书记、局长：江陶舜*
党委副书记：王奭剑
副局长：王　萍*
党委委员、副局长：潘建华
党委委员、副局长：黄友君
党委委员、总会计师：徐一平

玉环市财政局
党委书记、局长：詹江鹏
党委副书记、副局长：曾子文
党委委员、副局长：姜仁武
党委委员、总会计师：袁必生
党委委员、副局长：杨仁达*
党委委员：马彩定
党委委员：吴敏华

天台县财政局
党组书记、局长：周正伟*
党组副书记、副局长：金祖余
党组成员、副局长：丁伟生
党组成员、副局长：叶士南
党组成员、总会计师：庞尉杨
党组成员、副局长、国资党工委副书记：项荣荣*
国资事务中心主任：丁军华

仙居县财政局
党委书记、局长：吴勇卫

党委成员、副局长:吴丽萍
党委成员、副局长:张　健
党委成员、副局长:曹丽丽
三门县财政局
党组书记、局长、国资发展中心党工委书记、主任(兼):王立新*
党组副书记、副局长:尤福跳
副局长:罗良满*
党组成员、副局长:奚圣伟
党组成员、总会计师:赖子烨
国资发展中心党工委委员、副主任:郑威严*
国资发展中心党工委委员、副主任:王潇鲲*

丽水市财政局
党组书记、局长:潘建青
党组成员、副局长:阎家骥*
党组成员、派驻纪检监察组组长:季飞云
党组成员、副局长:阮美莲
党组成员、副局长:孙海敏*
党组成员、总会计师:丁硕科*
党组成员:李　蕾*(挂职)
莲都区财政局
党组书记、局长:徐屈霞
党组成员、副局长:林　伟
党组成员、派驻纪检监察组组长:陈君佐
党组成员、总会计师:吕焕祺
党组成员、副局长:熊鑫俊*
龙泉市财政局
党组书记、局长,国资办书记、主任(兼):林晓军*
党组成员、副局长:杨春花
党组成员、副局长:张云英*
党组成员、副局长:朱光泉*
党组成员、总会计师:徐　丽*
党组成员、综合科科长:叶春定*
青田县财政局
党组书记、局长,国资办书记、主任:邹春宾*(兼)
党组成员、副局长:卢利锋*
党组成员、副局长:叶选廉*
党组成员、总会计师:陈少君*
党组成员、副局长:季伟东*(挂职)
党组成员、副局长:陈诗妤*(挂职)
云和县财政局
党组书记、局长:叶府平*
党组副书记、副局长:黄育金
党组成员、副局长:吴林娟
党组成员、派驻纪检监察组组长:练和云*
总会计师:蓝波成
党组专职副书记:王丽华
党组成员、副局长:杨亨钦*
党组成员:叶晓华
庆元县财政局
党组书记、局长:周　峰
党组副书记、副局长:江旭奎
党组成员、副局长:杨进林
党组成员、副局长:吴继顺*
党组成员、副局长:吴松可
副局长:姚四荣*
党组成员、总会计师:吴慧菲*
党组成员:吴　英
缙云县财政局
党组书记、局长:朱仕华
党组副书记、副局长:谢劲松*
党组成员、副局长:俞根文*
党组成员、总会计师:陈晓忠*
党组成员、派驻纪检监察组组长:郑炜阳*
副局长:上官爱飞*
遂昌县财政局
局长、国资办主任:王朝辉*
党组书记、副局长、国资办党委书记:程昌文*
党组成员、副局长、国资办党委委员:方文初*
党组成员、副局长:王金品
党组成员、副局长:乐　乐*
副局长:沈　悦
党组成员、国资办党委委员:毛智强*
财政监督局局长:夏飞龙
松阳县财政局
局长:钟善德*
党组副书记、副局长:江剑武*(主持工作)
党组成员、副局长:占　友
党组成员、派驻纪检监察组组长:唐淑芳
党组成员、副局长:吴振宏*
党组成员、总会计师:周志金*
党组成员、副局长:王少石*
党组成员:应伟宏
景宁县财政局
党组书记、局长:周　东*
党组成员:周　枫
党组成员、副局长:夏　芬
党组成员、副局长:吴凌峰
党组成员、副局长:郑文南
党组成员、总会计师:梅忠敏
党组成员、副局长:杨国伟*
党组成员、副局长:王　晴(挂职)
党组成员、副局长:刘丞森*(挂职)
(注:有*标示者为当年职务有新变动)

2022年浙江省财政系统职工统计综合表

单位：人

项目				省（区、市）厅局	市（地、州）局	县（市、区）局	乡（镇）所	合计	占比（%）
分层级情况	人数			986	2990	6950	1483	12409	/
	比率（%）			7.95	24.10	56.01	11.95	100	/
变化情况	上年			1013	3058	7117	1899	13087	/
	本年			986	2990	6950	1483	12409	/
	增加或减少总数			-27	-68	-167	-416	-678	/
			绝对增加数	29	207	377	159	772	/
			绝对减少数	56	275	544	575	1450	/
人员类别	机关单位	合计		603	1456	3213	340	5612	/
		其中：	公务员	596	1423	3115	340	5474	/
	参照管理单位	合计		179	695	1399	3	2276	/
		其中：	参照公务员管理	178	692	1395	3	2268	/
	事业单位	合计		204	839	2285	1114	4442	/
		其中：	管理岗位人员	79	316	524	228	1147	/
			专业技术人员	122	500	1663	871	3156	/
			工勤人员	3	23	40	0	66	/
	企业	合计		0	0	53	26	79	/
		其中：	管理人员	0	0	9	8	17	/
			专业技术人员	0	0	35	18	53	/
性别	男			/				6014	48.46
	女			/				6395	51.54
民族	汉			/				12336	99.41
	其它			/				73	0.59
政治面貌	中共党员			/				8187	65.98
	共青团员			/				643	5.18
	民主党派			/				320	2.58
	其他			/				3259	26.26
学位	博士			/				13	0.10
	硕士			/				1718	13.84
	学士			/				4789	38.59

单位：人

项目		省(区、市)厅局	市(地、州)局	县(市、区)局	乡(镇)所	合计	占比(%)
学历	研究生	/				1526	12.30
	大学本科	/				9961	80.27
	大学专科	/				809	6.52
	中专及以下	/				113	0.91
专业技术职务	高级	/				282	8.98
	中级	/				1281	40.77
	初级	/				1579	50.25
年龄	25岁及以下	/				465	3.75
	26–30岁	/				1586	12.78
	31–35岁	/				1964	15.83
	36–40岁	/				1577	12.71
	41–45岁	/				1549	12.48
	46–50岁	/				1958	15.78
	51–55岁	/				1911	15.40
	56–59岁	/				1399	11.27
	60岁及以上	/				0	0.00
任现职年限	不满2年	/				3288	26.50
	2–3年	/				1727	13.92
	3–4年	/				1617	13.03
	4–5年	/				832	6.70
	5–6年	/				755	6.08
	6–7年	/				683	5.50
	7–8年	/				660	5.32
	8–12年	/				1837	14.80
	12–15年	/				418	3.37
	15年及以上	/				430	3.47

附录

zhejiang caizheng nianjian

相关媒体报道摘要

浙江财政：切实负起稳住经济大盘政治责任

今年以来，浙江省财政厅按照“疫情要防住、经济要稳住、发展要安全”的要求，打好稳进提质政策“组合拳”和工作“组合拳”，切实担负起稳住经济大盘政治责任，服务全省经济社会发展大局。截至5月28日，浙江已退税1225亿元，惠及19.64万户市场主体，退税规模和进度均居全国前列。

留抵退税政策实施以来，浙江省财政厅坚持“早退”“快退”，应退尽退。此次新政策出台后，该厅立即会同税务部门进行分析测算，预计新增退税约100亿元，并针对扩围行业，及时做好工作方案和资金准备，确保第一时间落实。为加强对市县的退税资金保障，完善退税资金预拨机制，省财政厅对留抵退税资金单独调拨、提前预拨、滚动清算，确保各地不因资金保障问题影响退税进度。按月退税计划不断调增、退税时间不断提前，使退税资金更快更早地惠及企业，确保符合条件企业的退税基本在上半年完成。同时，建立库款监测和应急处置机制，对存在大额退税的市县，加强重点监测和预警，对库款保障水平偏低的地区，督促其切实采取措施，防范化解库款支付风险，必要时给予库款支持。加强退税风险监控，强化直达资金监控系统支撑，避免资金挪用和偷税骗税，既退得快、退得早，又退得准、退得好。

浙江省今年新增地方专项债券2325亿元，目前已发行1633亿元，有力地支持了扩大有效投资。为加快债券资金使用进度，浙江省财政厅主动担当，成立由厅“一把手”挂帅的工作专班，组建了5个督查组在全省开展大服务大督查大抓落实活动，重点督查各地专项债券资金使用进度、储备项目转化为发行项目、新的储备项目等情况。为利用好债券发行和资金需求之间的时间差、避免“项目等资金”，省财政厅在财政部下达新增债券额度后，立即预下达各市县新增限额，并允许各地通过库款垫付的方式先行支付预算已安排、急需建设资金的专项债券项目，尽快形成实物工作量。

运用数字化手段对专项债券项目储备、债券资金使用、项目建设进度、项目建成后运营及收入归集等情况进行全流程穿透式监管，实现债券的全生命周期闭环管理。建立专项债券资金支出进度通报预警机制，按月通报各地债券资金支出进度，对靠后的3个市县实施预警，并建立债券额度与支出进度挂钩机制，确保今年新增额度6月底前基本发行完毕、8月底前基本使用完毕。聚焦“9+2”领域特别是新增加的新型基础设施和新能源项目以及浙江省“4+1”重大项目，加强债券申报、储备、发行、使用等各环节的业务辅导，指导市县谋深谋实项目前期工作，抓紧储备新一轮专项债券项目。

据了解，今年年初，浙江省财政厅及时研究提出37条稳增长财税政策，贯彻落实中央经济工作会议精神。随后，根据形势变化，会同相关部门相继出台《关于促进服务业领域困难行业恢复发展的政策意见》《关于扶持个体工商户纾困发展的若干意见》《关于进一步减负纾困助力中小微企业发展的若干意见》等。国务院近日出台6方面33项稳经济措施后，浙江省按照“全面顶格、能出尽出、精准高效”的原则，迅速研究出台实施方案，其中财税政策是重中之重。为此，浙江省财政厅将全面顶格承接好、执行好、落实好，确保政策一项不漏、力度一点不减。例如，进一步提高政府采购价格扣除评审优惠幅度，对符合规定的小微企业报价按最高优惠幅度（20%）给予扣除。同时，积极挖掘政策资源，充分放大政策效应。如，针对国家明确的用好政府性融资担保政策，建立健全省担保集团费用补贴和风险补偿机制，扩大政府性融资担保业务规模和覆盖面，力争2022年再担保业务规模达到900亿元，同比增长35%以上。

受经济性减收、疫情性减收、政策性减收“三叠加”影响，今年浙江财政收支形势异常严峻，省财政厅把稳收支、稳运行放在突出重要位置，统筹做好退税减税和收支平衡工作，确保在不折不扣落实积极财政政策的基础上稳定收支运行。一是千方百计稳定收入。一方面，正确看待收入增速回落，坚定不移地将退税减税政策落实到位，坚决不收过头税；另一方面，加强收入质量管控，坚决避免各地通过增加非税收入等方式冲时点、冲排名。二是千方百计优化支出。建立过紧日子清单和公务支出正负面清单，严控和压减非刚性非重点项目支出，降低行政运行成本。建立健全结转结余资金按季清理收回机制，及时清理甄别执行进度较慢的项目支出，对年度执行中确实无需使用的资金，按规定调整用于经济社会发展以及疫情防控等急需资金支持的领域。三是千方百计兜牢底线。完善库款运行监测机制，实时监测库款运行，实施红色、橙色、黄色预警。依托预算管理一体化系统，完善“三保”执行动态监控和风险预警机制。构建市县财政困难程度评价体系，将市县分为“特别关注”“重点关注”“一般关注”三类，实现市县分类跟踪，并建立“三保”托底提低机制，夯实财政平稳运行的基础。

（《中国财经报》2022年6月2日）

共富路上，财政“浙”样干

——浙江财政探索共同富裕示范区建设路径纪实

2021年是我国探索“先富带动后富，最终实现共同富裕”的重要新起点之年。这一年，浙江成为我国实现共同富裕的重要试验田。财政部门尽锐出战，以走在前列的政治担当和使命感，奋力扛起探路共富先行的职责使命。

一镇一业 做大"蛋糕"

机器轰鸣不停，车间井然有序……位于瑞安市马屿镇工业园区的方氏眼镜一派繁忙景象。

50多年前，马屿人王瑞政不会想到，他用榔头"叮叮当当"敲出的那副粗糙老花镜开创了"中国眼镜之乡"的传奇历史——从最初一个人挑货谋生路，到呼朋唤友共赴小康，再到如今全镇1万多从业人员、年产值逾20亿元。

创造"致富神话"的还有"椅业之乡"安吉县。经过40年发展，椅业已成为安吉县第一大支柱产业。2021年，安吉县规模以上工业增加值同比增长18.2%，财政总收入达110.8亿元。"一把转椅"为全县贡献了近三分之一的财政收入。

微光汇聚，星河灿烂。像马屿、安吉这种"一镇一业"的块状经济和各县区的集群产业，在之江大地上星罗棋布。

"没有高质量发展，共同富裕就是无源之水、无根之木。"浙江省财政厅相关负责人说。

在做大"蛋糕"的过程中，浙江财政充分发挥职能，夯实共同富裕的物质基础。从深化"放管服"到打造最优营商环境，浙江稳步推进、层层深入，通过用好减税降费、政策性融资、产业基金、政府债券、政府采购等一系列政策工具，为企业打造创新"沃土"。

数据为证：在激发市场主体活力方面，2016—2021年，累计新增减税降费7542亿元，今年预计退税减税降费约2318亿元；在扩大有效投资方面，自2015年以来，累计新增专项债券9037亿元，支持重大项目4500多个；在产业基金方面，2015年以来，累计设立总规模351亿元的省产业基金，撬动社会资本3737亿元，省产业基金及子基金累计投资省内项目1327个；在助力产业升级方面，2017年以来，省财政合计安排108亿元先后实施振兴实体经济（传统产业改造）和制造业高质量发展示范县创建财政专项激励；2018—2021年，省财政累计安排26.38亿元支持全省（不含宁波）创建121家省级产业创新服务综合体……

山海协作 授人以渔

流水潺潺，绿意盎然；稻田养鱼，鱼戏稻间。

面对"九山半水半分田"的自然条件，青田人独辟蹊径，创造出独特的种养殖奇观——稻田鱼。2005年，青田稻鱼共生系统被联合国粮农组织认定为首批全球重要农业文化遗产。

如今，青田稻鱼共生系统因财政"活水"的注入成为当地农民打开"共富之门"的钥匙。"这几年，我们建立了稻鱼共生全产业链数字监管系统，借此可以监测到核心区的土壤肥力、水质、水温、虫情等情况，有异常时会及时反馈给种植户。"青田县农业农村局相关负责人向记者介绍说。

龙现村位于稻鱼共生系统全球重要农业文化遗产保护项目核心区。村内鱼塘密布，房舍错落有致，梯田层次分明。"我们村作为核心区，稻田养鱼面积有500亩，可以达到'一亩田、百斤鱼，千斤稻、万元钱'的收益目标。"龙现村党支部书记、村民委员会主任吴立群说。

2021年，青田县稻鱼共生面积达到5.54万亩，其中"五统一"示范基地7000亩，总产值为2.65亿元。

"当选书记后，我干的第一件事情就是带着村两委满村子捡垃圾。一开始村民们很不理解，慢慢也跟着我们一起干了起来。"从事餐饮行业30余年，吴立群对整洁有着近乎完美的要求。"后来，省里推出'美丽乡村'建设，垃圾分类、公厕革命、环境整治等专项投入极大地提升了龙现村的基础设施水平，村里实现了大变样。"他说。

据悉，"十三五"以来，省财政累计安排美丽乡村建设资金75.5亿元，支持农村生活污水治理、农村垃圾减量化资源化处理、无害化卫生厕所改造提升等。

环境美了，游客接踵而至。吴立群带头办起了农家乐、民宿。在他的带动下，已有十几户人家做起了"农家乐"，游客年接待量达3万人次以上。

在过去相当长的时间里，包括青田县在内的山区26县，经济和社会发展程度低于全省平均水平，也是浙江财政的重点倾斜和照顾对象。

如果只靠"输血"而不是"造血"，山区发展难以持久。为此，浙江财政转变思路，授人以渔，大力支持实施山海协作，解决区域经济发展不平衡问题。"十三五"期间，省财政安排近15亿元，用于支持省级山海协作产业园提升工程和山海协作生态旅游产业园建设。同时，市县财政也加大对山海协作工程的支持，将山海协作"飞地"园区基础设施建设项目纳入专项资金支持范围。比如，绍兴柯桥和衢州江山签订"消薄飞地"战略协议，5年内将为江山市的50个经济薄弱村带来良好收益。

在财政大力扶持下，山海协作结出丰硕成果，衢州、丽水等地分别形成了高档特种纸、精工机械等特色产业，内生动力不断增强。

以人为本 "钱随人走"

权威数据表明，在过去10年，我国流动人口增加了1.5亿人，其中跨省流动人口为1.2亿人。浙江作为人口流入大省，省外流入1618万人，规模仅次于广东，居全国第二。这在一定程度上给财政管理工作带来了挑战。

"过去我们都是从地理视角静态地看待地区差距，并对欠发达地区进行转移支付。但是从人口流动角度看，地区差距已从静态变成动态，如果依然根据原有户籍人口的份额安排转移支付，就可能与实际情况脱节。"浙江省财政厅副厅长、一级巡视员王广兵说，"浙江是共同富裕示范区，应该勇于破冰，摒弃传统做法，让公共资源配置跟随人走，不断推进基本公共服务均等化。"

近期，浙江财政在卫生、教育领域率先开展"钱随人走"改革试点，试图通过更加精准的转移支付调节，率先实现省域内基本公共服务均等化，为推进实现全国范围内的基本公共服务均等化提供浙江样本。

"钱随人走"，浙江是首个"吃螃蟹"的省份。以《浙江省基本公共服务标准》明确的11类公共服务领域、95项公共服务项目为基础，结合各类基本公共服务的提供主体、服务内容、服务对象等属性，浙江确定了"钱随人走"改革的基本思路。

按照先易后难、分步走的改革思路，结合改革实施主体的财力状况，优先选择与人口或特定享受对象直接相关、按核定标准执行的运行成本，合理确定补助标准和人口因素权重。以义务教育改革为例，优先选择学生生活补助、免费提供教科书等与学生密切相关的项目，再逐步推广到学校运行、校舍建设等方面。按照浙江现行的财政事权和支出责任划分规定，省级财政保障对下转移支付资金的"钱随人走"改革；市县参照省级改革模式，为各自范围内的"钱随人走"改革提供保障。

在王广兵看来，"钱随人走"虽是"小切口"，但有"大牵引"的效果。共富型现代财政体制应是过去发展型财政体制迭代基础上的转型，需要系统性重塑，从"侧重于物"向"侧重于人"转变是其中的重要特点。

按照这一思路，除了"钱随人走"，浙江财政要做的还有很多：健全"人钱挂钩"财政激励机制，完善省对市县转移支付制度和农业转移人口市民化奖补机制；择机推出家庭型财税政策体系，使家庭成员之间实现收入共济、支出共担；有序推进转移人口共享基本公共服务，让转移人口"融进去""留下来"。

"两山"转化　迭代升级

来到丽水市的古堰画乡，时光就像放慢了脚步。森林、河滩、帆影、晨雾，均可入画。

古堰画乡有一支女子护河队，她们每周两次自发捡垃圾、搞卫生。

一开始，女子护河队只是村两委和网格员中的几位女士组建的一支志愿服务队。随着村庄发展越来越好，村里保洁工作也有了固定人员，专注守护家门口的"母亲河"瓯江，让画乡更美。

女子护河队队长方春梅守着瓯江生活了50多年。她年轻时跟着丈夫在瓯江上打鱼，10多年前又在江边开了第一家溪鱼馆，熟客到店的必点菜由她"出品"——红烧紫苏溪鱼。

她们用心守护的这片绿水青山不仅养眼，也越来越"值钱"。据介绍，丽水以生态系统生产总值(GEP)核算为切入点，破解"绿水青山"度量难问题，在全国率先开展首个山区市生态产品价值核算，发布《生态产品价值核算指南》地方标准，建立起GDP和GEP双核算、双评估、双考核机制，形成了一系列生态产品价值核算以及交易制度体系。

"如今，丽水市依托卫星遥感、物联网等技术手段，建设'天眼+地眼+人眼'的立体化、数字化生态环境监测网络，构建'空、天、地'一体化的生态产品空间信息数据资源库，绘制了全市的生态价值地图。"丽水市发展和改革委员会副主任张春根说，"在丽水，绿水青山不但可以计价，还可以抵押、交易。2020年，丽水市'生态贷''两山贷'贷款余额超190亿元。"

丽水市财政局党组书记、局长潘建青告诉记者，在丽水，"绿水青山就是金山银山"有许多生动实践：建立健全瓯江上下游横向生态保护补偿机制，将市内瓯江流域7个交界断面上下游地区全部纳入，根据水质、水量等指标考评兑付奖补资金，如2021年横向生态补偿资金就达3500万元；完善饮用水源地生态保护补偿机制，建立生态补偿资金与供水量挂钩的市级饮用水源地生态补偿机制，提升水源地整体生态环境；建立生态产品市场化定价机制，将清新空气、优美环境等生态要素纳入民宿定价范围，推行民宿"生态价"，实现生态产品"明码标价"……

各地的"两山"实践精彩纷呈，省财政厅的顶层规划也不断迭代升级。

此前，为打通"两山"转化通道，浙江省财政厅创新构建了绿色发展财政奖补机制，通过有奖有罚、激励与约束相结合的制度设计，调动各级政府保护环境、促进绿色发展的积极性，目前已累计兑现奖补资金635亿元。这一做法也被财政部评为"贯彻落实中央重大决策部署、深化财政改革发展的生动案例"一等奖。

浙江省财政厅有关负责人表示，将进一步推动建立以GEP为核心的财政政策体系、考核体系，优先在山区26县试行与生态产品质量和机制相挂钩的生态补偿制度。同时，研究生态保护补偿引导性政策和激励约束措施，将发展富民和生态保护更好地结合起来。

（《中国财经报》2022年11月8日）

浙江，让绿色成为发展最动人的色彩

浙江是习近平生态文明思想的重要萌发地。绿色发展财政奖补机制是浙江深入践行习近平生态文明思想的一项重要制度性创新，是浙江财政支持生态保护、环境治理和绿色发展的集成化政策体系，该做法在2021年被财政部评为"贯彻落实中央重大决策部署、深化财政改革发展的生动案例"一等奖。浙江以财政政策"组合拳"守好绿水青山、打造金山银山，取得积极成效。

系统化构建绿色发展财政奖补机制

2005年，时任浙江省委书记的习近平在安吉首次提出"绿水青山就是金山银山"的理念。浙江财政立即转变观念，迅速跟进工作，同年便在全国率先建立了生态环保财力转移支付制度。此后，又陆续出台了生态公益林补偿机制、重点生态功能区财政政策、污染物排放财政收费制度等一系列政策。2017年系统化构建了绿色发展财政奖补机制，三年一轮迭代升级，4年已累计兑现奖补资金495亿元，发挥了政策集成、资金集聚效应，推动了绿色发展。

一是构建政策体系。浙江绿色发展财政奖补机制是依据生态系统的整体性、系统性及其内在规律，根据林、水、气、湿地、节能降耗、生态系统生产总值等各个领域的不同特点建立的，包括了主要污染物排放财政收费、单位生产总值能耗财政奖惩、出境水水质财政奖惩、森林质量财政奖惩、湿地生态补偿、生态环保财力转移支付、省内流域上下游横向补偿在内的11项政策，基本实现了生态保护领域财政政策的全覆盖，初步形成了与经济社会发展状况相适应的综合性生态保护补偿制度，政策层次更加分明、功能更加完善、导向更加鲜明。

二是精准分类施策。浙江“七山一水两分田”，各地功能定位和生态布局差异很大。为此，浙江财政因地制宜，加强顶层设计，在研究实施绿色发展财政奖补机制时，对不同特点的地区，分类实施差别化的生态环境质量财政奖惩制度，构建与主体功能区布局相适应的财政政策体系。例如，对非重点生态功能区实行生态环保财力转移支付制度；对重点生态功能区实行与出境水水质、森林质量和空气质量挂钩的财政奖惩制度；对特别生态功能区则实行奖惩标准更高的奖惩制度，进一步强化政策效果，体现科学分类、精准施策的政策导向。同时，在实施单位生产总值能耗财政奖惩制度时，根据各地能耗水平，对处于全省均值以上和以下的市县实行不同的奖惩办法。

三是运用客观指标。绿色发展财政奖补机制涉及的11项政策，共采用了交接断面水质类别、森林覆盖率、PM2.5等30多项指标，指标数据真实、稳定、客观，从制度设计上避免了人为因素干扰，确保了数据的可得性、客观性，彰显了政策兑现的公正性、公平性。例如，生态环保财力转移支付分配与“绿色指数”挂钩，该指数由出境断面水质类别占比、森林覆盖率、PM2.5浓度等3项客观指标加权形成，“绿色指数”越高，得到的补助资金也越多。又如，根据各地主要污染物实际排放总量直接核定地方财政上缴金额，排放总量越大，上缴金额也越大。由于选取的指标客观，地方政府干事创业的方向因此更加明晰，从而进一步提升了地方政府的主观努力程度。

四是细化奖惩标准。绿色发展财政奖补机制涉及的大部分政策均实行有奖有罚、激励与约束相结合的机制，而其中最大的特点就是对奖励和扣罚均实现标准化、精细化管理。以出境水水质财政奖惩制度为例，纳入实施范围的市县，水质按Ⅰ类、Ⅱ类占比，每年每1个百分点分别给予180万元、90万元奖励；按Ⅳ类、Ⅴ类占比，分别扣罚90万元、180万元。同时，Ⅰ类水占比提高1个百分点奖励500万元，下降1个百分点扣罚500万元，实现正向激励和反向倒逼相结合。空气质量财政奖惩标准则进一步细分，市县PM2.5浓度高于当年全省平均水平的，每降低1个百分点奖励75万元，每提高1个百分点扣罚125万元；PM2.5浓度低于全省平均水平的，每降低1个百分点奖励100万元，每提高1个百分点扣罚100万元。对于单位生产总值能耗、森林质量的奖惩，也都根据实际设计相适应的规则。

总体而言，经过多年探索和实践，浙江绿色发展财政奖补机制实现了绿色发展从理念到实践、生态政策从碎片化到集成化、奖补区域从局部到全域、结果运用从单向补偿到有奖有罚的突破。好的机制、好的政策带来了好的绩效，直接体现为生态环境质量的明显提升。浙江省生态环境状况综合指数连续多年位居全国前列，水环境质量、空气环境质量等大幅改善。2021年，全省296个地表水省控断面Ⅰ—Ⅲ类水质比例为95.2%，比2016年提高了17.8个百分点；县级以上城市日空气质量优良天数比例达94.4%，比2016年提高了7.8个百分点。

助推拓宽“绿水青山就是金山银山”通道

在绿色发展财政奖补机制建立实施过程中，浙江财政深切体会到，做好该项工作必须牢牢把握以下三个方面：

一是把深入贯彻习近平生态文明思想作为根本点。生态文明建设关系人民福祉，关乎民族未来。党的十八大以来，以习近平同志为核心的党中央把生态文明建设纳入中国特色社会主义事业“五位一体”总体布局，坚定贯彻新发展理念，推进人与自然和谐共生。绿色发展财政奖补机制深入践行习近平生态文明思想，将绿色发展理念贯通政策实施的全过程，通过加大财政投入和创新财政制度政策，双管齐下，引导各地坚定不移走生产发展、生活富裕、生态良好的文明发展道路，建设望得见山、看得见水、记得住乡愁的美丽浙江。

二是把“谁污染、谁交费，谁保护、谁受益”的导向作为出发点。2015年中共中央、国务院印发的生态文明体制改革总体方案明确要求建立激励约束并重的生态文明制度体系，实现权责利的有机统一。绿色发展财政奖补机制坚持生态激励与环境责任相统一的原则，以林、水、气等客观指标因素为依据，将生态环境质量与地方政府切身利益相结合，将财政奖罚与地方政府努力程度相挂钩，形成“干得好就有奖励、多奖励，干不好就没奖励甚至扣罚”的政策导向。例如，开化县2020年出境水水质保护有力，仅Ⅰ类水就提升了13.9个百分点，其当年获得出境水奖励3.5亿元。这充分体现了政策“指挥棒”的作用。

三是把助推拓宽“绿水青山就是金山银山”通道作为落脚点。习近平总书记强调：“我们既要绿水青山，也要金山银山。宁要绿水青山，不要金山银山，而且绿水青山就是金山银山。”这一重要论述深刻阐述了经济发展和生态环境保护的关系，指明

丽水市云和县石浦村生态优美

了实现发展和保护协同共生的新路径。绿色发展财政奖补机制坚持“既要保护，也要发展”的原则，有效依托政策工具，引导生态功能区立足自身资源条件和发展特点，探寻生态保护与经济发展共赢的道路，进而推动老百姓发家致富。得益于该政策体系的实施，作为生态保护重点地区的衢州市、丽水市，2017年以来农村居民可支配收入年均增长9.4%，分别高于全国和全省0.9、0.7个百分点。

习近平总书记2020年在浙江考察期间强调，要践行“绿水青山就是金山银山”理念，推进浙江生态文明建设迈上新台阶，把绿水青山建得更美，把金山银山做得更大，让绿色成为浙江发展最动人的色彩。下一步，浙江财政将牢记习近平总书记的重要嘱托，深入践行习近平生态文明思想，围绕党中央、国务院和省委、省政府关于推进生态文明建设的决策部署，创新完善绿色发展财政奖补机制，积极探索建立碳达峰碳中和财政奖惩政策，扩围实施与生态产品质量和价值相挂钩的财政奖补机制，进一步加强政策集成创新，提高政策含金量，为高质量发展建设共同富裕示范区贡献更多财政力量，为财政改革创新贡献更多浙江探索和实践经验。

（《中国财经报》2022年3月6日）

聚焦“三全四向”打造“浙财有效”品牌

今年的政府工作报告指出，积极的财政政策要提升效能，更加注重精准、可持续。同时，提出实施新的组合式税费支持政策，预计全年退税减税约2.5万亿元，力度空前。如何优化收支管理，保障减税降费政策落地？全国人大代表、浙江省财政厅厅长尹学群表示：“我们一方面坚持落实‘铁心过紧日子’的要求，严控一般性支出，严禁铺张浪费；另一方面坚持‘向绩效要财力’，充分运用绩效管理手段实现内部挖潜和资源统筹，奋力打造‘浙财有效’品牌。”

聚焦“三全”构建预算绩效管理体系

“我们把预算绩效管理作为财政工作的生命线。”尹学群介绍说，多年来，浙江省大力推进全方位、全过程、全覆盖的预算绩效管理体系建设，逐步完善“预算编制有目标、预算执行有监控、预算完成有评价、评价结果有应用、结果应用有问责”的全过程预算绩效管理运行机制。

——全方位绩效管理“新格局”基本形成。围绕政策聚焦聚力，浙江在全国率先探索政策绩效评价研究与实践，构建“3E”（经济性、有效性、效率性）框架破解政策评价难题。围绕部门履职责任落实，稳步推进部门整体绩效预算改革，已覆盖全部省级部门并推广至各市县。围绕政府财政管理效能提升，积极探索下级政府财政综合运行评价试点。比如在新昌县试点开展乡镇财政运行综合绩效自动化评价，通过创新指标体系、重构协同模型、强化动态管理，实现自动化赋分、智能化应用，其中的绩效评价数智展示屏可以动态呈现5大类24项数据。

——全过程绩效管理“新链条”初步建立。建立事前绩效评估机制，对新增重大政策和重大政府投资项目开展事前绩效评估，从源头提高财政资源的配置效益。开展绩效运行监控，建立绩效监控“红黄蓝灯”预警机制，加大对重点项目监控力度。拓展绩效评价范围，强化绩效结果应用，建立评价结果的反馈整改、通报与报告、预算应用等机制。

——全覆盖绩效管理“新体系”不断完善。有序推动绩效管理覆盖所有财政性资金，包括“四本预算”。2021年浙江省首次对国有资本经营预算项目绩效目标实施集中评审，涉及资金25.67亿元，调减项目4个、调减资金7.3亿元。以绍兴市为试点，在全国率先探索对社保基金开展绩效评价，形成了7套社保基金绩效评价指标体系和1个评价办法。

聚焦“四向”积极向绩效要财力

今年的政府工作报告提出“强化绩效导向”和“深化预算绩效管理改革”，国务院印发的《关于进一步深化预算管理制度改革的意见》也明确要“推动预算绩效管理提质增效”。尹学群表示，浙江这几年的预算绩效管理改革就是紧紧围绕党中央、国务院和省委、省政府的决策部署，积极构建以绩效为核心的集中财力办大事财政政策体系，2021年对“集中财力办大事”财政政策体系开展全面绩效审查，围绕共同富裕示范区建设各项任务，对财政政策进行迭代升级，更好地发挥绩效优化资源配置、提升财政资金使用效益的作用，主要突出“四向”。

——向事前绩效评估要财力。财政部门主动参与重大政策和项目的谋划，对新增的政策和项目开展事前绩效评估，从源头上防止财政资金浪费，提升决策的科学性。2021年全省共开展事前绩效评估1447个，积极从“被动买单”向“主动服务”转变。

——向事中绩效监控要财力。在尹学群看来，预算一体化系统的上线运行，为绩效监控提供了数字化路径。在预算一体化系统中嵌入红黄蓝灯预警机制，引入序时进度概念，对预算执行进度和绩效目标完成情况进行“双监控”，对未达到支出进度和偏离绩效目标的项目资金实施预警，防止资金支出缓慢、闲置沉淀。2021年全省共对6546个部门108792个项目实施绩效监控，涉及资金8266亿元，调减资金124亿元。

——向事后绩效评价要财力。建立多部门联合绩效评价机制，会同人大、纪检监察、审计等部门以及高校等第三方机构，共同组成联合评价组，每年选择部分重点政策和重大项目组织开展绩效评价，2021年省级对19个项目开展了重点绩效评价，涉及资金270亿元。

——向绩效结果运用要财力。建立将预算安排与绩效目标、绩效监控、绩效评价以及项目储备挂钩的“四挂钩”机制，从财政资源配置端更大程度、更广范围将绩效与预算进一步融合，强化绩效管理的硬约束。2021年全省共对6510个部门124077个项目绩效目标开展审核，涉及资金8842亿元，通过绩效目标审核取消项目5898个、涉及资金265亿元，调整项目14284个、涉及资金371亿元。

尹学群表示，下一步，浙江省财政部门将重塑全面预算绩效管理改革体系，以数字化改革为抓手，加快建设横向纵向双贯通的智慧绩效平台，强化对重点项目和重大专项的大数据分析，逐步实现绩效目标自动审核、监控智能预警、资金智能纠偏等功能，推动预算绩效管理向智能化、全面化、一体化转变，努力打造效率、效益、效果三效合一的“浙财有效”的金字招牌，为高质量发展建设共同富裕示范区提供更具质效的财力保障。

（《中国财经报》2022年3月14日）

浙里理财“有数”

——浙江财政推动数字化改革综述

数字化改革是浙江的一张“金”名片。

2021年以来，浙江省全面推进数字化改革，推动一大批重大改革落地。注册用户8200万、日活用户达300万的“浙里办”让群众办事像“网购”一样方便；注册用户180万，日活率达82.4%的“浙政钉”使掌上协同办公成为新常态。如今，浙江人正以“键对键”的方式畅享数字生活新图景。

在全省以数字化改革回应群众美好生活期待、拓展高质量发展空间的时代背景下，浙江财政深入学习贯彻习近平总书记重要讲话精神和党的二十大精神，坚持实战、实用、实效导向，坚定不移推动财政数字化改革不断向广度和深度进军，积极探索财政治理的新解法，持续深化拓展变革性实践、突破性进展、标志性成果，奋力推进中国式现代化在浙江得到最生动的实践。

“硬核”成果走在前列

不久前，浙江财政以数字化改革推动过紧日子见实效的消息上了央视新闻。报道介绍了浙江财政通过“政采云”等财政数字化应用场景全面落实中央要求过紧日子的做法。

2021年2月，全省数字化改革大会召开后，浙江省财政厅迅速组建了由一把手挂帅的财政数字化改革领导小组，拟定了“领跑全省、领先全国、整体智治、高效协同”的目标，制定了“一个平台、四个系统”的财政数字化改革总体方案，搭建了财政数字化改革体系构架图1.0版，构建了以集中财力办大事、预算管理一体化、核心业务事件反馈和服务社会应用“四个系统”为核心的总体构架，基本实现了财政业务数字化。其中，以核心应用建设为重点抓手构建的“政采云”“浙里缴费”等多个跨应用场景实现了全国率先，而央视报道中提及的“政采云”就是其中之一。

“政采云”作为全国首个政府采购电子卖场试点项目，已推广至18个省1474个行政区划，累计交易额突破2万亿元，年交易额占全国的六分之一，市场覆盖率为全国第一，获工信部大数据产业发展试点示范项目、浙江省政府改革创新项目、浙江省数字化改革最佳应用、数字经济创新发展重大应用成果。

“浙里缴费”为全国首个统一公共支付平台，获国务院办公厅统一公共支付改革唯一试点，该平台率先建立线上线下一体化非税收入收缴体系，实现95%以上缴费业务通过互联网支付，服务用户突破3亿人次，平台应用覆盖面、服务人次和收缴金额均居全国第一，被评为中国“互联网+政务”优秀实践案例50强。

“浙里办票+浙里报账”开出全国第一张医疗收费电子票据，上线全国首个区块链电子票据平台，连续两年获浙江省数字化改革最佳应用。

“债务预警处置系统”为全国首个地方政府性债务风险预警与处置系统，率先构建多跨协同、闭环管控机制，获浙江省政府改革创新项目、“观星台”省级优秀应用。

“社会审计统一监管应用”在全国首创注册会计师行业一库一码监管机制和社会审计报告依法备案、全文单一来源机制，为全国注册会计师行业统一监管平台提供浙江样本。

一系列“硬核”应用，有效地服务了企业和社会，更积极推动了财政核心业务数字化，为制度重塑、流程再造、能力提升打下了坚实基础。

“财政大脑”初显神威

“与其他部门相比，财政部门的数字化改革具有‘两多两强’的特点，即数据多、场景多，和多跨性强、拓展性强。”浙江省财政厅党组副书记、副厅长、一级巡视员王广兵说，“财政数字背后是真金白银，是最不会‘说谎’的数据，可信度高、质量好，通过对这些数据的整合、分析、拓展、应用，可有效提升服务决策、监测评估、预测预警、战略目标管理等能力。这些既是浙江财政推进数字化改革的优势，也是要把握和突破的难点。”

为此，在“一平台、四系统”的顶层设计下，浙江财政通过多轮迭代，构建形成了“1+5+N”的财政数字化改革系统架构：“1”是“财政大脑”，即财政数字化改革的基础支撑；“5”是5大核心应用体系；“N”是在核心应用体系下不断丰富、拓展的各项核心应用。

为了建成“财政大脑”，浙江财政加强顶层设计，组织编制《财政管理领域“大脑”建设方案》，明确了“财政大脑”建设的目标、架构、任务和时间安排等。

目前，浙江财政已基本建成“财政大脑”驾驶舱及“一仓五库”，完成10个智能模块建设，形成了财政业务的基础支撑。通过建设“一仓五库”，已归集相关部门数据158亿条，研发算法模型51个、预警规则523条，收集各类案例193个，增强了大脑的运行能力。通过开发智能模块，已自动生成预警信息766条，并及时推送给市县财政进行核实处置，将整改主体责任传导给相关市县，形成风险管理闭环。值得一提的是，就在不久前，浙江公布了2022年数字化改革“最系列”成果，“财政大脑”荣获“最强大脑”。

在此基础上，浙江财政聚焦财政工作中的难点堵点问题，突出“大脑”赋能，利用财政核心业务积累的数据，驱动财政全面改革，打造了5大核心应用体系。

——构建“大事保障”模块，将重大决策部署转化成财政的大事要事，及时感知预算安排和资金落实情况，追踪大事项目的落地情况并适时开展绩效评估，为大事要事精准落地提供战略决策支撑。

——构建“运行效能”模块，运用大数据深入分析财税运行特点及其与经济发展的互动关系，探寻规律，为确定经济目标、实施宏观政策、制定收支计划、安排财政预算提供参考。

——构建“风险防控”模块，对地方政府债务、“三保”、社保、乡镇财政管理等财政运行风险进行预测预警，并及时进行反馈处置，防范化解潜在风险。

——构建“财政监管”模块，全面反映财政资金的来龙去脉和使用绩效，及时感知资金资产管理、财会监督、财经纪律执行等情况，在中前端就发现并纠正问题。

——构建“服务社会”模块，坚持问题导向、需求导向、用户导向，迭代升级优势项目，开发打造新场景、新应用，为企业、单位和群众提供更加高效的财政服务。比如，开发“浙里捐赠”应用，系统重塑捐赠流程，全面整合慈善资源，打造捐赠全过程闭环生态，有力助推三次分配。“浙里捐赠”自2022年5月上线以来，累计捐赠量超过1500万人次，捐赠金额超42亿元。

浙江财政数字化改革，一方面加快探索“财政大脑”建设路径，推进重大应用全面贯通，促进事项全对接、数据全汇聚、应用全覆盖，为共建共治共享奠定坚实基础；另一方面重新梳理财政核心业务，提炼形成5大核心应用体系，进一步加快开发新跑道、新应用，以数字化改革牵引财政全面改革。

整体智治蹄疾步稳

近日，浙江省财政厅党组书记、厅长尹学群带队赴建德市开展专题调研。建德市杨村桥镇下辖1个社区、13个行政村，是扩中家庭财税政策体系综合试点线下调查验证样本乡镇。在该镇的王盛村，尹学群实地走访了3户家庭，详细了解家庭生活状况和实际困难，并重点围绕家庭收入、支出、社保和可享受政策等方面听意见、出对策。

事实上，尹学群此次调研的内容就是针对财政数字化改革着力突破的一个广泛应用场景而展开的，即“如何精准识别扩中政策目标群体，实施精准画像”。扩中家庭财税政策体系综合试点是浙江省探索共富型财税政策体系中非常重要的一个探索，但实施的关键点和难点就在于如何精准找到政策目标群体。

为此，浙江省财政厅推出“共富家庭在线”，按照家庭型共富财税改革要求，归集各部门数据，动态测算、监测家庭收支情况，对扩中家庭进行精准画像，系统集成涉及家庭的场景应用，提升财政对扩中提低政策的感知度和响应度。

多年来，浙江省财政厅提出要以实战、实用、实效为导向，以需求清单、场景清单、改革清单“三张清单”为牵引，谋深谋实更多数字化场景应用，以数字化改革推动系统性变革，为“两个先行”贡献财政力量。“共富家庭在线”的推出就是鲜活的例证。

可喜的是，“共富家庭在线”在浙江财政数字化改革中并非孤例。比如，针对如何提升战略目标选择和管理能力，浙江省财政厅打造“收支运行智管”应用，构建“收入精准把控、支出精准保障、风险精准防范”的收支智管新模式；针对如何更有效地支持三大科创高地建设，浙江省财政厅加快推进“科创高地保障在线”应用，全流程跟踪、感知、评价全省各地财政科技投入和使用情况，确保首位战略首位保障落地见效；针对如何与山区26县携手跨越、共享共同富裕成果，浙江省财政厅启动“山区26县政策在线”应用，通过对财政数据以及相关经济数据的加工、分析，对26县的核心指标实行预警监测并给予相应奖惩，提高转移支付分配和财政政策激励的精准性。

为了持续深入推进财政数字化改革，浙江省财政厅还提出抓好“五个一批”，即成熟应用一批、迭代深化一批、重点打造一批、启动实施一批、持续谋划一批，把数字化改革作为检验财政工作成效的试金石，着力打造整体智治财政。可以说，这些财政数字化改革的场景基本上都是为应用而“生”，为运用而“升”。

从繁华都市到偏远山区，从蓝图设计到实践应用，从民生小事到为国理财，一批批重大成果、一项项前沿应用、一个个制度实践正精彩亮相在“浙”里的财政舞台。造物鼎新立潮头，浙江大地上，财政人正以更大的决心和勇气，奋笔书写出一张财政数字化改革的时代答卷。

（《中国财经报》2022年12月15日）

“钱随人走”，怎么“走”

——推动基本公共服务均等化，浙江探索体制机制创新

近日，省财政厅正式印发《“钱随人走”制度改革总体方案》，浙江成为全国首个系统化、集成化探索“钱随人走”制度改革的省。在财政部去年印发的《支持浙江省探索创新打造财政推动共同富裕省域范例的实施方案》中，有一条就是“支持浙江省探索率先实现基本公共服务均等化的有效路径”，加快构建“钱随人走”制度体系广受关注。

什么是“钱随人走”？前无先例，浙江又将如何开路？记者采访了省财政厅总预算局局长张远东。

问：“钱随人走”对浙江高质量发展建设共同富裕示范区的意义是什么？

答：近年来，我省流动人口快速增长，在为流入地经济社会发展作出重要贡献的同时，也一定程度上给人口流入较多地区带来了基本公共服务支出压力，而现行政策中也存在地区间保障水平差异较大、补助和支出需求错配等问题，如何解决好外来人口的公共服务保障，是我们一直在思考的重点和难点。

党中央赋予浙江高质量发展建设共同富裕示范区的光荣使命，这既是一块金字招牌，也是一份政治责任。我省具有高质量发展、高标准均等、高水平均衡等基础条件和优势，更加有责任、有义务，也有条件、有能力在这方面率先探索、率先探路。

作为一项重要的体制机制创新，我省前期已在卫生、教育领

域率先开展改革试点、提高转移支付分配的合理性和精准度。

现在通过这项改革，我们将构建一个以人为核心的转移支付体系，把财政资金配置到最需要的地方，让财政资金配置更加精准、市县的财力保障更加均衡、各地提供的基本公共服务水平更加均等，保障标准和服务水平稳步提高，引导我省率先实现基本公共服务均等化，为推进实现全国范围内的基本公共服务均等化提供浙江样本。

问：如何理解"钱随人走"？

答：要深入理解"钱随人走"，可以把这个概念逐一拆分，通过厘清"钱""人""走"和"谁"的关系，来弄清"钱随人走"制度改革的目标和实现路径。

绍兴市上虞区丰惠镇西湖村篮球场

第一步是明确什么"钱"。政府在公共服务方面安排了各类财政支出，但这些支出并不都与人口密切相关，我们以《浙江省基本公共服务标准》明确的11类公共服务领域、95项公共服务项目为基础，结合各类基本公共服务的提供主体、服务内容、服务对象等属性，确定纳入"钱随人走"制度改革的范围清单。

第二步是明确哪些"人"。不同的公共服务领域对应的保障人群和服务对象是不同的，例如公共卫生对所有人群开放，但义务教育只服务于纳入学籍管理的学生，因此对应的改革方式不能简单地"一刀切"。我们按普惠型公共服务和特定享受对象领域、省内转移人口和省外流入人口等不同类型，实施分类改革。

第三步是明确怎么"走"。按照先易后难、分步走的改革思路，结合改革实施主体的财力状况，优先选择与人口或特定享受对象直接相关、按核定标准执行的运行成本，合理确定补助标准和人口因素权重。比如，义务教育的改革，优先选择学生生活补助、免费提供教科书等与学生密切相关的项目，再逐步推广到学校运行、校舍建设等方面。

第四步是明确"谁"来改。按照浙江现行的事权和支出责任划分，省级负责对下转移支付资金的"钱随人走"制度改革；市县参照省级改革模式，负责各自范围内的"钱随人走"制度改革。

问：推动"钱随人走"，现阶段的难点何在？

答：从前期多次调研情况以及多方了解的情况来看，目前我们主要面临的问题有以下两个：

一是基本公共服务保障标准较难确定。核定合适的基本公共服务保障标准是改革的重中之重，但各地的标准差异较大，如何确定一个合理的标准，并根据各地实际情况设定一个可接受的浮动区间是下一步需要攻坚的难点。

二是可能会削减部分地区的上级补助。对部分人口流出大于人口流入的净流出地来说，"钱随人走"可能会减少这些地区得到的补助。一方面从资金配置的角度来看，常住人口的减少带来公共服务变动成本的减少，按照资金随人走的原则，相应的转移支付如果不变，反而会造成资金配置效益的降低；另一方面，我们也会建立完善均衡性转移支付机制，通盘考虑全省各市县的财力保障水平，安排均衡性补助资金，保障全省财力更加均衡。

当然，有一点需要清醒认识，既然是改革探索，就必然会有一个反复实践、反复完善的过程。改革不可能一夜之间实现，它会有一个循序渐进的过程。对此，我们充满信心。

问：可否畅想一下，随着改革的不断推进，浙江老百姓在享受基本公共服务方面会有什么变化？

答：最近我在网上看到一句话，非常贴切。它写道，"未来，希望有更好发展的人，仍可以往大城市跑；喜欢安逸生活的就留在县城，也不用担心那里的教育、医疗等基础公共品会比大城市差太多。"这正是浙江"钱随人走"改革想要达到的理想目标。

希望浙江的探索成功后，人走到哪里，资金就跟到哪里，基本公共服务也提供到哪里，让大家能真真切切感受到生活在共同富裕示范区的幸福感。

（《浙江日报》2022年5月24日）

浙江：深入推进财政电子票据改革

近年来，浙江省财政厅坚持高质量打造变革型财政组织，抓深抓实财政电子票据全生命周期数字化改革工作，进一步梳理改革需求，深入谋划应用场景，厘清堵点痛点难点，以数字驱动制度重塑，将改革红利切实转化为人民群众的幸福感和获得感。目前浙江省率先在涉票行业、票种、市县实现了电子票据"三个全覆盖"。

截至目前，浙江省开通电子票据单位家数、开票数量、开票金额以及各项改革进度均位列全国第一,其中在试点城市台州实现医疗票据100%全流程电子化。

财政电子票据改革成果斐然

浙江省财政厅紧紧围绕电子票据生命周期涵盖的幼有所育、学有所教、劳有所得、住有所居、病有所医、老有所养、弱有所扶等政府各项公共服务和众多民生领域,深入推进多跨场景改革应用,取得了阶段性成果。

一是深化"放管服"改革,全面推动办事流程再造。充分依托信息化技术,聚焦百姓生活中办事缴费难点痛点,以简政放权、创新监管、提升服务为核心,以"电子支付+电子票据"全面支持行政事业单位和社会团体收费业务的流程再造,有效精简各领域办事流程,全方位撬动政府、经济、社会各领域的数字化变革。以台州市为例,就医排队环节从改革前的6个减少到2个,教育、交通等领域均实现"零次跑"。

二是聚焦"掌上办"体验,实现全领域事项便民利民工作。以满足群众高品质生活需求为导向,启用全国统一的医疗收费明细,应用省级集中模式,统一数据规范,全面提升医疗收费电子票据数据质量和传输效率。改革后,将财政电子票据通过"浙里办"APP、手机短信、微信公众号等方式第一时间交付给群众,让"数据多跑路"实现"群众少跑腿";将"浙里办"官方APP打造成为个人票据管家,用户可随时查询、下载和自助打印,使得诊疗、用药等情况明明白白,极大改善了群众的公共服务体验。据台州市统计,患者就诊平均等待时间从改革前的179分钟缩短到70分钟,同时大大降低了票据印制、保管、储存和人工开票成本,仅该市预计每年可节省社会成本8亿元。

三是打造"变革型"组织,有效提升政府治理能力。通过票据源头管理,将票据监管由事后检查前移至事前控制、事中实时动态的全过程闭环监管,全面杜绝信息安全隐患。在此基础上,以票据电子化倒逼财务报销、会计核算和档案管理等全链条电子化,推动建立财政电子票据信息共享和运用机制,构建科学、规范、高效的政府非税收入和财政电子票据管理体系,提高财政票据监管效能和政务服务水平,全面提升财政治理能力现代化。

电子票据社会化应用任重道远

浙江省财政电子票据改革虽然取得阶段性成果,但在后续的社会化应用上进入了"无人区",各地均处于探索阶段,迭代空间很大,深化任务很重。

一是全省票据改革的贯通机制尚未建立。电子票据改革是一个典型的多跨场景应用的重大改革,涉及部门多、市县压力大,需上下贯通、部门协同,才能将各项改革任务落地落实。特别是改革的关键性领域——医疗票据改革,用票量达到财政票据的85%以上,群众关切度高、痛感强,亟需财政、卫健、医保、档案、大数据局等部门密切合作,但目前像台州市成立以副市长为医疗电子票据改革领导小组组长的设区市不多,部分地区改革难度大、推进慢。从市县贯通程度来看,目前改革主要集中在省、市、县三级,基层乡镇电子票据改革进度较缓,以医疗机构为例,当前仅台州市全市域、其他市县级以上公立医院实现电子票据改革全覆盖,基层乡镇医疗机构仍处于电子票据初步试点阶段。从票据种类来看,尚有部分地区存在公益事业捐赠、社会团体会费、资金往来结算等各类票据未全面完成电子化改革。

二是相关部门数据和业务标准尚未统一。作为改革的"最后一公里",电子票据的社会化应用对提升群众使用体验意义重大,也对浙江省数据全省集中、业务标准统一提出了更高需求。目前,浙江省财政电子票据系统已实现省级集中应用,数据信息由省财政厅归集、管理。但部分对应的部门尚未建立全省统一的数据系统和业务标准,存在各地系统建设、运维、要求不一致的问题,如省级电子病历管理平台尚在建设中,且很多医院对病历信息电子化还存在困难或顾虑,以台州市为例,全市公立医疗机构的收费系统分别由14家技术公司负责开发和运营维护,导致相关系统对接开发量大,更新迭代成本高。制约了改革的进一步推进。

三是电子票据的运维和服务体系尚未完善。全省集中的医疗电子票据运维和服务体系应当实现"横向到边、纵向到底"的管理效果,但实践中存在横向部门多、纵向链条长的问题,群众在使用电子票据过程中遇到问题也难以直接向财政部门反馈,寻求部门解决问题的渠道仍不畅通,亟需建设统一高效的电票服务系统,确保第一时间解决群众使用电子票据过程中出现的问题。

深化财政电子票据改革势在必行

一是建立财政电子票据改革领导小组。建议从省级层面建立以分管领导为组长的财政电子票据改革领导小组,全面统领全省的改革工作,协调相关部门,整合全省资源,按照"全方位、一体化"的要求,推进电子发票(票据)开具、报销、入账、归档等全流程无纸化应用。特别是针对医疗领域的线上报销问题,省级层面应成立跨部门工作专班,高效推进医疗电子票据改革工作。各市县要参照省级组织架构,抓紧建立一支敢于革新、勇于担当的改革队伍,形成省市县乡四级联动、多跨部门实时响应的电子票据社会化应用局面。

二是推动各地率先实现财政票据线上报销。一方面,联合省税务局、省档案局等部门共同制定浙江省电子发票(票据)电子化报销、入账、归档有关制度规范和操作指引;加快建设浙江省行政事业单位无纸化财务报销平台("浙里报账"),并积极推动大企业、鼓励引导中小企业开展电子发票(票据)电子化报销服务试点。另一方面,大力培育电子发票(票据)应用技术服务市场,发挥社会力量,提升全省财务报销、会计核算和档案管理电子化水平;针对关键的医疗领域,浙江省应建立全省统一的医疗收费、病历管理系统,统一推进全省范围内的医疗电子票据线上报销工作,争取在全国形成示范引领和辐射带动作用,成为浙江省建设"重要窗口"的标志性成果。

三是强化服务群众和应急保障机制。依托"浙里办"等平台,建设浙江省电子发票(票据)综合服务平台,同时综合财政、卫健、银保监等多部门业务专家,成立财政电子票据应急保障专班,及时应对电子票据管理、运维系统在使用中的突发问题,实现“我要查验”“我要票据”“我要接口”“我要报销”“我要咨询”等功能应用“一指办理”。

四是逐步拓展电子票据跨省共享应用。加强与长三角各省市的联系沟通，加速打造长三角财政、医保部门之间的医疗电子票据信息共享通道，积极开展长三角医疗电子票据跨省零星报销工作，并以此为突破口，逐步建立长三角财政电子票据信息共享应用机制，加快实现跨省政务服务全流程线上办理，为更高质量的政务服务一体化发展提供强劲的内生动力。

（《中国财经报》2022年6月16日）

浙江推出“浙里捐赠”数字平台 让慈善捐赠更便利更规范

“过程透明，操作也方便。”由浙江省舟山市慈善总会发起的“寻找好心人，帮助残疾人，圆梦微心愿”活动在“浙里捐赠”数字平台一上线，很快就获得了首笔慈善捐款。

今年5月初，浙江省财政厅与杭州市财政局联合省税务局、省民政厅在浙江省政务服务网、“浙里办”APP上推出“浙里捐赠”数字平台。上线1个多月后，捐赠金额已达12.2亿元，累计有超过405万人次接受捐赠。

此前，公益平台、捐赠项目众多且分散，捐赠人捐赠后需通过电话或前往现场，向慈善组织申请开票，无法及时了解捐赠善款的去向和效果，捐赠环节不够便利。通过该数字平台的“一键捐赠”“一秒开票”“一址查询”3个功能，企业、社会组织和个人可以一键完成定向或非定向公益项目的慈善捐赠、电子票据开具和相关政策查询。

为打消捐赠人对善款流向的顾虑，营造诚信的慈善环境，“浙里捐赠”数字平台基于浙江省互联互通政务“一朵云”创新应用区块链技术，以捐赠项目为唯一标识，在捐赠项目备案、善款收取、善款使用等环节，充分利用财政电子票据和税务电子发票集成数据，促进信息流、资金流、票据流“三流合一”，建立善款上链、过程存证、信息溯源的捐赠生态闭环，达到善款流向和项目进展的全过程透明及风险预警处置。

“浙里捐赠”数字平台成功推行的背后，离不开近年来财税体制机制改革的推动。为充分激发慈善捐赠的社会合力，财政、税务、民政、慈善组织等加强跨部门信息共享，实现贯通省、市、县、乡跨层级协同，以及管理部门、慈善组织、公益平台业务流程跨系统协同。

通过体制机制引导，“浙里捐赠”数字平台再造了全链条的捐赠业务流程。慈善组织经登记认定后，可同步认定非营利组织免税资格和公益性捐赠税前扣除资格。以民政部门的慈善项目备案名作为捐赠票据的开票项目名，改变以往慈善组织根据要求分开申请、分别提供材料，由民政和财政部门各自审定，可能出现同样项目备案名与开票项目名不统一的现象。

“浙里捐赠”数字平台也是浙江省财政系统高质量发展建设共同富裕示范区的改革试点项目。为激励人人参与慈善、助力共同富裕示范区建设，“浙里捐赠”数字平台梳理整合包括财税政策等在内的慈善捐赠激励政策，并在平台对应的捐赠项目中发布政策提示，让捐赠激励“可感知”；根据捐赠事项办理流程，引导捐赠人按需申请获取捐赠票据、关联获取相关财税支持政策和申请兑现社会积分等操作，让捐赠激励“可操作”；以捐赠票据为捐赠行为的唯一标识，同步向税务等相关部门推送并实现税收支持等各类政策和社会积分的兑现，将兑现结果及时反馈给捐赠人，让捐赠激励“可享受”。

浙江省财政票据管理中心主任叶时宝介绍，今年年底前，“一指抵税”“一窗公开”“一榜表彰”“一屏智报”“一站认定”等5个功能也将上线，有序接入浙江全省慈善组织、互联网募捐信息平台。

（《人民日报》2022年8月1日）

专题经验介绍

笃行新时代　十年弄潮儿
——浙江财政助力高质量发展掠影

浙江省财政厅

2012—2022,时间是奋斗者的坐标系。十年,是历史长河的一瞬,但对浙江财政而言,却是击楫奋进的十年,是在时间的坐标系中勾画绚丽图景的十年:

2012年,浙江省一般公共预算收入3441.23亿元,排名全国第五;到2021年,实现一般公共预算收入8262.64亿元,稳居全国第三;2022年上半年,完成一般公共预算收入4984.27亿元,继续走在全国前列。

这十年,经济形势纷繁复杂,改革攻坚闯关夺隘,奋勇争先的浙江财政人,始终保持定力,内修外练,矢志追赶,财政蛋糕越做越大,收入结构不断优化,构建起了"发展培育税源、税源形成税收、税收夯实财力、财力促进发展"的良性循环。推动浙江经济不断跃升、科创动能厚积薄发、生态环境持续向好、城乡区域协同发展,人民幸福感、安全感、获得感持续增强……

准确把握发力"航向标"

大海行船,重要的是航向。党的十八大以来,习近平总书记5次亲临浙江,对浙江工作作出一系列重要指示,赋予浙江打造"重要窗口"的新定位和"高质量发展建设共同富裕示范区"的新使命,指引浙江奋进新时代新征程。

习近平总书记对浙江、对财政工作的重要指示批示精神,与总书记在浙江工作期间对财政工作作出的一系列重要论述,发于一轫。

谋定而后动的浙江财政部门牢记总书记嘱托,坚持"八八战略"一张蓝图绘到底、一任接着一任干,以当家思维担当管家责任,坚定不移沿着总书记指引的路子,探索出了一批具有浙江辨识度的财政标志性成果。

走进浙江财政展示厅,映入眼帘的是习近平总书记关心财政工作的珍贵资料,浙江财政围绕"总书记怎么说的,我们怎么干的"两个维度,从"集中财力办大事"到"五大发展理念",从"财政体制改革"到践行政府"过紧日子",全面展示了浙江财政这些年来的改革和实践:

聚焦长三角一体化发展、三大攻坚战、富民强省十大行动计划等党中央、国务院和省委、省政府重大决策部署,系统构建起了集中财力办大事财政政策体系,扎实做好首位战略首位保障,积极发挥财政在国家治理中的基础和重要支柱作用,积极构建具有浙江特色的现代财政制度体系。

积极有效的财政政策,为浙江的经济社会发展提供了坚实保障。这十年,财政引导、支持、保障浙江经济"腾笼换鸟""凤凰涅槃",全省地区生产总值连跨4个万亿台阶,2021年增至7.35万亿元。浙江城乡居民可支配收入更是分别连续21年和37年位居全国各省区第一位。

浙江财政部门在各类争先创优中同样收获满满。在浙江省政府绩效考评中,连续19年被评为优秀单位。在国务院落实有关重大政策措施真抓实干成效明显地方评选中,财政管理工作连续6年获得国务院办公厅督查激励。

持续激发经济"新动能"

在杭州,东起浙江大学紫金港校区,西至浙江农林大学,一条集全球科创高端要素为一体的"大走廊"串起了紫金港科技城、云城、未来科技城、青山湖科技城,集聚了国家重点实验室12家,占全省总数的80%;科研院所61家,诺贝尔奖和院士工作站19家,博士后工作站22家,成为浙江创新发展的"策源地"。

山雄有脊,房固有梁。浙江十年高质量发展,离不开财政的助力。面对经济增速换挡、产业结构调整和外部复杂局势,浙江财政部门把握机遇,深入实施创新强省战略,建立年均15%的财政科技投入稳定增长机制,强化基础研究和源头创新,助推浙江企业积蓄创新势能。

十年来,之江、良渚、西湖、湖畔等省实验室相继挂牌,省市县三级财政部门联动,集中财力支持省实验室等高能级创新平台建设,2018—2022年,省财政安排67亿元倾力支持之江实验室打造国家战略科技力量;坚持绩效导向,省财政大力支持省实验室建设,采取建设期内首年给予创建经费补助,之后根据建设进度和绩效评估等情况给予后续支持,加快培育国家战略科技力量。

2009年,浙江省设立7.5亿元的省级产业风险投资引导基金,后续又相继设立海洋产业基金、创新强省基金、转型升级基金等政府基金。2015年,财政部门继续加大专项资金改革力度,扩大省产业基金规模,截至2018年6月,省产业基金总规模1417亿元,撬动社会资本10503亿元。2018年9月,财政部门在整合省转型升级产业基金和创新强省基金的基础上,启动政府产业基金2.0版,重点支持以数字经济为核心的八大万亿产业发展。

针对复杂多变的国际环境和经济形势,财政部门聚焦重点产业链断链断供风险等清单,围绕十大标志性产业链和"工业五基",2020至2022年,统筹安排14.03亿元支持实施产业链协同创新项目计划,统筹安排4.38亿元支持首台套产品奖励及保险补偿;2020—2022年,统筹安排1.85亿元支持完善"1+N"工业互联网平台体系,创建省级重点工业互联网平台,引领"浙江智造"。

近年来,浙江省财政累计助力培育未来工厂41家、智能工厂(数字化车间)512家,省级数字化示范小微企业园114,2021年重点工业企业装备数控化率、工业设备联网率分别达到

70.5%和56.7%,产业数字化指数持续位居全国第一。

财政改革虎虎生风,产业革新力量萌动。一大批细分市场占有率高的"单项冠军""小巨人"企业,逐渐成为浙江经济高质量发展的中坚力量。一个以科技创新为引领,奠定浙江未来发展基础的产业新体系显露雏形。数据显示,近年来浙江区域创新能力稳居全国第5位、省区第3位,企业技术创新能力居全国第3位。

不断擦亮发展"绿底色"

2022年6月,浙江省财政厅发布《关于支持碳达峰碳中和工作的实施意见》,成为全国首个发布财政支持"双碳"政策的省份。

根据实施意见,浙江将针对各领域碳达峰痛点、难点、堵点,结合集中财力办大事政策体系,有针对性提出财政支持重点和方向,实现能源、工业、建筑、交通、农业、居民生活、科技领域碳达峰。

为实现"双碳"目标,2022年浙江兑现2021年度绿色发展财政奖补资金140.26亿元。

绿色,一直是浙江发展的靓丽底色。

十年来,全省财政部门践行"绿水青山就是金山银山"理念,加大生态环保投入,建立重点生态功能区建设财政政策,全面推广实施与污染物排放总量挂钩的财政收费制度,建立绿色发展财政奖补机制……

山青、水绿、天蓝,浙江生态环境状况指数连续多年保持全国前列,环境质量公众满意度连续9年提升,2019年,在全国15个生态省试点创建中,浙江是全国首个和当时唯一一个通过国家验收的生态省。

返乡创业的庆元青年吴淑梅没想到,"绿色"的效益一点也不比城市上班差。她在岱头林场的2000亩公益林里,种下了400亩三叶青、黄精等珍贵中药材,发展林下经济,除了药材收入,还能拿到生态公益林补偿。

自2004年实施森林生态效益补偿制度以来,浙江省11次提高公益林补偿标准,最低补偿标准从每亩8元提高到33元,源头县、加快发展县及省级以上自然保护区最低补偿标准提高到40元,省级补偿标准居全国前列。

依托好山、好水、好空气,杭州临安、湖州德清、丽水松阳、衢州开化等藏在深山的村庄成了城里人避暑休闲的好去处,山村完成从"卖木头""卖石头"到"卖风景""卖生态"的转变,实现保生态与促增收的双赢。

"外修"加"内养",浙江生态的回馈之门越来越宽。沿着生态产品价值转化思路,2020年10月,浙江发布全国首部省级GEP核算标准,让散落在山间的自然资源,成了能"明码标价"的新宝贝,为全国建立健全生态产品价值实现机制提供省域范例。

当好协调发展"稳定器"

党的十九大报告指出,中国特色社会主义进入新时代,我国社会主要矛盾已经转化为人民日益增长的美好生活需要和不平衡不充分的发展之间的矛盾。

千钧将一羽,轻重在平衡。得益于"八八战略"提出的"加快推进城乡一体化""推动欠发达地区跨越式发展"等战略布局,为浙江省城乡、区域均衡发展提供了先行指引。十年来,浙江财政坚持财力向市县下沉,探索分类分档激励奖补机制,通过助力"千村示范、万村整治"、美丽乡村、山海协作等工程,全力推进城乡融合、区域协调发展。

城乡融合发展,首先在乡的发展。浙江财政部门通过整合资金,加快农村基础设施提档升级,推动新型城镇化建设,支持开展小城镇环境综合整治。同时,积极推进农村改革,支持粮食生产,提升乡村产业,壮大村集体经济。至2020年,高质量完成低收入农户高水平全面小康攻坚,实现"两不愁三保障"突出问题、年家庭人均收入8000元以下情况、集体经济薄弱村"三个清零"。

城乡统筹,关键在融。2017年,浙江省财政厅出台《关于支持农业转移人口市民化若干财政政策的实施意见》,推动农业转移人口市民化。"十三五"期间,省财政共下达农业转移人口市民化奖励资金57.42亿元。

何处是城,哪里是乡?对初来浙江的人,常难以分辨。城乡的差距在变小,城市间的差距也在拉近。为解决区域差距,浙江财政部门把突破口放在加快发展地区。2020年,省财政创新实施区域协调财政专项激励政策,面向丽水、衢州生态屏障地区及国家重点生态功能县,择优确定12个县(市、区),每年安排18亿元激励资金,重点支持实施乡村振兴战略,强化乡村产业服务支撑,为加快发展地区拓宽绿水青山就是金山银山的转化通道。

在推进区域协调发展过程中,基础设施建设也在不断推进——"十三五"期间,各级财政部门积极落实中央和省级资金2384.4亿元,支持交通基础设施等重大项目建设,补齐浙西南山区基础设施短板;协作发展平台不断升级——"飞地"园区、生态旅游文化产业园、山海协作产业园全面升级,推动加快发展地区实现跨越式发展。

近年来,财政部门通过统筹,全省发达及较发达县(市)与财政困难县(市)人均财政支出水平基本相当,人均财政支出前10位县(市)与后10位县(市)的倍差在3倍以内。更令人欣喜的是,2021年浙江省城乡居民收入倍差缩小至1.94倍,成为全国发展最均衡的省份。

夯实共同富裕"压舱石"

党的十八届五中全会强调,坚持共享发展,必须坚持发展为了人民、发展依靠人民、发展成果由人民共享,作出更有效的制度安排,使全体人民在共建共享发展中有更多获得感,朝着共同富裕方向稳步前进。

经历了改革开放后让一部分人先富裕起来的浙江,率先踏上探索"先富带后富,实现共同富裕"之路。

2004年以来,浙江建立为民办实事制度,聚焦就业、教育、社保、医疗等领域,着力解决人民群众的操心事、烦心事、揪心事,财政资金重点保障,确保承诺兑现,让群众共享发展成果。

敢为人先的浙江财政人提出公共财政建设的思路,将财政支出的三分之二以上用于改善民生，强化公共服务职能，最大程度惠及百姓。其中，医疗、社保、教育等人均支出水平均高于全国平均数。

吃过早饭，家住海盐县百步镇百联村的殷露娜，开车5分钟，把儿子送进镇中心幼儿园。随后，带上母亲去家附近的镇卫生院复诊高血压。医生问诊后，一张处方发送到十多公里外的县中医院药房，调配师立马审核、抓药，药房熬好的中药当天免费快递到家。“城里有的，我们农村都有，都挺好。”

依托“医共体”“教共体”，浙江逐渐构建起了省内优质医疗、教育资源的共建共享，即使偏远的衢州、丽水、舟山等山区海岛，也利用互联网“共享课堂”“智慧流动医院”巡诊车等方式，与杭州、宁波、绍兴等地结对，实现义务教育发展基本均衡县全覆盖、乡镇公办幼儿园全覆盖、医保门诊慢性病保障制度全覆盖等，让全体浙江人民实实在在享受到了经济社会发展的成果。

2021年6月底，嵊州市城乡供排水一体化工程的第一个子项目嵊州市长乐水厂正式通水。该项目是浙江省首个金砖国家新开发银行贷款项目，利用新开行贷款8.25亿人民币，旨在实现嵊州城乡供排水一体化，改善偏远乡镇38.5万居民的饮水用水安全。长乐水厂的建成，为甘霖、长乐等地16万居民提供优质饮用水。

2021年底，省发展改革委、省财政厅等29个省级部门出台了《浙江省基本公共服务标准(2021版)》，围绕人的全生命周期，对“幼有所育、学有所教、劳有所得、病有所医、老有所养、住有所居、弱有所扶”等“七个有”的公共服务标准进行细化，还对军有所抚、文有所化、体有所健、事有所便等领域的95项基本公共服务标准进行了明确，满足人民日益增长的美好生活需要。

为这95项基本公共服务事项，浙江财政部门创新构建“钱随人走”制度体系，建立系统化、集成化的“钱随人走”“1+X+N”(“1”项核心实施意见，“X”项配套制度，“N”项“钱随人走”转移支付资金分配文件)制度体系，把财政资金配置到最需要的地方。

在高质量发展中实现中国特色社会主义共同富裕先行和省域现代化先行！省第十五次党代会上，省委提出“两个先行”奋斗目标和“8个高地”的具体目标。

星光不问赶路人，站在历史与未来的交汇点上，浙江财政部门锚定“两个先行”奋斗目标，必能再次赋予时间以壮丽感，创造新的精彩、新的奇迹。

上下协同　改革奋进　积极打造财政助推共富硬核成果

浙江省财政厅共富专班

2022年是浙江共同富裕示范区建设的机制创新年、改革探索年、成果展示年。省财政坚持以习近平新时代中国特色社会主义思想为指引，按照省委、省政府共同富裕示范区建设总体部署，厅党组按照“走到舞台中央”要求，夯基垒台、改革创新，谋划并推进了一批共富味足、改革味深、财政味浓的硬核成果，在奋力推进“两个先行”中贡献了财政智慧。

一、省部联合推进，切实强化共富改革支撑

一是研究开路，积极推动建立省部协同研究机制。2022年初，时任省委书记袁家军和省长王浩赴财政部对接沟通，明确建立省部协同研究机制。省财政厅积极沟通、努力争取，2022年4月财政部与浙江省人民政府签署《浙江省人民政府　财政部关于建立共同富裕财税政策体系省部协同研究机制备忘》，建立由省部领导担任召集人的省部协同研究机制，为财政部首次与省级人民政府签订战略协作。聚焦省部协同研究机制的研究任务和总体目标，省财政联合财政部有关司局，围绕“构建初次分配、再分配、三次分配协调配套的基础性财税制度安排”开展协同研究，形成了《共富型现代财税体制研究》研究成果，为浙江财税共富改革奠定了理论框架。同时，积极开展省部联合主题调研，聚焦中小微企业税收优惠政策制度化、个人所得税政策机制、促进三次分配的税收激励政策等9个调研主题，成立部省联合调研组开展了专题调研，并形成《助推民营企业高质量发展的政策举措》《加快构建地方税主体税种　健全地方税体系的研究》等调研报告9篇，以财政部来浙调研为契机，积极向上反映浙江阶段性经验和改革诉求，围绕慈善捐赠、地方税体系和中小微企业优惠政策制度化等方面，梳理形成向上争取的授权试点项目20余条。

二是改革先行，加快推进省域范例《实施方案》落实落地。财政部印发的《支持浙江省探索创新打造财政推动共同富裕省域范例的实施方案》，是除西藏、新疆外，首次全面支持一省范围的重大改革重大战略，是浙江财税改革探索的重要支持和改革依据。2022年省财政积极落实、纵深推进，将《实施方案》细化为5方面共18类举措，推动财政部进一步印发《贯彻落实<支持浙江省探索创新打造财政推动共同富裕省域范例的实施方案>部省联动工作方案》。建立上下联动、高效协同的部省联动工作机制，形成了财政部抓统筹谋划、省财政落实定向、市县财政改革攻坚的多级联动工作机制。建立了“清单式、项目化”的推进机制，制定项目工作清单，提出目标任务、政策体系和指标体系，以项目管理方式推进工作落实落细。建立先行先试的激励机制，搭建“赛马”平台，鼓励有条件的市县先行先试，率先在财政体制机制上取得突破。

二、系统开展研究，切实夯实共富型财税体制理论基础

一是高站位开展共富型现代财税体制研究。积极牵头承担省委重大课题“有利于共同富裕的财税政策体系”，联合省税务局成立联合课题组协同攻关，开展基础理论研究，形成“共富型现代财税体制”课题报告，探索提出“1+3+4+8”的政策框架体系，围绕共富型现代财税政策体系1个总目标，明确聚焦三次分配的3个子目标，谋划了迭代升级财政体制、税收制度、预算管理制度和财税治理机制4方面的重大改革和打造促进高质量发展、促进高质量就业创业、缩小收入差距促进社会公平、撬动新型慈善发展等N个财税政策体系，推动财税政策体系向共富型跃迁。

二是全系统推进共同富裕系列研究。聚焦共同富裕关键领域，统筹整合厅内各处室和市县财政部门的研究力量，聚焦共富工作重点和关键领域，完成了《共同富裕视角下促进高质量就业的财政政策路径》等20多个子课题和《德国家庭医联保研究》等10多个国外经验梳理。同时充分发挥各级财政的研究合力，组织“百名局长研百题”活动，完成《杭州市‘一老一小’财政政策体系研究》等市县课题90多篇，夯实了财政共同富裕改革的理论基础。

三、谋划系列改革，切实打造重要共富改革成果

一是聚焦“扩中提低”，推进家庭型财税政策体系改革。围绕“扩中提低”，省财政以家庭为切入口，深入开展家庭型财税政策体系研究，相关研究成果获省委、省政府主要领导肯定性批示。以厅党组名义印发《浙江省财政厅构建家庭型财税政策体系攻坚行动方案》，明确提出“1”项综合改革的试点任务和“11”项重点突破的试点任务，并在全省范围内选择绍兴市、建德市、苍南县等25个试点市县，纵深开展改革试点。积极实施覆盖浙江1/10人口的家庭精准画像工程，选择绍兴市、建德市、苍南县、江山市、黄岩区五个市县区作为样本，基于公安、民政、卫健委、医保等10个部门数据，建立覆盖户籍人口709.93万人的家庭基础数据库，收集家庭相关数据达158亿条，构建了“相对富裕”“中低收入”“低收入”三类家庭画像数据评价模型，有效掌握了家庭的经济结构，摸清了制约中低收入家庭增收致富的因素。持续迭代升级家庭型财税政策体系顶层设计，结合改革推进和实践试点的阶段性成果，迭代升级家庭型财税政策体系系统架构，探索出增收、减负、共富、补偿四条路径，打造N个家庭型财税政策体系，谋划百万家庭奔富计划，努力在教育、医疗、金融等领域突破。

二是聚焦“两条跑道”，着力打造财政标志性成果。一方面聚焦省委“1+5+n”重大改革。率先在全国推进“钱随人走”制度改革，印发《“钱随人走”制度改革总体方案》《推进“钱随人走”转移支付制度改革的实施意见》等指导性文件，明确构建系统化、集成化的“钱随人走”“1+X+N”政策体系，形成了以实施意见为核心，多项配套制度为支撑、N个领域转移支付资金管理办法为指导的政策体系。强化省市县三级改革联动，选择杭州、湖州、台州等市县，并率先在教育、卫生、文化等领域开展改革试点。另一方面，聚焦“1+7+N”重点工作。提请省政府印发《浙江省关于进一步深化预算管理制度改革的实施意见》，突出共富导向，聚焦高质量发展建设共同富裕示范区的重大决策部署，以解决地区差距、城乡差距、收入差距问题为主攻方向，找准财政的切入点和着力点，提出6方面24条预算管理制度改革举措。迭代升级新一轮集中财力办大事财政政策体系，全面梳理、优化整合政策资金项目。研究推进省以下财政体制改革，积极探索财政支持山区26县高质量发展的政策举措。

三是聚焦“第三次分配”，打造先富带后富财税政策体系。探索研究1个体系化、集成化财税政策，优化了慈善公益组织发展环境。率先设立1个财政慈善事业引导资金，专项用于对符合政策导向、资金募集增量多、行业带动效应好、有助于社会氛围形成的慈善组织进行激励奖补。打造“浙里捐赠”1个数字化平台，着力建设“一键捐赠”“一秒开票”“一指抵税”等八大场景，推动慈善捐赠全透明监管。支持成立1个慈善研究院，加强智力支撑。依托浙江工商大学英贤慈善学院，设立智库，促进慈善事业发展。搭建1个公益仓，依托“资产云”平台，搭建“浙里公益仓”，盘活闲置国有资产，助力公益事业发展。

四、汇集改革合力，切实开展共富协同改革

一是推进全省财政系统共同富裕奋进年行动。召开了全省财政系统推进共同富裕示范区建设的奋进年大会，印发《全省财政系统“高质量发展建设共同富裕示范区奋进年”行动方案》按照实现“三个一批”的要求，全省一盘棋，部署实施了“理论创新引领行动”“富民强村行动”等八大行动。在全省财政系统形成了协同推进、改革攻坚、共推共富的改革氛围，凝聚了改革共识，奠定了坚实的改革基础。

二是扎实推进小切口改革。下发《全省财政系统高质量发展建设共同富裕示范区“小切口”改革试点指导意见》，充分发动市县财政局长“一把手”责任，开展“小切口”改革事项专题研究，重点围绕“家庭型共富财税政策”“强村富民”“一老一小”等5个方面、14个主题，以揭榜挂帅和自主申报等方式，开展“小切口”改革省级试点项目61个、省级指导项目80个、共富村试点100个，形成理论研究成果37篇，共出台财政政策47，形成99项实践成果，并评选出小切口改革10个最佳实践案例和20个优秀案例。

共同富裕是一个长期过程，需要持续的改革攻坚，省财政将认真贯彻落实党的二十大精神，始终保持改革创新、破难攻坚的改革状态，不断深化探索，持续推进共同富裕理论创新、制度创新、实践创新，加快打造财税助力共富的标志性成果。

强化智慧赋能　推进系统重塑
打造全省共建共享的整体智治财政

浙江省数字财政管理中心

2022年，浙江省财政厅持续推进数字化改革，全力打造“财政大脑”，提升大脑支撑能力，按照“大脑+应用”建设模式，重点建设收支运行智管、专项债全周期智管、隐性债风险智控、财政公权力大数据监督、“浙里办票+浙里报账”、浙里捐赠等重大应用，推进省市县三级财政业务协同和系统重塑，打造全省共建共享的整体智治财政。

一、强化机制创新，完善数字化改革顶层设计

省财政厅设立财政数字化改革领导小组，下设一个“财政大脑”工作专班、八个应用项目工作专班、三个实体化运作专班，制定“财政大脑”建设方案、“财政大脑”工作专班方案和数字化改革实体化专班工作方案，为财政数字化改革和“财政大脑”建设建立完善的工作机制。

厅主要领导坚持数字化改革理念和方法，组织梳理财政大脑和重大应用的“三张清单”，建立“5个一批”的重大应用滚动开发机制。开展财政数字化改革顶层设计和系统架构迭代优化工作，经过51个版本的反复迭代，逐步形成了“1+5+N”财政数字化改革系统架构2.0版，搭建起以“1个财政大脑、5大核心业务、N个重大应用和场景”为主要内容的建设架构。

二、强化一体推进，深化预算管理一体化建设

坚持全省一盘棋。全省97个财政区划全部上线运行预算管理一体化系统，实现线上开展预算编制、预算执行、会计核算等财政核心业务，实现财政部业务规范和技术标准全省落地。2022年系统共支付1780万笔，金额达1.33万亿元。同时，按计划分步推进财政供养人员、乡镇财政基本情况、预算执行旬月报、直达资金监控、财报、决算、地方债务、资产管理等有关功能整合及模拟运行。

推进跨部门业务协同。完善与省大数据局项目管理系统协同接口，同步省发改委在线投资平台，实现电子政务项目一个口子申报；完成与省经信厅企业码协同接口开发，支持市县涉企补助系统对接；做好部门单位业务系统支付和采购业务接口对接。组织全省财政系统开展财政部预算管理一体化月度考核工作，以问题为导向，不断补强弱项、补齐短板，在财政部考核中稳居前列。

三、强化智慧赋能，打造全省共建共享的“财政大脑”

全力建设“财政大脑”。构建“一仓五库”，即数据仓、规则库、知识库、算法库、模型库、样本库，归集业务数据166.2亿条，制定预警规则293条，研发业务模型绿色，一直是59个，收集各类样本绿色，一直是193个。打造“数字财政驾驶舱”，建设“大事保障”绿色，一直是“运行效能”绿色，一直是“风险防控”绿色，一直是“财政监管”绿色，一直是“服务社会”五大财政核心业务主题模块。

创新建立“大脑+应用”建设模式。建成收支运行智管、专项债全周期智管、隐性债风险智控等10个智能模块和应用，产生预警信息1.30万条，贯通全省各级财政部门97家、预算单位近2万家，形成全省财政业务“发现—预警—处置—反馈”全过程管理闭环，预警信息全部得到及时处置。“收支运行智管”应用重塑了收支运行机制，得到财政部领导的充分肯定。“专项债全周期智管”应用重塑了专项债券“借、用、管、还”全生命周期闭环管理体系，大幅提升专项债券资金使用效益。

四、强化多跨协同，推动重大应用建设

建设共富家庭在线应用。在绍兴市、建德市、黄岩区、苍南县、江山市等地开展家庭画像试点，建立了711万人的样本数据库。利用公安、民政、卫健、医保等10个部门16类数据进行标签化处理，构建了家庭单元、相对富裕家庭、扩中家庭三类家庭模型。依托样本数据库和家庭结构画像、家庭经济画像等，在教育、金融、税收等领域开展政策仿真试点。

建设财政公权力大数据监督应用。在“一企一策”财政资金补助、单一来源政府采购、公款竞争性存放、国库集中支付动态监控四类业务监督场景中，建立了财会监督和纪检监察监督两套闭环，实现“厅组联动　共筑清廉”的建设目标。截至2022年底，应用已覆盖单位2万多家、预算资金9580.63亿元，监督支付指令3.34亿条、支出资金2514.65亿元，发出预警信息2559条、发送《提示函》269张、处置整改办结2399件。

建设浙里捐赠应用。协同财政、民政、税务等部门和慈善组织，贯通省市县乡四级，重点打造“一键捐赠、一秒开票、一指抵税、一窗公开、一址查询、一榜表彰、一屏智报、一站认定”8个子场景。该系统已于2022年5月上线，截至2022年底，累计接受捐赠超过3208万人次，捐赠金额达96.39亿元，开具捐赠票据超过49.02万份。打造“慈善一日捐”特色场景应用，开具票据8.98万份，捐赠金额达1.49亿元。

迭代升级浙里办票应用。开展浙里报账对接、税务部门数据对接、社会化应用场景支撑等工作，推进财政电子票据跨省报销改革试点，实现与江苏、广东跨省报销。开展电子凭证会计数据标准试点工作，完成与工商银行、农业银行、光大银行、浙商银行等9家银行的对接，推进与铁路电子客票、航空运输电子客票行程单等数据对接。

五、强化改革突破，推进制度建设和理论建设

积极在体制机制方面进行改革突破。制定出台《关于进一步深化预算管理制度改革的实施意见》《浙江省收支运行智管管理办法》《关于进一步加强专项债券资金使用管理的通知》《浙江省财政电子票据管理办法》《浙江省电子凭证会计数据标准试点方案》《财政金融协同支农数字化改革试点工作指引》《浙江省行政事业性国有资产管理办法》《浙江省注册会计师行业鉴证业务报告防伪报备管理暂行办法》等政策制度和工作指南，制定发布

《资产分类与编码规范第2部分:资产多维分类编码》《资产分类与编码规范第2部分:资产卡片信息多维描述》《基于可扩展商业报告语言(XBRL)的企业财务报表会计数据规范》《数据资产确认工作指南》等地方标准,为开展数字化改革提供实施标准和政策依据。

深化财政领域数字化改革的理念、方法和路径研究。发表《浙江探索构建收支运行智管新模式》《浙江提升专项债券政策效能 促进经济稳进提质》《全面深化财政电子票据管理改革》《数据资产监管研究》《一库一码全链条":如何重塑财务审计秩序》《"浙里捐赠"探索收入第三次分配新模式》《如何构建农业信贷担保大数据信用评价和风险控制体系》等文章,为财政数字化改革提供可借鉴的经验和思路。

六、强化实战实效,打造数字化改革标志性成果

经过全省财政部门的共同努力,在2022年浙江省数字化改革"最系列"成果评选中,"浙里办票+浙里报账"应用和政府采购(政采云)应用被评为"最佳应用","财政大脑"被评为"最强大脑"。在2022年度改革突破奖评比中,家庭型共富财税集成改革获得银奖。在2022年数字政府、数字经济、数字社会建设中,"专项债全周期智管"被评为数字政府系统优秀应用案例,"全国首家政府采购电子卖场试点平台—政采云"被评为数字经济创新发展重大应用成果,"浙里捐赠"被评为数字社会系统2022年度"最佳应用"。

举办浙江财政数字化改革创新应用大赛,有力地促进了全省财政数字化改革。温州市财政局的社会审计报告"一库一码全链条"监管系统和绍兴市财政局的绿色建材政府采购云平台—筑采云监管系统入选全省"一地创新、全省共享""一本账"SO并向全省推广应用,筑采云为全国提供可推广的经验。

建设变革型财政组织,是全省财政系统守好"红色根脉"、建设"重要窗口",打造忠诚干净担当的高素质专业化财政铁军升级版的重要举措。全省财政系统坚持"全省一盘棋",以数字思维、系统思维引领组织结构变革、运行机制变革、干部能力变革、团队文化变革,组织实施变革型财政三年行动计划,建立指标体系、工作体系、考核体系,以系统思维强化落实,以点带面、示范引领,全面激发干部干事创业新动能。

推进变革型财政组织创建 提升财政干部塑造变革能力

浙江省财政厅人事处

一、适应外部环境,推进运行机制变革

建设变革型财政组织,就要善于根据外部环境变化保持灵活快速反应能力,主动创新组织结构和运作方式以适应新挑战。

一是系统谋划变革型财政组织创建实施跑道。省财政厅印发加快建设变革型财政组织的实施意见,持续推进重塑财政收支高质量可持续运行体系、集中财力办大事财政政策体系、高质量发展财政保障制度体系、全生命周期公共服务供给体系、全面预算绩效管理体系、财政风险防控体系等"六大体系",实施政治能力提升工程、整体智治融合工程、争先创优领跑工程、破难攻坚亮剑工程、财政文化引领工程、自我革新强基工程等"六大工程",以党建引领、整体智治、多跨协同为支撑系统,细化形成43项重点工作。

二是清单化推进变革型财政组织创建。按照"一年重点突破、两年深化提高、三年基本建成"的总目标,省财政厅编制创建实施三年行动计划,明确年度工作重点、创建目标、责任单位,以一张表清单化指导推进变革型财政组织创建工作;系统谋划共同富裕示范区建设、数字化改革为重点的标志性成果,建立包含领导小组、工作专班、重点内容、机制模式的工作体系。

三是建立健全变革型财政组织创建工作机制。印发变革型财政组织创建试点工作方案,成立由厅长任组长的全省财政系统变革型财政组织创建领导小组,全面指导创建工作。各级财政部门以"一把手工程"的标准落实工作责任,积极构建"党组(党委)书记亲自抓、分管领导具体抓、处(科)室和单位协同抓"的工作机制,落实创建任务,形成工作合力。整合人力资源,通过专班攻坚、"集结令"等形式,运用赛马晾晒、积案销号等机制、破解急难险重任务或历史遗留难题等。

二、激发内生动力,推进干部能力变革

为加快建设变革型财政组织,需进一步推进财政干部理念创新,加快提升干部塑造变革能力,更好服务于"两个先行"。

一是着力建好头雁队伍。加强领导班子建设,强化系统观念系统思维,打造"领头雁"队伍,增强引领带动变革的能力。省财政厅编印习近平总书记有关财政工作重要论述,作为财政工作重要遵循。围绕年度重点工作和热点问题,举办市县局长培训班,提升"一把手"干业务、带队伍能力;开展"百名局长研百题",协同研究推进高质量发展建设共同富裕示范区。

二是着力建好菁雁队伍。围绕高质量发展建设共同富裕示范区、数字化改革、乡村振兴等大事要事,分级分类实施干部能力提升工程,丰富教学方式,强化"靶向培训"。在全省财政系统组织开展数字化改革创新应用大赛,提升财政数字化改革实战实效能力;举办全省财政系统"变革型财政组织建设·青年说"演讲比赛,讲好财政干部投身变革型组织创建的实践故事;在厅本级开设"财政双周讲堂",通过"专家讲、处长说、青年谈"等形式推动干部理念创新,丰富知识体系,开阔工作视野,提升财政履职能力。

三是着力建好雏雁队伍。定期开展新进人员入门教育,实施新进人员"青蓝工程""以师带徒"导师制等,加快年轻同志培养成长。丰富年轻干部培育方式,通过感悟财政历史、传承财政精神、开展专题辅导、组织结对引领等,从严从实加强年轻干部教育管理监督,提升政治素质。组建"浙江财政8090宣讲团",

以讲促学，以学促用，练就开口能说、提笔能写、问策能对、遇事能办的综合实力。

三、勇于争先创优，推进团队文化变革

在组织文化方面，通过清晰的愿景和崇高的使命追求凝聚人心，从“要我变革”到“我要变革”、从“适应变革”到“引领变革”。

一是转观念，构建财政“大格局”。财政部门作为重要的经济部门，是稳定经济增长的重要力量，要在政治格局上体现忠诚度、在思想格局上放眼全局、在工作格局上立足实际。全省财政系统干部职工继续弘扬“实、稳、优”的财政核心价值理念和“严谨、坚守、创新、奉献”的财政职业精神，把奋斗精神、斗争精神、担当精神贯彻到干事创业的全过程，坚持把讲政治的要求融入到财政工作中去，坚持从全局的高度把准财政工作方向，坚持准确识变、科学应变、主动求变，保持战略定力，用实干和实绩彰显应有的担当。

二是搭平台，建立争先创优机制。树立“没有领先就是落后、没有特色就是问题、没有用心就是懒政”的理念，强化争先创优意识。省财政厅开设“荣誉之光”宣传专栏，建立健全特色工作申报考核机制，推进最佳实践、总结最佳案例，形成财政标志性成果，锻造“靠得住”“谋得深”“做得实”的干部人才队伍。杭州市财政局依托数字财政“大脑”，从“收入、支出、监管”三端发力，推出12个智能模块，财政整体运行可动态感知、自动预警，决策指挥能力不断提升，金华市财政局围绕以变促成，构建“部署—指导—检查—盯办”四环提效工作法，把每项任务细化为可看、可感、可操作、可量化的具体工作，实行闭环管理、闭环问效、闭环问责；湖州市财政局通过“年初亮承诺”“季末呈进度”“年中请阅卷”“年末报成果”，以“六问六找”和“三比三拼”推动全员实干、全面争先，选树褒扬财政实干争先“领跑者”处室。

三是优服务，锻造担当实干作风。瞄准群众、企业、基层最为迫切的需求，优化工作流程，改进服务方式，打通回应需求、解决问题、达到满意的通道。坚持生成性学习、保持创造性张力，高效做事、攻坚克难，勇闯无人区、勇拓新蓝海。将知行合一，落到实处，以前瞻性、系统性、穿透性的思考谋划和及时性、准确性、高效性的执行力度推动形成财政工作新局面。以实施“十大工程”为抓手，持续擦亮“清廉财政”建设品牌。

四、彰显实干本色，推进重点工作突破

紧密结合财政职能和队伍实际，抢抓时机、发挥优势，全省一体推进变革型财政组织建设，以新气象新作为，推动高质量发展取得新成效。

一是奋力推进共同富裕示范区建设。面对高质量建设共同富裕示范区、数字化改革等“深水区”“无人区”，突破惯性思维，勇于创新，积极向财政部沟通汇报，协同研究推动共同富裕的财政体制机制，初步形成共富型现代财税体制、家庭型财税政策体系等改革方案；推进了家庭型共富攻坚行动，在制度创新、实践创新上取得阶段性成效。

二是创新赋能服务社会智能化。财政数字化改革重大应用建设稳步推进，在全国率先上线全省电子发票(票据)综合服务平台，改革进度居全国第一，“浙里办票+浙里报账”被评为全省数字化改革最佳应用；“浙里缴费”累计提供缴费服务突破3亿人次，服务人次和收缴资金居全国第一；“政采云”推广至18省(区、市)1300多个行政区划，被评为数字化改革最佳应用；“浙里捐赠”入选2022年省委改革办数字社会一本账，被评为数字社会系统最佳应用。

三是实战实效推进数字化改革。开发“财政大脑”，重点建设“一仓五库”，获评全省“最强大脑”。迭代升级“收支运行智管”“家庭共富在线”“专项债全周期智管”“科创高地保障在线”等重大应用。通过浙江财政数字化改革创新应用大赛，有力促进全省各级财政部门以“小切口”入手，推进财政工作深层次系统性重塑，着力打造整体智治财政。

充分发挥专项债券积极作用 助力我省经济社会高质量发展

浙江省财政厅债务办

近年来，浙江省财政厅认真贯彻落实省委、省政府决策部署，积极推动专项债券扩大有效投资，更好发挥专项债券带动消费扩大内需、促就业稳增长以及规范地方政府举债“开前门”“堵后门”作用，为我省实现“十四五”良好开局，助力经济社会高质量发展提供了有力的资金支撑。

一、主要做法

省财政厅坚持早储备、多争取、严审核、快发行、督进度，全流程闭环式加强专项债券管理，切实提高债券资金效益。

(一)提高站位，狠抓储备，夯实争取新增债券支持的基础

一是提高站位，强化担当。深刻领会习近平总书记关于积极扩大有效投资的重要论述，牢固树立大局意识，提高工作站位，把管好用好专项债券作为贯彻落实党中央决策部署、发挥积极财政政策效能的实际行动，切实强化管好用好专项债券的责任担当。二是高效协同，狠抓储备。建立省级专项债券工作专班，协同配合、高效运行。省市县“三级联动”梳理重大专项债券项目，指导各地重点储备符合国家重大战略导向、助推共同富裕示范区建设等具有较大示范带动效应的重大项目，做深做细做实项目储备，实现项目储备一个口径、一张报表，不断提高储备项目质量。三是高频对接，主动争取。密切跟踪财政部专项债券管理工作动向，主动向财政部汇报我省项目储备质量高、债券管理基础好、资金支出进度快、债券偿债能力强等优点，力争获得财政部大力支持。

(二)加强项目审核把关，加快债券发行，用好专项债券

一是建立专项债券项目审核机制。坚持依法合规，着力加

强拟使用专项债券资金项目的审核把关，防范债券偿付风险，聘请第三方专业中介机构对申报的债券项目从领域、项目前期准备情况、成熟度、债券项目期限匹配度以及融资与收益自求平衡方案等方面进行全方位审核，严把项目发行前审核关。二是合理制订债券发行计划。指导各地按项目建设进度申报专项债券项目资金实际需求，细化债券项目建设资金用款计划。根据财政部下达的新增专项债券额度，制订专项债券发行计划。三是加快债券发行节奏。结合宏观经济形势和债券市场利率波动趋势，结合各地专项债项目建设资金需求情况，优选发债时间，提高发债频度，2021年共发行6个批次专项债，实现“按需发行”。同时，用好债券项目库款调度垫付政策，有效降低债券成本、节约利息支出和避免资金闲置。

（三）加强全周期管理，提升政策效能，切实发挥债券资金效益

一是建立定期通报机制。对各地专项债券资金拨付和实际支出进度进行定期通报，压实相关部门和市县政府债券使用主体责任，提高债券资金的拨付和使用支出进度，尽早形成实物工作量，高效发挥债券有效拉动投资作用。二是建立支出进度预警机制。对专项债券资金支出进度较慢的地区进行预警，并作为以后年度分配债券额度的重要依据，督促相关市县加快使用债券资金，更好发挥债券资金使用效益。三是建立穿透式监测机制。强化动态跟踪监管，及时掌握资金使用、项目建设进度、运营管理等情况，发现问题及时纠正，实现对专项债券项目全周期、常态化风险监控。四是建立监督检查机制。联合监管部门，定期组织开展专项债券资金使用情况核查，避免闲置浪费，确保债券资金依法合规使用。

二、主要成效

聚焦国家确定的重大战略，按照省委、省政府工作重点，坚持“资金跟着项目走”原则，2021年，全省共发行新增专项债券2235亿元，重点支持总投资超1.5万亿元的1218个交通基础设施、市政和产业园区基础设施、社会事业、保障性安居工程、农林水利等九大领域的重大项目建设，为扩大有效投资，拉动经济增长发挥了重要的资金保障作用。

（一）主动服务保障国家战略，更好推动决策部署落地实施

对标对表中央和省委决策部署，集中专项债券资金支持国家和省重大战略、重大部署的实施。一是全力支持长三角一体化发展国家战略。着力服务长三角一体化重大项目和重大工程建设，重点支持嘉善长三角示范区先行启动区环祥符荡乡村振兴、嘉善西塘镇全域秀美、湖嘉一体化发展先行示范区基础设施、长三角产业合作区基础设施建设等一批一体化示范区项目，为加速高质量推进长三角一体化发展注入资金动能。二是有力支持保障共同富裕示范区建设。全面落实高质量发展建设共同富裕区，聚焦地区差距，加大债券资金对加快发展地区的支持力度。2021年投入316.15亿元专项债券资金用于支持山区26县跨越式发展，支持衢丽铁路、丽水机场、苍南县城乡供水一体化、衢州市柯城区寺桥水库等360个重大基础设施和重大社会事业项目，助力高质量发展建设共同富裕示范区，实现区域协调发展。三是支持保障“十四五”规划落地实施。优先支持纳入国家和省“十四五”规划的重大项目，围绕交通设施、文化旅游、公共文化和高能级开放平台等领域，重点支持“十四五”规划实施类的金甬铁路、京杭大运河博物院、绍兴综合保税区等一批带动作用明显、增强发展后劲的项目，助推我省加快打造“重要窗口”和争创社会主义现代化先行省，率先形成新发展格局。

（二）精准支持重大项目建设，更好带动扩大有效投资

靠前服务，主动保障省委、省政府确定的重大项目建设资金需求，运用好债券资金政策效应，持续发挥债券资金“四两拨千斤”的带动作用，积极打造专项债券项目标志性成果。一是助力支持杭州亚运会基础设施配套建设。2021年是专项债券支持杭州亚运会基础设施建设力度最大的一年，投入债券资金290.55亿元用于杭州亚运会城市重点基础设施建设，主要包括杭州机场轨道快线工程、地铁3号线、地铁9号线、杭州西站等重大项目，为杭州亚运会交通建设提供有力保障。二是助力支持交通强省建设。2021年共投入专项债券资金529.23亿元用于支持全省轨道交通、铁路、高速公路、水运、机场等领域项目建设，主要包括温州市域铁路S2线、湖杭高铁、湖杭高速等具有重大效益的项目建设，为交通强省提供强劲资金支撑。三是助力支持创新强省建设。聚焦全省产业园区基础设施重点项目，支持打造高能级产业平台。2021年共投入专项债券资金363.27亿元支持全省“万亩千亿”平台、产业创新服务综合体、小微园区等产业园区基础设施建设，为加快促进产业提档升级提供平台支撑。

（三）聚焦增进民生福祉，着力补齐公共服务领域短板

加快补齐公共服务短板，促投资惠民生。牢固树立以人民为中心的发展理念，把改善民生作为债券资金支持的重要着力点，加大重大民生工程建设，着力弥补社会事业发展的短板领域和薄弱环节，切实有效提升公共服务质量。一是着力保障公共卫生设施建设。2021年共投入债券资金169.88亿元用于156个公共卫生设施项目，有力提升全省公共医疗供给水平。二是着力支持教育领域建设。2021年共投入债券资金45.67亿元用于90个学前教育、职业教育项目建设，着力补齐教育事业短板。三是着力支持保障性安居工程建设。2021年共投入债券资金253.58亿元用于112个保障性租赁住房、安置房项目建设，有效改善居住条件和城镇面貌。

2022年，省财政厅将按照“积极的财政政策要提升效能，更加注重精准、可持续”要求，坚持防风险与促发展并举，利当前与惠长远并重，聚焦“重要窗口”打造高质量发展建设共同富裕示范区等重大战略，重点支持交通、水利等九大领域重大基础设施建设，更加有效发挥专项债券对促进有效投资的积极作用，推动经济社会发展“上水平、增后劲、补短板、惠民生”，为我省经济稳进提质提供坚实支撑。

城乡一体促均衡 文有所化润人人

——浙江财政支持推进城乡公共文化服务一体化的实践

浙江省财政厅文化处

公共文化服务建设是提升社会文明程度、提高国家文化软实力的重要抓手。习近平总书记多次强调“加快构建现代公共文化服务体系,促进基本公共文化服务标准化均等化”“要推进城乡公共文化服务体系一体建设,优化城乡文化资源配置,完善农村文化基础设施网络,增加农村公共文化服务总量供给,缩小城乡公共文化服务差距”。

近年来,全省财政部门认真贯彻习近平总书记关于文化工作和财政工作的重要论述精神,坚持尽力而为、量力而行,完善体制机制,强化保障引导,有效推动我省在全国率先实现基本公共文化服务标准化,城乡一体公共文化服务体系基本构建。省市县乡村五级公共文化设施网络布局日臻成熟,公共图书馆、文化馆、博物馆、美术馆等文化场馆整体达标,农村文化礼堂500人以上行政村覆盖率超过97%。每万人拥有公共文化设施面积从2016年的2350平方米增长到4028平方米。

“财”有保障,系统谋划,统筹推进

财政文化投入是打造新时代文化高地、促进文化高质量发展的重要保障。财政部门坚持全省“一盘棋”,为推动我省城乡公共文化服务一体化建设持续注入财政力量。

一是建立财政公共文化投入机制。2017年,我省出台《浙江省公共文化服务保障条例》,在全国较早以地方性法规明确“各级人民政府应当将公共文化服务经费纳入财政预算,建立与公共文化服务发展需求相适应的财政投入增长机制,逐步增加对公共文化的投入。”省市县各级财政秉持集中财力办大事理念,以基本公共服务为重点保障内容,统筹资金加大投入,城乡一体公共文化投入机制逐步建立。2021年,全省一般公共预算文化支出249.35亿元,较2017年增长42.03%,年均增长9.17%;一般公共预算安排文化支出人均水平达到381.27元/人,较2017年增加70.93元/人。

二是明确公共文化事权和支出责任划分机制。在《条例》明确“县级以上人民政府应当安排一定资金,通过财政转移支付、扶持公共文化设施建设项目等方式,支持公共文化服务相对薄弱地区的公共文化设施建设、公共文化产品和服务供给以及公共文化人才队伍建设”基础上,根据中央与地方公共文化领域财政事权和支出责任划分的总体框架,合理划分省市县政府公共文化服务事权责任和支出责任,进一步完善共同事权分担机制。

三是完善公共文化财政激励引导机制。以城乡均衡为目标,充分发挥财政资金引导作用,通过政府购买、项目补助、定向资助、贷款贴息等政策措施,鼓励和引导社会资本和个人参与城乡一体公共文化设施建设和管理。以公共文化服务“十百千”工程为例,省级财政转移支付2.5亿元,累计撬动市县政府和社会资本投入69亿元。各地也充分发挥财政杠杆作用,探索吸引民间资本运营机制,推广政府和社会资本合作模式,吸引社会资本进入公共文化领域。以丽水市为例,打造“村晚”文化品牌,丰富乡村公共文化供给,2019年财政投入200万元、各县(市、区)财政配套投入50~100万元不等,撬动社会资金800余万元。

“标”准先行,精准施策,全域均衡

按照习近平总书记“自觉主动解决地区差距、城乡差距、收入差距等问题,不断增强人民群众获得感、幸福感、安全感”要求,全省财政部门潜心研究、精准施策,最大限度推进区域之间、城乡之间的均衡发展,推动各种文化资源和惠民服务有效下沉及延伸。

一是以标准建设为抓手,夯实财政一体化推进城乡公共文化服务建设基础。浙江作为构建公共文化服务标准化体系唯一试点省份,坚持以标准化思路推动城乡一体化建设,相继出台《浙江省基本公共文化服务标准(2015—2020)》《浙江省基本公共文化服务标准(2020—2025)》等系列文件,划定了城乡一体公共文化服务发展宏伟蓝图的底线标准。全省财政以“先行示范”的标准为指导,逐步探索构建上下衔接、成龙配套的财政支出保障体系,为高质量发展城乡一体公共文化服务体系提供坚实的财政支撑。2020年,全省89个县(市、区)全部达到《浙江省基本公共文化服务标准(2015—2020)》要求。

二是以农村为重点,健全一体化推进城乡公共文化设施建设。为破解公共文化服务城乡二元、发展不均衡问题,创新开展农村文化礼堂建设,促进公共文化资源配置向农村倾斜。从2013年起省财政累计安排了农村文化礼堂建设专项资金19亿元,支持全省近2万家农村文化礼堂建设。2019年农村文化礼堂建设被写入中央一号文件,经验向全国推广。此外,通过财政资金引导县级图书馆文化馆总分馆建设,把散布在农村的文化设施串连起来。

三是以补短扶弱为突破口,一体化推进城乡公共文化服务网络。着眼于补短板、扶弱项,省财政不断完善对薄弱县、乡镇、村及山区县市的转移支付机制,支持实施公共文化服务“十百千”工程及公共文化服务重点地区提升工程,通过省级公共文化经费分配向山区倾斜,有效发挥财政资源在提升薄弱地区公共文化建设方面的作用。2017年起省财政每年设立5000万元专项资金补助10个公共文化服务重点县,着重加强并细化重点乡镇、村的提升工作,推动补齐薄弱地区公共文化服务。着力扩大公共文化服务财政保障的覆盖面,大力推进老年人、未成年人、残疾人、农民工等特殊人群的扶持保障。

“效”能为先,开放融合,提速发展

注重实效的体制机制是推动各地公共文化服务高质量发展的动力之源。全省财政部门积极探索、大胆实践、勇于创新,不断在以绩效为导向的财政体制机制上取得新的进展，推进城乡一体公共文化服务高质量、高效能发展。

一是以群众满意为导向构建绩效评价体系。全面实施公共文化服务领域预算绩效管理，对乡镇基本公共文化服务项目提供、流动服务开展、群众文化活动开展、文化礼堂运行管理等进行全面评价，逐步建立与财政奖补相挂钩的绩效评价机制，促进提高城乡一体公共文化服务效能。关注基层公共文化服务的有效性，针对群众对乡镇（街道）基本公共服务的满意度，省基本公共文化服务专项补助资金将各地实施乡镇公共文化服务绩效评估情况作为分配综合因素。各地也纷纷推出农村文化礼堂、文化站等基层公共文化服务的绩效评估工作，将评价结果作为各地年度奖励资金分配的重要依据，有效推进公共文化治理走深走实。

二是以“人”为导向探索公共文化领域的“钱随人走”改革。省基本公共文化服务转移支付资金分配，将常住人口作为基础因素，奠定了文化领域“钱随人走”基础。根据《浙江高质量发展建设共同富裕示范区实施方案》总体要求，为加快构建以人为核心的共富型高品质公共文化服务体系，2022年，省财政推动市县试点探索公共博物馆公共文化服务“钱随人走”财政拨款挂钩机制，重点突出“参观人次”因素，研究建立博物馆绩效考核体系及公共文化场馆竞争性经费转移机制，为促进公共文化服务“精准供给”提供可复制的经验做法。

三是以“数字+”创新打通城乡一体公共文化服务“最后一公里”。各级财政积极支持公共文化服务领域的数字化改革，促进优质公共文化资源均等惠及城乡群众。浙江省文献信息资源共建共享平台、丝绸之路数字博物馆、金华“e家书房”、台州“文化超市4.0”，提供了突破时间、空间限制的“无边界”线上公共文化场馆和服务；嘉兴市“文化有约”云平台已成为城乡居民共享公共文化服务的重要方式；宁波“一人一艺”全民艺术普及“文化超市”，使群众可以随时随地获取优质艺术学习资源；舟山“淘文化”，积极探索“文化礼堂众筹模式”，7个试点文化礼堂按需发布7个项目，成功筹资80085元和10个文化志愿者团队。2021年开展各类线上活动32660场，参与人次达1.99亿人次。

在高质量发展建设共同富裕示范区中实现精神富有、在现代化先行先试中实现文化先行，离不开城乡一体公共文化服务体系的高质量发展，全省财政部门将紧盯全生命周期公共服务优质共享及精神富足建设目标，行而不辍，履践致远，坚持以人为本，均衡共享，推动以文润富、以文促富、以文化富，以财政担当作为，推动我省“努力成为精神普遍富足的省域范例”。

全域土地综合整治
助力乡村富美蝶变

浙江省财政厅资环处

为贯彻落实习近平生态文明思想，自2018年起，浙江省积极打造“千万工程”升级版，开展乡村全域土地综合整治与生态修复工程（以下简称全域工程）。2019年，自然资源部推广“浙江模式”，在全国范围内组织开展全域土地综合整治试点工作。浙江财政系统发挥职能作用，全力支持全域土地综合整治，推动城乡协调发展。截至2021年底，全省全域工程已批准实施603个，涉及93个县（市、区），项目总投资2157亿元；已竣工验收232个，完成投资934亿元。

一、积极实践，创建“全域+”工作模式

全域土地综合整治从土地整治拓展到农村基础设施、人居环境、生态环境、空间形态、产业发展、乡风文明、社会治理等各个领域，实现土地、资源、资本等要素城乡之间有序合理流动和经济社会发展成果城乡共享，促进城乡在空间布局、要素配置、产业发展等方面深度融合，是城乡关系的系统性重塑和综合集成创新，在破解城乡发展不平衡不充分问题上，发挥了十分重要的作用。全省各地结合区域特点，开展各具特色、各有侧重的土地综合整治工作，“全域+”模式在全省范围内得到有效推进。

（一）突出“全域+土地整治”，有效拓展城乡发展空间。乡村空间布局无序化问题一直以来是农村发展的瓶颈。各地根据“控制总量、盘活存量、用好流量”的原则，通过统筹造地改田相关资金，积极推进农用地整治、建设用地复垦、低效用地再开发等，优化各类各业用地布局，合理安排新增与存量用地供给结构和方向，一定程度上破解了城镇化快速发展带来的土地供需矛盾，有效保障美丽乡村建设、农村新产业新业态和一二三产融合发展用地，为经济社会发展拓展了空间。以兰溪市灵洞乡洞源村全域工程为例，项目聚焦全方位优化村庄格局，以建设用地整治与耕地质量提升为目标，实施建设用地复垦589亩，建成高标准农田153亩，垦造耕地新增26亩，为推动城乡统筹发展提供强有力的土地要素保障。

（二）突出“全域+耕地保护”，持续推进耕地扩面提质。耕地是国民经济和社会发展的宝贵资源和重要的生产要素。针对耕地碎片化和质量不高的问题，各地通过全面落实耕地保护补偿制度，实施耕地开垦、功能恢复、集中连片整治和万千生态造地，推动耕地数量、质量、生态“三位一体”保护建设，着力破解农村的地“用不上、用不好”的问题，为粮食安全拧紧“安全阀”、系上“保险带”。以海宁市马桥街道民胜等4村全域工程为例，项目通过治水剿劣、清洁田园、拆违控违，重新布局道路、田埂、排灌体系，把碎片化的耕种区建成田成方、路成网、渠相通的优质水田区，新增耕地2265亩，耕地图斑减少263块，预计可新增粮食生产能力244万公斤。

（三）突出“全域+生态建设”，统筹推进城乡风貌提升。针对农村资源散、利用效率低等问题，按照“山水林田湖草是生命共同体”的治理理念，坚持保护优先、自然恢复为主、遵循自然生态系统演替规律，制定差异化的生态保护修复措施，各地通过深化生态保护补偿机制，系统集成开展美丽乡村建设，实施山、水、林、田、矿等综合治理，保护水源涵养地、维护生物多样性，使山水与乡村融为一体、自然与文化相得益彰，让农民“望得见山，看得见水，记得住乡愁”。以常山县辉埠镇路里坑等6村全域工程为例，项目以矿山治理为核心，推进矿山生态修复、矿地综合利用、环境整治提升，全部关停165孔石灰立窑、201条石灰钙生产线、16家轻钙企业、清理煤渣100万吨，打造水清、天蓝、气净的农村生态宜居环境。

（四）突出“全域+产业发展”，有力促进农村经济发展。发展链条短、规模化程度低、活力不足等现象，是当前农村产业发展过程中面临的主要问题。浙江各地充分发挥土地在农业农村发展中的基础性作用，激活土地这个农村最大最重要资源，促进土地要素在城乡之间高效配置。创新农民利益联结共享机制，通过农村宅基地复垦，落实农户搬迁安置，引入农业主体，发展新业态，实现乡村发展。以平阳县南雁镇笠湖村全域工程为例，项目以产村融合为抓手，通过土地、环境整治，新增土地指标收益，放大乡村生态优势，带动旅游发展和农村就业，实现民生改善和农民增收。

二、深入探索，谋划“四聚焦”工作思路

当前，宏观经济形势复杂严峻，全省经济面临需求收缩、供给冲击、预期减弱等压力，扩大有效投资有利于稳住经济基本盘。土地要素一直以来是制约全省高质量发展的“瓶颈”。因此，全域工程作为扩大有效投资、破解土地要素保障难题的重要抓手之一，尤为重要。“十四五”期间，我省将打造具有浙江特色“3+X”模式的乡村全域土地综合整治与生态修复2.0版，谋划工程500个，打造100个综合成效好、特色鲜明、示范性强的精品工程，并在2022年率先启动“11350工程”（1个总投资三百亿、1个一百亿、3个五十亿、50个十亿体量级的重大工程），促进城乡生产、生活、生态等多方面深度融合，推动实现空间布局合理化、生态保护系统化、资源配置高效化。

财政部门将立足自身职能，加强协调、统筹资金、强化引导，继续助推全域工程实施，探索跨乡镇全域土地综合整治，将全域工程搭建成为我省实施乡村振兴战略、深化“千万工程”、推进农村有机更新、实现农业农村现代化的一个重大平台，更好促进全省经济增长和社会发展。

（一）聚焦“统筹”，持续健全有效的工作推进机制。建立多跨协同、一体推进的工作机制，坚持规划先行、系统谋划、统一部署，加大对土地整治、农村公路建设、危旧房改造等子项目的衔接与统筹力度，协调解决项目推进中的用地、环保等问题，加强工程动态监管，确保工程有力有序推进。财政部门要积极参与方案论证，细化资金平衡测算，强化土地整治、农村人居环境提升、农村公路建设、农田水利、危旧房改造等相关涉农财政资金的统筹力度，形成强大资金合力，避免项目规模小、重复多可能造成的财政资金分散以及因资金测算不准而后期被动兜底买单问题，切实提高资金使用绩效。

（二）聚焦“投资”，积极争取国家新增专项债券支持。专项债券是落实积极财政政策的重要抓手，是政府拉动投资最直接、最有效的政策工具之一。不断拓宽全域工程筹资渠道，着力发挥地方政府专项债券带动作用扩大有效投资，积极把握政策窗口期，高质量做好项目储备，特别是体量大、投入大的全域工程项目。用好用活新增专项债券融资成本低的优势，加大支持力度，确保符合专项债券条件的重点项目都能使用专项债券，切实解决全域工程前期筹资难问题。

（三）聚焦“引导”，积极支持社会资本参与生态修复。实施好生态保护修复工程，是构建生态文明体系，推动美丽浙江建设的重要内容。探索建立引导机制，鼓励和支持社会资本参与全域项目，通过自主投资、与政府合作、公益参与等多种形式开展生态产品开发、产业发展、科技创新、技术服务等活动。建立健全生态保护修复激励机制，完善自然资源产权制度，创新政策举措，通过指标收购、生态保护补偿、配套产业用地等方式引导社会资本积极参与全域工程，充分激发社会资本活力。

（四）聚焦“激励”，落实精品工程资金奖励措施。建立健全科学有效的绩效评价体系，优化考核办法，建立有利于形成“干得好的奖、增、加，干不好的罚、减、换”的导向和格局。持续强化财政资金的激励引导作用，对省保护耕地和全域土地综合整治与生态修复领导小组评定的全域精品工程，省财政给予最高1000万元的资金奖励，鼓励各地高质量打造综合成效显著、区域特色鲜明的示范工程，为全国全域土地综合整治与生态修复提供“浙江样板”，为构建新发展格局和高质量发展建设共同富裕示范区贡献财政力量。

调研报告精选

构建有利于共同富裕的现代预算管理制度研究

浙江省财政厅课题组

党的二十大报告提出“健全现代预算制度，优化税制结构，完善财政转移支付体系”，为做好新时代新征程财政预算工作指明了方向、提供了遵循。现代预算制度是现代财税体制的重要内容，也是推进中国式现代化的重要环节。共同富裕是社会主义的本质要求，是中国式现代化的重要特征，高质量发展建设共同富裕示范区是党中央、国务院赋予浙江的光荣使命，省委、省政府高度重视。本文聚焦共同富裕和现代预算制度目标，立足浙江财政发展实际，总结预算管理制度建设成效，研究分析当前制度还存在的问题和不足，研究提出构建有利于共同富裕的现代预算管理制度总体设想及改革举措，为高质量发展建设共同富裕示范区提供基础性制度支撑。

一、研究背景

（一）中国式现代化是新时代新征程的使命任务

习近平总书记关于中国式现代化的一系列重要论述，是习近平新时代中国特色社会主义思想的重要组成部分，为全面建设社会主义现代化国家提供了根本遵循，也拓展了发展中国家走向现代化的途径。中国式现代化坚持把实现人民对美好生活的向往作为现代化建设的出发点和落脚点，坚持以人民为中心的发展思想，在高质量发展中促进共同富裕，积极主动地解决地区差距、城乡差距、收入分配差距，提高发展的平衡性、协调性、包容性。正确处理效率和公平的关系，构建初次分配、再分配、第三次分配协调配套的基础性制度安排，建立科学的公共政策体系，让发展成果更多更公平惠及全体人民。

（二）现代预算制度是推进中国式现代化的重要保障

现代预算制度是中国特色社会主义制度的重要组成部分，必须与中国式现代化相适应，立足社会主要矛盾，着力解决发展不平衡不充分问题，发挥预算在资源配置、财力保障等方面的重要作用，补短板、强弱项、固底板、扬优势，更好满足人民日益增长的美好生活需要，更好推动人的全面发展、社会全面进步。预算作为宏观经济治理工具，根据社会主义市场经济体制要求和宏观调控目标，引导优化市场资源配置，推动有效市场和有为政府结合。

（三）有利于共同富裕是现代预算制度的核心要义

党中央治国理政，财政部门做具体服务保障工作，必须肩负起为国理财、为民服务的宗旨使命。在实践上，财政须以人民利益为根本依归，预算安排涉及“蛋糕”分配，关系民生福祉，为推动治理能力现代化和实现共同富裕提供全方位的保障。实现全体人民共同富裕的现代化需要具备制度力量，要充分发挥财政预算的支撑能力，在经济、民生等重点领域发力，把预算制度优势转化为治理效能。共同富裕是社会主义制度优越性的重要体现，社会主义市场经济使社会主义制度与市场经济有机结合，现代预算制度通过自身体制机制改革，引导市场在资源配置中发挥积极作用，为经济增长提供动力，同时强化保障经济建设重大战略方向以及社会公共需求，推进市场经济发展始终服务于社会主义现代化建设的正确方向。

二、我省现代预算制度建设成效及存在不足

（一）主要成效

近年来，我省按照党中央、国务院和省委、省政府决策部署，不断改革完善具有浙江特色的预算管理制度，为建立现代财政制度奠定了坚实基础。综合财力不断增强，收入规模位居全国第三、税占比反映的收入质量继续位居在全国前列。人民满意度不断提升，省人代会上财政预算报告赞成率均在95%以上，其中，2022年赞成率达100%，创历史新高。财力均衡水平不断提升，发达及较发达县与财政困难县人均财政支出的比率逐年下降，由2014年的1.05∶1下降至2021年的0.97∶1，两类地区间总体财力保持较好的均衡度，人均财政支出前10位县（市）与后10位的倍差为2.5，区域财力均衡水平位居全国前列。2016—2021年，连续六年被国务院评为真抓实干成效明显督查激励财政管理方面的先进省份。

（二）存在的不足

预算能力不仅是财政部门牵头组织预算工作的能力，更是各级政府及部门实施预算编制、执行、监督等能力的综合体现，其能力的高低很大程度上影响着政府治理的整体水平。对标新阶段新任务新要求，我们清醒看到，当前我省预算制度仍存在不足和问题，主要从两个维度分析。一是聚焦共同富裕的目标，发展不平衡不充分问题的问题突出，地区差距、城乡差距、收入差距仍然存在，需要现代预算制度发挥更关键作用。二是当前和今后一个时期，财政处于紧平衡状态，减收和增支矛盾突出，现阶段预算统筹力度、财政资源使用等方面还存在不足，财政运行风险需要重视，这些因素制约了现代预算改革和发展。

三、有利于共同富裕的现代预算制度的构建思路及政策举措

（一）总体思路

预算体现党和国家的意志，服务保障党和国家的重大方针、重大方略、重大决策、重大工作。构建现代预算管理制度，要聚焦党中央、国务院和省委、省政府重大决策部署，对标共同富裕目标和要求，发挥预算在资源配置、收入分配和促进经济稳定发展中的积极作用，通过深化改革、创新体制、优化机制，实现规范管理、提高效率、挖掘潜力、释放活力，争取率先实质性破题预算改革难点，为财政改革提供可复制可推广的浙江经验，强化预算

对落实党和国家重大政策的保障能力，更好发挥财政的基础和重要支柱作用。

（二）主要原则

一是坚持和加强党的全面领导，切实把“两个维护”贯彻到预算改革全过程各方面。作为党执政的重要资源，现代预算必须准确把握新的战略机遇、新的战略任务、新的战略阶段、新的战略要求、新的战略环境，党的领导贯彻到健全现代预算制度全过程，确保预算制度安排体现党中央战略意图。浙江预算改革要放在建设共同富裕示范区中谋划、部署、推进，打造一批可复制可推广的标志性成果，保障重大战略、重大部署、重大任务落实。

二是强化财政资源统筹，提升预算对共同富裕示范区建设的保障能力。聚焦解决发展不平衡不充分问题和群众急难愁盼问题，谋划推进共同富裕的财税政策，更充分发挥财政政策和资金的激励引导作用，提高财政资源跨期配置效率，增强各级预算对共同富裕示范区建设的保障能力。发挥财政部对我省的政策、资金、改革试点支持的机制优势，推进制度体系变革性实践，探索共富机制性制度性创新模式。

三是坚决落实党政机关过紧日子要求，切实做到节用为民。把艰苦奋斗、勤俭节约作为预算收支安排的基本原则，党政机关坚持过紧日子，勤俭办一切事业。科学改进预算编制方式，积极运用零基预算理念，做到能增能减、有保有压。坚持尽力而为、量力而行，建立可持续的财政保障机制，加强财政可承受能力评估。

四是坚持改革和法治精神，推动财政更好支撑国家治理体系和治理能力现代化。将绩效理念和方法融入预算编制、执行和监督全过程，推进预算和绩效管理一体化。坚持政策协同，综合运用财税政策工具，推进财税政策逆周期调节和跨周期设计相统一，不断提升预算配置财政资源的科学性、规范性和有效性。坚持预算法定，要严肃财经纪律，切实防范化解财政风险，更加注重强化约束，着力提升制度执行力，坚持在法治下推进改革。

（三）政策举措

1. 聚焦地区差距，建立更加完善的财政体制，推进区域协调高质量发展

一是推进省以下财政事权和支出责任划分改革。进一步明晰财政事权划分边界，加快省以下分领域财政事权和支出责任改革，建立省以下财政事权划分动态调整机制，加快形成依法规范、权责匹配、运转高效的省以下财政事权和支出责任相适应的制度。合理确定省以下共同财政事权，进一步明晰设区市和县（市、区）财政事权范围，差别化确定地区支出责任。

二是增强省对市县转移支付的均衡调节力度和精准性。进一步优化市县转移支付分类分档办法，动态调整优化分类分档体系，保持制度的连续性和稳定性。优化转移支付结构，加大省对市县转移支付等调节力度，增强调节精准性，促进区域均衡发展。探索完善省与市县收入划分体制，保护和调动市县发展积极性，夯实共同富裕的经济基础。

三是更好发挥财政激励26县高质量发展的作用。深化“省管县”财政体制改革，探索完善有利于促进共同富裕的财政政策制度。研究实施26县高质量发展“扩中”“提低”财政政策，围绕目标、精准施策，切实激发26县增强内生发展动力。完善26县收入激励奖补政策，进一步调动26县发展经济、培植财源、组织收入的积极性。

四是优化绿色发展财政奖补机制。全面实施并推进绿色发展财政奖补机制迭代升级，激发各地生态保护、环境治理的积极性，推动绿色发展。支持深化生态产品价值实现机制试点，在26县扩围试行与生态产品质量和价值相挂钩的财政奖补机制。将生态功能重要地区全面纳入省级对下生态保护补偿相关转移支付范围，建立健全差异化生态保护补偿机制，调动省以下各级地方政府生态保护积极性。

2. 聚焦城乡差距，建立更加精准的资金分配制度，推进公共服务优质共享

一是加快构建基本公共服务均等化保障体系。探索建立目标明确、步骤清晰、水平合理、保障到位的基本公共服务均等化保障政策框架，逐步健全基本公共服务保障标准体系，完善与经济发展阶段和财力水平相适应的基本公共服务保障标准确定机制和动态调整机制，推进基本公共服务更加普惠均等可及，保障标准和服务水平稳步提高。支持海洋经济发展，进一步提高革命老区、海岛地区市县财力水平，激励内生发展动力。

二是支撑保障农业转移人口市民化集成化改革。探索建立更加有效的农业转移人口市民化财力保障机制。完善财政转移支付与农业转移人口市民化挂钩机制，加大对吸纳农业转移人口较多且民生支出需求较大县（市）的财力支持。

3. 聚焦收入差距，建立更加均等的民生保障机制，推进“扩中”“提低”

一是建立全生命周期公共服务财政保障机制。提升省级财政统筹资源能力，更好发挥省级财政的均衡作用，强化财政体制“扩中”“提低”的政策功能。坚持财政支出的三分之二以上用于民生，持续增进民生福祉。健全教育经费保障体系，推进教育事业高质量均衡发展。积极构建保障更加公平、有效、可持续的社会保障制度。坚持与经济发展和人民生活成本提高相适应的原则，合理调整社会保障标准，稳步提高保障水平。推进文体事业繁荣发展，建立与公共文化服务发展需求相适应的财政投入增长机制。

二是创新探索“钱随人走”制度体系改革。开展探索构建体系化、集成化的“钱随人走”制度体系改革全国试点。完善以人为核心的基本公共服务领域转移支付制度，逐步改革与人口流动关系密切的相关转移支付分配办法，促进转移支付资金分配与人口流动紧密挂钩，提升基本公共服务领域转移支付分配的合理性和精准度。在教育、卫生领域相关转移支付中率先突破、率先试点。

4. 聚焦综合统筹，建立更加有效的财政资源统筹机制，增强

重大决策部署财力保障

一是打造集中财力办大事财政政策体系升级版。迭代升级集中财力办大事财政政策体系，新增集中财力办大事财政政策开展事前绩效评估论证，完善政策绩效管理机制。完善跨年度预算平衡机制，强化中长期财政规划约束力，提高各级财政对高质量发展建设共同富裕示范区的中长期保障能力。加强资金资产统筹管理，加大各类存量资金盘活力度，完善新增资产配置预算与资产存量挂钩机制，健全资产全生命周期管理。持续优化支出结构，调整完善相关重点支出的预算编制程序。实施项目全生命周期管理，落实部门和单位预算管理主体责任。

二是构建具有浙江特色的零基预算管理新模式。坚持“资金全覆盖、项目全梳理、结果全运用、来源全统筹”，深化零基预算改革，加快建设“目标、指标、审核、评价”四个体系组成的全过程管理机制。建立完善能增能减、有保有压的预算分配机制。推进预算支出标准体系建设，建立健全分领域、跨层级的预算支出标准体系，探索标准体系动态调整办法，研究全省支出标准规范体系框架。健全党政机关过紧日子长效机制，深化节约型机关建设，实施清单化管理，进一步降低行政运行成本，加强机构编制刚性约束。

三是进一步加强财政全口径预算统筹调配。加强一般公共预算、政府性基金预算、国有资本经营预算和政府债券等来源和项目的衔接，逐步统一预算分配权，减少交叉重复安排。拓宽部门预算范围，将单位依法取得的各类收入全部纳入管理，结合单位收入情况合理保障其支出需求。建立更加严格的结转结余资金收回使用机制。

5.聚焦资金和政策效能，建立更加科学的绩效管理机制，促进资金规范安全高效使用

一是强化预算执行和绩效管理。坚持以公开为常态，不公开为例外，加大政府和部门预决算公开力度，细化预决算公开内容。深化部门和单位整体绩效预算改革，完善与部门整体绩效相挂钩的分配机制和奖惩机制。建立集中财力办大事财政政策期中评估机制，完善重大政府投资项目事前论证评估机制。建立重大项目绩效目标实质性审核机制，健全绩效管理激励约束机制，将绩效管理成果作为预算安排、政策制定及调整的重要依据。

二是优化财政政策工具组合运用。加强财政政策工具储备，结合支持对象进行优化组合，建立“精准滴灌”型的财政政策体系。兼具金融属性和规模效应的财政政策工具，由财政部门统一调度实施，减少重复投入、使用分散等问题。建立跨部门财政资金统筹平台，探索资金项目申报联席联审，打破条块分割，推动实现系统治理。

三是强化财政预算数字化建设。以财政数字化改革为抓手，运用系统观念、系统方法和数字化手段，推进预算系统全方位、系统性、重塑性改革，全面提升预算管理的数字化智能化智慧化水平。建设全省大集中的预算管理一体化系统，使之成为以预算编制、执行和监管业务为核心，全覆盖、全链条、全周期、全动态的预算整体智治体系。强化“收支运行智管”应用建设，通过构建收支“一张网”新模式。

6.聚焦底线思维，建立更全方位的风险防控体系，增强财政可持续性

一是强化债务风险防控。健全地方政府依法适度举债机制，防范化解地方政府隐性债务风险，加强风险评估预警结果应用，有效前移风险防控关口。坚持高压监管，坚决遏制隐性债务增量，妥善化解存量。

二是建立健全财政承受能力评估机制。加强政府中长期支出事项管理，客观评估对财政可持续性的影响。出台涉及增加财政支出的重大政策和实施重大政府投资项目前，按规定进行财政承受能力评估，防止过高承诺、过度保障。加强跨年度预算平衡，强化跨周期、逆周期调节，健全预算稳定调节基金机制。

三是切实兜牢基层“三保”底线。将“三保”（保基本民生、保工资、保运转）支出作为预算安排的重点，确保“三保”预算逐项足额编制，不留硬缺口。坚持“三保”支出在财政支出中的优先顺序，坚持国家和省级标准的“三保”支出在“三保”支出中的优先顺序。健全“三保”预算执行动态监测机制。

四是推进社会保险基金可持续运行。全面实施企业职工基本养老保险省级统筹，按国家要求推进全国统筹，做好基本医疗保险市级统筹工作。完善社保风险准备金制度，建立健全多渠道资金筹措机制。加强社保基金运行分析研判和风险预警预测，确保不发生支付风险。推进基本养老保险基金委托投资运营，开展社保专户资金竞争性存放，推进国有资本划转充实社保基金股权及收益管理。

课题组组长：张远东

成员：范　愿　顾健耀　金珂（执笔）

浙江省生态保护补偿实践与路径探索

浙江省财政厅课题组

生态保护补偿制度是生态文明制度的重要组成部分，也是我省高质量发展建设共同富裕示范区的重要支撑。近年来，我省生态保护补偿实践取得了显著成效。本文客观梳理我省生态保护补偿实践，分析存在的问题，为下一阶段深化生态保护补偿政策作决策参考。

一、生态保护补偿制度沿革

2005年，十六届五中全会公报提出要加快建立生态补偿机制，确定“谁开发谁保护、谁受益谁补偿”原则，标志着我国生态补偿机制进入了试点阶段。2005—纵向生态保护补偿是这一阶段的重点，国家推出了重点生态功能区转移支付，草原、耕地等重点领域生态补偿制度。2016—2020年，开启横向生态保护补

偿新阶段，提出多元化、市场化生态保护补偿。2021年9月，中共中央办公厅和国务院办公厅印发的《关于深化生态保护补偿制度改革的意见》提出，要加快健全有效市场和有为政府更好结合、分类补偿与综合补偿统筹兼顾、纵向补偿与横向补偿协调推进、强化激励与硬化约束协同发力的生态保护补偿制度，为我国生态保护补偿制度改革提出了战略框架。

总体上，我省生态保护补偿发展阶段与国家大体一致，在流域横向生态保护补偿、排污权等市场化交易等方面早于国家，在生态要素分类生态保护补偿政策设计上与国家有所不同，在全国首创出台生态环保财力转移支付制度、绿色发展财政奖补机制等系列生态补偿制度。尽管国家在森林、草原、湿地、荒漠、水流、耕地等重点领域上均制定了生态保护补偿政策，但由于退耕还林、湿地鸟类迁徙、草原禁牧等不是我省生态保护重点措施，中央生态补偿转移支付涉及我省的仅重点生态功能区转移支付、森林生态效益补偿资金。因此，我省生态保护补偿机制是具有浙江特色的生态保护补偿体系，基本实现森林、流域、大气、耕地、海洋、湿地等生态要素财政政策全覆盖，初步形成与经济社会发展状况相适应的生态保护补偿体系，为全国生态补偿贡献浙江实践、浙江经验、浙江样本。

二、我省生态保护补偿实践探索

经过多年实践探索，我省已初步建立适应浙江生态文明建设的生态保护补偿制度体系，成为“重要窗口”建设的标志性成果。

（一）生态保护补偿谱系图基本建立

从生态补偿要素看，生态保护补偿从2004年的森林补偿逐渐拓展至流域、流域、大气、耕地、海洋、湿地等浙江全部生态要素补偿，并初步实现不同要素间补偿的有机融合。从补偿空间看，生态保护补偿政策基本上拓展到全省所有县（市、区），并对不同地区分类实施差别化的生态环境质量财政奖惩制度，构建与主体功能区布局相适应的财政政策体系。例如，对非重点生态功能区实行生态环保财力转移支付制度；对重点生态功能区实行与出境水水质、森林质量和空气质量挂钩的财政奖惩制度；对特别生态功能区则实行标准更高的奖惩制度。

（二）生态保护补偿投入增长迅猛

鉴于生态保护补偿尚未建立权威的统计监测体系，根据国家统计局《生态保护补偿统计监测指标体系（征求意见稿）》，结合我省实际情况设计了一套统计体系。该统计体系主要是基于生态环境要素数量、质量等给予的补偿，未包含山水林田湖草保护修复、中小流域综合治理等项目明确的生态保护投入，属于较窄口径的生态保护补偿。按照该口径，省级生态保护补偿支出2011年为19.55亿元，2021年增长至84.65亿元，十年增长3.3倍。分要素看，森林和流域在我省生态保护补偿资金中占比最大。

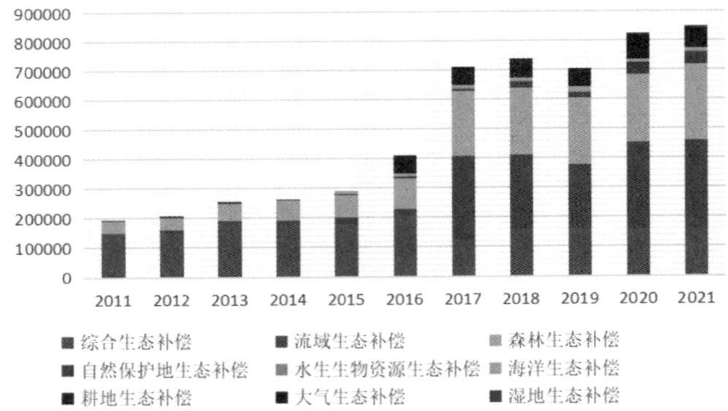

（三）横向生态保护补偿日臻完善

2012年，在财政部、原环保部推动下，浙江省和安徽省在新安江流域建立了全国首个跨省流域横向生态补偿机制。至2022年，浙皖两省接续开展了三轮试点，中央及浙皖两省累计拨付补偿资金56亿元（其中浙江省19亿元），用于安徽省境内新安江流域水环境保护。新安江模式被写入党中央、国务院生态文明改革总体方案，并在全国15个流域、19个省份推开，成为我国生态文明制度的重大创新。2017年，浙江省出台省内流域横向生态保护补偿机制指导意见，从钱塘江源头区域开化县、常山县签订全国首份省内流域横向生态补偿协议至今，已基本实现钱塘江等八大水系主要流域全覆盖。金华、台州等市因地制宜探索出行之有效的流域横向生态保护补偿长效机制。淳安县则将补偿机制推广至全域23个乡镇，推进乡镇抱团联动促进流域共治，淳安县84条河流Ⅰ类水占比超70%。

（四）多元化生态保护补偿亮点突出

一是积极开展环境权益交易。我省在全国率先推行排污权、用水权、用能权等环境权益交易，推进排污权抵押等金融创新，实施资源有偿开发使用，形成多元化、市场化补偿新局面。以排污权有偿使用和交易工作为例，我省排污权交易政策框架体系已全面构建完成，首创“排污权交易指数”，并写入《浙江省生态环境保护条例》进行了固化和规范。二是探索产业补偿。建立开发地区、受益地区与保护地区横向生态保护补偿机制，鼓励26县在结对发达市、县建立各类“飞地”园区，通过结对地区开展异地投资建设，发展生态补偿、科技孵化、消薄脱贫等功能的经济实体。三是推进生态产品价值实现机制。在全国首创与生态产品质量和价值相挂钩的财政奖补机制，支持丽水市开展生态产品价值实现机制国家试点建设，建立生态资源与产业资本对接服务的中介平台，推动生态产品和生态环境服务市场化、商品化，并逐步在26县推广实施。

三、当前生态保护补偿存在的问题

从我省生态补偿实践可以看出，生态补偿的基本架构已经建立，特别在补偿范围、补偿资金、资金分配和多元补偿等方面取得了显著成效，对促进全省区域协调、助力共同富裕提供了重要支撑。但也存在一些问题：

（一）综合生态保护补偿因素有待完善。绿色发展财政奖补机制是我省最具特色的生态保护补偿政策，同时考量了生态环境要素数量指标和生态环境质量指标，且根据不同生态功能区划设置不同的奖惩力度。应该说，这样的机制设计在全国属于首创，在生态保护治理方面起到了至关重要的作用。但有的要素重复体现，有的要素尚未纳入。如森林覆盖率等指标重复考虑，在生态环保财力转移支付、森林生态效益补偿、森林质量奖惩中重复考虑；海洋等要素和相关指标尚未纳入。

（二）生态保护补偿资金渠道有待拓宽。从我省生态补偿资金来源看，政府投入占绝对主导地位，生态保护补偿资金来源渠道单一，尚未形成“政府引导、市场运作、企业经营、社会参与”的多元化生态保护补偿模式。在经济发展新常态下，受疫情等因素影响，财政收入增长放缓，甚至有的地方出现负增长，环境基本公共服务均等化、提升生态服务价值与有限财力之间的矛盾越来越突出，亟需多渠道拓宽生态保护补偿资金来源。

（三）横向生态保护补偿类型有待丰富。一是流域横向生态保护补偿基准较为单一，主要是水质指标，未能覆盖水生态、水资源等指标，在产业、人才之间的多元合作还需深化。二是横向生态补偿集中在流域，在其他领域的探索较为有限。如国务院办公厅在2021年发布的《关于深化生态保护补偿制度改革的意见》中提出“探索危险废物跨区域转移处置生态补偿机制”，但全国各地还鲜有实践。《浙江省固体废物污染环境防治条例》要求，“省人民政府应当采取措施推动设区的市、县（市、区）人民政府建立固体废物跨区域转移处置生态保护补偿机制”。目前，我省仅个别地方建立了生活垃圾、飞灰、污泥等固废跨区域处置补偿。

（四）分类生态保护补偿标准有待深化。由于生态系统价值定量评估标准尚未完全统一，生态资源确权制度和产权流转制度尚需完善，生态保护补偿标准设置缺乏法律法规支撑和科学的技术路径方法。在实际实践中，生态补偿由地方政府部门主导，往往根据财力可能设置生态保护补偿标准，如森林生态效益补偿，中央根据一定标准给予补助，省级制定最低补偿标准，市县在最低标准基础上确定当地补偿标准，不同市县因财力不同标准相差甚远。另一种则是利用行政手段推动生态保护区域与受益区域间进行补偿，如流域横向生态保护补偿，尽管从形式上通过协商博弈确定，实际上更多地基于上级部门推动，导致上游认为补偿标准偏低，保护权益未得到有效保障。总之，补偿标准在一定程度上缺乏科学论证和综合评估。

（五）市场化生态保护补偿有待突破。近年来，国家有关部门积极推动建立健全市场导向的生态保护补偿机制，并于2018年印发《建立市场化、多元化生态保护补偿机制行动计划》。但在实际执行中，阻力障碍重重，效果不尽人意。水权、排污权、用能权交易等试点仅在少数省份取得成效，全国统一的制度尚未建立，交易机制不够完善，交易市场不够活跃，对生态环境保护作用有限。

四、政策建议

（一）健全综合补偿制度，更加突出生态空间功能。迭代绿色发展财政奖补机制，一是更加突出生态空间功能，建议以生态环境质量考核为基础，整合设立重点生态功能区财政奖惩制度，纳入出境水水质奖惩、空气质量奖惩和森林质量奖惩，并根据生态环境管理需要和基础数据支撑情况逐步将生物多样性评估等因素作为综合考评因素。二是减少政策间的重复交叉，建议国家重点生态功能区转移支付按照新一轮“三区三县”划分的生态红线面积为基础进行分配，剔除环保财力转移支付中的数量因素。三是减少同一要素的重复交叉，整合能耗考核、森林奖惩等政策。四是以入海河流总氮浓度和近岸海域水质类别为基准，将海洋生态环境质量纳入绿色发展财政奖补机制。

（二）建立多元化筹资机制，提升生态保护补偿可持续性。遵循“谁开发谁保护、谁受益谁补偿”原则，确认生态保护补偿主体，厘清市场与政府责任，建立多元化生态补偿筹资机制。探索设立多元主体参与的生态保护补偿基金，建立充分体现生态价值和环境损害成本、反映市场供求和资源稀缺保护程度的资环环境价格机制，撬动社会资本多渠道、多形式参与生态保护补偿。参考绍兴、安吉等水源地生态保护补偿经验，将排污权出让收入等资源开发使用收入作为生态保护补偿资金的重要来源，并鼓励社会资本和社会公众积极参与，拓宽我省生态保护补偿资金来源，培育生态保护地区自身造血功能，实现多元化生态保护补偿格局。

单位：万元

（三）拓宽横向生态保护补偿类型，推动地区间环境合作。横向生态保护补偿机制，实质是相关地区之间环境合作博弈的一种新型契约关系，旨在有效提升生态环境质量或环境资源利用的集约化，推动实现地区间的合作、共赢。一是从生态资源的系统性、完整性出发，以跨区域生态红线面积为基准，以生态保护直接成本为主要测算依据，探索跨区域水源地横向生态保护补偿机制。深化流域横向生态保护补偿机制，推进水环境、水资源、水生态“三水统筹”补偿机制，探索产业、人才合作。二是从环境设施的集约化利用出发，探索建立跨区域环境设施建设补偿，如固体废物跨区域转移处置生态保护补偿机制，促进生态环境设施在地区间合理布局，最大限度减少对生态环境的破坏和影响，提升生态环境设施使用效率。

（四）强化法律保障和技术支撑，提升生态保护补偿标准科学性。一是加快生态保护补偿法律法规建设,对各利益主体进行规范约束,明确各自的权利义务。二是进一步夯实生态保护补偿基础数据。建立健全自然资源统一调查监测评价、自然资源分级价格评估制度。加强重点区域资源、环境、生态监测,完善生态保护补偿基础数据,为制定生态保护补偿夯实基础。三是强化技术支撑。构建生态保护补偿综合绩效评估框架体系,完善生态保护补偿统计体系,健全生态产品价值核算体系,优化生态保护补偿标准测算方法,提升生态保护补偿标准科学性。

(五)健全交易平台建设,推进市场化生态保护补偿机制。与西方发达国家环境服务付费(PES)相比,我省市场化生态保护补偿机制发展尚处于起步阶段。一是在合理科学控制总量的前提下,深化各类市场化环境权益交易。继续优化排污权使用和交易机制,深化用能权交易试点建设,以水库引水为前提推动用水权交易,探索碳汇交易支持林业、海洋碳汇发展,完善绿色标识、有机产品认证和碳标签,将碳预算管理、碳排放纳入环境影响评价,推动生态资源要素市场化高效配置。二是健全生态产品价值实现机制,拓宽生态产品价值实现路径,加快两山合作社等平台建设,探索生态资源收储开发和收益分红机制,创新生态资源金融产品,提升生态产品附加值。

课题组成员:王林尧　马建胜　丁万钧　许　磊
王翾锋(执笔)　徐爽爽

共富背景下的财政绩效思维变革

浙江省财政厅课题组

一、财政绩效思维的内涵

财政绩效思维有狭义与广义之分,狭义的财政绩效思维指在财政支出中讲求绩效;广义的财政绩效思维指绩效管理开始从财政支出向所有财政行为扩张后都要具备的绩效思维方式,所有财政资源投入和活动都要强调投入-产出关系。从其具体内涵来看,财政绩效思维是以经济性、效率性、效益性等作为目标价值取向,讲求财政资源的投入-产出关系,兼顾社会公平性、公共责任,强调财政决策过程的民主性、资金分配的科学性、目标设计的公平性及制度安排的可行性,强调公众参与和公众对支出目标的认同。

二、共同富裕示范区建设背景下变革财政绩效思维的必要性

(一)变革财政绩效思维是科学理解和分解共同富裕示范区建设目标的重要举措。示范区建设要在实践层面实现经济性、效率性和效益性的价值取向,必须要利用绩效思维。如果没有绩效思维的帮助,宏大的政策目标难以有效落地,也难以分解成具体的工作任务并推动各级政府和各部门有效工作,从而制约目标的实现。

(二)变革财政绩效思维是推动共同富裕示范区建设目标实现的必然路径。运用绩效思维助力经济高质量发展,可通过财政的宏观调控手段协同构建平衡、协调与包容发展模式。在利用财政资源直接推进的公共服务均等化方面,更是要运用绩效思维做到权责分明和以人为本,在财政投入有限的情况下进一步要求投入的绩效性,充分考虑浙江各地发展的差异性,着力解决目标差距、资源错配等问题。

(三)变革财政绩效思维是形成正确的共同富裕价值理念的前提基础。共同富裕是在承认地区、城乡、人群存在差别的前提下,让所有人都能达到一定程度的富足,不等于平均富裕,更多是机会均等、制度共享,而不是不论起点的平均主义、一刀切,更不是平均富裕。变革财政绩效思维,才能澄清当前示范区建设中对财政保障共富政策的认识误区。

三、当前共同富裕示范区建设中财政绩效思维存在的问题

(一)将"高投入"等同于"高质量"。高质量的公共服务供给必然需要相对高的投入,但这并不意味一味地投入就会有好的绩效表现。传统的管理体制下,资金分配格局固化,难以按最优配置统筹优化。当前,"重投入轻产出轻成效"的思想和现象极为普遍,甚至"只买贵的,不买对的",造成了公共资源的闲置和浪费。

(二)将"高绩效"对立于"均等化"。示范区建设的高要求对平衡供需矛盾、防止资源错配提出了更高的要求。财政资金被切割固化后,适时调整支出结构、优化资源配置成为当务之急。按绩效的思想必然要求资源配置的调整,但在基层资源调整往往因为均等化的考核指标难以实施,形成了"高绩效"与"均等化"相对立的局面。

(三)将"均等化"理解为"平均化"。从目前对共富的考核指标来看,易导致不论起点的平均主义、一刀切,忽略了最终的服务绩效应是公共服务均等化的机会均等、制度共享。有的部门为了多争取资源,不顾实际需求大量申报以平均化为标准的项目,等到立项审核通过,往往是项目无法执行,或配套资金无法落实,又或是资金超过项目实际需要而导致资金闲置。

(四)将"现代化"局限为"硬件化"。共同富裕带来的现代化不仅仅是硬件设施的现代化,而是人的现代化。在共富背景下,政策的群体覆盖率、资源易获性是判断政府投入绩效高低的核心指标之一,但这样的指标设置很容易形成"唯硬件化"的主导思路,而忽略了对人的提升。

四、共同富裕示范区建设中实现财政绩效思维变革的总体架构和举措建议

(一)总体架构

共同富裕示范区建设需要财政结合绩效思维从四个方面发力。一要充分发挥财政自身的资源配置功能和经济调控功能,通过产业政策高绩效的实施引领经济高质量发展。二要做好收入分配制度安排,通过两次分配做好扩中提低工作,借助经济职能配合整体改革做好一次分配,做好税收激励和奖罚机制,引领

推广三次分配,促进构建橄榄型社会结构。三要优化基础保障,主要通过公共服务均等化来达成机会均等、制度共享的目标,以目标为导向优化服务供给,设置合理的公共服务体系,形成社会合力。四要做好财税自身建设,支撑共同富裕示范区的目标实现。设定财税体制共同富裕示范区建设中自身的改革目标,并按照绩效思维分解实现。

(二)共同富裕示范区建设中实现财政绩效思维变革的对策建议

1.坚持"三管齐下",科学运用财政政策引导全省经济高质量发展夯实共富物质基础。

高收入由高水平的劳动生产率支撑,以生产和管理的高效率为基础。分蛋糕的前提是要有蛋糕,没有经济的高质量发展,共同富裕就无法实现。高质量发展是共同富裕建设的第一要务,财政要通过发挥自身经济职能和引领产业政策发展来推动高质量发展的实现。而经济的高质量发展有着明确的内涵,即大力提升自主创新能力、塑造产业竞争新优势、提升经济循环效率和激发各类市场主体活力。要充分利用财政的资源配置和经济调控等职能来引导经济发展。加快完善社会主义市场经济体制,缩小扭曲的要素价格对于共同富裕的负面影响,提升发展的积极性;增强区域发展的平衡性,缩小浙江南北发展差距;强化行业发展的协调性,形成全省一盘棋的发展格局。

一要运用财政相机抉择政策有效避免经济增长放缓对于低收入群体的冲击,减小贫富差距。从经济稳定角度来看,当经济处于下行态势时,税收强度要适度降低,同时财政支出要适度扩大,反之亦然,经济增长放缓时这些政策可以提振经济,减少失业,有效避免对于低收入群体的冲击,减小贫富差距。运用税收手段做好浙江部分工业发达区域污染治理、能耗过高等问题,奖励正面道德行为,确保人民的美好生活愿望得以实现。二要以高质量发展为目标重新制订产业引导政策。充分考虑浙江已经进入较发达阶段同时区域发展差异较大的现实情况,引导适应新发展阶段经济发展的产业扶持政策。财政政策在产业发展中更多是起到引导作用,因此产业资金的投入一定要进行绩效管理,避免无效低效甚至资金浪费的情况出现。例如,浙北发达地区要做好产业升级工作,浙南山区则应结合考虑自身土地资源不足、人口稀少、环境承载力较弱等自身实际,发展旅游业、特色产业等第三产业,不宜盲目承接其他地区淘汰的落后产业。在具体的产业扶持政策设计上,要把握好主导产业和支柱产业,不能乱撒胡椒面;做好政策体系的建设,政策不能互相矛盾、交叉重叠;设置门槛和标准要合理,在资助的深度与广度上做好平衡。浙江有着较大的经济体量和人口规模及相对完善的基础设施,但省内差距明显,在形成经验时应该做好相应的背景说明,做好案例库建设。各地应当根据绩效原则,按各级政府和各部门权限因地制宜做好共同富裕建设的经验推行工作,避免运动式地推进却导致低效无效的问题。三要为非生产性社会公共需求提供经济和社会发展保障,通过财政的收入分配职能激励部分群体积极参与就业,促进和协调经济增长与发展等;支持中小企业发展,通过中小企业发展解决就业问题,可以有效达到"提低"的政策目标。

2.聚焦"三大领域",以更高效的收入分配改革制度安排缩小三大差距。

收入分配制度改革的核心,是构建初次分配、再分配和三次分配相互协调配套的基础性制度安排,以解决三级分配中存在的问题。当前三次分配存在的问题主要包括:初次分配领域存在着严重的收入分配不公问题;不完善的生产要素市场需要政府制定相应的政策和制度,构建一个公平合理又效率兼容的初次分配制度;再分配领域,税收调节力度不大、转移支付的再分配功能不足、社会保障在不同人群和不同制度间的差异性、贫困地区社会福利项目覆盖面和瞄准度较低,都导致政府再分配政策没有有效地起到缩小收入差距的作用。要正确把握一般和特殊的关系,在构建共富型现代财税体制的基本单位基础上,针对性解决缩小三大差距(区域、城乡、群体)中的特殊问题,通过筹资手段,实施特殊行动,有效推动扩中提低和市域均衡发展,着力解决共同富裕建设中的关键核心问题。

遏制收入差距进一步扩大的势头,解决收入分配不公问题,必须加快收入分配制度改革,健全和完善收入再分配政策体系。降低收入不平等离不开收入分配制度的保障,财政主要通过二次分配实现这一目标,同时可以通过经济职能和引领作用在一次分配和三次分配中发挥作用。

在初次分配领域,短期收入分配制度改革更多地需要借助于总体改革的推进,财政手段不能加剧市场的扭曲。当前初次分配制度改革仍处于半途之中,导致很多不合理的收入差距在初次分配阶段就已经存在。在再分配领域,由于我国的税收结构具有重间接税、轻直接税的特点,因此税收在调节收入分配、缩小收入差距方面受到很大的限制。与此同时,政府转移支付带来的缩小收入差距的效应仍明显不足。因而,在再分配领域,增加税收的调节收入分配的作用,增强公共转移支付的再分配功能应成为公共财政改革的出发点和落脚点。与此同时,要完善社会保障制度,缩小社会保障制度的差异性,加大对低收入人群和相对贫困人口的转移支付力度。在三次分配领域,捐赠文化与奖罚机制仍不完善,通过税收政策引领社会风气的努力仍需加强。要进一步理顺分配秩序,促进分配结果更加合理化。财政部门应积极引导,通过税收激励使全社会形成良好风气,推动社会健康发展。

3.建立"四项机制",提升政府应对"三化问题"挑战的能力。

推进基本公共服务均等化是实现共同富裕的奠基石。当前,"少子化"(育龄人口总和生育率下降)"老龄化"(老龄人口占比持续上升)"城镇化"(乡村人口持续向城镇转移导致人口结构失衡)的人口问题,对基本公共服务的供给结构、资源布局、服务成本等带来了很大挑战。当前,我省财政运行在较长时期内都将处于"紧平衡"状态。"三化"将导致公共服务需求和供给的不匹配,且易形成服务供给与需求的错配,从而加剧财政压力膨胀,影响公共服务体系有效运转。一方面,基本公共服务需求不断增强。"少子化"虽然降低了整体孩童数量规模，但是儿童减少带来的基础设施调整新的需求，例如山村废置学校的处置与看护。与此同时，在城镇化进程中各地广泛开展了"大搬快聚富民安居"工程，城区的人才存在短缺现象，也需要政府加大对教育资源的投入。公共就业服务、医疗服务、公共文化和体育服务、社会救助等基本公共服务都需要更多考虑老年人的需求特点，同时，对高龄老人的照护需求加大。另一方面，影响政府基本公共服务的自我供给能力。人口老龄化和外迁直接减少了乡村的公共服务供给能力，而"少子化"则带来了未来乡村公共服务供给下行的预期，进一步加剧人口外迁现象。目前，哪怕只有几十人聚集，政府提供的教育、医疗、公共交通等服务都不能中断。而很多人口聚集的集镇甚至县城却面临着卫生、教育资源的不足，加剧了公共服务资源错配问题，导致资源冗余与短缺并存。

为了有效应对"三化问题"的严峻挑战，及优化基本公共服务均等化政策，应坚持绩效思维，找准目标差距，分析地区和群体差异，通过建立机制提升基本公共服务资源配置效率和政策效能。

一要建立"当下+未来"综合服务机制。根据人口发展情况优化公共服务供给体系，精准定位当前"均等化"的目标，找准差距和短板，合理制订新形势下的服务范围及标准，并在具体项目安排上优化支出内容。就目前情况来看，资源分配应着重倾向于养老医疗领域，根据老龄化趋势和相应服务标准加大投入，教育托育领域的闲置资源应亟需整合优化，避免浪费；同时政府也应根据人口结构未来发展作出研判，做好下一步的城乡公共服务的支出规划。加大财政对于产业发展的扶持力度，尤其要帮助发展落后地区因地制宜培育并壮大产业基础，有产业才能吸引劳动人口，缓和当前的"三化问题"。二要建立"清单+点单"自主选择机制。从管理层面深化"放管服"，优化转移支付机制，给予基层一定自主权。借鉴广受基层和群众好评的"一事一议"财政奖补政策模式，持续完善各方参与机制，扩大参与的广度和深度，使公众满意度成为评价基本公共服务均等化财政政策绩效的重要标尺。财政保障权重分配向公平空间倾斜，强调政策的工作重心首先是满足基本公共服务供给的公平性和全覆盖，其次是优化空间布局，避免设施浪费，提高基本公共服务财政保障的空间效率。三要建立"共性+个性"考核评价机制。将基本公共服务均等化财政保障政策绩效目标实现情况纳入共富考核指标体系，调动部门积极性，用预算绩效调动政府绩效，真正实现绩效思维从过程控制到结果导向的转变.对共性指标予以合并，对于矛盾指标予以优化，针对地方特征设计评价财政保障政策的个性指标。将"绝对的考核结果"即是否满足国家规定的硬性基本要求，和"相对的考核评价"即辖区内下级政府主体间的考核评比予以结合，评价有利于后发地区跨越追赶，也有利于先进地区更上一层楼，不断增加和优化供给，提供更加优质高效的基本公共服务。基本公共服务项目财政保障政策新设立或调整前，开展事前绩效评估，对其立项必要性、投入经济性、绩效目标合理性、实施方案可行性、筹资合规性等进行全面评估，将评估结果作为决策的重要依据。定期开展绩效评价，绩效评价应着眼于社会的长期、根本利益和人民的普遍、共同利益，体现社会公平和社会正义，将社会公众认同作为评价政府绩效、改进公共管理和完善财政政策的重要依据。

课题组组长：刘　臻

成员：陆　阳　何赛赛（执笔）

汪　恒（执笔）

提升市级财政统筹力的路径研究
——以金华市为例

金华市财政局课题组

共同富裕现代化都市区建设的本质是推动县域经济向都市区经济转型，关键在于通过制度性安排强化市级统筹，打破区划壁垒，推动市县一体共建共融。为进一步提高市级财政统筹能力，强化全市财政资源统筹，推动金义都市区建设，本文以金华市为例，深入分析当前市级财政统筹中存在的问题及其原因，并结合案例探索提升市级财政统筹能力的具体路径。

一、财政收支视角下金华市情况分析

（一）从收支情况看，市区首位度不高，县（市、区）间较不平衡

1.市区首位度不高。从全省情况看，2019—2021年，金华市区一般公共预算收入占全市比重分别为23.1%、22.6%和22.2%，排名均为全省末位。与占比最高的杭州市相比，差距分别为72.5、73.0和73.5个百分点；与前一位嘉兴市相比，差距分别为8.8、8.1和7.9个百分点。从全市情况看，2021年义乌市一般公共预算收入占比25.9%，为全市最高，高于市区3.7个百分点，比最低的磐安县（2.6%）高23.3个百分点。

2.收入质量不平衡。税收占比是衡量一个地区财政收入质量的重要指标。"十三五"期间，全省税收占比保持在85%左右，本市市区、义乌和东阳保持在较高水平，2021年税收占比分别达到93.3%、97.5%和91.6%，而兰溪市、浦江县、磐安县税收占比较低，与全省平均水平和其他县（市、区）差异明显。

3.人均可用财力不高。2021年，金华市人均可用财力10382元，低于全省平均水平（12943元），排名全省第7，仅达到杭州（全省第1）的44.9%。同时，各县（市）人均可用财力差距大，最高的为义乌市12970元，最低的为兰溪市6204元，各地差异较为明显。

（二）从政策体系上看，县域间政策均衡度不够，存在同质化竞争

1.产业政策未成体系。金华市县域经济发达，但各县（市、区）之间产业关联度不高，产业链建设不完善。除永康市、武义县与缙云县形成五金产业集聚雏形外，金华市的新兴产业集聚

区、义乌市的商贸业集聚区、东阳市的特色产业都未与周边城市形成联动效应。而各县(市、区)的产业政策也未发挥引导作用,反而存在同质化竞争现象。如综保区、"义新欧"班列等平台竞争激烈,存在互相比拼扶持政策。

2.民生领域服务保障水平差异较大。由于各县(市、区)经济社会发展较不平衡,不论是支农等民生类奖补政策,还是公共服务标准制定,都存在较大差异,全市统筹的难度较高。如在社会保障方面,低保标准最高为义乌950元/月,其余县(市、区)为900元/月,全市总体低保水平在全省排名第9。现拟将全市2022年低保标准统一调整为1050元/月,此举将导致财政大幅增支。

3.重大项目共建力度不足。目前,市区已制定并实施了重大建设项目统筹管理的实施办法,建立了重大建设项目库管理机制、资金池管理机制以及风险共担机制。但从全市范围看,重大项目攻坚力度仍有不足。各县(市、区)政府往往追求本地利益最大化。对公共交通、公共卫生等"投入大、收益小"的公益性基础设施,参与共建意愿较低。

(三)从系统联动看,上下协作、齐抓共管体制机制尚未形成

1.工作贯彻落实不到位。在"省管县"财政体制下,市财政局对县(市)财政局管理缺乏有力抓手。存在部分县(市、区)局工作配合度不高、政令不畅通等情况,具体表现在报表报送、决算编制不及时,工作推诿扯皮,报送材料质量不高等。

2.信息交互平台不完善。目前,市局已建立基础资料清单归集机制,对财政基础资料进行动态归集,但该机制未延伸要求到各县(市)财政部门,因此仅掌握市本级和市区的财政基础数据,对县(市)的情况无法及时了解,全市财政数据共享仍然存在较大壁垒,不利于及时、全面掌握实际情况和共性问题。

3.业务协同机制有待健全。目前,各地单兵作战多,协作业务少。如财政监督检查业务中,市局与各地单线制订全年检查计划、各自开展检查任务,协同监督方面仍有留白。在监督检查中发现的个性问题,以各自调研解决为主,缺少经验交流机制,未能形成全市层面可复制、可推广的长效工作制度措施。

二、财政市级统筹力较弱的原因分析

(一)"省管县"财政体制下,财力统筹难度较大

浙江省从1994年开始明确实行省直管县财政体制,在收入分成、税收返还和转移支付等方面须严格执行省定财政体制。在这种体制下,财政结算、各专项资金的分配、资金调度等都是由省财政直接到县(市)财政,无需经过市级财政,弱化了地级市与下辖县(市)的财政联系。

(二)5轮"扩权强县"改革造成地级市行政地位下降,县市各自为政

20世纪90年代开始到21世纪初,浙江省开展了5轮"扩权强县"改革,把一些原本属于地区一级的经济管理权限直接下放给了30多个经济强县,经济上的"省管县"很快导致了行政体制上的表面"市管县",实质"省管县"。在历史惯性下,县级政府间合作性制度安排较少,本位主义成为制约金义都市区发展的关键阻碍。

(三)同城化认知程度不足,全市"一盘棋"谋发展理念未深入人心

当前,全市范围内已建立了一定程度的共建共享机制,如基础设施共建领域的垃圾处置应急联保机制。但从全市范围看,部分行业、项目仍缺少全局性系统性规划,各县(市、区)尚未完全树立全市"一盘棋"的发展理念,在参照执行市级出台的政策或方案时,认为政策兑现应由市级财政全额负担或分成负担,在责任落实中过度依靠财政资金激励。

三、从成功案例看"提升市级财政统筹力"的路径选择

虽然在"省管县"财政体制下,市财政在资源统筹、政策统筹方面均存在较大的局限性,但仍然探索了一些市级统筹的成功案例:

(一)基本医保市级统筹

2020年12月,省委、省政府出台《关于深化医疗保障制度改革的实施意见》,提出各地市在2022年全部实现市级统筹目标。为突破基本医保事权与支出责任不匹配、全市居民医保财政补贴标准不统一等障碍,市财政会同市卫生健康委、市税务局等部门,就做实市级统筹工作进行调研走访,广泛征求意见,全面测算基金数据,于2021年10月推动市政府印发《金华市全面做实基本医疗保险市级统筹实施方案》,明确了"责任分级负责、缺口合理分担"的责任分担机制。从2022年1月1日起,全市已实现基本医疗保险基金全市统筹。

(二)金义东市域轨道交通工程

金义东市域轨道交通工程属于市域内跨县(市)共建的重大建设项目的典型代表,于2017年4月取得省发改委初步设计批复,批复概算总投资346.83亿元,资本金130亿元(含项目资本金120亿元,注册资本金10亿元)。金华市通过建立市与县(市、区)的资金分担机制,有效解决资金筹集问题。

一是明确资本金分担责任。120亿元的项目资本金由金华市和东阳市、义乌市政府按4:3:3分担。其中金华市应承担的48亿元根据《金华市区轨道交通建设发展专项资金管理暂行办法》规定,市本级承担项目市区段投资额的40%,其余60%由沿线各区政府(管委会)按里程数分担。二是设立轨道交通建设专项资金。2017年3月,市府办印发《金华市区轨道交通建设发展专项资金管理暂行办法》,明确从市区土地出让金收入中统筹计提6%,用于设立轨道建设专项资金,截至目前,市本级已累计计提拨付21.01亿元。该工程创新建立了重大基础设施项目市县区共建、共担的投资分担机制和市区土地出让金收入统筹计提机制,为后期跨区域重大基础设施项目实施提供了借鉴。

(三)生态流域水质横向补偿

2018年,为解决"上游花钱治水,下游无偿消费;上游破坏污染、下游无奈承担"的双重困境,金华市在全省率先建立上下游"横向"补偿机制,即:上下游之间的水质"对赌":若交接断面水质不达标,由上游给下游补偿;但若交接断面水质达标,则由下游给上游补偿,有效破解上下游责权不对等问题,充分激发

上、下游政府协同治水的积极性。为避免下游最后一环无县(市、区)托底,金华市政府出资兜底,将未列入省内流域上下游横向生态保护补偿范围的8个出市境断面纳入考核范围,至此,全市25个县(市、区)交接断面全部纳入生态补偿范围,形成治理闭环,实现全市"治水一盘棋"。从2017年至今,市财政累计拨付补偿资金1.925亿元。

四、提升市级财政统筹力的思路及举措

(一)立足重点领域,试点推动全市统筹合力形成

1.产业扶持领域。一是做实全市产业政策规划。考虑地区差异及现行财政体制,建议探索建立全市"一纲多目"的产业扶持政策体系。市级层面,研究制定纲领性文件并统一扶持政策最低标准;各县(市、区)在文件框架内结合当地产业实际出台实施细则,逐步将政策期限、提标幅度等方面调整为相对一致。二是做实政策事前绩效评估。建议由市级职能部门牵头统一对市、县(市、区)财政政策进行事前绩效评估,制定相对统一的绩效评估指标体系,避免政策差异导致的恶性竞争。

2.民生保障领域。一是对兜底性待遇统一全市绝对值标准。在全省基础养老金正常调整机制的基础上,建立统一的城乡居民养老保险、城乡医保财政补贴政策,在制度模式、筹资标准、待遇标准等方面实现全市统一。进一步落实低保标准与全体居民人均消费支出挂钩的动态调整机制,加快实现低保标准统一。二是对其他基本公共服务领域民生待遇统一全市政策框架。根据上级文件政策精神,按照"尽力而为、量力而行"原则,持续对低保对象、孤儿、特困人员、流浪乞讨人员等困难群众基本生活及相关救助标准进行调标,逐步统一救助政策,确保困难群体和参保居民共享改革发展成果。细化完善残疾人两项补贴政策,健全两项补贴标准动态调整机制,统一全市两项补贴政策框架。三是探索建立对困难县(市)的补助机制。提高全市社会保险统筹层次需要进一步突出市级统筹力与首位度,强化财政资源统筹,基于区域统筹发展资金,探索建立市级对困难县(市)的补助机制,确保统筹基金"公共池塘"可持续运行。

3.重大项目建设领域。一是建立全市重大项目统筹机制。借鉴相关经验,在前期设立的市区重大建设项目统筹管理实施办法基础上,研究建立全市重大项目计划统筹机制,筛选出一批都市区共建、全域同城化的重点项目,并建立相应资金统筹机制,实行"市级统筹、地方主导、上下联动"的项目管理方式。二是增强项目规划执行刚性。加强对各县(市、区)项目规划落地情况的监督检查,并通过考核等方式提升执行刚性,在保证项目落地的同时,防止地方盲目规划、重复建设或突破现有规划水平进行提标建设。

(二)立足客观实际,积极向上争取政策、资金支持

1.争取更多民生类转移支付资金。当前,金华市常住人口多,稀释了有限的财政民生投入,影响共同富裕成色,与全市人民日益增长的美好生活需求不相匹配。金华市财政局应联动主管部门和县(市)财政部门,积极向省财政厅争取更多转移支付资金,保障全市人均民生投入水平。

2.争取设立金义都市区财政体制。在不改变"省管县"财政体制的大框架下,积极建议省财政厅设立金义都市区财政体制。具体为:金华代管县(市)财政收入超过2020年收入基数的增量部分,从原来的省、市县(市)的"二八"分成格局,改为省、市、县(市)实行3:2:5分成,即省财政、金华县(市)各让渡5%的增量用于区域统筹发展,用于基础设施建设、医保市级统筹实施等工作。

3.争取省级市域共同富裕财政激励奖补政策支持。待省级层面出台市域共同富裕财政激励奖补政策后,逐项对照,结合实际积极向上争取共同富裕政策奖补。

(三)立足财政工具,全面推动市级统筹合力形成

1.充分发挥区域统筹发展资金效益。一是积极建议增大区域统筹发展专项资金规模。建议将原省财政按设区市所辖县(市)地方级税收收入当年增收额的10%奖励给设区市财政用于区域统筹发展的政策,修改为以2021年为基期年,按设区市所辖县(市)地方级税收收入较基期年增收额的3%~5%计算,增加设区市区域统筹发展专项资金的规模。二是提升区域统筹发展资金使用绩效。积极指导各县(市、区)涵养税源、扩大税基,做大做强区域统筹发展资金。探索制定区域统筹发展资金实施细则,规范统筹发展资金管理。三是将区域统筹发展资金与绩效考核相挂钩。将一定比例的区域统筹发展资金作为全市财政系统绩效评价激励资金,按考核等级分配工作奖励资金。

2.联合县市财政部门做好绩效评价。一是建立完善全市财政绩效评价指标库。以市本级近年来绩效评价指标体系为基础,县(市、区)优秀绩效评价指标体系为补充,搭建资源共享平台。二是开展全市同质政策绩效评价。建立全市同质政策同期绩效评价机制,通过横向对比寻求最优化财政资金配置方式,并鼓励各地在个性化政策上寻求突破创新,引导发展特色产业,提升政策绩效。

3.精准完成财政牵头的收入、债务化解及民生支出等考核指标。一是科学合理分解任务。针对省、市统一硬性指标,年初即下达各(县、市)目标任务,结合各县(市、区)发展实际,按照"匹配性、均衡性、可持续性"原则科学分解任务。二是运用数字化督导实时跟踪。通过数字赋能,运用平台精密智控做好实时监测,如在债务管理工作中,运用债券管理系统和债务监控系统,跟踪掌握各县(市、区)债务化解和债券使用实时进度。三是强化个性化上门服务和针对性业务培训。通过做好一对一服务和专业化培训,提升各县(市、区)财政专业能力。

4.重塑全市财政系统考核评价体系。结合实际探索制定一套市对县(市、区)的考评机制,并在考评内容上做到"三个纳入",即:将省财政厅对设区市财政部门的考核纳入体系,将市委、市政府对市财政的考核纳入体系,将市财政局布置给各县(市、区)的重点任务纳入体系。

5.搭建协同"一体化"平台。一是强化党建协同。纵向加强与省、区县、乡镇财政党组织的党建业务联动,横向联合税务、银行、行业协会等,构建贯穿全年度、业务深融合的党建联动机制,

打造“聚能环”党建品牌。二是强化制度协同。统筹全市财政系统制度建设，在预算绩效管理、国有资产管理等制度机制建立过程中，选取部分县（市、区）作为财政改革试点，充分发挥改革试点地区的积极性。三是强化数据统筹。延伸拓展市级“大统筹”工作机制，迭代升级市级基础资料清单归集机制，建立全市财政基础资料机制，提高数据信息共享水平。四是强化人才统筹。针对不同财政业务范畴，组建相应人才资源库，在财政检查、业务督查中强化统筹，充盈财政专业队伍力量，增强各县（市、区）横向经验交流和学习。

课题组组长：卢小珍

成员：倪小波　陈志坚　孔英瑛

张倩倩（执笔）

支持“专精特新”中小企业高质量发展的财政政策研究

杭州市财政局课题组

“专精特新”企业是中国制造的重要支撑，也是保产业链供应链稳定的关键所在。为深入贯彻习近平总书记关于发展专精特新中小企业的系列重要指示精神，激发中小企业创新创造活力，国家和各地出台了一系列“专精特新”企业的培育政策。本文以杭州市支持“专精特新”企业发展的政策为切入点，剖析企业的发展现状和存在问题，并就加快培育发展“专精特新”中小企业提出建议。

一、杭州市“专精特新”中小企业发展现状

截至2021年12月末，杭州市共有310家省级“专精特新”中小企业、54家省级隐形冠军企业和53家国家“专精特新”“小巨人”企业。

从区县分布看，全市各县（市、区）积极加大优质企业培育力度，鼓励、引导中小企业走上“专精特新”发展之路。截至2021年12月末，滨江、余杭、萧山等传统制造业强区依旧表现强势，分别有62、55、46家企业获评省级“专精特新”中小企业和国家“小巨人”企业，淳安县也有2家企业入选。

（一）经济效益明显。2021年，杭州市“专精特新”中小企业营业收入同比增长达22.7%，领先于全省“专精特新”中小企业的平均增长值，远高于规模以上企业平均水平。其中58家企业增长达到50%以上，32家企业业绩成倍增长，显示出强劲的发展势头；平均净利润3750万元，同比平均增长为73.4%，其中有86家企业净利润增长在一倍以上。从上市情况看，有25家专精特新中小企业和19家小巨人企业已成功上市，大多数企业都有上市计划，“专精特新”中小企业得到了资本市场前所未有的关注。

（二）专业化程度高。杭州市“专精特新”中小企业专注核心业务，在细分市场持续深耕，不断提高专业化生产、服务和协作配套的能力，保持行业领先地位。其中，86.7%的企业主导产品为国内外知名大企业直接配套，73.8%的企业主导产品市场占有率全省第一，41.3%的企业主导产品市场占有率全国第一。

（三）创新能力突出。2021年，杭州市“专精特新”中小企业平均的研发经费支出占营业收入比分别为6.7%，而53家“小巨人”企业的这一数值则达到了12.27%，“专精特新”中小企业的平均有效发明专利数分别为16.64个，“小巨人”企业则为21.83个，均领先于全省470家“小巨人”企业平均水平。310家企业平均研发人员数占员工总量为26.2%，98.4%的企业研发人员数占比在10%以上。

（四）关键领域补链强链。从所属行业看，310家“专精特新”中小企业有36家为软件和信息技术服务业，占比11.6%，其余制造业企业平均分布在通用设备制造、医药制造、专用设备制造等细分行业。其中，通用设备制造业和专用设备制造业数量最多，分别占到了13.5%、11.3%。53家“小巨人”企业中，有9家为软件和信息技术服务业。从重点领域看，310家“专精特新”中小企业中，主导产品属于《工业“四基”发展目录》所列重点领域的有177家，占57%。53家“小巨人”企业中，有42家主导产品属于《工业“四基”发展目录》所列重点领域，拥有关键领域“补短板”“填空白”的企业有48家。

二、“专精特新”中小企业发展中存在的问题

培育“专精特新”企业逐步形成共识，政策支持逐步加码，发展亮点频现。但企业发展和培育方面仍存在着一些问题值得

专精特新产业园杭州湾信息港

关注。

（一）名额分配制度制约主体培育。目前杭州市“小巨人”企业仅53家，在全国城市（含直辖市和计划单列市）中排第17位，远少于上海（262家）、宁波（182家）、深圳（169家）、成都（107家）等地。其原因主要在于浙江省采用名额分配制进行“小巨人”企业申报，分配给杭州市的名额较少，导致杭州市很多优秀中小企业由于名额限制无法参与申报，即使全力申报最终也因为名额原因未能通过，从而错失成为“小巨人”企业的机会。省级“专精特新”中小企业培育方面，不同省份的省级“专精特新”企业财务指标要求不同，如浙江省要求近两年主营业务收入或净利润的平均增长率达到5%以上、企业资产负债率不高于70%；江苏要求近3年营业收入平均增长率10%以上或者平均营业利润率10%以上。不同省份、不同城市间省级“专精特新”企业要求不一，省级“专精特新”企业与“小巨人”企业标准缺乏衔接性，使得不同省份、不同城市之间无法精准比较，不利于“专精特新”企业培育工作开展。

（二）高端人才招引难制约企业升级。随着“专精特新”企业对细分领域钻研的不断深入，企业对特定领域的高端专业人才数量和质量有了更高要求。但“专精特新”企业多为中小企业，无论是在博士创新站、博士后工作站、院士专家站等人才平台的申请建设方面，还是福利待遇、工作稳定性、公司整体规模实力等方面，与大型企业相比均不具备优势，因此对高端人才的吸引力不足，同时因地理位置偏僻等因素，人才流失现象也较为严重，这对企业持续攻克核心技术难题，解决技术“卡脖子”问题十分不利。同时，技术工人缺乏，部分年轻人不愿从事工作环境相对较差的制造业工作，老龄化严重。

（三）创新能力和市场应用不足制约企业发展空间。“专精特新”企业所从事的产品和技术开发专业性较强，大多数企业所提供的产品和服务比较单一，供应链关系相对稳定，具有分工锁定、技术突破难等特征，取得突破性成果仍然较少。同时，目前成果转化、市场应用等方面配套支撑有限，制约了企业创新产品产业化发展。部分国内产品在产品性能、质量稳定性和可靠性等方面与国外领先产品仍有差距，或者产品性能与国外一致，但在产品认证、进入供应商目录上存在一定障碍，导致产业链中下游企业出现“不敢用”“不愿用”情况，“专精特新”企业的创新产品面临市场应用难题。

（四）专利技术保护措施不够成熟。一是企业在专利侵权方面无专业的维权团队，维权途径选择困难，维权周期长，侵权取证成本较高。二是对各国专利政策法规不熟悉，导致企业在专利技术延伸布局国外时经验不足。三是目前相关技术的审查员少，案件积压多，审查至授权流程长，专利权保护不稳定。虽然有发明专利快速预审通道，但名额有限，导致企业专利无法通过该通道被受理授权。四是高价值发明专利的拥有量偏低，其培育需引起重视。

（五）融资难问题依旧存在。一是融资需求大，经营不确定性高。“专精特新”中小企业大多处于早期发展阶段，经营稳定性差，抗风险能力弱。在真正突破核心技术并市场化应用之前，需借助资本持续性输血才能爬坡越坎、发展壮大，融资需求数额较大。二是固定资产少，还款能力不足。“专精特新”中小企业往往缺少厂房设备等固定资产，可用于抵押担保的资产不足，技术、专利等无形资产难以进行融资评估，较难通过银行对于还款能力的测试。三是融资渠道少，银行放贷审批严。资本市场直接融资门槛相对较高，社会资本等融资渠道向“专精特新”中小企业开放渠道有限。银行融资需要抵押物，对于经营风险较高的企业需要提供的资料多，审批流程繁杂，融资速度缓慢。

三、支持“专精特新”中小企业高质量发展的相关建议

（一）突出政策引领。一是细化举措，推动政策落实。推进《杭州市加快中小企业“专精特新”发展行动计划》各项政策举措落地实施，加强组织领导，压实主体责任，加大配套措施和相关工作部署力度。将新增创新型中小企业、省“专精特新”中小企业的培育目标分解至县（市、区），鼓励区县（市、区）因地制宜制定本级“专精特新”企业专项政策。二是统一标准，加大培育力度。加强与国家、省级相关部门的沟通对接，尽力争取分配给杭州市的“小巨人”企业名额。建议全国统一省级“专精特新”企业标准，尤其是做好与国家“小巨人”企业标准的衔接。三是部门联动，加强资源整合。经信、财政、科技、市场监管、税务、人社等职能部门应立足各自职责，加强政策集成和资源整合，建立高效协同的工作推进机制，以实质性工作措施推动企业专精特新发展。

（二）突出培育监测。加快建设“专精特新”中小企业梯度培育库，对入库培育企业填报数据开展不定期抽查和动态监测分析。做好杭州市企业申报辅导工作，提升企业自身实力和申报质量。完善服务专员工作机制，为每家“专精特新”企业配备1名服务专员，并将服务专员工作与“千名干部助千企”精准服务活动有机结合，及时协调解决企业困难。多轮次组织举办覆盖全部县（市、区）的专精特新“小巨人”和省级“专精特新”中小企业申报解读活动，并通过电话、微信、钉钉等方式，解答企业疑问，尽全力帮助符合条件的企业顺利完成申报。通过提升企业自身实力和申报质量，为杭州市争取更多的分配名额。整合专项政策以及国家、省、市、县（市、区）各级政府出台的一揽子政策中涉及“专精特新”企业的政策举措，为“专精特新”企业量身定制政策手册、政策解读和操作指南，采取上门送政策、短视频、微课堂、云直播等形式，多手段、多渠道、多平台开展广泛宣传。

（三）突出补链强链。支持一条龙链式发展，以重点产品为龙头进行全产业链企业扶持，搭建专业化配套协作平台，支持大企业打造开放共享共创式创新平台，共享行业共性技术资源与成果。开展产业链关键环节创新合作研究，引导“专精特新”企业提高与大企业的协作配套能力，在产业链上下游产品设计、材料开发、工艺开发、装备制造、示范应用推广等环节开展协同攻关，推动产业链式突破、一条龙发展。按产业链梳理“专精特新”中小企业，支持专精特新“小巨人”企业围绕产业链布局开展并购重组。鼓励县（市、区）对“专精特新”中小企业招引及其募投

项目落地给予政策支持。

（四）突出专项扶持。一是搭建引才育才平台。推动将国家专精特新"小巨人"企业纳入杭州市高层次人才认定首批授权认定企业范围。进行赴外引才，积极搭建人才合作发展平台，引进具有国际视野和创新精神的海内外高水平青年人才；充分利用杭州高校资源，培育本地专业型人才团队。积极运用云聘会、云服务、云平台等先进技术手段，常态化开展线上双选会等活动。提升常态化线下招聘会服务质量，与各区（县、市）分别合作举办特色专场招聘会，助力重点产业人才引进效能提升。二是支持创新能力提升。支持企业树立专业化发展价值导向，聚焦核心基础零部件和元器件等产业基础领域开展研发。面向科技企业征集标志性产业链断链断供风险，形成"卡脖子"攻关需求清单，推进"尖兵""领雁"研发攻关计划。发挥城西科创大走廊创新策源功能，加快布局高能创新平台，支持一批"国字号"创新平台、新型研发机构和重大科技基础设施落地建设。培育"铺天盖地"的中小企业，打造全域接力式孵化体系，打好制造业主体培育攻坚战。三是开拓国内国际市场。严格执行《政府采购促进中小企业发展管理办法》，落实预留采购份额等措施，提高中小企业在政府采购中的份额。积极搭建多方合作平台，在中国国际中小企业博览会等设立"专精特新"展区，提供专业化服务，助力拓展国内外市场。开展中小企业跨境撮合活动，推动信息共享和市场开拓。四是强化知识产权保护。加强知识产权公共服务平台建设，引入专利申请的快速通道，帮助企业快速获权。建立以产业数据、知识产权数据为基础的新兴产业专利监测机制、导航机制，对重点产业实施知识产权帮扶。实施高价值知识产权培育工程，完善"产学研用金、才政介美云"联动的高价值知识产权培育体系，培育一批高质量知识产权，建设高价值知识产权培育平台。组织侵权维权、司法流程以及各国知识产权政策指导和培训，成立杭州知识产权交易服务中心支持知识产权服务机构。五是加大融资支持力度。支持在杭建立北交所浙江服务基地和省股权交易中心设立"浙江专精特新板"；修订市重点拟上市企业认定办法。完善杭州金融综合服务平台功能，嵌入"专精特新险"等金融新品种，并探索在企业码增设"专精特新"企业服务专区。推动政府相关部门数据接口向金融机构开放共享。简化担保手续，提高"专精特新"中小企业融资可获得性和便利度，降低企业融资成本。探索多元融资模式，拓宽融资渠道，鼓励社会资本出资组建优质企业培育基金，引导金融机构为优质企业提供精准有效的金融支持。

课题组组长：钱 峥

成员：宋 洁 王敏燕

胡燕佳（执笔）

基本公共卫生服务领域"钱随人走"制度体系的探索

——以湖州市为例

湖州市财政局课题组

针对流动人口基本公共服务保障问题，中共中央、国务院和省委、省政府多次在相关文件中做出决策部署。为以更精准的财力保障和更有效的制度支撑推进基本公共服务均等化，浙江财政扎实推进"钱随人走"制度改革。2022年，浙江省财政厅正式印发《"钱随人走"制度改革总体方案》，浙江成为全国首个体系化、集成化探索"钱随人走"制度改革的省份。

湖州是浙江共同富裕建设"缩小城乡差距领域"试点之一，经济增长较快、城乡差距较小，在全国率先吹响了打造"无差别城乡"的号角，为探索体系化、集成化"钱随人走"的制度体系搭建了较好的基础平台，有能力也有责任承担探索"钱随人走"制度体系的重任。本文分析基本公共卫生服务领域"钱随人走"相关现状及问题，旨在为探索体系化、集成化的"钱随人走"制度体系提供借鉴依据。

一、"钱随人走"制度的湖州实践

开展基本公共卫生服务项目是促进基本公共服务逐步均等化，增进人民健康，实现公共服务领域公平化的重大举措。按照服务对象的不同，基本公共卫生服务项目分为三类：一是面向所有人群的公共卫生服务。包括建立居民健康档案服务、健康教育服务、传染病及突发公共卫生服务事件报告和处理服务，以及卫生监督协管服务。二是面向特定年龄、性别、人群的公共卫生服务。包括预防接种服务、0~6岁儿童健康管理服务、孕产妇健康管理服务、老年人健康管理服务、中医药健康管理。三是面向疾病患者的公共卫生服务。包括慢性病患者健康管理、严重精神障碍患者健康管理、肺结核患者健康管理服务等。

（一）聚焦"钱"，确定"钱随人走"制度资金

基本公共卫生服务作为中央、省、市（县）共同财政事权，由各级分担支出责任。其中省财政安排的转移支付资金在维持2015年省级标准的基础上，对以后年度省级标准增量部分按二类六档比例和最高补助80%分担。扣除上级补助后，湖州市对吴兴区再按50%比例补助。2021年，12项基本公共卫生服务人均补助标准为70元。吴兴区2021年6家乡镇卫生院、7家街道社区卫生服务中心以及114家社区卫生服务站的基本公共卫生服务购买服务资金为7118万元，人均基本公共卫生补助达到87元/人。根据资金来源，7118万元中，中央和省转移支付资金为709万元，占总量比重不到10%，1740万元由基层财政兜底，对该区造成一定支出压力。

（二）聚焦"人"，划分"钱随人走"制度对象

建立基本公共卫生服务领域服务对象人数清算机制，完善

人员信息监测跟踪机制，有助于推动转移支付资金分配与基本公共服务对象精准挂钩。2022年起，根据《关于修订浙江省医疗卫生领域转移支付资金管理办法部分条款的通知》，省财政拨付的基本公共卫生服务转移支付资金由按户籍人口分配计算调整为按常住人口分配计算。2021年，吴兴区常住人口数为101万人，户籍人口数为81万人，相差20万人。

（三）聚焦“走”，优化“钱随人走”制度分配

1.“当量法”改革。2018年起，浙江省启动了基层医疗卫生机构补偿机制改革，对基层医疗卫生机构提供的基本公共卫生服务和部分收费价格补偿不足的基本医疗服务，由政府统筹整合原有的基本公共卫生服务项目经费和扣除人员培养培训经费、基本人员经费后的经常性收支差额补助，作为改革后购买服务可用资金，采取政府购买服务方式给予补偿。改革中同步引入“当量法[即以1个人次普通门诊的工作量（15分钟）为1个标准当量值，在此基础上根据每个服务项目的服务标准、人力成本、资源消耗、风险和难度等因素，确定各服务项目的标化工作当量。]”测算基本公共服务项目成本。根据省级明确的各项基本公共服务的标化工作当量和实际服务数量，可计算项目总工作当量。单位工作当量财政付费标准由当年购买服务可用资金总量和项目总工作当量的比值确定。

吴兴区2019—2021年基本公共卫生服务当量值分别为5461160，6068638和6715442，呈逐年上升趋势。

2. 当量法模拟测算。2021年，基本公共卫生服务补助标准从人均65元提高至人均70元。吴兴区和南浔区常住人口分别为72.7万人和54.5万人，基本公共卫生服务当量分别为497.8万和399.2万。按照常住人口补助方式，市对区转移支付补助分别为2137.38万元和1602.3万元。在此基础上，采用“当量法”补助后，当量付费标准为4.17元/个，市对区转移支付分别为2075.38万元和1664.3万元，主要是由于南浔区单位人口享受的基本公共服务当量多于吴兴区。

“当量法”补助在考虑人口流动的基础上，增加了人口性别、年龄结构等影响基本公共卫生服务内容和工作量的因素，使得财政补助资金直接与老百姓实际享受的基本公共服务挂钩，体现了转移支付与工作量挂钩，进而使转移支付更加精准。

二、构建“钱随人走”改革难点探讨

（一）基本公共卫生服务财政保障标准的合理确定

当前面临的现实问题之一是基本公共卫生服务保障标准较难确定。核定合适的基本公共卫生服务保障标准是“钱随人走”改革的重要一环，但目前各地的标准差异较大，改革中需要考虑到各地实际情况，制定出合理的标准，完善基本公共服务卫生保障标准动态调整机制，设定一个合理的浮动区间，提升转移支付资金分配的精准度和合理性。

（二）部分地区上级补助削减与地区间财力均衡

“钱随人走”会造成部分人口净流出地区获得上级补助的减少。虽然按照“钱随人走”原则，常住人口的减少将带来公共服务变动成本的减少，应当适当减少转移支付，从而体现资金配置的高效率。但现实情况下，部分人口净流出地区存在财政困难或地理位置不佳（山区、海岛）等情况，此类地区的转移支付将受到“钱随人走”改革的严重影响，造成综合财力下降。

（三）各系统间数据不贯通，数据采集准确性不高

充分发挥“钱随人走”改革作用的前提是将各方面数据有效汇集在系统中进行分析测算。但现实中，对于一些具有特定服务对象的项目（如卫生、教育和公安等），系统中的数据还不贯通，无法做到相互印证，给特定服务对象的确定带来障碍，制约了改革的快速推进。目前，对于此类项目，可以直接利用业务系统获取完整准确的数据，否则需要根据该部分人群在常住人口中的比例进行折算。

三、推进“钱随人走”制度改革的意见建议

（一）完善转移支付制度，构建“钱随人走”分配体系

一是明确服务范围。实施分类改革，推动转移支付资金分配与基本卫生公共服务对象精准挂钩。将基本公共卫生服务项目进行分类，充分考虑其他特定人群，如孕产妇健康服务的对象为辖区内孕产妇，并不是所有人均能享受。

二是精准测算项目成本。引入“当量法”作为财政转移支付资金分配的依据。依托全省统一的基层医疗卫生机构补偿机制改革信息化平台，实现对服务数据采集、质量控制和考核分析的全过程监管，确保数据口径全省一致。在此基础上，通过工作当量测算基本公共服务项目成本，相对科学地反映基本公共卫生服务的实际工作量，使财政资金与服务对象、服务成效相对精准挂钩，财政资金配置更为有效。

（二）建立数字化应用体系，打造“钱随人走”财政牵引

以质量变革、效率变革、动力变革的“财政大脑”为智能支撑，强化数字化牵引，打造“三库四监测”的“钱随人走”数字化多跨应用场景。将数字化应用体系分为三层，即技术层、数据层和应用层。

技术层是指以云计算、大数据、人工智能、区块链和物联网为代表的数字化应用的过程。云计算提供算力共享基础，大数据实现结构化和非结构化数据存储，人工智能提供深度学习和智能算法，区块链提供信任和安全机制，物联网提供自动感知和识别。

数据层是数字化应用体系的基础，负责采集“钱随人走”所需数据。建立目标人员信息库、基本公共服务保障标准库和基本公共服务基础设施库，打通数字化应用系统和相关外部数据的链接，便于实现对服务保障情况、流动人口保障情况等信息收集。例如，通过将医院信息系统、电子健康档案等各类业务系统纳入“钱随人走”数字化体系，可以实现对基层工作人员工作量数据的注册、全量采集和存储。

应用层是统筹考虑流动人口基本公共卫生服务保障覆盖面、地区间基本公共卫生服务保障水平差异等多维度情况，利用人工智能、大数据等技术，对采集到的数据进行深度解析、风险评估和全面监管，建立相对公平的可量化算法模型，加强“钱随人走”转移支付预警预测，从而提升基本公共卫生服务的质量和

水平。

（三）完善基本公共服务标准，建立“钱随人走”标准体系

由于地理交通、服务规模、基础条件、综合能力等因素存在差异，各地提供基本公共卫生服务的成本有所不同。对于山区、海岛等边缘地区，提供基本公共卫生服务的成本相对较高，应加快开展项目成本研究，逐步完善与成本相匹配的单位标化工作当量财政付费标准，通过相应的补助政策确保机构正常运行和人员合理待遇。建立满足本市市民和外来人员基本公共卫生需求的基本公共服务标准，必须满足四个要素。

1.与本市社会水平相适应。湖州市2021年年末常住人口340.7万人，同比增长3.5万人。2021年全市GDP为3644.9亿元，按常住人口计算的人均GDP为107534元。外来人口较多，经济水平相对较高，对基本公共卫生的需求大，基本公共卫生服务成本体系必须与本市社会水平相适应。

2.根据政策执行和绩效评价情况建立付费标准动态调整机制。构建与财力水平相匹配的基本公共卫生领域“钱随人走”标准体系，确定该领域“钱随人走”转移支付资金管理办法的调整标准，并结合基本公共服务常住人口全覆盖要求建立动态调整机制，实现“钱随人走”制度改革的合理适度、统一协调、运行高效。

具体转移支付资金安排时，可以采取年初按人均转移支付标准预拨，年末或次年年初按实际工作当量清算的机制。考虑到不同基层医疗卫生机构在地理交通、服务规模、基础条件、综合能力等方面存在差异化情况，建议卫生部门开展项目成本研究，通过设定浮动系数等方式逐步完善与成本相匹配的单位标化工作当量财政付费标准。

3.与本市财政承受能力相适应。2021年全市实现地区生产总值（GDP）3644.9亿元，全年财政支出524.5亿元，其中民生改善支出382.5亿元。对基层医疗卫生机构提供的基本公共卫生服务项目和部分收费价格补偿不足的基本医疗服务项目，由政府统筹整合基本公共卫生服务项目经费和扣除人员培养培训经费、基本人员经费后的经常性收支差额补助，作为改革后政府购买服务的可用资金，采取政府付费购买方式给予补偿。纳入购买范围的基本医疗服务项目，在条件成熟后应转为全部由医保基金和患者个人付费购买。政府付费购买以标化工作当量确定的财政付费标准和服务数量为主要依据。

4.突出绩效评价结果应用，建立“钱随人走”政策绩效评价体系。以科学性、可测性、实用性为原则，展示基本公共卫生服务领域“钱随人走”转移支付制度改革成效，建立“钱随人走”政策绩效评价体系，包括政策的经济性、制度的效率性、实施的有效性等方面的指标对政策出台、实施过程和成果进行评价。

课题组组长：徐　慧

成员：周怡鸿　王　畅（执笔）　张志轩

周　阳　朱　堃　马曼逸

建立外卖骑手意外保险财政扶持政策的相关研究

杭州市余杭区财政局课题组

外卖骑手属于新业态从业者，是共同富裕重点关注九类人群之一。但他们却处在弱组织、弱权益、弱维权“三弱”的不利外部性环境。本课题从骑手意外险财政补助视角切入，以余杭区外卖骑手为个案，在梳理政策运行情况、剖析存在问题的基础上，提出对策建议。

一、余杭区外卖骑手基本情况介绍

（一）两类骑手性质

与全国一致，余杭区骑手分为两个类别。一是专送骑手，他们依托专包公司（即送餐平台的代理商，承包高送餐量地区的站点）承包的实体化站点（每个站点服务半径约4公里的地区圆），全职工作，固定时间上下班，有底薪+提成，须遵守公司的管理制度。二是众包骑手，他们直接依托平台，为自由接单，没有固定的组织，原子化个体工作，多为兼职，每单提成，无底薪。

（二）骑手保险现状

一是骑手无社保。经调研，余杭区骑手与外卖平台，专送公司之间均不确立劳动关系，资方均不为骑手缴纳社保，骑手自身权益基本盘极弱。二是强制骑手自购意外险。外卖平台出于降低风险、平息舆论的目的，强制要求每日出勤的所有骑手购买商业意外险，但保险成本由骑手自担。众包骑手由平台按日扣，App中只要骑手接单不论后续是否送单，均直接代购买当日保险，扣除当日保费。专送骑手每月由专包公司代为购买保险，按月从工资里扣，收费对标众包骑手的日费率。骑手每次跑单收益在6元左右，一天能送30~40单。平均每天由保险导致的支出接近三十抽一（3%），相当于一单多的劳动。三是实行专包公司保险运营模式。一种选择平台提供的保险方案（各类价位对应不同赔付内容）；另一种自由向外界购买通过平台认证的意外保险。但专包公司面临三个困境：每日随时处于承保方觉得亏损，突然终止合作的情况；单一专包公司旗下骑手数不足以形成足够的规模效益使其获得与保险公司的议价权，且在赔付时面临时间成本约束、专业能力不胜任的情况；骑手流动性大，公司代买保险管理难。针对这三个困境，专包公司选择三类方法解决：一是随时关注多方信息，准备好A、B、C三套保险方案，防止出现断保；二是出现了代理商，联合（代理）多家专包公司（团购）获得大群体议价权；三是总体运行模式下按月预收，按日购险。

二、余杭区扶持政策的博弈探索

（一）补助路径

基于外卖骑手，提供新业态财政补助，有以下几个路径。一是补贴给企业（策一），直接减少骑手购买保险成本，最方便，但

存在道德风险。二是补贴给骑手个人(策二),减少补贴中多一道企业环节造成的交易成本。但前提是平台放开数据源和技术支持,可以获取单独余杭区配送骑手数据。三是补贴给保险公司(策三),以“高保额低保费”设计一款专门的保险,购买该类保险只需骑手支付部分费用即可购买,使其能以5元的成本享受到7元效用的保险(假设补贴2元)。

(二)补助政策探索

武汉市2021年出台《武汉市新业态从业人员意外伤害保险补贴实施办法(暂行)》的政策,要求平台和专包公司与骑手建立劳动关系交社保为前提,予以企业少量补贴。但现实执行中:一是专送骑手与专包公司之间不存在劳动关系。在余杭区的调研中企业坦言自从国家要求平台降低抽成费率,平台转而把降低费率的减收转嫁给企业,压低了企业利润空间。二是众包骑手与平台也不存在劳动关系。以饿了么体系的蜂鸟众包为例,注册成为骑手的先决条件就是认可本人与蜂鸟众包之间不存在任何劳动关系。120元/年完全不足以驱动平台来申请本就不是自己承担的骑手每日保险成本,更何况前提要确认劳动关系。三是技术、数据受限。由于缺乏对流动性大的新业态人员的精确数据和审核材料自动化技术的限制,武汉市在探索中最终选择通过企业间接获取打包式的申请材料,补贴的资金也只流到企业这一层,对后续流向缺乏监控手段。

(三)补企业与补个人的局限性

补助到企业,在不要求确认劳动关系前提下,财政资金直补企业,相当于只是扩大其保险资金池。长期均衡后,较容易出现对骑手的钱照收,其购买保险的成本小于骑手+政府合计支付的情况,套利差不减反增。保险公司也可能非理性上调保险价格。政府补贴开始或可惠及骑手,但形成新均衡后,补助资金很可能因企业和保险公司双方各种手段而未能惠及骑手。如果后续补贴终止(均衡再次重构下),骑手可能面临更加不利的现状。补助到骑手本人,就算数据和技术上可实现,以每名骑手每日7元计,一年就需要2500元左右,全部补贴超出各地财力水平,不具有可推广性,所以必然只能补小于等于50%的量。同时,按现有模式,骑手还是要交钱给企业代购保险,最终的博弈均衡和补给企业区别不大。

(四)“高保额低保费”方案——理论上的合理与实践上的失败

余杭区基于各地经验,研究出一个新方案,即补助给保险公司。一是由余杭区的专包公司向市场监管局申请财政补贴资格,通过审核的企业获得一定数量“消费券”。二是银保监会督导保险公司设计一个在市场有竞争力的意外保险,通过平台审核,成为企业的可购买选项。三是企业可凭借“消费券”低价向保险公司购买余杭区提供的保险方案。四是保险公司凭借企业的“消费券”和相关材料向财政申请补贴。五是保险公司可根据赔付情况,每半年(或季度)可调整价格,并向银保监会提供调价印证数据,遏制保险费率无序上涨。六是市场监管局可与财政局抽检比对企业端和保险公司端的审核材料,确保补助资金的质效。但方案实际推进中,发现专包公司存在从骑手缴纳保费中抽成的现象,估算占总收入超过30%,保守以20个站点,每个站点50人计,平均每年每个专包公司可获利70余万元。专包公司对新方案会上赞同,但实际操作中表示难以实现。

(五)“附加险”方案的步履维艰

余杭区在后续完善方案,设计专项意外保险附加险,为强制购买主险的骑手免费购买附加险,当主险赔爆,由附加险做补充。一方面,附加险赔付减少了专包公司的赔偿纠纷,相对降低了其成本;另一方面,共保体的赔偿端基于主险,出险赔付时有完备的主险材料方案,赔付权责确认可“搭便车”,纠纷相对小。但实际推进中发现,专送骑手因有实体化站点,比较容易推行政策;但众包骑手,因组织管理较弱、属地难界定、数据缺乏等原因较难推行政策。余杭区从三个方面进行政策探索:一是保险公司依托余杭一码通平台开发骑手资格审核系统;二是保险公司继续依托余杭一码通平台开发骑手日保险审核系统;三是保险公司定期与人社局骑手数据库交换信息,人社局标出活跃度高的骑手,形成余杭区骑手动态数据库。

三、在政策推进中遇到的普遍性问题

(一)平台拒不提供骑手数据

数据作为平台的生产资料,尽管只是骑手信息数据,平台也不愿意放开端口。另外,可能存在与政府合作的专包公司或骑手受到平台潜规则制裁的风险(比如派低质量单或终止合作等)。

(二)骑手保险市场无序发展

以饿了么为例,浙江众包骑手主保险委托给了福建一家公司运营。收费标准为7元/天,但具体保险权益等价几何不得而知。而依托专包公司的专送骑手,由于是企业保险自由选择,市场上出现了形形色色的保险品类和附加服务内容,自由竞争下目前选5元/天价位的专送公司较多。

(三)骑手面临的不利外部性

一是对平台抽水机功率大小的痛感更弱,餐饮商家一单抽佣多五毛一块可能是盈亏之变,骑手每单收入如降低几毛(如6元降至5.7元),通过平台算法掩盖(各类奖补惩机制),可能都感之甚微。比如前述通过每日保险费率上涨2元至7元,占每日收入的3%(三十抽一)。二是可用于反制的能力微乎其微,骑手是弱组织群体,工作没有劳动关系保障,与政府打交道的频率也远低于餐饮商家,维权能力缺乏,维权时间不足(计件工资制)。所以,以平台为金字塔顶对骑手的明暗增量收费收益大于被骑手反制所需付出的成本。

(四)地方(或仅财政)单独推动改革的困难

一是骑手目前面临的现状是全国性问题。基层政府在推进时难免对一些问题束手无策。一方面区级政策推动力受限。现有的合作体系难以由区级撬动,且众包骑手本人也没有选择权。暂时只能将区内现有的专送骑手尽可能纳入统保中,规模不大,保险公司比较担心低基数下的赔爆,并向财政提出兜底要求。另一方面存在割裂问题。公司在区外成立,区市场监管局等部门对其没有管辖权;区级单独提供保险,就要割裂专包公司均衡的保险体系,余杭区内站点的可获附加险,区外站点只能维持原状。

二是骑手面临的现状也是一个涉及多部门的综合治理问题。一方面对新业态从业人员的精准补助要求,容易突破现行治理体系、技术安排的框架。另一方面现有监管的空白。灵活就业人群是人社局的职能范畴,但外卖骑手的党建管理归口市场监管局。落实到日常执行层面,各部门参与兴致均有限。

四、政策建议

(一)社会方面治理建议

1.以线下最后一百米破解线上数据壁垒。骑手反映,目前部分小区物业以各种理由禁止骑手骑电瓶车驶入小区。致使部分骑手只能徒步跑或者花2000元成本购置平衡车,工作难度上升。在与市场监管局和某专包站点站长沟通中,我们了解到,政府完全可以开发相关信息化系统,在送餐的最后一百米设置扫码器(结合各地一码通),或者人脸识别器,未在系统上有备案的骑手无法入内。由政府完全掌控送餐最后一步,获得对平台商业模式的最后一步的介入权。备案后,在政府背书下,骑手可以通过扫码或识别等形式骑车直接进入小区,送单更高效。

2.其他介入方式。据调研,外卖商家资质方面也是一个治理切入点。外卖中堂食销量占比小,或者无堂食外卖尤其卫生问题多。其中粥、炸鸡、汉堡,肉包(使用淋巴肉)是重灾区。卫生线以此介入执法效益会十分显著。税务线可从清查个税方面切入,调查平台或者专包公司的骑手薪资表。据调研,目前存在众多对骑手巧立名目的乱收费。类似政府介入,可改善骑手群体反制的能力,减少骑手不利外部性。

(二)骑手权益逐次深入保护方面建议

1.中央、省、市合力建立骑手数据库。有了精准的骑手实时数据库,才能有财政精准补助的"标的",才能解决附加险方案中遇到的阻力。考虑平台经营地区的全国性,这可能需要一级政府(中央)出面采取商谈的战术攻心,若不放开数据接口,则地方探索采取以下措施(线下一百米控制),从而以最低行政成本获得改革成果。获得完备的骑手数据库,既有利于财政补助的精准,也有利于探索对灵活就业人群的劳动关系、社保模式的改革以及前述社会治理的完善。

2.建立全国性意外保险骑手自选择付费平台。建立该平台,可解决"高保额低保费"方案问题。全国统筹,但因地制宜,可根据各地域收入水平,出险情况,量身定制保险框架。每个区域均透明保险价格,消除套利空间,保护骑手利益。

3.探索建立新型劳动关系的社保模式。财政共同富裕等领域的改革,脱不开其他领域制度安排的配合。在以财促事、以财挂事中,制度和技术仿佛枕木和铁轨。一是制度和技术尚不够完善,适宜轨道尚属在建工程;二是改革本身处于上陡坡路段,各类障碍阻力重重,需动真碰硬。相关基建的逐渐完善,以财促事的交易成本才会降低,反视之,以财促事难的领域,恰恰也是需要建设、修缮、改造轨道(制度与技术)的地方,泥地里再大的财力也拉不动车厢。财政部门可配合其他相关部门合力推动对新业态群体新型劳动关系的界定。使用好大数据基建,使针对新就业形态群体的治理体系更加数字化、精细化,以应对灵活就业高变动性的劳动关系。

课题组组长:姜根军

成员:朱　方　陆卫锋　郑　莹

卢佳红　王卓群(执笔)